西學東漸 中學西傳

甲午年陽春 崔鼎元 題

北京语言大学汉学研究学术座谈会部分专家学者合影

总第十七集
2014年秋冬卷
CSSCI来源集刊
北京语言大学主办

阎纯德　主编

漢學研究

Chinese Studies

學苑出版社

图书在版编目（CIP）数据

汉学研究．总第 17 集：2014 年秋冬卷 / 阎纯德
主编．—北京：学苑出版社，2014.11
　　ISBN 978-7-5077-4667-9

Ⅰ．①汉⋯ Ⅱ．①阎⋯ Ⅲ．①汉学－文集 Ⅳ．
① K207.8-53

中国版本图书馆 CIP 数据核字（2014）第 290842 号

出 版 人	孟　白
责任编辑	杨　雷
封面题字	朱天曙
封面设计	徐道会
出版发行	学苑出版社
社　　址	北京市丰台区南方庄 2 号院 1 号楼
邮政编码	100079
网　　址	www.book001.com
电子信箱	xueyuanpress@163.com
销售电话	010-67675512　67678944　67601101（邮购）
经　　销	新华书店
印 刷 厂	北京京华虎彩印刷有限公司
开本尺寸	710×1000　1/16
印　　张	40.25
字　　数	690 千字
版　　次	2014 年 12 月第 1 版
印　　次	2014 年 12 月第 1 次印刷
定　　价	80.00 元

汉学研究编辑委员会

顾　问：汤一介　李学勤　袁行霈　李宇明
　　　　李向玉　安平秋
主　任：崔希亮
副主任：韩经太
主　编：阎纯德
副主编：周　阅　钱婉约
编　委：乐黛云　王　宁　王晓平　方　铭
　　　　刘顺利　严绍璗　李明滨　李庆本
　　　　杜道明　张西平　张国刚　张　华
　　　　何培忠　周　阅　段江丽　耿　昇
　　　　柴剑虹　钱林森　钱婉约　徐志啸
　　　　郭　鹏　阎纯德　阎国栋　黄晓敏
　　　　熊文华

卷前絮语

　　120年前的那个甲午年，我们在国势日趋衰微之下输掉了一个国家。两个轮回之后，又逢"甲午"，我们的中华已经从浴火中赢得新生。近看，远眺，无论从哪个方向，凭借从未失落的自信和虔诚，我们都能在曙光里不断发现新的光明。

　　汉学和汉学研究从数十年的冷落和误解，到在中国学界耳熟能详、街谈巷议，进而趋之若鹜，说明我们的精神和视野是世界的，我们的胸怀是海纳百川的。《汉学研究》作为这一学术的推手，始于无声无息，"正果"于新的世纪，在众多友人的簇拥与耕耘下，这片沃土方得以欣欣向荣。

　　2014年5月28日，京津地区50余名专家学者参与捧场"北京语言大学汉学研究学术座谈会"，那些"欢呼声"仿佛是在为一位雄心勃勃的长跑者加油打气；作为《汉学研究》的编者，我以极其感激之心聆听两位校长和各位学者的鼓励与期待，那种感觉不仅是欢欣鼓舞，更是极大的鞭策。这一集关于座谈会后留下的13位学者的"笔谈"和一篇"综述"，这既可以聆听到大家对于学术的期待，还可以触摸到国运的心声：中国文化、中国精神、中国形象，必将以新的姿态传播表达，中国文化也必将以谦虚之心海纳异质文化的风采。

　　人类的一切文化活动，就是给人类撰写自传，在这个过程中不断发现真理，不断完善道德，以求功德圆满。历史虽然是人类社会走过的路，但是乱世掩盖之下又有无尽的荒芜和空白，后来者有责任撩开荒芜去发现和填补那些空白，让历史日趋真实与完整。

　　我们北京语言大学创办了多种语言文化杂志，《汉学研究》是其中之一。所谓研究，其实就是在寻找一个"真"字和一个"道"字，这是文化人的梦想与追求。事实上从古至今，在我们这个地球上到处都有人类积淀下来的真理和道德，尽管它们时常被权势利益所扭曲，但是什么是善、什么是恶，是非曲直是有正常标准的。《汉学研究》仿佛就是一座连接中外的桥梁，我们想让中国文化通过这桥走出去，也让外国的优秀文化沿着这桥走进来。从法国较早的耶稣会士开始，熙熙攘攘来往于"中国—法国"之间的汉学家和中国的文化人，他们都是中法文化交流的架桥人或"摆渡人"，由于他们前赴后继的辛勤耕耘，使中法文化交流的长河两岸的景观日益赏心悦目和深入人心。这一集"法国汉学研究专辑"，就是为了展示历史演进中的汉学与中外文化之约。

  文化很像一条船。人类都生活在这条古老又年轻的船上。既然大家都生活在同一条船上，这就构成了命运的共同体，就得同舟共济。人类创造了历史，文化跟着历史而诞生，然后在演进中发展、演绎成多元文化。文化非万能，但是文化连接人心、人性和道德，文化可以引导和主宰人类的路向。广袤的大地与海洋"浓缩"为一个地球村，虽是五大洲，但却彼此为邻。人类的进步表现在各个领域，多元文化越来越多地被彼此尊重。这其中，由于汉学的诞生，中西才有了"西学东渐"和"中学西传"。

  在中外关系史上，从最初的商贸沟通和文化上的无意交流，到汉学的萌芽，从萌芽再到成熟，汉学经历了"旅游汉学"、"传教士汉学"、"传统汉学"（抑或称为"学术汉学"）、"现代汉学"（中国学）各个阶段。汉学的名称虽异，但其核心都是关于中国的文史哲经、教育、政治、民俗、艺术等中国的学问"CHINOLOGY"（汉学）。"汉学"与"国学"相异而又文化同体；当"西学"东渐时，"中学"也在西传。这也正是所谓"西学东渐"和"中学西传"之世界文明互动的理念，因为文化的传递本质上不是单向的。"中国文化向世界传递，不可能原汁原味。这正如马克思的表述：'文化的传递是以不正确理解的方式进行的'，因为一种文本向另一种语言、另一种文化体系传递时，对方接受的机能是以其本体哲学为核心的，它是根据自我的需要来接受的，不可能把你所有的表述接收到自己的文化中，而是根据自己的需要来选择的。"这一思想包含着人们常说的"文化误读"问题，"误读"就是一种选择，因而很可能就是一种更接近真理的思维、思想和哲学表述。自十六七世纪以降，先秦时代的诸子百家的学术思想和著作，如"四书""五经"以及《道德经》、《孙子兵法》等，几乎都被汉学家译传西方，几百年来，仅《易经》的英文全译本、简译本就有约90种，西班牙文、法文、俄文、意大利文、德文、日文、韩文等也均有多种版本。西方的科技、人文思想（自由、平等、民主等思想）、哲学、文学也同时译传中国。

  18世纪前后以法国为中心的欧洲"中国热"，中国文化展示了无穷的生命力，是人类文化交流的美丽之约。但是，从远古到当今，人类社会走过了极为漫长而黑暗的时代，从与自然之争，到彼此相残，第一次世界大战和第

卷前絮语

二次世界大战，这记忆犹新的悲剧至今尚未使全部人类觉醒。

人类文化交流既然是文明互动，有了文化互动才会有彼此的自我更新，互取其长，互补其短，和谐共荣，使这个贪婪狂暴的地球变得安详太平。

阎纯德

2014 年 9 月 18 日

目 录

国学特稿
三线四点下的天气与天灾 ………………………………… /刘明武 刘 源（1）

春秋论坛
关于中国文化走出去的思考 ……………………………………… /张岂之（15）
海外中国学研究的三个新视角 …………………………………… /汤一介（17）
Sinology、Chinese Studies、中国学与国学的交叉 …………… /乐黛云（26）
国学、汉学及跨文化研究 ………………………………………… /李庆本（30）
《大本经》汉译——汉土期待视野 ……………………………… /金丝燕（35）

汉学研究学术座谈会笔谈——文化大计，世界视野
汉学——文明型国家崛起的途径 ………………………………… /乐黛云（55）
祝贺与希望 ………………………………………………………… /李明滨（56）
关于"西学东渐"和"中学西传"及其他 ………………………… /严绍璗（57）
在《汉学研究》座谈会上的发言 ………………………………… /周思源（61）
有感于《汉学研究》成为CSSCI来源集刊 …………………… /何培忠（63）
醉酒当歌，壮士风流 ……………………………………………… /熊文华（66）
关于汉学研究 ……………………………………………………… /柴剑虹（68）
真知灼见是第一话语利器 ………………………………………… /王晓平（70）
平心静气对汉学——两个自觉 …………………………………… /郭 鹏（72）
世界汉学与汉学世界 ……………………………………………… /耿幼壮（75）
我的芳草地 ………………………………………………………… /刘顺利（78）
外语学科与汉学研究 ……………………………………………… /阎国栋（79）
"交流"以后怎样 ………………………………………………… /余三乐（81）
"西学东渐 中学西传"——北京语言大学汉学研究学术座谈会综述
……………………………………………………………………… /姜西良（83）

法国汉学研究专辑（为庆祝中法建交50周年特别策划之二）

16世纪法国对亚洲和中国的发现与描述　　　　　　　　　　　　／钱林森（90）
众说纷纭德理文　　　　　　　　　　　　　　　　　　　　　／孟　华（107）
路易九世遣使元蒙帝国，中法关系的肇始　　　　　　　　　　　／耿　昇（123）
法国政界与商界对云南茶马古道南北两道的考察　　　　　　　　／耿　昇（146）
语言、文化、汉学及其他　　／［法国］卡特琳娜·戴思博／［中国］钱林森（177）
真知而出灼见——阿贝尔·雷慕沙论汉语言文字　　　　　　　　／杨志棠（188）
关于《太平广记》的西方研究和翻译
　　　　　　／［法国］索朗热·克吕韦耶（Solange Cruveillé）著　高　原译（204）
中国第一次民主体验（1908—1914）——中国传统与本地精英的实践
　　　　　　　　　　　　　　　　　　　　　　　　　　　　　／萧小红（212）
《玉书》——朱笛特·戈蒂耶的梦
　　　　　　　　　　　／［法国］伊万·达尼埃尔　著　高　原　张新木　译（227）
法国国立东方语言文化学院早期汉语教学
　　　　　　　　　　　　　　　　　　　　　　／［法国］安必诺著　陈　寒译（244）
教学翻译在法国汉语教学中的应用、评估及改进　　　　　　　　／廖　敏（253）
中华书局与法国汉学　　　　　　　　　　　　　　　　／柴剑虹　孙文颖（260）
雷慕沙及其继承者——法国汉学两百周年学术研讨会综述　　　　／李　真（272）

亚洲汉学研究

《九云梦》俗字研究　　　　　　　　　　　　　　　　　　　　／王晓平（286）
蒟酱、缚娄与"夫娄（扶娄）朝夏"　　　　　　　　　　　　　／刘顺利（301）
"中国之馨香"——论青木正儿的元曲翻译特色　　　　　　　　／吴　珺（312）

内藤湖南研究

内藤湖南历史认识的哲学背景　　　　　　　／［日本］井上克人　著　吕　超译（325）
王羲之的仆人　熊希龄的顾问
　　　——从1913年内藤湖南的自我定位看其中国观的特征　　　／陶德民（347）
内藤湖南的当代意义
　　　——"内藤湖南与中国"国际学术会议综述　　　　　　　／钱婉约（364）
宫崎市定中国史研究的特色与立场
　　　——在内藤湖南中国史研究的参照下　　　　　　　　　　／王广生（370）

目录

汉风五大洲
澳洲汉学史的来龙去脉 　　　　　　　　　　　　　/熊文华（383）
繁荣的十年——中国文化译介在芬兰 　　　　　　　/李　颖（393）

俄国汉学研究
历史诗学理论中的"三国"题材文学研究 　　　　　/张　冰（405）
"新汉学"与俄罗斯的中国研究传统
　　　　　　　/[俄国] A·洛曼诺夫　著　岳小文　译（417）
艾德林及其陶渊明诗歌的翻译与研究 　　　　　　　/张淑娟（427）

美国汉学研究
丁韪良对晚清中国民俗的观察
　　——以沈弘等译《花甲忆记》为核心 　　/崔学森　朱俊华（437）
略论民国史家与美国汉学家的交流合作
　　——以1940年代前后赴美的中国史家为考察中心 /吴原元（451）
书写中国——中国通和中国故事，1848—1949
　　　　　　　/[美国] Charles W. Hayford　著　孟庆波　译（473）
鲁迅在美国汉学界　　　/[俄国] A. 热洛霍夫采夫　著　宋绍香　译（500）

国学典籍传播研究
"文心"西渐——历史、发展与比较 　　　　　　　/闫雅萍（512）
承与变
　　——克拉维尔《孙子兵法》英译本对瞿林奈译本的改写 /杨玉英　廖　进（532）
《易经》英译概述 　　　　　　　　　　　　　　　/朱睿达（547）
国外《诗经》研究的方法论意义 　　　　　　　　　/顾伟列（566）
中国当代中长篇小说英译与出版情况调查报告 　　　/许允昇　沈素琴（575）

汉学视野下的文化比较研究
世纪末的华丽——李欧梵的中国现代性论述 　　　　/高　慧（583）
《兰墅十咏》刍议 　　　　　　　　　　　　　　　/温　涵（590）

四季评论
传记·政治·性别——海外汉学界丁玲研究的三种视角 /张　浩（603）
域外漫游与"西学东渐"——晚清海外文人眼中的牛津剑桥大学 /杨　波（612）

Contents

Special Contributions To the Present Issue
   Climate and Natural Disasters related with Three Astronomical Lines And
      Four Seasonal Points   /Liu Mingwu Liu Yuan (1)

Spring And Autumn Forum
   Thoughts on the Externality of Chinese Culture   /Zhang Qizhi (15)
   Chinese Studies in Three New Perspective Angles Overseas   /Tang Yijie (17)
   Sinology, Chinese Studies, *Zhongguo Xue* and *Guoxue* that Overlap One
      Another   /Yue Daiyun (26)
   Chinese National Culture、Sinology and Cross-Culture Studies   /Li Qingben (30)
   The Chinese Translation of Mahapadana Sutta As Realized in Chinese
      Perspective   /Jin Siyan (35)

A Great Cultural Project In World Perspective: Views Exchanged Among Participants By Writing
   Sinology: A Way for Civilized Nations to Rise   /Yue Daiyun (55)
   Congratulations and Wishes   /Li Mingbin (56)
   Eastward Spread of West Learning Vs Westward Spread of Chinese Learning
      and Others   /Yan Shaodang (57)
   A Speech at the Symposium for the Chinese Studies   /Zhou Siyuan (61)
   Thoughts on *Chinese Studies* as a CSSCI Journal   /He Peizhong (63)
   Good-Will Wishers Join in Having a Toast to Success   /Xiong Wenhua (66)
   Chinese Studies   /Chai Jianhong (68)
   Real Knowledge and Deep Insight Serve as First Powerful Means
        /Wang Xiaoping (70)
   Redoubled Self-Consciousness: Calm Attitude Towards Sinology   /Guo Peng (72)
   World Sinology Vs Sinological World   /Geng Youzhuang (75)
   My Green Garden   /Liu Shunli (78)
   Foreign Languages Studies Vs the Chinese Studies   /Yan Guodong (79)
   What Next to *Exchanges*   /Yu Sanle (81)

目 录

A Summary: Accounts of Symposium for Chinese Studies at Beijing Languages and Culture University　　　　　　　　　　　　　　/Jiang Xiliang (83)

French Sinology Section In Marking the 50th Anniversary Of TheEstablishment Of Diplomatic Relations Between People's Republic Of China And the Republic Of France (Part Two)

French Discovery and Written Accounts of Asia and China in the 16th Century
　　　　　　　　　　　　　　　　　　　　　　　/Qian Linsen (90)

Arguments Over Marguis d'Hervey de Sainy-Denys　　　　/Meng Hua (107)

Sino-French Communication Commenced since the French Envoy To the Mongolian Empire sent by Louis IX　　　　　　/Geng Sheng (123)

Investigation of the Southern And Northern Tea Road in Yunnan by the French Politicians and Tradesmen　　　　　　/Geng Sheng (146)

Language, Culture, Sinology and Other Disciplines
　　　　　　　　　　　　　/Catherine Despeux/Translated by Qian Linsen (177)

Insights from Real Knowledge—Jean-Pierre Abel-Rémusat on Chinese Written Language　　　　　　　　　　　　　/Yang Zhitang (188)

Studies and Translation of *Taiping Miscellany* in the West
　　　　　　　　　　　　　/Solange Cruveillé/Translated by Gao Yuan (204)

The First Experience of Democracy (1908-1914) —Chinese Tradition and the Practice of the Ellites　　　　　　　/Xiao Xiaohong (212)

The Book of Jade—A Dream of Judith Cautier
　　　　　　　　　　/Ivan Dániel/Translated by Gao Yuan　Zhang Xinmu (227)

Early Chinese Teaching in French National Institute of Oriental Languages and Civilizations　　　　/Angel Pino translated by Chen Han (244)

The Application, Assessment and Improvement of Pedagogical Translation In the Chinese Tuition In France　　　　　　/Liao Min (253)

Zhonghua Book Company and French Sinology　/Chai Jianhong　Sun Wenying (260)

Jean Pierre Abel Rémusat and His Successors　　　　　　/Li Zhen (272)

Sinology In Asia

Nonstandard Characters in *The Cloud Dream of the Nine*　/Wang Xiaoping (286)

An Account of Pipe betle L. and Ancient State *Fuluo*　　/Liu Shunli (301)

5

The Fragrance in Chinese Literary Works——Features of the Yuan Drama
Translated by Aoki Masaru /Wu Jun (312)

Essays On Naito Konan

The Philosophical Background in Naito Konan's Historical Knowledge
/Katuhito Inoue/Translated by Lü Chao (325)

A man Serving Wang Xizhi, An Adviser to Xiong Xiling
Naito Konan's China Perspective Seen from His Self-Definition in 1913
/Tao Demin (347)

What Does the Study of Naito Konan Imply to the Present Reality?
/Qian Wanyue (364)

The Features and Viewpoints Adopted by Ichisada Miyazaki in His Chinese
History Studies /Wang Guangsheng (370)

Sinology In Five Continents

The Ins and Outs of Australian Sinology /Xiong Wenhua (383)

The Increasing Translation and Introduction of Chinese Culture in
FinlandFor One Decade /Li Ying (393)

Sinology In Russia

The Three Kingdoms as a Subject In Russian Historical Theoretical Poetics
/Zhang Bing (405)

New Sinology and The Tradition of Russian China Studies
/A. Romanov/Translated by Yue Xiaowen (417)

Lev Zalmanovich Eydlin and His Translation and Study of Tao Yuanming's
Poetry /Zhang Shujuan (427)

Sinology In The United States

Willam Alexander Parsons Martin's Observation of the Chinese Folk
Customs in Late Qing Dynasty /Cui Xuesen Zhu Junhua (437)

Exchange and Cooperation between Republican Chinese Historians and
American Sinologists /Wu Yuanyuan (451)

Writing about China: American China Experts and Stories of China
/Charles W. Hayford/Translated by Meng Qingbo (473)

Lu Xun in American Sinology /A. Zhelokhovtsev/Translated by Song Shaoxiang (500)

Chinese Classics Known Far And Wide Through International Channels

Literary Minds and Carved Dragons Tour Around the West: How It
  CameInto Being and developed under Comparison　　　／Yan Yaping （512）

Inheritance and Transformation　　　／Yang Yuying　Liao Jin （532）

A Brief Account of The English Version of *the Book of Changes*
　　　／Zhu Ruida （547）

The Significance of Methodology in the Study of *the Book of Odes* abroad
　　　／Gu Weilie （566）

A Survey of the English Translation and Publication of the Contemporary
  Chinese Novels and Novalle　　　／Xu Yun'ao　Shen Suqin （575）

Comparative Studies of Culture From Sinological Point of View

End-Century Glamour: Chinese Modernity Defined by Leo Ou-fan Lee
　　　／Gao Hui （583）

My Tentative Comment on *Ten Odes Composed in London*　　／Wen Han （590）

Yearly Review

Biography, Politics and Sex　　　／Zhang Hao （603）

Tour Abroad and West Learning Spreads Eastwards　　　／Yang Bo （612）

·国学特稿·

三线四点下的天气与天灾

刘明武　刘　源

一、三线四点

1. 简介。所谓三线，即三条天文线。所谓四点，即四个时令点。

三线，南北回归线、赤道三条空间线是也。

四点，春分秋分、冬至夏至四个时令点是也。

2. 界定。三线四点，完整的记载是在《周髀算经·七衡六间》篇中出现的。

七衡，平面上从内到外的七个圆。内衡最小，外衡最大，平面上依次排列。七衡，实际上是中华先贤所认识、所解释的太阳视运动的轨迹。内衡，是夏至时节太阳运行的轨迹。外衡，是冬至时节太阳运行的轨迹。内衡与外衡，放在今天的天文学中看，内衡即北回归线，外衡则是南回归线。内外衡之间，中华先贤确定了中衡。中衡，实际上是赤道线。本文关注的是三线，即内衡、外衡加中衡，其他四衡，本文暂不讨论。

内衡，夏至日太阳的至于线；外衡，冬至日太阳的至于线。衡，春分秋分时太阳的至于线。冬至夏至，是二十四节气的两个端点。春分秋分，是二十四节气的两个中间点。两分两至，是至关重要的时令四点。

《周髀算经·天体测量》告诉后人，日影下的时令四点有着严格的规定性：

冬至晷长1丈3尺5寸；

夏至1尺6寸；

春分7尺5寸5分；

秋分7尺5寸5分。

晷，测量日影的器具。晷长，即太阳照耀下圭表影子即日影的长度。以

1

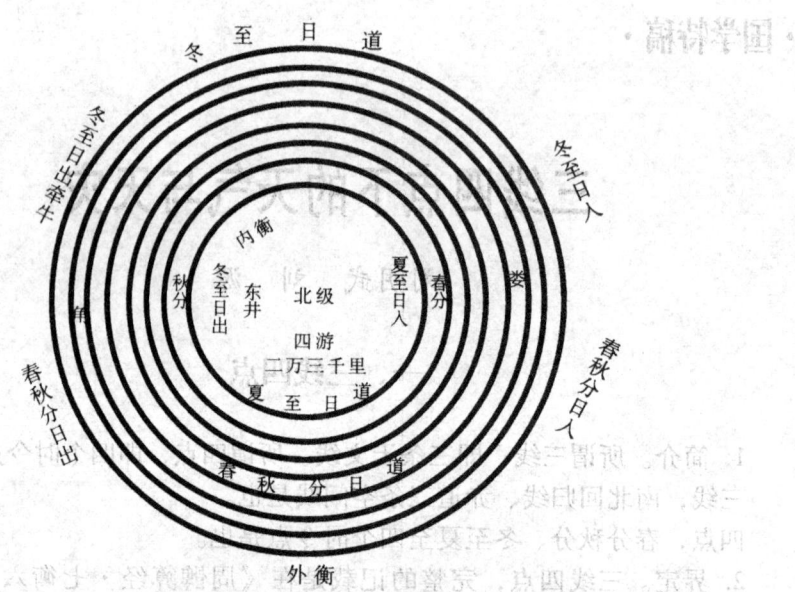

七衡图（陈遵妫：《中国天文学史》第1册）

日影变化而论，冬至点是中午日影最长点，夏至点是中午日影最短点，春分点是日影由长变短的中间点，秋分点是日影由短变长的中间点。这四个点，是太阳与地球对应关系中最重要的四个对应点。以起始与转折而论，冬至点是二十四节气的起始点，夏至点是转折点。

以地球公转而论，两条回归线实际是地球公转中反复倾斜的两个极限。内外两衡即两条回归线具有严格的规定性：南回归线位于南纬23°26′，北回归线位于北纬23°26′。中衡，即将地球一分为二的赤道线，赤道线的纬度为零。空间中的三线，清晰地界定出了时令四点。时令四点即春夏秋冬四时，春夏秋冬四时清晰地界定出了风雨霜雪四种气象。

地球上的节令变化，根本因素取决于太阳，取决于日影长短两极的变化，这是《周髀算经》所揭示出的自然哲理。

二、四点下的正常气象与物象

1.《尚书》的记载。《尚书·尧典》最早出现了仲春、仲夏、仲秋、仲冬

"四仲"之说。仲春即春分，仲夏即夏至，仲秋即秋分，仲冬即冬至。四仲是二十四节气中最重要的四个节令。《尚书·尧典》指出，每个时令都有其物象与气象的基本特征：

仲春时节，人民出现在田野，鸟兽开始繁殖。仲春，昼夜平分。

仲夏时节，人民居住在高处（避暑避洪水），鸟兽羽毛开始稀疏。仲夏，昼长夜短。

仲秋时节，人民又回到平地，鸟兽羽毛开始换毛。仲秋，又一次昼夜平分。

仲冬时节，人民居住在室内，鸟兽长出细细的绒毛。仲冬，夜长昼短。

《尧典》揭示的自然哲理是：太阳决定四时的基本坐标；四时，是决定气象的基本坐标；气象，是决定人们生活与鸟兽繁殖的基本坐标。

《尚书·尧典》记载的是正常的气象与物象。

2.《周礼》的记载。《周礼》最早记载了日影一有东西南北四个方向之变，二有长短之变；日影变化与寒暑风雨有着母源关系。

《周礼·地官》：以土圭之法测土深。正日景，以求地中。日南则景（影）短，多暑；日北则景（影）长，多寒；日东则景夕，多风；日西则景朝，多阴。日至之景，尺有五寸，谓之地中，天地之所合也，四时之所交也，风雨之所会也，阴阳之所和也。

这一论断记载了利用测量日影的土圭之法。

日南，太阳在赤道以南。日北，太阳在赤道以北。从空间中看，太阳视运动就循环在南北两条回归线之间。太阳从赤道以南的南回归线向北回归线回归，日影越来越短。日影越来越短，天气越来越热，如此形成了寒暑之暑。太阳从赤道以北的北回归线向南回归线回归，日影越来越长。日影越来越长，天气越来越寒，如此形成了寒暑之寒。寒暑，源于太阳与地球的两个对应点。太阳与地球，永远是两点一线关系，但对应点却时时刻刻都在变化。对应点的连线，是一个空间椭圆。对应，有两个重要点，这就是冬至点与夏至点。冬至点与夏至点，就是一寒一暑的分界点。

日东，即太阳南来（由南而北）从东面相交于赤道，这一天是春分。日西，即太阳北往（由北而南）从西面相交于赤道，这一天是秋分。春分，多风；秋分，多阴。多阴，指的是天气一天天变凉。夕，傍晚；朝，早晨。景夕、景朝，指的是日出日落的早晚。实际上，在一个太阳回归年中，唯有春分秋分这两天昼夜时间平均。

这段论述出现了"地中"之说。地中，是日影所决定的。日影的最短点，即一尺五寸之点，这一点就是"地中"。

地中之处（即夏至点）有多重意义：一是"天地之所合"之处；二是"四时之所交"之处；三是"风雨之所会"之处；四是"阴阳之所和"之处。多重意义中，"风雨之所会"指的是气象中的风雨点。

《周礼》揭示出的自然哲理是：太阳决定着寒暑，太阳决定着风雨。夏至点，是风雨交会点。寒暑风雨，根本因素在太阳。

3.《逸周书》的记载。二十四节气的最早记载，是在《逸周书·时训解》中出现的。本文只摘录与时令四点相关的物象与气象特征：

"春分之日，玄鸟至。又五日，雷乃发声。又五日，始电。

"夏至之日，鹿角解。又五日，蜩始鸣。又五日，半夏生。

"秋分之日，雷始收声。又五日，蛰虫培户。又五日，水始涸。……水不始涸，甲虫为害。

"冬至之日，蚯蚓结。又五日，麋角解。又五日，水泉动。"

四个时令点有四种物象、四种气象，分别诠释如下：

（1）春分点的物象与气象。玄，黑色。玄鸟，燕子。"玄鸟至"，指的是春分之日燕子的重新出现。燕子归来，是春分之日的物象特征。"又五日，雷乃发声"，指的是春分后第五天，天上会打雷。"又五日，始电"，指的是春分后第十天，天上会开始出现闪电。"雷乃发声"与"始电"，是春分之后的气象特征。

春分这一天，太阳南来相交于赤道。

（2）夏至点的物象与气象。"鹿角解"，指鹿角脱落。夏至之日，鹿角开始脱落，这是指夏至之日的物象。蜩，蝉也。夏至之后的第五天，蝉开始鸣叫。半夏，一种中药材。夏至之后的第十天，半夏开始露出地面。"鹿角解"、"蜩始鸣"、"半夏生"，是夏至时节的三种物象。这一论断里没有介绍气象。

夏至这一天，太阳南来相交于北回归线。

（3）秋分点的物象与气象。"秋分之日，雷始收声"，这句话论的是气象；正常的气象，秋分之时，就不会再有雷声了。蛰，藏也。蛰虫，冬眠的昆虫。"又五日，蛰虫培户"，这句话论的是物象。秋分之后第十天，冬眠的昆虫就开始构筑洞穴了。涸，干涸。"又五日，水始涸"，这句话论的仍然是物象；秋分之后第十五天，溪水就开始下落，乃至干涸。《醉翁亭记》中的"水落石出"，描述的就是秋天的自然景象。

秋分这一天，太阳北往相交于赤道。

（4）冬至点的物象与气象。"冬至之日，蚯蚓结"，这句话论的是物象；冬至这一天，蚯蚓开始盘结。"又五日，麋角解"，这句话论的仍然是物象；秋分之后第五天，麋鹿的角开始脱落。"又五日，水泉动"，这句话论的仍然是物象；秋分之后第十五天，地下泉水开始涌动。

冬至这一天，太阳相交于南回归线。

4.《礼记》的记载。天文变化决定着气象变化，气象变化决定着物象的变化，这是《礼记·月令》的记载。

仲春仲夏仲秋仲冬四大时令点，一个时令点一种天文，一种天文一种气象，一种气象一种物象。介绍如下：

（1）春分的天文、气象、物象特征。奎星，二十八星宿中的西方白虎第一宿。春分之日，太阳对应着西方白虎七宿中的第一宿。太阳对应奎星，是春分之日的天文特征。

春分这一天，昼夜的时间长度平均两分，天开始下雨，开始响雷，开始出现闪电。这是春分之日的四大气象特征。

春分这一天，桃树开始开花，冬眠的昆虫全都开始活动。这是春分之日的两大物象特征。

（2）夏至的天文、气象、物象特征。井星，二十八星宿中的南方朱雀第一宿。夏至之日，太阳对应着南方朱雀七宿中的第一宿。太阳对应井星，是夏至之日的天文特征。

螳螂，一种昆虫，善于捕捉知了。螳螂，留下了一句千古流传的成语——"螳螂捕蝉，黄雀在后。"鵙，又名伯劳，一种吃鱼虫的小鸟。夏至这一天，螳螂开始出现，伯劳开始鸣叫。螳螂生、鵙始鸣，是夏至之日的两大物象特征。

夏至点没有介绍气象特征。

（3）秋分日的天文、气象、物象特征。角星，全名角木蛟，二十八星宿中的东方苍龙第一宿。秋分之日，太阳对应着东方苍龙七宿中的第一宿。太阳对应角星，是秋分之日的天文特征。

一个太阳回归年之中，只有春分、秋分这两日昼夜的时间长度相等，平均两分。秋分这一天开始刮西风,雷声开始消失。西方之风,《吕氏春秋·有始》注释为飂风。西方主秋五行属金,所以西风又称金风。盲风至、日夜分、雷始收声,是秋分之日的三大气象特征。

秋风这一天,大雁南飞,燕子也南飞,这是秋分之日的两大物象特征。

(4)冬至的天文、气象、物象特征。斗星,二十八星宿中的北方玄武第一宿。冬至之日,太阳对应着北方玄武七宿中的第一宿。太阳对应斗星,是冬至之日的天文特征。

冬至这一天,冰层越来越厚,大地开始冻裂,这是冬至之日的两大气象特征。

冬至之日,寒号鸟不再啼鸣,老虎开始交配,这是冬至之日的两大物象特征。

5.《吕氏春秋》的记载。秦始皇焚书,没有焚毁《吕氏春秋》。《吕氏春秋》集诸子百家为一体,堪称一部百科全书。《吕氏春秋》开篇之作为《十二纪》,其中有时令四点的记载,基本相同于《礼记·月令》中的内容,本文仅摘录原文,但不再展开讨论。

"仲春之月,日在奎,……始雨水,桃李华,苍庚鸣,鹰化为鸠。……是月也,日夜分,雷乃发声,蛰虫咸动。

"仲夏之月,日在东井……小暑至,螳螂生,鵙始鸣……鹿角解,蝉始鸣,半夏生,木堇荣。

"仲秋之月,日在角……凉风生,候雁来,玄鸟归,群鸟养羞。……雷乃始收声,……水始涸,日夜分。

"仲冬之月,日在斗……冰益壮,地始坼,鹖鴠不鸣,虎始交。"

三、三线四点下的非常气象与物象

正常与异常相对,有正常必有异常。下面介绍几部典籍记载的异常:

1.《礼记》记载的异常气象与物象。《礼记·月令》记载了一年十二个月非常气象下的万物之病与人体疾病,本文选择四个时令点的内容介绍如下:

(1)春分点的异常。《礼记·月令》:"仲春行秋令,则其国大水,寒气总至……行冬令,则阳气不胜,麦乃不熟……行夏令,则国乃大旱,暖气早来,虫螟为害。"

春行春令，属于正常。春分时节行秋令、行冬令、行夏令，均属于异常。气象异常必然会引起物象异常与自然灾害：

春分时节如果出现秋天的时令，就会引起两种自然灾害：一是大水灾；二是寒气早来。

春分时节如果出现冬天的时令，就会引起两种自然灾害：一是阴气过重；二是小麦不能结籽。

春分时节如果出现夏天的时令，就会引起三种自然灾害：一是大旱；二是暖气早来；三是虫螟成灾。

（2）夏至点的异常。《礼记·月令》："仲夏行冬令，则雹冻伤谷……行春令，则五谷晚熟，百螣时起……行秋令，则草木零落，果实早成，民殃于疫。"

夏行夏令，属于正常。夏至时节行冬令、行春令、行秋令，均属于异常。气象异常必然会引起物象异常与自然灾害：

夏至时节如果出现冬天的时令，就会引起两种自然灾害：一是冰雹之灾；二是会冻伤五谷。

夏至时节如果出现春天的时令，就会引起三种自然灾害：一是五谷晚熟；二是会有各种虫灾；三是天下会出现饥荒。

夏至时节如果出现秋天的时令，就会引起两种自然灾害：一是草木凋零；二是会产生疫病。

（3）秋分点的异常。《礼记·月令》："仲秋行春令，则秋雨不降，草木生荣……行夏令，则其国乃旱，蛰虫不藏，五谷复生；行冬令，则风灾数起，收雷先行，草木蚤死。"

秋行秋令，属于正常。秋分时节行春令、行冬令、行夏令，均属于异常。气象异常必然会引起物象异常与自然灾害：

秋分时节如果出现春天的时令，就会引起两种自然灾害：一是不降秋雨；二是草木再次繁荣。

秋分时节如果出现夏天的时令，就会引起三种自然灾害：一是会出现旱灾；二是应该冬眠的昆虫不隐藏；三是五谷第二次发芽。

秋分时节如果出现冬天的时令，就会引起两种自然灾害：一是风灾；二是草木早死。

（4）冬至点的异常。《礼记·月令》："仲冬行夏令，则其国乃旱，氛雾冥冥，雷乃发声。行秋令，则天时雨汁，瓜瓠不成……行春令，则蝗虫为败，水泉咸竭，民多疥疠。"

　　冬行冬令，属于正常。冬至时节行夏令、行春令、行秋令，均属于异常。气象异常必然会引起物象异常与自然灾害：

　　冬至时节如果出现夏天的时令，就会引起三种自然灾害：一是旱灾；二是大雾；三是重新出现雷声。湖南民谣"冬至有雷声，十个牛栏九个空"，这一民谣告诉世人与后人，非时之雷声会伤及耕牛。

　　冬至时节如果出现秋天的时令，就会引起两种自然灾害：一是雨夹雪；二是瓜瓠不能结果。

　　冬至时节如果出现春天的时令，就会引起三种自然灾害：一是蝗虫之灾；二是泉水干涸；三是会出现疥疮的皮肤病。

　　2.《吕氏春秋》记载的非常气象与物象。《吕氏春秋·十二纪》与《礼记·月令》相较，两者记载的非常气象与物象内容基本相同，本文不再介绍，这里只摘录仲夏、仲冬两点时令错乱与疫病的关系：

　　（1）仲夏行秋令，民殃于疫。

　　（2）仲冬行春令，民多疾疠。

　　《吕氏春秋》指出，时令错乱是疫病产生的根源。

　　3.《黄帝内经》记载的邪风与疾病。在人类文化宝库中，唯有中华文化建立了正风、邪风的判断标准；这一判断标准，就保存在《黄帝内经·灵枢·九宫八风》篇中。

　　时分春夏秋冬，风分东南西北。一时一种风，四时四种风。时分八节（立春立夏立秋立冬，春分秋分冬至夏至），八节八种风。风向合时，正风也。风向逆时，邪风也。一种邪风一种疾病，八种邪风八种疾病。邪风致病，是时令病。邪风致病，是具有流行性、广泛性的疫病。下面介绍正风与邪风的判断标准，篇幅有限，原文不再引用：

　　（1）八种正风。何谓正风，合时之风也。正风的判断标准如下：

　　冬至，北风为正；

　　夏至，南风为正；

　　春分，东风为正；

　　秋分，西风为正；

　　立春，东北风为正；

立夏，东南风为正；
立秋，西南风为正；
立冬，西北风为正。
正风，亦称善风、实风。正风（善风、实风），是养人养万物的风。
（2）八种邪风。何谓邪风，逆时（不合时）之风也。邪风的判断标准如下：
冬至，南风为邪；
夏至，北风为邪；
春分，西风为邪；
秋分，东风为邪。
立春，西南风为邪；
立夏，西北风为邪；
立秋，东北风为邪；
立冬，东南风为邪。
邪风，亦称恶风、虚风。邪风（恶风、虚风）是伤人伤万物的风。认识邪风，可以准确地预测疾病，可以准确地预测流行性疫病。
邪风，是鸡瘟、鸭瘟、禽流感的重要病因。

四、太阳决定着一切

部部经典与先秦诸子，在讲述着一条根本的道理，气象、物象、种种自然现象的背后，天文是决定性因素，但最根本的决定性因素是太阳。
雷声何时响？桃花何时开？玄鸟何时来？蝉何时鸣？鸿雁何时归？鹿角何时解？老虎何时交配？蚯蚓何时盘结？雷声何时收声？蛰虫何时筑窝？溪水何时干涸？泉水何时萌动？天地之间以及大地上的一切变化，决定因素在时令，时令的决定因素在太阳。一切变化，变化在三线四点的框架之下。
在三线四点的框架下，天地之间的变化显示出了这样两大特征：一是无限循环性；二是严格规定性。天灾会例外吗？！

五、月球、行星、恒星的作用

肯定太阳的决定性作用，但也不能忽视月球、行星、恒星的作用。

1.《尚书》记载的恒星预报法。"星有好风，星有好雨。……月之从星，则以风雨。"这是《尚书·洪范》风雨预报方法。"星有好风"之星，为二十八宿中的箕星。"星有好雨"之星，为二十八宿中的毕星。箕星、毕星为恒星，月为卫星。当卫星月球与箕星、毕星之间发生对应关系时，地球上观测者所处的区域内就会刮风、下雨。汉马融："箕星好风，毕星好雨。"当地球与月球、恒星二十八宿中的某一星座三者之间发生对应，即三点成一线时，地球上的观测区内就会发生或风或雨的气象。月球与地球之间，随时都存在着对应关系，但这种对应关系并不能随时引起或风或雨的气象，或风或雨的气象发生在某一特定时刻，这一特定的时刻就在月球、地球与某一恒星三者之间相互对应时。《尚书·洪范》中的天气预报方法，可以做出准确的近期天气预报，也可以做出中长期天气预报。

《孙子兵法·火攻》："发火有时，起火有日。时者，天之燥也。日者，月在箕、壁、翼、轸也。凡此四宿者，风起之日也。"火攻，是古代战争中常用的方法。火攻，必须在一定的时间之内。一定的时间就规定在箕、壁、翼、轸四星出现之日。

箕星，东方苍龙七宿中的第七宿。

壁星，北方玄武七宿中的第七宿。

翼星，南方朱雀七宿中的第六宿。

轸星，南方朱雀七宿中的第七宿。

箕、壁、翼、轸的出现，是有风或风大之日。有风或风大之日，可以放火进行火攻，以此战胜敌人。"不知天文，不足以为将相。"这是古代先贤留下的为将为相的基本标准。——二十八宿属于恒星，这一方法属于恒星预报法。

2.《诗经》中的月球、恒星对应预报法。《诗经·渐渐之石》："月离于毕，俾滂沱矣。"这是月，月球也。毕，毕星也。离，通丽，指靠近。当月球靠近毕星时，地球上观测区内就会大雨滂沱。依照月球与毕星的对应关系，戍边的战士也可以做出准确的暴雨预报。《三国演义》中的诸葛亮与司马懿均利用这一方法，预报出"月内必有大雨"。——这一方法是月球、恒星对应预报法。

3.《黄帝内经》揭示出的风雨规律。八节的交接点上，"天必应之以风雨"。这是《黄帝内经·灵枢·九宫八风》揭示的天气变化规律。以节令转换点预防风雨，这是一个规律而永恒的方法。"清明时节雨纷纷"，这一诗句延续的就是这一方法。

4. 彝族文化记载的行星、彗星、恒星预报法。五大行星可以用来进行天气的中长期预报，彝族学者阿苏大岭在其大作《破译千古易经》中记载了这一方法：

(1) 金星预报法。彝族先贤利用金星出现的位置预报一年的旱涝：

黎明时刻，金星出现在偏南方，预示着该年有旱灾；

黎明时刻，金星出现在偏北方，预示着该年有涝灾；

黎明时刻，金星出现在正中央，预示着该年会五谷丰登。

(2) 火星预报法。火星不吉祥，这是彝族先贤的认识。彝族先贤认为，火星出现在哪个方向，哪个方向会出现天灾。

(3) 彗星预报法。彗星为凶兆，这是彝族先贤的认识。彝族先贤认为，彗星的出现是山崩地裂、洪水泛滥、干旱的预兆。灾难发生在什么地方？彝族文化给出的答案：彗尾指向哪里，哪里就是灾难发生的地方。

(4) 月球与恒星对应预报法。彝族二十八宿中有豹头星，相当于华夏二十八宿中的氐宿；根据月球与豹头星会合的早晚，彝族先贤会做出"是否丰收"的预报：

初六初七，月球与豹头星相会，果实不饱满；

初八初九，月球与豹头星相会，果实半饱满；

初十、十一，月球与豹头星相会，果实饱满。

六、重新认识太阳

1. 永恒的思路与方法。全人类同一个太阳，但是，唯我中华先贤借助日影区分出了二十四节气，唯我中华先贤借助太阳制定出了阴阳十二律。二十四节气，从古到今，中华民族一直在采用；十二律（明朱载堉整理出了十二平均律），全世界都在用；古今，时间也；东西，空间也。太阳历这一成果，可以超越时间，可以超越空间。这说明了什么？是不是可以说明中华先贤"以天文论之，以太阳论之"的思路与方法具有永恒性与长青性?!

2. 显而易见的规律。在二十四节气的基础上稍微统计一下，就会发现一些显而易见的规律性。

（1）寒暑转换的规律。日影长极而寒，日影短极而暑，寒暑转换有着严格的规律性与规定性。

（2）江河潮汐的规律。只有太阳、地球、月球或太阳、月球、地球三点一线时，才有江河大潮的发生。以月亮单独而论，只有月亮满盈之时，才有江河大潮的发生。

（3）台风暴雨的规律。太阳对应到哪里，台风暴雨才会发生在哪里。太阳对应于北回归线的夏至点，往往是台风暴雨的起始点；太阳对应于赤道的秋分点，则是台风暴雨点的密集点。只有在特殊天文的前提下台风暴雨发生的时间会提前，但基本规律不会改变。

（4）暴雪雪灾的规律。只有太阳接近、到达南回归线，才有北半球暴雪雪灾的发生。

（5）厄尔尼诺现象的规律。只有太阳对应于南回归线的冬至点，才有厄尔尼诺现象的发生。

年年有冬至，并非年年有厄尔尼诺现象，这就要看两点一线的直线上是否出现其他因素。

（6）龙卷风起始的规律。只有太阳对应于赤道与北回归线之间（清明、谷雨前后），才有龙卷风的发生。

3. 制定出新的天灾二十四节气。如果继续"以天文论之，以太阳论之"的思路与方法，从二十四节气的基础上再出发，能不能找出各种天灾的规律性，制定出天灾二十四节气？！

（1）正确认识永恒的两点一线。永远是两点一线的关系，这是太阳与地球之间的正常对应。对应点时时刻刻都在变化，四时、八节、二十四节气就产生在这时时刻刻的变化之中。

（2）正确认识变动的三点一线。太阳、月球、地球三者之间，每个月构成两次三点一线的关系，一是太阳、地球、月球顺序的三点一线，一是太阳、月球、地球顺序的三点一线。江河的潮汐，就产生在三点一线下。同理可证地震。

（3）正确认识变动的四点一线、五点一线，乃至 N 点一线。金木水火土五大行星，分为两类：地内行星与地外行星。地内行星有两个：金星与水星。地外行星有三个：木星、土星与火星。地内行星会出现在太阳与地球对应的直线上，地外行星同样会出现在太阳与地球对应的直线上，这样会形成四点一线、五点一线，乃至 N 点一线的对应关系。这是异常的天文现象，异常的天灾应该发生在这里。同理可证地震。

（4）以时间为坐标论天灾。首先是以四大时令点为坐标提出问题：
第一，冬至点的天灾？
第二，夏至点的天灾？
第三，春分点的天灾？
第四，秋分点的天灾？
进一步再提出问题，应该提出下面四个问题：
第五，立春点的天灾？
第六，立夏点的天灾？
第七，立秋点的天灾？
第八，立冬点的天灾？

（5）以空间为坐标论天灾。首先是以三线为坐标提出问题：
第一，太阳相交于南回归线的天灾？
第二，太阳相交于北回归线的天灾？
第三，太阳南来相交于赤道的天灾？
第四，太阳北往相交于赤道的天灾？
进一步再提出问题，应该提出下面四个问题：
第五，太阳在南回归线与赤道之间的天灾？
第六，太阳在北回归线与赤道之间的天灾？
第七，太阳在赤道与南回归线之间的天灾？
第八，太阳在赤道与北回归线之间的天灾？

（6）以二十八宿为坐标论天灾。

（7）以风向异常预报台风。夏至点，南风为正。夏至之后，风向应该由南向西一度一度地发生变化，一旦风向突然转向东方，转向东北，即可以做出台风已经形成的定性预报。如果风向保持在东方、东北方位上，那就说明台风的基础一直存在。这是笔者在广东珠海多年观察得出的结论。

（8）以风向异常预报疫病。春有东风，即春行春令；春有西风，即春行秋令。春行秋令，即时令错乱；时令错乱会引起疾病与疫病。同理可证春行夏令、春行冬令。

一时错乱，有一时之病。

13

四时错乱，有四时之病。

面对鸡瘟、鸭瘟、禽流感，应该继续追问的问题是：鸡为什么会瘟？鸭为什么会瘟？飞禽家禽为什么会感冒？

七、三点结论

1. 天文学是人类第一学，历法是人类第一法。观测太阳以制定太阳历，中华先贤远远走在了世界的前列。

2. 太阳历的二十四节气，中华民族一直在采用，与太阳历伴生的阴阳十二律全世界在采用，中华先贤创建的太阳历、太阴历、北斗历三历合一的阴阳合历，被东亚多个国家所接受、所运用。中国的天文历法，影响了东亚，影响了世界。

3. 论证地球上发生的一切，绝对不能仅仅局限于地球本身。中华先贤"以天文论之，以太阳论之"的思路与方法是正确的，沿着这一思路与方法，完全可以找出天气天灾的规律性，完全可以解答西方不能解答的难题，完全可以创造出遥遥领先于世界的成果。

参考文献

［1］西汉张苍等编撰《九章算术》《周髀算经》，重庆大学出版社，2006年。

［2］许嘉璐主编《文白对照十三经》，广东教育出版社，1995年。

［3］南京中医学院编著《黄帝内经·灵枢译释》，上海科学技术出版社，1991年，第78页。

［4］张闻玉译著《逸周书全译》，贵州人民出版社，1997年。

［5］彭文辑《百子全书》，岳麓书社，1993年。

［6］阿苏大岭（彝族）《破译千古易经》，云南民族出版社，2008年。

·春秋论坛·

关于中国文化走出去的思考

张岂之

文化传播是世界历史和中国历史的重要组成部分，从历史视角看中华文化如何走出去，会使我们思考许多问题，有助于我们做好这件大事。

"中华文化走出去"包含双向需求。文化的"走进"和"走出"，在历史上是联系在一起的。这要做具体的历史分析，比如，佛教在汉代"走进"中国，经过不少曲折，才和本土文化会通，成为中华文化的一部分。佛教中国化的成功，给中华文化提供了新鲜活力，提升了中国思想中哲学的思辨，并且能够在动荡时期辅助政教、安定人心，但是中国文化的主流仍然是儒、法、道思想。可见本国的主流思想是十分重要的。

明清时期，天主教入华，虔诚的教士为了振兴和传播宗教，但委派他们的人却怀有打通航路和开辟殖民地的动机。传教士如利玛窦、汤若望、艾儒略等，学习中国经典，以科技与文化为交流媒介。传教士和中国官方、士大夫、民间的需求并不相同，曾发生"礼仪之争"和反对宋明理学的误区。但是最终还是促进了中西文化交流，一方面西方科技推动了中国知识的进步，另一方面也促成了儒学与天主教教义在某些方面的沟通，这是因为中国有深厚的主流思想文化，即儒家和道家文化。

还有十七八世纪，儒学对欧洲产生了广泛的影响。耶稣会教士或致力于解决早期儒学思想与基督教教义的某些差异，或极力宣传孔子是思想"异端"。有的思想家借此倡导与宗教神学不同的理性精神，进而用来反对教会。笛卡尔、培尔、帕斯卡、马勒伯朗士等都曾受到儒学、理学的影响。在18世纪许多法国启蒙思想家的眼中，中国思想包含无神论、唯物论、自然主义、理性精神等。伏尔泰正是由此成为反宗教和介绍中国思想文化的先锋人物。而狄德罗、卢梭、重农学派都从中国文化中汲取了思想营养。

文化走出去要善于借助历史的机缘，尽可能地考虑到与文化并存的各种复杂因素。从历史来看，单向、单一的文化交流是不存在的。火药、造纸术、指南针、印刷术可谓不传而广播，因为其中蕴藏着很大的物质利益。丝绸之路是古代世界多国、多民族文化交流成功的见证。从某种程度上说，丝绸之路既是文化之路、宗教之路和精神之路；也是和平发展之路，张骞两次受命出使西域，为开拓丝绸之路中线做出了巨大贡献，传播了中华民族热爱和平的愿望。不过，认真地加以审视，不难发现：丝绸之路也是由各种利益链组成的文化通道。伴随着丝绸之路，就有贸易、军事、外交、和平等多重利益诉求。今天建设丝绸之路经济带，目标就是使与之相关的各国在经济和文化上共赢共助。

文化交流是文化自身发展的要求，文化与经济二者的结合是必然的。比如，14 世纪到 17 世纪，在欧洲发生了文艺复兴运动。"文艺复兴"原意是古希腊、罗马文化的再生，14 世纪晚期出现在意大利佛罗伦萨、米兰和威尼斯等商业城市，15 世纪传播到欧洲各国，16 世纪达到顶峰。应当看到，文艺复兴的发生，中国造纸术、印刷术为其提供了必要的物质基础，正如马克思所说："火药、指南针、印刷术——这是预告资产阶级社会来到的三大发明。"还有，从 7 世纪开始，横跨亚非欧的阿拉伯帝国崛起，学者们将大量古埃及、希腊、罗马、波斯和印度的古籍翻译成阿拉伯文。这些文献后来通过西班牙、西西里和法国部分地区，传遍欧洲，成为文艺复兴古典资料的重要来源。文艺复兴的精英一开始是从阿拉伯文译著了解古典希腊科学和文明的。

中华优秀传统文化的核心理念应走向世界。一个国家和民族要赢得世界的尊重，对人类多做贡献，不仅要靠实力，更要靠文化的价值，特别是自身文化中的某些理念，如仁、义、礼、智、信等，这才会有强劲的思想影响力。在这方面，前人已经做出成绩者，今天我们可以继续用其成果，比如我国近代文化名人辜鸿铭译成英文的《论语》、《大学》、《中庸》深受英语国家人士青睐，他写的《中国人的精神》（又名《春秋大义》，英文书名 The Spirit of The Chinese People）曾经风靡海外。

在我国，自十四大以来，从国家层面看，历届政府越来越关注文化的发展和传播事业，而且采取了许多得力的措施，这是十分令人鼓舞的事。在文化战略上，我们还应不断增强文化交流的活力，其中北京语言大学应该积极地承担起这方面的责任。

海外中国学研究的三个新视角

汤一介

"中国学"（Chinese studies）研究涵盖很广，可以说任何属于中国问题的研究都可以包含在"中国学"之中，如哲学、宗教学、文献学、历史学、文学艺术、社会学、伦理学、政治学、经济学、法学、考古学，甚至民俗民风和科学技术等等，都可以包含在"中国学"的研究范围之中。一般说来，可以分现实意义的研究和理论意义的研究两类。这两大类应该是可以互补的。前者大体上说，"中国学"的研究可以为解决我国存在的现实问题提供某些有正面或负面意义的参考和借鉴，并为后者提供一些在理论研究上可以深入思考的课题。后者（学术意义的研究）应该是更加关注有长远意义的理论课题和基础性的学术建设，它可以为解决中国社会存在的现实问题提供理论支持。由于专业的限制和视野的局限，我只能就我近日关注的"海外中国学"（海外学者对中国问题的研究）极其有限的范围谈谈我的看法。

一、在中国思想文化中寻求"普遍价值"意义的思想资源

我认为，不独西方思想文化中具有某些"普遍价值"意义的思想资源，在任何有长久历史文化传统民族的思想文化中都具有某些"普遍价值"意义的思想资源。当然中国思想文化也不能例外。但是，当今有些西方学者和政客认为：只有西方思想文化对现代社会才具有"普遍价值"的意义。照他们看，西方的某些思想观念对当今人类社会是绝对的、普遍的、没有例外的，而其他民族的思想观念对现代社会没有什么"普遍价值"的意义。学术界往往把这种观点称为"普遍主义"。为此，我们必须把"普遍主义"与各民族思想文化中所可具有的"普遍价值"的意义区分开来。

我最近注意到，法国著名学者汪德迈在《编纂〈儒藏〉的意义》一文中提出："曾经带给世界完美的人权思想的西方人文主义面对近代社会以降的挑

战，迄今无法给出一个正确的答案。那么，为什么不思考一下儒家思想可能指引世界的道路，例如'天人合一'提出的尊重自然的思想，'远神近人'所提倡的拒绝宗教的完整主义以及'四海之内皆兄弟'的博爱精神呢？"①"人权"对人类社会无疑具有"普遍价值"，这是由于"人"的自由权利是不应被剥夺的，社会的发展只能靠"思想自由"、"言论自由"、"信仰自由"、"迁移自由"等来实现。但是如何保障"人权"，往往受到外在的力量干扰，无论中外都有这种情况。"人权"问题对中外都非常重要。因此，有些西方学者对"人权"问题提出一些新的看法。汪德迈教授认为，中国的"天人合一"思想对解决"人和自然"的矛盾，"远神近人"的观念对治于宗教的完整主义、"四海之内皆兄弟"的"天下观"对解决缺乏"博爱精神"等都具有现实的意义。这就是说，这些包含在中国的思想文化中的观念对现代社会不失某种"普遍价值"的意义。这是由于他认为，当今西方的"人权"思想虽对现代社会有非常重大的意义，但它还不能说已经完美地解决现实社会存在的"人"对"自然"、"人"对"神"、"人"对"天下"（不仅仅是对某个国家而是对"天下"）应负的"责任"。因此，西方的"人权"思想应可在其他思想文化（如中国思想文化）寻求某些补充西方"人权"思想的有价值的思想因素，以便使当今人类社会走向更加合理之路。

无独有偶，美国的两位哲学家安乐哲、郝大维合写的《通过孔子而思》一书中也对"人权"观念有所讨论，他们说："我们要做的不只是研究中国传统，更是要设法使之成为丰富和改造我们自己世界的一种文化资源。儒家从社会的角度来定义'人'，这是否可用来修正和加强西方的自由主义模式？在一个以'礼'建构的社会中，我们能否发现可以利用的资源，以帮助我们更好理解哲学根基不足却颇富实际价值的人权观念？"② 正因为近代社会特别重视个人的自由权力，使得人类社会有了长足的发展。这是因为"自由"是一种巨大的创造力。但是，个人的"自由权力"与某一国家和民族的"自由权力"的滥用，在一定情况下会对其他人的权力或其他国家和民族的"自由权力"构成威协和遏制，甚至侵犯。那么，中国传统文化中的"从社会的角度来定义'人'"和"礼"是否可以对"人权"观念起一点补充作用呢？在

---

① 《编纂〈儒藏〉的意义》，《光明日报》2009年8月31日。
② 《通过孔子而思》，北京大学出版社，2005年，中译本序第5页。

《论语》中有一条说:"礼之用,和为贵。"这是说,"礼"的作用最重要者在于使社会和谐。这是因为,"礼"是一种带有制度性的力量来起着调整人与人之间关系的作用。盖因每个人在进入社会时,就有着如何处理与他人关系的问题。在《礼记·坊记》中说:"君子礼以坊德,刑以坊淫。"君子制"礼"是为了防止败坏道德规范,制"刑"是为了防犯祸乱社会秩序。贾谊《陈政事收》中说:"进言者,皆曰天下已安已治矣,臣独以为未也。曰安且治者,非愚且谀,皆非事实知治乱之体者也。"何谓"治乱之体"?贾谊说:"夫礼者禁于将然之前,而法者禁于已然之后,是故法之所用易见,而礼之所生难知也。"可见,在中国传统中,对"礼"特别予以重视。这是因为儒家认为,在"人"进入社会之后,人与人之间有着一种相互对应的关系,如《礼记·礼运》中说:"何谓人义?父慈子孝,兄良弟恭,夫义妇听,长惠幼顺,君义臣忠,十者谓之人义。"① 这就是说,在社会中人与人发生关系时,应有一个权利和义务(或责任)相对应的关系,不应只有单方面的权利,而无须对所规定的"义务"负有相应的责任。例如,"父慈"、"子孝"相对应,才是合乎道义的,没有"父子"就无所谓"子孝",同样没有"子孝",也就无所谓"父慈"。因此,我常考虑中国前现代社会是不是可以称为"礼法合治"的社会?这是由于我考虑到"礼"在我国前现代社会中是多么的重要。那么,"礼"作为一种对"法"的补充或辅助是不是有它一定意义。因而我们曾和法国学术界的朋友讨论过,我们设想是否在"人权公约"的基础上还可以有个"责任公约"?它也许可以对"人权公约"起着保护和补充的作用。安乐哲、郝大维关于从社会角度定义"人"和对"礼"的重视是不是对我们应有所启发。关于"礼法合治"问题也许是我们应该研究并总结某些可以为今日社会借鉴的思想资源。

我们还可以注意的是,法国索邦大学查·爱德华教授提出:"孔子思想中充满信仰、希望、慈悲,具有普遍性。"② 这里虽是套用了西方基督教的"信"、"望"、"爱",但无疑孔子的儒家思想确有对"天"的信仰,有使

---

① 《郭店楚简·六德》中说:"父圣子仁,夫智妇信,君义臣忠。"
② 见于《中法学者沪上共论孔思想》,上海《文汇读书报》2009年9月18日。莱布尼兹曾说:"我认为今日文明的增进应该集中在欧洲和中国身上,我把这看作命运的一个独特安排,因为正是中国促进了东方文明,一如欧洲促进西方的文明。"引自唐崇昭博士《目击大师对话》,《世界文化论坛》2005年9、10月。因此,照我看,中国和西方文明的对话,以增进互相理解非常重要。

"天下无道"的社会变成"天下有道"的社会的愿望，有以"仁"为核心的博爱精神。① 如果说西方基督教的"信"、"望"、"爱"有某种"普遍性"，那么应该说孔子儒家思想的"信"、"望"、"爱"有着更加完美的"普遍性"。

我想，当前为什么各国学者开始注意到寻求在不同民族思想文化中"普遍价值"意义的因素，这是由于人类社会要走向"和平"和"繁荣"，就必须在"对话"中寻求共同语言，寻求大家可以共同接受并且遵循的规则，除了全人类已经共同确认的共通"普遍价值"外，如"人权"、自由、民主等等，我们还必须承认各个不同民族的思想文化中都有某些"普遍价值"意义的因素。不同民族文化中所具有的"普遍价值"意义的因素必将会对"人权"、"自由"、"民主"等观念有着补充和发展的意义。中华文化是世界几大文化中重要的文化传统之一，在他的思想文化中寻求有益于人类社会生活具有"普遍价值"意义的因素，无疑是十分重要的。

二、建构性的后现代主义思想中的中国思想因素

建构性的后现代主义是20世纪末、21世纪初出现的对前此解构性后现代主义的一种发展，它是以怀德海的"过程哲学"作为其哲学理论基础。怀德海的"过程哲学"在众多方面与中国哲学思想相接近，如其有机整体生生不息发展的世界观，"人与自然为一生命共同体"的"天人合一观"等等。因此，张东荪曾说：熊十力的《新唯识论》与怀德海的《过程哲学》有不谋而合处。而且熊十力也认为，他的哲学在某些方面与《过程哲学》有共同点，照他看，他的《新唯识论》认为"心物皆无自体"、"同为一整的两方面，此其说，西洋哲学同见之。如罗素、杜威、怀德海无不同声否认心物各有自体。心物二元论已成过去。"② 例如，怀德海的《过程与实在》中指出，中国思想"视过程为终极"，相反，西方则"视实在为终极"。③《系辞》谓："神无方而易无体"。"易"的变化是无方所的，不是一不变的实体，因此它不是一种

---

① 王治河、樊美筠《当代西方的中西文化的互补意识》。载2011年《跨文化对话》27辑，三联书店。
② 《论玄学方法——答谢幼伟》，《熊十力选集》，吉林人民出版社，2005年。
③ [美] 克里福德·柯布《生态文明呼唤一种有机的思维方式》，《世界文化论坛》2008年第5期。王治河《第二次启蒙》，北京大学出版社，2010年。

实体论。这个看法，可以由《系辞》的"生生之谓易"得以说明。

建构性后现代主义的奠基人之一查伦·斯普瑞奈克说："我所提出的生态—社会图景，在很大程度上与老子关注自然的精妙过程，与孔子强调培养道德领袖及人类对更大的生命共同体的责任感有共同之处。"① 老子《道德经》描绘了一幅世界演化过程的图景："道生一，一生二，二生三，三生万物，万物负阳而抱阴，冲气以为和。"这段话说明老子把宇宙看成一个不断演变的过程，这个过程是无穷无尽的自然演化过程，所以老子又说："人法地，地法天，天法道，道法自然。""道"是自然而然的，或说"道"是以"自然"为法则，因而人要顺应自然。把"天地万物"的存在和变化看成是一个过程，这正是建构性的后现代主义的一个特征，正如该学说的创造人之一约翰·科布所说："建构性的后现代主义和中国传统的思想都开始于一种不同（于西方）的本体论，我称这种哲学为有机哲学，这是一种新的思维方式。根据这种思维模式，具体的事物是一种连续不断改变的基质。没有永恒不变的实体，相反，却存在着持续变化的关系。"② 创构性的后现代主义之所以如此认为，就在于他们的哲学和中国传统哲学都是不同于西方自苏格拉底以来的"实体论"哲学，③ 而是一种把一切都看成是流变的过程。正如法国汉学家和哲学家于连所认为，中国人的宇宙观是一种"过程观"，虽然中国古汉语中没有"过程"（process）这个词，但"过程"思想渗透在古文的"道"、"变"、"易"、"神"、"化"等词汇之中。④

查伦·斯普瑞特奈所说的创构性后现代主义与"孔子强调培养道德领袖及人类对更大的生命共同体的责任感有共同之处"。我想，这是指的建构性后

---

① 查伦·斯普瑞奈克《生态后现代主义对中国现代化的意义》，《世界文化论坛》2006年1、2月。

② 《为了共同的福祉——约翰·科布访谈》（王晓华访问记），上海《社会科学报》2002年6月13日。

③ 王治河《当代西方的中西文化互补意识——过程哲学家和建设性后现代思想家的贡献》中说："'实体'概念从前苏格拉底哲学以来一直是西方哲学的一个重要基石，……伴随着现代机械世界观的得势，实体概念仍深深地左右着现代西方人的思维。……所谓实体思维，就是强调世间存在着独立不依的、永恒不变的终极实在。这种'独立不依、永恒不变的终极实在就是实体'。"可参见唐力权的《怀德海和〈易经〉中的时间观念》，《中国哲学杂志》1974年第1期。

④ 参见秦海鹰《怎样言说他者——谈于连教授对中国古典文论概念的梳理和阐释》，《跨文化对话》，江苏人民出版社，2008年。

现代主义与儒家的"天人合一"思想以及"礼"的作用的思想有着某种共同之处。正如约翰·科布说:"建构性后现代对解构性的后现代的立场持批判态度,……我们明确地把生态主义维度引入后现代主义之中,后现代是人与人,人与自然和谐相处的时代。在这个时代将保留现代性某些积极的东西,……以建构一个所有生命共同福祉都得到重视和关心的后现代世界。"他还认为,有机整体系统观念,"都关心和谐、完整和万物的互相影响。""当过程思想被中国人所拥有和借鉴,它在中国相比西方获得更丰富的发展,因为中国传统文化一直是有机整体主义的。"① 这里无论是查伦·斯普瑞特奈的"人类对更大生命共同体的责任感",还是约翰·科布的"人和自然和谐相处的时代",都是对怀德海的"人与自然是一生命共同体"的发挥。儒家的"天人合一"思想正是要说明"人"和"自然"之间有着一种相即不离的内在关系。朱熹对"天人合一"的解释说:"天即人,人即天,人之始生得之于天;即生此人,天不在人矣。"在"天人关系"的问题上,天离不开人,人也离不开天。这是因为,人之初产生虽然得之于天;但一旦有了人,天的道理就要由人来彰显,即人对天就有了一种不可推卸的责任。因此,孔子的儒家认为,人不仅应该"知天",而且应该"畏天"。中国传统的"天人合一"学说认为,"知天"和"畏天"是统一的。"知天"而不"畏天",就会把天看成一死物,而不了解"天"乃是有机的、连续性的、有意的、生生不息的与人为一体的。"畏天"而不"知天",就会把"天"看成是外在于人的神秘力量,那么人就不能体现"天"的活泼泼的有机体的气象。因此,一旦中国传统的儒家思想与建构性的后现代接轨,那么中国社会在实现现代化之后,或者会更加顺利地进入后现代。

照建构性后现代的思想家们所提倡的有机整体系统的世界观看,现代社会太注重个人自我的张扬,而忽视对他人的责任,因而他们提出将第一次启蒙的成绩与后现代整合起来,召唤第二次启蒙。"如果说第一次启蒙的口号是解放自我,那么第二次启蒙的口号,就是尊重他者。"② 在一次科布访问北京大学时,他看到了"未名湖",并了解了这个湖名的含义后说:"我们感到今

---

① 《为了共同的福祉——约翰·科布访谈》(王晓华访问记),上海《社会科学报》2002年6月13日。
② 参见王治河《后现代呼唤每次启蒙》,《世界文化论坛》2007年1、2月号。

天的人类最需要的品德就是谦逊。没有哪个人、哪个文化是真理的唯一拥有者。我们应该向他者开放,敬畏他者。"① 在当今,人类社会处在全球化的时代,各种矛盾和纠纷不断,如果希望人类不要自己毁灭自己,那么就必须"谦逊",对"他者"应抱着真诚理解的态度,维护文化的多元发展,"尊重他者",以达到和谐相处的目的。在儒家的经典《中庸》里有句话说:"道并行而不相悖"应该受到我们重视。盖因各个民族的文化中都有某些"普遍价值"意义的至理名言,在它们之间可以互补、互动,而有益于克服自身思想文化中的某些傲慢与偏见。我们期待着与后现代的学者们有更多的交流。

三、于连"迂回—回归"的启示

弗朗索瓦·于连(1951—)是一位法国比较年轻的汉学家,同时又是一位欧洲的"希腊哲学"家。他多次到中国,著有好几本关于中国文化的书,如《隐喻的价值——中国传统中的诗解释的原则》、《过程和创造——中国文人思想导论》、《内生之象——〈易经〉的哲学阅读》、《中庸》,但最重要的应该是他那本《迂回与进入——中国和希腊意义策略》,于连有篇题为《我们西方人研究哲学不能绕开中国》的论文中说:"我们选择出发,也就是选择离开,以创造远景的思维空间。在一切异国情调远处,这样的迂回有条不紊。人们这样穿过中国也是为了更好地阅读希腊,尽管有认识上的断层,但由于遗传,我们与希腊有着某种与生俱来的熟悉,所以了解它,也是为了发展它,我们不能不割断这种熟悉,构成一种外在的观点。"② 为什么于连选择远离其自身文化传统,深入地来研究中国文化?这是因为他认为"中国文化对欧洲文化来说代表着最明显的外在性,无论是其古老的还是它的发展,都会让我们欧洲人摆脱自己的种族中心论。"③ 于连作为一位汉学家,同时又是一位哲学家,他如此思考,从研究中国这一迂回的路程再回到希腊,这"迂回—回归"的旅程是不是会给西方学者带来一新的视角,我想是肯定的。这种以"互为主观"、"互相参照"为核心,重视"他者"反观自身文化的跨文化研

---

① 参见唐崇昭《目击大师对话》,《世界文化论坛》2005年9、10月。
② 《跨文化对话》第五期,上海文化出版社,2001年。
③ 见于2008年在北京大学举办的《弗朗索瓦·于连的思想对西方思想史的意义》发言稿。

究,从另外一种文化来了解自身文化,正是为了在继承自身文化中发展它的文化传统。如果说,前面讨论不同民族文化中的"普遍价值"意义的问题是在"特殊价值"中寻求共通的"普遍价值"的意义,是一求"同"的路向;那么于连的"迂回与进入"的模式则是在不同民族文化中求"异"的路向。于连走的是崇尚"异"的道路,因为于连深刻了解庄子说的"物之不齐,物之性也"。特别是越是相异的文化对此种文化越有借鉴价值,而中国文化对欧洲文化来说是最远离的,正如于连所说:"这两种文化彼此独立发展如此之久,从一开始就没有相互注视,没有'交谈'。"① 一旦这两种文化相遇,它们的碰撞,会出现几种可能:一是,一方拒绝另外一方,而自我封闭,如某些原教旨主义;二是,一方被另一方征服,而使被征服的一方成为失去传统的民族;三是,不同文化的双方经过长期的"互视"、"交谈",而能相互理解。于连也许为我们提供了一种新的"互视"、"交谈"模式:就是在对"异国情调"的了解中发现"异"对发展其自己文化的"益"(好处)。于连从对中国文化的研究出发,走着一条"迂回"的道路,经过反思自身文化,摆脱自己的种族中心论,再回归希腊,这是因为他是一直生活在希腊文化的氛围之中,"与希腊有着某种与生俱来的熟悉",为了发展其自身文化,从一个十分相异的外在观点来观照自身文化必有新的视角,而有新的发现和新的创造。我认为,这也许是当今西方汉学家(特别是欧洲的汉学家)的一条可行之路。因此,我们应更多地关注于连这样的新型汉学家。他的"迂回与进入"或"迂回—回归"新的"中国学"研究模式,对我们的"国学"研究(可以把它叫作我们自身的"中国学"研究)应有所启示,我们是不是可以同样以"迂回"的道路,从相异的西方传统那里,经过反思回归我们自己的文化传统,这是为了"了解它,也是为了发展它"。我认为,"反本"才能"开新","反本"更重要的是为了"开新"。"反本"必须要对中国思想文化的源头和流向有深切的了解,坚持自身文化的主体性。我们对中国思想文化及其流向了解得越深入,它才会面对新世界的强大生命力。"开新"要求我们全面、系统地了解当今人类社会所面临极待解决生存和发展的重大问题和世界文化发展的总趋势,特别要了解那些与我们文化传统相"异"的民族文化,这样才能对中国思想文化作出适时、合乎时代的新诠释。"反本"和"开新"不能

---

① 见于2008年在北京大学举办的《弗朗索瓦·于连的思想对西方思想史的意义》发言稿。

割裂,只有深入发掘中国思想文化的真精神,我们才能适时地开拓中国思想文化发展的新局面,只有敢于面对当前人类社会存在的问题,深入地了解其他民族的文化传统,才能使中国思想文化的真精神得以发展和更新,使中国思想文化在 21 世纪的"反本开新"中"重新燃起火焰"。①

　　国外有一些研究"中国问题"的学者,已经注意到要"摆脱自己的种族中心论",从了解中国,借鉴中国历史文化的经验发展他们自身文化。当前我国有一股"国学热",重视我们优秀的有长达五千年的历史文化传统,担当起传承这一历史文化传统的重任,坚持我们自身文化的"主体性",是必要的,但是要看到必须克服狭隘的"民族主义"情绪。文化上的"欧洲中心论"已经破产,我们决不能再提出个什么"中国中心论"来,什么"三十年河东,三十年河西"、"中国文化可以拯救世界",这不仅是不可能的,而且是十分有害的提法。目前,对于老祖宗给我们留下的文化遗产,必须珍视,但我们现在并没有为这份文化遗产增添多少光彩;相对于发达国家的学术文化现状,虽然我们的学术文化已取得了很大的进步,但我国现在也还没有能在学术文化理论上为人类社会做出划时代的重大贡献。因此,我们必须努力奋进。

---

　　① 卡尔·雅斯贝尔斯在《历史的起源与目标》中说:"人类一直靠轴心时代所产生的思考和创造的一切而生存,每一次新的飞跃都要回顾这一时期,并被它重新燃起火焰。自此以后,情况就是这样,轴心期潜力的苏醒和对轴心期潜力的回忆或曰复兴,总是提供了精神力量,对这一开端的复归是中国、印度和西方不断发生的事情。"

Sinology、Chinese Studies、中国学与国学的交叉

乐黛云

汉学与国学,过去似乎泾渭分明,前者指外国人研究中国学问,后者指中国人研究中国自己的学问。在有些人看来,二者不仅互不关联,甚至互相排斥。例如有些国学研究者认为外国人受他们自己文化谱系的局限,根本不可能正确了解中国文化;况且过去的汉学家多半怀有侵略他国的殖民利益或掠夺文化财富的个人私利,因此他们的研究往往远离公正和正义,很难得出正确结论;而不少国际汉学家也较少承认中国学者研究成果的价值,常常把中国学者的成就看作只能是构建自己理论体系的砖瓦木石而不大承认中国学者自在和自为的学术体系主体。世界进入全球化阶段,这种情形有了很大改变。

首先是汉学经历了三个不同阶段的递进。第一阶段是以欧洲传教士和某些专门学者为代表的汉学研究(Sinology)。他们一方面为自己所属集团和自己的利益工作,一方面也为中国文化的发展作出了贡献,如瑞典高本汉对汉语语言学的研究。第二阶段主要是20世纪四五十年代以费正清、史华兹等美国学者为代表的海外中国研究(Chinese Studies),如费正清以他的"冲击与反应"模式做了大量调查,全面研究了中国政治、经济、社会各方面的现实状况;他的学生保尔·科亨(Paul Cohen)以"在中国发现历史"为旗帜,从中国发展的内因出发,对费正清的研究作了补正和辨析。费正清的另一个学生本杰明·史华兹(Benjemin Schwarcz)热衷于追溯各种现实状况的历史根源。他的传世之作《古代中国的思想世界》突出了中国文化内部的多样性和其间的张力,使美国的中国研究在一定程度上离开了片面为美国现实政治服务的功利主义。六七十年代及其后,由于中国的大变动和中国国际地位的大大增强,世界各国对中国的探索和研究有了很大发展。综合汉学、中国研究

及其他有关中国学问的"中国学"的名目始普及于全世界。

目前，我们正面临着"中国学"发展的第三阶段。我认为这一阶段的主要特征就是外来的"中国学"与本土的国学互相渗透与交叉的新阶段。这种渗透与交叉当然不自今日始，但于今有了极大发展。自 20 世纪以来，一种彻底摆脱过去文化霸权宰制的渴望，一种建构一个多元文化共生的全球化的渴望已成为人类的共同追求。这种追求不仅表现在曾经被宰制的各个民族，也发生在过去宰制他人的发达国家。在过去的发达国家里，很多学者一方面看到自身文化发展的危机，一方面向他种文化寻求新路。特别是对中国文化素有研究的学者们在这一过程中重新发现并强调了中国文化的普世价值的意义。例如素有"法国大儒"之称的汪德迈教授认为："面对后现代化的挑战，……曾经带给世界完美的人权思想的西方人文主义面对近代社会以降的挑战，迄今无法给出一个正确的答案。那么，为什么不思考一下儒家思想可能指引世界的道路，例如'天人合一'提出的尊重自然的思想，'远神近人'所提倡的拒绝宗教的完整主义以及'四海之内皆兄弟'的博爱精神呢？"① 安乐哲、郝大维在《通过孔子而思》一书中说："我们要做的不只是研究中国传统，更是要设法使之成为丰富和改造我们自己世界的一种文化资源。儒家从社会的角度来定义'人'，这是否可用来修正和加强西方的自由主义模式？在一个以'礼'建构的社会中，我们能否发现可以利用的资源，以帮助我们更好理解哲学根基不足却颇富实际价值的人权观念？……"② 法国索邦大学的查·华德（Xavier Walter）教授认为："孔子思想中充满信仰、希望、慈悲，具有普遍性。在 21 世纪的今天不仅有道德的示范作用，更有精神的辐射作用。"③ 总之，当代国际中国学研究界已经有一些学者（虽然还不是很多）意图从其他民族文化，特别是从中国文化中寻求普世价值，以解决人类遭遇的共同问题。为此，不少人已摒弃了过去的种族偏见。例如法国汉学家弗朗索瓦·于连就说："中国文化对欧洲文化来说代表着最明显的外在性，无论是其古老的还是它的发展，都会让我们欧洲人摆脱自己的种族中心论。"④

这一系列变化不仅是源于多元文化全球化的需要，也是源于西方思维方

---

① 汪德迈教授的《编纂〈儒藏〉的意义》，《光明日报》2009 年 8 月 31 日。
② 《通过孔子而思》，北京大学出版社，2005 年，中译本序第 5 页。
③ 见于《中法学者沪上共论孔子思想》，上海《文汇读书报》2009 年 9 月 18 日。
④ 见于 2008 年在北京大学举办的《弗朗索瓦·于连的思想对西方思想史的意义》发言稿。

式从解构的后现代思潮向建设性的后现代思潮发展的转型。20世纪末、21世纪初，著名生态哲学家约翰·科布（John B. Cobb）以怀德海的"过程哲学"（process philosophy）为基础，提出"建设性的后现代主义"（constructive postmodernism）。怀德海认为不应把人视为一切的中心，而应把人和自然视为密切相关的"生命共同体"。他对现代西方社会的二元思维进行了批判，提倡有积极意义的整体观念。① 科布由此出发明确地号召把生态主义维度引入后现代主义，强调"具体的事物是一种连续不断的改变的基质。没有恒久不变的实体，相反，却存在着持续变化的关系。"② 他认为这种有机整体系统观念，"关心和谐、完整和万物的互相影响"与中国传统的许多思想都"深度"相通。他说："我们的后现代是人与人，人与自然和谐相处的时代"，这个时代将保留现代性中某些积极的东西，但超越其二元论、人类中心主义、男权主义，以建构一个所有生命的共同福祉都得到重视和关心的后现代世界。"③ 他坚信"当过程思想被中国人所拥有和借鉴，它在中国将比在西方获得更丰富的发展，因为中国传统文化一直是有机整体主义的。"而"未来哲学的发展方向是西方文化和东方文化的互补和交融"。

从国学研究方面来看，我们正处于一个"反本开新"的新阶段。"反本"是为了重新认识自己文化的主体，"开新"则需要吸取外界和当代的智慧，特别是从蓬勃发展的国际汉学中吸取营养，与国外汉学研究的最新成果相结合。其实这也是国学研究传统的一个方面。王国维、陈寅恪都注重"把地下的实物和纸上的遗文互相释证"，"外来的观念和固有的材料相互参证"，"异国的故书和吾国的古籍相互补正"，这就意味着国学与国际汉学的结合。最近读陈流求等著的《也同欢乐也同愁——忆父亲陈寅恪和母亲唐筼》，书中谈到陈寅恪重返清华园授课时，有"三位助手……王（永兴）主要负责授课有关工作，汪（籛）重点在研究方面，陈（庆华）则管涉及外语部分。……父亲仍如既往，要了解世界学术动态。除陈庆华先生要读西文杂志外，周一良教授也有

---

① 参见《怀德海和谐回应东方》，上海《社会科学报》2002年8月15日。
② 参见克里斯福德·科布《生态文明呼唤一种有机的思维方式》，《世界文化论坛》2008年第2期；"关于自由的思考——一个过程思维的新视角"，《世界文化论坛》2009年第1期；并参见中美后现代发展研究院副院长王治河的《后现代呼唤第二次启蒙》，《世界文化论坛》2007年1、2月号。
③ 《为了共同的福祉》，王晓华的《约翰·科布教授访谈》，上海《社会科学报》2002年6月13日。

时来家叙谈并译读日文杂志论文"①。可见陈寅恪始终是把国学放在国际学术，特别是国际汉学的语境中来研究的。

其实，国学与国际汉学的渗透和交叉是多种多样的，可以在国际汉学的语境中，从实证来研究国学（如陈寅恪），可以在中西方思维方式的碰撞中来探讨中西相通的普世价值（如汪德迈、安乐哲、汤一介等），可以从中西文化之"异"，来重新审视自身文化，达到"反思本文化的开新"的新发展（如弗朗索瓦·于连等）；这里有汉学家和国学家的系统研究与开发，也有并非汉学家或国学家的学者们对两种文化智慧的考察，特别是灵感的触发和思想的共鸣，如上面提到的科布，以及伏尔泰、莱布尼兹、荣格和众多外国学者，他们并不一定全面、系统了解中国文化，但中国文化触动了他们正在深思而难于索解的疑点②。这往往是异文化融入某种主流文化并对其发展作出重要贡献的重要途径。正是由于以上种种不同方式的渗透和交叉，加上旅游和器物的交换等等，文化的异地发展，如佛教文化之移入中国、爱琴海文化之移入西欧才得以实现。

总之，基于整个世界力量格局的变化，基于帝国殖民文化宰制的结束和随之而来的帝国文化危机与价值危机，也基于中国的和平崛起，从专制走向民主，西方对于中国的研究空前重视，中国本土的国学研究充分体现了自身的主体性，正在蓬勃发展，凡此种种条件的聚合，使国际汉学与国学的渗透与交叉，发展到了一个崭新的阶段，并共同成为全球文化多元共生的重要推动力，这已是不可逆转的历史趋势。

---

① 引自陈流求、陈小彭、陈美延著《也同欢乐也同愁——忆父亲陈寅恪和母亲唐筼》，三联书店。
② 参阅乐黛云主编《中学西渐丛书》。

国学、汉学及跨文化研究

李庆本

关于"国学"这个名称的由来，学界多以章太炎先生1902年流亡日本时所开办的"国学讲习会"作为"国学"在中国产生的根据。不过，也有人对此持有不同的看法。钟少华教授在《试论近代中国之"国学研究"》一文中指出，"国学"这个概念远远早于章太炎的"国学讲习所"，是日本很早就有的一个概念，原是专指一种地方子弟学校，后来演变为日本的研究方法和学术精神。日本的"国学"概念针对的是"汉学"概念，而日本的汉学概念，恰是他们所讲的中国古典文献学。1887年，中国驻日参赞黄遵宪的《日本国志》中，已经提到日本的"国学"。所以，国学概念其实早于章太炎就来到中国了，章先生的功劳不过使日本的"国学"概念改变成中国的"国学"概念而已。而中国古代并没有"国学"这个概念。"国学"这个概念产生于近代中外文化交融的背景之下，是一个不争的事实。许多研究者无视这一背景，而盲目地将"国学研究"直接等同于中国古代学术，这显然失之偏颇。不过，如果因为"国学"这个概念不是中国固有的概念，就据此加以否定，则是我所断不敢承教的。

首先，近代以来许多学术概念均非中国传统所固有，若一概据此标准加以排斥，则近代以来所形成的学术传统则显然需要重新书写。这样一来，打击面过大，仍然是过去"大破大立"的旧思维，不利于今天的文化建设。笔者向来主张，我们今天继承传统，不仅要继承中国古代的大传统，也要充分尊重中国近代以来在中外跨文化交融中所形成的小传统。这个小传统尽管受到外来文化的冲击和洗礼，但仍然是对中国历史发展要求的回应，它仍然根植于中国文化之土壤中，是中国文化发展的一个新阶段，决不可看成是中国传统文化的断裂。

其次，章太炎先生所力图讲述的是："一、中国语言文字制作之原；二、典章制度所以设施之志趣；三、古来人物事迹之可为法式者。"这虽与日本的"国学"原则相一致，但所研究的对象显然是中国古代的学术典籍。中国古代虽没有"国学"这个概念，但其内涵则可以上溯到《论语·先进》所谓"文学"。文学在早期即所谓"经学"，即"六经之学"，而随着社会的变迁，学术的发展，六经之学渐以扩大，"文学"则包含了一切"学术文化"，又非"经学"所能囊括。所谓"一时代有一时代之文学"。

所以，我们既没有必要因为国学所研究的对象为中国古代文化典籍，就无视国学这个概念产生的近代跨文化背景，也没有必要因为它的这一背景，就否认它与中国传统的血缘关系。在这里，将"国学"与"国学研究"加以区分，也许是有意义的。对于"国学"而言，这个概念虽然是在近代中外文化的交融中产生的，但它的内涵却可以涵盖中国古代文化典籍，而"国学研究"才是真正意义上的近代学术的产物。我们通常所说的"国学"因为常常包含了"国学研究"，所以造成了某种程度的混乱。应该说，"国学"与"国学研究"既有联系，又有分别。"国学研究"是对"国学"的研究，因而"国学"是"国学研究"的研究对象，而"国学研究"则是"国学"的研究理念与方法，是采用近代学术新理念、新方法对中国古代文化典籍的研究。

跨文化研究可以分为两个方面：一是跨越古今文化，二是跨越中外文化。前者构成了跨文化研究的时间维度；后者构成了跨文化研究的空间维度。如果说国学的研究是侧重在时间维度的研究，那么汉学以及汉学研究则是侧重空间维度的研究。

孙康宜教授在《谈谈美国汉学的新方向》一文中指出，在美国的大学中，汉学一般被归为"区域研究"，无论是中国语言、文学，还是中国历史、人类学，都归为东亚系；独在耶鲁大学，汉学是按照"学科研究"被分别在各个系中。例如，在耶鲁大学中，教中国文学和语言的人，如傅汉思及孙康宜本人都属于东亚"语言文学系"。教中国历史的人，如史景迁及余英时属于历史系；教社会学的戴慧斯属于社会学系，而教人类学的萧凤霞则属于人类学系。孙康宜认为："这种以学科为主的教学方式也有它意想不到的好处"，它与"美国汉学这二十多年来的全球化趋势不谋而合"。归纳一下，孙康宜所说的美国汉学新方向主要体现在以下三个方面：

第一，汉学研究的范围不断扩大。过去欧洲传统汉学是把中华文化当成博物馆藏品以一种猎奇的态度来研究的，"汉学家们的学术著作只在汉学界的圈子里流行，很少打入其他科系的范围"。但随着美国比较文学范围的扩大，约在20世纪80年代，美国汉学渐渐进入比较文学的研究领域，"有些汉学家一方面属于东亚系，一方面也成了比较文学系的成员"。

第二，中西二元论模式被不断打破。过去所谓中西比较大多偏重中西本质"不同"的比较。例如研究中国文学是否也有西方文学中所谓的"虚构性"（fictionality）、"隐喻"（metaphor）、"讽喻"（allegory）等课题。"而近些年来，一些年轻的比较文学兼汉学家，则向这种'比较'的方法论提出挑战，他们认为，强调本质差异很容易以偏概全"。

第三，汉学与国学的交流越来越紧密。近年来，随着美国汉学与大陆和台湾或香港的中国文学文化历史研究的联系越来越紧密，美国各大学的东亚系的人员组成更发生重大变化，华裔教授的比例越来越多。汉学与国学两者虽有中西之别，但"同时也在出现新的融合"。

笔者2010年至2011年在哈佛大学比较文学系访学时，曾选修过宇文所安教授的"世界文学史"。在这门课中，他能够超越中西文学的分别，将中国文学作品置于世界文学的范围之中来加以阐释，这跟我们国内孤立地将中国文学史和外国文学史分开来讲是很不一样的。这显然更容易让大家把握中国文学在世界文学中的地位与价值，更容易让西方学习者和研究者所接受。这无疑可以对我们国内的文学史教学产生一种启示作用。它促使我们将"重写世界文学史"提到议事日程。

将宇文所安对中国文学的研究置于整个美国汉学的背景下，我们可以发现，尽管他的研究不能说完全代表孙康宜教授所讲的新趋势、新方向，但在总体方向与此是基本一致（除了他不是华裔教授之外）。

宇文所安早年在耶鲁大学东亚语言和文学系学习，1972年以学位论文《孟郊与韩愈的诗》获得博士学位。1982年转到哈佛大学，并长期担任该校东亚语言与文明系和比较文学系两个系的教授。他的这一学术背景很自然地使他能够突破欧洲传统汉学的局限性，显然不是把中国文学当做博物馆藏品，把唐诗作为一种猎奇的对象来研究，而是以一种跨越中西二元对立的学术视野，来探究中国文学的历史发展、艺术内涵及文本意义。由于他对中国文学的跨文化研究、跨文化阐释着重于对中国文学本体意义的揭示，从而使中国文学产生了超越民族、国家界限的普遍价值，并有可能被更广泛的西方读者所理解和接受。这显然有利于中国文学的对外传播，有利于中国文化真正走向世界。

作为一名美国学者，宇文所安的文化立场和思维习惯无疑是西方的，而他从事中国文学研究的目标首先也是西方读者。但也正是由于这一点，他对中国文学的研究才采用了更容易为西方读者所理解的学术路径。例如在《中国"中世纪"的终结》一书中，他有意地采用了"中世纪"这一名称，因为在他看来，"这一称谓对英语读者来说是个有用的切入点"，它可以让西方读者听起来很熟悉，很容易进入自己的论题。

在对具体作品的解读方面，他能够超越某一西方理论流派和观点，专注于文学作品的分析，深入开掘作品的历史内涵、艺术特色及普世价值，有效地避免了以某一西方理论观点和方法生搬硬套中国文学的不良学风。无论在他的讲课中，还是在著述中，人们都很难发现他对西方理论长篇大论式的介绍，他几乎不引证任何西方的时髦理论，几乎心无旁骛地专注于文学作品的分析和解读。这也构成了他中国文学研究的一大特色。

从中国文学对外传播的角度来看，宇文所安对中国文学的跨文化阐释显然具有十分积极的意义。他的美国学者身份具有一种现身示范效果，他以一名西方学者的身份来向西方读者宣讲中国文学，可以起到中国学者或者华裔汉学家所起不到的作用。从这个角度来讲，尽管从整体上，宇文所安对中国文学的研究肯定存在着某些缺陷（如在史料考据方面）甚至"误读"，但我们还是要对他持以更多的宽容，致以更多的敬意。因为就汉学的实质而言，它一定是外国人对中国学术的研究。如果都是中国人或者华裔学者进入到这一领域，汉学的本义必将会发生变异。

扩而言之，海外汉学对中国文学的跨文化阐释其实有两方面的积极意义：一是它可以为国人理解自己传统文学提供一个不同的视角，产生新的感悟；二是为西方学习者、研究者提供一个容易进入的路径，使他们能够更容易理解和把握中国文学的内涵。过去我们只看到了前者，现在则是到了要更加强调和关注后者（即如何让洋人学习并理解中国文学）的时候了。而要做到这一点，单强调中国文学的特殊性、民族性是不够的，还应该努力发掘中国文学的普遍性、世界性。从这个意义上讲，跨文化阐释其实也是中国文学走向世界的一种途径。

在此，我们应该区别"汉学"和"国学"这两个概念。汉学是外国人对中国学术的研究，而国学研究则是中国人自己对中国学术的研究。我们不能完全以国学的标准来要求汉学，不应该将两者完全混同。

国学与国学研究、汉学与汉学研究虽然在本质上都涉及中国学术，但其间又有着不可忽视的区别。而我们所说的"汉学研究"就是当代中国人对国外汉学的研究，可以说是中国学者对国外学者对中国学术研究的研究。如此说来，汉学研究作为跨文化研究的空间维度，其实包含着三个点，这三个点恰好构成了跨文化研究的三维模式，也可以看成是中国学术与文化的环形旅行，就是中国古代学术和文化到国外的旅行然后又回到当代中国的过程。关于这一点，笔者在《跨文化研究的三维模式》一文中曾有较为详细的论述。这个过程恰好也反映了中西学术之间并不存在一个无法跨越的鸿沟。汉学与汉学研究的区别在于研究主体的不同，当然也不应该将两者看成是本质差异的。我们自然希望越来越多的外国人来关注和研究中国文学、中国文化，同时也希望中外学者平等对话，共同促进汉学的健康发展，共同推动中国文化的海外传播。

《大本经》汉译
——汉土期待视野

金丝燕

或许是中国经史子学传统的影响,佛教传入中土,汉译佛经为主道,僧团、寺院、佛窟为辅道。因此,佛教汉译,在世界宗教史上,是一个文化接受的特例,汉译佛经构成一部极为丰富的语言、思想、文化交流史。这些卷帙浩繁的汉译佛典,在印度佛教史、中国佛教诠释学、汉语文言的转变和中古时期中国对他者的期待视野研究诸方面,为历史提供的是独一无二的珍贵数据。

佛经汉语在有史记载以来,第一次与印欧语系相遇而产生深刻的变化。其意义,首先是佛典语料即佛教混合汉语的特殊价值,它是佛教对文言影响的第一手资料,国内外研究者众,成果显著[①]。同样具有重要意义的是原典对勘,或从不同语言(巴利文本、汉译本、西夏文本、藏语译本等)的佛经文本比对入手,探讨佛经汉译与原典的关系、不同历史时期的中国佛经翻译者—接受者的期待视野。研究中国文化发展史,佛经翻译所显示的接受者期待视野是一个不能忽视的环节。朱庆之认为需要建立独立的汉文佛教文献语言研究[②]。此类研究,既包括汉文佛教文献语言学,又涵盖汉文佛教文献学与文化学,需要多学科方法与跨文化角度,如"佛教混合汉语"(Buddhist Hybrid Chinese)、佛经汉译之期待视野的研究。

本文通过《长阿含·大本经》的汉译本探讨佛经汉译对中古汉语的可能影响及其为中古文言带来的新因素。

始于公元1世纪左右的佛典汉译历经千年。佛学带来丰厚的新概念、新

---

① 参见帅志嵩、谭代龙、龚波、郭浩瑜、黎路遐所编《佛教汉语研究论著目录》,朱庆之《佛教汉语研究》,商务印书馆,2009年,第608—651页。
② 朱庆之《佛教汉语研究》,商务印书馆,2009年,第6页。

词语，佛典汉译者创造了音译、意译、双音或多音化，以及一词多译，极大地影响了以单音节语言为特点的古文言。佛典翻译语言为上古文言提供了鲜活的语料，如佛经汉译者以汉字为基本语素，在佛经汉译中创造出大量新词，引发文言的变革。据专家们研究，汉语历史上的外来语，90% 以上源自佛教①。而佛典翻译的精雕细作与推敲，为接受研究提供一个持续最长久、数量最大、涵盖面极广的汉语文本翻译范例。

《长阿含》汉译为佛经汉译第二阶段初期，佛经汉语形成期。我们以《长阿含·大本经》汉译为例，探讨其对中国文言可能的影响。《长阿含·大本经》汉译本的翻译语言有五个特点：①用汉语字为基本词素，创造佛学新词；②将新概念注入汉语原有字词而成佛学用词；③通过音译造汉语新词；④双音、多音词，促使文言由单音向双音和多音转化；⑤佛经汉语复数词尾。

佛学词语自汉代以来经佛经翻译渐入汉语词汇。汉译《大本经》全经包括偈颂共 105 节，13096 字。我们对 105 节经文作了梳理，选出与佛学有关的词语。

《大本经》佛学用语表

《大本经》章节	佛经用语数目
1. 无上尊，结使，如是戒，如是法，如是慧，如是解，如是住，如是事，世尊，平等信，出家，修道，业，法性，诸天	15
2. 法堂，如来，天耳，法界，受生，净眼，哀鸾音	7
3. 宿命智，因缘，受教	3
4. 至真，正觉	2
5. 四大仙人	1
9. 导御，众生	2
10. 正觉	1
11. 成道，灭有原，解脱，知见，神足，一切智，清净，无染，无所著，诸有本，结使，魔怨，精进力	13
12. 说法	1
13. 智慧，遍见，无量，能仁，寂灭，释种，沙门，欢喜，漏，后有	10

---

① 史有为《外来词——异文化的使者》，上海辞书出版社，2004 年，第 173—212 页。

《大本经》章节	佛经用语数目
16. 寂灭，善觉，安和，尊者	4
17. 无忧，忍行，具足，义趣，自利，利他，供养，灭度	8
18. 妙觉，上胜，导师	3
22. 明相，光曜，光相	3
24. 善灯，无喻	2
28. 清净	1
30. 梵德	1
32. 净饭，大化	2
34. 因缘，名号，种族，所出生处，爱乐心，善思念，分别解说，常法，世界，魔宫，诸天，释，梵	13
36. 专念	1
38. 降神母胎，安隐，无众恼患，智慧增益，诸根具足，琉璃	6
41. 天中天，舍离	2
42. 梵行	1
43. 受天身	1
45. 此界，余界，净目，净音	4
46. 香水	1
48. 清净，污染	2
49. 染污	1
51. 师子步，两足尊，无等等与等	3
53. 遍眼，一切智	2
54. 具相，在家，转轮圣王，七宝，出家，学道，成正觉，十号具足	8
55. 善调琉璃珠，色，声，香，味，触，羁绊，二足人中尊，处世，转法轮，道成	11
56. 三十二相，广长舌	2
57. 善住，柔软足，千辐相，庄严，天色极柔软，天盖自然覆，梵音，宿业，圆满，师子尊，随缘，解脱，众生苦，处生老病死，慈悲心，四真谛，开演法句义，至尊	18

续表

《大本经》章节	佛经用语数目
67. 正观	1
71. 清净，业行，报	3
74. 静默，思惟	2
76. 默自思念，娱乐	2
77. 方便	1
85. 天帝释	1
86. 舍离恩爱，出家修道，摄御诸根，不染外欲，慈心一切，尘累，法服持钵，调伏心意，永离尘垢，慈育群生，无所侵娆，虚心静寞，三法衣，出家修道	14
87. 深妙法，恩爱狱，众结缚	3
88. 游行，教化，恭敬，四事供养，缘，六入，名色，苦集，生智，生眼，生觉，生明，生通，生慧，生证，逆顺观，十二因缘，如实知，如实见	19
89. 相因，苦罗网本，染着因缘，相应，实义因，智慧方便观，因缘根，无明，灭尽，无行，诸入，四辩才，决定证	13
90. 安隐观，出离观	2
91. 度彼岸，自在	2
92. 闲静处，无上法，息灭，清净，触扰，梵天王，世间，尘垢微薄，诸根猛利，恭敬心，修无上行，坠落余趣，受教者，世界众生，甘露法门，头面礼足	16
94. 渐为说法，示教利喜，施论，戒论，生天之论，欲恶不净，上漏，赞叹，出离，敷演开解，分布宣释，苦集圣谛，苦灭圣谛，苦出要谛，法眼净，无上法轮，世人，四天王，他化自在天，梵天	20
95. 四谛法轮，平等法，息心，离生死厄，智慧转法轮，正觉，人中尊，二足尊，调御，无漏，诸根定，决定法，诸法无我，不以利养，三恶趣，贪瞋恚痴，天人师，度于彼岸	18
96. 见法得果，真实，成就无畏，修行，尽苦际，得具戒，神足，观他心，无漏，心解脱，生死无疑智，出家学道，法服持钵，净修梵行	14
99. 金翅鸟	1
102. 上升虚空，忍辱	2

《大本经》章节	佛经用语数目	
103. 止观具足，在世成道，四真谛，声闻，贤圣八道	5	
104. 受化，因缘本末	2	
105. 无造天，无热，无见，释师，善见天，莲华，大善见，诸根具足，坚固心	9	
106. 大因缘经，欢喜奉行	2	
	319	10

上表所摘录的大本经词语和短语含有佛学特定的意义，有别于其他古代经典，尽管所用的汉字，除了音译词语，基本来自古文言与古代口语。

我们分五个方面分析上表所列佛学词语的特点。

1. 用汉语字为基本词素，创造佛学新词

《大本经》全经佛学用词 319 个。经中所用的佛学词语为汉译佛典的词汇。此经汉译中，解决佛典专有词汇汉译的方式，首先是用文言原有的字为词素，创造出表达佛学概念的新词，如"真实""方便"、"忍辱"、"世界"、"解脱"、"众生"、"平等"。

例1 真实

真，本意为本原，本性（老子、庄子），真实（吕氏春秋），正（汉书）。

实，本意为物资（左传），果实（左传），真实（墨子）。

佛经汉译，用"真实"二字，取两个汉字的"真实"分别的含义。变汉语中的单音字为双音词。

例2 方便

方，本意为方形（周礼），方向（诗经），大地（淮南子），正直（韩非子）。

便，本意为适宜（战国策），就（庄子）。

佛经汉译，将两字并用，"方便"成为佛学用语，指因人示教利喜，令其领悟佛智。

例3 忍辱

忍，本意为容忍（尚书），克制（荀子）。

辱，本意为耻辱（庄子），侮辱（礼记），屈抑（左传）。
大本经汉译用"忍辱"，除有忍受世间一切灾难，也是六度之意。

例4 世界

世，在甲骨文中为三十年，后伸延为一世（论语），时、岁（汉书），人间（楚辞九章）。

界，境也。（说文）界，垂也。（尔雅）

佛经汉译，将两字并用，将时间称为世，空间称为界，成双音新词"世界"。

例5 解脱

解，本意为剖开（庄子），分裂（庄子），脱去（礼记），卦名，缓之意（易经）。

脱，本意为肉去皮骨（礼记），脱落、失去（老子），解去（国语）。

解脱原意为开脱、免除（史记）。

佛经汉译本中，"解脱"具有新意：摆脱一切所累、得自在："解脱，纵任无碍，尘累不能拘。"（翻译名义集）

例6 众生

众，本意为多（左传），三人以上（国语）。

生，生长（易经，礼记），养育（诗经），活（论语），生命（孟子）。

众生指一切生命（礼记），佛经用之指一切有情。佛经汉译本中将佛教僧也称为"众"。

例7 平等

平，平坦（易经），公正（诗经），治理（尚书），均等（易经），讲和（春秋）。

等，本义为台阶的级（吕氏春秋），排位高下（礼记），辈（史记），同样（史记），比较（孟子）。

"平"与"等"二字合用，作佛经汉译双音用语，宇宙本质为一体，无差别，乃曰平等。

利用文言中汉字为词素，构造佛教新词为佛经如《大本经》汉译的重要方法。

2. 将新概念注入汉语原有字词而成佛学用词

我们进一步探究大本经汉译本中，译者如何将新概念注入原有的汉字而使之变成佛学用词，如单音词，"业"、"释"、"漏"、"法"、"果"，其词义较原义完全不同，类如佛理"十二因缘"字义的变化。

例1 业

1. 汝等以平等信，出家修道，诸所应行，凡有二业：一曰贤圣讲法，二曰贤圣默然。汝等所论，正应如是。如来神通，威力弘大，尽知过去无数劫事，以能善解法性故知，亦以诸天来语故知。

"业"，意为古代乐器上的饰板（诗经），书册版（礼记），事务（国语），继承（左传），易经（史记）。

佛经汉译时，将梵语"羯磨"（karma）意译为"业"，含义也随之改变，指身语意三方面的"做"。成为佛家用语。

例2 释

5. 过九十一劫，有毗婆尸佛；

次三十一劫，有佛名尸弃；

即于彼劫中，毗舍如来出。

今此贤劫中，无数那维岁；

有四大仙人，愍众生故出：

拘楼孙、那含、迦叶、释迦文。

"释"，本意为解说（左传），舍去（尚书），置放（楚辞），溶解（溶解）。这里"释迦"是释迦摩尼（Shākyamuni）的音译简称，而第一个音译字"释"后用作称呼佛教和师从释迦摩尼的佛僧。

例3 漏

94."毗婆尸佛告守苑人曰：'汝可入城，语王子提舍、大臣子骞荼：宁欲知不？毗婆尸佛今在鹿野苑中，欲见卿等，宜知是时。'时，彼守苑人受教而行，至彼二人所，具宣佛教。二人闻已，即至佛所，头面礼足，却坐一面。佛渐为说法，示教利喜：施论、戒论、生天之论，欲恶不净，上漏为患，赞叹出离为最微妙清净第一。"

漏，原指古代计时器（说文解字），时刻（汉书），渗出（庄子），遗脱（荀子）。汉译佛经用"漏"翻译佛经中所提的各种烦恼。

例4 法

1. 如是我闻。一时，佛在舍卫国祇树花林窟，与大比丘众千二百五十人俱。时，诸比丘于乞食后集花林堂，各共议言："诸贤比丘！唯无上尊为最奇特，神通远达，威力弘大，乃知过去无数诸佛，入于涅槃，断诸结使，消灭戏论。又知彼佛劫数多少，名号、姓字，所生种族，其所饮食，寿命修短，所更苦乐。又知彼佛有如是戒，有如是法，有如是慧，有如是解，有如是住。云何，诸贤！如来为善别法性，知如是事，为诸天来语，乃知此事？"

法，意指法则（周礼），刑法（韩非子），标准（墨子），方法（史记）。

佛典中的巴利文音译"达摩"（dharma），意译为法，指宇宙的本原和道理。

例5 果

果，木实（易经），充实（庄子），与预期相合之事实（孟子）。

汉译用"果"译佛典所论之因果关系：

96. 是时，王子提舍、大臣子骞荼见法得果，真实无欺，成就无畏，即白毗婆尸佛言："我等欲于如来法中净修梵行。"佛言："善来，比丘！吾法清净自在，修行以尽苦际。"

例6 十二因缘：死，生，有，取，爱①，受，触，六入，名色，识，行，痴

十二因缘	原有的汉语含义	佛学含义
死	丧失生命（论语），消失（荀子）	结束当下生的状态
生	生长（易经，礼记），养育（诗经），活（论语），生命（孟子）	问世，活
有	获得，占据（诗经），存在（诗经）	成为，形成
取	捕拿（周礼），击败（春秋）	占有
爱	喜爱（诗经），亲爱（左传），爱护（庄子）	渴欲
受	接受（诗经），买入（管子），收回（周礼），应和（吕氏春秋）	觉意
触	以角撞物（易经），接触（庄子）	接触，触觉

---

① 巴利文为tanhā，意思是"渴、欲之渴"。比丘啊，于是毗婆尸菩萨复作是念："渴欲从何缘？何故生渴欲？"比丘啊，毗婆尸菩萨观而思维，生此独特之观想："取从渴欲起，渴欲是取缘。"

续表

十二因缘	原有的汉语含义	佛学含义
六入	进入（孟子），纳（战国策）	巴利文为：āyatana，或曰场。共有十二入，外入与内入： 1) Caksurāyatana，眼处； 2) Rūpāyatana，色处； 3) Srotrāyatana，耳处； 4) Sabdāyatana，声处； 5) Ghrānāyatana，鼻处； 6) Gandhāyatana，香处； 7) Jihvāyatana，舌处； 8) Rasāyatana，味处； 9) Kāyāyatana，身处； 10) Sparstavyāyatana，所触处； 11) Manaāyatana，意处； 12) Dharmāyatana，法处
名色	-名： 名称（管子），文字（仪礼）。 -色： 颜色（尚书），神态（论语），美色（论语），景色（庄子）	-有形 -五根五境：眼耳鼻舌身、色声香味触
识	识别（诗经），记住（论语）	意识，觉识
行	行走（论语），离开（论语），流动（易经）	行为、做
痴	癫狂（汉书）	无知、无明

表中十二因缘①的十二个单音词，从汉语本意伸延至佛学意义的专有名词。

《大本经》汉译本为佛学新概念注入文言原有的词语，变为佛教用词提供范例。我们从上面的描述中，可以看到佛经翻译家通过古文言原有的单音

---

① 十二因缘，巴利文为 nidānas：1) avidyā，无明，2) samskāra，行，3) vijñāna，识，4) nāma-rûpa，名色，5) sadyāyatana，六入，6) sparsa，触，7) vedanā，受，8) trsnā，渴贪爱，9) upādāna，取，10) bhava，有，11) jāti，生，12) jārā，老和mara，死。

43

词"业"、"释"、"漏"、"法"、"果",或"十二因缘"字义,表达佛经特有的含义,由此也可捕捉到佛经汉译对上古汉语所带来的生动变化。

3. 通过音译造汉语新词

《大本经》中有些佛典词汇,翻译者采用音译的方法,如"佛陀"(*Bouddha*),"比丘"(*Bhikkhu*),"比丘尼"(*Bhikkhunī*),"袈裟"(*kāsāya*),"菩萨"(*Bodhisattva*),"那维"(*nahuta*),"沙门"(*Sangha*),"阿耨多罗三藐三菩提"(*anuttara-sammā-sambodhi*),"迦罗频伽"(鸟)(*Karavīka*),"首陀会"(天)(*Suddhāvāsadeva*)等,有30个,在经中的具体分布以及所相应的来源词如下表:

《大本经》音译词与巴利文本对照表

汉本音译词	音译词数目	巴利文原文
1. 佛 舍卫国 祇树花林窟 比丘 涅槃	5	Bouddha Sāvatthī Jeta-vana Kareri-kutikā Bhikkhus Nirvāna
2. 般泥洹	1	Parinibbāna
5. 毗舍婆 那维	2	Vessabhū nahuta
8. 婆罗门	1	Brāhmana
10. 波波罗树,分陀利树,婆罗树,尸利沙树,优昙婆罗树,尼拘类树,钵多树	7	Pātalī, Pundarīka, Sāla, Sirīsa, Udumbara, Nigrodha, Assattha
11. 魔	1	Māra
34. 菩萨 兜率天	2	Bodhisatta Tusita Samanas
38. 琉璃	1	Veluriya
42. 忉利天	1	Tāvatijsā(devā)
68. 迦罗频伽	1	Karavīka
70. 由旬	1	Yojana

《大本经》汉译——汉土期待视野

续表

汉本音译词	音译词数目	巴利文原文
86. 沙门	2	Samanā
袈裟		Kāsāyā
88. 阿耨多罗三邈三菩提	1	Anuttara-sammā-sambodhi
95. 阿须伦	1	Asura
98. 首陀会天	1	Suddhāvāsa deva
104. 阿迦尼咤	1	Akaniṭṭhā（devā）
105. 释迦	1	Sākyamuni
音译词总数	30	

我们对上表中的音译词作了音节分类：

《大本经》音译词音节分类表

佛学词语	单音词	双音词	三音词	四音词	五音词	九音词	共计字数
音译词	2	9	9	7	2	1	30个词94个字

一共30个音译词，单音词语九音节词为少数。最多的是双音节与三音节的音译。

音译的原则，到了唐代，法云《翻译名义集》卷一《十种通号》的"婆伽婆"条中，引玄奘论佛经翻译，言五种情况不翻译，只音译：一为"秘密故"，如经咒。二为"含多义故"，如阿耨多罗三邈三菩提（Anuttara-sammā-sambodhi）。三为"此无所故"，如佛陀（Bouddha），比丘（Bhikkhu），僧伽（Sangha）。四为"顺古故"，如辟支佛（Pacceka-buddha）。五为"生善故"，如般若，般若洹（Parinibbāna）等①。

《大本经》的30个音译词中，"佛"，"比丘"，"沙门"，"释迦"，"婆罗

---

① 见《大正新修大藏经》（J. Takakusu, K. Watanabe, *The Taisho Issai-Kyo Kanko Kwai*），东京，太正一切经刊行会，昭和三年，第五十四卷，第1057页。

门"，"菩萨"，"袈裟"，"那维"，"毗舍婆"，"迦罗频伽"，"魔"，"由旬"，"阿须伦"，当为"此无所故"。

经中音译词"涅槃"，"般泥洹"，"阿迦尼咤"，以及众多仿译词，即名词作为修饰语的合成词，如"兜率天"，"忉利天"，"首陀会天"，"阿迦尼咤（诸天）"，当为"生善故"。

"阿耨多罗三邈三菩提"当为"含多义故"。

而"舍卫国"与"祇树花林窟"为音译加意译的结合词。佛经汉译地点，多用此法。当属玄奘五不译中第三法的伸延。

《大本经》中有一种音译，似乎不能入玄奘的五不译。《大本经》第92节，佛陀论及荷花长于水而不被水所污时，荷花之名，汉译本用音译加意译的结合词：

93. 譬如优钵罗花、钵头摩华、鸠勿头华、分陀利华，或有始出污泥未至水者，或有已出与水平者，或有出水未敷开者，然皆不为水所染着，易可开敷。世界众生，亦复如是。

巴利文本，荷花有青白红三色，暗喻禅定的三个进程：

3.6 譬如一水池青荷花，或一水池红荷花，一水池白荷花，青荷花、红荷花、白荷花出于水、长于水、未离开水、蔓延于水。然而，这些青荷花、红荷花、白荷花出于水、长于水、未离开水、蔓延于水皆不为水所染着。比丘啊，世界众生，毗婆尸菩萨以佛眼观视世界，众生垢有薄厚，根有利钝，性相有善恶，易教化或不易教化者，有恐罪业和死后者，有不惧罪业与死后者，亦复如是。

汉译本第十节中的七种花木，波波罗树，分陀利树，婆罗树，尸利沙树，优昙婆罗树，尼拘类树，钵多树，均为音译加意译"树"的结合词。波波罗树是紫葳树，分陀利树是白莲花，婆罗树是娑罗树，尸利沙树是合欢树，优昙婆罗树为无花果树，尼拘类树、钵多树为榕树，坐钵多树为菩提树，译者用音译加意译的方法，是否出于与音译佛陀等词同样的考虑？抑或仅是有些树木汉土未知？

4. 意译双音、多音词

汉魏六朝佛经汉译达到高潮，为汉语双音词、多音词发展期。《大本经》汉译本的意译双音和多音词205个，由449个字组成。见《大本经》的意译双音词与多音词表。

《大本经》意译双音词与多音词表

大本经双音词与多音词	双音词	三音词	四音词	五音词
1. 无上尊，结使，如是，世尊，平等信，出家，修道，法性，诸天	7	2		
2. 如来，法界，受生	3			
3. 宿命，因缘	2			
4. 至真，正觉	2			
9. 导御，众生	2			
11. 成道，灭有原，解脱，知见，神足，清净，无染，无所著，诸有本，魔怨，精进力	7	4		
13. 智慧，遍见，无量，能仁，寂灭，释种，欢喜，后有	8			
16. 善觉，安和	2			
17. 无忧，忍行，具足，义趣，自利，利他，供养，灭度	8			
18. 妙觉，上胜，导师	3			
22. 明相，光相	2			
24. 善灯，无喻	2			
30. 梵德	1			
32. 净饭，大化	2			
34. 因缘，名号，种族，善思念，常法，世界	5	1		
36. 专念	1			
38. 安隐，恼患，诸根，琉璃	4			
41. 天中天，舍离，亲近	2	1		
42. 梵行	1			
43. 受天身		1		
45. 此界，余界，净目，净音	4			
48. 污染	1			
49. 染污	1			
51. 两足尊		1		
53. 遍眼，一切智	1	1		

续表

大本经双音词与多音词	双音词	三音词	四音词	五音词
54. 具相，在家，转轮圣王，七宝，出家，学道，成正觉	5	1	1	
55. 善调，琉璃珠，处世，转法轮，道成	3	2		
56. 广长舌			1	
57. 善住，柔软足，千辐相，庄严，梵音，宿业，圆满，师子尊，随缘，解脱，慈悲心，真谛，开演，法句，至尊	11	4		
67. 正观	1			
71. 清净，业行	2			
74. 静默，思惟	2			
76. 娱乐	1			
77. 方便	1			
85. 天帝释		1		
86. 舍离，恩爱，诸根，慈心，尘累，慈育，群生	7			
87. 恩爱，结缚	2			
88. 游行，教化，恭敬，供养，六入，名色，苦集，因缘，如实	9			
89. 相因，苦罗网本，相应，实义因，因缘根，无明，灭尽，无行，诸入，辩才，决定证	7	3	1	
90. 安隐观，出离观		2		
91. 彼岸，自在	2			
92. 闲静，无上法，息灭，清净，触扰，梵天王，世间，诸根，猛利，恭敬心，无上，世界，众生，甘露，法门	12	3		
94. 示教，利喜，生天，上漏，出离，敷演，开解，世人，他化自在天，梵天	9			1
95. 平等法，息心，调御，无漏，决定法，天人师	3	3		
96. 真实，成就，无畏，修行，尽苦际，得具戒，神足，观他心，心解脱	5	4		
99. 金翅鸟		1		
102. 忍辱	1			

续表

大本经双音词与多音词	双音词	三音词	四音词	五音词
103. 止观，声闻，贤圣八道	2		1	
104. 受化	1			
105. 无造天，无热，无见，释师，善见天，莲华，大善见，坚固心	4	4		
总计词数 205	161	40	3	1
总计字数 459	322	120	12	5

我们对《大本经》佛学单音、双音、多音词和音译词作了统计：

《大本经》佛学单音、双音、多音词和音译词总表

大本经佛学词语	单音词	双音词	三音词	四音词	五音词	九音词	共计字数
音译词	2	9	9	7	2	1	30 个词 94 个字
意译词语		161	40	3			205 个词 459 个字
共计词组	2	170	49	10	3	1	235 个词 553 个字

在词语的结构上，古代汉语以单音节为特征。而大本经中，双音节词 170 个，三音节词 49 个，四音节词 10 个，五音节词 3 个，九音节词 1 个，再加上单音音译词 2 个，共 553 个字，235 个词。这一数据证实，佛教混合汉语以双音节和多音节为主。

5. 佛经汉语复数词尾

在上古文言里，名词或人称代词的单复数没有明确形式表达。我们在此节中，观察《大本经》汉译本对原典复数形式的处理，勾勒佛经语言对中古文言复数形式的可能影响。

5-1 "诸众"双用

"众"字作为复数形式，在《大本经》中出现频率为 63 次。而"诸众"双用有一例。可能是偈颂四字格的节奏所致。

例：
9. 毗婆尸如来，尸弃、毗舍婆，
此三等正觉，出拘利若姓。
自余三如来，出于迦叶姓。
我今无上尊，导御诸众生。

5-2　名词+名词+众或名词+众

《大本经》中，另一种复数形式是"众"为名词，另一名词或两个名词作其定语，形成名词+名词+众或名词+众，即 NN+众 或 N+众 结构。

NN+众与N+众结构出现频率表

	N+众	NN+众	出现频率
比丘众		1	5
天众	1		1
天人众		1	1
总数	1	2	7

NN+众的结构有"比丘众"与"天人众"。N+众的结构有"天众"。这两种结构中，出现频率最多的是"比丘众"，五次。

5-3　形容词+众结构

众作为名词，被表示多的形容词修饰，如"大众""群众"。

形容词+众结构出现频率表

形容词+众	双音节	出现频率
大众	1	7
群众	1	1
总数	2	8

"大众"出现的频率高，7次。此经中的"大众"与"群众"除一处指请求出家的民众外，均指僧众与比丘。

50

5-4 众+名词+名词结构

用"众"作为形容词放在名词前面，是汉译佛经中，将原典名词复数译成汉语复数名词的一个方法。众为形容词，修饰双名词，形成三音词。

众+NN 出现频率表

众+NN	双音词	三音词	出现频率
众魔怨		1	1
众恼患		1	1
众欲想		1	2
众结缚		1	1
众事务		1	1
众秽恶		1	1
众结使		1	1
总数		7	8

《大本经》中由这一结构组成的复数词有7个，出现频率为8次。

5-5 众+形容词+名词

"众"作为形容词，与另一表示多的形容词共同修饰名词，这一结构在大本经中第96节出现一次：

96. 是时，王子提舍、大臣子骞荼见法得果，真实无欺，成就无畏，即白毗婆尸佛言："我等欲于如来法中净修梵行。"佛言："善来，比丘！吾法清净自在，修行以尽苦际。"尔时，二人即得具戒。具戒未久，如来又以三事示现：一曰神足，二曰观他心，三曰教诫，即得无漏、心解脱、生死无疑智。尔时，盘头城内众多人民，闻二人出家学道，法服持钵，净修梵行，皆相谓曰："其道必真，乃使此等舍世荣位，捐弃所重。"

5-6 众+名词结构

众为形容词，修饰单音词，形成双音节词复数形式，这样的结构在《大本经》中有7处，出现频率为24次。

众+N 结构出现频率表

众+N	双音词	出现频率
众珍	1	1
众味	1	1
众相	1	1
众痛	1	1
众苦	1	1
众结	1	1
众生	1	18
总数	7	24

其中"众生"一词在众+名词的结构中,出现频率最高,为18次。

5-7 名词或代词+等的复数形式

表示复数的另一种形式是名词或代词后面加"等"表示复数。

复数词	名词+等	代词+等
我等		3
汝等		10
蹇荼、提舍等	1	
萨尼、毗楼等	1	
安和、善友等	1	
导师、集军等	1	
卿等		1

"我等"、"汝等"结构,表示第一、第二人称复数。经中"我"与复数词"等"的结合表示"我们",出现3次,均作主语。第二人称"汝"加复数词"等"的情况出现10次,其中一次作为宾语出现,九次均为主语。

5-8 诸+名词或诸+双音名词或诸+形容词+名词的复数形式

《大本经》中以"诸"引导的复数形式有四种情况,除了上述出现一次的"诸众生"复数结构外,还有"诸"+ 单音名词,或诸+双音名词,或诸+形容词+双音名词。后三种结构的复数名词,出现频率为 128 次。

"诸"字作为复数形式出现频率表

"诸"字复数形式	诸+单音名词	诸+双音名词	诸+形容词+ 双音名词	出现频率
诸比丘		1		21
诸贤比丘			1	23
诸豪贵子			1	1
诸贪忧恼			1	1
诸善成就			1	1
诸结使		1		3
诸有本		1		1
诸弟子		1		7
诸义趣		1		1
诸佛种		1		1
诸淫欲		1		1
诸道术		1		1
诸相师		1		3
诸支节		1		1
诸伎乐		1		2
诸神变		1		1
诸有结		1		1
诸天	1			14
诸贤	1			1
诸佛	1			22
诸树	1			1
诸方	1			2
诸苦	1			1
诸根	1			7

续表

"诸"字复数形式	诸+单音名词	诸+双音名词	诸+形容词+双音名词	出现频率
诸女	1			1
诸入	1			3
诸法	1			3
诸恶	1			2
诸欲	1			1
总数	12	13	4	128

　　其中"诸"+单音名词组成的双音复数词有12个,"诸"+双音名词的三音复数词有13个,"诸"+形容词+双音名词的四音词有四个。从词的数量上看,三音节复数形式居首,双音节居次,四音节居末尾。从这29个复数词的出现频率看,居首的是"诸"+单音名词的双音节词,出现58次,其中"诸佛"出现22次,"诸天"出现14次。"诸"+双音名词的三音复数词居中,出现47次,其中"诸比丘"出现21次。四音词出现26次,其中"诸贤比丘"一词出现23次。

　　本文通过大本经汉译本的五个特点,举证佛教混合汉语（Buddhist Hybrid Chinese）的产生过程与佛经汉译对文言的影响。

·汉学研究学术座谈会笔谈——文化大计，世界视野·

编者按：2014年5月28日，北京语言大学假其《汉学研究》进入CSSCI这个学术"俱乐部"之机召开了一次座谈会，京津地区50位学者聚集一堂，为汉学（中国学）研究的未来发展与繁荣，中国文化如何走出去、又如何将外国的优秀文化请进来出谋划策。座谈会后部分学者留下短文，辑为"笔谈"以飨读者。

汉 学
——文明型国家崛起的途径

乐黛云

汉学已成为我们这个时代的显学并将更加发扬光大。因为它一方面促进中国文化走向世界，另一方面致力于使他国成为中国文化的参照与借鉴。在全球化大潮中，我们面临的是一个五千年连绵不断的伟大文明的复兴，是一个"文明型国家"的崛起，这种崛起的深度、广度和力度都是人类历史上前所未见的。我们有能力对世界文明作出原创性的贡献，也有能力汲取其他文明的一切长处而不失去自我。汉学正是我们到达这一境界的重要途径。

（作者系北京大学教授、著名学者）

祝贺与希望

李明滨

热烈祝贺《汉学研究》创办19周年和进入社科核心期刊系列。19年前，北京语言大学率先创办该刊，在国内开了风气之先，从此引起对国外汉学的关注。它长期坚持评述世界各国的汉学研究，从而引进国际汉学界的赞赏，成为汉学家们关心和喜爱的刊物。它创刊伊始，就重视全面报道俄国汉学，这对于苏联解体后身处困境的俄国同行，无疑是巨大的鼓舞，引起俄国科学院的汉学家们几次造访编辑部，增强了他们为中俄文化交流而努力工作的热情和决心。

主编阎纯德一向严肃认真办刊，对质量精益求精，在国内外广受赞誉。他的辛勤劳作，竟能积累广博的史料，终成主编"列国汉学史书系"数十卷，是他又一重大功绩。

值此《汉学研究》增为半年刊之际，祝愿其为中外文化交流继续作贡献！

（作者系北京大学教授、著名俄罗斯文学研究家）

关于"西学东渐"和"中学西传"及其他

严绍璗

《汉学研究》已经变成 CSSCI 来源集刊了，我立刻就感觉，咱们从个体户，从集体户变成了国有制了，变成国企了。几十年的奋斗总算是有了一个光明的成果。阎纯德先生作为《汉学研究》的构思者，一个人肩挑这样的重担，筚路蓝缕，坚持办这个刊物实在不容易。我想起多少次，他经常傍晚出来散步，从成府路往西边北大方向走，我从北大的方向往东边走，我在成府路上和他们夫妇碰头，然后我们就站在那里谈稿子的事情。那是一个艰难困苦的过程，当然也充满学术的乐趣。这体现了阎纯德先生对学术的忠诚，对事业的执着。我知道他经常有经费上的难处，有时可以说是走投无路，但终究把刊物办成了一个国家瞩目、大家认定的有价值的刊物。我想，他个人，作为支持着他的北京语言大学，在松一口气的同时，感觉到一个新的时代的到来。对于我们来说，对于中国人文学术界来说，这是非常有价值的一件喜事。我个人认为，从 20 世纪 70 年代后期，中国人文学术从艰难困苦中重新崛起，在很多层面上都取得了成果。这其中，中国人文学术关注世界对中国文化的研究，且把它变成一门真正的学科，而能够和世界学术界平等对话。这正是中国学术走向世界的表现。这表现为：第一，我们在高等学校中已经有了相应的课程；第二，我们有了一支相应的学术队伍；第三，我们有了被社会认定的学术刊物。这三者互为依存，缺一不可。《汉学研究》就是这其中的一分子。前年我们在编这三十年中国国际文化研究年鉴的时候，其中有一段话，我想各位可能都没注意。我们几个人讨论过：《汉学研究》、《国际汉学》和《世界汉学》这三个刊物，它们先后连续地产生，一直在困难中坚持到现在，它们将永远地留在中国 20 世纪人文学术史上。这是我们共同的一种认识、共同的一种理解。我认为，北京语言大学和阎纯德先生做了这样一件在学术史上永存于史册的事情。《汉学研究》从第一辑到今天的第十六辑，连同另外两份刊物，一直坚持到现在，它们基本上汇集了我们这个学科发展的轨迹，体现了它逐步提升的过程。

今后《汉学研究》的内容，我想还可以继续发展和继续提升。我认为，有四个方面：第一，"西学东渐中学西传"这个概念是非常非常有价值的。我认为国际汉学和国际中国学的研究成果，一定要树立一个世界文明互动的观念。我们对国际汉学的研究和国际中国学的研究，不能在单向传递的过程中来讨论这个问题，我们是作为世界文明互动过程中一个有价值的层面来进行讨论的。这是我们必须要有的一个基本观念。

第二，在强化这个基本观念的时候，我觉得我们这个杂志要建立一种中国文化向世界传播的大视野观念。所谓大视野观念，我们往往在某一个时期，中国文化向世界传播，我们就叫什么儒学在世界，所以我看到儒学在世界传播的文章已经很多很多了，新意却很少很少。其实中国文化，自古以来走向世界就不仅仅是儒学，也不仅仅是最原始的古典儒学，它是以大视野的范围向世界传递的。我们举个最简单的实证来说，现在有材料可以确证的：中国文化走向世界第一步是向东亚传播的。譬如以日本为例，早期日本在公元五六世纪开始，我们可以检索到说它接受中国文化的明确的证据的时候，它接受到的有儒学文化——作为它建立国家政治制度的文化原材料；也有道家文化——吸收了强大的道家文化来建立它的天皇意识，营造皇家神秘的氛围。另外，它也有阴阳五行的思想——来理解天地运行和生命意识。就是说，中国文化是以非常广泛的大视野进入日本的。所以我们笼统地把日本称为儒学国家，那完全是我们长期的宣传的误导，是我们自己独尊儒术的思想在他国文化身上表现出来的。这其实是一个和世界文明互动不准确的观念，但是我们现在已经变成了好像是普遍的一种认知。即使到了江户时代，说日本人已经把儒学作为其统治思想，可是兵学在日本的传递，在江户时代的传递，它所保存的兵学书远远超过我们的《四库全书》所收录的书。这就是说，我们的文化传播要有大视野的观念，我们的文化研究不能限于一个层面。

第三，我主张在中国文化的传递中，要表现出中国文化自我革新、自我发展的过程。中国文化几千年不是一成不变的，我们不能只找它原始的、本源的向世界传递，应该把中国文化几千年来自我革新，特别是从春秋以来的自我变革、变新的过程所产生的价值和作用向世界传递。我们要有中国文化自我革新、向世界传递的大观念。

第四，我认为中国文化向世界的传递，不可能是原汁原味的。我们中国今天的翻译界，特别强调要原汁原味地把中国文化介绍出去。这是幻想，绝对不可能做到中国文化原汁原味地传递。你拿任何一本著作译成外文来看，它能原汁原味吗？在延安文艺座谈会上的讲话，它的核心是应用了列宁的《党的组织和党的文学》这篇文章。这篇文章是由瞿秋白和冯雪峰经过六次翻译成的，检验他们的六次翻译，每次都不一样。胡乔木挑了自己需要的理论，把它放到了延安文艺座谈会讲话的记录稿里。毛泽东在1942年讲话的文本也不是这样的。怎么可能原汁原味的呢？这个，我们不要幻想。中国文化向世界传播的过程中，一定以马克思所表述的，"文化的传递是以不正确理解的方式进行的"，我以为这是马克思关于文化理论学的最经典性的表述之一。马克思明确表述过："一种文化向另一种文化的传递，不正确理解是普遍的现象。"今天中国文化向世界的传递、世界文化向中国的传递，其实都是在不正确理解中进行的。不正确理解不是说错误的理解，不正确理解是说，一种理解对原文本来说，它是不一样的。那么为什么会不一样？这就涉及一种文本向另外一种语言、另一种文化体系传递的时候，对方接受的机能是以它的本体哲学为核心的，它是根据它的自我需要来接受的，它不可能把你所有的、你的自我表述接收到它的文化中，而是根据自己的需要来选择。我们现在对这样一个文化学的基本命题，和对中国文化在世界的传递讲得很少。譬如我们讲儒学在欧洲资产阶级革命的时期，它曾经推动了欧洲资产阶级革命，就是说儒学就是反对封建神学的思想武器。可是在同一时间，儒学在日本则是巩固德川幕府的最基本的文化材料，那么它又是巩固封建统治的思想武器。这不很奇怪了吗？我们又说，儒学在近代，它又如何创造了日本的资本主义。可是我们知道，在日本的近代史上，第一次以国家形式祭祀日本的是军方祭祀，是在日俄战争结束以后，1906年的秋天，日本海军元帅伊东祐亨，这个人就是甲午战争时联合舰队的士兵。陪祭的是东乡平八郎，他就是日本甲午战争时期"浪速"号的舰长，击沉中国"东升"号的刽子手。他们开始祭祀孔子，这不意外吗？他们在侵略了孔子的故乡以后，来告慰孔子，遵照孔子的忠君爱国，终于把你的故乡给干掉了。我们不可理解。但是按照马克思的理论来说，这是很好理解的。这完全是根据自我的哲学需要，利用了对象国的文化。所以我们必须建立科学的文化理念，来探讨中国文化走向世界。我觉得这些问题，《汉学研究》应该作为新内容来加以探讨加以研究，这样才能认识世界文化互相传递的本质价值和本质意义。我们现在缺少这方面的研究者。

因为研究俄语的和研究中国文学的是分开的。我们把学科分得非常之细，于是大家各自为界。但是其实现在我已经观察到，一些新的研究人才正在产生，就是既具备本国文化的修养，又具备对象国文化的学养的一批研究者正在逐步产生。就是说，刊物可以引导，学校也可以相应地培养，打通学科之间的关系。我想只有在真正跨学科的研究人才出现的时候，国际汉学才能够最强有力地发展下去，在世界上进行真实的学术对话。北京语言大学和《汉学研究》都可以承担起这样一个引领的任务。

（作者系北京大学教授、著名学者）

在《汉学研究》座谈会上的发言

周思源

　　汉学研究对咱们中国的研究传统文化的学者来说也很有意义。同一个作家、作品，外国人常常会从和咱们不大一样甚至大不一样的角度去观察，而且有的题目做得很细，无论是观点还是研究方法上我们都能够受到启发。尽管我明白办《汉学研究》这个刊物的学术价值，但是在很长时间里我都不看好它，一直劝阎纯德先生"干点儿自己的事情"。因为早在20世纪80年代他在诗歌创作、散文创作、现当代文学评论、女性文学研究等领域就已经成绩斐然，在文艺界、学术界有很大影响，认识的人很多，一直是北语"文化界"的领军人物。而我校当时从事文化研究的条件不大好，连好不容易加入校名的"文化"二字都又被拿掉了（如今外文名字中还保留）。办《汉学研究》要钱没钱，要人没人，主编、编辑、编务、勤杂工都是他光杆儿一个。但是纯德兄非常执著，默默地坚守着这份事业，辛勤地耕耘着。后来我终于被他和他的《汉学研究》所感动，眼睁睁地看着《汉学研究》苗成树，树成林，蔚为大观。我说："哎呀，你真了不起，你的《汉学研究》成气候了！"尤其是他和吴志良博士主编的"北京语言大学列国汉学史书系"具有很高的学术价值，是传世之作。

　　尽管阎纯德先生自己在创作和研究两方面都成绩突出，但是他却心甘情愿地拿出大量时间和精力来办刊物，为他人作嫁衣裳。先是于1993年创办《中国文化研究》，筚路蓝缕，将它办成了在中国传统文化领域颇具影响力的大型季刊，许多著名学者都亲自撰文，更多的年轻学者也靠这块园地成长起来。我本人的几篇重要文章都有幸在这里发表。《汉学研究》就更不得了，成为国内开研究国外汉学研究风气之先的主要刊物之一，为汉学研究学科建设和人才培养立下汗马功劳，一些年轻汉学研究学者正是主要依托这块园地成为专家。所以我对纯德兄由衷地说："你真是功德无量呀！"

　　我不知道现在国外研究中国传统文化的学者是比过去增加了还是减少了，

有没有面临汉学研究队伍萎缩的困境。从红学研究的情形来看，国外研究红学的学者人数在不断减少，以至于如今召开国际红学会议除了个别香港、台湾学者外，真正算得上是外国人的也就是个把两个韩国学者了。如今国外学者对中国更感兴趣的还是现当代文化。《汉学研究》是不是要考虑这个现实。

《汉学研究》现在已经成了北京语言大学的一张重要名片，而且固定为半年刊，每期五十万字，今天崔希亮校长亲自到会并且讲话，这些都反映了现领导对它的重视。阎纯德先生毕竟也是75岁的人了，希望校领导对办好《汉学研究》给予更多的支持与关心，作为一个重要的事业来办。

（作者系北京语言大学教授、著名学者）

有感于《汉学研究》成为 CSSCI 来源集刊

何培忠

2014 年 5 月 23 日，我接到阎纯德老师久违的电话。在电话中，阎老师以略带兴奋的语调告诉我，《汉学研究》被收为 CSSCI 来源集刊，并邀我 5 月 28 日到北京语言大学开个座谈会。这个电话令我十分高兴，当即在电话中向阎老师表示了祝贺，并许诺一定会出席座谈会，在会上要当面向他表示祝贺。因为我知道，阎老师主编的《汉学研究》虽说是海外汉学研究学科中的代表性集刊，但却曾经是个无固定出版资金支持、无编辑人员相佐的"双无"刊物。阎老师创办这个集刊 19 载，几乎是独木擎天，以一人之力坚持下来，终于获得学术界的公正评价，成为 CSSCI 来源集刊，既是水到渠成，修成正果，更是学术史上的一段佳话，一个奇迹。

以一人之力，编辑厚厚的 50 来万字的集刊，而且是长达 19 个寒暑，谁都知道绝非易事，能坚持下来，似乎只能用对学术的热爱和执著来解释。《汉学研究》创办、编辑与出版中的艰辛恐怕只有阎老师自己清楚。记得 2007 年 1 月，我曾组织召开过"亚洲地区中国学研究述评"国际学术研讨会，来自韩国、日本、新加坡、越南和印度的中国学专家以及来自中国社会科学院、北京大学、北京外国语大学等单位的专家学者共 50 余人参加了会议。作为这一领域有影响力的学者，我请阎老师到会发言。会后，阎老师私下问我有否兴趣合办《汉学研究》，并向我交底：能有 4 万元的经费支持，就可以把集刊办下去。不用解释，我已知道了问题所在——经费的压力已使当年辛苦了 12 载的阎老师陷入了绝境。若非如此，谁也不会把自己创建、花了不知多少心血、在学术界已然立足的集刊交付他人。我不知阎老师是怎样度过那段困难时期的，只知道那本集刊后来坚持了下来，而且内容更加丰富，所载文章的水平更高，还有许多富有特色的专题性文章，透出了编者的睿智与心血，直到今天有了这个结果。

2010 年 9 月，我访问斯洛伐克和瑞典，考察这两个国家的中国研究状况。

记得在斯洛伐克科学院东方研究所小小的会客室里,我拜会了中国文学研究家马立安·高立克教授,当面向他请教斯洛伐克中国研究的发展等问题。高立克教授是布拉格汉学学派奠基人普实克的高徒,已年近八旬。他用汉语对我说,你的问题可以看我的一部著作,这部著作已翻译成中文出版,书名是《捷克和斯洛伐克汉学研究》,是北京语言大学教授阎纯德教授编辑的丛书之一。我很清楚地记得高立克回答我问题时的语气和表情,显然有一些得意和自豪。这使我感到,阎纯德老师的心血和付出,让海外学者也甚为受益,当然,也让中国学者受益,让中外文化交流和理解受益。毋庸赘言,这是在阎老师辛勤编辑《汉学研究》之外为学术界作出的另一贡献——一套介绍各国中国研究的丛书,丛书的名字叫"列国汉学史书系",至今已经出版了20余部。

还有一件事需要提及。2010年6月1日,北京大学严绍璗教授在《中国社会科学报》上发表了一篇题为"'汉学'应正名为'国际中国学'"的文章,文章提出:"我们要充分认识到中华民族的文化是多元性的文化,充分认识这一多元性的历史价值的现实性与意识形态意义,以及对未来人类文明所能作出的贡献。如果我们在21世纪仍然把世界对中国文化的研究称为'汉学'就不大合理了。我希望在命名的时候要根据研究对象内涵的不断变化与时俱进。"而在同一年的10月21日,阎纯德老师也在《中国社会科学报》发表了一篇文章,题目是"莫轻易给'汉学'更名换姓"。文章指出:"由于汉学的发展、演进,以法国为首的'传统汉学'和以美国为首的'现代汉学',到了20世纪中叶之后,研究内容、理念和方法,已经形成相互兼容并包状态,就是说 sinology 已经包含了 Chinese studies 的内容和理念;从历史上看,sinology 和 Chinese studies 很像法国与美国的历史,前者悠久,后者短暂。虽然,它们所负载的传统和内容有所不同,但是发展到现在,却可以表达同一个学术概念了。"

两位"Yan"老师的文章反映了我国学术界对海外中国研究称谓的不同理解,也是这个学科发展到现在所遇到和思考的问题。学术上的争论我们不在这里赘述,所要指出的是,阎纯德老师文章的观点反映出了他对这个学科的理解、热爱和执着。我觉得,他的观点与他主编《汉学研究》的工作有直接的关系。

阎老师今年七十有五,以古稀之年仍在学术界辛勤耕耘。今天我参加座

有感于《汉学研究》成为 CSSCI 来源集刊

谈会，再次向阎老师表示祝贺，表示敬意。看看今天参加座谈会的人，白发人居多。随着中国经济的发展，国力的增强，海外有关中国的研究越来越受到重视，加入这个学科研究的人也越来越多。因而，我觉得，《汉学研究》成为 CSSCI 来源集刊，是阎老师努力的结果，是北京语言大学的光荣，也是这个学科地位上升的标志，在这样的时刻，希望北京语言大学关心这个集刊的发展，给阎老师配备好学术助手。也希望学术界关心这个集刊，给这个集刊注入更多的活力，让它百尺竿头更进一步。

（作者系中国社会科学院研究员、国际中国学研究中心主任）

醉酒当歌，壮士风流

熊文华

《汉学研究》从 1995 年以书代刊形式出现在京华学术园地至今已有 19 个年头。当年它就是一个呱呱坠地的平民之子，但是稚嫩声中却传递出了喜气和阳光，在众多学者的呵护和陪伴下慢慢地成长起来了。

《汉学研究》为我们构筑了一个广阔的缤纷世界，曾报道过各种规模的研讨会，在播发优秀著述和学术珍闻的同时，总有精彩的人物、作品和方法的推介以飨读者。其中有严格的专业鉴赏，有入木三分的点评，更多的是来自学者们的祝福和鼓励，在探索和求是中中外学者共同编织着主题花环。

《汉学研究》编辑部坐落在北京语言大学，正如阎纯德教授所言这里是"培养汉学家的摇篮"。校园中，蓝眼睛、络腮胡和黄皮肤学子都是来自异域他乡的朋友，佛教、基督教和伊斯兰教不是典礼日课的代名词，而是联系不同文明的纽带，中华文化成为所有来访者研究的共同课题。多数北语老师通晓一种外语，丰富的海外工作阅历赋予了他们历练、大度和包容的品格，一次次化解了师生初次见面时的陌生感。置身于如此宜人的学术生态，《汉学研究》的编辑容不得半点"他者"的虚假。

回忆往事我们有 101 个理由为那些古代文化密码被成功破解而感到骄傲，但是深知还有更多的课题等待着我们去完成。汉语语言学可否用作感知中国的桥梁？"四书""五经"是不是过时的学问？"区域研究"是否仍然适用于当代汉学研究？按照西方价值观来解读中华文明有何不妥？意识形态是不是研究汉学的障碍？欧洲新生代中也有人研究当代汉学吗？如何把女权主义、后现代主义、结构主义、解构主义、地缘政治学和地缘经济学理论运用于汉学相关课题的分析？怎样恪守汉学研究中的客观性、学术性和多元价值观？这些问题看似简单，实则充满变数。可喜的是在《汉学研究》的平台上主旋律总是和谐的。

  有学者预测：随着研究的深入，汉学史必将成为涉外学科专业（外交、外贸、国际旅游、对外汉语教学等）的一门必修课。虽然汉学是外国人研究中国的学问，但是从他们对中国历史、文化和国情的理解、立论的高远、疑点的透析、反思的果断，反映了他们所代表的国家或民族对于中国国情、民情和舆情关切的心理状态、思维方式和政治态度，对于相关专业培训和业务国别定位具有重要的参考价值。从这个角度看，《汉学研究》的学术价值和信息导向的精当具有不可替代的影响力，值得我们尽心尽责去办好它。

  醉酒当歌，壮士风流。在欢庆《汉学研究》正式入选中文社科引文索引来源集刊的美好日子里，谨写此文表示衷心祝贺！

（作者系北京语言大学教授、著名汉学史专家）

关于汉学研究

柴剑虹

阎纯德教授邀请我参加《汉学研究》学术座谈会,得以聆听各位专家与学校领导的隽语吉言,深受启益与鼓舞。《汉学研究》十九年磨砺成"利剑",铸就"大器",诚如纯德主编在书面发言中所指出的,有北京语言大学的四大优势与一个传统做基础。而一份学术辑刊的"灵魂",就是办刊人甘做嫁衣、奉献学术的精神。这一点在"出版产业化"给作者、编者、出版者都带来巨大困惑的今天,显得尤为重要。

我本人在中华书局工作三十多年,既参与办刊《文史知识》十年,也主持过当时全国独一家"汉学编辑室"的工作七年,蒙纯德主编不弃,忝列《汉学研究》与"列国汉学史书系"编委,深感传播文史知识、译介汉学论述在文化传承与文明交流互鉴中的重要性,也颇不容易。如果丢掉了倾心文化、奉献学术的精神,就会处于"失魂落魄"之困境,看不清方向与前景。纯德教授几十年如一日,筚路蓝缕,孜孜矻矻,率先垂范,编刊育人,取得今天的成绩是顺理成章的。我们在祝贺他、感谢他的同时,也应该更多、更好地宣传他的精神,做好自己的一份工作,以实际行动支持他和他的团队。

我们必须承认:20世纪八九十年代以来,欧美及俄罗斯的汉学处于走下坡路的趋势,日本中国学的境况也不容乐观;相反,中国的汉学研究却发展迅速,渐趋繁荣。这当然与我们加强文化交流、宣传的大环境密切相关。但是,正如王国维先生在一个世纪之前所断言:"余谓中西二学,盛则俱盛,衰则俱衰,风气既开,互相推动。且居今日之世,讲今日之学,未有西学不兴,而中学能兴者;亦未有中学不兴,而西学能兴者。"(《国学丛刊·序》)汉学研究是架设在中、西学之间的桥梁,是文明交流与互鉴的窗口。盛衰与共,相辅相成,如何化隐忧为动力,进一步改造与适应环境,顺应学术潮流,尤其是培育好一批讲奉献、有道德、有学养、有开拓创新

关于汉学研究

精神的汉学研究与翻译人才,继续坚固"桥梁",拓展"窗口",仍然是一项十分艰巨的任务。

在《汉学研究》与"列国汉学史书系"取得显著成绩之际,写下上述点滴感言,也是我热烈祝贺纯德主编的心声。

(作者系中华书局编审、著名敦煌学家)

真知灼见是第一话语利器

王晓平

《汉学研究》创刊之初,学界对于域外的中国学术话语还相当隔膜。记得90年代初,笔者曾在给日本汉学家的一些信函中,向他们提出过"你对中国学界有什么希望"的问题,就有学者提到,他们希望更多听到中国学者评论外国研究中国学术著述的评论。那时,虽然真正细心读过一些外国论著原作的中国学者人数并不算多,但多数读过的人,都有一种深入了解汉学世界的欲望,有一种变知之甚少到知之甚多的紧迫感。今天,重新翻阅一下《汉学研究》早期发表的文章,我们往往感到概述多而深论少,同时,也会感受到作者们急切地想将外面的声音传进来的热情和勇气。这种求知欲和探索欲,今天依然是十分可贵的,因为任何有效的国际学术对话,都不会建立在对对方肤浅认知的基础上。

这些年来,对《汉学研究》越喜爱,对担任主编的阎纯德先生的敬意就越深。《汉学研究》没有某些知名刊物的大派头,很欢迎小学者的文章;阎老师却让我更加懂得了什么是大学者。这个"大",不是名儿大、官儿大、钱儿大的那个"大",是大眼光、大气度、大胸怀、大学问的那个"大"。将近二十年,阎老师和他的支持者苦苦经营一本赔钱的学术丛刊,没有大眼光、大气度、大胸怀是难以办到的。有阎老师这样的学界"自愿者"在前,后学没有不努力的理由。"汉学研究"从当年的冷清到今天的热闹,笔者衷心感谢阎老师和他的支持者们培育了《汉学研究》这样一树可以自豪地享受"丛中笑"快乐的繁花。《汉学研究》上了新台阶,关注的人、帮忙的人也许会主动靠过来。可以期待,《汉学研究》会交更多的中外学者朋友,发表更多有重大影响的论文。

《汉学研究》诞生伊始,就把凿通中外学术交流的隧道当作自己的事业,奋力开拓,在沟通"国学"与域外学术的领域中找到了自身的位置,始终保持着鲜明的边缘性、兼容性与探索性,多语种、多学科、多层次的论文,看起来似乎不都那么规范，但也正是这些特点，适应了这一阶段学术队伍的现实。各国汉学基点不同，我国研究者的学术储备有异，研究方法各有特点，论文自然不能用一把尺子通量，但彼此提升空间巨大却是一个共同点。为了使我们对外国文化（欧美等发达国家的文化自不待言，甚至发展中诸国之文化）的认知，对这些国家的汉学的认知，都不再流于浅表，不再汗漫不清，不再笼统一概，而能切实踏入深水区，与各国同行展开深层次的学术对话，我们真的也没有理由不将汉学进行到底。

古人云，人心不同，各如其面。不论大国小国，文化不分大小，各种文化有各种文化的面孔。刊物也是一样，在信守学术规范的同时，也要允许不同面孔的和谐共存。作为《汉学研究》的忠实读者，我衷心期待《汉学研究》在前进中不失自身的学术个性，不要染上学界为一时评价左右的浮躁"流行病"，不会被"整容"成一幅满街走的"学报标准脸儿"，或者"讲坛标准脸儿"，笔者不是说那些脸儿不够美丽，而是说还是"各有其脸儿"受看些吧。

对于海外汉学，同对于其他一切学术一样，人云亦云、食而不化总是不可取的。和国外学者展开平等对话，不仅要靠底气足、声音大，还要靠对得上、说得清、拿得准，这都是要靠我们的硬功夫的。我们应该有这样的自信，真知灼见最服人。汉学研究还需要做许多基础工作，包括基本资料的积累、整理和传播等，系统整理国外保存的中国散佚文献、中外学术交流的珍贵史料、海外汉学经典名著的汉译资料等，都还有很多基础工作没有做，至于这些资料的系统化、数字化工作更是任重而道远。继续打造的《汉学研究》升级版，一定通过及时提供新材料，传递新成果与扶持新人才方面，为"国学"与海外学术研究两方面的互通互鉴架起桥梁。

（作者系天津师范大学教授、著名日本文化学者）

平心静气对汉学

——两个自觉

郭 鹏

第一个自觉是汉学研究中应当更加注重对汉学家的研究成果自觉进行学术归类，即把汉学家的具体研究成果置于其所在的专业领域之内，去开展富有学术意义和专业品位的鉴别、批评及对话。汉学指外国人研究中国的学问，但这个学问包含的内容、范围较广，涉及历史、哲学、宗教、政治、经济、文化等许多方面，且往往针对某个方面的专一问题。现在不少大学的学科规划中，汉学研究基本是一个二三级学科，多放在比较文学或中外文学之类学科内，个中原因不外乎汉学研究中包含着跨文化理解、中外比较与传译等相关课题。事实上这种学科归置是权宜之计。20世纪大部分时间里的中国社会，因战争以及政治等因素，学术研究的深广度均受到较大影响，使得国外汉学带有一定的强势，而且中外学者之间的对话机会也比较少。但这种现象今天已有很大改变，甚至可以说已有根本改观。我们必须超越过去那种以好奇的心态去"围观"汉学家如何如何，而应该将外国人研究中国的成果放归所属学术领域之内进行鉴别、对话。实际上这也是很自然的事情。比如，历史的应该归到历史学领域，更具体一些，如隋唐史的放在隋唐史的领域，明清史的放到明清史的领域，等等，辨识其是否具有前沿性，方法是否科学，优者则借鉴之，劣者则汰弃之。总之，我们应以一种平常心和"就事论事"的专业眼光去了解和借鉴，这就是我说的要对汉学研究成果进行学术归类。其实，中国研究领域比较出色的一些洋学者也不乐意接受"汉学家"这个笼统的头衔，他们更喜欢被称为所在领域和专业的研究者或专家，这从一个侧面说明，当我们视国外汉学研究为"他山之石"时，有些汉学家也怀有被我们视作"局外人"的焦虑。我认为，不管是对国外汉学的好奇、猎奇或盲目推崇，还是以宗主文化心态而嗤之以"隔靴搔痒"或"局外人"，都难使中国研究成为具有普遍意义的世界性的学问。

　　第二个自觉是应当充分理解到学术乃知识和价值的综合体，国外汉学也不例外。汉学家在研究角度与方法、材料使用、学术兴趣等方面和我们有所不同，自不待言。但这还不是最重要的差别，最难消弭的争论往往产生于文化价值认知的差异上面。产生这种差异的根源不全是因为不同的意识形态以及不同的思维方式，更重要的是来源于不同种族、区域、国家的人在历史上对中国社会文化的感受、理解和认知的层层"积淀"。今天虽然面对的是全球化时代和开放的、现代化的中国，但他们对中国的"刻板印象"仍无处不在，即便是那些出色的汉学家和学术价值厚重的研究成果也是如此。这里举一个例子，美国汉学界20世纪90年代后期出现了著名的"新清史"学派，对传统的清史研究产生了一定影响和冲击，也引起了较为激烈的争论。这个学派借鉴社会学中的族群认同理论，围绕"满洲中心论"的核心观点，否定汉化政策和满汉融合关系对清朝统治的重要性，主要将清史作为世界历史的组成部分看待，从而淡化清史属于中国史的历史认知。虽然"新清史"学派的一些观点有助于反思汉族中心主义，但其根本上质疑了中国史的同一性和多元一体的中华民族认同，违背中国历史发展的实情。

　　毫无疑问，"新清史"学派有自身的理论方法、文献证明、学术架构乃至史学传统，但其解构清史主要反映出他们对中国历史有着迥异于我们的文化价值观念。这一观念可能来自于现实的意识形态，但西方认识中国的历史积淀或许构筑了更为内在的认知背景，其中一个很突出的现象是蒙元和满清两大王朝之时中国对世界影响很大，与西方世界发生了前所未有的接触，代表性的事件如蒙古西征、大汗贵由复信教廷、马可·波罗游历中国、传教士与中西交流等，这些都在很大程度上塑造了西方对中国特征的基本认知，并且积淀下来。可以说，近世意义上西方对中国的认识或西方人的中国观，并不是发生在西方与正统的汉族政权之间，而是蒙古人、女真人纵横东亚并在中国建立王朝的时候（甚至可以追溯到10世纪时契丹政权横跨亚洲北部而西方也是以契丹为中介认识中国的）。这使得西方人与我们在认识最近1000年中国历史上，存在视角的差别和焦点的错位。同样有趣的是，西方对中国皇帝的了解也是从成吉思汗、忽必烈、顺治皇帝、康熙皇帝等"可汗"形象开始的，西方古代和近代的文献、图绘中有许多"可汗"皇帝的记录，比如马可·波罗《东方见闻录》、孟德高维诺《大可汗国记》、马黎诺里《马黎诺里游记》、克拉维乔《奉使记》、利玛窦《中国札记》、卫匡国《鞑靼战纪》、曾德昭《中国通史》和《基歇尔神父的论述》、纽霍夫《从荷兰东印度公司派往鞑靼国谒见中国皇帝的外交使团》、基歇尔《中国风物志》、达帕《荷兰东印度公司出使中国大清朝大事记》、安文思《中国新史：对这个庞大帝国最值得重视的特色的描绘》、白晋《孔子的伦理道德》、白晋《康熙皇帝传》、李明《中国近事报道（1687—1692）》等以及插图、壁毯、瓷器、地图中有大量的"可汗"皇帝形象（2009年5月我在美国威斯康辛州的米尔沃基市看到一家名叫 Emperor of China 的中餐馆的 logo 正是清帝形象），内容丰富而有趣，反映着当时西方对中国统治者和中国社会文化特征的理解和认识，史景迁《大汗之国：西方眼中的中国》对此做过一些研究。西方人开始并不知道秦始皇、汉武帝、唐太宗这些中国人心目中的伟大君主，当然也很难理解中国历史上王朝赓续的正统意识和神圣色彩，即使是入主中原的少数民族和"可汗"皇帝亦往往被这一主流的王朝正统意识所驱使。所以我认为，包括"新清史"学派在内的一些汉学家，首先视蒙元、满清为东亚区域政权并将其纳入世界史而非中国史考量，以及"凸显"少数民族政权入主中国之后仍保持族群自律性等学术观念，固然也是受到现代学术理论乃至意识形态的影响，但西方几百年对中国历史认知的特殊积淀及由此与我们认识中国历史形成的错位，也是一个重要背景。这同时告诉我们，从跨文化理解的角度看一些问题，有助于剖析国外汉学中可能存在的认识误区。

（作者系北京语言大学教授、研究生院院长）

世界汉学与汉学世界

耿幼壮

经历了很长时间的低迷后,汉学(Sinology)研究正在世界范围呈现出迅速复兴的态势。以往,人们通常将之归于中国学(China Studies)的兴起。的确,以其宽广的视域和对当代的贴近,中国学对于传统汉学既是强烈的冲击和挑战,又是极大的补充和丰富。不过,在中国学兴起的背后可能存在着更为复杂的政治、经济和文化原因。在此,我们试图于跨文化交流这一宽阔背景下,从学科建制的演变与重构这一角度,对汉学近年来的发展与变化加以认识和理解。就此而言,至少有如下现象值得注意:国学(Traditional Chinese Learning)在中国的再度兴起与及遭遇的困难;比较文学(Comparative Literature)在全球范围内面临的困境与危机,以及世界文学(World Literature)在全球化时代的重提与重构;神学,特别是所谓汉语神学研究(Sino-Christian Studies)所出现的一些引人注目的新动向。

国学的再度兴起可能是中国学术界近年来出现的一个引人注目的现象,并且已经引起了一些国外学者的关注。虽然国学目前似乎还未取得长足的进展和引以为傲的成果,却出人意料地对于"汉学"的发展起到了推动作用。面对在中国内部兴起的国学,在海外发展的汉学感受到了某种压力,并开始深刻反思自己的位置和作用。如法国汉学家德保仁(Pierre-Henri de Bruyn)所指出的,现在,"汉学需要反思自己如何能够对'真实的'中国做出'真正的'贡献。显然,'国学'的兴盛将给'汉学'带来挑战。此前,汉学仿佛是一个孤立的存在,并没有中国本土的相应学科与之并驾齐驱。如今,'国学'正在发展成为一个现代学科,这必将成为影响汉学史走向的重要事件。"[①] 不仅如此,由于国学和汉学在今天的真正并存,"中学"(China Learn-

---

① 德保仁《汉学在中西交流中的贡献,兼论"中国软实力"》,载《世界汉学》第12卷,中国人民大学出版社,2012年。

ing），即整个关于中国的学问，也将会彻底改变。对此，清华大学国学院刘东教授有中肯的分析："正由于共同意识到了对方的存在，所以无论'国学'还是'汉学'本身，也都无从再去垄断对于中国的知识和话语。"① 现在，汉学在中国内部广受重视，并与国学和其他人文学科展开了深入的对话和交流。结果，不仅中国学者开始更为重视这一学科的历史、发展、成果和意义，同时海外汉学家们似乎也在中国大陆找到了自己的学术研究、成果和价值的真正被承认和接受之地。总之，在某种意义上，正是由于国学的兴起，才促成了汉学这一最初缘起于中国的西方学科在当代中国的某种复兴或新生。由是，才有了所谓"新汉学"和"汉学回家"的提法。

比较文学学科近年来也面临着严重的危机，这集中体现在美国学者斯皮瓦克（Gayatri Spivak）《一个学科的死亡》（Death of a Discipline）这一著作的出现，以及随后在许多国家学界引发的积极反响和激烈争论。与此同时，在后殖民主义和女性主义的严厉批评下，由歌德提出的"世界文学"理想也不断受到质疑。面对这种困境，许多比较文学学者提出了种种可能的应对。其中，较为值得注意的是两位美国学者，即哈佛大学的戴姆拉什（David Damrosch）教授和芝加哥大学的苏源熙（Haun Saussy）教授。而且，两人都与中国学界保持着密切的联系，这一点也并非没有意义。在我看来，苏源熙基于博士学位论文出版的早年著作《中国美学问题》（The Problem of a Chinese Aesthetic, 1995）最为值得重视。在这部著作中，苏源熙教授详细读解了中国古代经典之一《诗经》（The Book of Odes）的注释史，其中涉及对十七八世纪欧洲传教士（特别是利玛窦［Matteo Ricci］和龙华民［Nicolos Longobardi］）关于翻译问题的争论，莱布尼茨（Gottfried Wilhelm Von Leibniz）和黑格尔（Georg Wilhelm Friedrich Hegel）在约一个世纪后对于中国，特别是对于中国语言文字的认识和想象，以及德里达和解构主义在20世纪对于经典诠释的看法，从而重构了中国儒家传统对于《诗经》的诠释方式。由此看来，通过文学翻译和跨文化阐释而达至在语义层面和文化层面的交互作用，应该是比较文学得以展开和世界文学得以成立的基础和条件。而且，这对于传统汉学研究无疑有着极大的启发意义。

神学本身就是产生于西方的学科，其伴随着传教活动而进入中国。经过

---

① 刘东《国学：六种视角和六重定义》，《中国学术》第32辑，商务印书馆，2012年。

诸多学者的辛勤努力，神学研究在中国已经成为宗教学研究的主要组成部分。近年来，所谓汉语神学已经得到普遍承认。在这个领域出现的两个主要变化与汉学研究有着密切的关联：一方面，研究者更为关注早期传教士对中国古代经典的翻译、解读与诠释；另一方面，中国本土神学家，特别是民国时期本土神学家的著述受到了越来越多的关注。而且，这两个方面的研究都不仅限于中国学者。事实上，从早年传教士对中国古代典籍的翻译和阐释中，以及明清以降中国本土神学家（他们大多具有儒家背景）对西方思想的接受中，可以看到中西不同文化、宗教思想和哲学传统在历史上的最初碰撞，以及这样的交流在当今时代的意义和价值。无疑，这对诸多学科（包括语文学、哲学阐释学、比较文学、宗教学和神学、思想史和文化交通史，以及汉学的发展）可能产生的影响是可以预期的。

这些都清楚地展现出，传统人文学科大都面临着种种挑战，相互之间不断推进和交融，并随之出现了学科界限的变动。与此同时，作为应对，学者们亦在对学科建制进行反思，并出现了一些新的学科建设（比如中国古典学的建立）。在这一背景之下，世界汉学正在取得迅速的发展，而汉学世界的领域也在不断扩大。北京语言大学阎纯德教授主编的《汉学研究》，作为国内为数不多的汉学杂志之一，为世界汉学的发展做出重要贡献，该刊最近进入了CSSCI索引，实在是一件可喜可贺的事情。

（作者系中国人民大学教授，汉学推广所所长）

我的芳草地

刘顺利

我的第一篇在国内发表的关于"燕行录"的论文是阎纯德先生提携的结果。我对自己说,这次会议我一定要到北京看看阎先生。来参加会议主要是感恩,感谢阎先生这么多年来对自己的帮助,感谢阎先生这么多年来不辞辛劳地为《汉学研究》奔波劳累。在我看来,《汉学研究》是我国学术大家庭中的一块芳草地,定位准确,学术水平高。此次《汉学研究》进入CSSCI来源期刊榜,我自己觉得是理所当然的。尽管曾经有经费方面的不足,但是阎先生坚持下来了。不光如此,阎先生与吴志良博士主编的"列国汉学史书系"第一辑21部著作已经出版,我撰写的《朝鲜半岛汉学史》和《中国与朝韩五千年交流年历》都荣幸地列入其中。其中的《中国与朝韩五千年交流年历》到今天还在继续编著,因为总是有新资料需要补充进来,我国与韩国、朝鲜的交流还在继续。总之,来到北京语言大学感到很亲切、很温暖,再次感谢阎先生给我这个机会见到各位先生,我的感觉是自己内心充满了感激。我衷心祝愿《汉学研究》越办越好!

(作者系天津师范大学教授、著名朝鲜半岛文化学者)

外语学科与汉学研究

阎国栋

在国家推动中国文化走出去以增强国际竞争力和影响力的大背景下，我国的国际汉学研究又获得了新的发展机遇和动力，进入这一领域的学者也越来越多。这支研究队伍由具有不同学术背景的学者构成，有文史哲专家，有国际政治研究者，有社会科学学者，还有外语专业人才。他们在各自擅长的领域为我国的国际汉学研究做了许多工作，取得了显著成绩。

与其他学科的专家相比，外语学科研究者的处境相对比较尴尬。由于他们的知识背景多为外语语言学和外国文学，在中国历史和文化知识储备以及相关学科研究的学术训练方面存在先天不足。即便有人孜孜不懈，博览广闻，但因所涉学科门类众多，还是难以达到专业研究者的水平。而且，他们因研究对象和内容超出了外国语言文学一级学科所规定的研究范围而在本学科内受到质疑。尽管许多大学声称鼓励跨学科研究，但在学术成果认定和职称晋升政策上并没有做出及时调整和改进。

在这种情况下，从事国际汉学研究的外语学科研究者更需以促进中国学术发展为己任，坚定意志，明确目标，做好自己的事情。首先，在弥补知识结构不足的同时，要认清自己的优势，有所为有所不为，要为其他专业研究者所不能为或不愿为。要充分认识学术研究的多样化需求，善于寻找薄弱点和空白点，脚踏实地，做一些既能发挥所长又有学术价值的基础性工作。其次，用优秀的成果证明外语学科人才从事汉学研究的可能性和必要性，逐渐推动外国语言文学学科内涵的不断拓展，使之获得更大的发展空间。再次，尽可能将研究对象限定在中外文化交流的大范围之内，立足人文科学，以便更好地与外国语言文学学科相互融通与促进。

笔者以为，外国语言文学学科的汉学研究者更有可能首先在这样几个领域发挥自己的作用。第一个领域是国别汉学史研究。撰写学术史最大的挑战是需要占有和阅读大量文献，在这方面外语工作者显然具有优势。掌握了学术史的研究内容和方法之后，便可以通过对原始文献的阅读和理解，总结一国汉学的历史和成就，发现其在研究对象、方法、理论、观点等方面的创新和不足。既可以撰写汉学通史，也可以考察某个学科（文学、历史、语言、哲学等）的发展史，还可以从事重要汉学家或汉学著作的个案研究。第二个领域是汉学文献翻译。无论是翻译汉学论著，还是翻译原始文献，在译材选择上均要以其具有重要学术价值为前提。这是一种看似简单，实则不易的工作，需要译者熟悉所涉领域和问题，掌握相关概念和术语，考虑原典的语体和风格，信字为先，兼及达雅。第三个领域是外国人中国观或中国形象研究。在一个国家中国观念的形成和演变过程中，往往存在多种信息源，而汉学著作只是其中之一，并且与其他中国题材著作存在相互印证和批判的关系。外国思想家、文学家、政客、著名学者和记者关于中国的言论在影响本国社会中国观念和形象方面所发挥的作用往往比汉学家更加突出。研究外国人的中国观有助于我们更加深入和全面地认识外国汉学。外国文学或比较文学研究者相对比较容易进入这个领域。第四个领域是汉籍外译研究，包括汉籍外译史、汉籍翻译批评以及中国典籍译本目录的编写。尤其是翻译批评，应成为外国语言文学学科学者的研究重点和亮点。

　　我们有理由相信，外语学科学者有能力为我国的国际汉学研究做出独特贡献，并且在推动我国外国语言文学学科的建设方面发挥积极作用。

（作者系南开大学教授、著名俄罗斯汉学史专家）

"交流"以后怎样

余三乐

20世纪90年代初,阎纯德教授创办的《中国文化研究》和《汉学研究》自觉地担当了中外文化交流的使命。但是,"交流"之后怎么样?这是一个值得深思的问题。

中国大陆改革开放以来,学术界对明末清初的西学东渐和中学西传作了大量的研究。那个时代中西文化交流的盛况已经比较真实全面地呈现在国人的面前了。

正像鲁迅在读了《娜拉》之后提出了"娜拉走后怎样"一样,我在读书之后,也提出"交流以后怎样"的问题。明末清初的西学东渐固然异彩纷呈,涉及了自然科学和社会科学的方方面面。但是随着雍正乾隆越来越严厉的禁教,随着来华传教士的递减乃至几乎消失,曾经流行过一段时间的西学也渐渐消失了。

《几何原本》前六卷出版时,利玛窦在《译几何原本引》中写道:"请先传此,使同志者习之。果以为用也,而后徐计其余。"结果此书竟和者盖寡,长期无人有进一步将其全部译完的冲动。这一等就等了200多年,直到1859年,十五卷的欧几里得几何学才由李善兰和伟烈力亚合作翻译出版。利玛窦绘制的世界地图曾在明末相当流行,文人官员争相一睹为快,有人将其刻石流传,有人将其画入自家文章。但是入清之后,其影响力减弱,《明史意大利亚传》称:五大洲说"其说荒渺莫考"。后来梁启超幼时读书,竟不知世界有五大洲之说。王征与邓玉函合译的《远西奇器图说》一书虽然介绍了很多西方的物理知识和机器,但是鲜有付诸实践者。《泰西人身图说》被认为是有伤风化之书而禁止流传。康熙和乾隆皇帝组织传教士和中国官员学者一道,费力数十年而绘成的《皇舆全览图》、《钦定皇舆西域图志》被束之高阁,以致1890年中国官员洪钧在与俄国交涉边界时不得不购买俄国人绘制的地图,以作谈判根据,结果酿成丧权辱国的恶果。

与之相反,这一时期经传教士之手传入欧洲的中国技术虽然不多,但都被欧洲人充分地研究、利用,大大地促进了其自身产业的发展,如改进造纸术、改进烧制瓷器的原料和技术,白铜制品的研制,等等。就连中国传统的儒家文化,也被欧洲的启蒙学者用来当作抨击封建制度的思想武器。

　　这在同一时期发生的西学东渐和中学西传的效用之不对等,值得我们深思。探索其背后的深层次原因,或许能为中西文化交流史的研究开辟一个新的领域。

(作者系北京行政学院教授、传教士研究学者)

"西学东渐 中学西传"
——北京语言大学汉学研究学术座谈会综述

姜西良

2014年5月28日,北京语言大学承《汉学研究》进入CSSCI来源集刊之机,举办汉学研究学术座谈会,来自京津地区的著名专家学者李明滨、严绍璗、周思源、熊文华、柴剑虹、何培忠、耿昇、王晓平、耿幼壮、阎国栋、刘顺利、阎纯德、华学诚、余三乐、郭鹏、郁有学、高金萍、钱婉约、段江丽、周月琴、程龙、张浩以及北京语言大学的部分青年教师、博士生等近五十人参会。乐黛云发来贺词表示祝贺。北京语言大学崔希亮校长出席并致辞,曹志耘副校长作总结讲话,学校科研处处长李庆本主持会议。座谈会总结了我国和北京语言大学汉学研究的成绩,对汉学研究的学科定位、发展现状和问题进行了深入探讨,为汉学研究长远持续的发展提出了有益的策略和建议。

崔希亮校长在致辞中,充分肯定了《汉学研究》杂志推动国内汉学研究的重要作用,热情赞扬了阎纯德教授对北语汉学研究及学术界做出的巨大贡献。他介绍说,北京语言大学是我国唯一一所以对来华留学生进行汉语言和中国文化教育为主要任务的大学,建校最早、规模最大,素有"小联合国"之称。建校50多年来,学校已经为世界176个国家和地区培养了15万余名既懂汉语,又熟悉中华文化的外国留学生。当今活跃在世界各国学术界的汉学家,几乎都在北语学习或研修过。可以说,北语是培养汉学家的摇篮。同时,学校一贯重视学术研究,已发展成为我国中外语言、文化研究的学术重镇和培养涉外高级人才的摇篮。学校现有《中国文化研究》、《语言教学与研究》、《世界汉语教学》、《国际汉语教学研究》等学术期刊,他殷切地希望《汉学研究》继续担当"西学东渐、中学西传"的使命,更好发挥东西方文化交流的重要平台作用。

曹志耘副校长在讲话中高度赞扬阎纯德教授和《汉学研究》对学术的执

着与坚守，勉励后辈学人继承和发扬这种学术精神。他希望汉学研究既着眼于学术，又能与国家的需求紧密结合起来，在致力于推动中华文化走出去、促进孔子学院建设、汉语国际教育等方面做出自己的成绩，体现北语的特色。

座谈会上，《汉学研究》主编阎纯德教授作题为"说一说北语的汉学研究"的开场白，从1993年创办《中国文化研究》启动汉学研究说起，说到如今仍在与吴志良博士主编"北京语言大学列国汉学史书系"，历数北语在中国文化传播和汉学研究领域的汉学人才培养"四大优势"（留学生及汉学家的摇篮、国学根底深厚的优秀师资、汉学研究资源丰富、多种语言教学的重镇）和"一个传统"（北京语言大学汉学研究的传统，即1993年创办《中国文化研究》、1995年建立汉学研究所，在国内最早开创汉学研究，为汉学研究学界开辟学术阵地，排除万难毫无功利之心地坚持高质量编辑《汉学研究》）。

与会专家学者赞扬并祝贺《汉学研究》创刊十九年以来的坚守精神和所取得的成绩，一致肯定其在学术界的先锋地位，同时回顾汉学（中国学）研究在中国的发展历史，预测海内外汉学研究的未来走向，并为中国文化如何更好地走出去、将外国先进文化请进来出谋划策。

一、对《汉学研究》刊物及主编的评价

与会学者高度评价《汉学研究》在学术界发挥的重要作用。

北京大学李明滨教授在发言中说，北京语言大学的两份学术期刊——从《中国文化研究》到《汉学研究》，特别是《汉学研究》，是汉学研究的一面旗帜，在国内开先河、"功德无量"；杂志主编阎纯德教授办刊态度始终严肃、认真，从学术质量到印刷各方面都让人信服。

北京大学严绍璗教授认为，《汉学研究》成为CSSCI来源集刊，这对于中国人文学术界来说是非常有价值的一件喜事。从20世纪70年代后期，中国人文学术从艰难困苦中重新崛起，在很多层面上都取得了成果。其中，汉学研究学科的形成和发展，使中国学界能够和世界学术界平等对话。这正是中国学术走向世界的表现。严教授认为，北京语言大学和阎纯德先生做了一件永存于中国20世纪人文学术史册的事情。《汉学研究》从第一集到今天的第十六集，连同《国际汉学》和《世界汉学》两份刊物，一直坚持到现在，它们基本上汇集了学科发展的轨迹，体现了它逐步提升的过程。

"西学东渐 中学西传"
——北京语言大学汉学研究学术座谈会综述

北京语言大学华学诚教授认为，从《中国文化研究》到《汉学研究》，这两个刊物联系了一批作者、一批专业，这支队伍不仅仅在校内外，而且丰富到了海内外，为我们国家培养了一批人才。第二，以杂志为平台，二十多年来，北语的汉学研究正在推动着北语的学科建设。第三，从为国家服务的层面上来看，汉学研究、中国学研究能从第一线上最科学地了解别人做了什么，别人怎么理解我们中国的东西，所以是意义非常重大的事业。

与会学者对《汉学研究》主编阎纯德教授也表达了由衷的敬佩和感谢。李明滨教授说他本来主要从事俄罗斯文学研究，《汉学研究》使他进入俄罗斯汉学研究领域，为他增加了一个专业的方面，推动了他的学术研究。

严绍璗先生回忆了阎纯德教授作为《汉学研究》的构思者，当年一个人肩挑重担、筚路蓝缕坚持办刊的情形。阎纯德教授夫妇傍晚出来散步，在成府路上和严教授碰头，站在路边谈稿子。那个过程很艰难，也充满了学术的乐趣。严教授认为这体现了阎纯德先生对学术的忠诚，对事业的执着。

北京行政学院余三乐教授、南开大学阎国栋教授、天津师范大学刘顺利教授进入学术界的第一篇学术论文都是受阎纯德教授的鼓励而发表在《汉学研究》上。他们都表达了真挚的谢意，并且希望今后《汉学研究》仍能给初学者留一块田地，奖掖、提携学术新人。

北京语言大学郁有学教授认为阎纯德教授从事《中国文化研究》、《汉学研究》的工作，完全是非功利的为学术而学术，他的这种精神可以用"知其不可而为之"来概括，这是孔子的精神，也是阎先生的精神。

二、关于汉学研究学科定位、与高校学科建设关系的探讨

中国社会科学院耿昇教授在发言中说，这几年海外汉学确确实实是发展了，但是汉学严格说来还是应该回归本位，它的本位就是"补缺填空"，填中国学者的空，补中国的缺项。他认为，汉学是一个附属学科，是主学科文史哲的一个附属学科，辅助工作做好了，也很有意义。

中国人民大学耿幼壮教授认为，汉学的发展与学科本身的定位有关系，与"中国学"也有关系，到底汉学研究在中国国内定在什么位置上，到现在很多人不是很清楚。他赞同耿昇教授"汉学是个辅助性的学科"的观点，认为汉学虽然是辅助性学科，但也应该有大的视野和大的抱负。

南开大学阎国栋教授和北京语言大学郭鹏教授分别谈到了汉学研究与大学学科建设的关系。阎国栋教授说,《汉学研究》对南开大学学科建设起到了促进作用,使南开大学外国语言文学基本上拓展到了跨学科、跨文化的研究。他表示将继续支持《汉学研究》,希望将来继续以《汉学研究》为阵地,发展壮大南开大学的学术研究队伍。

郭鹏教授谈到《汉学研究》和北京语言大学学科建设的关系,说北语对汉学研究非常关心,汉学研究与北语学科的关系非常内在,北语现有的最基本的学科有两个:一是中国语言文学一级学科博士点,一是外国语言文学一级学科博士点。这是《汉学研究》学科上的最基础的架构。北语最近几年致力于"四大学术方阵"的建设,把汉学(中国学)研究也纳入到其中的一个方阵,所以北语目前的学术环境和发展氛围很好。从国家层面来看,提倡弘扬中国优秀传统文化,给汉学研究学科以及《汉学研究》杂志都提供了前所未有的机遇。所以,北语的汉学研究可以担当重任,也非常值得期待。

三、关于汉学研究现状问题的讨论及汉学研究发展的建议

专家学者对《汉学研究》及汉学研究的未来发展寄予厚望,对当前汉学研究的学术环境和发展氛围等问题进行了讨论,并为汉学研究的持续发展提出了建设性的策略和建议。这些建议大体可归纳为五个方面:第一,树立世界文明互动的学术观念,建立学术研究"大视野"和文化传播新观念,把握学科发展方向;第二,整理介绍基本学术文献,批判互鉴优秀研究成果;第三,人才培养和学术队伍建设;第四,加强《汉学研究》、《世界汉学》、《国际汉学》、《法国汉学》等杂志之间的团结合作,提高学术出版、刊物推广水平;第五,汉学研究应关注中国传统文化的研究。

第一,树立世界文明互动的学术观念,建立学术研究"大视野"和文化传播新观念,把握学科发展方向。

严绍璗教授提出,《汉学研究》刊物内容可以在四个方面提升:第一,"西学东渐"和"中学西传"密不可分,一定要树立世界文明互动的观念。第二,要建立一种中国文化向世界传播的大视野的观念。第三,在中国文化的传递中,要展现出中国文化自我革新、自我发展的过程。第四,中国文化向世界的传递,不可能是原汁原味的。这符合马克思的表述:"文化的传递是

"西学东渐 中学西传"
——北京语言大学汉学研究学术座谈会综述

以不正确理解的方式进行的",因为一种文本向另外一种语言、一种文化体系传递的时候,对方接受的机能是以它的本体哲学为核心的,它是根据它的自我需要来接受的。我们必须建立起这样一个科学的文化理念,来探讨中国文化走向世界。对这样一种传递,《汉学研究》应该作为新内容加以探讨。

郭鹏教授提出汉学研究应把握学科发展的方向。一方面,《汉学研究》要结合北语"小联合国"的办学特色,比如与北语面向来华留学生的汉语和中国文化的教育和传播结合起来,引导学生学习、研究中国的语言文化以及学生所在国的中国语言文化、历史典籍的传播情况。另一方面,汉学研究的学科发展要有历史眼光。汉学研究在很多学校实际上被纳入比较文学学科或者外国语言文学学科。但从汉学研究学科未来的发展来看,应把汉学、海外汉学的成果放在它所在的学科领域中去,这样才会构建一个国际前沿的学科平台,以及在世界语境中探讨中国问题的氛围。

第二,整理介绍基本学术文献,批判互鉴优秀研究成果。

中华书局柴剑虹教授提出,我们现在对国外的汉学成果介绍得还不够,应该加强。比如新疆问题,如果我们能够把欧美的一些汉学家在很多年以前研究新疆的成果准确地翻译过来的话,对我们今天认识新疆问题是很有好处的。汉学研究要做这样的工作。另一方面,我们没有很好的、完整的汉学书目,比如近50年来或80年来,世界汉学家主要的著作、主要的论文等,我们现在没有一个完整的目录。北京语言大学的《汉学研究》、北京外国语大学的《国际汉学》、中华文化研究院的《世界汉学》和中华书局的《法国汉学》等杂志应联合起来,做一些这样的基本资料。

耿昇教授提出了汉学研究的氛围和风气问题:前几年汉学热,很多人赶时髦,不管什么研究都叫汉学。我们当时很反对,现在不太多了。第二个问题是汉学翻译,它与市场需求和读者接受有关。我们国家这几年花了大笔的经费,找人翻译中国的典籍、著作,向外推销。这里边有成功的,但绝大部分是不成功的,因为不了解外国人需要的是什么。最后,鉴于汉学翻译出现的问题,他呼吁翻译界应该建立一套统一的翻译规范和翻译标准。

天津师范大学王晓平教授建议开展汉学研究学科的基本建设和基本文献的翻译整理介绍工作。他希望《汉学研究》杂志能够继续引领学术、走在学术前沿而不是跟着政治走,保持学术思想的前瞻性。

李明滨教授提出只是泛泛地介绍国外汉学的成果是不够的,要批判地客观地评价海外汉学成果，不过分贬低，也不过分夸赞。

北京语言大学熊文华教授分享了汉学研究给他带来的快乐和幸福，他认为北语的氛围很宽松，学校为学术研究提供了很好的条件和机会，从事汉学研究的学者要善于发现和充分利用国内外的汉学资料库。

第三，人才培养和学术队伍建设。

中国社会科学院文献研究中心何培忠教授说，学科的发展是很重要的问题，如何把学科发扬光大，如何把刊物发扬光大，是我们急需考虑的问题。但是我们并不想做一个时髦的东西，而是要做一个对学术有用的东西，对国家文化有用的东西。现在在做中华文化走出去的工作，如果我们强推着走出去，效果不见得很好。这要考虑语言和文化的关系，还要考虑到语言、文化和经济发展的关系，话语权和政治影响力的关系，这就需要有懂外语、懂对方文化的人才，同时还要有中国文化的深厚功底，这样才能做好文化走出去战略。这个过程也是中国文化和外国文化融合的一个过程，是一个相互理解、相互尊重、相互借鉴的过程。汉学这个学科主要就是看中国文化怎么融入到世界文化中，看外国文化如何吸收、融入中国文化，然后我们要融入其他文化，借鉴其他文化。做好汉学研究，需要提高翻译水平，提高语言能力等。

严绍璗、耿幼壮、周思源（北京语言大学）等教授都提到了培养接班人的问题。严绍璗教授说，汉学研究需要真正跨学科的研究人才，就是既具备本国文化的修养，又具备对象国文化的教养的研究者。这样的人才正在逐步地产生，需要刊物的引导，需要学校有意识地培养，打通学科之间的关系。只有真正跨学科的研究人才出现的时候，国际汉学才能够最强有力地发展下去，在世界上进行真实的学术对话。他希望北京语言大学和《汉学研究》都可以承担起这样一个引领的任务。

耿幼壮教授说，我们需要一批学者，首先得热爱这个学科，其次要有能力，中文的能力、外文的能力、知识的储备方面比较好的，然后又要有奉献精神。这样的人不是很好找，希望可以发现、培养一批这样的学者，把他们聚集起来，继续把刊物办好。

周思源教授重视接班人的选择，认为要挑选有毅力、有事业心的人。

第四，加强《汉学研究》、《世界汉学》、《国际汉学》、《法国汉学》等杂志之间的团结合作，提高学术出版、刊物推广水平。

李明滨教授希望《汉学研究》、《国际汉学》、《世界汉学》和《法国汉

"西学东渐 中学西传"
——北京语言大学汉学研究学术座谈会综述

学》等刊物相互联系,合理分工。

柴剑虹教授回忆了《汉学研究》与中华书局的渊源关系,也希望以上几种刊物加强合作,共同促进中外文化的交流和互鉴。

北京语言大学阿拉伯研究中心罗林教授说,汉学在阿拉伯国家是显学,阿拉伯国家的汉学家在社会上很有地位。北语阿拉伯研究中心将主办教育部的"国别和区域研究专报"、"国别和区域研究杂志"以及"国别和区域研究通讯",他提议在"国别和区域研究"网站上开辟"汉学研究"板块,将来在"国别和区域研究杂志"中也可以设置"汉学研究"或"汉学园地"板块,以丰富汉学研究的出版推广渠道。

第五,汉学研究应关注中国传统文化的研究。

周思源教授在发言中以"红学"研究为例表达了一个担心,就是国外对"中国学"、对当代或现当代的中国问题更关注,而对中国传统文化的研究逐渐减少,有凋零的趋势。他建议汉学研究的学者应该注意这个问题,在中国年轻研究队伍的培养和发展上,要有相应的应对策略。

与会学者在中华文化走出去的时代背景下展望汉学研究,均认为从国家层面来看,弘扬中国优秀传统文化,给汉学研究学科以及《汉学研究》杂志提供了前所未有的机遇。正如北京大学乐黛云教授为《汉学研究》发来的贺词所说,"汉学已经成为我们这个时代的显学并将更加发扬光大。因为它一方面促进中国文化走向世界,另一方面致力于使他国成为中国文化的参照与借鉴。在全球化大潮中,我们面临的是一个五千年连绵不断的伟大文明的复兴,是一个文明型国家的崛起,这种崛起的深度、广度和力度都是人类历史上前所未见的。我们有能力对世界文明做出原创性的贡献,也有能力汲取其他文明的一切长处而不失去自我。汉学正是我们到达这一境界的重要途径。"

时代的发展和国家的需要都对汉学研究提出了新的要求,汉学学科内在的发展规律也在呼唤着学科向纵深发展。在今天如何思考汉学研究的未来?在汉学研究过程中,中国学者跟外国学者、外国研究中国问题的学者如何对话?未来的《汉学研究》将继续以丰厚、前沿的内容对这些问题作出积极回应。据阎纯德教授介绍,从今年起,《汉学研究》每年出版两集共100万字,即三四月出版当年的"春夏卷",十月前后出版当年的"秋冬卷",收稿、发稿以及对作者的文稿要求都将更加规范。

·法国汉学研究专辑（为庆祝中法建交50周年特别策划之二）·

16世纪法国对亚洲和中国的发现与描述

钱林森

　　较之16世纪远征亚洲（和中国）欧洲东扩的前锋葡萄牙、西班牙、荷兰等国家，法国发现远东（中国）的举步之旅，显然相对滞后。但这绝不意味着，法国对于亚洲和中国之发现，是无足轻重的角色。恰恰相反，16世纪法国在欧洲人逐渐发现远东（中国）的过程中，始终占据着特殊而重要的位置，其主要表现与特点，并不在如欧洲东扩先驱葡萄牙人、西班牙人和荷兰人那样，"捷足先登"中国这一地舆层面，而在本时期法国人——法国知识界、思想界和文化界，即法国作家、思想家、史学家和其他著作家——面对遥远陌生的东方与中国，以本世纪远征东扩的先行者们（伊比利亚人、荷兰人）所缺失的视野与敏锐来思考、接纳这个陌生的"东方与中国"；以远比这些东征先驱们强烈得多的兴趣和感受来描写亚洲和中国，并以法国的独特视角和方式，付诸艺术与思想的想象和描述，来认知与塑造其心目中的东方与中国。本文仅以16世纪法国知识界和史学界对亚洲和中国的思考、描述为中心和例证，对此作初步的考查、探析。

一、16世纪法国对远东和中国的发现

　　在16世纪欧洲发现远东和中国的漫长征程中，法国人的远东之旅，显然相对滞后，这一点后世中外文化史家已多次明示：16世纪后半叶，当葡萄牙、西班牙和意大利的商人、传教士已经往返于里斯本与澳门，且有多种"中国志"、"中国报道"之类的著述在欧洲传播的时候，在法国最流行的地理书则是雅克·西诺（Jaques Signot）编的《世界指南》（*La division du monde*），全书160页，描写亚洲的篇幅只有12页，不足10%，该书从1539至1560年已

印了5版①，它不仅没有涉及欧洲发现亚洲的新进展，甚至连中国、日本、果阿这些名字都没有提到②。1575年，法国皇家地理学家、旅行家安德烈·泰韦（André Thévet）出版了两卷长达2000多页的巨著《寰宇通志》（*La Cosmographie universelle*）③，其第一卷第二册是专论亚洲的，他的亚洲和中国知识是从普林尼到同时代传教士甚至奥斯曼帝国的伊斯兰教徒那里获得的大杂烩。他将那个时代一位法国人可及的中国知识④或想象全写到自己的书里，如此广见博识的法国人也不过如此。然而这些突出的个例并不能表明，法国之于远东（中国）的发现，是无足轻重的角色，事实上法国在西方逐渐发现远东的过程中，占据着特殊的位置，其主要表现，"并不在政治方面，而是在智性层面和宗教领域"⑤，即思想文化领域。我们皆知，16世纪上半叶，法国在被誉为"文艺之父"的法国国王弗朗西斯一世（1515—1547年在位）治下，是欧

---

① Voir Donald F. Lach, *Asia in the Making of Europe*, The University of Chicago Press, 1971, Vol. II, Book I, p. 216. 又参见周宁《天朝遥远——西方的中国形象研究》上卷第46页。

② Voir J. Signot, *La division du monde, contenant la déclaration des provinces et regions d'Asie, Europe, et Affrique…*, p. 17—29. Lyons, 1555. 作者西诺在这本书里甚至也没有提到美洲，真令人难以置信。

③ André Thévet, *La Cosmographie universelle*, Paris, Pierre L'Hillier, 2 Vol. In-fol. 1575. 亦有译为安德烈·德维或安德烈·塞弗特《宇宙学通论》，见[美]唐纳德·F. 拉赫著、周宁总校译《欧洲形成中的亚洲》第二卷姜智芹译《奇迹的世纪》第二册《文学艺术》第二部分第七章"法国文学"第383—384页（原著304—305页）。

④ 安德烈·泰韦声称，他的中国知识来自一个他在巴勒斯坦认识的阿拉伯囚徒，这个在中国生活了15年的囚徒告诉他说，中国是一个真实的、居住着正常人的国家，不像欧洲人认为的那样靠吃苹果和呼吸乡野的纯净空气为生；告诉他，"中国是东方最伟大、最肥沃的一片土地；中国的皇帝是亚洲的君主之一，统治着15个省，不用增加赋税就能收入大笔的黄金；皇帝的威严至高无上，但也得向契丹的大汗称臣，显然，中国只是契丹的一部分。中国人长期以来一直在船上生活，男人勇敢，女人漂亮，每个男人都可以随意娶妻纳妾，只要他能养得了。中国人吃得好，饮一种米和香料酿制的美酒。中国话粗鲁、僵硬，听起来像德语。中国人不信基督教，但相信灵魂转世，把圣人当作神。因此，他们非常注重品行道德，对祖先和父母极为孝敬……"泰韦对中国的这些认识，有些可能是那个阿拉伯囚徒提供给他的，有些显然是从马可·波罗游记等文学资料或当时耶稣会士书简中读到的。Ibid. p. 457. Voir aussi Donald F. Lach, *Asia in the Making of Europe*, the University of Chicago Press, 1971, Vol. III, Book II, p. 817. 中译见唐纳德·F. 拉赫著、周宁总校译《欧洲形成中的亚洲》第二卷姜智芹译《奇迹的世纪》第二册《文学艺术》第384页。

⑤ Voir, *Introducttion: La découverte de la Chine par la France*, Cité in Danielle Elisseeff-Poisle, *Nicolas Fréret*（1688—1749）*Réflexion d'un humaniste du XVIIIe siècle sur la Chine*, p. 2. Mémoires de L'Institut des Hautes 'Etudes Chinoises, Volume XI. Paris, 1979.

洲文艺复兴中心之一，翻译西方典籍，传播东方新知，引进新文化艺术，求知与学习，一时间在社会中上层蔚然成风①。在当权阶层的倡导下，法国人既不乏世界意识也不乏东方视野，更不缺海外开拓精神。但遗憾的是，尽管国王弗朗西斯一世及其继任君王亨利四世（1589－1610年在位）都曾竭力鼓励法国人赴远东探险，法国却囿于连年不断的宗教战争和国内危机的牵累与倒退，大大阻碍了这一东征的进程。与此同时，欧洲其他国家却已在远东建立了商务或宗教机构。但这绝不意味着，在16世纪的"远东发现"和征服全球的时候，法国人完全是袖手旁观的局外人。据史载考，早在大约1520年，诺曼底地区的"迪耶普（Dieppe）"市已是法国在大西洋的头号商业中心之一，在该地区总督"小零售商亲王"让·安戈（Jean Ango）子爵的推动下，法国已试图和当时意大利著名的海上探险家乔万尼·维拉扎诺（Giovanni de Verrazzano）结成联盟，致力于探索绕过美洲大陆到达远东的道路。后者在得到故乡佛罗伦萨和里昂的一些银行家赞助与雇佣后，很快于1523年从马古群岛回到了"维多利亚"号，并于翌年（1524年）向西航行，期望能够找到前往契丹的北方航路，但未能如愿②。虽然此举没能找到航海家所期望的航路，但维拉扎诺的航海壮游还是极大地激发了诺曼底人海外开拓的热情，1527年、

---

① 16世纪的前20年，法国贵族阶层在国际方面主要关注意大利的战争。在国内，法国人享受着从灾难性的英法百年战争（1337—1453）和瘟疫蔓延（1340）后的经济逐步复苏的时运，过着相对安宁的生活。在当时，邻国意大利在政治、知识上都居于领先地位，法国通过与意大利的血与火的战争和交流，开始将文艺复兴的丰硕成果引入法国。法国国王弗朗西斯一世（1494—1547）即位后成功地和教皇利奥十世签订博洛尼亚协定（Concordat de Bologna, 1516），实施了引进意大利艺术和知识分子的政策，大兴土木、修饰宫殿，倡导文艺、讲求华贵；一些意大利的建筑家、艺术家被招聘而来，一些颇具意大利文艺复兴风格的建筑、宫堡拔地而起，如著名的枫丹白露、卢浮宫庭院和卢瓦河浜的尚堡尔（Chambord）等巍峨壮观的建筑艺术群的精品，一时歌舞升平，形成了王权鼎盛的盛世景象。弗朗西斯一世的姐姐玛格丽特·德·纳瓦拉（Margaret de Navarre）也是新文化艺术的热情的倡导者和人文主义作家、艺术家的鼓励者、庇护者。

② Voir C. Julien, *Les voyages du découverte et les premiers établissments*, p. 53—54. Paris, 1948. 亦可参见 L. Romier, *Lyon et le cosmopolitisme au début de la rennaissance française*, *bibliothèque d'humanismeet renaissance*, XI（1949）, pp. 32—33. 维拉扎诺虽然自称是佛罗伦萨人，但他可能出生于里昂，他的航行是由一些住在里昂的佛罗伦萨富商资助的，这一点没有疑问。Voir L. C. Wroth, *The Voyages of Giovanni da Verrazzano*, 1524—1528（New Haven and London, 1970）, passim. 转引自唐纳德·F. 拉赫著、周宁总校译《欧洲形成中的亚洲》第二卷姜智芹译《奇迹的世纪》第二册《文学艺术》第二部分第七章"法国文学"注释2.

16 世纪法国对亚洲和中国的发现与描述

1529 年,两批迪耶普的船队在印度洋上往返航行,最后两支属于让·安戈的舰队的指挥者,就是 16 世纪法国水手兼诗人拉乌尔·帕芒蒂埃(Raoul Pamentier)兄弟,他们的航向就是要开到"亚洲的边界外"[①],或者前往中国。就这样,诺曼底人——商人、海员和地图绘制家们——深受远东之吸引,便于 1531—1556 年间在迪耶普创立第一所绘图派学校,该校非常重视中国地名的标示,在他们的地图中,亚洲与北美洲是明显分开的,这就使许多航海家不惜进入北极海,以寻求从东北方通向契丹中国的道路。如此大胆而又宏伟的计划,则由于法国内战绵延不断而被迫停止,直至继位的亨利四世恢复了和平局面之后,此类的东方探险与发现活动,方得重新开展起来[②],激励了更多的法国人,法国商人和传教士,特别是以传播福音与传播科学为己任的耶稣会士进入了中国,从而推动法国在 17 世纪对神秘陌生的东方帝国的再发现。

如此可见,16 世纪弗朗西斯一世和亨利四世治下的法国,在欧洲逐渐发现远东和中国的过程中,并没有沉睡、等待,法国人不缺开放的世界意识和雄心,也不乏探索开拓的实际行动与能力,或许由于本时期国外绵延太久的意大利战争和国内频频不断的宗教战乱之双重困扰[③],大大延误了他们东进的步伐,因而也耽搁了他们认知、发现东方与中国的进程。法国在通向发现远东(中国)的举步之旅,较之远征东扩的先驱葡萄牙、西班牙,显然相对滞后。奇怪而有趣的是,相较于最先抵达远东、"登陆"中国的先驱葡萄牙、西班牙,滞后的法国在采撷东方素材,接纳和运用东方(中国)知识资源方面,却远胜于前者,因而在思想、文化和文学方面所受到的实

---

① Voir C. Julien, *Les voyages du découverte et les premiers établissments*, p. 100. Paris, 1948.

② 比如,在亨利四世时代,法国圣马洛的商人们于 1601—1603 年率船队赴远东,到印度。维特里(Malherbe di Viter)曾奉钦命于 1604—1605 年撰写了他们的游记,即:*Description du premier voyage faict aux Indes Orientales par les Français en l'an 1603, contenant les Meures, loix, façons de vivre, religions et habits des Indiens; une description et remarque des animeaux, epiceries, drogues aromatiques et fruicte qui se trouvent aux Indes; un traité du scurbut qui est une maladie estrange qui survient à ceux qui voyagent en ces contrées*. Pais, L. Sonnius, 1604—1605, in-16, p. 134

③ 整个意大利战争绵延达 65 年之久,使得法兰西国力凋敝,王权削弱,而不久后,整个国家又陷于宗教战争的深渊。曾有文学史家认为:"如果不是意大利战争与国内宗教战争大伤了法国的元气,打乱了王权不断强化的过程,路易十四式的'太阳王'本可以提前一个世纪出现。"见柳鸣九主编《法国文学史》(修订本)第一卷,人民文学出版社,2007 年,第 65 页。

际冲击与影响,也更为明显、广泛。若从异文化接受与影响的角度看,这种有趣的现象,也就不足为怪,不难理解:任何一种外来文化或异域知识资源为本土文化所容受,都需要经历一个本土化的过滤、提升和想象的过程,作为精神场域和心灵层面的思想与文学的受纳和影响,尤为如此。16世纪的法国得益于本国文艺复兴的勃发及由此带来的印刷业的发达和书籍出版、知识传播的迅捷,对于16世纪伊比利亚先行发现的远东(和中国)知识的兴趣与接纳,远比先行发现者本身强烈得多,也敏锐得多。而作为西方东扩先驱的葡萄牙、西班牙,虽拥有捷足先登的优势、与远东(中国)直面接触的机缘,却由于与对方接触更直接,关注的问题更实际,反而在关涉远东(中国)的文化、文学的想象力,显得相对平淡匮乏。法国接受者正相反,他们没有直接参与东方扩张,却对东方具有更加浓厚的文化兴趣:一是因为他们身处欧洲文艺复兴中心,追求新知识、新文化的欲望和热情,较其他国家和地区的接受者更强烈更高涨,更具有"思想扩张"的优势;二是因为他们没有直接卷入东方扩张所带来的物质利益纠葛之中,对相对陌生的"新世界"感受更清新,想象力也更为丰富活跃。16世纪的法国人,法国知识界、思想家、诗人和作家,面对遥远陌生的东方与中国,就是以这样的视野和感受来接近、接纳远东"新世界",并以各自独特的视角和方式,付诸艺术与思想的想象和描述,来认知与塑造自己心目中的东方与中国的。

二、16世纪法国知识界、史学界对远东和中国的思考与描述

在16世纪法国知识界、思想界,率先对远东与中国发现作出积极回应和思考的,是自称为"高卢的世界公民"、集语言学家、东方学家和宗教改革者于一身①的人文主义者纪尧姆·波斯特尔(Guillaume Postel,1501—1581),他作为那一时代"超常人"的、狂热的改革者和激进、热情的思想家和宣传

---

① 美国文化史家拉赫在论及波斯特尔时称:这是"一个众所周知的超常人,集人文主义者、语言学家、游历家、东方学家、神秘主义者、宗教改革者和民族主义者于一身。"——唐纳德·F. 拉赫著、周宁总校译《欧洲形成中的亚洲》第二卷姜智芹译《奇迹的世纪》第二册《文学艺术》第345页。笔者本节对波斯特尔的论述与摘发,得益于拉赫先生的启迪。

家,于 16 世纪中叶(1552 年)发表的《世界之奇迹》 (*Des Merveilles du Monde*)①,是一部对当时和后世知识界、思想界和文学界都产生过重要影响的著作。这位激进的、有着传奇经历②的人文主义学者,一生发表过 23 本著作,还有大量的小册子和书信,其中最重要、影响最大的一本著作,便是这部《世界之奇迹》,该著在巴黎首版后又于 1553、1560、1562、1575 年多次重印③。较之作者其他著述,本著更注重描述东方在物质繁荣、文明程度、智力水平、宗教信仰等诸方面,都优于西方,即重墨描写西方人刚刚发现的东方(远东、亚洲)所显示出的"世界奇观"。波斯特尔生性喜爱游记作品和探讨宇宙的书④,他在创作《世界之奇迹》的时候,除了参考中世纪著名的《海屯行记》和《马可·波罗游记》对鞑靼的描写外,还引用早期耶稣会士东征书简,如沙勿略(Francis Xavier, 1506—1552)神父在东亚日本传教的书简及其他资料⑤。作者开头宣称,他运用自己的东方知识和上述材料,撰写此书的目的,一方面是要让世人看看"神圣的上帝是如何眷顾人类的……是如何通过奇迹来引导人类的",另一方面是想彰显"连上帝都感到愉悦的游历

---

① 姜智芹译为《世界奇观》。我们在本节征引所依据的法文原版,系法国国家图书馆数字版(Source gallica. bnf. fr / Bibliothéque nationale de France),全名《世界之奇观,特别是新世界印度令人赞叹的事物》(Des merveilles du monde, et principalemét [Sic] des admirables choses des Indes, du nouveau monde: histoire) 全书共 28 章,标明 97 页,每页为通常的两页,实际约 194 页,以下引文皆以实际页码示之。书内还留有几处由作者亲手校改的文字,但没有标明出版日期,据考,可能就是 1553 年版本。感谢南京大学法文系鷟龙君协助笔者梳理、初译。

② 波斯特尔传奇性的生平简历,请阅唐纳德·F.拉赫著、周宁总校译《欧洲形成中的亚洲》第二卷姜智芹译《奇迹的世纪》第二册《文学艺术》第 346—349 页,原文 267—270 页。研究波氏生平思想更为全面深入的,可参阅 W. J. Bouwsma, *Concordia mundi*: *The Carer and Thought of Guillaunme Postel* (1510—81) Cambridge, Mass., 1957.

③ 据拉赫查证,该著在巴黎首版的日期并不确定,但可能是 1552 年,保存下来的几部中有一部收藏在巴黎国家图书馆(Rés. D. 5267)。这个版本没有标示具体出版日期,但可能是 1553 年出版的,共 28 章,微缩胶卷 96 页面,该版本有作者动手校改的痕迹。关于《世界之奇迹》的其他版本,可参见 G. Attkinson, *Repértoire bibliographique*, p. 84—85. Paris, 1927. 见其《欧洲形成中的亚洲》第二卷《奇迹的世纪》第二册《文学艺术》(姜智芹译)第 409 页,第 72 条注释。

④ Voir, Bouwsma, *op. cit.* (n. 68) p. 58.

⑤ 包括弗朗西斯科·佩雷斯(Francisco Perez)等人在内的材料。Voir, Postel, *Des merveilles du monde, et principalemét* [Sic] *des admirables choses des Indes, du nouveau monde*: *histoire*. p. 83. Source gallica. bnf. fr / Bibliothéque nationale de France.

和珍稀物品,并对出产珍奇物品的国度和世界上不同的地区表达敬意"①。为此,波斯特尔将目光投向了远东——东方亚洲,在他看来,东方亚洲是上帝最先"惠顾"的地区,是人类智慧的发源地,最初的尘世天堂之所在。在那里,不论是自然奇观,还是物质文明,抑或精神文明,都远胜于西方,"上帝把'人间天堂'设在东方"②,"西方所拥有的一切只是东方神奇的影子"③,他于是要挥洒笔墨,描写东方亚洲,重点写印度,称他实际上写的是一部"印度史"(L'Histoire des Indes)④。

《世界之奇迹》28 章,篇幅不长,约 194 页,除开头 4 章交代主旨和写作动因,概述亚洲、非洲、欧洲的地舆方位外,从第 5 章起,开始描述被欧洲人重新发现的新世界,着重写远东——亚洲,置印度于全书的描写中心。作者根据时人所掌握的地理知识和自己拥有的东方素材,由第十一章(第 84—91 页)⑤ 介绍印度奇妙的季节更迭,直至第二十五章,用全书过半的篇幅书写、思考"新世界"印度文化,从"寒冬在夏天"(l'hyuer se faiét en esté)即"暑冬"(l'estivual hyuer)⑥ 的独特的气候写起,到生产食物的"神树"⑦和无需饮水食物就能存活、歌唱的"神兽"⑧,从地貌风物到奇珍异物,从宗教信仰到社会文明,将想象、观照的视角点,聚焦在印度和东方,不惜笔墨和热情,描写、探索作者心目中的"新世界"。作为西方基督教虔诚的思

---

① Ibid., p. 4.

② Ibid., p. 49. Ibid. p. 97. C'est donc à nous en la Gaule à ménontrer par la vraie intelligence et interprétation du caché verbe de Dieu, là ou est l'Orient, duquel il est écrit Dieu au commencement plante en Orient un Paradis.

③ Ibid., p. 10. Toutes les choses que nous avons en Occident, pour singulier artifice, sont pour la seule ombre des orientales excellences.

④ Ibid., p. 193. "Fin de l'Histoire des Indes".

⑤ Ibid., p. 84—91. Chp. XI. De la merveilleuse raison du temps en l'Indie, là ou l'hyuer se faict en esté. [《印度夏季出现冬寒不可思议的成因》]

⑥ Ibid., p. 84 et 90.

⑦ Ibid., PP. 173—178. Chp. XXIIII. De l'arbre merveilleux qui porte pain, vin, sucre, huille, soyes, linges, chemises, habillementz, voiles & feu, & innumerables aultres vtilitez. [《结出面包、葡萄酒、糖、油、丝绸、麻布、衬衫、衣服、布料和火的神树,还有数不清的其他用途》]。

⑧ Ibid., p. 178—183. Chp. XXV. Du merveilleux animal des Indes Iapetikes ou Athlantikes dictes le monde nouveau ou les Indes d'Espagne, lequel animal vit sans boire ne méger.

想信徒和普世宗教的倡导者、思想家与宣传家，波斯特尔在印度和东方首先发现到的，是东西方信仰"汇通"和文化"融合"的见证，他通过对印度人的宗教观的透视、分析，发现了这种"交汇"的表征，从而看到了世界和谐、统一的新的"希望"和可能性。作品写道，在印度人看来，"世间一切皆由'Miracle'（'奇迹'）神统辖，所有超自然的现象都非由'Nature'（'自然'）神支配，自然现象都是一切平等统一的秩序。"①而"秩序"的缘起与确立，又非随意的，而是神意的："因为一切秩序的缘起，都不是我们的认知、我们的规则或者是我们的大脑活动，它们只是神的旨意与安排。"②这就是说，在印度人眼中，一切都是神的天意，都是神谕，一切的秩序都是永恒的、不可侵犯的。这种观念与西方基督教教理，并没有什么不同，表明西方基督教的普世性的遗迹在"新世界"东方印度显示尤为明显，这使作者找到了"真正的宗教"及其在世界不同地区族类间沟通交汇的证据。

沿着这个视角和思路，波斯特尔接下来引入了"Paternel"（父亲的，父性的，或男性［masculin］的）与"Maternel"（母亲的，母性的，或女性［féminin］的），"Materiel"（物质的）与"Moderation"（节制的）两组哲理概念，继而对神学创世说及言说方式、文明背景，及东西方宗教信仰、道德操行所可能存在着的汇通与互动，进行深入的思考、比照与描述。作者毫不吝惜其溢美之词，将印度比作"人间天堂"（terrestre Paradis），视东方印度为人类首个宗教诞生地③，称上帝创造这块应许之地就是希望能够撒播理性的种子，指出上帝创世初衷和动因，旨在希冀"人类的秩序可以由神权和人类的理性（raison）所支配"，而人类之初的世界，"理性并不为人类所知"，是在印度这个地方，上帝才第一次应用这个"理性"。读者在此不难读到，也不难理解：当亚当作为首个生命来到世界后，为了传播理性第一次命名世间万物，

---

① Ibid., p. 86. *Et par ainsi fault maulgré qu'en aye Satan & toute la Sapience du monde confesser, que tout le monde est gouverné plus par Miracle & voye supernaturele qu'il n'est par Nature, prenant nature pour un ordre par toute esqual & uniforme.*

② Ibid., p. 88.

③ Ibid., p. 91—105. Chp. XII. *De la merveilleuse habitation Indiene, & du terrestre Paradis, là ou est naye la premiere Religion & Police.* [《印度居民、宗教与治理第一次出现在人间天堂的不可思议的原因》]

接下来他的子孙们也将使用同样的言语和词汇描摹这个世界，这显然与《约翰福音》中"Au commencement était le verbe"（太初有道，道与神同在，道就是神）①的说法暗合。作者认为，"如果不用'圣言'或'天言'命名万物，人类将与野兽无异"，从这个意义上看，亚当"简直如上帝的杰作"，在波斯特尔看来，亚当之出世（人类的出现）与语言的运用才让上帝的旨意得以传播，使神学创世说在东西方得以相通。波斯特尔这部著作，在指出东方人的文明、理解力和理性都比西方人优越的同时，也揭示了远东亚洲的宗教信仰和道德生活同样要比西方欧洲好，称东方人凭借其自然理性就能直通宗教的本质②。作者依据其手握当时耶稣会士日本传教的最新知识③优势和自身想象的优势，将日本描绘成一个在政治和宗教上都依赖自然理性来管理的典型国度，塑造为一个皈依基督教的纯然乌托邦式的典范，并把释迦牟尼与耶稣基督、佛教与倡导谦卑的基督教等量齐观。

在普世宗教倡导者波斯特尔看来，发现东方，特别是对印度和东亚日本的发现，无异于是活生生的证据：证明这是上帝（或天启）的直接旨意，是造物主创造奇迹的继续，是上帝（或天启）给人类设计的神圣蓝图。非常有

---

① 《约翰福音》中的第一句话是"太初有道，道与神同在，道就是神"。[英语翻译为'In the beginning was the Word, and the Word was with God, and the Word was God'（新国际版圣经），法语翻译为'Au commencement était le Verbe, et le Verbe était en Dieu, et le Verbe était Dieu'].

② Voir, Bouwsma, *op. cit.* (n. 68) p. 210.

③ 波斯特尔当时所获悉的日本知识最新信息，是从耶稣会传教士沙勿略神父1548年1月写自印度科钦的信中了解到的，他将这封信翻译成法语，加上自己的评论，把它作为自己评价日本政治和宗教生活的依据。而沙勿略这封信中的信息大部分是从皈依基督教的日本信徒弥二郎（Yajirō）的一篇概述中摘引出来的，弥二郎给印度的耶稣会士提供了关于日本政府和佛教的深刻见解，而当时耶稣会士对这些方面尚处于一知半解的状态。参见 [美] 唐纳德·F.拉赫著、周宁总校译《欧洲形成中的亚洲》第二卷姜智芹译《奇迹的世纪》第二册《文学艺术》第348页，原文209页。

趣的是，波斯特尔的视线在此并没有真正触及中国①，但当作者追问世界的两个源头，论及人类世界源起时，又恰恰与古代中国的"天地"（"天"与"地", le Ciel et la Terre）观②不谋而合，文中的"天"（le Ciel）与"地"（la Terre）象征着"男性"（masculin）与"女性"（féminin），正好对应了中国传统文化中的"阴阳"说。作者认为这两者之间的关系是"至高无上的女性将至高无上的男性包含其中"③，根据上帝（天启、神意）的安排，东方和西方是互补的，东方是男性化的、精神的、上升的、神圣的、永恒的，西方则是女性化的、下降的、俗世的、变化的④。宇宙万物的本质及其被命名中无不孕育着上帝（神意、天启）的理性。作品写到此，波斯特尔总结称"人间天堂"是世上最祥瑞的地方⑤。于是，将笔锋一转，对东西方的差异进行了比较，他以犹太人与法国人为例，论及"圣经七十士译本"，用先知的语言记录了上帝（神意、天启）的旨意⑥，指出语言出现之后，加之文字的记录，法国人才得以明白上帝的言语，显然比"人间天堂"的东方要晚了一些。理性的运用与神意的命名让西方人弄清了一句话："永恒之神在东方留下一片天

---

① 波斯特尔在结撰《世界之奇迹》时所涉猎到的最新东方知识信息，得之于在日本传教的耶稣会士沙勿略的书简，后者对中国虽心向往之，但生前始终未越过明帝国的大门，1552 年 11 月 17 日，客死在荒野的上川岛上，据考，是年 1 月 29 日，沙神父写自印度科钦的信札曾这样写道："中国在日本对面，是一个庞大的帝国，和平稳定。葡萄牙商人告诉我，那里司法公正，人人平等，比所有基督教国家都优越。我在日本和其他一些地方见过中国人，我知道他们的肤色也是白的，像日本人那样，聪颖好学。在智识上中国人要高于日本人……就我在中国人中观察，他们那里居住着许多不同国家的人，拥有不同的宗教信仰，就我所知，我猜想其中一定有犹太人、伊斯兰教徒。还没有什么证据能让我相信那里也有基督徒。" Cf. Asia in the Making of Europe, By Donald F. Lach, the University of Chicago Press, 1965. Vol. I. p. 794.（转引自周宁著《中西最初的遭遇与冲突》第 212 页），除了这封书简类似于道听途说的中国信息外，沙神父生前没有留下其他有关中国现状的记述。当时在欧洲出现的传教士的中国著述，如西班牙、葡萄牙传教士克路士、拉达等的"中国志"、"中国纪行"等，最早也要到16 世纪 70 年代后才能读到，这大约就是波氏之《世界之奇迹》未能正面论及中国的原因。

② Voir, Postel, *Des merveilles du monde, et principalemét* [Sic] *des admirables choses des Indes, du nouveau monde: histoire* [—]. p. 96. Source gallica. bnf. fr / Bibliothéque nationale de France.

③ Ibid., p. 88.

④ Ibid., p. 92.

⑤ Ibid., p. 97. en la plus heureuse constellation du monde.

⑥ Ibid., p. 99.

国学者让·梅瑟（Jean Macer）的《印度史三卷》（*Les trois livres de l'histoire des Indes*，Paris，1555）①，全书分上、中、下三卷，但篇幅都不长。第一卷用 10 章篇幅描写了日本，该卷无论在原材料的提取，还是描写风格的再现，抑或创作主旨的表达，都沿袭了波斯特尔《世界之奇迹》所开创的模式，就是说，梅瑟跟波斯特尔一样，他写远东日本，应用的同样是耶稣会士沙勿略神父远东书简的资料，尽管作者声称他借鉴的是一个在印度生活了三十年的旅行者的材料，这位游历家给他讲述了很多"新奇"的东西；跟波斯特尔一样，梅瑟也将日本奉为心目中典范性的国度加以描述和比较，并企图以此来告诉当时的法国读者："我们和日本人有哪些相似之处，又有哪些不同之点"，将东方榜样作为比照、批评西方的工具。《印度史三卷》第二卷用 24 章的篇幅介绍了亚洲概况，第三卷 26 章的篇幅描述的是印度、契丹。这两卷所使用的素材，多取自古代、中世纪和 16 世纪描写印度、东南亚岛屿与契丹的书籍，而 16 世纪的"新"材料，则主要参考《新世界》（*Novus orbis*）和波斯特尔的著作。此两卷在表述方式上，也不像第一卷那样，把远东书写、东方文明完全视为讽刺法国社会的武器。作者对于亚洲人的行为会时不时地"刻薄几句"，虽然亚洲优于欧洲之总体取向没有改变。总的来看，在这后两卷东方印度的描写里，作者"不再过分关注外在的相似，也不再进行令人觉得是厚此薄彼的对比"，他充当了"一个理性的评论者"角色，对自己所引用的材料进行"大胆质疑"，有时甚至是"公开地批评"②。比如，从东方回来的水手说，东方有很多魔法师、巫师，他们能召来可怕的水怪③。梅瑟并不相信这些故事，但他却宁愿相信曼德维尔和其他人对亚洲奇特树木、植物的记述，说这些树木、植物看起来有点儿像动物，像鱼类。梅瑟认为，对亚洲的发现动摇了欧洲以往对宇宙一成不变的、不可动摇的认识和知识，他在作品中批评了欧洲人的寡闻与偏见，比如亚洲有季风，印度有"暑冬"这样常识性的东方气候

---

① 让·梅瑟（Jean Macer, soit Jean Le Bon［让·勒贲］），是勃艮第（Auxois）桑蒂尼（Santigny）人，巴黎教会法规方面的教授，他在波氏《世界之奇迹》发表后第三年（1555）便在巴黎出版了一部用拉丁文写的印度历史，同年译成法文发表，史称《印度史三卷》（*Les trois livres de l'histoire des Indes*，Paris，1555），转引自唐纳德·F. 拉赫著，周宁总校译《欧洲形成中的亚洲》第二卷姜智芹译《奇迹的世纪》第二册《文学艺术》第 349—352 页，本节征引和梳理，均据此，不再一一具体详注。

② 同上注，第 351 页。

③ Jean Macer，*Les trois livres de l'histoire des Indes*, p. 67—69.

问题,在有些欧洲人看来,那是由于"亚洲人顽固地坚持错误的信仰,印度人崇拜可怕的偶像,抗拒皈依耶稣基督"所致,因而,魔鬼用毁灭性的飓风来惩罚其不忠,云云……梅瑟在作品中通过自己的思考、描述和想象,指出一如东印度群岛①,印度以东地区的人们同样从当地适宜的气候中受益良多,"他们身体健康,精力充沛,品德高尚",他们高超的手工艺品,"证明他们有着出色的想象力,能很好地协调身体各部分的功能",具有很高的智慧,是气候影响人类文明和智慧的例证。总之,作者笔下的东方与西方书写,对"他者"和自身,褒贬意识清醒,他褒其所褒,贬其所贬,其尺度和立场鲜明。后世文化史家拉赫先生,曾对《印度史三卷》东方书写中清醒的批评意识作过这样的评价:"就他那个时代来说,梅瑟的批评意识和批评口吻都是非同寻常地尖锐和严厉的,他是 16 世纪一位真正的哲学家。"②

拉波普利尼埃尔(la Popelinière)的《三个世界》(*Les Trois Mondes*, 1582)③ 是 16 世纪末法国史学界一部重要的海外通史性质的著作。它的作者身为胡格诺教信徒,但对海外发现和东方描述,却充满着浓厚的兴趣,在宗教信仰上也是开放和宽容的。作者热情呼吁同胞投身海外远征和海外探索,认为"世界上有多少土地有待探寻,就会有多少新的发现"④,而海外任何新的发现本身,对人类知识的发展与人类文明的探索和认识都有十分重要的意

---

① 非犹太文化和基督徒都认为尘世天堂在东印度群岛,那儿气候宜人,水果丰沛、养人,香料种类繁多。在亚洲广为盛传的"神鸟"——天堂鸟(Manucodiata)也栖息此地。

② 唐纳德·F. 拉赫著、周宁总校译《欧洲形成中的亚洲》第二卷姜智芹译《奇迹的世纪》第二册《文学艺术》第 352 页(原文 273 页)。

③ 拉波普利尼埃尔(Henri Lancelot Voisin de la Popelinière, 1541?—1608),出生在法国波亚图(Poitou),早年曾在巴黎和图卢兹接受古典文学和法律教育,一度在胡格诺派的海军和陆军中供职。1571 年从军队退役,致力于著书立说,其首部成名作是两卷长篇历史著作《1555—1581 年法国宗教纷争和内战》(*Histoire des troubles et guerres civiles en France pour le fait de la religion, depuis 1555 jusqu'en 1581. 2 vols., La Rechelle, 1581.*),赢得不带偏见、客观、富有创造性的历史学家的声誉,成为 16 世纪末期著名的史学家。他作为当时世界文明史家,其主要代表作便是 1582 年出版的《三个世界》。据学者考论,1582 年出版的这部著述,有两个版本,在结构和内容上有所不同。Voir Atkinson, *Répertoie bibliographique* (n. 94), items, pp. 291—292. 我们在此引用的是巴黎国家图书馆的藏本:la Popellinière, *Les trois mondes*, Paris Oliuier de Pierre l'Huillier, 1582.

④ Voir *Avant-Discours des Trois mondes*. p. 15. Cité in la Popellinière, *Les trois mondes*, Paris Oliuier de Pierre l'Huillier, 1582.

义。其《三个世界》旨在对古希腊罗马至 16 世纪欧洲海外扩张先驱伊比利亚人发现的东方,进行历史性的描述,拉波普利尼埃尔不仅看到东方亚洲在文化上的先进,而且也承认东方亚洲是文明的源头。作为新教徒,他钦羡耶稣会在东方发现所做的努力;作为基督教,他能看到其他文化的优越性。该著全书共分三个部分,分别对亚—欧—非进行描述,作者对东方亚洲的描述和评论,主要集中在"三个世界"的"第一部[书]"(*Premier livre des Trois mondes*)里,这一部分结撰 27 章,从古希腊人、拉丁人与海洋的关系及现代人对古希腊人航海与船舶形状的看法,古希腊人、罗马人的航海技术、科学成就、天文与地理知识、语言、文化等说起,直至第 18 章将世界分为亚洲、非洲和欧洲加以介绍,着重描述和介绍的是远征海洋——特别是远征东方的欧洲扩张先驱西班牙、葡萄牙的经验得失,字里行间充满着作者对东方文明的赞叹与敬慕之情。在作者视野里和笔端下,与欧洲、非洲接壤的东方亚洲,首先是三面环海、拥有最广大可居住的土地,是一片富庶之地①;这个广袤富庶的东方,"是所有艺术、所有科学和世间最美的发明创造之发祥地,而这些正是人们一直认为的,是管理世俗社会不可或缺的方面"②。作者指出,今日西方人的一些艺术、科学和发明,正是东方人或因国家四分五裂,或因自然灾害,或受外族侵略而迁徙他乡所传给西方的③;赞美在东方的土地上,最先看到的是日出,人口比较稠密,空气比西方的还好,称赞那里的气候适宜人口增长,东方人的寿命都比西方人要长;在东方,就连把优美的发明突然从人类记忆中抹去的自然灾害"都比西方要少得多"④……论及葡萄牙东方扩张活动,作者不惜美化葡萄牙远征者,称他们虽不免要"洗劫"东方,却"没有一个人表现出野蛮、不虔诚、贪婪或过于偏激"⑤,肯定其对东方实施和平渗透的策略,极为欣赏耶稣会士奔赴远东和中国传播基督福音的努力。

---

① Ibid., p. 46, 50.

② Ibid., p. 51. "l'Orient a produit les semences et origines de tous arts, de toutes sciences et des plus belles inventions, que l'on a toujours jugé nécessaires à la conduite cette société mondaine."

③ Ibid., p. 51.

④ Ibid., p. 51.

⑤ Ibid., p. 50. "Mais quant à l'Orient, encore que les Portugais aient saccagé et butiné en quelques endroits, qu'aucuns particulier se soient montrés barbares, infidèles, avares et autrement trop passionnées, si est-ce qu'aujourd'hui il n'y en a presque point de marques…"

总之，新发现的东方世界在拉波普尼埃尔眼里和笔下，如在思想家波斯特尔那里一样，是独立发展成熟的文明所在，人类文化的源头，是优于西方知识的根基之所在。

除上述三位描述远东的名家名著外，在16世纪下半期取材或征引东方素材有影响的史学论作，尚有让·博丹（Jean Bodin，1530—1596）的《共和国六书》（Les six livres de la République，1576）和路易·勒罗阿（Louis Le Roy，1510—1577）的《论宇宙事物的多样性和变迁》（De la vicissitude ou varieté des shoses en l'univers，1575）等，两位作者皆为法国人文主义学者，前者是律师和政治理论家，世界通史的作者，后者是著名历史学家、翻译家和作家，曾以迻译希腊古典文化文学名著、撰写格调优雅的法语散文作品而著称于世。博丹的《共和国六书》论及君主制政体形式时，列举的主要例证是鞑靼帝国，称其是世界上迄今为止"最伟大、最繁荣的君主制国家和王国之一"[1]，把鞑靼帝国的政治体制视为绝对君权的典范。博丹在这里尽管承认专制制度是合法的政权形式，但他认为这主要是东方实行的制度，并着重指出，多数专制君主滥用权力，残暴对待人民，强调在东方的一些国家包括印度，被压迫到一定程度的人们会揭竿而起，建立一种新的政府形式，而不是拥戴一个新的暴君[2]。他告诫说，统治者必须认识到不同的地域有不同的行为方式，这是环境决定的，并认为地理位置和气候也影响人的"行为方式"，影响人的"文明礼仪"。这一点在东方人和西方人之间表现得极为明显："因为尽管我们不能画一条明确的界线，把东方和西方分割开来，就像赤道将南半球和北半球分开那样，但所有的古人都认为东方人比西方人更温和，更讲礼仪，更温顺，更富有创造性，更不喜欢战争……西班牙人认为秦那人（Sina，即远东人）是世界上最富有智慧、最讲究礼仪的人。"[3] 东方发现在博丹建构历史、政治和经济思想中所起的举足轻重的作用，是显而易见的，东方新世界材料既给他提供了世界丰富性和进行比较的例证，也为他反观自家习俗道德提供了新资料。他在谈论亚洲和欧洲不同习俗道德和不同宗教时，总是显得相当克制、

---

[1] K. D. McRac (ed.), *Jean Bodin: The Six Books of Commonweale*. p. 485. 转引自唐纳德·F. 拉赫著、周宁总校译《欧洲形成中的亚洲》第二卷姜智芹译《奇迹的世纪》第二册《文学艺术》第392页（原文313页）。

[2] McRac (ed.), op. cit. (n. 346), p. 206.

[3] Ibid., p. 562.

宽容，相比于那些他只晓得一鳞半爪或仅借助他人的报告才了解到的国家，他更容易以批评的眼光来看待自己的国家，在这一点上，博丹和蒙田一样。

勒罗阿的《论宇宙事物的多样性和变迁》是其通史方面的重要著作，1575年在巴黎首版后又重版了四次。本书旨在以文明发展论和世界通史的视野，描述并揭示了人类历史变迁发展的现象和规律，即"一个帝国衰落了，另一个帝国会崛起并取而代之"，而任何一个国家的兴盛，总是与科技文化上的复兴和文学上的成就相伴相生。作者在论及东西方帝国兴衰更迭的历史演变时，深深惊叹于东方美丽富庶的"契丹国"拥有大批才华横溢的文人、艺术家，他这样力推契丹国王的榜样说："契丹的可汗（Cham）也是个鞑靼人，是成吉思（成吉思汗）的后代……他在政治管理、权威、智慧、赋税收入、威严方面超过了所有的欧洲、亚洲、非洲甚至土耳其的国王，不是没有原因的，即便所有的基督教国家和"撒拉森"国家统一、联合起来，也不能与契丹相提并论。"①勒罗阿在此虽仍把契丹和中国混为一谈，但他注意到契丹人学识渊博，科学知识丰富，公职既不是继承也不是买卖，"他们选拔官员时不注重门第、财富，而只看重学识和品德。"② 称契丹国王如同西方长老约翰一样，既崇尚文采，也看重武略③。他认为，帝国的强盛必然带来艺术的繁荣，而人类的历史尽管记载着帝国的兴衰，但总体上来说是螺旋式上升的。作者谈及东西方科学技术的发明创新，如印刷术时，他也没有忘记中国人的贡献："这就是我们对印刷术的理解，古希腊、罗马时代还没有这项发明，是阿尔曼人（Almain即德国人）发明了印刷术。葡萄牙人的足迹遍及远东，往北到达了中国和契丹，并把用葡萄牙语印刷的书籍、葡萄牙文学作品带到那里，但他们回来后说中国和契丹早就在使用印刷术了，这不由得使人产生这样的联想：印刷术是从中国经鞑靼和莫斯科公国（Moscovia）带到德国的，之后又从德国传到其他信仰基督教的国家，但穆汗默德（Mahometiste）没有接受印刷术，因为他迷信地认为，不用手写而是将《可兰经》（Alcoran）印出来是莫大的罪过④。16世纪东西方三项最伟大的发明——印刷术、指南针和火药，

---

① 转引自唐纳德·F. 拉赫著、周宁总校译《欧洲形成中的亚洲》第二卷姜智芹译《奇迹的世纪》第二册《文学艺术》第391页。

② 同上注。

③ 同上注。

④ 同上注，第390页。

都是中国人最先发明的。勒罗阿清楚地看到，中国的工匠是世界上最好的工匠，他们一方面继承了古人的成就，另一方面又超越了古人，因此他忠告他那个时代的欧洲人要对人类知识的发展作出自己的贡献。

如此看来，16世纪的东方发现，已强烈地触动了法国敏感的人文学者、思想家和历史学家，吸引他们开始思考一些理论问题。如上所述，博丹强调的，是用比较视角来研究带有普适性问题的重要性，就像他的《共和国六书》中用比较的方法探讨君主制一样。有趣的是，16世纪的法国，恰逢古典文化的复兴和东方大发现同时出现，这给作家兼学者的勒罗阿留下了深刻的印象。中国发明印刷术让他思考文化传播问题，对帝国的研究让他发现了兴衰交替的规律，得出变化是永恒的结论。对勒罗阿和拉波普利尼埃尔来说，海外发现非常重要，因为它们凸显出历史演化问题，给人们提供了研究普遍性运动及一般性理念的新视角。拉波普利尼埃尔和波斯特尔都清楚地认识到，宗教归化比战争更能带来世界统一。既然归化涉及理解"他者"问题，那么就需要研究"他者"文明的根基、演化和先见。拉波普利尼埃尔指出，实际上，研究历史和研究文明的进程密切相关①。值得注意的是，不管这些文人学者分属何种宗教派别，采用何种观照视角，他们对东方发现的新材料新知识的采集与利用，大体保持一种热切求知的心态和清醒理性态度，经过自己独立的思考和选择而加以受纳吸取的，有些人甚至充当了一个自觉的"理性批评者"的角色，体现出一种"哲学精神"，一种18世纪的精神，这在梅瑟身上表现得尤其明显，在波斯特尔那里也如此。就自觉的批评意识而言，可以说梅瑟和波斯特尔，是具有"18世纪精神的人"，一如美国文化史家拉赫所言，如果说梅瑟是一个政治上的反叛者，波斯特尔则是激进的革新者②。如此，16世纪的东方亚洲和中国发现，就这样让法国人文学者、思想家、史学家以各自独特的方式，在欧洲海外扩张的背景下，观察、描述和构建自己心目中的东方，较早地从文学角度上对海外新发现作出了反应。

（2014年4月23日凌晨完，4月24日修订，27日再修订，2014年8月3日终稿）

---

① 同上注，第399页。
② 同上注，第352页。

众说纷纭德理文*

孟 华

德理文是儒莲（Stanislas Julien，1797—1873）的学生，也是继雷慕沙、儒莲之后在法兰西公学汉学教席执教的第三位汉学家。但令人惊讶的是，在法中两国，后人对他的评价竟有天壤之别：在法国，德理文在汉学史上几无地位，是在法兰西公学汉学教席执教过的所有汉学家中堪称最"默默无闻"的一位；而在中国，他则被归于法国著名汉学家之列。

一、法国汉学家论德理文

德理文去世不久，高第（Henri Cordier，1849—1925）就曾说："继续这两位学者（指雷慕沙和儒莲——笔者注）的事业是他肩上一个过于沉重的负担，我认为这样说并未冒犯他。……我们可将德理文视作他两位前任的影子，甚至——若此形象不过于粗俗——我们会说他是靠受邀盛宴的残羹余渣而苟活的。"[②] 作为德理文的"晚辈"，高第如此评价一个长者似乎过于苛刻。更何况，按照20世纪著名法国汉学家戴密微（Paul Demiéville，1894—1979）的说法，高第自己其实并不懂中文。[③] 而当戴密微自己回顾法国汉学史时，他首先列举了这位19世纪"前辈"学者的全部译作，并承认其中某些作品对当时的法国文学界产生过影响。不过，总体而言，戴密微对德理文的评价也并

---

* 本文主要内容首先在"雷慕沙及其继承者：纪念法国汉学两百周年学术研讨会"（Jean-Pierre Abel-Rémusat et ses successeurs. Deux cents ans de sinologie française en France et en Chine）（2014年6月10—13日，巴黎）上宣读。本文在宣读稿的基础上修订而成。

② Henri Cordier, Etudes chinoises, *T'oung Pao*, vol. VI, 1895, pp. 115—118.

③ 参阅 Demiéville, Aperçu historique des études sinologiques en France, *Acta Asiatica*, 2, Tokyo, 1966, p. 98。原文如下：… Henri Cordier（1849—1925）s'est acquis des titres à la gratitude des sinologues, bien qu'il ne sût pas le chinois….

堂。"① 当世人接受了神的旨意之后，东西方开始向各自的方向迅速发展起来：上帝让自私的人，在"贪婪、好奇、荣誉感、享受欲，一句话，渴望尘世肉体享乐的"驱使下，去发现东方世界②，"西方商人开始迅速积累财富"③，而东方人则"开始书写识字，书写是理性动物的特征，书写可以揭露许多神意。可我们却从未想过要感谢上帝赐予我们这样的'神启智慧'，此种'神启智慧'真正来自天堂，它让每个人可以运用理性，而理性的运用则是天堂的根本。"④

如此，16世纪的东方发现，尤其是远东、亚洲的发现，让波斯特尔见证到人类的"世俗天堂"——"奇迹世界"在东方，东方的文明、理性、德行和智慧均优于西方，致使这位敏感的作者从中发现到人类文明又一个源头，因而让他看到了"世界和谐统一"的新希望。作为"世界之奇迹"迷人的发掘者、摘发者，作为集"神秘主义者、宗教改革者和民族主义者于一身"的激进乃至偏执的人文主义思想家，波斯特尔不但敏锐地看到，在他所处的那一时代，东方得益于上帝的"眷顾"而致使其文明、智慧和道德都胜于西方，而且也敏感地察觉到，上帝（神意）已将其眷顾转向了西方，惠及西方，因为正是上帝的旨意让耶稣会的高卢传教士远去东方，向难以胜数的东方人传教布道，使之皈依耶稣基督。波斯特尔深信，耶稣会士作为上帝（神意）特别选中的人，会在东方义无反顾地传播福音，传授天启神学；他同样坚信"最虔诚的基督徒"法国国王，会像想象中的、皈依西方基督教的远东日本天皇那样，统领政教合一的新国度，让未来的世界恢复统一的宗教信仰和文化融合。在我们看来，波斯特尔这种激进的、不切实际的信念和向往，显然是难以实现的思想和政治乌托邦。然而，我们也应当看到，波斯特尔对东方这充满激情的想象、偏爱和描述，及由此而表达的这种相当前卫的思想，特别是他对世界统一和谐的崇尚，对自然道德的钦羡，对自然理性或自然神学的彰显，不仅给同代作者，亦给后世作者以深广的影响。从这个层面看，可以说，波斯特尔也称得上是18世纪莱布尼茨、伏尔泰等作家思想家的先驱，早于启蒙运动200年。

波斯特尔的先驱之作问世后，直接"催生"的第一部著作，是其同辈法

---

① Ibid., p. 99 et 100. Plantaverat autem dominus Jehovah paradisum in Oriente.
② Ibid., p. 93.
③ Ibid., p. 100. les marchantz s'en enrichissent en tout l'Occident.
④ Ibid., p. 104—105.

不高，只是称他为一个"可爱的文人"（aimable lettré），一个好翻译，甚至，一位"平庸的教授"（professeur sans éclat）。①

看来，法国汉学界似乎一致认定德理文在汉学史上无足轻重。那么，德理文何以会给人留下如此印象？莫非是因为他入选法兰西公学时"年事已高"（1874 年，时年 51 岁）？抑或执教时间过短（仅 18 年）？但只要对法兰西公学历届汉学教授的情况略做了解，我们就会将这些原因均排除在外。实际上，许多汉学家入选时都比他年长，而执教 18 年者也大有人在②。谢和耐（Jacques Gernet, 1921—）教授的一席话或可部分触及问题的实质。他在一篇应约专门介绍德理文的文章中细数德理文的全部汉学工作，称"他这方面的著作完全是可尊敬的"，但可惜，他"并未给人留下什么印象，尤其是在法兰西公学时期。这段时期是夹在两位法国著名中国研究者之间的：首先是他曾师从过的儒莲……其次是……立即接替他的沙畹……"。③

德理文的前任、后继都是法国汉学史上的大家。"事物相比较而存在"：儒莲和沙畹在学术上放射出如此璀璨的光芒，夹在两人之间的德理文自然相形见绌，显得普通甚至平庸了。倘若这算作原因之一，那么波尔多三大安必诺（Angel Pino）教授则给出了另一个原因："德理文的名字传诸后代，完全是因了一本与中国毫无关联的书。历史将很难记住这位汉学家的名字。今天我们之所以还记得他，那是因为他发展出了一种'可导引之梦'的理论。总

---

① 参阅 Demiéville, Aperçu historique des études sinologiques en France, pp. 81—82.

② 前者如戴密微 52 岁，斯坦因（Marc Aurel Stein, 1862—1943）55 岁，谢和耐 54 岁；后者如雷慕沙、戴密微等。参阅 Liste des professeurs depuis la fondation du Collège de France en 1530, Collège de France, Affaires culturelles et Relations extérieures, Paris, 2012.

③ Jacques Gernet, A propos de l'oeuvre du sinologue, in Olivier de Luppé, Angel Pino, Roger Ripert & Betty Schwartz, II D'Hervey de Saint-Denys 1822—1892, Biographie, Correspondance familiale, L'oeuvre de l'onirologue et du sinologue, Les hommages rendus à l'auteur lors du centenaire de sa mort et l'exposition artistique autour de ses rêves（《德理文逝世百周年纪念文集》，以下简称《逝世百年文集》）. ONIROS, 1995, pp. 215—216.

之，在某些人眼中，此书已使他进入了精神分析的'伟大先驱者'之列"。①

安必诺教授所说的书，就是德理文1867年匿名出版的《梦及其导引术》②。此书为精神分析学家们所重视：弗洛伊德（Freud，1856—1939）曾征引过它，法国著名超现实主义作家安德烈·布勒东（André Breton，1896—1966）也曾提及《梦》书，甚至引作者为同道……总之，精神分析学家们均视之为该领域内重要的奠基之作。他们因此而研究德理文，纪念德理文，甚至邀请汉学家们到纪念活动中去评价这位"先驱者"的汉学工作。因为，在他们眼中，德理文最名正言顺的身份还是"汉学家"。③

我在此处提及这本书，仅仅是因为这一事实本身对我们颇有启发。一个在本领域内不被看好的学者，另一学科的专门家们却将他视为"先驱"，在他身上发现了许多独特且重要的学术价值。看来，从"他者"的视角出发，很多事情完全可以解读出另外一些意义来。

二、中国人眼中的德理文

我最早对德理文感兴趣，是因为在法国国家图书馆偶然发现了一份法院文件（*Note pour M. le Marquis d'Hervey contre MM. Penon Frères, Tribunal de Commerce de la Seine*）。文件显示德理文曾自费承办了1867年巴黎世博会的中国馆及其花园。对于一个以研究中法文学、文化交流为己任的比较学者，这份不起眼的法院文件显然弥足珍贵，它激起了我极大的兴趣。我于是下了些功夫研究德理文主动请缨承办此届世博会中国馆的前因后果及其过程，并进而讨论了他的中国观。这些研究和思考的结果均写入了论文《法国汉学家德

---

① Angel Pino, *Abrégé dûment circonstancié de la vie de Marquis Jean Léon Le Coq, Baron d'Hervey, Marquis de Saint-Denys, professeur du Collège de France et membre de l'Institut, sinologue de son état, oironaute à ses heures, Une enquête à l'usage, non exclusif, des futurs biographies*（《德理文生平概述》，以下简称《概述》），in *Un siècle d'enseignement du chinois à l'Ecole des langues orientales, 1840—1945*（《东方语言学院中文教学百周年纪念文集》，以下简称《中文教学百年文集》），sous la direction de Marie-Claire Bergère et Angel Pino, L'Asiathèque, 1995, p. 95.

② Anonyme, *les Rêves et les moyens de les diriger*, Paris: Amyot, 1867.

③ 本段史实均请参阅《逝世百年文集》。

理文的中国情结——对1867年巴黎世界博览会中国馆成败的文化思考》。①

然而,我并非唯一,更非第一个对德理文感兴趣的中国人。早在150多年前,那些奉命出使的清朝大臣、随员们就已在他们的游记、日记、作品中记下了与德理文的交往,以及对他的印象和兴趣。

在这些清代出使官员中最为法国人熟悉的,莫过于陈季同。这位曾获"总兵衔"的驻法二等参赞官在自己的两部法文作品中都提到了德理文。一部是《中国人自画像》:在"古典诗歌"一节中,作者多次援引德理文的译文,并高度赞扬德理文的《唐代诗歌选》(*Poésies de l'époque des Thang*, 1862)②,称之为"渊博的诗集",其译文是"优雅的"③;另一部是《中国人的快乐》:但陈大"将军"一反前书颂扬的态度,在书中以调侃的笔触揶揄了德理文在1867年巴黎世博会上举办的所谓中式晚宴④。这两本法文书当时均为畅销书,并多次再版,中译本也已于2006年由广西师大出版社刊行。除此之外,鲜为人知的是:陈季同在其中文著述《巴黎半月密记》中也谈及德理文。他在这本实录性的书中介绍了德理文在中法战争中同情中国,谴责法国的态度,并转述了他对中国政府建言献策的具体内容⑤。鉴于此文离汉学议题较远,此处恕不详论。我们现在只谈谈其他以中文刊行的早期使法外交官在记游中对德

---

① 详见孟华《中法文学关系研究》,复旦大学出版社,2011年,第256—275页。此文是为复旦大学历史地理研究所2008年主办的国际学术研讨会《跨越空间的文化——16—19世纪中西文化的相遇与调适》而做,主要内容首先在研讨会上发表,论文全文首刊于《中华文史论丛》2009年第2期。

② 此书1862年(首版)封面上刊有"唐诗"二字,按选集内容似译作《唐诗选》较为妥帖。但鉴于我前此的论文中均译作《唐代诗歌选》,此处从旧译,以求前后统一。

③ 参阅Tcheng-Ki-Tong, *Les Chinois peints par eux-mêmes*, Calmann Lévy, Editeur, 1884, pp. 240-261。

④ 参阅Tcheng-Ki-Tong, *Les Plaisirs en Chine*, G. Charpentier et Cie, Editeur, 1890, p. 229。

⑤ 参阅陈季同《巴黎半月密记》,载张振鹍主编《中法战争续编》第一册,中华书局,1996年,第541—561页。相关部分原文如下:光绪九年三月:"十九日,谒德理文侯爵,德氏责法国人'不明理',并为中国谋划:'我劝中国不必与之商议,亦不必与之开兵,但一面在天下各国声称法国不认中国官属之权,始终不懈;一面励精图治,讲究武备,培养人才,以数千人常守镇,粤与越接壤之地,不过越界,以供不时之需。'"德理文在中法战争中所持的反战态度与他在政论著述《面对欧洲的中国》(*La Chine devant l'Europe*)一书中所表述的观点是一脉相承的。有关德氏《面对欧洲的中国》一书,安必诺有专文介绍与评论。参阅Angel Pino, *La Chine devant l'Europe et L'Europe devant la Chine en 1859: un polémique entre le marquis d'Hervey-Saint-Denys et Charles Guy*, in *Entre France et Allemagne, Idées de la Chine au XIXe siècle*, sous la direction de Marie Dollé et Geneviève Espagne, les Indes savantes, 2014;另请参阅孟华《法国汉学家德理文的中国情结——对1867年巴黎世界博览会中国馆成败的文化思考》。

理文的描述。

早在陈季同法文著作出版前的1866年5月（同治五年三月），清政府便首次派团参访"泰西"——由斌椿父子率领的同文馆学生一行五人随英人赫德（Robert Hart, 1835—1911）"游历"欧洲。斌椿一行在欧洲访问了四个月，其间两次逗留法京巴黎。而斌椿的日记两次都记下了与"德侯（理文）"的频繁交往：在短短三四个月内，德理文不仅两次"请观剧"（分别为三月二十七日、六月二十八日），且"赠译唐诗译本"，给斌椿留下了极好的印象，称他"（人极风雅，日以诗酒消遣，不乐仕进）"（三月二十九日）①。次日斌椿还回赠了"五律一章"，诗云："海外逢知己，清谈宜倍亲；开编诣往哲，厌俗谢朝绅（君谢爵不乐仕进）；微恙劳频视，新交等故人；客途持此册，欣喜比怀珍。"②

不久（同治七年七月初一），清廷为"修约"事向美欧派出了以蒲安臣（Anson Burlingame, 1822—1870）、志刚、孙家穀同为"办理中外交涉事务大臣"的第一个外交使团。德理文获悉后，立即致函他的保护人、兵器博物馆馆长菲力西安·德索勒西（Félicien de Saulcy, 1807—1880），请其代为在高层活动以使他能参与外交接待活动③。但遍查两位钦差大臣志刚、孙家穀的记游文字，均未见德理文的踪迹。倒是随行充任英文翻译的同文馆学生张德彝为我们留下了一段生动的文字："申刻，志、孙两钦宪携联春卿同德协理④乘火轮车往布莱囿庄，拜会侯爵德理文。其人富而好礼，广览华书，延川省李某为记室，《离骚》、《原道》业经翻成卷帙，亦有志之士也。是日未回"⑤（同治八年（六月）初二）。可见，志、孙两位"大人"访法期间不仅面见了德理文，且应邀赴约，并在德理文家族的乡间城堡布莱囿庄（Château de

---

① 斌椿《乘槎笔记》，载钟叔河主编"走向世界丛书"，岳麓书社，1985年，第110页。此时德理文正全力筹办1867年世博会。故在斌椿日记中还记录了与曾任闽税务司的法国人美里登（Méritents）的交往。"美税务"正是在中国内部协助德氏筹办展览之人，此时恰回法国度假。

② 斌椿《乘槎笔记》，第164—165页。

③ 参阅A. Pino, Léon d'Hervey sinologue, repères bio-bibliographiques (1849—1894)（《汉学家德理文年谱》，以下简称《年谱》），载《逝世百年文集》。安必诺在《年谱》中援引德理文自述谓："20年来，与不断到访巴黎的中国人保持联系……"（p. 171）

④ 即时任使团右协理的法国人德善（De Champs, 生卒年不详）。德善在随团前曾任职于烟台海关。1866年亦曾陪同斌椿游历欧洲。

⑤ 张德彝《欧美环游记》，载钟叔河主编"走向世界丛书"，岳麓书社，1985年，第795页。

Bréau）中留宿两夜，因为张德彝的日记直到"六月初四"才记下了他们的归程："……是日申初，志、孙两钦宪由布莱囿庄回"①。他们在布莱囿庄见到了什么？谈了些什么？对主人有何感想？对此，未得亲见的张德彝均语焉不详。或许是出于官员的谨慎，抑或过于关注"国家大事"，清廷的两位钦差大臣在日记中只顾记录与"法君"、"外部"的官方交往及诸多西洋奇事，竟对汉学家德理文未置一词，令人遗憾！即便如此，我们也从张德彝笔下了解了他们对德理文的印象：是一位"富而好礼、广览华书"的"有志之士"。

好在并非所有的清廷使节都如此"惜墨如金"。数年之后，我们在清廷派驻法国的首任使节郭嵩焘的出使日记中终于见到了较为详细的记录。光绪四年正月郭嵩焘在驻英使节任上又兼任出使法国钦差大臣。两个月后，四月初六日，他就从来访华人的口中听说了德理文："……有蜀人李少白者来见（名洪芳，大筑？② 人）…… 有世爵德理文，喜华文，请其帮同翻译，闻译有《诗经》及《楚辞》诸书。德理文在华馆教习华文，其学问想非浅也。"③ 如果说这则日记记下的还只是"所闻"，那么不久他就亲见了德理文："偕马眉叔往【谒】嘎士基、白兰尼夫人，二君皆驻京公使也，…… 遇……，翰林院中文教习德里问，即李隆芳④之东人也。"（十二月初五日）次日的日记中又有了更详细的记录："吉乐福、德里问来见。德里学【问】汉学甚深，云研精于此二十三年矣，言《诗经》叶韵多与今异，中国古今音韵亦自不同。又言马贵与《文献通考·四裔考》，方位多淆乱，如扶南国名，至今莫详其所在。其所引皆在史册，往往取原文互校，亦时有异同。皆中国读书者所不能及也。又言："中国各种学问皆精，而苦后人不能推求。……"以下，郭嵩焘不吝笔墨详述了德理文对中国古代数学、光学、化学成就的推崇，最后以"其言多

---

① 张德彝《欧美环游记》，第 795 页。
② 原文如此。疑为"大竹"。
③ 郭嵩焘，《伦敦与巴黎日记》，载钟叔河主编"走向世界丛书"，岳麓书社，1985 年，第 564 页。文中转述的李少白对德氏的介绍十分正面，且言明"请其帮同翻译"，似可从一个侧面证实德理文在《离骚》翻译中并未捉笔，只是请李协助而已。
④ 据黎庶昌《西洋杂志》记：1880 年李隆芳为中国驻法使馆"供事"（423 页）。而安必诺在《中文教学百年文集》所附介绍法国东方语言学院中文辅导教师的短文中则称有资料显示：李少白1881 年供职中国使团（285 页）。此处"李隆芳"是否为"李洪芳"笔误？抑或李少白另有号曰"隆芳"亦未可知。待考。

足发人者"结束（十二月初六日）。① 从斌椿笔下的"德侯理文"到郭嵩焘日记中的"翰林院中文教席德里问"，我们看到几乎所有见过这位汉学家的清廷官员②都对他印象甚佳，不仅认为他"人极风雅"、"富而好礼"，而且因其"广览华书"、翻译华书的作为，"汉学甚深"的学识和谈吐而对他推崇备至，奉为"知己"、"故人"、"有志之士"。

对于在第二次鸦片战争期间和之后走出国门的中国官员而言，能够在欧洲见到熟谙中国文化的汉学家，自然是倍感亲切。他们对德理文的褒扬或许多少掺杂着他们在自大和屈辱双重精神挤压下的复杂情感。然而，历史前行了二百余年，在已进入到世界大国行列的今日中国，人们对德理文的热情非但没有丝毫减弱，反而远比他在世时还要高涨了许多。

早在20世纪80年代初，中国著名学者钱钟书就在一封致钟叔河的私信中提及德理文及其著述。原文如下："……你序里特意提到'侯爵德理文'那一节，那就是《乘槎笔记》同治五年三月二十七、二十九日所提到"译唐诗"的'德侯理文'，原名 Marie Jean Léon［理文］d'Hervey［德］（他的 *Poésies de l'Epoque des Thang* 等译作早被遗忘了，也许亏得近代法国小说巨著 Marcel Proust, *Sodome et Gomorrhe* 提起他的姓名）……"③

1990年，德理文为《唐代诗歌选》撰写的长序《论中国人的诗歌艺术与诗律学》（L'art poétique et la prosodie chez les Chinois）被节译成汉语④，从此在学界广为传播。时至今日，打开中国人最常用的搜索引擎"百度"，输入"法国汉学家德理文"，瞬时就可得3990个结果！其中，绝大多数涉及《唐代诗歌选》，其后，按数量排序，依次是《离骚》翻译、1867年巴黎世博会、短篇小说（《今古奇观》）翻译、法兰西公学汉学教席。最后，还有不多的

---

① 郭嵩焘《伦敦与巴黎日记》，第846—848页。

② 蹊跷的是，翻检曾纪泽日记，未见任何与德理文相关的文字。此外，囿于时间，我亦未能查找其他在德理文生前也曾出任过驻法公使者（如许景澄、刘瑞芬、薛福成等）的日记。待补。

③ 1982年3月28日钱钟书致钟叔河函。转引自钟叔河《不忍之心》，原载2010年10月26日《文汇报》。钱钟书先生信中提及的法文作品为普鲁斯特《追忆似水年华》第四卷《索多姆和戈摩尔》。此信说明：至少在20世纪80年代，钱先生就已关注到德理文的《唐代诗歌选》，并对德氏生平史实了解甚深。考虑到此前"文化大革命"等外部因素，钱先生对德氏的关注似应比80年代更早些，甚至有可能始于他在英法留学时期。惜目前无资料可佐证，此处只得存疑。此外，囿于时间，我也并未查阅19世纪末至20世纪中叶的中文文献，似应能找到其他关注西方汉学的中国学者（诸如辜鸿铭）的相关论述。待补。

④ 收入钱林森主编《牧女与蚕娘》，上海古籍出版社，1990年。

几条与弗洛伊德《梦的解析》对他的引用有关①。可见中国人对德理文的了解已十分全面，而对他在汉学方面的成就尤为关注。

中国人对这位"翰林院中文教席"的热情与法国汉学界对他的冷漠恰成鲜明对照。仔细辨析一下法国汉学家们对德理文的评价，不难看出，这些评价其实都建立在对德理文汉学水平的判断上，或者毋宁说，是对他在法国汉学学科建树的判断上。他们普遍认为德理文对法国汉学贡献平平，不似其他著名汉学家那样留下了迄今尚无人超越的传世经典作品（如儒莲），或开辟了新的研究领域、培养出著名的后继学者（如沙畹）。而中国人则对法国汉学家们在汉学史上如何定位德理文全然不在意。他们关注的重点是德理文对传播中华文化所做出的贡献。双方的出发点不同，结论自然也就存在着天壤之别。

三、比较文学意义上的德理文

谈到德理文对传播中华文化的贡献，我们也就进入到了比较文学的层面。

比较文学是一门研究文学、文化交流的学科。在我看来，对于比较学者而言，举凡研究中外文学关系者，都无法逾越汉学这一领域。因为汉学家们是传播中国文化最主要、最重要的媒介。作为翻译者、介绍者或研究者，他们又都是中国文化的第一接受者。他们的工作为研究中国文学、文化在域外流播提供了最基本的资料。没有哪个比较学者在研究中外文学、文化交流时可以忽视汉学家及其著述。此外，汉学家们与所处的社会都有着千丝万缕的联系。而因为这种"专门家"的身份，他们在公众眼中就具有了无可辩驳的权威性、象征性。因而他们是舆论和形象的制作者、"始作俑者"，他们对中国的认识、看法，他们的中国观，在很大程度上，影响了各国制定政策者，更影响了公众舆论，直接参与到社会集体想象的建构中。②

用上述几个方面去衡量汉学家德理文的所作所为，无论从哪个角度切入，他都堪称是佼佼者，其作用不逊于任何汉学大家。若从1850年他发表的第一部汉学专著《关于中国人农业、园艺的研究》（*Recherches sur l'agriculture et*

---

① http：//www.baidu.com
② 参阅孟华《汉学与比较文学》，《中法文学关系研究》，第69—71页。

l'horticulture des Chinois…)① 算起，至 1892 年他病逝于法兰西公学中文教席的职位上，在四十余年的时间内，德理文通过上课、翻译、写作、参与各种学术和文化活动，持续地向法国公众，乃至整个西方世界传播中国文化。尤其是他译介的大量中国作品②，不但向公众宣传了中国文化，而且其中的某些译作，特别是《唐代诗歌选》，还对 19 世纪的法国文学，甚至欧美文学产生了较为深远的影响。为了使此说不流于空疏，以下试以汉武帝《秋风辞》一诗的翻译为例，具体讨论一下德理文对传播中国诗歌所做的贡献。

众所周知，德理文是第一个将唐诗介绍到西方的汉学家。他在《唐代诗歌选》译文前所附的长序中详细介绍了中国诗歌的发展历史和诗歌艺术。在诗艺部分，他几乎逐朝逐代地详论了中国诗歌在韵律、节奏方面的发展、演变与特点。因此，他这篇长达 104 页的序文完全是一篇具有学术价值的严肃的学术论文。在论及汉代诗歌时，他详尽解释了楚王项羽创作的第一首七言"楚歌"《垓下歌》的诗律和虚词"兮"的用法，接着又以汉武帝的《秋风辞》为例做进一步说明。在介绍了武帝及其诗歌创作后，他用拼音的方式全文援引了《秋风辞》：

> Tsieou fong ki, hy! pe yun feï;
> Tsao mou ouang lo, hy! ngan nân koueï.
> Lân yeou so, hy! ko yeou fang.
> Hoay kiaï jin, hy! pou neng ouang.
> Fan leou tchoen, hy! tsi Hoën ho;
> Hoang tchong lieou, hy! yang san po,

---

① 此书对中欧农业做了对比研究，书后并附有对《授时通考》一书的介绍与分析。法国国家图书馆数字图书网站 www. gallica. fr 已提供了此书的电子版。

② 德理文翻译的中国文学作品计有：《唐代诗歌选》（1862）、《离骚》（Li-sao，1870）、《今古奇观》中的十二个短篇。他将这十二个短篇集为三册先后出版，三册题目分别为：*Trois nouvlles chinoises*（《中国故事三篇》，1885），*La Tunique de perles, un serviteur méritant et Tang le Kiaî-Youen*（《珍珠衫、徐老仆、唐解元》，1889），*Six nouvelles nouvelles chinoises*（《中国故事新六篇》，1892）。此外，他还将马端临《文献通考》中有关"西夷"、"南夷"的部分译成法文，以 *Ethnographie des peuples étrangers à la Chine, Ouvrage composé au XIIIe siècle de notre ère, par Ma-touan-lin*（《中国周边民族人种志——马端临公元十三世纪编撰》）为题分两卷结集出版（1876，1883）。

Siao kou ming, hy! fa te ko.
Youan lo ki, hy! ngaï tsin to.
Chao tchoang ki chi, hy! naï lao ho!

随即，德理文又在注中给出了法译文。以下是原诗与译诗及其中文回译的对照：

秋风辞

刘 彻

秋风起兮白云飞，
草木黄落兮雁南归。
兰有秀兮菊有芳，
怀佳人兮不能忘。
泛楼船兮济汾河，
横中流兮扬素波，
萧鼓鸣兮发棹歌。
欢乐极兮哀情多，
少壮几时兮奈老何！

德理文法译文：

Chanson des rames

Le vent d'automne s'élève, ha! de blancs nuages volent;
L'herbe jaunit et les feuilles tombent, ha! Les oies sauvages vers le midi s'en retournent.
Déjà fleurit la plante Lân, ha! déjà se répand le parfum des Chrysanthèmes.
Moi je pense à la belle jeune fille, ha! que je ne saurais oublier.
Mon bateau flotte doucement, ha! traversant le fleuve de Hoën;
Au milieu de ses rapides eaux, ha! qui jaillissent en vagues écumantes,
Au bruit des flots et des tambours, ha! j'improvise la *Chanson des rames*.
Plus vif a été le plaisir, ha! plus profonde est la tristesse qui lui succède.

La force et la jeunesse, combien durent-elles, ha ! et contre la vieillesse que faire !①

中文回译：

划桨歌②

秋风起，啊，白云飞；
草黄花落，啊，野鸟飞回南方；
兰草已开花，啊，菊花已飘香；
我想到年轻美貌的姑娘，啊，我不能忘；
我的船轻轻荡漾，啊，在穿越黄河的时光；
在湍急的水流中，啊，在泛起浪花的波涛中；
在浪花和鼓声中，啊，我即席赋一首划桨歌；
快乐更深，啊，紧跟着是愁更深；
力量与年轻能持续多久，啊，抗拒衰老能做什么。

从上引译文和回译中我们可以清楚地看到，译者在内容上未做任何添加，只是将语气词"hy"（兮）一律换作了"ha"（啊），因为"hy"在法文中无意义。

德理文以西文拼音加法译文的形式援引此诗，实在是既高明又大胆。因为只有使用拼音的方式，才有可能使读者对他们完全不懂，也无以感觉的中国诗歌韵律多少有一点感性认识；而注中的译文又可同时转达诗意。这就提供了将原诗内容与形式同时传递给读者的可能性。但采用这样的翻译策略却是要冒很大风险的：一般而言，读者会拒斥一切超越他们期待视野的因素，而德理文所面对的法国读者对中国诗歌几乎全然无知。

然而当时的法国诗坛正经历着一场变革，恰恰需要异国因素的滋养。于是我们看到，19世纪七八十年代，德理文播下的种子便生根发芽了：巴纳斯派诗

---

① Marquis d'Hervey-St-Denys, *Poésies de l'époque des Thang*, Amyot, 1862, pp. LXIX-LXX.
② 法文为"la chanson des rames"。根据译作的上下文，本可回译为"棹歌"，但为了与下文所涉法国诗人布耶的同名诗作一致，此处特回译为"划桨歌"。

人路易·布耶（Louis Bouilhet，1822—1869）和埃米尔·布雷蒙（Emile Blémont，1839—1927）相继推出了《秋风辞》仿作，且两首仿作均照搬德理文的译文命名为《划桨歌》。受篇幅所限，以下我们只援引路易·布耶的诗作①：

La Chanson des Rames

Bois chenus! ah! vent d'automne!
L'oiseau fuit! ah! l'herbe est jaune!
Le soleil, ah! s'est pâli!
J'ai le coeur, ah! bien rempli!
Sous ma nef, ah! l'eau moutonne,
Et répond, ah! monotone,
A mon chant, ah! si joli.
Quels regrets, at! l'amour donne!
L'âge arrive, ah! puis l'oublie!②

中文回译：

划桨歌

树枝枯！啊！秋风吹！
草已黄！啊！鸟儿飞！
太阳光，啊！已惨淡！
我的心，啊！多伤悲！
我舟下，啊！水激越，
应答着，啊！声乏味，
我的歌，啊！如此美。
多遗憾，啊！爱情给！
年龄到，啊！又忘却！

---

① 关于布雷蒙的《划桨歌》，参阅孟华《不忠的美人——略论朱迪特·戈蒂耶的汉诗"翻译"》，载《东方翻译》2012 年第 2 期。

② Louis Bouihet, *Dernières Chansons*, Paris: Michel Lévy Frères, 1872, p. 257.

显然，这首诗不仅在内容上与原作基本相同，而且在形式上也刻意模仿"楚歌"的诗行数和节奏。诗人甚至完全采用了《秋风辞》的节拍：每行诗均为7音节，前三、后三，中间用"啊"隔开。我们不得不惊叹德理文传递"楚歌"形式的努力居然得到了如此强烈的反响！现有研究已清楚表明，布耶是位对中国语言、文化抱有极大兴趣的诗人[①]。在《唐代诗歌选》出版后，他便如获至宝，认真研读，并从译诗和汉学家的长序中汲取了许多灵感。[②]

对于《唐代诗歌选》在法国文学界产生的影响，汉学界并未予以否认，但似乎也评价不高，仅止于承认它"在第二帝国的文学沙龙中引人注目"[③]而已。实际上，这部诗集的影响早已超越了时空。我们在朱迪特·戈蒂耶（Judith Gautier, 1845—1917）的《玉书》（Livre de Jade）中见到了它的身影[④]，又通过后者在马勒（Gustav Mahler, 1860—1911）的《大地之歌》（Das Lied Von Der Erde）[⑤] 以及美国意象派诗人弗莱契（John Gould Fletcher, 1886—1950）的作品中听到了它的反响[⑥]。此即说，德理文对中国诗歌的译介和研究为整个西方的诗歌革命输入了养料。汉学研究的成果对文学的发展和建设做出了贡献，它促进了法兰西民族文化，甚至整个西方文化的发展。这样的成果，在国际文学、文化交流史上当然值得大书特书。除此之外，难道

---

① 参阅 Gustave Flaubert, *Préface aux dernières chansons*, éd. citée, pp. 7—14。福楼拜乃布耶挚友，在布耶去世后他将诗人尚未面世的诗作以《最后的歌》为题结集出版。他在序中称布耶在1851年政变后便对政局十分失望，于是躲进"中国诗歌"内，并坚持研习中文达十年之久。

② 参阅 L. Letellier, *Louis Bouilhet, 1821—1869, sa vie et son œuvres d'après des documents inédits*, Paris：Librairie Hachette, 1919, pp. 239—244。

③ Demiéville, *Aperçu historique des études sinologiques en France*, p. 82。

④ 关于《玉书》，参阅 Muriel Détrie, *Le Livre de Jade de Judith Gautier, un livre pionnier*, in *Revue de Littérature Comparée*, 1989, No 3; Yvan Daniel, *Présentation, Le Livre de Jade, un rêve de Judith Gautier*, in *Le Livre de Jade*, Paris：Imprimerie Nationale, 2004。前文是当代法国第一篇专门介绍、评点《玉书》及其机运的论文，后文则是《玉书》2004年再版序。另请参阅孟华《不忠的美人略论朱迪特·戈蒂耶的汉诗"翻译"》。值得一提的是，法国学界对于朱迪特的《玉书》与德理文译诗的关系存在争议，较极端的意见甚至认为朱迪特抄袭了德理文。参阅 Ferdinand Stocès《 Sur les sources du *Livre de Jade* de Judith Gautier (1845—1917), (Remarque sur l'authenticité des poèmes) 》, in *Revue de Littérature comparée*, 2006, No 3。我佩服 Ferdinand Stocès 治学的严谨及其考辨功夫，却难以完全苟同他的观点。《玉书》得益于《唐代诗歌选》，却并非抄袭。

⑤ 参阅 Yvan Daniel, *Présentation, Le Livre de Jade, un rêve de Judith Gautier*, p. 29。

⑥ 参阅赵毅衡《远游的诗神》，四川人民出版社，1985年，第120页。

它不是汉学学科自身的骄傲?! 不是法国汉学史上的重大成就?!

不仅如此,德理文的译诗还为法国人想象中国提供了文本基础。泰奥菲尔·戈蒂耶 (Théophile Gautier, 1811—1872) 在《咏雏菊》(*La Marguerite*) 中赞叹李太白的才华;马拉美 (Stéphane Mallarmé, 1842—1898) 在《苦眠之夜》(*Las de l'amer repos*) 中表达了希望像中国诗人一样"自由吟唱"的愿望①;还有更多的诗人、文人在自己的作品中讴歌或描写中国②。所有这些,都不能不说与德理文的翻译和介绍有着密不可分的关系。当然,唐诗中的中国并非19世纪现实中的中国,某种程度上甚至背离了现实。但我们无法否认,它接续了18世纪来华耶稣会传教士建构的那个"文化中国"的形象,强化了那个形象,也在很大程度上反映了中国人的情趣、习性,以及中国的文化传统、文化特征。对于汉学建构形象的作用,我曾有另文专门讨论,此处不再赘述。但要补充的是:德理文对汉学家在舆论导向上的作用有着十分清醒的认识。1859年,当他发表平生唯一一部政论著作《面对欧洲的中国》(*La Chine devant l'Europe*) 时,他在论及法国人对中国的偏见时曾这样写道: "……这些偏见……在严峻的环境下对公共精神会产生作用,而此作用又会影响政府,此时与这些偏见斗争就是一种责任,倘若我们觉得有权这样做。这个权利,我可能是从十年专门的研究中获得的。我想努力去校正一些太易被接受的错误,指出中国政府、习俗及中国社会的本质事实上是怎样的……"③ 读着这些铿锵有力的话语,不能不令人肃然起敬。

总之,恰如谢和耐所说: "这位学者……在当时那样困难的条件下,对(使人们)了解中国而做出了不可忽视的贡献"。④

汉学家德理文终其一生致力于向西方人传播中国文化,普及关于中国的知识。而他的所作所为,都曾作用于19世纪法国人对中国的社会集体想象,成为研究中法文化交流史、法国人中国观无法绕开的课题。

---

① 这两首诗同时刊发于1866年出版的《当代巴纳斯》第一辑: La Marguerite, in *Parnasse contemporain*, I, 1866, p. 5; Las de l'amer repos intitulé Epilogue, in *Parnasse contemporain*, I, p. 170.

② 参阅 William Leonard Schwardz, *The imaginative interpretation of the Far East in modern French Literature*, Librairie Ancienne Honoré Champion, 1927. 有关戈蒂耶及同时代其他诗人对中国的热情与关注,均请参阅此书。

③ Marquis d'Hervey de Saint-Denys, *La Chine devant l'Europe*, Paris: Amyot, 1859, pp. I—III.

④ Jacque Gernet, A propos de l'oeuvre du sinologue, p. 220.

四、汉学意义上的德理文

上文论及了德理文通过诗歌翻译和研究对汉学学科做出的贡献,此外,他还在以下两个方面值得关注。

首先是在汉语教学方面。19世纪初,当汉学作为学科在法国诞生之时,第一代的汉学家们都是从未涉足中国的学者,他们躲在书斋里研究对象国,以书面语教授中国语言文学。德理文当然属于这第一代职业汉学家。但显而易见,他又是使用旧方法的最后一位汉学家。继他之后入选法兰西公学的沙畹完全属于新一代汉学家,他们是在对象国实际生活、工作过的一代新人。即使在东方语言学院亦然:取德理文而代之的哥士耆(Alexandre Kleczkowski,1818—1886)也曾在法国驻华使团担任过翻译①。在代际更替中的德理文确有些生不逢时。而在这种情况下,他仍然为了解活的中文、活的中国而付出了巨大的努力。

他是第一个在东方语言学院的课堂上聘用中国人教授口语的老师,且在一年半中先后聘用了两人②。他在日常生活、工作中也不放过任何一个能够接触中国人,了解活的中国的机会:1867年当他承办巴黎世博会中国馆时,他曾自费聘请中国人至巴黎表演③。不仅如此,一如他自己所说,他还"与不断到访巴黎的中国人保持联系"——这有前文征引的所有使法晚清官员的日记为证。在这个法国汉学的教学、研究观念发生转折的关头,德理文的上述行为如若不是为汉语教学、汉学研究方法的革新做出了贡献,那么至少也是在

---

① 儒莲患病后,曾请德理文在东方语言学院代课。德理文也曾在儒莲病逝后向校方提出任职申请,但最终未能如愿。东方语言学院聘任了当时仍在中国任职的哥士耆。参阅 Angel Pino,《年谱》。关于哥士耆的情况,参阅《中文教学百年文集》,pp. 131—167。另请参阅 Marianne Bastid-Bruguière, L'Oriine polonaise de l'enseignement universitaire du chinois moderne en Europe: Michel Alexandre Kleczkowski (1818—1886), *Mélanges Slawinski*, Juillet 2005, pp. 29—59.

② 《中文教学百年文集》一书336页附有一份东方语言学院历年所聘中国辅导教师名单(Tableau des répétiteurs chinois de l'Ecole des langues orientales depuis sa fondation jusqu'à la fin de Seconde Guerre mondiale),其中在德理文聘用的辅导教师条下标示了三个名字,分别是:Ly-hong-fang(李洪芳)、Ly Chao-pé(李少白)、Ting Tun-ling(丁敦龄)。但据前文征引的郭嵩焘日记所记,其中的李洪芳恐与李少白之字,故很可能是同一人。据此,德理文聘用的中国辅导教师恐为二人。待考。

③ 参阅孟华《中法文学关系研究》,第256—275页。

观念革新中不落人后的一种表现,这充分证明了他将中国语言视为活的语言,将中国文化视为活生生、且需时时更新的知识。

其次,郭嵩焘的日记曾详细记录了德理文对中国数学、化学、医学的评述,原文如下:"中国各种学问皆精,而苦后人不能推求。二十年前,法人精算学者推验春秋以前日食见之经传者无伪误,知中国习天文由来久远。近数十年来泰西研究光学,有得中国一古铜镜者,背为龙文,用光学照之,龙文毕见。疑铜质厚,何以能透光?求其故不可得。乃用化学化分,则铸龙之铜与余铜各为一种。盖先铸龙,而后熔镜铜纳之范中,以铜龙合之,碎淬使光,铜合而其本质自分,故各自为光。始悟中国自古时已通光学。至中国医家用乌须草,须发白者服之可使反黑,然久服则指爪俱黑。须发、指爪各一事,而皆与皮肉相连,何以皮肉不与俱黑?泰西化学家固谓指爪、须发一物结成,又知中国医家自古已谙化学也。"这段话让我们看到德理文对中国文化的广泛兴趣,更了解了他在中国科技史方面的识见。而他的观点竟与20世纪中国科技史大师李约瑟(Joseph Needham,1900—1995)的观点不谋而合,且早于后者一百年就已提出。我们由此似可推定郭嵩焘赞誉他"学问非浅"、"汉学甚深"并非完全受情感驱使,它在相当程度上是有事实依据的。

无论如何,德理文的作品和文化活动是与19世纪法国整体的学术文化氛围密不可分的。他的观念与方法既受制于那个时代,也以他自己的方式丰富了19世纪法国的汉学研究。法国的汉学学科史,甚至法国的学术史上应该都有属于德理文的那一页。①

---

① 关于德理文尚有许多谜团未能解开。其中最令人不解的是:于1862年出版的《唐代诗歌选》以"忠实"而著称,何以23年后于1885年开始出版的《今古奇观》(1885、1889、1892)的译文却因"意译"而倍受责难?一个可能的推测是:德理文在《唐》书出版后接受了教训,有意贴近法国读者的欣赏趣味及水平——为大众而译。因未及考证,此处只能存疑。

路易九世遣使元蒙帝国，中法关系的肇始

耿 昇

今年是中法建交 50 周年。源远流长的中法关系史，特别是中法文化交流史，据现有可查的史籍记载，应追溯到 13 世纪（中国元代）来华的基督宗教方济各会会士（Franciscain）们。在此之前，中国史籍中提到的中国与"罗马"（"大秦国"、"拂菻"、"犁靬"等）的关系，实际上是指中国与西亚两河流域或亚历山大港地区的关系，即历史上的"东罗马"或"罗马东部行省"，与真正的"西欧"并没有多少关系。真正沟通中法关系的，是路易九世（Louis IX，1214—1270 年，即后来的圣路易）于 1253 年派向元蒙帝国大汗和皇帝们的方济各会士鲁布鲁克（Guillaume de Rubrouch，约 1215—1257 年）。鲁布鲁克奉法国国王敕命出使元蒙帝国，经古老的丝绸之路，万里跋涉。此行成了中法外交关系的肇始，是沿革至今的中法关系的源头。由此算来，中法的官方正式外交交往，已有 760 多年的历史了。

一、中法关系发展的四个历史阶段

中法正式关系的发展史，大致可分为四个历史阶段，或者说是四次高潮。这四个阶段，又各具鲜明特色。每个阶段不仅对于中法关系，而且对于中欧关系，甚至是对整个世界大国格局的变化，都产生过重大影响。

在 13 世纪时，由教宗和法国国王派遣的天主教方济各会会士们，借助于蒙古人打通欧亚大陆之机，不远万里入华。他们所经过的道路必然是沙漠、草原和绿洲中的丝绸之路。欧洲天主教不同修会会士们（方济各会会士、多明我会会士、奥古斯丁会会士）纷至沓来地东行，前来考察中国及其周边地区。其中最具有开拓之功和最重要者，正是方济各柏朗嘉宾和鲁布鲁克。早期方济各会会士们并未实现他们在华实施基督宗教大归化的抱负，也未与蒙古人形成抵御伊斯兰势力的结盟，更谈不到与中国建立持久的关系了。但他

123

们毕竟通过丝绸之路打开了通向中国的门户，为欧亚大陆两极的两大强国沟通了最早的信息。因为在历史上此前的丝绸之路，从未有过从罗马直通中国或从中国直达罗马的使团或骆驼队，这种交往始终是中途各王国和各民族接力完成的。他们为了政治和商业利益，甚至还专门制造假象和掩饰真相。只有当蒙古人打通欧亚交通之后，这种直接交流方成为可能。这是中法正式交往关系的第一个发展阶段。

中法关系的第二个发展阶段，是16世纪末之后中国明末清初时代。1685年，6位"国王的数学家"耶稣会士入华，掀起了中法文化交流一次新高潮。据法国耶稣会士汉学家荣振华统计，1552—1800年间在华的耶稣会士共920个号，975人（其中也包括华人）中，有168名法国人[①]，他们在传教和中西文化交流方面成绩斐然。1664年，欧洲的第四个东印度公司——法国东印度公司成立。安菲特利特号（L'Amphitrite，海神号）法国商船于1699—1700年间首航中国成功。法国北京传教区创建后，当时甚至在中国形成了一个"法国传教区时代"。中法关系史，特别是中法文化交流史的发展，在欧洲于17—18世纪催生了一股强大的"中国热"风潮。但这场风潮，又受到了在欧洲爆发的一场莫名其妙的"中国礼仪之争"的严重干扰，给中法关系造成了一个多世纪的放缓。

中法关系的第三个发展阶段始于1840年的鸦片战争和《南京条约》。在这个阶段，一方面是中法交往日益频繁，不仅领域广阔和层次深邃，硕果丰盛，而且也促使中国融入了世界和迈入了近代社会。这个时代不仅是殖民主义、炮舰政策和不平等条约的时代，双方交流也产生了巨大影响。中国的传统文化大举西传，西方现代的科学技术、人文观念、治国理念、启蒙哲学都传入了中国。中国也大幅度地摆脱传统羁绊，走向启蒙并促使社会发生了大变迁。

中法关系的第四个发展阶段，便是自1964年中华人民共和国与法国建立大使级外交关系起，一直到今日。这是一种新型的大国关系，是建立在自由平等、互利互惠和尊重彼此核心利益的现代国家关系基础上的中法关系，从而形成了不同社会架构、不同政治制度和不同文化价值国家之间和平共处的

[①] 荣振华等《1552—1800年入华耶稣会士列传》（Josoph Dehergne, Répertoire des Jésuites de Chine, de 1552—1800, Paris et Rome, 1973），耿昇译，中华书局，1995年。

一种典范。

二、中法关系的肇始——方济各会会士入华的历史背景

基督宗教教宗与西欧基督宗教国家君主们，于元代开始争相遣使东行，尤其是遣使元帝国以及蒙古诸汗国，具有深刻的历史、政治、经济、文化和军事背景。13世纪时，蒙古人控制了东亚和中亚的大部分地区，蒙古铁骑于1236年灭卡马河畔的不里阿耳突厥王国。蒙古人自1233年灭金之后，中国北方已全部落入其手。1231年，蒙古征服波斯，1238年，钦察汗国归附蒙古，同年，蒙古大军摧毁莫斯科。1239年，蒙古征服南俄（斡）罗思草原，1240年，灭乞瓦（基辅）国。蒙古人甚至还于1240—1241年间打到勃烈儿（波兰）和马札尔（匈牙利），一度曾兵陈奥地利维也纳城下。波兰与日耳曼人联合抵抗蒙古人的战争，也于1244年遭受完败。"蒙古式的和平"（Paix mongol）盛行于中亚和东亚辽阔地区。事实上，当时世界上的大国格局已经形成。这就是以希腊—罗马文明为基础的西方基督宗教列强，以佛教和印度文明为基础的印度帝国，以波斯—阿拉伯文明为基础的穆斯林各帝国和以蒙古草原文明与中国汉文明为基础的元蒙大帝国。这四大势力，基本上控制了陆上与海上丝绸之路。丝绸之路既成了它们之间交流的渠道，又是它们的财富之源，这也同时成为它们之间互相竞争和博弈的诱因。"世界四大文明圈"也正是形成于这个时代，而且一直延续到近代。

由于蒙古人大举向西推进，已经使西方基督教世界感到战栗不安。他们意欲刺探有关鞑靼人及其他东方人的地域、生活方式、宗教信仰、王室世系以及通往那里的道路。但他们最迫切需要了解的，却是蒙元王朝人和东方人有关战争、军队结构以及武器、战争、韬略、部队集结、对待战俘、攻守战略和投降者背信弃义诸问题的详情；鞑靼人的媾和、征服地区、对臣民的压迫、勇敢抵抗他们的地区；怎样同鞑靼人作战、鞑靼人的意图、武器和部队组织，对付鞑靼人的韬略、城市防御工事和处置战俘等方面的情况。他们急于从事"间谍"活动，纷纷派遣"间谍"东行。这是欧洲基督宗教国家派遣

方济各会会士东行的首要原因①。

西方基督教世界除了对蒙古人的推进感到惶惶不可终日之外,同时也令他们感到腹背受敌的,是参与远征的十字军们发现,穆斯林人(摩尔人,Maurs)或撒拉逊人(Sarasins)也在大举向西方推进。但与此同时,在西方基督教世界,流传着一种重要风言,认为"在世界边缘的某处,有一名令人难以置信的富裕而又强大的君主,也是一名国王和长老,是基督的仆人。其军队即将于某一日前来帮助欧洲对抗不信基督的人。但在没有100万军队的前提下,约翰长老从不会轻率地发兵去作战"②。

约翰长老究竟是谁?有人认为他是印度古里(Calicut)的国王,有人又说他在非洲(埃塞俄比亚或阿比西尼亚人)。但更多的人却认为他在高地亚洲。当时部分欧洲人认为,约翰长老就是后来西辽王朝的缔造者耶律大石(菊儿汗,汗中之汗或天下汗)。因为他于北京逃出之后,便创建了巴尔喀什湖附近的额敏城(Imil,叶密立),又先后夺取了伊塞克湖(Issy koul)、可失哈儿(Kachgar,喀什)和于阗,并于1141年击败了塞勒术突厥人(Turcs seldjoukides),最终于丝绸之路的腹地创建了一个喀喇汗王朝(西辽王朝)③。成吉思汗及其部将们对花剌子模沙摩诃末(Khorezmshah Mohammed)的儿子札阑丁(Djelal-de-Din)发动进攻时,该王子逃至哥疾宁(Ghaznā,今阿富汗加兹尼)后,还曾击败过一支蒙古军队。有人又猜测此人为约翰长老④。还有人称高昌畏兀儿族出身,后任阿姆河以东西州行政长官和信仰景教的阔里吉思王(George,?—1243年)为约翰长老。

公元1165年,印度国王约翰(Jean)曾多次致信欧洲数位基督宗教国王。教皇亚历山大三世(Alexandre Ⅲ)、腓特烈一世(Fréderic Ier)和拜占庭皇帝曼努埃尔一世(Manuel Comnère),都同时收到了他的国书。其中的内容是:"朕,约翰,通过上帝的力量和天主的意志,而使朕成为长老(司铎),

---

① 贝凯和韩百诗译注本《柏朗嘉宾蒙古行记》(D. J. Becquet et Louis Hambis, Jean de Plan Carpin, *Histoire des Mongols*, Paris, 1965),耿昇译,中华书局1985年。

② 于格夫妇(François-Bernard Huygh, Edith Huyghe),《海市蜃楼中的帝国》(*Les Empires du mirage*, Paris, 1993),耿昇中译本,中国藏学出版社,2013年。

③ F.-B. 于格和E. 于格《海市蜃楼中的帝国》,耿昇译,中国藏学出版社2013年,第11章。

④ D. J. Becquet et Louis Hambis, Jeun de Plan Carpin, *Histoire des Mongols*, 巴黎1965年, pp. 153—155。

生活在天下的王中王和统治者中的统治者之地。这是由于朕在道德、财富和权力诸方面的原因。72位国王向朕纳贡。朕的王公主宰着3个印度的法律,朕的王国一直征战到最遥远的印度尽头。圣徒圣多默(Saint-Thomas)便陈殓在那里他长眠的地方"[①]。这当然是一篇伪作,是根据《圣经》中的恐怖性预言而将当时故事和流言揉合拼凑成诡谲的约翰长老的故事。

  西方人搜集到了有关约翰长老的一鳞半爪的信息,这是由于他们当时同时惧怕蒙古人和伊斯兰教徒。当时的欧洲基督徒与中亚的穆斯林宿怨颇深,在1095—1291年的近两百年间,欧洲基督徒便对穆斯林地区发动过八次十字军东征,直至把穆斯林从叙利亚驱逐出去为止。当时伊斯兰神秘教团苏菲派的崛起,埃及奴隶王朝(1206—1290年)和非斯的马林王朝日益发展壮大,面对这样的世界大国新格局,西方基督徒欲仿效汉武帝派张骞出使西域,联络大月氏,以断匈奴"右臂"的策略,穷力寻找约翰长老,以期与之联手对付令他们如同骨鲠在喉的蒙古人;另一方面,他们却又急于与他们闻风丧胆的蒙古人结盟,以便分东西两侧来夹击他们的宿敌撒拉逊人或穆斯林信徒。

  综上所述,对于蒙古人西进的恐惧,受基督宗教国王约翰长老传说的诱惑,再加上与中亚穆斯林的多年争斗,才促使教宗、西方基督教国家君主,特别是法国国王遣使元蒙时代的中国。

  鲁布鲁克出使元蒙帝国,既有先驱者,也有后继人,因此在元代形成了基督宗教的第二次入华高潮(基督宗教入华的第一次高潮,应为唐代基督宗教的异端景教,而第三次高潮则是明末清初以耶稣会士为主的入华传教士),而且基督宗教的这次入华高潮,是由该宗教的一个修会——方济各会发起和充任主角的。方济各会会士东来,也具有深远的历史背景。

  方济各会是由意大利人圣方济各(François d'Assi,1181—1226年)于13世纪初创建。1209年,他率十一位门徒到达罗马教庭,获得教皇英诺森三世(Innocent Ⅲ,1198—1216年)批准,使该修会获得了合法地位,该修会也被称为"小兄弟会";又由于他们身穿粗布衣袍,手托乞食钵,赤足行走,故而又被称为"托钵僧",或者是属于托钵僧会系列。方济各会会士们曾于1212年又协助加辣(Chiara,1193—1253年)创建方济各第二会,即方济各

[①] J.-B.于格和E.于格《海市蜃楼中的帝国》,耿昇译,中国藏学出版社,2013年,第239—240页。

女修会；1221年，圣方济各又创建方济各第三会，收容在俗男女教徒。他们分别于1221年和1223年制订了第一部和第二部会规。方济各会早期的活动地域主要集中在欧洲南部的西班牙、意大利、法国以及拜占庭（东罗马帝国）的腹地埃及地区。方济各会虽自元代传入中国，但其在华的传教高潮是在明清鼎革之际。

方济各会曾是天主教世界的最大修会之一。罗马教廷曾先后有6代教皇出自方济各会，共有98位"圣贤"（受教皇"封圣"的人）。他们不但重视教育和学术研究，而且还将其会所改造为神学院，并使之成为欧洲著名的教育机构。他们积极从事海外传教，为欧洲与世界各国的文化交流作出了卓越贡献。

三、鲁布鲁克东行的先驱——柏朗嘉宾出使元蒙帝国

方济各会进入元蒙帝国的第一人，便是方济各会会士柏朗嘉宾（Jean de Plan Carpin，1182—1252年）。柏朗嘉宾诞生于今意大利的佩鲁贾（Pérouse）。虽然他不是法国人，但由于他出使中国元蒙王朝，与法国，特别是与路易九世国王有着千丝万缕的联系，故而也是沟通中法交流的先驱。

神圣罗马帝国的皇帝腓特烈二世（Fréderick Ⅱ，1194—1250年）曾致信英王亨利三世（Henry Ⅲ，1207—1272年）和法王路易九世（Louis Ⅸ，1214—1270年），建议采取共同行动，以遏制蒙古人向西的大举推进。他很想利用元太宗窝阔台于1241年12月刚刚宴驾这一天赐良机。当时恰恰元定宗贵由汗（Guyuk，1206—1248年）、元宪宗拔都汗（Batu，1208—1256年）和察合台汗之孙不里（Buri）之间又出现了某种不和，迫使蒙古军队于1242年撤退到了斡罗斯境内。他们认为元蒙王朝的新皇登基，或西蒙古诸部消除内讧之后，可能会形成对自己更大的威胁①。

由于上述种种原因，教皇英诺森四世于1245年在法国里昂召开了一次大公会议（全欧主教会议）。他们选择了当时已经65岁高龄的意大利方济各会士柏朗嘉宾修士出使元蒙帝国。柏朗嘉宾先由葡萄牙人劳伦斯修士

---

① 道森《出使蒙古记》，Christopher Daulson：*The Mongol mission*，Lonalre and New York，1955，P. ⅩⅤ.

路易九世遣使元蒙帝国，中法关系的肇始

(Lawrence) 陪同，到达波兰后又与翻译官本笃（Benoît）会合。他们于1245年4月16日复活节时，根据大公会议的决议，在英诺森四世教宗与路易九世国王的共同支持下，从里昂出发，直到1247年11月24日才返回里昂。虽然柏朗嘉宾主要是由教宗派遣，出使元蒙帝国以及西蒙古多个汗国，但法王路易九世的支持又是必不可缺的。他们在非常困难的背景下，一无任何东方语言知识，二无翻译，三无地理导游书，四无向导，在古丝绸之路上骑行或步行了两年半之久，行程万余里。他也如同张骞一样，只是反向地"凿空"了西域丝绸之路，从西欧直通中国的元帝国。若望·柏朗嘉宾是证据确凿的西方直接地遣往中国的第一人，是西欧方济各会会士于元代大举入华开先河之人。鲁布鲁克出使元蒙帝国是 1253—1255 年；若望·孟德高维诺（Jean de Montecorvino，1247—1328年）赴北京（汗八里）并设立大主教府始于1294年，共在华生活34年；鄂多立克（Odoric de Pordenone，1286—1331年）于1318年入华；安德烈·佩鲁贾（André de Pérousse，？—1326年）于1311年入华；若望·马黎诺利（Jean de Marignolli，约1290—1353年）于1342年到达汗八里。若望·柏朗嘉宾、若望·孟德高维诺和若望·马黎诺利，是在元代入华的方济各会会士中的三"若望"。他们是元代方济各会会士入华高潮中的三位典型代表人物，是沟通中西关系的筚路蓝缕的探路人。

方济各会会士柏朗嘉宾一行于1245年（元太宗皇后乃马真四年）4月16日（复活节），从法国里昂登程。他们首先到达波兰的布雷斯劳（Breslau），并在那里接上波兰会士本笃（Benoît）以充任翻译。他们又经过波希米亚，但基本上是在波兰度过 1245—1246 年的冬季。他们在波兰大公康拉德（Conrad）的帮助下，进入了斡罗思境内的乞瓦（Kiev，基辅），然后又到达库蛮尼亚（Comania），经过里海与咸海之北，通过草原而进入了蒙古人地区。他们首先于1246年4月4日，到达蒙古四大汗国之一的钦察汗国（金帐汗国）的缔造者拔都（Batu，1209—1256年）设在伏尔加河流域的斡耳朵（orda，幕帐）。拔都是成吉思汗的嫡孙和长子术赤的次子，占据咸海与从里海至额儿齐斯河一带。他们于1246年仲夏到达准噶尔地区（Dzungaria）。柏朗嘉宾又从那里到达哈喇和林（Qara-Qorum，成吉思汗曾在此建都），并且一直在那里停留到11月13日才离开，后又经丝绸之路而返回法国里昂。

柏朗嘉宾受教宗派遣并在路易九世的支持下，出使元蒙帝国，主要有四大收获。柏朗嘉宾留下了一部传世名著《蒙古史》（L'Ystoria Mongalorum，学

术界一般均译作《柏朗嘉宾蒙古行记》①,这是他向教廷复命的报告,顺便也报告了法王路易九世。

(一)柏朗嘉宾有关元蒙帝国人文地理和军事的记述

首先,柏朗嘉宾的出使报告是西方所拥有的第一部有关元蒙帝国和整个东方的人类学与舆地学著作。我们从中读到:"鞑靼地区位于东方一隅,我们认为那里正是东方偏北的地域。契丹人(Kitai)以及肃良合人(Solangi,高丽人)地区位于其东部,南部是撒拉逊人(Sarasins,穆斯林)的栖身地,在西部和南部之间是畏兀儿人(Huiur,维吾尔人)的疆域,西部是乃蛮人(Naiman,突厥—蒙古混合民族)的省份,该地区的北部由海洋所环抱"②。他首次向西方陈述了东方民族及其分布地,是西方最早获得的东方民族与舆地的直接资料。

罗马教廷及欧洲基督宗教君主们非常关注调查蒙古人已经征服的地区和尚未征服的地区,以研究抵御蒙古人向西推进的策略。柏朗嘉宾也遵命在这方面作了详尽周全的调查研究。他向教廷汇报的调查结果是:

"下面就是鞑靼人所征服地区的名字:契丹、乃蛮、肃良合、哈喇契丹或黑契丹、库蛮尼亚、秃马惕(Tumat)、斡亦剌(Voyrat)、哈剌尼惕(Karanit)、吾畏儿、速蒙古(Sumōal,水蒙古)、蔑儿乞、蔑克里、撒里畏吾儿、巴失乞耳(即大匈牙利)、乞儿吉思、怯失米儿(Cosmir)、萨拉逊(Sarrasins,原文如此,可能应为Sarraceni,即萨拉色尼人)、木速蛮(Bisermin)、突厥蛮(Turcomans)、必列儿(Byler,即大不里阿耳)、火罗剌(Catora)、火木黑(Comici)、波黎吐蕃(Buritabet)、巴罗昔惕、合思(Cassi)、阿兰(Alan)或阿速(As)、斡别思或谷儿只、景教徒(Nestoriens)、阿蛮

---

① 柏朗嘉宾的《蒙古史》一书的第一原稿原件收藏在牛津大学博德林图书馆,它的另外几种抄本又分别收藏在巴黎、维也纳、伦敦和都灵;其第二原稿原件收藏在剑桥大学图书馆手稿部,荷兰莱敦的一种抄本与之有关。它后来先后被译作多种文字并反复推出多种文本。法国汉学大师伯希和(Paul Pelliot,1878—1945年)与其大弟子韩百诗(Louis Hambis,1906—1978年)曾长期研究赴中亚的基督徒。韩百诗与让·贝凯(Dom Jean Becquet)于1965年在巴黎麦松奈夫(Maisonneuve)书店推出了《柏朗嘉宾蒙古史》(Jean de Plan Carpin, Histoire des Mongols),它是至今所拥有的最佳法文本,此书有耿昇中译本《柏朗嘉宾蒙古行纪》。伯希和的遗作《中亚与远东基督徒研究》(*Recherches sur les chrétiens d'Asie centrale et d'Extrême-Orient*, Paris 1973)中,也研究了柏朗嘉宾《蒙古史》中的段落。

② 韩百诗和贝凯版本,第1章,第3节,第28页。

(亚美尼亚人)、康里（Kangit）、库蛮（Comans）、不儿塔思（Brutach，犹太人）、莫儿多瓦（Morduan）、脱鲁黑（Torc）、可萨、萨莫耶德、波斯、塔特（Tat）、小印度或埃塞俄比亚（Ethiopie）、薛儿客速（Carcassiens）、罗塞尼亚、报达（Baldach）、撒儿塔（Sart）。此外还有许多地区，但我们不知道其名。然而，我们却遇到过上述各地区的男男女女们"。

"下面是曾经英勇地抵抗过鞑靼人和至今尚未被他们征服的地区名称：大印度、阿兰人的一部分、契丹人的一部分、撒哈辛（Saxin）①"。

对于当时罗马教廷急需知道的蒙古王公们的名字，柏朗嘉宾的调查基本上是正确的：

"下面就是鞑靼人诸首领的名字：鄂尔达，他曾远征波兰和匈牙利；拔都、不里、昔班（Syban）、唐古忒（Dinget），他们全都到过匈牙利；绰儿马罕（Chirpodan），他尚在海外与撒拉逊人地区的算端及其外邦人兵酣战。下列首领都在国内：蒙哥（Mengu）、昔列年（Sirenen）、忽必烈（Hubilai）、昔列门（Siremun）、胜那忽儿（Sinocur）、脱哈帖木儿（Tuhatemur）、哈剌海（Caragai）、在他们之中誉为'武士'的老人速不台（Sibedei）、不剌（Bora）、别儿哥（Berca）、马兀赤（Mauci）、阔连察（Coremsa），后者也是他们之中的最后一位。此外还有其他首领，但我们不知道他们的名字"②。

这些名字与《元史》和元代其他史料中的记述基本相吻合。这些资料只能在元蒙帝国内亲自搜集，靠其他转手渠道是无法获得的。柏朗嘉宾接着针对他出发时教廷委托给他的调查问题，一一作了回答。他于书中介绍的蒙古军队的"十夫长"、"百夫长"和"千夫长"编制及其互相制约的作战体系，对于西方后来军队的组织改编产生过影响③。他介绍的蒙古军队中的弓弩、弩炮、盾甲的使用，在很大程度上纠正了西方军队只重刀剑的战法④。他建议，为了抵御蒙古人，罗马各行省之间必须巧妙地互相配合和支援，这是蒙古人制胜的法宝之一。这些信息引起西方政要与军事家们的高度重视。

（二）柏朗嘉宾参加元定宗的登基大典

柏朗嘉宾有幸于1246年8月间，在哈喇和林出席了元定宗贵由（Güyüg

---

① 同上引书，第7章，第9—10节，第88页。
② 贝凯和韩百诗《柏朗嘉宾蒙古行记》第5章，第21节，第64页。
③ 同上引书，第6章，第2节，第73—74页。
④ 同上引书，第6章，第4—11节，第74—78页。

qayan，1206—1248 年）的登基典礼。贵由于 1246—1248 年在位，系元太宗窝阔台的长子。柏朗嘉宾是在钦察汗国的缔造者拔都汗的安排下，特意赶去参加这次盛大典礼的。这在当时的中西关系中，尚属首例。直到明末清初，才有欧洲传教士们参加中国皇帝或皇后的登基大典与葬礼，柏朗嘉宾始终是享此殊荣的西欧第一人。

柏朗嘉宾于其报告中，详细地记载了这一盛典。

"前来为我们带路的鞑靼人受命，要尽快带领我们去参加几年前就已经预告，为选举而举行的一次庄严隆重的集会。所以我们在整个旅途中始终是匆匆忙忙地赶路，以便得以按时到达……"

"当我们到达时，正如鞑靼人平时所做的那样，贵由皇帝令人赐给我们一顶帐篷和某些食物，比对其他所有来使都更加友好一些。然而，我们没有被他召见，因为他当时还没有被加冕为皇帝，尚未主持朝政。但教宗陛下信函的译文和我们对拔都所说的话都已经转奏他了。等候了五六天以后，他令人带我们去晋见皇太后，庄严隆重的集会就在那里举行……"

"第一天，大家都穿着紫红色缎子盛装；第二天，换成了红色绸缎装，贵由就在这个时候来到了幕帐；第三天，他们都身穿绣紫花料的蓝衣服；第四天，大家都穿着特别漂亮的华盖布服装。栅栏里面靠近大门的地方，有两座大门：一座专供皇帝銮驾进出，那里的大门虽然敞开，却没有禁卫军守卫，因为任何人都不敢从那里进去；另一座门则供所有那些受召对的人进出，门口有佩带着宝剑和弓箭的禁卫"。

"当我们骑马一起来到另一处距离失剌斡耳朵（Syra-Ordo，皇家幕帐）只有三四古法里的地方，位于山间靠近一条河流的一片风景秀丽的平原，平原上已经矗立着另一顶幕帐，当地人称之为金斡耳朵或"金帐"；圣母升天节那天，皇帝应该在这里举行登基典礼，但是由于当天下冰雹，就只好推迟举行了。用来搭幕帐的支柱以金片覆裹，然后用金键与其他支柱钉在一起。幕帐的天幕和内壁上也蒙着一层华盖布，而外面则用其他织物装饰。我们在这里一直逗留到圣巴尔多禄茂节（Saint Barthélemy）①，这一天，成群结队的人聚集在一起，他们面向南方而立，彼此之间相隔掷石之距，他们一边跪拜祈祷，一边逐渐离开，始终面向南方。由于我们不知道他们是在念咒，还是向

---

① 圣·巴尔多禄茂是耶稣十二使徒之一，名列第六。

路易九世遣使元蒙帝国，中法关系的肇始

上帝或另外的神跪拜，所以不想跪下祈祷。这样做完很久之后，他们又回到幕帐，扶贵由登上皇帝御座，首领们对他参拜，全体臣民都向他跪拜。因为我们不隶属于他，所以方得例外。接着，根据他们的习惯，全体人员开始不停地畅饮，直至夜晚。然后用车运来了一些没有放盐的熟肉，每四五个人分一大块肉。对于里边的人，他们所分食的是带有调料盐的肉和汤。他们每次举行宴会时都这样做"。

"正是在这里，我们被皇帝召见了。当丞相镇海签完我们的和护送我们前来者的名字，以及肃良合与其他使者的名字时，他就当着皇帝和全体大首领的面，高声宣读着名册。这项仪式完毕之后，我们每个人都四次以左膝跪拜"①。

对于元蒙皇帝登基大典的记述，在中外史料中都很稀见，柏朗嘉宾的记述，不但为研究元蒙史留下了宝贵资料，而且也使这场圣典的真实情况传向了基督教的西方。

（三）柏朗嘉宾沟通了教宗与元蒙皇帝之间直接国书往来的渠道

教宗派遣柏朗嘉宾出使元蒙帝国，曾委托他携带致元蒙皇帝的两道敕书。它们分别由教宗于1245年3月5日和3月13日写于法国里昂。两道敕书都在1246年的元定宗贵由登基大典上，通过翻译而被宣读了。第一封敕书主要内容是抨击蒙古人的征战与杀戮，陈述基督教义，解释教宗派遣方济各会士出使元蒙帝国的原因："为了使我们显得在任何方面都不忽视那些远离我们的人群，我们派遣谨慎行事之人到他们那里去……便可以履行我们教宗对他们的天职。正是由于这个缘故，我们认为把我们钟爱的儿子葡萄牙人劳伦斯修士及其方济各的同伴，派遣到你处是合适的。……如果你们遵循他们的有益教诲，那就要承认上帝的真正儿子基督，并接受基督教的归化，崇拜他的光荣名字"。教宗在第二封敕书中又一次抨击蒙古人："我们听说，你侵略了许多既属于基督教徒又属于其他人的国家，踩躏它们，使那里满目疮痍……你挥舞着惩罚之剑，不分青红皂白地向全人类进攻。我们……请求并真诚地恳求你们全体人民，从此之后，完全停止这种袭击"。"我们认为把我们钟爱的儿子，即捎送这封敕书的人，派到你处是合适的……请你出于对上帝的敬畏，友善地接待他们，尊重他们，就好像接待我们一样，并且在他们代表我们向

---

① 同上引书，第9章，第28—32节，第116—118页。

你讲述的那些事情上,诚实地与他们商谈"①。很明显,教宗派遣柏朗嘉宾出使元蒙帝国的目的有三:劝阻蒙古人的征战、要求他们接受基督宗教的归化、请他们好好照顾自己的使者柏朗嘉宾一行。

元定宗贵由于1246年11月13日,在柏朗嘉宾向他辞行返欧时,也复教宗一道敕书,并与太后共赐他们貂皮缎袍两件。定宗的这封信现藏梵蒂冈图书馆,于1921年被发现其拉丁文译本,其汉文原本至今尚未被找到。

元定宗贵由从其敕书的一开始,便按照蒙古人的习惯,口气大得吓人地自称:"长生天的力量,全人类的皇帝,致大教皇的真实敕书"。其结尾处于盖御玺之后又自称:"在长生天的力量里,大蒙古兀鲁思②全体之汗圣者。敕旨所至,臣民敬肃尊奉"。其中还署名为"第一位皇帝成吉思汗,第二位皇帝窝阔台汗,第三位皇帝贵由汗"。元定宗皇帝于其回复教宗的敕书中还写道:"如果你的使臣返归你处,呈上他自己的报告,那么你——大教皇,就应该和所有君主们一道,立即赶来为朕服役"。"你又说,你曾向上帝祈求和祈祷,希望朕接受洗礼,朕不懂你的这种祈祷"。"你又说,朕应该成为一名虔诚的景教徒,崇拜上帝,并成为一名苦行修道者。但你又怎能知道长生天赦免谁,它会对谁真正表示慈悲呢?""现在,你应该诚心诚意地说:'我愿意降服你并为你服役'。你本人现在位居所有君主之首,如果你前来为朕服役并侍奉朕,那么朕将承认你的降服"。"如果你不遵守长生天的命令,不理睬朕的敕令,那么朕将认为你是朕的敌人"③。

我们通过元定宗的这封复敕,便可以看到,蒙古人既否决了教皇的"阻战"的意图,又拒绝了他要求蒙古人接受基督宗教归化的要求。相反,元定宗反而要求教皇及欧洲的所有基督宗教君主们,统统"降服"蒙古人并为他们"服役"。这一切都充分反映了东西方文化的差异,在政治上尚处于完全误解的阶段。柏朗嘉宾身负的三项使命,只完成了对元蒙帝国人类学和地理学调查、军力和作战韬略的"刺探"。其"劝教任务"彻底失败了。但是,柏朗嘉宾毕竟直接沟通了中西方君主之间以及元蒙王朝与教廷之间的关系。渠道已经沟通,桥梁已经架起,为此后的中西方关系铺平了道路。这一切均为

---

① 道森《出使蒙古记》(Christopher Dawson: The Mongol Mission),伦敦和纽约,1955年,第73—75页。
② "乌鲁思"(Ulus)本指人民和土地。本处似乎是指"全人类的"皇帝。
③ 这封信全文载上引道森书第83页。

继他之后的鲁布鲁克奉路易九世国王之命出使元蒙帝国作了准备，开辟了道路。

四、鲁布鲁克出使元蒙帝国

（一）鲁布鲁克出使元蒙帝国的缘起

自柏朗嘉宾出使元蒙国的八年之后和返归里昂六年之后，蒙古人与教廷及欧洲基督教君主之间间接的联系始终未断，但其发展却是缓慢的。基督宗教的西方于1253年又派出法国方济各会会士鲁布鲁克修士出使蒙古。这次又是由被后人称为"西方天主教第一王国"的法国国王，也是唯一被"封圣"的法国国王路易九世或圣路易遣使出访。法国国王路易九世（Louis IX，1214—1270年）在未满13岁时便即位。1234年，他在第二次击败入侵的英格兰国王亨利三世（Henry Ⅲ，1207—1272年）之后，又继承了其前辈国王们的传统——对东方发动十字军东征。当时圣城耶路撒冷已于1244年落入穆斯林之手，埃及苏丹的军队已经攻占大马士革。他于1248年决定去解放"圣城"，于1250年被俘。他经过支付巨额赎金后才得以被释放，却于1269年再次对突尼斯等非洲地区发动远征，于1270年8月因染瘟疫而逝世。他在西方基督教世界享有很高的威望，教宗卜尼法斯（Boniface Ⅷ，1294—1363年，1294—1303年任教宗）对他"封圣"，故而史称"圣·路易"（Saint Louis）。

方济各会会士鲁布鲁克原籍为佛兰德（Flandre）。尽管该地区在历史上的政治归属变化很大，但鲁布鲁克不仅仅是法国公民，而且还是法王路易九世的朋友。鲁布鲁克游记中未向我们提供任何有关他个人经历的细节。他可能于1215年左右诞生于佛兰德加塞尔（Cassel）附近的鲁布鲁克镇，其名即由此而来。他可能是于1248年仲夏，与率十字军东征的路易九世国王同时离开法国，并与国王共同居住在今塞浦路斯（Chypre）境内。但他也可能是在巴黎居住一段时间之后，于1248年前往塞浦路斯与十字军相会合。柔克义（W. W. Rockhill，1854—1914年）曾认为他于1248年初在巴黎会见过柏朗嘉宾，但证据不足①。1255年，鲁布鲁克在"圣地"耶路撒冷的方济各修会做传教士，而塞浦路斯正附属于该教区。他于1250年5月到达今巴勒斯坦的阿克尔

---

① 柔克义《鲁布鲁克游记》，英译本，1900年，第ⅩⅩⅥ页。

(Acre),又与路易九世国王和玛格丽特(Marguerite)王后一并生活在巴勒斯坦。他于1251年春或夏季,结识了刚出使蒙古返归的龙安德(André de Longjumeah)。鲁布鲁克离开巴勒斯坦,前往当时正驻扎于顿河与伏尔加河流域的撒里答(Sartaq)的幕帐。学术界一般都认为他到达那里的时间为1553年4月13日,离开君士坦丁堡的时间为5月7日。路易九世于1252年5月—1253年6月,始终驻跸于雅法(Jaffa)。他于1253年6月29日离开雅法,于7月到达西顿(Sidon),并且在那里一直逗留到1254年。鲁布鲁克在出使东方之前,曾让亚美尼亚景教徒将路易九世致撒里答等人的拉丁文敕书译作阿拉伯文和古叙利亚文。由于鲁布鲁克旅行日程中的时间,均以宗教节日或宗教日历中的圣人纪念日来标示,故而往往会使人产生小误差。

鲁布鲁克于1253年5月7日从君士坦丁堡出发。其陪同人员共三人。一名是方济各会会士,即克雷蒙纳的巴尔泰莱梅(Barthélemy de Crémone);一名教士郭塞(Gosset),很可能是路易九世身边的一名方济各会会士亲信;一名他们在君士坦丁堡花钱购买的奴婢,路易九世以"施舍"的名义把他安排进了使团;一名地位卑微的翻译霍莫·泰依(Homo Dei)[①]。他们由此而开始了历时两年16000公里的行程。

路易九世在十字军的鏖战之中,派遣鲁布鲁克出使元蒙帝国,是由于他们风闻,元蒙帝国有一名成吉思汗后裔撒里答,刚刚接受基督宗教的归化。撒里答(Sartaq,?—1256年)是蒙古钦察汗国的大汗拔都的长子,元定宗贵由死后,奉父命率兵拥元宪宗蒙哥即位,后镇守钦察汗国西境,兼统斡罗思诸国。元宪宗五年(1255年),他赴哈喇和林朝圣。拔都死后,元宪宗命他回国嗣位,死于途中。在西方都流传说撒里答已经接受基督宗教的归化,但此说并无实据。法国学者伯希和认为,Sartach 或 Sartaq 是木速蛮人使用的一种蒙古文名字。他是拔都的儿子,但仅仅短期地继承了拔都的汗位(1255—1256年)。在鲁布鲁克经过其宫廷之后不久,他又从事了一次赴哈喇和林的漫长而又缓慢的旅行,并且再次与从蒙古返归的鲁布鲁克不期而遇,那里距拔都幕帐只有50多程。撒里塔在哈喇和林获悉了其父的死亡。他被蒙哥指定继

[①] 伯希和《中亚与远东基督徒研究》(Paul Pelliot, Recherches sur les chrétiens d'Asie contrale et d'Extrême-orient),巴黎,1973年,第473页。

任其父，但他自己不久后也逝世了①。鲁布鲁克指出，撒里答"有6位妻子，其长子有两三位妻子"。这可以证明，撒里答至少有两个子嗣，而元代的官修历史却断言撒里答无嗣。伯希和认为，撒里答家族可能被灭门或遭到了清洗，他们的名字也可能被从皇家"除籍"了②。法国学者格鲁塞（René Grousset，1885—1952年）根据亚美尼亚文和穆斯林史料，却认定他确实是景教徒③。鲁布鲁克在这方面的偏见，始终使他无法理解景教在蒙古帝国中的重要地位。

（二）鲁布鲁克出使元蒙帝国的主要活动

鲁布鲁克在出使元蒙王朝期间，曾受到了蒙古多个汗国可汗的召对、接见或问讯。他完全是以外交使节，而不是以旅行家的身份赴元蒙帝国。鲁布鲁克于1253年7月31日，到达了钦察汗国撒里答的幕帐并受到了他的接见，于同年8月3日离开撒里答幕帐；1253年12月2—3日，他经由准噶尔盆地的阿拉湖（Ala Köl），进入了元定宗贵由的领地；同年12月27日，他到达了蒙古成吉思汗之孙和拖雷之子元宪宗蒙哥（Mangu）的宫廷，于1254年1月4日受到元宪宗的首次召对，于2月7日受到元宪宗的第二次召对，2月17日又与元宪宗简短相会，3月1日再度与元宪宗会见，4月6日再次受元宪宗召对，5月31日最后一次和第六次受元宪宗召对；他于同年8月末，最后一次与前往元宪宗宫廷的撒里答相遇和相会。圣路易的使者在元蒙帝国和整个蒙古地区，开展了一系列的外交活动。他自称"旅行家"或为一种自谦，或为一种掩饰。因为在当时的元蒙帝国，随时都可能会发生对西方世界官方使节的不利行为，他必须处处小心。

路易九世派遣鲁布鲁克出使蒙古的一个重要原因，就是寻找所谓基督徒王公撒里答。他还委托鲁布鲁克携带致撒里答的一封敕书。路易九世也委托鲁布鲁克携带致元宪宗蒙哥的一封敕书。元宪宗蒙哥（Mongka，1209—1259年，鲁布鲁克始终将蒙哥汗拼写作 Mongu-chan）的名字，从拉丁文传入法文后作 Mangu-chan。它实际上相当于一种突厥文形式 mängü，相当于蒙古文 möngkü，意为"长生的"。由于鲁布鲁克主要是通过突厥人口占支配地位的钦

---

① 伯希和《金帐汗国史札记》（Paul Pelliot, Notes *sur l'histoire de* La Horde d'Or, Paris, 1950），巴黎，1950年，第34页。

② 同上引书，第37页。

③ 格鲁塞《草原帝国》（R. Grousset, *L'Empire de steppes*, Paris, 1939），巴黎，1939年，第473页。

察汗国而接触元蒙帝国的，所以他记下了这种形式。但伯希和本人却始终坚持 Mongka 的拼写法。蒙哥是成吉思汗第四子拖雷（Toloui, ?—1232 年）的长子。其母克烈惕部（Kéraït）公主唆鲁禾帖尼（Sorgagtani）是景教徒。他自己也表现出了对景教徒们的偏爱。他曾率蒙古军队攻占大理国，进军南宋，后死于今四川合州。他也委托鲁布鲁克携一封致路易九世的复敕①。我们仅根据鲁布鲁克的记述，才对此略知一二。

（三）鲁布鲁克《出使蒙古记》的主要内容

鲁布鲁克出使元蒙帝国后，于 1255 年 8 月 15 日返归的黎波里，但当地人不允许他立即返回法国直接复命路易九世，而是在那里将其出使报告草成初稿，他们再派人将它转呈法国国王。鲁布鲁克的《出使蒙古记》即因此问世。

自哈克鲁特学会于 1598 年在伦敦出版一个不完整《出使蒙古记》的拉丁文本②以来，各种文字的译本、释注文本和研究著作历代总有问世，不胜枚举。在法文译注本中，最佳版本是克洛德与勒内·卡普莱的译注本《圣路易的使节鲁布鲁克蒙古帝国行记》③。笔者本人在许多方面都参照了该译注本。

鲁布鲁克于其出使报告的开头处，便写下了一段"致国王"的开篇词④："很卑微的小兄弟会修士鲁克鲁布，致由上帝的恩宠而成为最优秀和最虔诚的基督徒君主路易，向他致敬并祝愿他始终都能为基督而取胜"。"当我离开您的时候，您曾告诉我，要我为您而把我在鞑靼人中所看到的一切都告诉您，并且吩咐我，不要害怕给您撰写得太长。我怀着畏惧而又卑微的心情，完成了您钦命我所做的事，因为我缺乏所需要的辞汇致一位如此伟大的陛下"。

由此可见，鲁布鲁克确实是受路易九世派遣出使元蒙帝国的，尽管我们对于路易九世派遣他出使的过程，一无所知。路易九世派遣出使元蒙帝国的该方济各会会士的出使报告共分 38 章，基本上是围绕着西方人对元蒙帝国以及东方各地区、各民族的关注中心问题而展开的。因为西方人对中国及整个

---

① 至今为止，这些敕书的原文，尚未被找到，我们只通过鲁布鲁克的出使报告而获知其部分内容。

② 哈克鲁特《小兄弟会会士鲁布鲁克东行记》（Hakluyt, Itinerarium fratris Willielmi de Rubruquis de ordine fratrum Minorum anno gratie 1253 ad Partes orientales, Londre, Hakluyt Society, 1598。

③ Claude et René Kappler, Guillaume de Rubrouck, envoyé de Saint-Louis, Voyage dans L'Empire mongol（1253—1255），Payot, Paris, 1985.

④ 同上引书，第 81 页。

路易九世遣使元蒙帝国，中法关系的肇始

东方的了解，主要是从马可·波罗的《寰宇记》开始的（1275—1295 年），这已经是在鲁布鲁克出使 20—40 年之后的事了。他详细介绍了元蒙时代的撒里答、钦察汗国的缔造人拔都和元宪宗蒙哥等蒙古政要的身世。报告中还一一陈述了蒙古人住所、食物、衣着、狩猎、女子、司法、丧葬、可萨突厥人、阿兰人、撒拉逊人、库蛮人、斡罗思人、匈人、唐古特人、吐蕃人、契丹人、节日、占卜、宗教辨伪、金匠、斡耳朵、诸部族等内容。报告中披露的许多资料信息都是西方人首次获知的。

鲁布鲁克于 1253 年 6 月 21 日到达索尔达亚（Soldaia，苏达克），他对该城的长官或长官代表报告："我们在圣地听说你们的君王（撒里答）是基督徒，我们的基督徒们对此都很感欣慰，最信仰基督宗教的法兰西君王更是如此。他曾到圣地去朝拜，现在正和撒拉逊人作战，要把圣地从他们手里夺过来。我正是为此才希望去晋见撒里答，向他递交君王的敕书，其敕书中劝告他要照顾所有基督徒们的利益[①]"，鲁布鲁克在撒里答的斡耳朵中被接见。他乘机将敕书呈交撒里答："我的印象是他们对基督受难心存疑惑，或者对此感到耻辱。这时他会摒退左右，以便能更好地查验我们的东西。我趁机把你的敕书连同其阿拉伯和叙利亚译本转呈给他，因为我已让人把敕书翻译成了这两种语言。那里（撒里答的幕帐）有懂得突厥语和阿拉伯语的亚美尼亚教士，而那个大卫的同伴又懂得叙利亚语、突厥语和阿拉伯语。……科埃克到来了，他们把敕书翻译成了蒙古语[②]。但萨里答对许多事都做不了主，他把鲁布鲁克一行护送到了其父拔都的斡耳朵。1253 年 8 月 20 日，"到晚祷时，科埃克把我们叫去并对我们说：'国王给我主人的敕书是友善的，但其中有一些麻烦的事，若无他父亲的意见，他什么都不敢干，所以你们必须去晋见他的父亲'"[③]。鲁布鲁克到达拔都幕帐时对拔都说："我前去见您的儿子，是因为我们听说他是个基督徒，我已经向他呈交了法国国王陛下的敕书，正是他（撒里答）送我到这里来晋见您的。"他到达拔都幕帐后，最念念不忘的是想前往宪宗蒙哥幕帐。当他们到达宪宗蒙哥幕帐时，"我们被叫去，严加盘问来此有何公干。我回答说：'我们听说撒里答是基督徒。我们来见他。法兰西国

---

① 克洛德与勒内·卡普莱译本，第 1 章，第 86 页。
② 同上引书，第 15 章，第 120 页。
③ 同上引书，第 16 章，第 121 页。

王叫我们传送密敕给他。他把我们送去见他的父亲,他的父亲又把我们遣送到这里。他必定已在敕书里把情况说明了。'他们问我是否要与他们缔结和约。我答道:'法国国王是把撒里答作为一个基督徒才致敕书给他;如若他知道撒里答不是基督徒,那国王决不会给他写信。至于缔结和约,我要告诉你们的是,他从来没有做过对你们有害的事……'但他们总感到纳闷,又说:'既然你们不是来缔结和约,那么你们来这里干什么呢?'因为他们很久以来就已经非常狂妄自大,以致他们相信全世界都必须跟他们缔结和约"①。这大概就是双方的误解,一方面是法国希望蒙古人接受基督宗教的归化和缔结和约,另一方面是蒙古人希望西方能臣服他们。

鲁布鲁克一行受到蒙哥召对时,又呈奏说:"我王陛下,我们听说撒里答是个基督徒,我们的基督徒们闻此消息莫不喜悦,特别是我的君主法兰西国王。因此我们来见撒里答,我们的君王叫我们给他送来和平的敕书。他已向撒里答表明我们是何等人,并且请求他允许我们留在他的辖地内。因为,按照上帝的诫律教导人们生活,那是我们的职责。撒里答把我们送往他父亲拔都那里,拔都又把我们送来见您。由于上帝已把世界上的大权赐给了您,所以我们祈求陛下允许我们留在您的辖地上,为您,为您的王后嫔妃,也为您的王子和公主们向上帝礼拜"。鲁布鲁克在最后一次受蒙哥召对时,蒙哥对他说:"你在这里待得很久了,朕希望你由此返回去。你说你不敢随携带朕的使节回去,那么你愿意负责带去朕的口信或者是朕的敕书吗?"我回答他说:"你应该使我理解你要说的话,如果你能写成文字,那么我将很乐意根据我的能力而携带复敕"②。最后,他敬呈给您的复敕已经写好,他们把我找去,翻译给我听。我尽量根据从翻译那里所理解到的情况,把其中的大意记下来:

"长生天的训诫是:天上只有一尊长生的神,地上只有一位君王,即成吉思汗,神之子铁木真·成吉思,就是'铁之声'(他们称成吉思为'铁之声',因为他是个铁匠。他们受充满自身的傲慢鼓动,吹嘘说成吉思汗是神子)。下面就是神子(蒙哥汗)传达给你的命令:无论你是蒙古人、乃蛮人、篾儿乞人,还是木速蛮人,凡耳所能闻到、马所能行到的遥远地区,均应听闻和知悉这一切,一切对我之前训诫并能理解,却又不相信这一切而与我们

---

① 同上引书,第28章,第158页。
② 同上引书,第34章,第214页。

打仗的人，均将得知和发现，他们是有眼而无珠，挚而无手，行而无脚，这是神的永久训诫"。

"通过整个蒙古伟大民族的长生天的力量，让蒙哥汗的敕旨传达于法兰克人的君主路易国王，及其他的君王和教士、整个法兰克人的国土，使他们可以得知朕的敕书。长生天的敕旨将传给成吉思汗，但这道敕书还未从成吉思汗或其继承人处送达贵处"。

"有个叫大卫的人，好像是作为蒙古的使者去见过你，但他是个骗子。你派你的使者随他回来见贵由汗。贵由汗薨逝后，你的使臣们到达此宫廷。而贵由的妃子海迷失送给你纳失失料子和懿旨。但涉及一个大国的幸福和安宁、战争和平的事，这个比狗还贱的妇人能懂得什么？蒙哥亲口告诉我说，海迷失是最坏的巫婆，她用她的巫术毁灭了她的全家"。

"这两名从贵处到撒里答处的教友，撒里答把他们派到拔都处，但拔都把他们送到朕这里，因为蒙哥汗是蒙古国最伟大的君主。然则，为使全世界的教士、信徒都能享受和平安乐，为使神的话能被尔等所闻，朕有意派蒙古使者随你们的这些教士（回去）。但他们回答说，在朕和你们之间有许多战争地区和许多危险的民族，道路不畅，所以他们恐怕不能平安无恙地把朕的使者送至你处，但如若朕愿意把朕包括敕书在内的信函交给他们，那么他们愿将敕书呈送路易国王本人，所以朕不再遣使随同他们。但朕通过你们的这些教士给你送去长生天的文字训诫：长生天的训诫需要朕要告知你们。当你们听见和相信时，如你们愿服从朕，那就遣使给朕，朕由此将确知你们是要和平，还是要跟朕打仗。依靠长生神的力量，从日出地至日没地，全世界将在安乐与和平中团结起来，朕要干什么将变得清楚。若你们听从和理解长生天的训诫，如果你们拒绝注意它，也不相信它，自称：'朕的国土遥远，朕的山岳高大，朕的海洋辽阔，'并且你们抱着这种信念派军与朕打仗，那么朕将知道如何办。长生天知道，究竟是谁使难变易，使远成近"①。

鲁布鲁克出使元宪宗，正如柏朗嘉宾出使元定宗一样，在外交交涉方面，无论是宗教归化，还是结盟御敌，均未获多大进展，仅仅是促使两大君主完成了沟通而已。但法国国王路易九世最大的收获，也如同在柏朗嘉宾的出使中那样，是使他最早获知了蒙元帝国的军事、政治、经济、文化诸方面的许

---

① 同上引书，第36章，第222—223页。

多信息。

例如，中国从元代起，便开始发行纸币。这种信息就是通过鲁布鲁克的报告而首次传往欧洲的。鲁布鲁克说："契丹流通的钱币是一种纸币，长宽均为一巴掌，上面印有几行文字，如同蒙哥印玺上的文字一样。他们（契丹人）使用毛笔写字，像画师用毛刷绘画一般。他们能把几个字母拼凑出一个字形，构成一个完整的词。吐蕃人的写法和我们的相同，其字母也颇像我们的那些字母。唐古特人的文字很像阿拉伯人一样是从右往左写，而且还是由下朝上移行的。畏吾儿人的文字，是从上往下写。斡罗思人通用的钱币是用松鼠皮和灰鼠皮制成的"[1]。这样短短的一段文字，却对于西方钱币史产生过重大影响。

对于当时中国北方的各民族，鲁布鲁克提供的资料堪称非常详尽，从而也形成了一部西方最早的东方人类学志书之一。对于元代的畏兀儿族人，唐代的回纥或回鹘民族，以及作为西夏人的唐古特人、契丹人或大契丹人，当时的欧洲人基本上所知甚少。鲁布鲁克都提供了比较翔实的有关这些民族的可靠资料。他针对畏吾儿人而写道：与基督徒和撒拉逊人杂居的那些畏吾儿人，通过经常的争论，已达到只信仰独一神的程度。这些经常居住在城市中的畏兀儿人，便属于最初臣服于成吉思汗的人，成吉思汗为此而把自己的女儿下嫁给他们的国王。哈喇和林基本上是在他们的辖域内，而且约翰长老王和他的兄弟汪罕的领地也在这一带，尽管他们占据的是北面的草原牧地。畏吾儿人居住在南部的山里。因为蒙古人恰好采用了他们的文字，他们却成为蒙古人最好的录事，几乎所有的景教徒都懂得他们的文字。在他们东部的那些山里是唐古特人，他们是很勇敢的民族，在战争中曾俘获过成吉思汗。但他在缔结和约并获得释放后，马上又发动了对他们的征服。这些人有很健壮的牛，像马一样长着多毛的尾巴，连腹背都有毛。它们的腿比其他牛要短，但更健壮。它们拖拉蒙古人的大住宅，并且长着细长弯曲的角，要经常削掉角尖。奶牛除非对着它唱歌，否则不让人挤奶。它们也有野牛的脾气，如果它们看见有人穿红色服装，它们就扑向他并把他挑死[2]。

鲁布鲁克对吐蕃人也有记述：吐蕃人（Tobet）的习惯曾经是吞噬其已亡

---

[1] 同上引书，第29章，第185—186页。
[2] 同上引书，第16章，第147—148页。

故父母的遗骸。吐蕃人出于孝道，而只给亡故的姚找一处腹胕中的墓葬。然而，他们现在已经摒弃了这种恶习，因为他们遭到了所有人的憎恶。但他们仍继续以其父母的头颅制作非常漂亮的酒具。当他们喝酒时，可能会在欢乐中回忆起其父母。这是由亲眼目睹的人介绍的情况。他们于其国内贮藏许多黄金，任何需要黄金的人，便去掘金，直到找到黄金为止。但他们只取走自己所需要的数量，再把余下的黄金埋回地下。因为他们认为，如若把金子收藏在箱柜中，那么神祇便会使他们再也得不到地里的黄金了。我看见该民族中有很多畸形的人。在唐古特人中，我看见有高大个子，但黑黝黝的人。畏吾儿人跟西方人一样具中等身材。在畏吾儿语当中，能找得到突厥语和库蛮语的辞源和辞根。那里还有满洲人（Longa）和肃良合人（Solanga，高丽人），我在行进中曾见到过他们的使节，使节携来十多辆大车，每车由六头牛拖拉。他们身材矮小，像西班牙人那样黑黑的，身穿的衣袍很像教会助祭的法衣，只是袖子略窄一些。他们头戴一顶像主教法冠的帽子，前面比后面略矮。它并不是尖顶，却是方顶，由黑色硬麻布制成，擦得亮亮的，在阳光下像镜子或擦亮的头盔那样闪光。他们鬓角上扎着两条用同样材料制成的长带，系在法冠上，刮风时带子像两只角，从鬓角往上飘。当刮猛烈的大风时，他们把带子从鬓角盘绕在法冠上，活像头上戴着一个圆箍，它真是件漂亮的头饰。每当大使臣入宫时，他都携着一块擦得铮亮的大约一腕尺长、半掌宽的象牙板。他每次与可汗或某个大臣谈话，总是望着那块板，好像上面有他要说的话。他不会左顾右盼，也不面对与他讲话的人。同样，当他朝见君王和退朝时，也只望着他的朝板，从不看别的什么东西。

　　鲁布鲁克对于大契丹或中国中原民族的记述，更加逼真。大契丹民族就是古代的赛里丝人（Séres）。他们生产最好的丝绸（该民族把它称为丝），而且他们是由于自己的一座城市才得到"丝人"称呼的。有人声称，该地区有一座城市，城墙用银子筑成，城楼是用金子所造。该国土内有许多个省份，大部分还没有臣服于蒙古人，他们和印度之间隔着海洋。这些契丹人身材矮小，他们说话带有很强的鼻音；他们和所有东方人一样，也长着小眼睛。他们是各种工艺的能工巧匠，其医师很熟悉草药的性能，熟练地把脉问诊；但他们不用利尿剂，也不懂得查尿。他们有很多人居住在哈喇和林，按自己的习惯法则，子承父业。因此他们要交纳巨额赋税，每天交给蒙古人1500艾索特；一个艾索特相当于一块重十马克的银锭，所以全部相当于15000马克，这尚不包括蒙古人向他们征收的丝绢和粮食，及加给他们的其他劳役。契丹人当中也有被视作异族的景教徒和木速蛮人。在契丹有十五个城镇中居住着景教徒。他们在一座被称为西安的城市里有个主教区，但其余人却完全是偶像崇拜教徒。崇拜偶像的是和尚，身穿红色宽大僧袍。他们那里还有一些隐修士，住在深山老林里。他们生活清贫得令人赞叹。那里的景教徒对于基督教义一窍不通。他们作祷告，有叙利亚文的圣书。但他们不懂其语言，因为他们唱圣诗就跟我们的修道人不懂语法一样。他们完全堕落了，首先是高利贷者和酒鬼，有些人住在鞑靼人当中，采取古人的方式在那天过节。主教难得巡视这些地方，差不多五十年才巡视一次。当他巡视时，他们就把所有的男孩，哪怕摇篮中的婴儿，都指定为教士，因此他们的男人几乎全是教士。然后他们结婚，否则就会是违背祖宗的家法。他们还是重婚者，因为当第一个老婆死亡时，这些教士还会再娶另一个。他们都是售卖僧职者，因为他们不免费行圣餐礼。他们为老婆孩子操劳，因而一心发财，不顾信仰。那些教导蒙古贵族子弟的人，尽管也施行福音书的教义，而他们的生活肮脏和贪婪，使其子弟们背离了基督的信仰。在蒙古人内部，还有道人或偶像教徒，他们所过的生活还算清白。

  基督教西方民族，终于对中国的某些方面已略有所知了。但是，他们却是通过方济各会会士们的有色眼镜来看待东方的。他们身上那基督教优于一切人的观念根深蒂固。这些方济各会会士们天生有一种基督教民族的高傲心态，对其他民族都要贬低或抨击。中西交流一开始就打上了"种族歧视"的烙印，这是一种历史的悲哀。

五、结　语

  方济各会会士受教廷和路易九世国王的派遣而出使元蒙帝国，开通了中法两国，甚至是中国与西欧基督教世界的最早交流。它证明了中法之间历史悠久的交流。这种交流又是通过古老的丝绸之路而完成的。丝绸之路自古以来就是一条外交、政治、经济、文化和宗教的交流之路。开创这种交流的是基督宗教的传教士。这种传统一直维持到清代。传教士们始终是中西文化交流的重要媒介。中西文化交流从一开始就是建立在互相误解的基础上，甚至带了民族歧视的烙印。这是历代中西交流的障碍，也是互相争执的根源。历史发展到今天,我们应该继承中西交流中的优良传统,排除那些误解和障碍,使双方得以平等地发展相互之间的关系。

参考文献

[1] Dom Jean Becquet et Louis Hambis, Jean de Plan Carpin, Histoire des Mongols, Paris, 1965.

[2] Claude et René Kappler, Guillaume de Rubrouck, envoyé de Saint Louis, Voyage dans L'Empire Mongol, Paris, 1985.

[3] Christopher Dawson, The Mongol Mission, London and New York, 1955.

[4] Paul Pelliot, Recherches sur les chrétiens d'Asie centrale et d'Extrême-orient, Paris, 1973.

[5] Paul Pelliot, Les Mongols et la Papauté, in Revue de L'Orient Chrétien, Paris, 1924—1931.

法国政界与商界对云南茶马古道南北两道的考察

耿 昇

一、法国里昂商会考察团于 1895—1897 年对云南茶马古道南道的考察①

在 1895 年 4 月 17 日中日签订《马关条约》及其附件《另约》和《议定专条》之后,法国政府感到必须进一步深入考察中国的大市场、资源,从而估量中法贸易的前景。这也是法国政府在亚洲所关注的一大焦点。当时中国约有 3.6 亿人口,基本上与整个欧洲的人口相当,中国每平方公里的人口稠密度为 80 人,而欧洲只有 40 人。法国于 1843 年就曾向中国派出过由拉萼尼(de Lagrenée)率领的第一个使团。法国里昂与远东的关系最为密切,是海上丝绸之路的终点港之一,中国上海于 1897 年出口的生丝包中,便有 36862 包被运往法国里昂。鉴于这样的背景,法国政府便委托里昂商会派遣商务考察团赴华。法国里昂商会为了这项考察,而与法国的其他商会始终保持着密切的合作关系,它共邀请了 12 个商会(巴黎、鲁昂、埃彼纳勒、兰斯、圣埃蒂安、勒阿弗尔等重要城市),各自以派遣特别代表的方式,参与向中国派遣商务考察团。其中马赛、波尔多、里尔、鲁贝、罗阿讷等 5 个城市的商会,为这次考察提供了必不可少而又非常宝贵的帮助。

这是一场"国家企业"的考察活动,得到了法国外交部的鼎力支持。法国外交部指定在华居住 30 年的法国驻蒙自领事弥乐石(Emile Rocher,

---

① 《里昂商会中国考察团商务报告》(La Mission Lyonnaise d'exploration commerciale en Chine, 1895—1897),全书由考察团团长亨利·贝尔尼埃(Henri Bernier)主编,1898 年于里昂出版,共分上下两卷,上卷 386 页,下卷 456 页,另附 80 余幅图。

法国政界与商界对云南茶马古道南北两道的考察

1846—1924年）专门主持考察团，因为弥乐石曾多次赴中国内地旅行并精通汉语。这个中国考察团于1895年9月15日从马赛乘船出发驶向远东，于1897年9月间返回法国。此举引起了法国乃至整个欧洲的轰动，法国以及欧洲各国在一段时间内纷纷派遣考察团赴海外，特别是英国和德国，更是积极地派遣官方或非官方考察团东行，其重点当然包括中国在内。

法国里昂商会派团不远万里赴华考察的目的很明确。计划的第一项就规定，考察团是为了法国的利益，考察中国与法属印度支那毗邻省份（桂、滇、粤）以及四川省的经济和商业资源，以追求法国公共利益并有利于法国的殖民扩张。目标是"在法国印度支那殖民地与中国之间建立贸易联系"。其中有一位专家彼埃尔负责考察红河流域，以方便中国与印度支那的江河通商。他们的第二项目的是考察中国四川省和云南省的经济与商业价值，特别是考察其养蚕缫丝、种植茶叶和开采锡铜矿藏的能力。他们还要考察如何将川、滇、桂三省与法国在亚洲的经济商业利益或政治势力范围联系起来。第三项目的是考察中国的两大商品销售中心香港与上海。第四项目的是实施他们出发之前所制订的一份调查提纲。调查中国的交通与运输生产、消费、外贸等问题，这实际上都是一些有关中国的"总体问题"。法国里昂商会中国考察团赴中国考察，归根结底，是为了调查中国的资源和运销道路。他们在中国大西南，特别是在云南，就是为了调查丝绸之路与茶马古道：路线、沿途的经济、市场文化、语言、民族、民俗、城镇、特产等。里昂商会考察团主要考察与印度支那接壤的茶马古道南路。这片地区，当时是法国势力的波及范围，与他们在印度支那的利益攸关。由于他们派专家从事专业考察，为殖民主义的扩张服务，真实与客观性很强，故其价值也尤为重要。

本文仅对法国里昂商会考察团对云南普洱茶以及和外国的交通商贸路线的考察结果，略作介绍。该考察团于1895年9月15日从马赛出发，于10月间到达西贡并考察了从西贡至北宁一线。1895年11月间，考察团从河内到达中国云南省的曼耗。同年12月间，他们从云南的蒙自，经阿迷州和通海而到达云南府。1896年1月，他们从云南府出发，在杨林分成两组，一组由弥乐石率领，另一组由贝尔尼埃率领。前一组从东川府到达昭通府，再赴四川成都；后一组则到达贵州。直到6月间，第一组才经汉口赴上海，另一组则到达四川松潘地区。1897年，他们在中国湖北和湖南从事考察。两个小组最终于8月返回西贡，9月间回到马赛，圆满地结束了这次考察。

《法国里昂商会中国考察团商务报告》的第一卷内容是《游记》，于《游记》之后，附有由德布伦所写的一篇《中国南部和西部的土著民族志》；第二卷内容是《商务报告和各种记述》，是对清季云南、贵州、四川、广东、广西和上海各种事物的详细记述。

综上，法国里昂商会中国考察团，除了考察印度支那殖民地与中国的商务前景之外，还着重考虑了法属印支与中国毗邻省份的现有关系及发展远景。他们特别对云、贵、川、桂、粤等数省作了专门研究，考察了中华帝国的基本贸易状况，特别关注那些可能会对法国有益的产品，如丝绸、茶叶和矿产品等。他们通过对中国西南地区茶马古道沿途民族、物产、内外贸易的考察，从而确定法国在当时和未来一段时间内应扮演的角色和所起的作用，以便确保法国在与西方列强争夺中国这片领土上的特权时能占有优势。这次考察也确实促使法国政府采取了多项措施，使法国殖民主义者在中国西南地区长期较其他列强处于有利地位，因为法国政府的政策是在科学调查的基础上制定的。

（一）法国对茶马古道南道的考察

普洱茶种植于普洱府思茅厅南部的整个地区，也就是介于湄公河（澜沧江）与黑水河（元江或红河）之间的平原。山上的茶叶种植园生产的茶叶，比该地区平洼地种植的茶园的茶叶优质得多。此外，当时人们还必须仔细考查，才能理解中国人如何根据茶叶作物的种植土地的性质，而对茶叶作出分类。根据由法国里昂商会考察团第二次经过云南府时所搜集到的资料来看，普洱茶（普茶）出自一座"五大茶山"的地方：倚邦、勐乐、勐烈、曼腊、易武。但只有倚邦和勐乐才出产头等茶叶。除了这些地区之外，"九龙江"也出产茶叶，但质量比较差。那些低级茶叶都被运销至西藏，它们被称为苦春茶，因为藏族商人被称为Kou-tsong。

人们一般是于4月初，有时也于3月末采茶，但收获往往要延至9月份，根据气温，特别是根据茶园的海拔高度而定。茶叶都要被卷起来并晒在柳条笆上，待晒干后由土著人运往市场。它们有时甚至于产地就被捐商抢购一尽。对茶叶原叶的焙制是思茅的专业家庭完成的。人们首先依质量而选茶，然后茶叶便被放在被称为甑子的木容器中（其底部钻有许多小孔）。这些容器被放在盛有热水的大锅之上，蒸汽直升到木容器中，从而使原叶受到某种程度的热蒸。当茶叶已经被充分变软时，它们又被放在一种圆形的模子中，然后置于压力之下。人们由此而获得的茶饼经晒干之后，便可以交付市场交易了。最佳的原叶往往都被排列在茶饼的周围，而质次的叶子和木质幼枝都被裹在茶饼中间。据云南省茶商们认为，如此制成的茶叶是以下述方式分类的：

茶山	等级	商标	价格
倚邦			
倚邦	1	Soung-yin 顺英	每挑在云南府 27 两白银
倚邦	2	Yuang-tchang 元昌	26 两
西乌洛	1	各种商标	
西乌洛	2	东兴河	22 两
西乌洛	3	恒生源	21 两
	4	Chouan-yi hsin 全益益	
		Chuen-tchen tcheou tchi 顺成周记	
西乌洛	中等	Tain-yi hsin 担义兴	
西乌洛	中等	Young sheng tchi 永盛记	20 两

思茅乃至整个产茶区的茶叶制作者们，将普洱茶制成"七子饼"，用竹叶或竹皮包裹。这些茶包均被称为"桶"，重近 3 斤（cattie），约 1.8 公斤。最大的包共有 12 桶，正好是一匹马的半驮。因此，每担茶叶包括 30 桶。

普洱茶的中心市场是云南府。那里仅有两家茶庄可以从事大宗批发贸易。这些茶庄每年要交纳 100 万两白银的营业税，它们垄断了与四川的茶叶贸易。当法国里昂考察团第二次（1897 年 2 月）经过云南府时，他们获悉思茅普洱茶的年度输出总量为 4 万挑（担），共计 200 万公斤。其流向如下：向四川输出 1.8 万挑，向贵州输出 600 挑，向广西和广东输出 400 挑，向西藏输出 1100 挑，云南自己的消费量为 1 万挑。

（二）云南的商贸交流路线及其进口商品

1. 云南向北圻方向的贸易流动

北圻（Tonkin，东京湾，交州）是进入云南的一条主要道路。云南的商品贸易主要有三大流通渠道：（1）东北方向，主要是云南与四川省之间的交易；（2）西部和西南部的两个方向，这两个方向属于同一个大领域，因为它们最终都要流向缅甸；一是通过大理—腾越—八莫之路，二是通过缅甸掸邦（西盟）直到毛淡棉（Moulmein）。（3）东南方向，这是三个方向中最重要的流向，因为它既包括经江河航道的贸易，也包括通过百色至北海和西江下游而通向北方的贸易。这几条通道是云南的主要对外通道，但并不是绝无仅有的几条通道。①与建昌（宁远府河谷）的直接交易，即通过长江河套以北，然后再直接与西藏交易。②云南与贵州之间的直接交易，规模不大，唯有对云南东北部的矿产品显得很重要，而且只能通过贵州的过境贸易（威宁—毕节之路），因为其最终目的地是四川。大理的鸦片就是通过西南之路而输出的，蒙自的纱可以一直输送到昭通府等。云南与四川宁远府坝子以及西藏始终存在交流，这条通道主要是云南以茶叶交换西藏麝香的渠道。云南与贵州也有直接交流，其重点是将云南东北部的矿产品，经贵州而销往四川（桂林—毕节之路）。

2. 云南向东北方向的贸易路线及其与四川的贸易

（1）这条路线所沟通的地区、道路和主要居民中心。这条路线所沟通的地区包括云南省的整个东北角，也就是云南的昭通府以及属于四川的建昌（宁远府）。东川府标志着其南部的大致界限，这条路线在东部与贵州相连接，包括宣威州。有两条道路从叙府到老鸭滩，再从那里向南。云南经贵州而与四川之间的交通要由宣威—威宁—毕节—云林之路来确保，其中最重要的城市是昭通府（5万人口），东川府以其2万人口而远居其后。老鸭滩和大关厅各自有万余人口（包括那些流动的苦力在内）。人们当时尚未掌握有关宣威州的资料。但据在1886年经过那里的里昂商会赴华考察团的布尔诺（Bourne）先生认为，宣威城的规模不大，它从事著名的宣威火腿交易，被运销到贵州和四川。总之，云南这一隅的人口不太稠密。那些大山上由彝族人居住。建昌也由同一民族的人居住，但他们主要在长江大河套左岸四周的崇山峻岭中维持了自己的独立性。据居住在那里的西方天主教传教士们认为，除稍偏南的宁远府周围由回族人居住之外，建昌是该地区最大的贸易中心。

（2）商品的交流。云南在输入商品方面，占据最突出地位的是中国内地制造的棉纺品。它们是由臂杆式纺织机纺织的（孟买的经线和中国的纬线），主要是来自湖北省（沙市地区），被称为"广布"。其棉纱也是小批量地从四川输入。该地区收取厘金的最大一站是老洼塘，经由那里的过境贸易估计为3万余驮，每驮各自由27匹布组成。这样算来，每年从那里过境的布匹多达150万。这一数字是合理的，它是根据云南省该地区的人口所决定的。据法国驻蒙自领事弥乐石的公文认为，本处涉及其差别很小。英国驻华领事包克本

(Arthur Dickinson Blackburn）考察团估计，其货量可达到6万包（与法国人估计的数字相吻合）。厘金税为每40匹布的一包交税1两白银，事实上却只交纳0.8两。每40匹一包的布帛的平均价值为20两白银（昭通府的价格），也就是这批商布总价值可高达84万两白银（折合320万法郎）。这些棉织品被小批量地运销于云南府，甚至到达大理。行销建昌的棉纺品数量更大。那些外来的棉纺品只能提供微不足道的补充量，甚至可以说很少输入粗棉或棉纱。云南的其他输入产品是从四川输入某些毛织品、生丝和丝绸以及盐巴，而且大都是走私贩运。丝绸几乎全被运往了云南省府。

云南省的输出商品大多是铜和含银铅的矿产品。它们主要经贵州（威宁—毕节之路）而销往四川。四川建昌的会理州地区也出产某些金属。云南主要输出的产品，还是鸦片，估计每年约为3000挑（担）左右，其价值约为600万两白银（折合240万法郎）。云南输入产品与输出产品之间的逆差，主要是以向叙府输出普洱茶、药材（叙府是一个药材大市场）、麝香（主要是来自建昌）和少许靛蓝的差价来平衡。

3. 云南向西和西南方向的贸易流向及其与缅甸的关系

有人曾声称，江河流域大致标志着与缅甸维持着独特和占绝对地位关系的云南省部分领地的界限。云南府也通过八莫之路接受缅甸商品的输入。尽管大理府也与八莫相沟通，但那里也可以自蒙自运去棉纱，完全如同那里也将其鸦片运往东南方向一样。这是指商品的整体动向，而不是其具体细节。这种商务交流事实上分成了两股支流，其一通向上缅甸的八莫，其二通向下缅甸的毛淡棉。

（1）云南与上缅甸的商贸交通路线。通过缅甸进入云南的道路，始终与通过北圻的道路相竞争。法国里昂商会赴华考察团未能掌握有关滇西的文献。他们都使用了奥尔良（Henri d'Orléans）、鲁（Roux）和布里弗（Briffault）的考察资料。这些人对于滇西的考察，恰恰补充了里昂商会考察团有关滇东的资料。

一般来说，云南省在湄公河以西地区的人口稠密度，都不算太大。据商船二副鲁先生认为，大理府只有2万—2.5万居民。但在沿洱海西岸而延伸的平原上，在该城的南北两部，土地肥沃，人口稠密。尽管大理城没有云南府那样大，但它比云南府却更肥沃和有更多人口。大理的大型集市于农历三月（西历4月）间举行。但自缅甸和云南省府而来的道路上，有一个重要的交叉路口下关，有 3000—4000 人。下关稍靠东部的赵州规模更大，通向蒙化厅和湄公河流域的道路正是从那里分开。蒙化以及该城以南的所有行政中心分别有：顺宁府，英国人于法国里昂商会考察团到达的前一年，曾强行使该府对外开放，唯腾越除外；据同一批旅行家们认为，云州和缅宁的城市规模均不太大。缅甸滚龙机场之路正通向那里。处于湄公河与缅甸之前的整个地区，地势极其高低不平和险要，可能很少有人居住。在从大理经腾越赴八莫的大道上，沿途只有三个稍具规模的居民中心：漾濞、永昌府和腾越（或勐连）。永昌府位于一片看起来很肥沃的平原上。该地区的其余地方，基本上是荒凉的，尤其是在靠近北部的地方更为如此。

至于在那里交易的产品，详见 1892—1897 年的年间，上缅甸与云南之间的商品交流表：

	1892—1893 年	1893—1894 年	1894—1895 年	1895—1896 年	1896—1897 年
	卢比	卢比	卢比	卢比	卢比
缅甸自中国的进口					
商品	620420	1715650	2293070	1333200	1071771
现币	115090	343490	1137010	464130	479723
缅甸向中国的出口					
商品	936440	1364800	2774400	1517300	2302442
现币	700	23230	766850	136580	105400
合计	1672650	3447170	6970230	3451210	3959336

卢比的价值有浮动，在于此涉及的几年间每卢比相当于 1.50—1.75 法郎。云南经蒙自与北圻的贸易日益增长。云南与缅甸的商贸在历年间也都有一些增减动荡。中国云南自缅甸进口的商品，也如同在进入云南省的其他所有道路上一样，主要是由棉花和棉织品组成。1896—1897 年间，在进口总值的 2302000 卢比中，它们共代表 1895000 卢比的价值。据缅甸海关记载，同在 1896—1897 年间，其进口的原棉为 1671800 公斤，棉纱为 648833 公斤（接近自印度进口的半数），欧洲的棉布为 1260567 码。印度棉布为 126812 码（yard，每码约合 3 英尺），但在 1895—1896 年间，却为 534836 码。我们可以将法国里昂商会考察团第二次经过云南（1897 年 2 月）时搜集到的数字，与这些官方和可靠的统计数字相比较。云南府自缅甸进口的棉纺品（缅布），每

法国政界与商界对云南茶马古道南北两道的考察

驮各为 16 匹的 1500 匹马的驮载量，相当于 2400 匹布（长 170 市尺，宽 8 市尺，每市尺约为 0.3 米左右）。如此算来，这批缅布大约共为 120 万米左右。它与由缅甸海关掌握的码数相吻合。每匹布的价格，则根据其质量介于 7—9 两白银之间。由此得知，几乎来自缅甸的所有棉纱都被运往云南府。原棉的情况却相反，云南通过八莫进口的棉纺品仅有 20% 被运销于云南府。云南府并不通过同一条道路而接受棉线。假如通过蒙自之路，那就会更近一些。

缅甸海关的统计数字说明，中国通过这条道路而进口的其他商品还有：羊毛织品（约为 1 万法郎左右）、食品（主要是罐头奶粉，22.5 万法郎）和盐巴（8 万法郎）。石油仅具有 7000—8000 法郎的进口量。

在云南向缅甸的出口方面，其主要商品依价值多寡顺序如下：

商品	数量	价值（卢比）
生丝	3750 公斤	415875
牲畜	6045 头	92826
雄黄（？）	191871 公斤	81165
各种食品		67897
各种纺织品		60475

皮货仅仅有 81650 公斤，价值 4 万法郎左右。

（2）云南与下缅甸的商贸交通路线。这条商贸路线将云南与缅甸掸邦（景迈）联系起来了，其出发点是思茅。对于这条交通路线在思茅开关（1896 年）之后的重要意义，至今也只有少的具体资料，而且也仅仅涉及由清朝控制的海关统计的数据。缅甸由老挝部族、西双版纳、倚邦等地进口的全部普洱茶交易，当时仍不为人所熟知，继续经由厘金或省级关税而成交。

在思茅关正式运营的第一年——1897 年，云南通过思茅关进口原棉 12041 担（挑，72.2 万公斤），均来自掸邦，其中有 10500 担是过境贸易商品。据云南府向法国里昂商会考察团提供的资料，在云南府，这种原棉每 120 市斤（72 公斤）价值 12—13 两白银（约合 48—52 法郎），这是最次棉花的价格。来自缅甸的棉花则根据质量等级，每 20 市斤的价值分别为 26—20 两白银。所以，云南从思茅进口的原棉共相当于约 45 万法郎的贸易量。

在云南省的出口物品中，铁器占据首位，但其价值却不高。缅甸的这种进口货，完全用鸦片支付，未被大清皇家海关统计罗列。思茅是一座具有相当规模的城市（约有 1.5 万—2 万人口），但该地区的剩余部分却很少有人居住。当时,人们必须渡过红河,才能找到略具规模的商贸中心,但那样便会进入蒙自的管辖范围了。

(3) 云南与东南方面的商贸交通路线。这条路线所沟通的地区、道路和主要居民中心大致如下。一条从长江河套山峰上下来的路,向东延伸,直到贵州边境;向南通往红河流域,直到云南省与北圻和贵州边界的交汇处。这就是蒙自经济附属区的大致界限。从云南进口商品的观点来看,百色之路仅仅扮演了一个相对意义不大的补充角色。至于该地区的主要居民中心,它们是沿从蒙自到云南府的两条道路而展开的。其中一条路经由通海;而另一条路则经由阿迷州,或者是经由其附近地区。亲兴州和嶍峨地区的人口稠密度相当大。当时,该地区集中了大部分土著人的棉纺业,用自孟买进口的棉纱做经线,用从掸邦和北圻进口的棉纱做纬线,纺织棉布。那里接受了自蒙自进口的大部分棉纱,1896年,它便接受了蒙自进口的4.6万担棉纱中的1.8万担。云南府在通向大理之路沿途的西北地区,除了美丽如画的楚雄河谷之外,基本上都很贫穷。黑盐井和白盐井(黑井和白井)地区,相反却形成了具有相当规模的销售市场。在云南府北部通向东川府的大道上,嵩明平原(杨林、羊街和嵩明州)拥有相当数量的消费者。更靠东部的曲靖府的情况也大致如此,那里是继广西州之后和云南府之前的最大棉纱消费者。再向南走,人们便会到达陆良大平原,以马街为大镇中心(5000—6000居民)。云南与贵州边境上的人口不多。广南府有7万人口,其中有1.7万人口居住在府治中。广西州和罗平州的情况也大致如此。开化府只有1万人口。总而言之,蒙自的管辖范围代表着云南省半数之多的人口,它已经超过了其他强有力的势力范围。自蒙自进入云南省的棉纱,一直被运往西北的大理府(1896年为3.3万公斤)。八莫路上的永昌府、大理府以北的永北厅与丽江、长江大河套彼岸的建昌河谷(四川)的宁远府,情况也大致如此。位于东北的昭通府、地处百色至云南府大道上的广南府、西南部位于普洱与思茅之间地区的情况,也大致如此。

1892—1896年间,蒙自的商贸流向(价值)大致如下表。就在这些年间,云南省的棉纱进口由280万公斤增至340万公斤。

法国政界与商界对云南茶马古道南北两道的考察

	海关两价值				
	1892年	1893年	1894年	1895年	1896年
每海关两=	5.23法郎	4.97法郎	4.02法郎	4.11法郎	4.50法郎
自外国进口	887606				
自外省进口	261969	1524290	1241879	1809253	1627036
出　　口	736355	735204	943321	1033066	849639
合　　计	1885930	2259494	2185300	2843319	2476675

　　令人惊奇的是，欧洲棉纱的进口量很少。英国10号棉纱（法国的8号棉纱）却相反，大部分都根据年代不同，占蒙自全部进口量的80%—90%，而且还几乎是稳定地增长。

　　中国消耗的石油数量每年都以很高的比例增长，但云南的石油消费量却几乎是静止不变的。锡也是云南对外交流的大商品。云南进出口之间的差异要由自广西输出的鸦片来平衡。蒙自主要是从事一种过境贸易。因为蒙自城（1万人口）及其附近地区的人口并不多，那里仅占据了全省进口量的8%左右。那里有5家中国商社，5家由广东人和3家由云南人经营。他们各自在蒙自拥有自己的商行总部或分行。

　　北圻与云南之间的贸易比重很小，它仅代表着云南进口量的12%—15%，代表其出口量的18%—20%。至于云南与北海之间经百色的贸易，在云南从国外的进口中，北海港代表30两白银的贸易量，此外还应加上具有相当数量的地方贸易。

1893—1897年间经蒙自进口产品数量

产品名称	中国单位	1893年	1894年	1895年	1896年	1897年
4. 棉花与棉纱 北圻原棉 印度棉纱 日本棉纱	公斤	176609 2957425 0	272947 1704548 0	205963 3055032 0	55688 2812804 0	99962 3451137 144416

155

续表

产品名称	中国单位	1893年	1894年	1895年	1896年	1897年
2. 棉纺品						
本色衬衫布	匹	4381	6640	8850	8880	16994
衬衫布（灰色，无色）	匹	359	399	318	404	504
衬衫布（白色）	匹	9299	12896	10021	13918	15170
衬衫布（布料）	匹	1649	1418	1502	1800	1556
衬衫布（麻纱白葛布）	匹	1312	663	1215	1424	1129
衬衫布（丝绒）	打	1793	597	154	1603	390
毛巾布						
3. 羊毛织物						
英国羽纱	件	558	235	214	198	107
长丝	件	2981	1635	2836	3451	5458
西班牙条纹布	件	267	317	414	514	190
宽幅中等布（俄国丝绒）	件	162	93	12	155	130
被面	件	0	0	0	0	237
4. 杂品						
烟	公斤	355876	540519	627918	526443	505729
洋火	包	6644	7684	2308	5631	0
日本火柴	包	4913	8471	13822	20959	32982
北圻火柴	包	0	0	0	0	1458
美国石油	公升	16155	25402	31680	33575	33885
苏门答腊石油	公升	0	0	7740	8129	0
棺木	件	22412	21310	25673	25359	23150
铜扣	包	8369	10841	170	5050	10863
洋伞和日本伞	件	3652	7065	688	3730	12427
普通烟灯	件	8744	9802	1391	0	16166
镜子	件	1208	2407	526	0	0
缝衣针	千枚	640	19920	730	3710	8851

法国政界与商界对云南茶马古道南北两道的考察

1893—1897 年间自蒙自出口的产品数量

产品名称	中国单位	1893 年	1894 年	1895 年	1896 年	1897 年
1. 锡	公斤	1951282	2372042	2464380	2101430	2512560
2. 普洱茶	公斤	123457	73688	137470	72547	51239
3. 鸦片	公斤	21804	38525	36421	24582	31729
4. 皮货	公斤	4046	6402	9724	21260	4530
5. 牛角	公斤	28909	11516	1389	7941	1340
6. 药品	法郎	18340	10560	20172	15397	39828
7. 花生	公斤	12019	8832	7610	13240	0

据法国里昂商会考察团的斯库夫尔（Sculfort）先生认为，蒙自的进口商们在那里获得自己需要的锡，然后再交付香港。他们首先与个旧的矿业主们打交道，由于锡的能量释放作用，所以它很受重视。出口商与矿业主之间达成了口头协议。大宗采购商保证，随着开矿与冶金的发展，将逐渐向矿工支付必要的资金，而且这些资金是用银锭、银币、食油、大米和鸦片支付的。矿业主保证为他们收到的预付金向蒙自的大宗采购商支付利息（平均利息为月息 1%）。矿业主保证首先按当日行情向蒙自批发商提供成品金属，直至在寻求出售给其他人之前，以更有利的价格提供，其价格要根据交货时的个旧矿业主们的安排之供求需要的法则而定。总之，其价格很高。在回民起义之前，个旧锡的盈利甚大，每担或每挑一等锡的价格为 9 两白银，二等和三等锡为 8—7.5 两；回民起义之后，每担一等锡价值 15.25 两，另外两个等级分别为 13—13.5 两。整个价格于 1891 年增至每挑 18 两。当法国里昂考察团经过蒙自时，一等锡已经升至每挑 21 两，二等锡为 18—19 两，三等锡为 17 两，四等锡为 14—15 两。

总之，云南东南方向的贸易潮流，也就是必须通过北圻之路。这是最重要的一条交通路线，而且其地位当时还继续在增长。

蒙自与云南各主要中心的距离（每程平均 30 公里）：

北方和东北方—云南府　　　　　　　8—9 程
北方和东北方—东川府　　　　　　　18 程
北方和东北方—昭通府　　　　　　　23 程
北方和东北方—会理州（四川）　　　17 程（？）

西北方—大理府（经南安州）	18 程
西北方向—丽江府	24 程
东方—曲靖府	11 程
东方—广南府	8 程
东南方向—开化府	4 程
西南方向—普洱府	12 程
西南方向—思茅	14 程

二、热尔韦-古特勒蒙科考团对云南茶马古道北道的考察

（一）热尔韦-古特勒蒙科考团的时代背景

热尔韦-古特勒蒙（Jules-Claudin Gervais-Courtellemont，1863—1930 年）是法国的大旅行家、著名杂志《艺术与风景的阿尔及利亚》的主编，还是世界知名摄影家。他曾经成功改进过彩色照相机。当他于 1895 年赴麦加旅行时，拍摄了圣城及其郊区的高质量照片。在 1895—1914 年间，他完成了赴欧、亚、非三大洲的多次旅行，分别到达印度、日本、缅甸、柬埔寨、马达加斯加以及欧洲多个地区。1904 年，他受法属印度支那总督杜梅（Paul Doumer）的委托，率领一个科考团赴云南，以研究印度支那与中国南方之间建立通商关系的可能性。他还是著名旅行家绿蒂（Pierre Loti，1850—1923 年，1900 年随法国舰队来华，1900—1901 年冬在北京活动，曾著有《北京的最后日子》等书）的朋友，并与此人一起在土耳其研究过阿济亚德墓（La Tmbe d'Aziyadé）。热尔韦-古特勒蒙一行在云南期间，受到在云南布道多年的数位巴黎外方传教会会士们的帮助。

法国里昂商会赴华考察团主要考察了云南及中国整个大西南的丝绸之路与茶马古道南道。热尔韦-古特勒蒙一行，在对茶马古道的北道作考察时，将重点放在大理、保山（永昌）、丽江和腾越（腾冲）一线。实际上，由于这部分地区靠近缅甸，所以它们在传统上属于英国势力的波及范围，这与属于法国势力波及范围的红河流域的茶马古道南道完全不同。法国人着手对这些地区进行考察，其背后也隐藏着英法两国在云南，甚至是在整个东南亚的争夺。古特勒蒙一行所考察的大理—保山—丽江—腾越（冲）一线，主要不是丝绸之路，而是茶马古道。虽然其中所运输的商品也包括丝绸与棉织品，但

更多的却是茶叶、盐巴和日常生活必需品。

1904年，在中国领土上爆发了日俄战争。它不仅吸引了法国大众的注意力，而且也威胁到了法属印度支那的安全。因此，对法国来说，保卫印度支那不受日本侵略，便列入到了法国政府与印度支那总督府的议事日程。对于法国来说，交趾支那、柬埔寨、老挝、安南和北圻形成了一个统一的整体，也就是从安南海岸直到湄公河（澜沧江）流域。由于这种地形，法属印度支那不仅同时受到了英国自陆路和海路的威胁，而且有可能被切断陆海两路之间的联系。英国不仅与法国在印度支那竞争，而且还有可能在东南亚西部建立与法国在东部相对应的基地。英国人非常嫉妒地监视着法国人在印度支那的一举一动。英国政府于1886年武力占领缅甸，这是对法国人占领北圻（东京湾）行为的回应。英国从此之后，便逐渐地加强了对上缅甸、"海峡殖民地"（Straits Settlement，指东南亚）、暹罗和掸邦的活动。英国人最后也把目光转向了云南。法国要想方设法地避免英国人控制云南，绝不允许英国人控制丝绸之路和茶马古道，更他们控制这两条交通要道上的资源、民众、运输和贸易，以防威胁到法属印度支那的基本利益。正是在这样的背景下，法属印度支那总督便派遣古勒特蒙一行赴中国西南考察。

热尔韦-古特勒蒙一行于1904年3月3日从北圻的老街出发，经红河流域的曼耗进入云南。他们又陆续经蒙自、缅甸和临安府，渡过曲江河，到达洱海，再经新兴州、北城、晋宁州、元江府和安宁州而到达云南府。他们然后又到达东川府和昭通府，直到川滇边界。他们一行再次从四川的重庆到宜昌、汉口和上海，再返回缅甸，准备重点考察云南的茶马古道，即大理—保山—丽江—腾越一线。由于这一线基本上属于英国势力的波及范围，所以法国很少有人考察过那里。多伦（Henri d'Ollone，1868—1945年）曾于1906—1909年，博南（Charles Bonin，1865—1929年）于1898年以及巴黎外方传教会的传教士们曾先后到达过那里。总而言之，法国人，乃至整个西方对这片地区既好奇，又生疏。这片地区主要应该属于茶马古道的范围。

（二）热尔韦-古特勒蒙探险团的考察过程与成果

热尔韦-古特勒蒙的游记于1904年由巴黎普伦出版社出版①。现就根据此

---

① Gervais Courte llemong, *Voyage au Yunnan*, Paris Librairie Plon 1904. 是克钦族（Katschines）与掸族（Shans）居住地的分界处。他们又翻过两座海拔分别为820米和520米高的山口。

书，而对他们的茶马古道考察，略作介绍。法国人一行经由英国人设在缅甸的最后几道哨卡进入云南南部。一辆道碴火车将他们运到了一条铁路的终点站腊戍（Lashio）。自从寇勋（Curzon）旅行之后，那里的工程完全停止了。为了到达戈隆的90法里的距离中，仅有60法里已经完全被考察过了。其最后100法里是最困难的一段，即沿萨尔温江顺流而下的那一段，至今仍未完成。缅甸人曾认为这种努力是无益的，他们主张"以我们的铁路而打断这条路"。杜梅先生观念的重要性于此表现出来了。他认为法国人应先于英国人而到达云南，并且一定要在那里获得成功。当英国人预见到云南很难有英法两个国家的位置时，他们就会放弃争夺。历史将会把这一事实奉为法国经济和政治的一大胜利，因为英国人一旦在云南取得优势，便会严重威胁到法属印度支那。事实上，法国在云南的优势受到了印度支持的英属缅甸的威胁。由于当时从云南到缅甸的道路，要经过许多深山峡谷，因而使这些道路在当时失去了战略意义，同时又导致云南对缅甸的影响远没有对北圻的影响那么大。当时占据了印度支那的法国将云南视为保护印度支那边境的缓冲地带，故绝不允许那里成为英国殖民地的进攻性前哨阵地。当时是英国人正在极力图谋发展他们与中国云南和西藏南部的关系，特别是受到了那里各种产品的吸引。法国则以印度支那为基地，为对抗英国而正在通过红河河谷，而向滇西和滇北扩展其影响。

　　法国人一行穿越美丽而又富饶的缅甸之后，到达了八莫，继续前进对云南进行考察。其同行人员中有一名在缅甸定居了43年的法国人达维拉（d'Avera）先生。这一支旅行队在八莫（Bharmo）作了重组。他们将自己的搜集物直接寄往法国，以尽量减少随身携带的行李。他们为了到达云南，而将行程分为两个阶段。第一个阶段经过了茂密的热带森林和伊洛瓦底江平原。第一天接近傍晚时，他们到达了新街（Sin-tieh），英国人在那里建立了舒适的度假平房，并且配备了休闲生活的一切必需品，那里的气温于夜间可降至23℃。自八莫和新街起，他们首先攀登的海拔高度达到80米的地方，然后下降到伊洛瓦底江平原。他们旅行的第二个阶段到达了洋人街，那里是欧洲人进入中国的最后一个哨所，法国人沿途遇到了许多上山或下山的商队，分别驮运茶叶、麝香和大黄等。维西的藏族牲口贩子前往那里，以向八莫的英国马匹商人出售马匹。在1900—1901年间，那里公开出售741匹马。从此之后，再没有具体统计资料了。但马匹的销售规模可能仍很可观。

法国政界与商界对云南茶马古道南北两道的考察

藏族人最珍爱的藏獒始终陪同着这些商队。它们成了人畜混杂夜宿的野营地的一大景观,变成了商队的忠诚卫士。一旦进入中国一侧后,便是海拔1550米的高黎贡山的支脉。法国人进入中国一侧时,正值中国人的传统节日春节。人们在家族祭坛上焚烧大量神香,孩子们笨拙地于先祖祭坛前"干杯"和顶礼。他们一行于翌日又从高黎贡山下到了曼允和太平江河谷。那里的人便是杀死马嘉理(Augustus Raymon Margary,1846—1875年)的人,仇视英国人。曼允的土著人都是种田好手,靠种田和经由那里的商队而致富。那里的稻田一望无际,冬季有无数的鹤群和雁群。村庄周围都是大榕树、印度榕树和无花果树,使辽阔的平原上产生了许多绿色。

法国人沿太平江骑行4日,始终沿其左岸行进。他们从曼允出发,又用4天,逐渐登上了辛街(920米)、曲石(980米)、南甸(1020米),到达了沙河林,最终到达了腾越平原。当时腾越只是一座破败的小城,其地域不会越出粗面岩城墙之外。那里的火山熔岩说明,该地区曾有火山爆发。在回民起义之前,那里在城外还存在着巨大的村落,主要居住着玉器工人。在城墙之内,腾越与缅甸穆斯林之间的贸易应该是非常活跃的。其商品主要有马匹、茶叶、金银、鸦片、麝香、玉器和宝石。腾越的穆斯林在其缅甸教友与中国中原人之间充当经纪人。英国人认为腾越具有重大战略和经济意义,于1901年在那里设立领事馆,并于1902年开设了帝国海关以强行征收厘金(税收),但弊病便是使交易处于了瘫痪状态。在英国人进入之前,从八莫到大理府途中,只征收5次税,分别在曼允、南甸、腾越(定绥)、永昌府。所有商品都要交纳15%的从价税,有时加上贿赂,甚至可达25%。这种状况为英国商品进入中国带来了阻碍英国人也立即着手解决。1901年秋,英国驻腾越的第一位领事烈敦(G. J. L. Litton)自八莫赴任,由同为英国人的帝国海员专员蒙哥马利(Montgommery)陪同,他们于1901年11月13日到达目的地,立即在腾越设立办事机构。当时正值贸易高潮季节,他们便决定从1902年5月才开始实施新税制。此举受到了中国商人的热烈欢迎,因为他们只需要平均交纳3.5%的进口税和2.5%的过境税,总共为6%。贿赂行为还是令人害怕的。

中国云南省当局也欢迎在腾越设关。因为这可以使中国当局摆脱当地人反对厘金的要求。英国人也注意改善交通道路,发展云南西部与北部的贸易,他们认为滇西与滇北是他们的势力范围。有两名英国工程师与法国人同时到达腾越,考察连接腾越与八莫之间的马路。他们与中国当局合作,首先改造大理府的骡马大道。这些工程大大改进了经红河河谷的八莫——大理之路。甚至当滇越铁路开通后，有许多商品还是走这条路：棉花、棉纱、茶叶、马匹等。英国人还想把西藏的所有产品也纳入到缅甸的商潮中。西藏商品的传统路线应为法国人控制的北圻。英国人特别觊觎出自藏区的中国药材，如麝香，它们都要从云南过境外销。缅甸玉过去也通过云南府外销，成千上万的玉工受雇在云南府加工玉料。现在，它们却经缅甸之路，才被运往广州和上海。缅甸在曼德勒（Mandalay）的一片华人移民区，正是依靠这种贸易生活。事实上，缅甸玉的开采、加工和营销，主要是由中国人完成的。云南北部的金银也经缅甸之路外销，而且缅甸人在佛寺和女子首饰方面，就消费大量金银。西藏地区的马匹同样也被运销到八莫和缅甸市场，再从那里远销"英属海峡殖民地"和东印度等地。每年都由英国的军马配备机构采购西藏的骡子，以组建茶马古道上的骡帮。英国人成功地攫取了西藏的麝香、草药和皮货的贸易，而且还是以损害红河流域的法国贸易之路为代价才实施的。

面对英国人咄咄逼人的这种竞争态势，法国人必须作出反应，并且寻求矫正这种局面的良方。法国人一行在腾越成了腾越厅的客人，下榻于其衙门中，帝国海关总监也居住在那里。在元月末，天寒地冻、潮湿而又寒风刺骨，木房间的窗户仅仅糊着一层薄细而又透明的麻纸。铜火盆中燃烧着堆成金字塔状的木炭，使室温略有上升。但如果侧身烘烤一边时，另一边却甚至会结冰。衙门的房子很破旧，墙壁都被油烟熏黑了，到处是蜘蛛网。但行人至少可以获得一处蔽身之地。腾越厅的官吏们对这批法国人的造访非常关照，经常宴请他们，为欢迎他们而举行藏式文娱表演，尽量使他们生活得舒适一些。海关机构的英国官吏们，对于来访的法国人也友好相待。

在回民起义之前，腾越的穆斯林居住区非常兴旺发达。但当时只剩下几个有名气的显贵了，只有30万名回民分布在整个地区。那些漂亮的住宅区和位于西郊的5座漂亮的清真寺均被夷平。这完全如同西班牙的摩尔人穆斯林未受到天主教征服者们的善待一样。

法国人一行踏上了通向大理府的崎岖山路。同行的还有另外三名偶遇的法国人 Bons d'Anty、Jacques Faure 和 Janselme 博士。他们结伴而行，沿途作尽可能多的考察，因为甚至英国人也对这条路非常陌生。但这一地带接近缅甸北部，属于法国人的竞争对手英国人的经济和政治利益中心区。当时正是赴大理府旅行的最适宜期。正值旱季之末，江河水位低、路面干燥，会遇到

法国政界与商界对云南茶马古道南北两道的考察

许多行路人。在英文地图上,对于萨尔温江陡峭两岸就标注有:"夏季是死亡季节。"但其道路相当崎岖,经常穿越高山山口和峡谷,它在雨季基本无法通行。1901年,雅克·福尔(Jacques Faure)先生正是在这一季节经由那里。同一年,自云南藏区返归的格里莱尔(Grillères)中尉,于同一季节也遇到了同样的困难,由于患病而迫使他提前返回。但茶马古道上的骡帮在整个夏季,却几乎是持续不断地行进。最重要的仍是要选择旱季。从腾越到大理府,共有11程。法国人一行只携带普通装备。当时约定俗成的习惯是在腾越改换骡伕,到中途于永昌再第二次调换骡伕。最重要的是让驮兽有充足的时间在高海拔地区吃草,让人员于各站作充足的休息。骡子喜欢吃干燥的豆科类植物,而沿途到处都有这种草,甚至直到丽江也如此。腾越肥沃的稻田和泥炭田逶迤25公里长,其宽度却不超过这些法国人所穿越的1.5法里(lieue,每法里约合4公里)。紧接着便是反复的上山、下山与涉水渡河。这里实际上是一条"英国人之路",与经由红江和湄公河谷的"法国人之路"形成了鲜明对照。法国人一行离开海拔1600米的腾越平原,翻过海拔2600米的山口,再下山到海拔1560米处的一个叫作卡拉撒(Ka-lang-tcha)的村庄,位于萨尔温江的支流俅江的上部。第二天,他们又通过悬谷之上的一座索桥而渡河。他们在一个穆斯林小村庄中让驮兽略作歇息,然后向"班德"(Pantchés,滇西人对穆斯林的称呼)询问。经过翻越一个海拔2500多米的山口后,便到了一个休息的站口——位于萨尔温江右岸和海拔1680米的河木树。他们在山顶上看到了一种非常奇怪的植物,既属于热带植物,又属于亚高山植物。那是一种巨大的杜鹃,与高山毛竹混杂生长,可因潮湿而腐烂,而在苔藓下发霉。这就是其气候在夏季时令人恐怖的死亡森林。他们接着又进入了一片长满了树脂树的山麓,在飘荡着云彩的山峰下,浓雾在避风处停滞不动,这就是"死亡之谷"。很少有旅行家敢于进入萨尔温江这片峡谷中去冒险。当他们翻越河水的分界线——海拔1530米的山峦之后,便到达了一个叫作蒲缥的村庄,地处肥沃的同名平原,遍地播种蚕豆、豌豆和小麦。在蒲缥周围,共有50多个村庄,分布在长18公里和宽2—4公里的地域中。他们于翌日从海拔1440米的蒲缥出发,攀登上海拔2170米的山峰,下山后便到了辽阔的永昌府平原。马可·波罗曾描述过向缅甸开放的这块小平原。他在向南旅行时曾经过保山(Vo-chan),并声称那里是一片神奇的土地。但在法国人经过那里时,它却变成了一个衰微破败的永昌府。战争的灾难在历史的岁月中加速了这些地区的衰败。据那位著名的威尼斯旅行家记载，保山当时是亚洲最大的都市之一。他还提到了一场由2000只大象参加的战争，同时还认为该谷地很容易进入。但直到当时为止，尚未曾有任何法国旅行家对那里作过考察。英国的地形测量学家们尚未刊布他们的考察成果，因为他们的目的主要在于寻找一条铁路通道。当中印之间的贸易当时通过这些分别被称为"玉器之路"、"金银之路"或"茶马古道"时，大理和永昌府均为其中的主要站程，它们肯定曾经历过繁荣昌盛的时期。在今天看来，这似乎是异想天开。不用追溯得很远，当大批穆斯林因贸易、农业和产业而暴富时，其生活在这些今天已破灭的城市中达到了繁华的高峰。在该平原成千上万公顷土地上，种植了大量鸦片，鸦片几乎毁掉了该民族。当时于那里尚可以看到引水、治水和配水工程的遗迹。其中最著名的一座背靠大山的大型人工水库，由一道圆形的封土筑成，其中心的一个大闸门向4条主干渠分水。当时的罂粟苗刚刚出土，它成了烟农们时刻关照的对象，经常施肥和耕耘，因为这是他们主要的收入来源。云南每年的鸦片生产总价值，大约可达5700万法郎。它也是该省的主要输出产品。当中国政府停止从印度进口鸦片时，云南鸦片输出可能会两倍或三倍地猛增暴长。鸦片已经逐渐地失去了其国籍性，外国鸦片在通过北圻而进入中国时，要交纳巨额关税。所以，尽管经过广东和广西而通向云南的道路很艰难，而且还有土匪和省级的"厘金"（特许税）的压力，但云南的主要商品仍是取道这条路。不过，更便捷的道路却是红河乌北圻（东京湾）之路。这些困难大大地降低了耕农与烟农的利润，其采购行情受到了严重影响。但帝国国库不会因取消这种再进口税而有任何损失。因为没有过境，就不会有再进口。西方自5年来与中国就此问题进行的谈判，始终未果。

自从庚子赔款（1900年）之后，法国外交部很注重发展与云南的贸易关系。法国也想利用这种有利局面彻底解决云南的鸦片种植和销售问题。因为法国在此之前，始终对亚洲采取一种消极政策。英国人于此时感到了他们在印度的鸦片产品的前途受到了威胁。英国人赖德（Ryder）少校在他对云南的考察报告中写道："印度鸦片进入中国时，要承担很重的税收。云南当地的鸦片，从中国市场上驱逐了所有外国鸦片。对于英国人来说，鸦片问题已经自然死亡。"所以，通过红河之路而改变云南进口鸦片，必然会经过法国印度支那殖民地，也肯定为那里带来利润。因为这种经由北圻的过境贸易，也必然会导致等值的回归贸易，这也会使云南的烟农增加收入，提高他们的购买力。

法国政界与商界对云南茶马古道南北两道的考察

永昌府的城内有许多起伏不等的地面，还有很多自回民起义以来便被荒废的城区，其荒废地区比建筑地面还要多，甚至可以在其中自由打山鸡和野鸡。城内与郊区的零售贸易，维持了其街道上的某种活力，其市场主要是由茶叶、肉品、蔬菜和调味品组成。当时该城的穆斯林人数很少，只有60多户。回民起义之前，全城就有15座清真寺。残存的穆斯林大都为皮革工和皮马具工，这充分说明他们的蒙古血统。当时正在主持重建清真寺的老人，却是阿拉伯血统。他们再向东走8公里，便到达了板桥镇。它也是一个工业和商业的镇子，具有取代已遭毁灭的府治之趋势。那里的乡间未受到隐蔽在衙门附近的饥民帮的骚扰，他们大多是没有多大希望的文人，等待依靠其亲属和朋友的提携而获得某个官职，实际上成了中国社会中的寄生虫。他们又行走两个小时，登上了海拔2450米的山峰，再下来后便是水寨，位于湄公河谷壁上。他们又渡过了一道索桥，其铁索与木板都被重修过，这证明英国当局很关心维护这条路，甚至在必要时还给予帮助。这道索桥与这条河，都只有47米宽。人们估计水面与步行桥之间有10米，而探测器提供的深度却为14米。其水流于那个季节很缓慢，浮标每分钟只漂54米。

直到大理府之前，人们都可以看到英国的影响远远超过法国，其原因是英国在1876年所取得的外交地位。自从马嘉理被杀之后，芝罘条约允许英国人在大理常驻一名商务代表，但英国至今仍未利用这一条款。英国人近期又为出售其棉纺品而蠢蠢欲动。法国的传教士们为发展法国的影响，已经作了非常有效的工作。自1825年以来，法国天主教传教士们已经在云南西部的西道开始布教。朗格勒的彭神父（Jacpues Huot）是第一位于1845年定居在那里，继承了中国神父黄玛窦（Matthieu Houang）。在持续十八年的穆斯林战争期间，基督徒们不断地逃亡，只能受到同时也忍受无数苦难和危险的司铎们的保护。继此之后爆发的传染病，又使两名传教士死亡。1874年，克莱蒙的传教士傅神父（Batiphaud，又作 Baifaud）因教案而被杀，1883年，张神父（Jean Terrasse）在大理府附近被杀。这些法国人都希望，自己迟早会在湄公河左岸发展法国的影响。

法国人一行翻过一处海拔1650米的山口之后，到达了杉阳。两岸都是石灰岩，他们在页岩层的山路上前进。杉阳村的工匠们制造石板，以备作墓碑。湄公河的一条支流流经了该河谷，其中的猎物非常丰富。法国人再次攀登海拔2530米的山峰，夜间宿营于海拔1640米的曲硐。那里气候突变，对人畜都构成了极大危险。曲硐有 200 户穆斯林，其伊玛目声称，他们的原籍均为阿拉伯半岛。他们在祈祷时都戴阿拉伯人的盖头，那巨大而又富有的清真寺上有一个八角尖顶。在回民起义之前，那里共有 700 户穆斯林，都是于唐朝的 8 世纪初前往那里定居的。清真寺利用一次节日的机会，为法国人的旅行赠送了大量优质牛肉干。这些穆斯林与云南府的同教教友们没有多少来往。法国人又一次翻过一座海拔 2530 米的山峰，那里有许多山鸡和松鼠，还有出没于山羊群中的老虎。他们接着到达了有大批伐木工人居住的田心铺和白土坡。过去，人们在那里处理铜矿，这是为了避免比燃料（柴薪）更加昂贵的运输费。当时，矿业已遭放弃，可能是由于穆斯林矿工大量被屠杀。从白土坡向下走，在海拔 1530 米处渡过一座吊桥，就进入了湄公河的支流漾濞江的一条小支流。他们又于夜间到达一个伐木工人的小村庄茈碧沙，几乎位于山顶上。其下一站便是漾濞了。漾濞是一座很漂亮的小城，建于漾濞江的左岸，人们一般是通过一座很轻便的铁索桥通过。在漾濞，有一座自 1873 年便关闭的清真寺，装饰以木雕和彩色图案。那些穆斯林们的住宅，显示出了对非常典型的阿拉伯艺术的模糊记忆：鹅卵石的马赛克、瓦与方砖以鳞状覆盖。那些带有几何图案的壁画出自一种很粗糙和很原始的艺术，但却与中国中原的艺术完全不同。回民起义之后，那里只剩下 180 户人家了。这些穆斯林都是农民，但当时并不种鸦片。小麦、豌豆和蚕豆是他们冬季的主要农作物。

从海拔 1600 米的漾濞到达下关（原文为 Hsiao-Kuan①，疑为"小关"之对音，海拔 1950 米）。即到达向"大理湖"（洱海）注水的西洱河的汇合处，其水实际上是来自漾濞河。人们然后再逆河而上，一直到达下关。下关是一个贸易集市点，那里有许多仓储或过境贸易仓库。大理当时仅是云南的政治府治，而且正在逐日失去其重要地位。英国人刚刚成功地迫使驻于那里的云南巡抚迁走，他此后便迁居腾越，处于英国人的直接监视之下。

法国人仔细地计算过在下关日常市场上的人数，约有 4500 人，这要比当地的定居民人数多一倍。洱海的一端变得越来越狭窄了，最后注入了山崖峭壁之间。中国人在那里修建了工事，但没有多大军事价值。下关古城的城墙只是中国人为抵抗企图夺取大理平原者的战略性屏障。下关新城纵向扩张，在湖与山之间显得并不那样狭窄。它实际是一个商业镇，未设防御工事。该

---

① 原文作"小关"，实则应为"下关"，即今大理附近的下关市。

法国政界与商界对云南茶马古道南北两道的考察

镇呈直角状的主街道，要通过一座漂亮的狭窄石桥，上面配有栏杆，其进口处有一个很大的门防守。再向前，便是两座庞大宏伟的清真寺。穆斯林们自1873年起便在那里举行宗教仪式。这些清真寺都是具有中国艺术特征的漂亮建筑，那些13世纪的雕刻大门都因破旧而坍塌了。那些建筑物却由于其用材的质量、很坚硬的石灰石和雪松松木，而尚处于完好保存状态。用大石块铺的院子，尽管已经破烂，却仍显示出了一种曾经有过的富裕状态。巨大的仙人掌生长在城墙上，成百上千的小嘴乌鸦与喜鹊入侵了这些沙漠中的圣地。但人们在清真寺中找不到任何题记。

在来自缅甸的粗棉市场上，几位胖大嫂正在仔细地与女农过秤，她们用棉花来制作棉衣或缝被子。带有藏獒和手持嘛呢筒的藏族人，在那些鲜艳的布帛、五彩斑斓的马具、多用途的五金制品、品种纷繁的小饰物等前面游荡，由于贫穷却无法更多地采购。他们从遥远地方携来了药品、麝香和羔羊皮，但所有这一切都只能使他们获得极少银钱，因为有些商贾们利用了他们的天真赚取巨额利润。那些"秦霍"①或"秦豪"女子们身穿华丽服装、头戴怪诞的帽子、佩带银铃、把漂亮的杜鹃花插在头发上。她们与那些来自遥远的朝鲜女子们摩肩接踵，朝鲜女子们前来是为了采购藏药和出售人参。最后，还有某些被香料贸易吸引到下关来的缅甸人。他们还希望亲自前来采购金沙和麝香等产品。那里的鱼市供应充足，有各种贝类、新鲜的鳗鱼和漂亮的湖鲤等。在木材、果蔬、糕点和糖果市场上，也都人头攒动，充满了一种繁华生活的气氛。行人甚至很难在繁忙而又嘈杂的人群中，打开一条通道。

只要沿着美丽的洱海前进，便会从下关到达大理府。其道路沿大山脚下前进，基本上还算平整，但却有令人可怕的砾石。在繁荣时代，这条路应该是铺着很漂亮的大理石的，因为附近的山上到处都是大理石。由于缺乏维护，这条路如今只剩下一堆堆大理石了，混乱地堆在一起。由于茶马古道上的骡子的铁掌千百年的踩踏，大理石也被磨得如同一层薄冰一般了。

洱海共有50多公里长，其周围的山峰上是耀眼的皑皑白雪，山脚下是耕田还有坐落在高地上的村庄。这样的风景一直延伸到封闭了该湖的美丽山峰。来自思茅和准备赴云南中东部的茶商马队，向东必然要经过临安府，向北则

---

① "秦霍"本为对中国旅泰回民的称呼，西方人也用来指中国云南的某些回民集团，特别是那些经商集团。

必然要经过大理府。这种茶叶出自普洱地区,如易武和倚邦诸茶山。新鲜的茶叶一般被运往普洱,在那里被晒干,制成面包状或用竹叶包成包裹状,其包裹的形状和大小各有不同。这种普洱在整个云南省消费,甚至是排他性的消费。这并不是一种很专门的茶叶,却颇受北京人的钟爱。它也不是一种在云南和整个中国都受好评的茶叶,尽管它具有麝香香味。若要将普洱茶运销外国,则显得过于昂贵。事实上,普洱茶在本地很廉价(在全省,每公斤的零售价只有1个法郎)。那些小叶,特别是那些丝叶(Pe-kao)都很少。这种茶叶并不是由加入花瓣(玫瑰花、茉莉花、橘花或其他花瓣)熏香,而中国的茶叶大多都是这样添加香味的。所以,普洱茶对于欧洲人的口味来说,则显得太淡了。普洱茶不仅在整个云南省都大量销售,而且还输出到四川、贵州、广州和北圻。思茅征收的厘金(入市税)于1901年飞涨到2.5万骡驮。这就是说,其交易总量可能为这一数量的2—3倍。中国人的横征暴敛,使得经由他们之手的少量商品才会登录在册。

由于法国人修建的滇越铁路而大大地方便了对这些地区的考察,从而使人更能明白被许多人故意掩饰的真相。首先是于茶马古道或骡帮道的改善以及不太贪婪的贸易功能,最后是官吏们的勒索变得越来越困难了,因此思茅地区会从其贫穷状态中发展起来了。这种茶叶的外销,一定会为茶农提供比现在更多的收入。普洱地区由此而变成了法国的棉纱、棉织品和制造业产品最重要的市场,而且法国人也清楚要向他们提供什么样的产品。现在,思茅地区的居民以其出售茶叶的收入,而采购生活必需品,主要是棉纱和盐巴。

大理地区土地丰沃,气候温和,每年两熟,没有冬夏之分,春季也不会使农业耕作中断。自山峰一泻而下的小溪为人们希望的一切都提供了动力。今天是磨坊和舂米机,明天便是工业使用的发电机。至于贸易,由于大理是从四川到缅甸和从北圻到西藏道路的十字路口,在古代,大理府就曾经是一个世界性的大都市。当马可·波罗于13世纪经过大理时,那里基本上还算是一个大都市。今天,从下关到上关之间的石灰岩山麓,却是一排排不间断的墓葬群,延绵40多公里。它们证明,在这个令人赞不绝口的平原上,曾有过极其稠密的人口一切迹象促使人相信,大理有朝一日还会变成一座大都市。由于19世纪的特征就是越来越方便的海上交通,特别是航海手段的突飞猛进,从而导致古代的陆路交通干道都远远地落伍了。但20世纪的铁路交通,也可能会恢复这种平衡,因为当时亚洲正处于翻天覆地的变化之中。由此可

法国政界与商界对云南茶马古道南北两道的考察

见,大理府必然会重新成为一个重要的战略、经济和政治要塞。法国人顺理成章地将注意力转向这一方向,这一切甚至会触及法国在亚洲的命运。法国人从下关出发,刚刚行走两个小时,便会到达大理。曾经人口稠密和繁荣昌盛的大理府的这些郊区村镇,现在均变成了一片片废墟和残垣断壁。甚至连大理城内也已经一半荒芜。只有那条主干街道仍然在开市期间很繁华热闹。许多完整的住宅区均已坍废或变成了耕田。法国人一行在大理作为巴黎外方传教会派驻那里的传教士葛神父(Jean-Marie Le Guicher, 1871—1907年)的客人。葛神父50年来始终在云南的这部分地区布教。他已有数年未见到他的同胞们了,很少有机会重操其母语。那里的基督徒人数并不多,只有100多人。但他那些新近接受归化的信徒们,都是经过筛选,接受数年的备修和观察之后,才会给他们举行洗礼的人。他不重视受归化者的数量,而只是关心确保选择。中国人也尊重这一小批人,从不在他们举行宗教仪式时打扰他们,也不会以任何方式粗暴地对待他们。葛神父仅仅依靠其每年500法郎的年金活动。在需要建筑施工或其他劳务时,他都要依靠其信徒们的义务劳动。他的向导和翻译是安邺(Francis Garnier, 1839—1873年)。他是法国西贡总督府的军官,奉命考察云南和四川地区。当时大理地区正处于回民战争期间,他从苏莱曼苏丹(Sultan Soliman,云南人对回民起义大首领杜文秀的称呼)处获得了经由该地区的特许。法国传教士的干预适得其时,使他在谈判解决这一棘手事件中,必须面对那位回民起义首领。葛神父记述了这些史诗般的事件。

当安邺一队人马经北门进入大理市时,苏莱曼苏丹已被其周围的人簇拥了起来。他们居住在钟鼓楼的上方,而钟鼓楼又横立在一条大街之上,街道于拱形门下穿过。苏莱曼苏丹于钟鼓楼上检阅队伍。那些法国官吏及其随从都骑马而行,戴着中国式的帽子。从上方望去,完全可以遮掩其真实面目。苏丹让人去命令这些外国人摘掉其帽子,以看到他们的真面目。由于发生了许多误解,苏莱曼苏丹拒绝接见这批法国人。只有葛神父一人受到了苏莱曼苏丹的独自面对其所有要员的召对,并且获得了法国考察团可以自由通行的特许证。在那位著名探险家安邺的强调下,苏丹还曾长时期地陪同他们。葛神父还让这一行法国人参观了大理的那些历史遗址,提供了回民起义之前当地形势的许多具体情节。这些资料对于热尔韦-古特勒蒙的研究具有很大裨益。

大理于回民起义之前有五座大清真寺,其中位于土湾桥附近的一座,已被完全摧毁。自 1873 年之后，在其他四座清真寺中，也严禁穆斯林们举行宗教仪式。其中两座清真寺甚至被改造成了佛塔，一些奇形怪状和作鬼脸的塑像代替了清真寺那庄严的无装饰特征。另外两座比较漂亮的清真寺，在大抢劫时被幸运地保存下来了。其中有的还有 13 世纪的漂亮的雪松木雕，还有些是 15 和 16 世纪雕刻的。法国人取走了几种样品，后入藏法国特罗卡德奥（Trocadéro）博物馆。这些清真寺的建筑各部位的比例很协调，宽大而又布局适宜，运用了极美的中国艺术。自回民起义之后，只有 16 个回族家庭被准许居住在该地区。他们的繁衍再加上自四川而来的移民，现在那里已经有 100 多户回民家庭了。他们也只能在某个回民家中聚会，进行祝祷。法国人一行在大理停留了一个多月，作了充分的考察研究。他们经常登上过去由苏莱曼苏丹检阅队伍的钟鼓楼。杜文秀旧日的宫殿已成废墟，仙人掌已经蔓延到全部坍废的城墙。绿色仙人掌上的金黄色鲜花，使该地区增加了不少生气。大理府主要由"民家族"或"名家族"人（Minchias）居住。虽然他们与彝族没有明显区别，却又是一个完全不同的居民集团。他们都是精明的农民，可以使耕地生产他们所需要的一切。可惜由于缺乏交通道路和运输手段，其农产品却使他们获益微薄，其腐败的官府也无法保护当地居民及其财产的安全。大理府周围共有 350 多个村镇。其中有些村镇却由于其人口（多达 8000 多人）而成为真正的城市。对于农业和牧业来说，这里极其有利的气候是得天独厚的地方。冬季的大理平原，也覆盖着茂密的农作物：土豆、小麦、大麦、燕麦、蚕虫和豌豆，其收成极丰。但那里至少有五分之一的耕田被用于种植罂粟，其鸦片远销他方。夏季在洱海畔数平方公里的地域，都种植水稻。此外还有土豆、玉米、菜豆和靛青。一年四季，那里都种植各种各样的蔬菜。家禽、湖鱼和家猪，都是中国农村所必不可缺的；重达 1500 斤的牛以及山羊和绵羊、葡萄和水果，都是他们积累资本的来源。但大理地区基本上还是很贫穷的。大理的人口约为 35 万。

  法国人一行希望通过云南北部的藏区而进入湄公河上游（澜沧江）。恰恰是自从法国人博南（Charles Etudes Bonin，1865—1929 年）于此地旅行之后，便提出了一个地理问题。因为博南首次指出，长江（金沙江）在丽江高原上转了一个大弯，被一座海拔 5000 米的高山阻截，离开了其正常河道，将山峰抛在北部 1°远的地方。但博南的这种说法却受到了伦敦地理学家们的驳斥。这一地区甚至连最简单的考察也未曾有人作过。它是一片任何欧洲人都未曾

法国政界与商界对云南茶马古道南北两道的考察

踏入过的处女地。法国人的这次考察是由巴黎外方传教会的葛神父帮助组织起来的。这位传教士给予了古特勒蒙等人可贵的帮助，使他们克服了中国官吏不愿意进入这些地区的阻力。同时，法国驻昆明领事本来并不太支持这次考察，认为其前途有些恐怖。那些来自北圻与缅甸等温暖地区的法国人，想到要面对前所未见的冰天雪地时，也有些胆怯了。因为这一切都超过了他们的力量所能忍受的极限。再加上中国人的故意曲解，他们都认为这是无法克服的困难：神奇的龙、吃人的虎豹、阴暗的森林、无桥的河流、陡峭的山峰、令人恐怖的峡谷。中国人的这些怯懦的想象，都会使人联想到，那里简直就是地狱。法国人组织了一支小小的旅行队继续前进。葛神父在离别时有些激动，于其传教区的小礼拜堂中为他们祝福。从大理府到丽江府，并没有许多需要克服的困难。这条路是沿一系列弯曲的山谷行进，它们层迭叠出，层次之间的差距很小。他们一直行进到第六日，又翻过一道峻岭，才会到达丽江平原。离开大理府的第一程，便将他们带到了上关。对于洱海以及大理平原北部，上关占据一种要塞地位，酷似下关对于其南部平原一样重要。但在这一侧，既没有贸易流通，也没有工业。由于大理平原变得越来越狭窄，那里有限的农业已无法养活大量居民。上关已成了一个衰微的贫困镇子。由于其防御工事的坍塌，风景变得格外独特。上关过去的防御工事很强大，现在已经几乎不存在了，遭到了遗弃。那里既没有兵营，也没有驻兵，只有仙人掌在蔓延疯长，废墟都覆盖着玫瑰色的欧石南。法国人一行于次日穿过了一个带有设防工事的小城邓川州，再接着是沿人工踏出的堤岸前进的小湖玉水或玉湖（绿玉池）。小堤长12公里，将该平原一分为二，使其半数地区免遭洪灾。他们接着便沿一条通向大平原的小路前进，直达浪穹平原。那里只比玉湖的海拔高数米。旅行的第三程他们穿越了浪穹平原，进入了一个叫作弥沙井的小村庄。该平原的土地是很严重的胶泥土，农民们用镐头开垦稻田。他们将大块粘土经风干或晒干之后，用来修筑城墙。他们还用树枝焚烧昆虫或以草木灰而肥田，酷似法国农民实施的"烧土肥田法"，也酷似马达加斯加高原上农民耕田的类似方法。弥沙井过去曾是吐蕃与南诏的分界处。中国人认为，越过那里之后，人们便会面对可怕的龙与恶神，气候大变，进入了雾淞地区，海拔4500米，常年积雪。在这些火山岩地区，法国人一行发现了山岩上为纪念军事胜利或政治事件而雕刻的19方摩崖石刻。可惜最早的那些由吐蕃人和回民起义军制作的石刻，都被篡改成了对当朝皇帝的赞扬。在中国，从事考古研究是很困难的，因为那里的每次改朝换代，都会将墓葬夷平。胜利者的傲慢，使人们失去了由这些石刻提供的非常有价值的历史资料。

法国人一行在第 4 程受到了剑川州知州的接见，知州盛情地招待了他们。知州似乎是被流放在那里的，失落在这个汉族人口只占很小比例的地方。这里由于距省府和文明发达中心较远，故而其民的生活很苦。这个贫穷城市的主要工业品是细工制品和木雕作品。附近的森林提供了丰富的雪松和冷杉木。那里还有成百上千的能工巧匠，尽管他们只掌握了非常初级的技巧。他们打制衣柜、橱柜和雕门，并且亲自人背肩负地运送到大理府，那里有这些产品的大型常规市场。从云南藏区的森林中也运出许多棺木，在该地区很畅销，在剑川州有大量库存。人们当时很难见到比剑川州更肮脏和破烂的城市了。在这个季节，那里的小湖中的猎物非常丰富。剑川府平原农田耕种得很精细，鸦片的种植没有浪穹那样多。因为浪穹是云南省生产鸦片的主要中心之一。法国人一行的第五程到达了一个野鸡之地。他们行走的脚下不断有野鸡飞起。此外还有野羊。法国人一行的第六程，即最后一程，也是最艰巨的一程。他们离开了小村庄广昌，在一个老实巴交的农民家庭过夜，住在一个其墙壁裂缝中的臭虫不多的棚子中。为了到达丽江，他们还必须翻过一座海拔 2950 米的山峰。但与从八莫到大理府的整条道路相比，则要轻松许多了。他们选择了一条捷径，以避开最高的山峰。他们在登山时，遇到了许多摩梭妇女。摩梭人形成了丽江府的主体民族，这些摩梭（纳西族）妇女，从石鼓带来了新鲜甘蔗。她们在橡树林中行走，周围又都是核桃树。其植被说明，这里的气候既差别很大，又似乎很接近。在深谷石鼓中有热带植物，而在高山上却生长着法国的那些植物，在很短的距离内，自然产品种类却彼此不同。在 3 月份尚被积雪严密覆盖的峰线上，法国人一行从山上下到平原，并来到一片叫作拉市海的小湖边。那里的风景相当优美：北部是常年积雪的银白色山峰、丽江的山峦和石鼓的山峰；脚下是森林、平原和在阳光下闪烁的湖泊；头顶上是碧蓝清亮的天空。山上只有一种每年一熟的作物——荞麦。这里的农业实施刀耕火种。但完全如同在法国一样，农民将土块翻起来，再堆成烟囱状，然后用堆在下面的干草焚烧土块，以为土地施肥。

他们一行翻过山岭而沿湖泊前进，便到达了美丽如画的丽江平原。平原上有许多自雪山流下的河水灌溉，那些具有化解石块能力的河水分流到了成千条灌渠中。这片海拔 2600 米的平原具有温和而又偏凉爽的气候，比云南海

法国政界与商界对云南茶马古道南北两道的考察

拔最低平原上的季节晚一个月。丽江城矗立在一个圆形山丘上，其城容略有寒酸、房屋破旧、街道铺石残损严重、田园中荆棘丛生，流经该城的一条小溪变成了垃圾堆积场。但城内完全由摩梭人居住，他们属于西藏南部最文明开化的民族。当忽必烈大军于13世纪末入侵丽江时，丽江尚为一个美丽的国都。忽必烈自四川从大山中进军那里，两位将军率军分别夺取了打箭炉之路、理塘和巴塘，然后经阿墩子直下大理；另一路则通过稍靠南部的会理州和永北厅进军。所以，忽必烈大军的进军路线，很可能就是这批法国人考察的这条路线，只不过是反向而已。当时，来自打箭炉的吐蕃茶马商队仍然是走这条古道，古代来往于茶马古道的马帮可能会更多。进军到丽江的蒙古征服者，接受了摩梭国王的归附。重新复原摩梭王国的历史，将是一件很有意义的事。该王国在历史上忽而扩大，忽而缩小；忽而依靠吐蕃，忽而内附中原，其命运多舛。当时的丽江府，仅仅由三个家族（其中有两个还是新近迁入的）控制。该城的穆斯林区，过去相当大，并拥有漂亮的住宅，现已被夷平。位于穆斯林区中心的清真寺，从其废墟来看，规模应该不算太大，因为在回民起义之前，那里也只有2000户穆斯林人家。丽江城有一座漂亮的大理石拱门，带有雕刻图案，其柱子由神奇动物和鱼尾龙石支撑，属于一种大艺术。该拱门孤立地矗立在丽江王宫的遗址上。它应被断代为公元8世纪，由唐代的丽江小王"木天皇"所建。它曾是一座很漂亮的古建筑，艺术性很强。工匠们很用心地完成了其建筑，各部位协调配合，从而使人可以考量该地区雕刻艺术家们的精湛技艺，以及建筑该王宫的人的文明程度。这种牌坊与近代那些孝道与贞节牌坊的粗糙艺术相去甚远。在云南就如同在整个中国一样，孝节牌坊数目巨大。第二天，他们又发现，在城市的大广场上有一个市场，对于拥挤的人群来说，它显得太狭窄了。市民们到那里去采购盐巴、五金用品和布帛等。附近的藏民也从他们的大山上带来了各种药材、植物根茎、虫草和蘑菇等。汉人高度评价这些产品，并且会高价采购。这可能更主要是受它们的奇形怪状、稀有性和难得性的吸引，而并不是受尚有待证实的其疗效的诱惑。无论如何，这些药材均为重要的商贸对象。大理府、云南省，甚至是广州的许多商人都前往丽江争相采购它们。市场上有许多摩梭少女，头戴酷似汉族男女所戴的那种黑丝绸无边圆帽，帽顶上有一个红绒球。

经过丽江之后，法国人一行又进入了一片未知之地。知府派了两名兵丁陪同法国人，但兵丁们的唯一武器是烟枪。法国人只好再找了一名精通藏语方言的汉人加入其队伍。他们为全体人员及牲畜准备了八天的给养,主要是大米和蚕豆。这一行人跋涉了一系列的高山和深谷之后,到达了丽江府以北1°的地方,那里便是长江的上游金沙江。他们由南至北地穿越了金沙江的大河套。当年法国博南也正是经由那里进行科考。金沙江的这处大拐弯长75公里,宽度仅为其长度的三分之一。法国人一行经过翻高山和越过大地峡之后,便到达了由金沙江形成的这个大地峡的北端奉科。在当时流行的中国地图中,根本没有标注这个大河套。可能是在中国人绘制地图时,金沙江的河道尚与法国人到达时的形状不同。该河道当时可能出自大谷盆地;它也可能出自白水流域,而白水当时仅仅是由雪山供水的一条小溪了。从丽江到奉科,沿途植被很好。松树、杉树、橡树和桦树林,根据海拔高度而层次分明。在海拔3500米以下是松树林,3700—4000米是乔木林,400米以下便只有石灰岩和白色大理石了。丽江的伐木工前来寻找最漂亮的雪松树干,其直径一米有余,故用来制作棺木。由于其体积大,故而价格极高。过去,土著人以木排漂棺的方式,将木棺运往四川叙府和重庆。后来,人们放弃了这种传统做法。该地区也有丰富的各种矿藏:天然铜矿、含银的铅矿和黄金矿。在丽江之北约一日行程的地方,人们开采铜矿;在更远的地方,有纳西部族开采铜矿;最后是在奉科,有些土著淘金人在水中淘金。那里的含金土层很厚,在枯水期可达40米厚。淘金人经常会收获很大的天然金块;在奉科,一小块黄金便可以使人生活在一定程度的富裕之中。该地区基本上荒无人烟。每行进20—30公里,人们才会遇到几间土著人的小村庄。那些伐掉树木的土地很肥沃,种植大麦、玉米、荞麦和线麻。他们于房子周围种植蔬菜、豌豆、蚕豆、菜豆、萝卜和白菜等。森林为土著人提供了大量柴薪和建材。挖陷阱或用弓弩狩猎又使这些土著人获得了大量猎物。他们从河中捞鱼,绵羊和山羊群又为他们提供了许多肉食和过冬的皮衣。最后是养猪业,又增加了他们的食物来源。因此,他们的物质生活是有保证的。他们只要外销少许黄金和麝香,或者是几张野兽皮,就可以买回生活必需的盐巴、铁器和服装。这些山地民性格温和并十分好客,其眼睛有些蒙古褶、厚唇而鼻直。他们更应该属于印—欧类型的人。男子的皮肤更应该是白色而不是黄色。女子身强力壮,性格开朗。她们身穿粗麻纱和带有下垂小褶的裙子。她们的短衣是汉式的,巨大的缠头帽子则是欧洲式的。她们不屑佩带任何首饰,仅装饰以雕镂粗糙的银质衿针和扣针、镶嵌绿松石的戒指、带有银器和珊瑚的珍珠项链、用大块白银制成

法国政界与商界对云南茶马古道南北两道的考察

的大耳环、带有沉重而又加工精细的指环。这些藏族、摩梭人、傈僳族和潞子人的部落所使用的文字,非常奇怪。这都是些表意文字,在不同程度上是用解析性的图像代表人与物,其中的行为是以手势举止所代表的。每个家庭都收藏有一本由家长记述重要事件、辉煌成就或流血插曲、诞生和死亡等事件的家谱。这类书册均以坚实强纤维的纸张制成,装饰以蓝色、红色或绿色的彩色图案。藏族人多为巫师或卜士,信仰巫术,极端迷信。为了驱除被认为是前来摄取死者灵魂的恶神,同时阻止其再于部落中诱拐走另一个人的灵魂,于是便在连续两夜间尽情狂欢。他们发出粗犷的吼叫声、摇动火把、摹拟对不可见生灵的战斗,伴以刺耳的鼓声、单簧管声、哨声和铜锣声,一切都混杂在火爆的声音中。紧接着又是一场全面的狂欢,饮米酒直至彻底醉倒为止。法国人一行在丽江府与奉科之间的具有一定规模的村镇鸣音停留了两天。该村镇当时正被不停降落的大雪封镇,法国人便利用这一机会杀猪宰羊和摆设盛宴。他们从鸣音村遥望到了西南丽江大山的巍巍山峰,它由一条大河从中穿流。他们居高临下欣赏该平原,视野延伸得非常远。这些人于数星期间在这些覆盖以森林的大山中骑行。古特勒蒙在夫人的帮助下,忙于整理目测图板、罗盘和比色计的目测图。许多藏族人经丽江到大理参加每年的四月会。有些藏族人来自打箭炉,已经跋涉45—50天,还必须再用15天才会到达大理。他们在那里出售其商品后,便重新登上返回家乡的道路,沿途一直生火煮茶并食用奶油拌糌粑。

此时,法国人一行便面临两种选择:继续向北考察阿墩子和巴塘的藏族人,或者是返回大理府去参加四月会。他们最后决定返回大理。每年都有来自最遥远地区的人来参加大理商品交易会,如缅甸人、北圻人、中国南方人,他们都带来自己的产品和西藏人、中国中原人、蒙古人交易。许多商队年年来往,似乎是于旅行中度生。当时,海路贸易已经开通了,新加坡、广州和上海的大商行,遏制了内地的大市场。这些大型交易会,仅仅是出于对多年传统的纪念,才得以组织起来。大理的集市也在回民起义后变小了。特别是经由他们之手的贵金属与麝香贸易受到了打压。经过打箭炉的四川之路,肯定是以损害云南利益为代价,而谋得了实惠。西藏人向大理运去了草药、羔羊皮、少许大黄、数百牛马。但这一切与从阿墩子运来的商品相比较,则显得太少了,因为后一些商品取道理塘、巴塘和打箭炉之路。虽然这条道路既漫长又艰险,但其有利条件正是通向了一个很活跃的市场。藏族人返回时,带运回大批消费品，云南和法属安南—北圻可以为他们提供这一切。那些土著人也从农村涌向大理，带去了他们的雕花家具、棉纺品、粗糙的五金制品或金属加工品（茶具、锅和香炉）和编织的毯氆。但主要还是粮食、蔬菜和水果，此外还有在开市两天期间需要吃的食物。瓷器、首饰和玉器商人，携带那些半中国和半欧洲产的小商品的广东人，那些服装、鞋帽和皮革制品的商人，白色金属水烟筒、大烟枪和其他各种形式的烟具，都拥有独自的销售区域。人们看到这一幅幅神奇的景象，便不禁会联想到，古代集市可能有多么漂亮和形象生动啊！那里简直成了一座巴别塔（Babel，原指诺亚子孙们未建成的通天塔，后指用多种语言讲话的混乱场所），许多方言、地方土话等不同语言混杂在一起。他们很自然地以地区分成集团，以便互相理解、互相支持和保护。法国人一行只好以穿中式服装来掩饰自己的真面目。他们若穿西服，便会成为"引力"中心。法国人在市场中搜集到了大量商业信息，采购了许多商品，以备返回法国后组织一次展览。他们特别采购了皮货、药材和麝香等，对出口商品尤为感兴趣。他们搜集了一批不同来源的主要制造业产品样本，以为法国企业向云南销售其产品提供资料证据。

三、结　语

　　茶马古道应有南、北两道之别。其南道主要是通向东南亚和南亚次大陆，其北道除了通向这些地区之外，还有通往云、贵、桂、川、藏、粤和内地的功能。法国人对于南北两道的考察成果，价值很大。它们不但向国外揭开了茶马古道的神秘面纱，而且还为学术界的研究留下了宝贵资料。因为即使到了清末，对这些地区实地详细考察的资料，依然少之又少。我们今天研究茶马古道的历史，不仅要注重中文史料，而且还要充分利用以"他者"的目光进行观察的外文资料。

语言、文化、汉学及其他

[法] 卡特琳娜·戴思博/钱林森

  法国曾是欧洲汉学的发祥地和中心，从18世纪到20世纪上半叶一直占据领先地位。当代法国汉学是否仍具往昔的风采和魅力？法兰西汉学新生代有着怎样的面貌和景观？面对东西方文化日趋深化的交流和对话，他们有着怎样的对策和思考？又有怎样的期待和前景？这是我在世纪之交在法国访学期间，与巴黎东方语言文化学院中文系主任、法国教育部汉语师资考试委员会主任戴思博（Catherine Despeux）教授几次晤谈的中心话题。戴思博教授师从法国汉学界道学专家克里斯托弗·施贝（Kristopher Schipper）教授和马克斯·卡当马克（Max Kaltenmark）教授，由研究中国太极拳入手而进入中国古典哲学、中医学和中国科技史，拓开了汉学研究的领域，著译丰富，独树一帜，是法国汉学新生代成绩卓然的佼佼者。我们的对谈还涉及她所独步的领域，中国功夫与中国哲学体系、与科技文化的"联姻"，以及汉学研究的世界视野和跨学科趋势等有趣的话题。本文据我2000年2月17—20日在巴黎东方语言文化学院和她的寓所三次晤谈手记及2001年9月戴思博教授的笔答整理而成，并经她过目。戴思博法文笔答文字为邹琰女士所译。

（钱林森，2002年2月18日，南京大学）

  钱林森（简称钱）：戴思博教授，感谢您抽出时间来接待我。记得1976年我在东方语言学院教书认识您时，您刚从台湾留学回来不久，还很年轻，但现在您已是知名的汉学家了。您当时对中国气功情有独钟，又操一口标准的北京话，给大家留下深刻印象。您现在还在研究气功吗？您怎么喜欢起中国功夫来的呢？又怎么能说这么流利的汉语？能否首先您介绍一下这方面的情况呢？

  戴思博（简称戴）：您的恭维实在令我觉得荣幸不已。可是，我并不是像您所说的那样，汉语讲得那么好。因为在台湾待了四年，我带了一点南方口音，虽然在此期间我也经常和北方人交往。之所以来台湾，是因为1967年，我完成东方语言学院的汉语学习，在索邦大学拿到人种学学士学位，那时中国大陆正全面进行"文化大革命"，暂时中止了外国留学生去中国大陆继续求学的可能。而我那时却强烈感到有必要提高我的汉语自我表达能力，提高对这种深深吸引我的奇妙文化的认识。那时，我结识了一个从台湾来法的中国学生，他来做关于运动神经残障的心理病理学论文。我们互相学习语言，结下了友谊。对我来说，这个年轻人表现了一个中国人所能付出的所有关爱和友谊。他帮助我去台湾，让我在台湾得到很好的接待。我对他，对我所有的台湾朋友表示深深地感激，没有他们，我不可能成为一个汉学家。他们中有些人后来成为我非常亲密的朋友。

我到台湾没多久，那里就举行了一个国际汉学研讨会。有两位法国学者，克里斯托弗·施贝教授和马克斯·卡当马克教授参加了这次研讨会。他们鼓励我着手进行博士论文。卡当马克先生那时是高等研究实践学院第五系"宗教研究"的研究主任，他同意我在他的指导下作关于太极拳的博士论文。事实上，在离开法国之前，我已经听人谈论过这门在西方那时还少为人知的艺术，人们将它比作印度的瑜伽术。太极拳那时被说成一种道家修炼方法。我学中文时，有一个老师叫张复蕊（Chang Fou-jouei），是一个非常博学非常热情的老夫子，他教授的一些文章让我发现了庄子，这个作家的思想和文风给我留下了深刻印象，现在我都还读得津津有味。就这样，我利用在台湾的四年研究太极拳，拜访各种老师，熟悉中国武术和身体训练的技术词汇，同时身体力行。有的老师侧重技击打斗，有的老师侧重身体锻炼和其他的道家或禅宗修行的联系。我因此认识了气功或者说打坐修炼的另外形式。

钱：如果我没有记错的话，您是较早地把中国功夫介绍到法国的学者，现在中国功夫在法国很流行，有您的功劳。请问您为此做了哪些工作？有哪些有关这方面的著作和译述？

戴：回到法国后，1974年我的博士论文通过答辩，修改之后，1976年在中国高等研究学院出版社出版的丛书（第二套丛书）中第一次出版，1980年又针对更广泛的读者出了增补版。这一时期，关于这方面有两本法语的普及读物，而我的书在法国是第一本真正意义上研究太极拳的作品。自那以后，中国出版了一些新的资料，尤其是在美国的道格拉斯·威尔，一些深入研究地方志的文章介绍了比我的研究更全面的太极拳历史。

我在台湾所能交往的太极拳老师，大多侧重太极拳的一个方面。有的侧重技击打斗方面，把太极拳运用到各种技击术上，徒手的，器械的；有的侧重练习太极拳对身体的好处，他们把太极拳融入到别的体操训练、吐纳、打坐中去，这也就是人们现在称的气功或养生；还有一小部分把太极纳到道家、内丹的背景里。我于是去查找研究这几个方面的中国典籍，主要是《道藏》的经文。1978年到1984年，我参加了施贝教授组织的整理《道藏》经文目录的工程，这让我加深了对养生、全真派和内丹的了解。我那时出版了两本著作。一本是周履靖《赤凤髓》的法文译本。这本书的优点是概括了有关导引、服气、内丹的经文，复述了在这方面唐朝时期最著名的经文。在译文里我附了一篇导言，第一次向法国大众介绍了这些经文。

另外一本著作也是附导言的译著：赵壁尘的《卫生生理学明指》。赵壁尘是19世纪末龙门派的道家大师，《卫生生理学明指》是马克斯·卡当马克老师交付给我的赵先生没出版的手稿。我的译作第一次用法语介绍了内丹的基础知识，以及明清时期人们描述的修习内丹的三个阶段："炼精化气、炼气化神神、炼化虚。"不久前，我又开始研究道家中对身体的各种描述。其中《修真图》是我早已开始研究的，那时学《修真图》的女同学莫尼卡·埃斯波兹多给我看了一份武当山的版本，我非常喜欢，还写了一本书，就是破解这幅图所包括的各种姿势和文字的成果。书里介绍了已知的各种版本、内丹中身体里各个主要穴位，以及供参考的内丹功夫。

除了写书介绍气功和气功主要修习方法之外，我还致力于提醒西方人注意到一个事实，就是很多以气功大师形象出现在西方的"大师"只不过是些江湖骗子。很多亚洲人把气功看成是一种能很快弄到钱的手段，学了几个月的雕虫小技就自称是某某功夫上的大师。还有的扬言某种功夫在中国很有名，可据我所知，那并不是气功中的精华。1985年，我在法国有幸认识了一个上海人，顾梅圣先生。他是太极拳大师，他的法语讲得非常好，因为他1947年前后在法国学习过，而且和我的一个汉学老师，吴德明（Yves Hervouet）先生交情很好。我和一群朋友跟他练功夫。我欣赏他的睿智、个人修养以及从我们身上取长补短的能力。他教我们保持身体和思想的和谐，通过运动和吐纳寻找一个中枢，来达到最大的平衡和内心的平和。我特别欣赏他这种教学方式。于是我们决定成立一个协会，就是中国科学文化学会，可以让顾先生或者是他的弟子不时来法国，在短暂的居留期间教我们太极拳。顾先生也由此可以培养一些弟子，据说至今为止，大概200多个人得到了他的教诲、指点。

钱：您不仅是这方面的实践家，也是这方面的理论探索者。您是自觉地把气功健身与中国人的人生哲学，中国人的宇宙观和传统文化联系起来思考的西方学者。在您看来，太极气功和中国传统哲学、中国人的世界观有什么联系？为什么会有越来越多的西方人喜欢中国的太极与气功？

戴：当新的东西进入到另一种文化，很多问题也提出来了：这些起源于特定背景下的理论，在西方是否也适用呢？是原样接受呢还是反过来才适应呢？如果不了解、不懂得它们的背景，那人们也能去理解去修炼这些功夫吗？是不是单纯地模仿就可以收到相同的效果？这些功夫的有效处何在呢？为什么能吸引那么多西方人？这些问题都是我研究的基础，比如中西方对身体的概念、中西方提倡的各种放松方法中呼吸的作用等。在这之中，我印象深刻的是，对个体、个性和自由的追求将人类从各种奴役形式中解脱出来了，但它的另一个后果是使人类逐渐忘记了集体这一面，忘记了人和物、人和孕育人类的事物之间的重要关系。西方人在对环境的关注中逐渐意识到了这一点，但他们又走到了它所包含的另一个极端，也就是说他们意识到我们的生命归功于周围环境中最微不足道的基本粒子，像大地的尘埃、空气、波浪等等。而中国的宇宙系统则侧重关系、关联系统，某些西方哲学家也提出了类似系统，但这些系统却慢慢被抛弃了。在我看来，通过中国系统提醒我们这些哲学家提出的体系的存在，是中国思想对西方的首要贡献之一：让我们意识到我们看世界的眼光是受到限制的，别的世界观也有其长处和缺点，那么，问题就不是推论这个体系对另一个体系的霸权，而是敞开心扉去论证几种体系的对峙可以带给我们的东西。

而太极和气功的要点是：让个体通过自己的身体感受到他存在于世界和宇宙之中，让他花时间通过运动来聆听自己的感觉和情绪，但这点在活跃而主张干涉的西方却有被忘记的倾向。当然，西方也有一些理论和放松方法，提倡类似于太极和气功的修行。

钱：您由气功太极的实践与理论探讨，进入到中国的传统医学的研究，大大拓宽了法国汉学研究的领域。据我所知，法国的中医研究，大约始于19世纪汉学家雷慕沙（Abel Rémusat），请介绍一下近现代法国汉学界在这方面研究的突破。

戴：雷慕沙确实是最早研究中医的汉学家之一。他自己就是医生，写了关于舌诊的博士论文。除他之外，要到 20 世纪 30 年代，才有苏利叶·德·莫汉（Soulié de Morant，1878—1955）把杨继洲的《针灸大成》译成法语，不过这本书在医学界的影响比在汉学界大得多。继承这种传统的是当代的克洛德·拉尔神父（Claude Larre）和伊丽莎白·罗莎·德·拉瓦勒（Elisabeth Rochat de la Vallée），他们翻译了《黄帝内经》和《淮南子》的部分章节，还给针灸医生上中医入门课程。

至于我，我进入中医研究领域是通过太极拳，但也是通过我在台湾的一次亲身体验。那是我刚到台湾不久，因为走了好几天路，脚踝浮肿，于是我就去看针灸。那个针灸医生离我住的地方不远，叫林凌先，是个女医生。她很快就把我的病治好了。她对我很好，答应我往后三年每天上午去她的诊所，跟她学中医。要是没有这段经历，从理智上接触中医就困难得多了，最起码会是完全不同的经历。我受惠于这位女士太多，她在我身上倾注了爱和知识。1971 年我回法国，就有一些针灸医生和我联系，请我翻译《伤寒论》，我就翻译了。现在我还有点遗憾，因为那时我还不能真正胜任这样带有深奥文献学知识的翻译，那里面有许多错误。80 年代，我开始从中国的人文社会历史方面去研究中医。我继续翻译了一些中医典籍，1985 年出版了孙思邈的《千金方》里有关针灸章节的译文；同时，我还发表了几篇文章，是关于对身体的描绘、身体的理论特别是锻炼理论、骨骼的特征等的。

之后，我指导了一个集体项目，从特定的病例——咳嗽出发，研究疾病的概念。这本著作最重要的一部分是关于咳嗽的药方，这是我的同事和合著者弗里德里克·奥布林热（Frédéric Obringer）翻译的。他现在是国家科学研究中心（CNRS）的研究员，研究自然界和药物的产物。他也是得益于藏医专家费尔南·梅耶（Fernand Meyer）和日本医学专家伊丽莎白·罗莎·德·拉瓦勒的合作。而后者是克洛德·拉尔神父的合作者，尤其是在《里士和梅哥·马歇学院词典》上的合作者。

不久前，我转向研究医学的社会历史和沈括在医学上对他那个时代的社会和观念的贡献；写了一篇关于《苏沈良方》的文章，大概马上就要发表了。这篇文章是研究像沈括这样的一个文人，怎样出于人道主义临时代理医生之职，又怎样严谨地花时间从朋友、近亲、官员那收集最好的药方。他不满足于将这些药方记录下来，而是每次都举一个关于药方疗效的例子，指明谁、在什么条件下、用何种药方如何被治好了。因此他的著作对于了解他那一时代医学的应用是宝贵的资料。近来，我和研究中国植物学的专家乔治·梅戴耶（Georges Métailié）合作，他和我在东方语言学院教授亚洲科技史。我们特别研究了中国明朝时的各种饮食制度，比如研究《饮食须知》。我们在博士生研讨会方面继续合作，这些博士生研究敦煌医书手稿，这也是我们与国际研究专家，特别是与北京中医研究院王淑民女士正在合作的项目。

钱：您不仅为法国当代汉学的发展作出了独特建树，而且在培养汉学人才方面也有重要贡献；您现在还担任法国最大最有名的东方语言文化学院（INALCO）中文系主任，担任法国教育部汉语教师资格考试委员会主任。能否给我们谈谈法国汉语教师培养和选拔的情况，介绍一下东方语言文化学院及中文系学科建设、人才培养和教学的情况？

戴：我领导东方语言文化学院（INALCO）中文系有三年时间（1996—2000），正是教育部推行几项改革的重要时期。我因此能够考虑专门人才的培养问题，并尝试进行教学方法的现代化。我推动了一些创新的举措，现在我只能希望这些措施能继续下去获得成功。对我来说，东方语言文化学院这样一个类似于大学的高等学校，应该是一个培养将来在商业、政治、文化方面和中国一起工作的专门人才的场所，同时也应是一个培养致力于汉学领域研究的专门人才的场所，一个培养未来的汉学教师和汉学研究者的场所。第一学年，我们学校有700个学生来注册，但这些人并没有全部坚持下来，所以我们真正只有500个学生。这个数字很快又减少了，他们当中只有很少一部分会坚持到学习结束。学生学习三年后可以了解语言和文化的基础知识，获得第一个文凭。事实上，东方语言文化学院在培养中强调文化的重要性，注意在培训中结合语言和文化。确实，即使是现在，人们还承认不太了解中国的精神面貌；但是，只有了解一种文化的历史才能更好理解这种文化。中国有好几千年的历史。现代性、现代化和世界化的问题是现在的趋势。我认为，学习另一种语言、另一种文化，是一面反光镜，可以以另一种方式向我们展现出我们自己的文化，我们可以从中发现还不为我们所知的财富和缺陷。当前，正是世界形势变化、国与国之间联系和身份地位发展的时期，我希望中国不要丧失过去所有的财富，这些财富会在明日世界中起到重要作用。

东方语言文化学院的学生学习三年汉语后获得一个三年的文凭。再通过第四学年的汉语学习，他们可以获得学士文凭。在这一学年里，学生可以有两个选择：一个是研究现当代，一个是研究传统和文化。东方语言文化学院这样培养出在历史、经济、国际关系、艺术史、现当代文学、古典文学、哲学、佛教方面的专门人才。那些希望继续学习的学生可以读第四年，选择硕士课题。这个硕士文凭可以让他们通过中学教师职业能力考试（CAPES）和汉语语言文化专业的大中学教师资格考试。如果他们成功通过后者，就可以在中小学教授汉语。汉语师资考试是为了选拔最优秀的教师而在1999年创建的，教育部委托我主持这项考试。它的设置显得很棘手，它必须在CAPES水平考试和博士生考试之间找到一个恰当的位置。参加考试的人在以下各方面的能力都要受到评估：用法语和汉语表达和书写，对文言文的认识，就某一文化、文学或语言学课题进行研究，而且他们还要上一堂明白确切的课，要体现他们的演说才能、一定的文化素质和清楚的教学能力。

在硕士学位之后，学生可以成为研究型学生，继续第三阶段的学习，用一年时间准备DEA，用三四年准备博士论文。这个阶段的学习可以让学生学会研究方法，提高汉语知识。那时他们可以在高等教育机构教书，也可以成为某一个大型研究机构的研究者，如国家科学研究中心（CNRS）、高等研究实验学校（EPHE）、社会科学高等研究学校（EHESS）、远东法国学校。这些研究型学生受到东方语言文化学院中国研究中心的欢迎。我从1996年起就领导中国研究中心，在那里，学生可以和专家接近。

钱： 东方语言学院历史悠久。在巴黎已经举行了两百周年的庆典，它在培养法国汉学人才方面具有举足轻重的地位。法国许多知名的汉学家、学者、作家都曾经在这里学习工作过。能谈谈这方面的情况吗？

戴： 东方语言文化学院有悠久的历史，1995年已经举行了两百周年的庆典。1795年，建立这所学校，旨在培养赴国外任职的外交官和使节，以提升法国在国外的形象，"为了确切的政治和商业利益，将在国家图书馆围墙内设立一所公众学校，致力于现存东方语言教学。"那时要培养翻译人员。汉语不是最早教授的语言之一，而是在1840年才开始教授的。从那之后，大部分权威的汉学家都在这个学校待过，要么当学生，要么当老师，要么两者皆有。他们当中数一数二的有：安托万·巴赞（Antoine Bazin, 1799—1862）、斯坦尼斯拉斯·朱利安（Stanislas Julien, 1799—1873）、阿尔诺·维斯耶（Arnold Vissière, 1858—1930）、伯希和（Paul Pelliot, 1878—1945）和保尔·戴密微（Paul Demiéville, 1894—1979），后者为最著名的中国佛学家，特别是法国禅宗专家，同时也是中国文化和诗歌方面的大学者，以及法国大学中汉语讲台的主讲者：罗尔夫·斯坦因（Rolf Stein）、谢和耐（Jacques Gernet）和皮耶尔-艾蒂内·威尔（Pierre-Etienne Will）……

东方语言文化学院教授的语言数量不断增加，今天已经有 81 种：非洲语言、中欧语言、俄罗斯语、中东语言、阿拉伯语、美洲语言（南美印第安语言和爱斯基摩语），太平洋语言和亚洲语言。拥有众多学生的重要的系是：阿拉伯语系、日本语系、汉语系和俄罗斯语系。

钱：作为培养法国汉学人才的东方语言学院，您觉得在新世纪应当有何新的对策？随着中法文化交流的日趋频繁，对汉学人才的需求日趋急迫，您作为法国权威的汉语师资考试委员会主席，在汉语人才培养方面有何种新的对策？

戴：既然两国之间的交往越来越密切，那么增加两国学生之间的交往就很重要。中国大使馆从 1996 年起每年给我们两笔基金以及 10 个免除大学注册费的名额，这对我们是莫大的支持。法国学生在学习头几年能去中国逗留学习语言。台湾也给了我们两个基金。到了高年级，学生得去中国找研究课题的资料，在资深专家那里接受训练。至于我们这一方，东方语言文化学院到了第三阶段可以接收学生，让他们学习西方研究方法，参加我们的集体研究项目。必须要加强研究人员的交往，特别是在汉语研究中心要欢迎中国研究人员，而这在目前还是非常困难非常少见的。不过，今年，我开展了一个国际研究项目，研究敦煌医书手稿，有中国研究人员的参加。应当加强这一类的合作项目。

此外，必须发展多媒体技术和语言实验室。我们急切地等待着东方语言文化学院搬家，它现在太小，在这方面的技术不够。

钱：如果说，以十七八世纪法国来华的传教士如李明（Louis Le Comte, 1655—1729）、白晋（Joachim Bouvet, 1656—1730）、宋君荣（Antoine Gaubil, 1689—1759）、钱德明（Jean Joseph Amiot, 1718—1793）等为第一代法国汉学家，以 19 世纪阿贝尔·雷慕沙（Abel Rémusat, 1788—1832）、斯坦尼斯拉斯·朱利安（Stanislas Jullien, 1797—1873）等是第二代汉学家，以 19 世纪末 20 世纪上半叶的爱德华·沙畹（Edouard Chavannes, 1865—1918）、马伯乐（Henri Maspero, 1883—1945）、葛兰言（Marcheel Granet, 1884—1940）、伯希和（Paul Pelliot, 1878—1945）等为第三代汉学家，以戴密微（Paul Demiéville, 1894—1979）及弟子谢和耐（Jacque Gernet）、汪德迈

(L'on Vandermeersch)等为第四代汉学家,那么现在占据法国前沿阵地的实力派如艾蒂内·威尔(Ettienne Wille)、弗朗索瓦·于连(François Jullien)、阿兰·贝罗贝(Alain Peyraube)、程艾兰(Anne Cheng)等就是第五代汉学家了吧?而您是其中最活跃的一员。能否给我们谈谈法国汉学目前的现状和未来发展的前景?

戴:关于法国汉学的现状和未来的发展,这个问题非常难回答,也非常有趣。它需要对汉学的历史、现状和将来有一个整体视野。事实上,由于工业化和通讯的发展,汉学研究的整体条件和背景都发生了巨大的变化。三十年前我要开始学汉语时,那时这种做法还很另类。但是1964年戴高乐承认新中国是一个决定性的转折。现在专家和大部分的法国人都很迷恋中国,中国研究特别是现当代中国历史研究也得到了前所未有的发展。他们感兴趣的,不再是另一种不同的文化,而是一个国家、这个国家的历史,以及在这个国家的历史中反映出来的欧洲、法国和世界的历史。因此,研究的目的也是政治上的:法国要怎样定位?和中国建立哪种关系?可惜的是,那个时期的专家在了解新中国时没有估计到认识传统中国的重要性。很多人通过媒体塑造的形象认识的新中国都是很无关紧要的东西。于是在古代派和现代派之间产生了争吵。这种分歧直到最近,特别是随着明清这一两派接合期历史研究的发展才消失。我特别要提到雅克·热内和皮耶尔-艾田内·威尔。前者最近几年研究人文历史和传教士进入中国的反应;后者通过饥饿史研究明朝的社会和经济,逐步转到研究清朝社会,研究文官的形成和在中国建立现代国家的基本思想。

与这一发展平行的是,在法国、美国以及世界上其他国家里,研究者和研究工作在增多,开拓了相对来说新的学科领域:比如说中国科技史。如果李约瑟的《科学与文明》大大开拓了研究领域,那么,在法国,人们得感谢雅克·热内推动了这方面的研究,将近十年来,他领导了一个研究中国、韩国、日本科学史的国际研究小组,这个小组里聚集了数学、天文、占卜术、医学、植物学方面的专家。我有幸加入了这个小组,也因此获得了更全面的关于中国文化的知识。正是在那时,产生了我这一代和马克·马林诺夫斯基的特殊联系。后者三年来领导一个研究小组,通过研究敦煌手稿来研究中世纪中国的占卜术和社会。在这些成员中,有研究中国数学的专家让-克洛德·马兹洛夫(Jean-Claude Martzloff),宇宙学的专家阿兰·阿尔诺(Alain Arrault)，宗教学家克里斯蒂·莫利耶（Christine Mollier），而我则研究占卜术与相面术中身体特征的联系，以及通过观察异象占卜的方面，如 NICI、生理感觉（眼跳耳热）、特别的树种、奇特的动物、乌鸦的叫声等等。正是通过这项工作，我开始领导一个研究小组研究敦煌的医书手稿。另外，我还要提到乔治·梅戴耶，他从事植物学方面的重要研究，而且他还很关心这门学科接班人的培养问题；还有一些普通科学史研究中心如著名的 KOYRE 中心对中国科学技术也非常感兴趣。从这些可以说明，法国已成为一个有最多中国科技史专家在研究工作的国家。这些专家不再像李约瑟一样根据西方从明确的背景出发而划分的学科类别来研究，而是就中国特有的社会、人文历史背景来研究这一学科。因此，他们不再是根据西方那种被认为是高级的占主导地位的模式来评价中国的这一领域，而是侧重这些领域的特点和特殊性，并通过一种真正的比较方法看出中国模式所能带给西方的东西。我不相信这两种模式有融合的可能，或者是把各个模式的一小部分做个综合，把它当成理想模式，可以应用于所有国家。我也不相信西方模式或者说是美国模式会变得世界化，会被采纳、应用。就我个人来说，这种思考让我发现，西方的一些思想家曾经在历史过程中也建立了与人们在中国发现的相类似的模式，但这些模式要么不是主导模式，要么还是与中国模式不同，主要是因为背景有差异。

　　要谈到汉学，首先要提到主要的研究机构。首先要注意的是国家科学研究中心的东方学，在那儿，汉学引人注目。这种变化反映了总体的发展，就是人们的要求不再是认识中国本身，而是对世界、对世界的发展、对人们看世界的眼光有一个更全面的视野。这个高级机构希望优先发展学科间的靠拢，鼓励历史学家、人类学家、经济学家、艺术史学家等。同时，有一个强大的知识分子流派提倡跨学科性甚至是超学科性。因为过于专业化和要处理的信息越来越多，知识变得分散；他们希望点燃这些知识碎片。背景研究前所未有地受到鼓励和重视。这在国家科学研究中心内部形成了两个主要的研究小组。一个小组和社会科学高等研究学校合作，这个小组聚集了研究中国古代、现代、当代的专家；他们的共同点确切地说是工作方法和围绕社会历史进行的思考。当然，现当代历史占了大部分位置。东方语言文化学院的好几个教授和讲座教师参加了这个小组。另一个小组和高等研究实验学校合作，是由让-皮埃尔·得亥克（Jean-Pierre Drège）和童丕（Eric Trombert）指导的原来的敦煌研究小组。这个小组一方面把研究领域扩展到其他文献，比如碑文、拓片，另一方面，通过与 EPHE 的联合向那些宗教史、旧文学、艺术、考古方面的研究人员敞开大门。因此，在这个小组内部就有相当于人们以前所指的传统汉学的研究人员。还要提到东亚语言学研究中心，以前长期由阿兰·贝罗贝（Alain Peyraube）领导，现在是由勒都阿·加穆里（Redouane Djamouri）领导。多亏了这个研究中心，语言学的研究才大大发展。最后，EFEO 近来招纳了一些青年研究员，研究宗教史、伦理学和人类学，这些研究人员都在当地、在中国大陆、台湾、香港待过一段时间。

因此，要总结汉学现状，我要说，法国汉学从研究人员的数量和质量上来说，现在都发展得很好。它仍然是欧洲最具吸引力的中心。法国汉学因为它所涵括的各种领域而熠熠闪光，包括我没提到但研究势头很好的领域，如弗朗索瓦兹·萨班（Françoise Sabban）研究中国饮食、弗朗索瓦·皮卡尔（François Picard）和吕斯·罗勒（Lucie Rault）研究中国音乐。但是，除了几个例外，现在法国汉学的一个特点是，相比起我的前一代，就是我们的导师保尔·戴密微、伯希和、谢和耐和汪德迈（Vandermeersch）这一代，或者是相比起伟大古典的当代英国汉学家，现代法国汉学界的语文学知识不如以前。这个时期新的研究领域得到发展，如考古学、社会史、科技史、语言学、经济学、国际关系史；但古典文学和诗歌研究在后退，只有几个独立的个体在研究。

至于未来，我不会装出语言家的样子，我得承认我无法回答这样一个问题。就我个人来看，它和中国汉学的未来紧紧相连，因为我这一代遭遇了"文化大革命"，它让一些同行想翻过这一页，忘掉中国的过去。中国自己重视自己的过去，鼓舞了法国人，特别是马王堆、无为、阜阳、郭店的考古发现；卡里诺威斯基（Kalinowski）计划中和中国人合作研究敦煌手书以及我所进行的工作都非常振奋人心。同样，法国（Alain Thote）和中国之间的共同考古研究计划、在中国现场研究的发展，这些都是希望的使者，让人看到两国间有更多的合作发展。这也是一个新的转折，在跨学科性把汉学纳入到其他领域的研究之后，汉学将由对认识对象的交叉看法构成，那将是对世界发展的最大贡献。

真知而出灼见

——阿贝尔·雷慕沙论汉语言文字

杨志棠

阿贝尔·雷慕沙（AbelRémusat），全名让-皮埃尔·阿贝尔·雷慕沙（Jean-Pierre Abel Rémusat），在今天被认为是法国以至于欧洲现代汉学的先驱者。他去世时，法国著名的东方学家德·萨西在悼词中说，是他"通过其大量的优秀研究著作使我们对中国的语言、文字和文学有了全新的认识"（Silvestre de Sacy，1834：1）。当代加拿大汉学家查尔·勒布朗将欧洲汉学的历史分为三个阶段：马可·波罗时代被称为"想象的汉学"，耶稣会传教士时代是"宗教的汉学"，而现代意义上的"科学的汉学"则是由阿贝尔·雷慕沙首开先河的（Charles Le Blanc，2007：54）。

在法国汉学界，人们了解阿贝尔·雷慕沙关于汉语言文字观点的主要途径是他1822年发表的语法书籍《汉文启蒙》和他在1821到1831十年间与德国哲学家洪堡特的书信往来。我们这里则着重介绍他早期发表的几篇鲜为人知的论文，并围绕若干汉语言文字的关键性主题，来说明他的见解和分析不仅在19世纪上半叶凸显精辟，而且至今仍有很大的现实意义。

这几篇论文是：《论中国语言和文学》（1811），《论汉语所谓的单音节性质》（1813—1814），《关于欧洲汉学的起源、发展和意义》（1815年1月16日在法兰西王家公学院"中国语言和文学"课程开讲时的演说），《关于汉字之基础的具象符号》（1821），《关于欧洲汉学研究的现状与发展——致"亚洲学报"主编》（1822）。后四篇论文都由作者本人于1826年收集在他的《亚洲研究文集》第二卷里。

进入正题以前，我们先对阿贝尔·雷慕沙生平中的几项重大事件以及当

真知而出灼见——阿贝尔·雷慕沙论汉语言文字

时法国汉学界的状况作一简单介绍①。这些背景将有助于读者更清楚地认识这位杰出学者的巨大贡献和独到之处。

一、阿贝尔·雷慕沙的生平

阿贝尔·雷慕沙于1788年出生于巴黎,毕生没有离开过这个城市。父亲是医生。他幼年时在一次玩耍时不慎受了重伤,长年被迫在家中养病,但由于他天资聪颖,求知欲强,虽然从未跨入过学校的门槛,但在家人和周围人的帮助下读完了各门科目,不仅纯熟地掌握了拉丁文和希腊文,热衷于历史,还特别对植物学产生浓厚的兴趣。

1805年,父亲病故,家里没有了经济来源,年仅17岁的阿贝尔-雷慕沙必须担起抚养母亲的责任。于是,出于对未来职业的考虑,他进入巴黎医学院学医。在他读二年级的时候,一次偶然的事件改变了他的命运。在一位古董收藏家的藏品室中,他发现了一本来自中国的植物标本。他认出了其中的几种植物,但更吸引他的是旁边加注的汉字,从此他便下决心要识别这种奇特的文字。于是,在继续学医的同时,他开始四处寻找对他有用的工具书。当时的王家图书馆里珍藏着十几本18世纪耶稣会传教士从中国带回来的字典,但图书馆的大门拒绝对一个医学院二年级学生开放。最后他只找到了两本汉满字典,然后将里面的汉字与一些附带原文的传教士的翻译作品相对照,一个字一个字地识别了某些汉字的意义,并开始编写他自己的汉法词汇表。"一旦弄清了一个汉字的意义,他便仔细地研究这个字在句子中的位置,对句子意义的影响以及与其他汉字可能的组合。多少个不眠之夜,多少疲劳才使他明白了汉语的句法是非常简单的,这是他的前人所从未理会到的。"(de Landresse,1834)阿贝尔·雷慕沙本人事后写道:"我需要付出十倍的时间和工作,就是因为我当时缺少一本字典。"(1811:x)

尽管缺乏起码的工具书和指导,阿贝尔·雷慕沙仍然尽可能地使用第一手资料。经过五年的不懈努力,他无师自通,纯熟地掌握了汉语文言文和官话的读写能力,并于1811年发表了他的第一部汉学著作《论中国语言和文

---

① 关于这一部分的内容,我们主要参考了以下几篇文章:贝藏松市长和学术院成员朗德列斯1834年在亚洲学会所作《关于阿贝尔·雷慕沙先生的生平和著作》的发言,德·萨西1834年在铭文和美文学术院所作的题为《关于阿贝尔·雷慕沙先生的生平和作品》的公开演讲,让-雅克·安培于1832年和1833年分期发表在《两个世界》杂志上的题为《关于中国和阿贝尔·雷慕沙先生的著作》的长文。出处详情见本文的参考书目。

学》。全书只有一百六十页,但其内容之丰富、观点之精辟即使是在今天也足以令人叹为观止①。特别值得一提的是,由于当时无法印刷汉字,作者为了让读者对汉字的面貌有所初步的了解,便亲笔用宋体工工整整地书写了五页的典籍节选,用拉丁字母给每个汉字注音并在书中作了逐字逐句的解释。

1813年,阿贝尔·雷慕沙用拉丁文写了一篇关于中医的论文,答辩后获医生身份并开始行医。当时,正值拿破仑军队和反法同盟拼死一战的时候,前线大批伤兵被送回巴黎,阿贝尔·雷慕沙被迫应征到临时战地医院里当外科医生。1814年,波旁王朝复辟。经过德·萨西的左右周旋,法兰西王家公学专门为阿贝尔·雷慕沙开设了一个教席,全称为"中国和鞑靼—满族语言和文学"。这是欧洲有史以来首次在一所公共学术机构里正式教授汉语和中国文学。

《论中国语言和文学》内页样张

当时年仅26岁的阿贝尔·雷慕沙很快就在法国和欧洲学术界,特别是东方学界名声大振。1816年他成为法国铭文和美文学术院成员,1822年与德·萨西一起创办了亚洲学社并担任《亚洲学报》秘书长,1824年被任命为王家

---

① 且不谈书中多处引经据典,对前人或权威的定论提出挑战,这里仅以几个最重要的主题为例,作者对中国语言文化的丰富知识便可略见一斑。书中一一介绍了汉字的结构、三字经和千字文、四书五经、六书造字法、书法艺术、永字八法、反切记音法、字典排列法、214个部首、汉字的声调、同音字、双音词、构词法等等。论述后还附有极为详尽的注释、索引和一个汉字字表。

图书馆东方典籍馆长之一。

阿贝尔·雷慕沙由于患病,于44岁英年早逝,留下的等身之书包括专著、论文、翻译、评论、信函等,内容广泛地涉及了汉语、满语和梵文等语言和文字以及"亚洲的地理、人类学、宗教、自然科学史、东西方交流史、语言系族、文字的起源和多样性、文学艺术史、哲学思想、风俗习惯等多种领域"(de Sacy, 1834: 16—17),充分显示他学识渊博,功底深厚,而他对中国语言文字的认识在当时更是"无人可以匹敌"。(Rousseau & Thouard, 1999: 224)

二、19世纪初期法国汉学界的状况

1806年,当阿贝尔·雷慕沙开始学习汉语时,法国汉学正处于低谷。正如朗德列斯(Landresse, 1834: 219)所说,他"既没有导师,也没有任何帮助和工具"。

没有导师是因为当时研究过汉语的四位学者均已作古。首先应当提到的是中国天主教徒黄嘉略[①],他年轻时被传教士带到法国学习教义,后定居巴黎并在王家图书馆任职。在一位年轻法国学者的帮助下,他开始编纂一部汉法字典和一部汉语语法,并翻译了康熙字典的214部首表。黄嘉略早逝,其手稿从未获发表。后来成为学术院院士并被认为是汉学专家的付尔蒙(Etienne Fourmont)曾经是他的学生。据说,黄嘉略的部分成果被付尔蒙直接剽窃,尽管"后者似乎从未真正地理解汉语的精髓"(de Sacy, 1834: 7)。付尔蒙于1745年去世。他有两个学生,一个是他的侄子Le Roux Deshauterayes,另一个是Joseph de Guignes,二者分别于1795年和1800年去世。在提及这些前人时,阿贝尔·雷慕沙曾说过一句意味深长的话:"最初开始汉学研究的那些人想把一切都据为己有,恰恰是因为他们所掌握的东西少得可怜。"(1822: 26)总之,这些18世纪的东方学家后继无人。耶稣会教士带回来的几千本中文书尘封在王家图书馆里,几乎无人问津。

没有帮助是因为当时欧洲知识界对中国和中国文化的所知基本上都是从16世纪末到17世纪期间耶稣会教士那里得到的。这些长期生活在中国的教士们陆陆续续地给梵蒂冈或法国王室寄回长篇的信函和报告[②],不仅成为欧洲人

[①] 黄嘉略(1679—1716)本名黄日升,法文名Arcade Hoang。
[②] 这些信函后来被编汇成集出版,即著名的《中国耶稣会教士之教益深刻而千奇百怪的信函》。

了解这个遥远国度的主要情况来源，而且给启蒙时代的思想家们带来巨大的影响。然而，由于后来耶稣会与罗马教廷之间发生了激烈的"礼仪之争"，清王朝从1723年起开始勒令禁止任何天主教传教行为，除了几个例外，教士们纷纷被驱逐出中国，有的甚至被害致死。欧洲与中国之间的联系从此中断，中国的一切在欧洲人的心目中变得更为神秘莫测。直到1829年，四个中国天主教神学院的学生来巴黎进修，阿贝尔·雷慕沙和他的几个弟子才第一次见到了几个有血有肉的中国人①。

没月工具正如前所述，阿贝尔·雷慕沙作为一个医学院二年级学生，根本无缘见到王家图书馆里保存的双语字典。他后来在叙述自己所处的困境时这样写道："汉学家们可以想象我用一本全是中文的字典去翻译一篇中文文章时所遇到的困难，也很容易理解我经常会遇到的情况：当我去查询一些自己不太明白的汉字的解释时，碰到的却是另一些我根本不认识的汉字。"（1811：ix—x）直到1812年，也就是《关于汉语和中国文学》的论文发表一年以后，他才亲眼"见到"一本拉汉字典的手稿。另外，阿贝尔·雷慕沙还指出，从1742年付尔蒙的《汉语语法》问世到1814年英国传教士马士曼的《汉语之钥》在印度塞兰坡出版这半个多世纪的时间里，没有任何一本西文的中文语法书发表。这种青黄不接的状况与18世纪上半叶传教士们大书特书的时代形成鲜明的对比。

1815年，阿贝尔·雷慕沙在法兰西公学院开讲时说道："我们将要耕作的是一片荒芜废弃的土地。关于我们这门课所要研究的语言，欧洲人实际上只知道它的名称而已。两个世纪以来，在世界的这个地区充其量只有四五个学者真正地了解它……我们现在没有任何模式可循，也没有任何指导可希求。简言之，我们全靠自立，一切都需从我们自身的潜力中去发掘。"

如果说学术界是一片"荒芜废弃的土地"，那么当时欧洲人对中国的集体想象力却可谓一片充满偏见和误解的沃土。传教士们一个世纪以前所写的东西一方面引起了公众的好奇心，另一方面也带来了很多误解。尽管他们当中有不少人在若干年的努力之后，能够纯熟地运用汉语，但他们对语言性质的认识却通常是片面的。"有人说，汉语是所有语言中最难学的。汉字的数目达

---

① 1829年5月由王家图书馆安排他们的会面。双方的当面"交谈"毫无困难，但完全是通过笔和纸来进行的。因此官方报纸 Moniteur universel 第二天就报道说，"阿贝尔·雷慕沙先生真的懂中文"！

十万之多,文人必须花费毕生精力去学习。当他们掌握了一定数目的汉字以后,由于这种完全没有语法形式的语言是如此令人费解,即使是他们当中的博学者也会却而止步。……而文人们则认为传教士的这种说法过于夸张,为了表现公允,却倒向了另一个极端。"(Abel-Rémusat,1815:10—11)

在阿贝尔·雷慕沙看来,正是"偏见和无知"使得人们认为汉语的学习和研究可望而不可及,纯属"疯狂的无用功"。(Landresse,1834:219)他写道:"这些积累了近两个世纪的报告充满了模糊混乱的概念,使得对汉语的认识云遮雾罩"(1822:xxvij)。他还用第三人称的方式谈到自己身负的重任:"他所开设的课程在整个欧洲前所未有。他的义务是推广这门学问,但首先必须不遗余力地扫除遗存至今的那些错误,排除各种困难。几乎这个领域里的一切都必须改革,从关于语言文字的最起码的常识一直到普遍流传的对中国文学精髓和哲学思想的认识。"(1826:ij)"向无知与偏见开战","根除那些根深蒂固的错误",这些口号在他初期的著作中屡屡出现。而汉学界和欧洲知识界在方法和态度上所发生的变化确实是从阿贝尔·雷慕沙这里开始的。

三、欧洲人对汉语言文字的偏见与误解

这里,我们且不谈贯穿全部西方哲学史的"亲语派"和"亲文派"(Hagège,1985:89)关于语言和文字孰先孰后孰优孰劣的争论,仅仅指出一个很普通的现象:在有文字的社群里,大部分人通常无意识地把文字看作语言唯一的形式,甚至把语言文字混为一谈。这个现象涉及汉语时更为突出,主要根源于汉字的书写特点及其所谓的"表意性"①。

当初的传教士们出于传教使命的需要,在没有先例没有课本的情况下直接拜中国人为师,学习汉语的听说读写,但这种语言在他们以前学过的或知道的所有外语里都找不到哪怕是一点点相似之处。因此,他们对汉语的性质产生误解也是在所难免的。其中的索隐派甚至认为,在中国儒家典籍或汉字构造里可以找到一些早期基督教和圣经内容的痕迹或征象,否则,中国的"船"(旧体写为"舩")字为什么写成"八"、"口"、"舟",这难道不是对

---

① 法语 idéographique,形容词:idéo "想法、意思",graph "书写",实际上是"直接写意"的意思。汉语"表意符号"一说始见于1920年沈兼士的《文学形义学》和1940年张世禄的《文字学与文法学》,但两位作者都认为汉字里只有一部分符号是"意字"或"表意"性的,而其他符号则是"音字"或"标音符号"。把整个汉字体系称为"表意文字"实际上是后人的曲解。我们这里不必赘述。

诺亚方舟①的影射吗？（Le Blanc，2007：28）

就这样，从传教士们开始，人们便试图分解汉字的每个部件，并用编造故事的办法去解释各个部件之间的意义关系和构字的理据性。这种解释方法不但十分诱人，而且想象力一旦得以发挥便一发不可收拾，各种千奇百怪的说法应运而生②。德国哲学家莱布尼茨在早期也曾对汉字过产生浓厚的兴趣，称之为"意义的代数"，他甚至设想能够以汉字为模式，建构一种不与语音发生关系而直接表意的世界通用文字。虽然莱布尼茨后来对汉字体系有了更深入的了解，从而放弃了他最初的想法，但他这种思路却被后人承接下来，并不断翻新，逐渐形成了一种纯西方的汉字观，一种"表意幻想"（Hagège，1985：107）或"表意神话"（DeFrancis，1984：133），至今仍很有市场。

19世纪初期，在这些被阿贝尔·雷慕沙称为"关于汉字形体和写法的无休止的讨论"（1822：22）的同时，欧洲人对汉语还存有另一种偏见，主要来自施莱格尔（Schlegel）兄弟首先提出的语言类型学。他们认为，相对于先进的印欧语系来说，汉语这种既无形态又无语法的语言只能被看作是原始的、不完善甚至不完整的，而语言的不完善必定妨碍思维能力的发展。1822年，洪堡特在他与阿贝尔·雷慕沙最初的书信往来中，虽然并不完全赞同施莱格尔兄弟的说法，但也曾认为"只有依据语法构成的语言才具备有助于思想发展的能力"（Rousseau & Thouard，1999：100），他因此而怀疑中国古代文学能否表现出多少优越性③。

这两种观点，一是对"表意性"的理想化，一是对"原始语言"的归类，表面上大相径庭，实质上同出一源，即将文字和语言混为一谈。更确切

---

① 据《创世纪》记载，诺亚一家八口包括他和妻子，三个儿子和三个儿媳。
② 在他的第一部论文中，年轻的阿贝尔·雷慕沙也很难不落俗套，比如他在解释"庙"字时说："'田'在'建筑物'之下，看起来简单，却能表达相当复杂的意思：人们把田地里的秧苗拿来上供的地方就是庙宇。"（1811：13）
③ 在与阿贝尔·雷慕沙长达十年的通信过程中，洪堡特对汉语的观点不断地发生变化，以至逐渐放弃了他原来的想法。

地说，是把中国的文言文当作语言现实，当作是汉语言的唯一形式①。由于文言文是纯粹的"目治"文体，而且所有的汉字都像西文里的词一样由空白分开，因而汉字、音节和词这三个层次就理所当然地变成了一对一的关系。按照这个推理，汉语被认为是典型的单音节语言，既没有形态标记和变化，也没有语法，全靠汉字之间无序可循的排列以及汉字的形体来表达意义。

这些偏见与思想界的大环境是分不开的，当时的欧洲人对中国的负面看法更占上风："一些人把这种欠缺归结于这个语言古老的历史；另一些人则归结于讲这种语言的民族的野蛮性：二者都是错误的原则所导致的错误结论。"（Abel-Rémusat, 1813：53）

四、关于汉字的性质

在这种历史背景下，阿贝尔-雷慕沙初期对汉字的认识也表现出某种程度的模棱两可。他曾一度认为，"汉字的特殊性就在于约定俗成的符号可以直接表示意思，而不是通过语音的中介来提示的"。（1815：13）然而，在此之前，他却很明确地指出，"有些作者——以付尔蒙为首——认为汉字先于词语，文字先于语言。后者先由几个哲学家发明出来，然后才传授给民众。我认为这些作者是颠倒了自然顺序。"在他看来，更可信的推测应当是，"文字发明者用中国人的语言来表示汉字的发音，只有这样，学者们才有可能通过口语来交谈"。他还以汉字里有两类与语音发生关系的符号为证据，一类叫做"假音"（他翻译为 explication du son），另一类是"形声"（figurant la voix），并说明后一类"由两个部分组成，一个表示意义，另一个表示发音"。（1813：52—53）

这些互相矛盾的说法我们大概在他1821年的《关于汉字之基础的具象符号》一文中可以找到答案。在这篇文章里，作者介绍并分析了一些"具象符号"。然而，他不认为这些符号可以构成文字系统，而是把它们看作"刚刚脱

---

① 直到20世纪中，坚持这种立场的仍不乏其人。法国远东学校的一位汉学家 G. Margouliès 在其《中国语言和文字》一书中长篇论述了为什么汉语是单音节语言之后，这样写道："汉语书面语是极为精准简约的，而口语却和其他语言一样地冗长而啰唆。口语利用各种措辞方法以使意思直接了当，而且还使用很多书面见不到的专门的语法助词。这些特殊助词有两个作用，一是将两个词合成一个以避免同音词的混淆；一是加在名词后面来表示其功能。"作者接着举了一个例子，"花"（花费义）这个单音词的派生词是"花子"（乞丐义），甚至补充说"这在意义上是很逻辑的"，因为施舍叫花子不就是花费吗？（1957：60）

离游牧生活而进入初期文明的中国先民们"在感觉到有必要发明一种文字之前可能使用过的"原始记号"。他说，这类符号充其量只有二百来个，而"中国古人根本不可能用二百个图像来著书立说"。所以，在阿贝尔-雷慕沙看来，这些具象符号的价值在于它们给今人提供了"一幅了解和认识那个年代的图画"，而"古汉字的研究"只有"真正地研究古老的传统和风俗习惯"时才有意义。

而当他分析某些"表意符号"时，则明确无疑地认为，这些都是语言中的"词"而不是所谓的意义图像。他写道，中国人"把具象符号两个两个地或三个三个地组合在一起，用这种方法造出了数目庞大的合成符号。这些符号里有巧妙机智的象征，有生动有趣的定义，也有意味深长的谜语。但是，（它们所表示的）词并未因此而销声匿迹，并不像埃及圣书文字那样，只能靠沉湎于自己的想象力中的幻想去猜测。"1826年，当作者把这篇文章收入他的论文集时，在这里加了一个注释，纠正自己关于埃及圣书的说法："这篇文章写作的年代足以排除对这个说法的一切误解。笔者当时不可能知道商博良先生关于一部分圣书符号具有音值并用来记音的最新发现。"

这里，我们有必要顺便提及当时欧洲学术界的这项重大发现。1822年，让-弗朗索瓦·商博良（Jean-François Champollion）经过十余年的探索，终于通过对罗塞塔石的解密实现了埃及圣书文字的识别，从此揭示了"沙漠中永远的秘密"。这位精通多种文字的天才学者之所以能够迈出决定性的一步，是因为他发现了圣书中一部分符号所代表的音值。虽然法文 idéographique 一词首次见于他的笔下，但他在使用这个词时恰恰是要说明，埃及圣书并不是完全的"表意"文字，而是一个复杂的混合系统。在这些貌似图画的符号里，有的可以直接表示一个词，有的代表一个字母的音值，还有的可以附加在表词符号后面充当义符。正因如此，商博良在后期的著作中已很少再使用"表意符号"的说法，而是改用"具象符号"和"象征符号"。在对古文字系统的认识方面，他本人在埃及学领域的突破和阿贝尔·雷慕沙在汉学领域的研究成果曾在很大程度上互补共进。

后来，阿贝尔-雷慕沙在他的语法书里更是依据形声字的原理来阐明文字与语言的对应关系："无论是简单的还是合成的符号都跟口语里的词相对应，后者即是前者的发音。因此，有一部分符号就被用来当作音符，而失去了其原始的意义。这些音符与图像相结合就构成了一些混合式的汉

字。"(1822：3)

五、关于汉语的单音节性质

早在1813年，阿贝尔·雷慕沙就用拉丁文发表过一篇文章，题为《关于汉语所谓的单音节性质》。1826年，他将这篇文章写成法文并收入论文集。

文章开门见山地说："关于汉语完全是由单音节构成的这一点，至今为止没有任何人提出质疑，而所有的人，无论是专门研究汉语的还是偶尔涉足的，都将其奉为基本原则并不厌其烦地重复。所有的传教士、所有的哲学家和所有的旅行者都是如此，而我则要试图来说明这是错误的。"他这篇不足15页的论文内容涉及汉语的词类、虚词、合成词、加缀法和重叠法产生的派生词、连绵词、外来词、拟声词、异形词等等，其中有些分析精辟到位，即使是今天的语言学家都可称之为"汉语官话构词法初探"。因为，阿贝尔·雷慕沙的研究领域并不局限于汉语文言文，而是同时研究了官话。

作者指出，官话里有很多词是双音节甚至多音节的，这些词"用两个汉字来书写（就像拉丁文或法文的词是由几个音节来书写一样），但表达的是一个意思"，因为有些汉字单独没有意义，是"真正的音节成分"，只有构词时才有意义。而更多的汉字则是分开或合成所表示的意义不同，比如"仿佛"，"惆怅"，"彷徨"①，不仅如此，鉴于这些词可以有好几种不同的书写方式，因此证明不同的汉字并不会改变词的发音和意义。

还有，"我们经常会遇到一些意义非常明确的词，它们后面加上某些完全没有意义或在组合中失去了其本意的助词，使用或去掉这些助词都不会改变词的意义"，如"棋子"或"蒿子"的"子"，"女人"或"夫人"的"人"，"日头"的"头"等；另一些词，如副词或拟声词，是通过音节重叠②来表示的，单用时也没有意义。或者，重叠的音节并不增加词义，比如"哥哥"、"爷爷"或"叔叔"。

为了证明中国人如何"避免使用单音词"，阿贝尔·雷慕沙还举了一些同义或近义并列式合成词的例子，如"奴婢"、"乞丐"、"怠慢"等，来说明增加一个汉字并不"添加意义，而只是为了加长词的长度而已"。至于大量的动物、植物、器具等普通名词则更是纯粹的多音词，其中一部分是中国人借用

---

① 所有的例子均出自原作者，笔者这里根据原文的拼音直接写成汉字。
② 作者使用的法文词是 réduplication，正是今天的语言学家所使用的术语。

其他语言里的多音词，然后"用没有什么特殊意义的汉字来书写"。总之，"如果我们不看汉字而只注意语言和耳朵的话，那么当我们问一个不识字的中国人那些最简单的东西怎么说的时候，在他的回答里不可能不遇到许多真正的多音词。"作者最后得出结论说，那些坚信汉语、藏语或日语都是单音节语言的哲学家们，难道不是"被表面现象所迷惑了吗"？"不正是由于他们不懂这些语言的本质才更看重表象吗"？

« Monsieur, n'oubliez pas ce que je vous dis. »

　　为了让读者更容易理解这个现象，他在自己的一段翻译里，用拼音把双音词的音节连在一起，如 foutche（pater），Kiuntseu（Philosophus），khieou（libera），jiyoung（quotidianum）①等等，和我们现在的汉语拼音书写规则如出一辙。1822年，由于他的语法《汉文启蒙》里使用了汉字，他就把所有他认为是双音节的词都用大括号连接起来。这种做法的确十分独到，其目的就是要纠正由汉字书写特点而造成的错误观念。他后来在和洪堡特的通信中写道，"每个汉字代表一个音节。这使得文字无法把一个词里那些表达单一意义的组成部分合并在一起。"（Rousseau & Thouard, 1999：187—188）

　　关于文言文和口语的关系，与他的同时代人相比，阿贝尔-雷慕沙有着更为清醒的认识："古代文体很快地与社会日益增大的需求脱节，语言因此而发生了很大的变化，目的是变得更明晰、准确并多样化。为了能够在说话时互相听得懂，合成词代替了单音节词，后者由于同音词的缘故太容易造成混淆"。（1822：36）

六、关于汉语语法

　　阿贝尔·雷慕沙所致力消除的另一个顽固的偏见是，汉语完全没有语法规则。人们错误地认为："由于没有词尾变化，词本身无法标记其不同的性质

---

① 括号里是作者加的拉丁文解释。这几个词分别是父者、君子、自由、日用。

和相互关系,因而任意地摆在句子里,词的排列只是出于偶然,以至一个句子可以有二十种不同的解释,其中只有一个侥幸的机遇能让人找回作者的原义"(1822:xx)。

在1813年的论文里,阿贝尔·雷慕沙曾试图简略地说明,汉语和其他语言一样有词类,有虚词,所不同的是,"中国人只是在必要的时候才加上一些助词来标示这些区别"。汉语里更重要的是"句子里不同成分之间的关系"。比如说,"动词根据其在句中的位置,也可以用来表示事物的性质"。有时,作者也走向另一个极端,不仅完全套用西文语法的概念来解释汉语的词类,甚至认为汉语也有变格,比如"人"可以有属格"人之"、与格"于人"、夺格"由人"等,但这类分析在论文中只占很少的篇幅,而且在他后来的著作中不再复现。

1822年,阿贝尔·雷慕沙著名的汉语语法课本在巴黎出版,全名为《汉文启蒙,古文——即古代文体与官话——即中华帝国普遍通用共同语之基本原则》。全书214页,内容由五个部分组成,包括作者序,关于汉字和汉语知识的引言,文言文语法和官话语法,介绍中国典籍的附录,书中出现的1400多个汉字总表及一个双音词词表。其中语法部分占一半有余。这本书距今虽已有近二百年的历史,但其内容之丰富、论述之精辟、观点之独到,不但其前人不可企及,而且至今仍不显过时,因此被现代人誉为"现代汉学的出生证书"。(Rousseau & Thouard, 1999:224)

作者在序言里写道,助词(particules)是汉语语法里最主要的工具,就像西文的词尾一样。词的性质是由它们在句子里的位置来决定的。汉语的语法规则既精确又规律,

即使语言非常简约而且经常带隐喻性，但也不会造成意义上的模棱两可。这个说法"与流传至今的那些偏见截然相反。……更深入的，特别是在正确指导下的研究定会轻而易举地让具有聪明才智的学生确信这样一个简单的真理：中国人和其他的民族一样，在说话和书写时都能懂得对方的意思。因此，如果我们有了必需的帮助，尤其是如果我们能改变一下延续至今的错误的研究方法，我们也能懂得中国人的语言。"（xxviij—xxix）

总之，汉语语法并不像人们所说的那样复杂，只需说明要领，不必洋洋万言。因此本书"简明扼要，初学者足矣"。作者认为，前人的语法由于过多地受拉丁文语法的影响，通常偏离了汉语的本质，只有耶稣会传教士马若瑟（Joseph de Prémare）的《汉语札记》[1]是唯一可以借鉴的语法书。所以他以马氏的语法为模式并借用了其中一些中文例句[2]，但他特意声明，这些例句不是自己编造的，也不是像前人那样，由一个"中国老师"来编造，而是全部选自古典名著或中文小说，并且由他亲自在原文中核实过，无一例外。

然而，书中有些内容是无法向前人借鉴的，"因为以前没有任何人从这个角度去研究过中文"（xx）。这就是汉语的句法规则。可以说，阿贝尔·雷慕沙最独特的贡献就在于不仅分类解释汉语里不同的词，而且说明句子的意义是如何由词语在句中的位置以及词与词之间的相互关系而得出的。我们这里仅举一例，看看他是如何介绍汉语的量词的："数词的后面几乎总会加上一个助词，它虽然完全不会改变所计量的事物的意义，但会根据其性质而有所不同。我们把这类助词称作"numérales"。如果我们看到前边有数词，就可以知道这些词在这里已经完全失去了它们单独使用时的意义。量词有时在数词和所计量的名词之间，但更多的是先出现所计量的名词，然后是数词，最后是和该事物相对应的量词：石塔四座。（50）……除了特殊量词以外，还有一个常用的，可以用于人或物，就是'个'[3]。还应指出，在官话里，量词不仅和数词结合，而且也出现在指示形容词后面，用来表示多数和不确切的数目。"（116）我们看到，作者寥寥数语就准确地概括了量词用于计量名词数量的性

---

[1] 原名 *Notitia Lingua Sinicae*. 这部三百多页的拉丁文巨著写于1728年，直到1831年才在马六甲问世，英译本于1847年在广州出版。全书分为官话与文言两大部分并附有大量的例句。阿贝尔·雷慕沙所参考的是在王家图书馆保存了近一百年的手稿。

[2] 因此，后来有人曾不公平地指责他部分抄袭了马若瑟。

[3] 作者在这里特别说明 kŏ 字有三个写法：个（用于人或物）、箇（用于物）、個（用于人）。

质。然而，绝大部分西方语法学家或语言学家都错误地把汉语量词翻译成"分类词"①，相比之下更凸显阿贝尔·雷慕沙的高明之处。

结束语

阿贝尔·雷慕沙坚信，经过自己不懈的努力，汉学界必定能够很快地打开新的局面。他在《汉文启蒙》的序言中表现得十分乐观："那些直到今日仍在阻止欧洲汉学发展的障碍和偏见似乎正日渐减弱，我们可以预见，障碍将全部清除，偏见将彻底消失，汉学研究将能顺利展开，就像其他东方语言那样，甚至也许像一些欧洲语言那样。"

然而，后来的历史事实表明，偏见和误解之所以顽固存在的原因并不完全是由于那个时代的人不了解中国或不懂汉语。阿贝尔·雷慕沙的观点是相当具有"颠覆性"的（Rousseua & Thouard，1999：257），很难立竿见影地说服他的同代人。1832 年 10 月，他去世两个月以后，历史学家让-雅克·安培就在一篇悼念的长文中批评他关于汉语双音词和多音词的看法，声称这是"雷慕沙先生最没道理的观点"，并归咎于他"年轻气盛，容易夸张以导致的悖论"！

关于汉字是表意文字的说法更是如此，两个世纪以来可谓经久不衰，深入人心。今天，信息得到广泛而迅速的传播，知识也变得唾手可得，然而在普及读物甚至学术界里，汉语和汉字仍然被当作是一种特殊的现象来介绍。有的说，"汉语是一种表意的（langue idéographique）、单音节的、不变形并且本身带有很强的隐喻性的语言"；有的说，"汉语的基本单位不是词，而是汉字"；还有的说，"一种像汉语这样的表意语言拥有大量的象征符号。形态非

---

① 据我们目前所知，英文 classifier 一词最早见于 1847 年美国传教士 J. G. Brigdman 所译的马若瑟的《汉语札记》："在例数时，所有的人或事物都有其相应的标记（或分类词），例如三位老爷、一顶轿子、一张桌子、一尾鱼、一口猪、两只牛。这几个例子足矣，其他的需要通过实践来掌握。"译者在这里特意加注说："作者处理这个主题太草率了。关于分类词的数量、用法和重要性，初学者通过这么简短的几句话肯定会得出非常错误的印象。"（30）我们怀疑这里"分类词"的说法是马若瑟的发明还是译者自己加上的，因为李约瑟和何莫邪（1998，p. 16）认为，与马若瑟的拉丁文原文相比，Brigdman 的英译本在很多地方都值得质疑。

常繁琐，所以很难学习和记忆。这样的语言是不容易普及的。"①这类把语言和文字混为一谈的说法被不厌其烦地重复，俯拾皆是，不足为奇。当我们重温二百年前这位杰出学者的著作时，难道不会感到今人的一大倒退吗？

的确，当代的汉学家并不像阿贝尔·雷慕沙那样乐观，有人这样写道："我们仔细地查看一下过去的和现在的汉学著作，就会发现一些曾重复讨论过的关键性主题。更引人注意的是，过去的问题仍继续引起今天的辩论。虽然我们取得了不可否认的进步，但这些问题的最终答案——假使这种事是存在的——还需等到将来。"（Le Blanc，2007：28）

参考文献

[1] Abel-Rémusat, *Essai sur la langue et la littérature chinoises. Avec cinq planches, contenant des textes chinois, accompagnés de traduction, de remarques et d'un commentaire littéraire et grammatical. Suivi de notes et d'une Table alphabétique des mots chinois*. Paris, Librairies Treuttel et Wurtz, 1811.

[2] Abel-Rémusat, *Élémens de la Grammaire chinoise, ou principes généraux du kou-wen ou style antique, et du kouan-hoa, c'est-à-dire, de la langue commune généralement usitée dans l'empire chinois*. Paris, Imprimerie royale, 1822, 214 p.

[3] Abel-Rémusat, *Mélanges asiatiques*, tome second, Paris, Librairie orientale de Dondey-Dupré père et fils, 1826, 426 p.

[4] Ampère Jean-Jacques, 《De la Chine et des travaux de M. Abel Rémusat, *Revue des Deux Mondes*, novembre 1832 et novembre 1833.

[5] DeFrancis John, *The Chinese Language: Fact and Fantasy*, Honolulu, University of Hawaii Press, 1984, 333 p.

[6] Drocourt Zhitang, 《Abel-Rémusat et sa pensée linguistique sur le chinois》, in Actes du colloque 《Le XIXe siècle et ses langes》, Ve Congrès de la Société des études romantiques et dix-neuviémistes, mises en ligne novembre 2013, http://etudes-romantiques.ish-lyon.cnrs.fr/langues.html

[7] de Landresse Clerc, 《Notice sur la vie et les travaux de M. Abel-Rémusat》, lue à la séance annuelle de la Société asiatique le 28 avril 1834, publiée dans le *Journal Asiatique*, septembre & octobre 1834, p. 205—231, p. 296—316.

---

① 这几段话的原文都是英文和法文，分别引自一篇学术论文、一部语法书和一个网页。但笔者认为不必要指名道姓。

[8] de Prémare Joseph, *The Notitia Lingua Sinicae of Prémare*, traduction anglaise par J. G. Brigdman, Canton, The Office of the Chinese Repository, 1847, 303p.

[9] de Sacy Silvestre, 《Notice sur la vie et les ouvrages de M. Abel Rémusat》, lue le 25 juillet 1834 à la séance publique de l'Académie des Inscriptions et publiée dans le *Moniteur* du 21 août 1834.

[10] Du Ponceau Peter S. *A Dissertation on the Nature and Character of the Chinese System of Writing, in a letter to John Vaughan, esq.* The American Philosophical Society, Philadelphia, 1838, 123 p.

[11] Hagège Claude, *L'homme de parole*, Paris, Fayard, 314 p.

[12] Needham Joseph & Harbsmeier Christoph, *Language and Logic*, Vol. 7: 1 of *Science and civilisation in China*, Cambridge, 1998, 480 p.

[13] Le Blanc Charles, *Profession sinologue*, Montréal, Presses de l'Université de Montréal, 2007, 54 p.

[14] Margouliès Georges, *La langue et l'écriture chinoise*, Paris, Payot, p. 272.

[15] Rousseau Jean, Thouard Denis (éd). *Lettres édifiantes et curieuses sur la langue chinoise, Humboldt/Abel-Rémusat* (1821—1831), Villeneuve-d'Ascq, Presses universitaires du Septentrion, 1999, 338 p.

关于《太平广记》的西方研究和翻译

《太平广记》是中国古代小说总集,编纂成书于公元 10 世纪,为研究中国文学史,特别是上古与近古小说提供了重要参考。《太平广记》也是汉学家了解中国古代历史、风俗和信仰的知识宝库:全书共收录了 800 多年间的各类奇闻异事,无愧于一件无价珍宝。本文旨在将这本尚不为人熟知的奇书引荐给西方读者,同时简要列举相关法语、英语和德语论著与翻译,以期引起读者、研究者和译者关注。

一、《太平广记》介绍

(一)数百年文遗汇于一书

《太平广记》(Vaste recueil de l'ère Taiping/Vaste recueil de l'ère de la Grande Paix/Somme)[①]由宋太宗于太平兴国年间(976—984)下令编纂,汇集了大量古代文学作品。书名中的"太平"即源自编书年代。主编李昉(925—996)五代始入仕,宋太宗时官至参知政事、平章事,另外主修了《太宗实录》、《太平御览》(收录《太平广记》部分作品)和《文苑英华》。《广记》取材于东汉至宋初的各类杂著,多为志怪,最著名的有《搜神记》(晋干宝编撰)、《玄中记》(晋郭璞编撰)、《纪闻》、《集异记》(南朝宋郭季产编撰)、《灵怪录》、《宣室志》、《广异记》(唐戴孚编撰)、《稽神录》等。从收录作品数量上看,《广记》是一部十分重要的古代小说总集。香港岭南大学翻译系陈德鸿教授将其称作"历史上规模最大的志怪小说集"[②]。包括比尔特·布劳

---

① 以下简称《广记》。原文参考中华书局 1961 年版《太平广记》(全十册)。
② 参见陈德鸿(1998:17)。

特（Birthe Blauth）①在内的多名汉学家一致认为，正是《广记》的编纂使相当一部分作品得以延续数百年，为今人阅览。

（二）涉及题材广泛多样

《广记》全书500卷，以百科形式呈现。所编作品按题材分为92类，每类占一至几十卷，每卷最多包括15篇，总计约4558篇。涉及题材正如卷数一般丰富多样，如鬼怪、异人、动物、情感等。书中主要题材有：神仙（55卷）、女仙（15卷）、道术（5卷）、方士（5卷）、异人（6卷）、异僧（12卷）；报应（33卷）、定数（15卷）；儒行、乐、画（5卷）、算术、卜筮（2卷）、医；巫、鬼（40卷）、夜叉、神魂、妖怪（9卷）、精怪（6卷）、冢墓、再生（12卷）、悟前生、谶应；酒、食；奢侈、诡诈、谄佞、谬误、器量、褊急、酷暴、诙谐（8卷）、情感、梦（7卷）、嘲诮、嗤鄙；贡举（7卷）、职官、将帅、骁勇、豪侠、名贤、才名、妇人、童仆；雷、雨、山、石、水、宝、草木（12卷）、博物；龙（8卷）、虎（8卷）、畜兽（13卷）、狐（9卷）、蛇（4卷）、禽鸟（4卷）、水族（9卷）、昆虫（7卷）②。

根据法国汉学家谭霞客（1937—2010）所述，正是涉及题材的广泛多样使《广记》成为"中国古代文学最丰富的题材宝库"③。阅读此书如同"置身于令人心醉神迷的古董商店，近千年的历史在眼前徐徐展开"④。《广记》"代表了幻想文学这一特殊文学类型的出现，为我们了解中国文学形式的发展提供了重要参考"⑤。在这一意义上，它对于研究中国文学具有重要价值。

（三）对后世文学影响巨大

《广记》并未禁锢在其成书年代：它可以被看作上古文学与近古文学的中间产物。首先，它成为了宋代与其后代小说作家创作的不竭源泉。其次，

---

① 参见布劳特（1996：10）。
② 在法国汉学家雷维安（André Lévy）的著作《中国文学辞典》（2000：291）前言部分，谭霞客（Jacques Dars）将《广记》的内容划分为：奇事怪事的记录、超自然事件的叙述与评论、各类记述（光辉事迹、怪异现象、突发事件、奇珍异宝、自然或超自然现象、魔法巫术、幻象梦境、预卜先知、通灵、玩笑、鬼戏等）、带有传奇色彩的传记、轶事、对动植物、神龙、老虎、珍宝的"描写"以及我知道什么？
③ 同上。
④ 同上。
⑤ 同上，第292页。

1566年再版后①，它又成为明代话本作家的创作来源，特别是周清源的平话小说集《西湖二集》；冯梦龙精简《广记》于1626年发表的《太平广记钞》，以及取材《广记》纂辑的《情史类略》或《情史》、幽默小品集《古今谭概》与著名的"三言"；还有凌濛初（1580—1644）编著的《二刻拍案惊奇》。还有不少作品也受到了《广记》的影响，它们有些注明了所引《广记》故事，有些并未明确标注。一些故事情节被原封不动地搬到作品中，另外一些则有轻微改动（人名、地名、时代、情节发展）。虽然明代的小说集并未收录《广记》所有故事，但所受影响却显而易见。

清代的小说集也表现出这一特征，如蒲松龄（1640—1715）的《聊斋志异》、纪昀（1724—1805）的《阅微草堂笔记》和袁枚（1716—1798）的《子不语》。它们将《广记》中的题材重新编写成小说，使之普及大众，或借为他用（如阐明某一观点或借古讽今）②。但是，这时候的小说所受《广记》的影响已不如从前，写作风格更加趋于个性化：题材虽有保留，情节发展与文风却截然不同。

（四）《太平广记》的其他影响

《广记》的价值不只体现在其内容上。通过故事，它向我们描述了当时中国人的生活，以及他们的风俗、精神面貌和信仰：这或许能够解释为何高延（De Groot）在创作《中国宗教体系》一书时深受《广记》启发③。通过简单阅读，我们得以更加了解10世纪时中华文明中动物的地位（老虎、蛇、狐狸），以及人们对感情的重视（爱、智慧、虚伪）、忠诚与正直、幽默等概念。它还向我们展现了当时的社会状况（官员的生活、仆人的生活、妇女的社会地位）、最广泛的信仰（卜筮、妖怪、鬼神）、神话传说、中国历史，甚至是佛教、道教的发展（如一些关于报应、前世、法术的题材）。尽管汉学家戴仁（Jean-Pierre Drège）强调"中国类书重收录的特点往往造成其视角缺乏理性，这一特点一直延续到很晚。无论朝代，书中的内容均没有明确区别现实与虚

---

① 《广记》于1753年重新再版，于是如今我们可以找到此书的多个版本。这一系列的再版过程确保了书籍能够完整流传至今。

② 高罗佩（Robert van Gulik）创作的一系列侦探推理小说可能也受到了《广记》（第二百九十八卷，收自《广异记》）及其他有关唐代法官狄仁杰的逸事的影响。

③ 高延（Johann Jakob Maria De Groot），中国宗教体系1892—1910年。

构。"① 因此，在研究《广记》某一特定题材时，需要分清现实与虚构、实际发生的具体事件与超自然现象。

二、相关论著与翻译

对《广记》的强烈兴趣推动我们着手开展更深入的研究，旨在将现有相关论著与译本作一统计。不过，统计并不十分全面：只涉及德语、英语和法语三个语种。虽然这样也可能仍有遗漏，但是这一工作已经足以说明关注《广记》的学者不在少数，并且研究领域广泛多样、出发点各有不同。

（一）以《广记》为主要或次要研究对象的论著

如《广记》一般珍贵的作品理应值得研究。然而截至目前还未出现完全以《广记》为研究对象的西方语言重要著作（无论论文或刊物）。不过，已有数篇著作以概括的方式介绍了《广记》，如以下作者：美国加利福尼亚大学伯克利分校薛爱华②、美国明尼苏达州马卡莱斯特学院柯克兰③、丁乃通④、新西兰奥塔哥大学赵晓寰⑤、德国基尔大学库尔茨⑥，以及曾任法国远东学院院长和法国高等实验研究学院教授的戴仁⑦。

另外，中国文学专家对《广记》的兴趣也日渐浓厚。他们将《广记》纳

---

① 戴仁（2009）。
② 薛爱华（Edward H. Schafer）《太平广记目录》，《中国文学》第 2 卷，麦迪逊、威斯康辛，1980 年，第 258—263 页。
③ 柯克兰（Russell Kirkland）《平衡的世界：太平广记整体综述》，《宋元研究学报》1993 年第 23 期，43—70 页（对《广记》故事的翻译与分析）。
④ 丁乃通《中国民间故事类型索引——以口头传统与无宗教的古典文学文献为主》赫尔辛基，1978 年，第 294 页。
⑤ 赵晓寰.《太平广记》中小说的收集、分类与构思》，《亚洲文化研究》第 35 卷，2009 年 3 月，赵晓寰目前正在继续对《道德经》与《广记》的研究。
⑥ 库尔茨（Johannes L. Kurz）《宋太宗的编书计划（在位 976—997 年）》，《瑞士亚洲学报》，专题论文，第 45 卷. 伯尔尼、柏林、布鲁塞尔、美茵河畔法兰克福、纽约、牛津、维也纳，2003 年（研究《太平御览》、《太平广记》和《文苑英华》）。
⑦ 《中国古代类书写了什么?》，《远东远西特刊》，万森纳大学新闻出版社，2007 年 6 月，第 176 页（具体参见戴仁所著文章《以类划分：中国古代类书》和库尔茨所著文章《〈太平御览〉和〈册府元龟〉的编纂与出版》）。

入中国幻想文学、小说、志怪和传奇、类书的研究范围。例如法国耶稣会士禄是遒（1859—1931）关于中国民间崇拜的研究①；德国汉学家和语言学家艾伯华（1909—1989）关于中国民间故事的研究②；谭霞客关于中国幻想文学的研究③；赵晓寰关于中国超自然小说的研究④；美国普林斯顿大学及俄勒冈州里德学院阿列克谢·迪特关于唐代至明代短篇小说的研究⑤，以及美国密歇根大学杜志豪关于《搜神记》和志怪传统的研究⑥。

（二）德语、英语及法语翻译

至今为止，《广记》还没有完整的西方语言译本，但却不乏部分故事的翻译。所译原文或出自《广记》中的篇章，或直接取自《广记》所摘素材，也就是本文开头提到的自汉至唐的若干小说集。在多数情况下，这些文段的翻译是服务于特定研究的：比如探究六朝时期卜筮活动的学者需要参考这一方面的叙述，而研究佛教发展的学者则更关注与前世、报应相关的主题。由于对所有翻译进行概述总结并非易事，仅在此列举主要译文。

德语方面：已有《广记》中所有狐怪故事的翻译⑦、与老虎⑧及动物⑨相关故事的部分翻译，以及部分汉代小说的翻译⑩。英语方面：荷兰汉学家高延

---

① 禄是遒（Henri Doré）《中国民间崇拜》，上海，1911—1938 年。
② 艾伯华（Wolfram Eberhard）《中国民间故事类型》，赫尔辛基，1937 年。
③ 谭霞客《唐宋文学中怪诞之作的若干表现：太平广记里的神怪故事》（巴黎大学博士论文），第 143 页。
④ 赵晓寰《中国文言超自然小说：形态演变史》，刘易斯顿、纽约州：埃德温梅伦出版社，2005 年，第 xii + 401 页（具体参见第四章关于宋代志怪小说）。
⑤ 阿列克谢·迪特（Alexei Ditter）《从唐传奇到明代短篇小说：〈太平广记〉、〈太平广记钞〉和〈古今小说〉中的吴保安》，普林斯顿大学，全美亚洲研究会（AACS）2001 年年会。
⑥ 杜志豪（Kenneth Joel Dewoskin）《〈搜神记〉与志怪传统：书目与通用研究》（博士论文），密歇根州、伦敦，1974/1979 年。
⑦ 比尔特·布劳特（Birthe Blauth）《中国古代狐怪故事：〈太平广记〉第 447—455 章的翻译与评论》，美茵河畔法兰克福：朗格出版社，1996 年，第 250 页。
⑧ 艾士宏（Werner Eichhorn）《〈太平广记〉中关于老虎的章节》，《德国东方学会学报》104，威斯巴登，1954 年，第 140—162 页。
⑨ 安娜·冯·罗道舍尔（Anna von Rottauscher）《中国古代动物故事》，维也纳、柏林、斯图加特，1955 年。
⑩ 史华慈（Rainer Schwarz）《中国汉代小说》，莱比锡、威斯巴登，1981 年。

关于《太平广记》的西方研究和翻译

（1854—1921）在其著作《中国宗教体系》中的部分英译①；台湾汉学家高辛勇（1940—2011）的一篇研究中国超自然小说的文章②；张星琅参考《广记》补充的关于唐朝黑奴的研究③；英国兰卡斯特大学杰罗姆以三类自然神明为研究对象的博士论文④，以及美国范德堡大学罗伯特·凯帕尼多篇研究六朝时期鬼怪小说的文章⑤。

法语方面：局部翻译不在少数，翻译的对象主要为构成《广记》的独立小说集。诸如由法国国家科学研究院东亚文化研究中心主任、汉学家雷米·马修主持的干宝《搜神记》的翻译⑥、谭霞客在《在地狱门口》里翻译了六十篇《广记》中的志怪故事⑦，以及雷维安翻译沈既济的《任氏传》⑧。另有一些汉学家则在主攻其他研究之余顺带翻译了《广记》中的篇章，如庄葳的一篇介绍中国古代四大发明的文章⑨，还有法国高等实验研究学院一项关于中国古代人口及国土认知的研究⑩。最后，一些受到《广记》影响的作品也成

---

① 高延《中国宗教体系》前引文。
② 高辛勇（Karl S. Y. Kao）《中国古典神怪故事：3世纪—10世纪文选》，布卢明顿，1985年。
③ 张星琅（Chang Hsing-long）《唐朝黑奴进口（公元前618—907）》《辅仁英文学志》第7卷，1930年，37—59页（《广记》中描述奴隶段落的英译）。
④ 杰罗姆（Jerome Yuchien）《中国三大自然神明——岩石、树、大地（哲学与宗教学博士论文）》，英国兰卡斯特大学，1997年1月（翻译《广记》中关于树神的故事，XXV，315，41 a）。
⑤ 罗伯特·凯帕尼（Robert Campany）《鬼怪题材：六朝志怪中的鬼怪文化》，《中国文学》第13期，麦迪逊·威斯康辛，第15—34页；罗伯特·凯帕尼《怪异写作：中世纪早期中国的奇特记录》，纽约大学出版社，1996年，第524页（汉代到六朝时期鬼怪小说介绍）。
⑥ 干宝《搜神记》雷米·马修（Rémi Mathieu）主持翻译《认识东方》（丛书），伽里玛出版社，1992年（《搜神记》故事）。
⑦ 《在地狱门口》，谭霞客译，皮基耶出版社，1997年，第140页。
⑧ 沈既济《任氏传》雷维安译为法语《狐仙与中国古代商人文人的爱情》，《认识东方》（丛书），伽里玛出版社，1988年，第265—285页（《广记》第四百五十二卷）；《狐仙》皮埃尔·波罗洛（Pierre Polloto）译《唐代传奇小说》，《熊猫》（丛书），中国文学出版社，1996年，第225页，15—30页。
⑨ 庄葳《中国古代四大发明》，外文出版社，1981年（《广记》选段出现在《火药发明》一章）。
⑩ 本研究由法国高等实验研究学院历史文献学部门完成，旨在探究中国古代对人口与外族领土的认知（特别是对土耳其人、西藏人与朝鲜人）。在研究中翻译了《广记》中关于蛮夷的四章（大部分取材于《酉阳杂俎》）。研究结果由戴仁发表文章《中国写本的历史与文明》（2009年）。

为了翻译的对象①。这些作品大多创作于明清两朝，重述了《广记》中的故事，时有细小增减。

（三）《广记》的推广计划

品读《广记》是一件手不释卷的事。这部作品无论从文学、历史或人种学角度讲都是无价珍宝，以至于我们很快会为它在法国的不为人知而感到惋惜，也为那些因为不懂中文或不了解中国文学而无法一"读"为快的读者感到痛惜。遗憾的是，与《广记》相关的外语著作大多针对的是专家人士，并且极少以《广记》全本作为研究对象。因此，目前急需使《广记》摆脱默默无闻的境况，将其引荐给广大读者。

2009年，一位专业画家找到我们，希望完成一部描写古代中国的漫画作品。这次见面催生出一项大胆的计划：将《广记》中的中国古代幻想小说翻译成法语，进而改编为虚构人物的故事。漫画作者将故事设置在唐朝，主人公夜阳（Soleil du Soir）是一位为了寻找失去的爱人而走遍中国的年轻女孩。漫画的第一册预计于2014年2月出版②。这一计划为保护古老的中国幻想小说做出了第一步尝试，尤其从推广意义上把《广记》介绍给了法国大众。第一个故事取材于《广记》第四百二十六卷（虎一）③：一位受到上苍惩罚的道士必须吃够一千个人才能重返天上。第二个故事源自《广记》第一百九十卷"将帅"，讲的是一位足智多谋的朝廷重臣温造的功勋伟业。创作过程中遇到的主要困难是如何将这两个故事与女主人公的遭遇完美衔接，并且叙述要具有古典、幻想及中国色彩，在满足西方读者期待的同时使小说成功融入大众漫画的虚拟世界。我们在漫画最后撰写了解释性的后序，详细介绍了《广记》及流传于10世纪及之前的志怪与传奇小说。

（四）《广记》的完整法语译本

将《广记》五百卷全部翻译为法语是一项规模浩大、耗时较久的工程——如果建立15—20人的翻译团队仍需几十年才能完成。然而，正如前文的介绍，《广记》在中国文学历史上的重要地位势必会引起全体汉学家的关注，

---

① 《今古奇观》蓝碁（Rainier Lanselle）译，伽里玛出版社，七星文库，1996年；吴承恩《西游记》，雷维安译，伽里玛出版社，七星文库，1991年（两篇《广记》故事）。

② 参见克里斯托夫·卡泽诺夫（Christophe Cazenove），索朗热·克吕韦耶（Solange Cruveillé），弗雷德·韦维斯（Fred Vervisch）《夜阳（Soleil du Soir）》，竹子出版社，2014年。

③ 《广记》第四百二十六卷，峡口道士。

也充分说明有必要将全文或至少相当一部分篇章进行翻译,尽管任务量十分巨大。多人参与翻译项目不仅能够节省时间,还能运用每个人所擅长领域的知识,达到保证翻译质量的目的。

翻译项目实施过程中可能遇到的最大障碍是原文理解困难。不过,为数众多的相关资源(白话注解、明代作家对一些文章的再引)能够提供不可忽视的帮助,进而方便译者开展工作。《广记》所使用的语言介于上古汉语与近古汉语之间:因此,相对汉代以前的文章而言,《广记》更容易理解,但却比明末以后的文章难懂。另外,以轶事的形式叙述则更加生动,有助于理解文章。其他障碍还有历史参考(事件或人物)、地理名称(山、区县、城市)、不同思想流派相关理论的理解(特别是道教和佛教)、中国古代行政体系、不同时期的风俗(卜筮、驱魔、医药)等不过,通过比较不同版本的白话《广记》及团队合作——尤其与中国同事共事——相信任何一位因无法解决理解问题而犹豫的译者都能回心转意。在此诚挚希望有勇气、有意愿的译者在不久的将来投身于这项至关重要而振奋人心的翻译项目中来。

参考文献

[1] BLAUTH, Birthe, *Altchinesische Geschichten über Fuchsdämonen, Kommentierte Übersetzung der Kapitel 447 bis 455 des Taiping Guangji* (Histoires chinoises anciennes sur les démons renards: traduction commentée des chapitres 447 à 455 du *Vaste recueil de l'ère de la Grande Paix*), Frankfurt-am-Main: Lang, 1996, 250 p.

[2] CHAN, Leo Tak-Hung, *The discourse on Foxes and Ghosts: Ji Yun and Eighteenth-Century Literati Storytelling*, Honolulu: University of Hawaï press, 1998, 300 p.

[3] DREGE, Jean-Pierre, 《Histoire et civilisation de l'écrit en Chine》, Annuaire de l'Ecole pratique des Hautes Etudes, section des sciences historiques et philologiques, 139 / 2008, mis en ligne le 07 janvier 2009. http://ashp.revues.org/index334.html(最后查阅日期为2013年12月20日)。

[4] LEVY André, *Dictionnaire de littérature chinoise*, Paris: PUF, 2000, 430 p.

[5]《太平广记》,中华书局(1961)1981,10卷。

中国第一次民主体验（1908—1914）

——中国传统与本地精英的实践

萧小红

1901年1月24日，反抗外侵的义和团运动失败后，慈禧太后从避难所西安宣布实行被历代改革者们所提倡的制度改革。自此，新政时代来临，并以迅雷不及掩耳之势在行政、司法、教育、经济以及军事领域展开。5年之后，1906年9月1日，清廷发布上谕，宣布预备立宪。1908年夏随即颁布了《钦定宪法大纲》和《九年预备立宪逐年筹备事宜清单》。后者规定了选举组织应由省议会、地方议会和国家议会依次进行，由此导致了责任内阁的形成。这种权力开放的前景即刻激起新一代城市精英阶层的冲动。这些新的精英不再是19世纪时排外保守的贵族士绅，而是一些曾经投资工业、新闻、出版、新型教育、城市管理以及社交与政治活动的名士商人和青年活动家。他们与清廷改革派官员合作，努力对外宣传新自由，通过已有的制度成果来传播新思想，塑造民意，举办社会会议为立宪制事业奔走呼号。1909年第一次省级选举中，约有两百万名选民被动员。这一年秋，除新疆外，21个省议会（咨议局）登上政治舞台，声音席卷全国。随后的两年，在当时60%的城市中建立了一千个市政局（城自治公所）。1912年1月1日中华民国成立，允许约40万选民在1912年至1913年间参与地方、省和全国选举。民选机构主宰国家的政治生活直至1914年，袁世凯的政变结束了中国第一次的民主体验。

鉴于其短暂的性质，又因受中国民间以贬低清末民初的立宪派来弘扬革命派历史文献的影响，这次民主体验早已埋葬在中国人的记忆深处。然而，最重要的史学发展可能在于一个事实，即革命的概念已经变成一个神话，一种自我价值，成为所有历史分析的唯一参考。直至最近，大陆和台湾的历史学家，无论官方与否，都依据神圣化革命的豪言壮语阐释了清和民国初期的立宪插曲，这是民族主义和共产党政权持续自我阐释的需要。在很大程度上

中国第一次民主体验（1908—1914）
——中国传统与本地精英的实践

来说，20世纪上半叶的中国政治史是由革命题材占据霸主地位的。但是，自20世纪70年代后期，"文革"和邓小平大刀阔斧的改革损害了这种人为的霸主地位，并把矛头指向了中国的政治民主化问题。很多国内外研究学者把目光重新投向了20世纪初期的立宪经历。哲学家李泽厚和刘再复引起轰动的文学批评《告别革命》引发了中国知识分子界的激烈论战，但是重新研究《革命的神话》也是颇有价值的。

清末民初的立宪事件以权力的民主化尝试为标志，以至少是部分西方民主价值迁移至与西方大不相同的中国社会文化的温床中为标志。即刻，慈禧太后的决定大概是受西方列强的镇压和支配，以及受到反清革命运动的威胁而做出的。这也是将中国这个传统国家转型为现代化国家的需要。对于在由工业国家主导的世界秩序中存活下来，这是不可或缺的任务。这种政治重建意味着国家职能的扩大和新型国民关系的建立。

在行政任务的实现中，帝国官僚主义传统上借助同本地精英的合作，帝国官僚主义控制一切并动员精英的资源与才华。清末社会经济发展的普遍衰落激发了精英在团体及半公有化领域的大量投资。宪法计划因此尝试扩大权力基础，并使精英中最活跃的少数分子参与到新型的政治体制中去。这种自上发起的改革导致了基层中社会团体行动主义分子发起的革命。尽管他们的行为距离西方民主经历还相距甚远，但仍值得历史学家重新审视。

然而这种重新审视需要谨慎对待。要保留的政治价值应该存在于最小的、不可或缺的民主实践的形式当中：法制国家的建立、言论自由、领袖选举制。但是这种实践的特点却是根据每个国家的历史沿承和文化传统而变化的。从这一视角来看，20世纪初的实践使我们自问，这些行动者们把民主实践引荐到当时的时代背景和中国社会固有的政治根源中的方式是什么。由江苏省和上海市的精英所引领的行动在这一点上具有代表性。

一、创造政治空间：学会

考虑到士大夫集团间的党派斗争为明朝灭亡的主要原因之一，清朝便严格规定，禁止文人官员结党结社，禁止士绅干预公事。因大多为科举考试出身，这些官僚主义官员是唯一有权力处理公事的人群。这种机制和团体的狭隘——使大部分文人不能享受到以国家服务为中心的同等教育。因此，这种体系孕育了一种潜在的紧张气氛。然而，一些关系网和一些非正式团体从未停止壮大这两种团体的成员，希望能够影响到高层决策。

领土管理在州县范围内几乎停止，由少数法官、胥吏和非政府公职管理员保障。作为里甲制度基础的负责人，这些非政府公职管理员负责执行安保方面的行政命令和税收征管。为防止有权势的家族和学者介入政府和人民间，17至18世纪的满清皇帝禁止他们担任本地管理员的职务。在实践层面，官员们不得不诉诸名人显贵来执行一些行政任务，或解决若干问题。这些名人显贵也处理各项工作和集团利益机构，而中央保留对这些名人决定的集体或个人倡议的批准和制裁权。

因此，一个庞大帝国的政治一体化特点是轻微的直接管理和把国家与本地社会连接起来的意识形态文化框架的结合。观察其在中国北方农村的代表，杜赞奇用"权力的文化网络"来描述整个等级机构和支配乡村社会生活非正式关联网的部署。这些网络不仅关系到社会经济组织，还关系到宗教行为、宗族团结和传播团体象征价值和准则的本地信仰。被杜赞奇定义为保护型经纪的乡村领袖担当农业社会时期的国家媒介。这些乡村领袖并未真正在农村定居，得益于这种联系和杜赞奇认可的文化意识形态的代表来保持他们的存在。

关于"权力的文化节点"的概念，有几件事情似乎也同样可以有效地描述城市社区组织：根据职业和社会目标构成的院校、行业协会、友好的地区、节庆协会，慈善和宗教机构编织起密集的横向交流框架。在18和19世纪期间，这些机构都经历了大城市的巨大扩张，承担了越来越多的集体利益，并热切参与了团体价值的开发。城市社会文化的混合将导致名流领导人的当地权力，同时决定了他们与人民和政府部门之间的相互关系，跟随可与杜赞奇在农村地区描述的普遍运动相媲美。这说明，中国城市没有组成像欧洲的自由城市或日本封建制度的政治实体基础。

1850年至1860年间的外国入侵和民间叛乱引发了当地精英和当局关系的重大改变，尤其是长江中下游地区遭受了影响。从此很多地主都定居在城市，很多名儒在商业活动中大量投资。大量人口涌入开放港口，中外交流的增长，以及太平天国后餐饮业的规模都是促进地方精英责任规模扩大的因素，并邀请官员依靠他们来完成日渐重要的任务。帝国官僚主义一直发展、变得多样化并与环境相适应，但是并未想要改变政治行政体制。在他们看来，直到

中国第一次民主体验（1908—1914）
——中国传统与本地精英的实践

1894至1895年的中日甲午战争，社会精英似乎才满足于现存秩序为他们设置的体制举措内容。

清朝1908年钦定宪法大纲规定的新公民和政治权利之前，学会在精英的政治化中迈出了决定性的一步。甲午战争的失败大大损伤了众多学者的士气。受中国深度异化的刺激，面对政府的不作为和对知识创新的渴望，许多学者都投入到了学会运动。最初的领导人是一些学者和年轻的知识分子，他们渴望接受新知识，想要通过引进西方的思想来改变中国社会的观念。这些学会一般由少数亲戚聚集，并投身到新知识的学习（新学）及学制改革、现代教学课堂开放化和小型报纸的出版中。学会在长江下游的城镇中得到了发展，并超出慈禧发动的戊戌政变（1898）之外继续活动。在新政时代，学会重新经历了发展，并扩大了其活动领域，提出了各种社会改革的建议，包括禁止缠足、拒绝鸦片、宣扬体育、普及教育、重视实践和技术知识的发展、妇女教育以及新政内容。以国家重振的名义，学会很快就塑造了民意，传播了新的司法价值观，并对社会职业机构造成影响。

1902年，中国第一个商会——上海商务会议宫锁在上海成立。次年，商会被授予法律地位（商会章程）。很快，江苏省的商务总会和商务分会的数量就达到了34个。1905年秋，上海的巨商名贾获得批准，接手被认为效率低下和腐败的工程局，成立海城厢内外总工程局。本着同样的精神，地方自治的经历以市政局草案的形式在上海、天津和广东推出实行。这种创举往往是由改革派官员支持，为学会运动提供了新的动力。科举制废除后，1905年9月，政要和学者主动提出在江苏十几个城市创办致力于教育的公司，并协调当地的合作伙伴在新型教学领域开展工作。1905年12月，地方代表在上海会晤，并创立了江苏学务总会。它的发起者们旨在在全省宣传新型学会。这些公司迅速成长壮大，不久就成为符合官方规定的教育会。

不同于传统的文学沙龙和前面提到的学会，教育会打算建立代表大会选区——县、分县或州。教育会表示想要限制自身教学活动。在公共事务中的集体行动和横向集会被赋予了很大权力。这种趋势很快激起了许多官员的不满甚至是敌意：有些人指控他们传播革命思想、干扰正常的行政管理、反对人口管理或垄断当地资源。通过缴纳会费创建联合团体，通常容易被同化，以形成一个被所有法律所禁止的教派或煽动性集会。其他意见暗示，这些新型协会的组织者都是些无能之辈及名声不好的人，甚至是些抽大烟和好赌之徒。对于很多官员来说，政府代表持有在给定划分的领土上管理公共事务的唯一权利。毫无疑问，政府促进精英的竞争是为了教育改革，但这种贡献应该由一个指明选定的官方代表团来实施。

法院加入宪法原则使行动分子通过借助受到新近西方日本的法律和政治制度的供养而诞生的新修辞学，从而进行反击。以人民主权的名义，禁止绅士（shenshi）（领袖和学者）组织，他们对公共事务的参与不再合适，因为他们属于公民领域。（公民，公共志士）为了保卫集体行动和组织的自由，江苏学务总会的领袖针对社会的概念开发出一种特定参数，从日文借来，"社会"这个词因此成为一个新概念。据他们说，社会不同于行政人组成的法律机构。两个实体被赋予的功能是不同的：社会具有立法能力（社会处立法制地位），而政府是执行权（地方官处执法地位）。学会是社会的一个组成部分，因此是一个自治实体，独立于行政机构，由类似于一个公民的权利和义务的整体管辖（法团）。他们必须参与教育事务和政府代理人的控制权。对他们而言，公务员没有权利解除学会，也不能妨碍学会的意见表达。

尽管修辞略有笨拙，这些活动家的言辞旨在从被执政者，而非执政者的基础上重新界定权力关系。社会和国家两者间截然不同的定义描绘了一个崭新的政治法律空间，能够向有利于社会机体的方向延伸。公共事务不再是官僚和代理人的保留曲目，而是关系到社会的所有个体，这些个体都有自由组织和表达的权利。

参与权也由活动家试图制定和建立的地方认同而成为合法。因为属于当地居民，精英们比国家代理人更能感受到"爱"使他们与本地的命运紧密相连，一个地区的智者和同胞的意见应在社区事务的处理中加以强调。

附着在公民共同身份的权力往往归纳在一个积极的格言中："以地方之才治地方之士，以地方之人办地方之事。"此格言在"地方自治"概念中找到了制度表达，象征超越团体利益和身份障碍。符合选举代表的原则，它必须"把人们聚集在一个社区，并投身寻求共同利益"。社会不同组成部分的共同身份的建立从为"自治体"提供了基础，同官僚主义区别开来。这种政治体处理的社区事务，国家不能对其干预，只要其行为不违反国家的实质性条款。

教育协会的组织不仅旨在推动新型教育系统的发展，还旨在准备地方自治，因为这两个任务的共同目标是建立宪法政体的基础。1906年秋的立法承认教育协会有存在的权利，然而此权利位于行政阶级的直接控制下。江苏教

中国第一次民主体验（1908—1914）
——中国传统与本地精英的实践

育总会的领导意识到，"这些规定继续把协会置于行政之下，而这正与我们的初衷相反。"但是他们被赋予了主动性和行动范围。最终，与行政的信任合作可以使他们获得更大的自主权。这种进步显然取决于他们的负责态度、纪律、团结和创新能力。为了克服地方精英之间不断增加的权力斗争和人事冲突，省协会督促他的成员采取集体辩论和投票的定期程序，并在协会管理中实施透明严格的规定。在必要时，省协会将派遣调查员到现场来促进争端的解决，组织领导选举。1908年，70个江苏城市中大多数都建立了教育协会，每一个协会的成员组成为50至200人。

作为教学与研究的框架，学会无法避免地超出了政治领域。1906年末，江苏教育总会的领导和其他上海的名人商贾创立了预备立宪公会，许多本地的自治机构在很多城市建立，居委会在上海发展壮大。运动迅速波及苏州、常州、吴江及江苏的其他城市。值省议会举办之际，江苏省同浙江、福建、广东被媒体看做绅民影响盛行的省份之一。但与其他省份相反，在其他省份，学会运动主要服从的是官僚的宣传。尽管省议会仅仅被授予顾问地位和紧密服从于政府批准的特权，民选官员正在努力把省议会变成一个公共论坛，以控制行政管理，建立真正的立法权。他们高举的本地身份不妨碍他们进行更广泛的倡议。

江苏的活动家不是先验的理论家，他们更像是实践者。孔飞力教授的研究表明，自1840年以来，思想家魏源就建议通过学者的政治参与来加强政府基础。在1989年改革期间，理论家黄遵宪和梁启超已经发展了关于社会团体和国家的区别，关于地方自治的必要性的相似主题。施维叶引发了人们对这些思想传播的关注，激发了湖南改革官员试图通过南学会和保卫局把理论付诸实践。隶属于不同的政治和历史背景，这些思想似乎已经渗透在精英活动家的思想中，植根于社团的生活中。的确，这些思想大部分吸收了西方的自由思想，也受到特许经营权（租界）的启发。但是通过精英来进行思想的吸收也与中国传统息息相关。许多活动家已经习惯了地方或专业机构的管理。如同致力于官僚机构的成员，这些名人领袖也受到这种"良好治理"的中国文化的浸润，更加凸显公共利益的价值，并侧重于社会组织的技术性。

地方自治的概念旨在使人们熟悉政治参与的新机会，并培养人们的参政能力。然而地方自治概念有着强烈的儒家色彩，着重道德培养和个人意识。对理论家而言，"自治其身"和"自治其乡"都应该导致地委和各省级的自治，然后才是共和的到来。在实践中，如果当地自治已经变成一个开放大门及其周围的动员发动机，这是因为城市精英感到有必要建立一个制衡权力专断的力量，建立一个能与外国租界扩张相竞争的政治杠杆，改善社会的普遍条件和福利。社会达尔文主义的传播在这个过程中发挥了关键作用。然而，长江下游领导人却较少投资于理论辩论，而是以提供解决方案来解决涉及的实际问题。他们的政治要求自然地贴合商人的事业、企业主和手工业者的事业，他们在原有的经济背景下组成了新的社会力量支撑。与商会联合，江苏省议会在1910—1911年发起大规模的消费税体制改革运动，商家在运动中不断揭发专制。尽管知识分子和商人总是怀有不同的忧虑，他们的联盟将在长江下游地区延续。

地方精英面前是一个高度组织化的状态，这种双重性在他们心中存在，即官与民、国家与地方的对立。但地方自治既不是特殊主义也不是地方主义；相反，地方自治在国家重建项目中依然蠢立。从这个角度来看，精英们需要一个区域性分化，一个体制框架和中央、省和地方权力之间的平衡。即使在共和制失败后，城市精英从未停止捍卫言论自由和结社自由。这一规定也将在之后或明或暗地成为与国家政权永久性紧张的源头。

二、代表性和任人唯贤的选举经验（1909—1910）

在一个民主国家，代议机构是一种组织权力关系的手段，以确保共同利益和公民权利。因此选举可以根据对其能力的预设来选择代表们，并确保民选官员权力的临时性、有限性和可逆性。在帝国的过去几年，清政府开始往国家机关引进一些民意表达，并通过有限的普选建立新的基本结构。

在省议会和地方议会的组织之前，上海和江苏的精英已经开始适应选举技术。借鉴于国外的模式，这种创新是与传统的"公共选择"（公举，公选）不无关系。事实上，在帝国下面存在两种公共选择的方式。第一个适用于正式或半正式的官方程序中在城市、农村或乡的任命：负责村会议系统，管理社区粮仓，水利工程，抢险救灾等。选择经常由当局吩咐并在某社区或知名人士中，按照良好的行为、人气、能力、经验、家庭情况（饮食）等传统的标准来实施。该过程是非正式的，法官原则上保留了对选拔者的惩罚权。另一种类型的公共选择适用于专业机构，行会商人，区域友好和慈善机构。这

中国第一次民主体验（1908—1914）
——中国传统与本地精英的实践

些群体的成员自由选择他们的领导人，没有当局的干预，甚至事后也没有。在这方面，研究人员的意见是共享。马克·埃尔文认为，这些机构也实行基于少数服从多数原则的公开会议进行集体讨论和决策。顾德曼否认这一说法，直指公所和会馆（区域商场和友好公会）内领导层的寡头性质。然而，这种观点强调它与有关社团之间的相互依存关系。此外，当地的来源和研究表明，当这些地方机构运行不畅，发生财务问题，腐败问题或领导人无能时经常求助司法官。

在20世纪初，上海商会、中国城市和工程办公室、江苏教育协会是建立在总理事会和执行机构的选举之上的，但他们的做法在细节上有所不同。对于聚集在法团（邦）和企业代表间的商会，所有组成人员都有投票、参与讨论并从服务中受益的权利。但是领导候选人必须支付大量的会费，定为每年300、600和900两，旨在确保该组织的运作，这种财政责任有利于财力强大者的掌权。例如我们不难看到，作为上海最强大集团的宁波商人，到1920年之间几乎垄断了总经理的位置，尽管在1912年这些会费有显著下降，允许扩大有关席位。

仿照股份公司委员会的选举制度，商会的选举程序在主要经济部门占据主导地位的商人领袖的权力。一般情况下，商会选举程序不会导致专业人员的重组。到1912年，商会的数量为2000左右，成员约为200万名。他们与无数的市民公社、商业研究协会、体操会、救火会、友协和商团相联系，吸收了买办，商人，店主，雇员和学徒，并或多或少经常求助于他们的领导人选举。

在中国上海担任市议会办公室的总工程局，由来自不同地方机构（基本管理、基本救济、慈善、教育等）和专业机构的代表组成。这些代表首先分别在自己的社区进行选举，然后从1907年开始由限制性的选举选出。对于选民的要求是每年缴纳至少10元的共同体利益税；候选人必须支付20元。1909年，按照当地自治政府法规，选民的交款减少到2元。

江苏教育总会与地方的教育会从较不富裕的文化教师中进行招聘。因此，经济上的障碍不会区分选民和候选人。其总理事会就是简单地由县或乡的当选代表组成。然而，该协会的实际功能迫使其为住在行政机构所在地附近的成员保留候选人资格。

1905—1906年左右，在不同的协会内使用普选正在成为一种常见的做法：

经常在一个小圈子内举办，但几乎足够有代表性，因为它是仿照社会阶级的结构，并尝试整合不同的组成者。在这些选举中，代表性普遍得到承认，这不是由个人，而是由子社区所承担。子社区也是最经常负责社团利益税务或代表的会员费的机构。选举过程也在精英政治和社会组织中、任期和集体定期磋商事件中逐渐被使用，这使当选董事会在几位领导前的自由裁量权方面享受霸权成为惯例，也是腐败的根源。因此，它有助于创新协会生活，控制扩大中社会阶层的领导，使自治与行政面对面。

省议会选举反过来也出现了同样的代表性和任人唯贤的问题。在这一点上，停止对反对代议制论据革命思想家章炳麟（章太炎）是有益的。在出版于1908年的一篇文章中，章太炎发现，这样的一个系统不可能在中国这样一个拥有420万居民，分为1400区的国家实行："如果有太多的议员，这将导致暴风雨般的争吵；如果议员太少，将导致强团的统治（豪友）。"在他眼里，"普选可能有利于当权者实行竞选花招，而无法选出贤良；而建立在写作知识基础上的限制选举如果不考虑70%是文盲人群，将不会具有代表性"。我们也不能把税收贡献作为标准：从一个省到另一个省，农业税的计算是相当不同的；此外，贸易税不能只赋予商人特权而损害了学者的利益。这些学者是政治和法律的行家，但多数贫穷。章炳麟尽管如此还是被说服满清政府最终也采用了这些会计准则。他的分析在任何情况下都强调当时中国的代表性引用、能力和财富的内在矛盾。对于章炳麟，代表制不适合中国社会，其成员享有平等的地位。当选者有可能成为国家和人民之间的中间阶层。

在一定程度上，于1909年为了省选举而公布的帝国法规的制定者们也同样怀有这些担忧。事实上，普选不可能立即投入使用，这些制定者干脆决定行使保存三类人选举权的限制选举，这三类人如下：

1) 拥有超过5000元动产或不动产的持有人；
2) 持有等于或高于高中毕业文凭的文人，新中学教育的毕业生；
3) 参与三年社团事务或教育事务的管理者，实际承担正式职位的前任官员。

在位的官员、军人和警官、修道士、求学期间的学生暂无投票权。在被排除的人员当中，有革命者、"职业打官司者"（因私武断）、吸食鸦片者、职业不光彩者、无法阅读或填写选票的文盲、在被控诉或有犯罪记录的人。除了纳税大户，该法令青睐有知识和能力素质的人，省议会应代表其与官方

中国第一次民主体验（1908—1914）
——中国传统与本地精英的实践

管理员对话的选区意见。

在江苏，选举的组织工作由政府和地方精英共同着手进行。他们在两个省级办事处（分别隶属于江宁和苏州）聚集，省级办事处在下级城市设有分办事处。省级办公室按照省级组织程序，把代表人数根据区域人口划分，分别确定了两轮投票的法定人数，对子县机构的每一步任务执行都进行检查监督。在这个规模上，地方政府、商会、教育协会、数据库管理员有共同开展人口调查和选民登记调查的任务。在城市，提供 5000 元以上商品的条文主要涉及商人。组织者不太愿意公布他们的财富的具体数额。据媒体报道，很多人都拒绝登记为选民。在实践中，办事处很快就面临着子县城平均的选民人数超过了 2000 至 4000 名：因此他们要求地方当局去掉那些受帝国法规侵蚀的"坏名声"的人员。最后，全省录得 162472 名选民，约占 3 亿 2000 万人口的 0.5%。其中刚超过 10% 的人将选出第一级的 1210 名大选民，这 1210 名选民应在 72 个子区中选出 121 人。

使用日常语言进行了轰轰烈烈的宣传普及活动，选举在 1909 年 3 月和 5 月之间没有出现重大事故。主办方似乎对此非常认真，对最具争议的人物进行了劝阻。候选人被警告，他们必须能够参加并胜任省事务的讨论，他们不属于公共职能，也不会接受除了差旅费以外的任何酬劳（车马费）。法官监督整个选举过程；而当地领导都参与了在寺庙或学校投票站的设立（每区约 10 个），并把候选人名单分发给选民，保障对投票点及计票点的监督。至于选民，在第一轮投票中就发现了违规行为：散布谣言、冒名顶替、为了个别人的强制性存款、暗箱操作、各种行为投诉等。但是，在共和国经常发生的贿选现象，似乎在当时非常罕见。据朝鲜历史学家闵斗基计算，江苏的投票率为 40% 至 70%。但它有时需要重复计算第一级选举，多数种类，多达五六次，以达到所需 50% 的法定选民人数。尽管投票区域分散，城市知名的商人领导者往往得票较高，而大量的数据库管理员（xiangdong）在农村选区有可能实现大选民的地位。这种差异也引发了乡民的不满，他们在基于人口的评估中处于不利地位。

在江苏省选举产生议会的社会学成分值得考虑。不到 125 名成员的四分之一实行新的城市工作——记者、编辑、教师、校领导或半官方机构。当选者的典型形象是一个 40 多岁的人，通常有头衔，经常是负责教育或集体利益事务。换句话说，尤其是那些在各种改革活动中投资的名人和青年积极分子。

台湾历史学家张鹏远统计15个省份当选者的数据，4%为博士学位，21%为本科学历，63.5%为高中学历和帝国学生（分别为35%和29%），11%的当选者没有帝国头衔。他的结论是，当选者几乎都属于富人阶层，这种出身说明了他们的保守和反革命倾向。就其本身而言，历史学家市古宙三认为精英活动家普遍具有保守的特点，据他介绍，在宪法改革期间，这些精英活动家只从事保卫他们特权的事务。这些解释也许有点快。我们很难确切地知道当选者的经济情况。但在江苏当选者很少有前官员，也几乎没有大商人，只有几个文人工业家。相比之下，高于全国平均水平的73%的高中学位和帝国学生，提出另一种现象：大多数当选者似乎都属于帝国官僚无法吸收进去的中产阶级文人，这些文人中产阶级，无论是个人还是集体，都对国家的现代化和政治生活革新感兴趣。在省议会举行期间，记者和外国观察员认为江苏是省份中的佼佼者。即使反对立宪制的保守者，新总督良将张仁俊也认可了议员的组织能力，通达世事。

　　选举结果反映了很大的政治一致性，很大程度受到限制，它有这样两个现象：保守者忠实于严格的帝王制度，投了弃权票，而革命激进分子被迫弃权、被监禁或放逐。在社会学层面，商人，虽然很多都是大选民，通常在第二轮投票中在文人之前被去除，文人可能被视作更适合在议会中讨论。文人遵守私下的习惯，一些学者被认为已经被提供企业领导或行政顾问的职位。有时，著名学者是积极的创始者，他们发表迫切需要教育、工业和商业发展的爱国主义演讲也会加强这种信任的盲目性。在政治层面上，学者的威信基于的理念是，人民代表应具备技术能力和对公众利益的高度意识。宪政机制应有助于改善民生，发展经济，普及教育，以唤醒人民的良知，并鼓励他们回来参与政治生活。

　　这种代表性的"任人唯贤"的理念表示，实际上与不同行动者的政治和文化遗产相当一致，特别是致力于国家利益和人民福祉的儒家理想。陆康的工作使我们在这个主题上得到启发。

三、国家一体化和本地权力建设

　　在1910至1911年间，地方自治组织被提上日程。其目的是在选举的基础上建立能够在地方政府层面传达国家的基础政治结构。这些政治结构被看

中国第一次民主体验（1908—1914）
——中国传统与本地精英的实践

作政治实体，并分为两个层次：县（厅—州—县）上下的城市，城镇和乡镇（城—镇—乡）。为此，选民集团扩大：这对一个至少25岁的男性来说，大概已经足够居住在该地区至少三年，并支付至少两元钱的年度纳税元（征税）或地方税（公益券）。根据章炳麟的计算，这样的贡献长江三角洲地区相当于一个拥有3亩地的农民的地位。就整体而言，选举标准表达了政府有意将地方权力建立在学者和中农的群体上。事实上，基本选举激起了很少的热情。据历史学家王树槐表示，预算不足、公开反对地方自治过程的潮流为其主要原因。因经费不足，许多当选者很快就辞职了。此外是反对地方自治的暴力骚乱（反自治风潮）爆发，甚至在选举之前的农村和城镇就已爆发。经王述怀统计，1910年2月和1911年3月之间，共发生37起暴力骚乱，其中22起在苏南。这些暴乱大部分是由人口普查（点查户口）和注册费的征收（制币费）引起的。人口普查的目的在于登记选民，建立民事户籍（编户籍）。但传闻称，这是用来招募士兵（筹丁）或保存资本（筹人丁券）；或者说，出生记录将在桥桩下和铁轨上被卖给外国人……这种现象几乎一样：数百人或数千人攻击调查员或主办方，拆毁他们的家、地方自治局（自治公所）、学校。

第二波暴乱在议会就职时暴乱，这次暴乱的潮流发生频率不多，但是规模却更大。最主要的原因是税收的升高、建筑工程的实施、某些顾问滥用职权，尤其是某些庙宇和地方的财产没收。在1911年2月，例如在川沙（松江市）一个女巫和一些胥吏在某一大暴动中起到了很重要的作用。女巫抱怨在她的庙宇中设立投票点，胥吏担心地方自治局的活动会影响他们的收入。如果说这些活动分子笨拙急切的心情不是原因，那么与宗教礼拜场相关的教士往往对组织者造成了阻碍。他们知道自己的权力在民众中有相当大的影响，此外，这些山东的改革者也起到安抚人心的作用，并要求政府给予佛教徒，道教徒等少数族裔宗教投票权。但是，受在日本培养的法官（律师）的主导，宪法筹备委员会（宪政编查官成立1907年8月13日），国家最高机构，完全没有重视他们的建议。对于他们来说，年轻的活动家整体而言很少是信徒，通常不了解农村的复杂现实，很容易反对那些他们认为是迷信的文化活动。

当宗教动机没有被考虑在内，问题就常常由小名人引起，即"当地的掌权者"，他们垄断了社区机构的资金，或由赌场和鸦片馆的无赖引起。主办方被迫承认，"无知的百姓在享受到地方自治微薄的好处之前，先要遭受新税的影响。"此外，高税负担和当时的货币无序难以促进小农参与政治革新的事业。

"绅民主"城市——这句话出自尹懋可——这是一种建立在传统权力结构的乡村，缺乏来自社会力量的支持。但归根结底，政治基层组织未能像它应该的那样渗透在农村的各种社会文化的组成部分，如杜赞奇所描述的那般。反之，如果上海的名人商家在十年内（1905—1914年）成功地改造了市委、市政府，这可能是因为他们一直在处理现有机构的代表。在农村，地方自治不是从村社组织开始组织，而是在乡镇一级，这不是一个自然实体，而是一个或多或少呈分散状的村落。在这里有一个构思的缺陷，它涉及政府的控制意愿和中央集权的手段。尽管中国幅员广阔，地区间社会文化极富多样性，北京却到处都实行同样的规则。为符合地方自治帝国法令，例如山西省长赵尔巽不得不放弃从老的村治机构建立地方议会。事实上，各省在建立新的机构方面有较为限制的活动余地。

与分享权力，重塑相应的国家机构相反，法院自相矛盾，试图通过加强行政的中央集权重建帝国秩序。法院拒绝把省议会当做衔接国家和地方利益间必不可少的机制。法院的态度使其直接暴露1909年秋起在省议会和官僚机构之间的第一次冲突。随后几年，强硬的集权派北京人使有重大特权的省长退休，特权地位恶化，这些特权是他们从王位传统地获得，并赋予王位不可替代的信息和交流方式。保守派良将张仁君总督毫不犹豫地宣布"专制主义中央集权制度"（极端中央集权）完全不适合于中国国情。

抗议活动在省议会和省长体系迅速蔓延。对中央政权丧失信心，请愿要求国民议会立即召开；之后强烈谴责于1911年5月贸然成立"皇族内阁"。王位拒绝去通过宪法的逻辑，因此，他本人承认的宪法逻辑造成了当地精英和改革派官员的不满。1911年10月，武昌起义爆发后，这些精英和官员没有反弹很大的情绪动作，在共和国框架下快速宣布他们省面对北京，采取政治行政自治制度。

江苏立宪人因此在共和国前两年间在江苏省执掌权力。有南京省议会和上千地方议会的支持，他们知道如何建立一个在行政、税收、教育、公共服务和公共工程方面富有显著创新能力的真正的省政府。在1900年，他们尽量在政治工程实行中尊重各地的风俗习惯表现出了监管、集中（省的层面）和现代化的行政优点。这辉煌的行政和政治经验在1914年随着袁世凯的政变突然中止，独裁和国家现代化建设的思想取得了胜利。尽管失败，这些经验再次充分表明，江苏省在中央权力和地方政治实体之间的联合，在一切形式的民族融合中发挥了不可磨灭的作用。

四、结　语

清朝传统内政是基于对高度结构化的正式官僚机构进行直接控制，通过真正的共生关系把官僚机构与社会文化组织、社团组织和非正式组织联系在一起。在这种共生关系中，权力不能忍受任何自治的政治力量。然而，它使有明确目标的地方协会有一定的自由空间。但从整体结构看，这无法唤醒真正的民主。

变革的时刻到来了，城市精英在社团范围和半国有领域迅速发展形成了一个真正的政治空间，并已适应相对于国家控制的社会权利的基本理念。然而在对公民权利和政治权利的追求中，他们更倾向于重视公共福利和公共利益，而不是对西方公民制度的引进。他们对法律面前人人平等的原则并不是无动于衷——这个原则也并非在传统法律概念里完全不存在——但是他们的想法与时代的经济发展和以集体概念为主导的社会组织密切相关。最先进的协会建立在等级和分格结构上，其主要目的首先是为了集合和保护隶属于既定社团的个人。在这种发展潮流中与众不同的著名领导人必须保持与有关社区的相互依存关系。他们的权力在为共同利益所贡献的财富、迎接社会经济社团的新挑战、干预国内外权威机构的有效性方面相互较量。除了歪曲时代现实，社团整体无法吸收西式公民社会思想，也无法领会哈贝马斯的公共领域理论。

通过首次汇集各机构代表，新的政治体制仍然没有对现有秩序实行突破。学者活动家与企业家和商人联盟前所未有，同样对个人权利的显著发展具有重大意义，这个国家的新儒家教条曾指责追求私人利润的行为，它被认为是一种威胁公共利益的缺陷；而现在这种行为则集体的社会福利发电机。

当国家需要重建时，新儒家原则也显示出了他们的财富和力量。在解决危机、政府控制舆论的必要性和通过人口参政加强权力方面，学者和官员怀有共同的理念。基于公众利益和任人唯贤的相同价值观，他们的共同努力在迅速建立新体制的过程中发挥了重要作用，使新体制很快便可运作。他们的辩论意识和他们对公共事务的热情都促进了基于讨论、妥协、多数表决程序机制的实行。国家文化并没受到妨碍，正如我们所见，这些精英活动家保卫自治和社会权利。在另一方面，它促进了因政治自由化而导致的困难问题的考虑和解决，如：国家、省和地方利益的冲突，地方主义，地区间竞争，政策离心偏航等。有关省议会和国民参政会（资政院，建立于1910年秋）的研究显示，一些重要辩论在何种程度上能够消除为新型分化和在别处分裂真正的政治结构而牟利的政府代表与当选者之间的人为分界线。

在整个中国巨大范围内的政治变革中，立宪主义者遇到的障碍和困难越发突出了这个浩大工程的特殊性。首先，政治现代性不能仅限于对公共利益和个人参与膨胀的崇拜；它也必须体现在保持个人利益的多重性的和谐。大部分人口的支持——或者善意的中立是这项工程成功不可缺少的条件。第二，重塑国家与社会之间的关系，这是现代化的迫切需要，然而并不总是遵守地方社会的组织方法和价值观念。领土层面，地区差异，城乡之间的二元性，经济发展和精神发展的不同步……这一切都引起了甚至是民族融合形式的尖锐问题。在这种重视调整差异的情况下，不承认特定的身份和习俗的民族融合会有很大风险。

在清末民初所实行的民主制度表现了中国传统杰出的政治资源内涵。这些资源在理论构思层面显露得较少，而是表现在社会主体的功能组织上。无论是清政府还是袁世凯都能够对其开发，并持续运用在政策调整上。袁世凯和继他之后的制度都信仰强制国家致力于现代化的美德：他们这种想法的恶性影响众所周知。然而，一个世纪以来，进步的精英们没有停止拥护民主的理想，在这段历史的连续阶段，20世纪新兴的立宪制经历构成了中国政治重建这一无休止过程中最具影响力步伐之一。这有力地表明，民主制度的实现不单单是一个缺乏社会文化属性的西方模式的简单换位，而是一个从预先存在的价值观中适应和创造的使命。

《玉书》

——朱笛特·戈蒂耶的梦

[法]伊万·达尼埃尔 著 高 原 张新木 译

> 去中国，这几乎是去登月亮。
>
> ——维克多·雨果
> 《致朱笛特·戈蒂耶的信》1869年

玉作为一种珍贵、耐损而闻名的物品，让《玉书》看似属于宝石艺术范畴。物品构成书名，听起来颇有"中国味"。然而 jade 一词最初来源于南美洲，由 piedra de ejada 变成 pierre de l'éjade，而后于1718年以 jade 这一形式进入《法兰西学院词典》。但是19世纪时，人们还并不清楚玉究竟是什么，往往将其与碧玉（jaspe）混淆。1820年，阿贝尔·雷慕沙——泰奥菲尔·戈蒂耶了解其研究成果——在《和田城历史》的附录中发表了一篇关于玉石的研究，但是直到19世纪后半叶这个问题才明朗起来①。在选择诗集的神秘题材时，朱笛特呈现的并非是一个异域的小玩意儿，她想出的书名是一件充满诗意的物品，正如诗集本身一样。1867年由阿方索·勒迈尔发行的第一版中，朱笛特确实在犹豫是否将该作品定为译作出版，就像她后来解释的那样："《玉书》是大量努力的结晶。这份努力尽管热烈真诚，却无法完全让我对这本小书中诗歌的真实性放心。所以我也不敢肯定这些诗歌被精确地翻译了过来。后来我重新修改了《玉书》。我增添了许多内容并作了严格的修改之后，

---

① 阿贝尔·雷慕沙《和田城历史》，巴黎，Doublet 出版社1820年。附录：《关于中国人称为玉的矿物质和古代碧玉的研究》。另见布隆代尔《关于中国人称之为玉的石头的历史、考古学和文学研究》，巴黎，R. Leroux 出版社1875年。中国的玉是一种软玉。

这一次，我可以肯定地说它是由中文翻译过来的①。"

第一版署名为朱笛特·瓦尔特的《玉书》，呈现出既是创作也是译作的面貌。或许正因如此，它被当时最著名的读者们所接受。查理-勒孔特·德·李勒在一封写给约瑟·玛利亚·德·埃雷迪亚的信中，赞扬了"朱笛特·戈蒂耶女士伪中国诗"的"功劳"，他补充说道："毋庸置疑，在中国这个只有愚蠢、滑稽、残忍的国家，根本不会有类似的东西②。"在根西收到诗集的雨果赞扬她是"诗人之女，诗人之妇"，他说道："《玉书》是一部精致的作品，我要跟您说，在这个中国里我看到了法国，在这件中国瓷器中我看到了您晶莹洁白的灵魂③。"阿纳托尔·法郎士也一样，选择赞美这位年轻女性的创造力，而非她所汲取的亚洲灵感源泉。他在《文学生活》一书中写道："我怀疑她在《玉书》中表达了杜甫、钱起或李白所有精美图画的细部。"保罗·魏尔伦在杂志《旗帜》1867年5月11日刊中发表了一篇文章，也就是诗集出版后不久，他写道："对杜甫、钱起、张谓等人的语言，我的精通程度并不合格。同样我也不会因为文本表面上的不忠实而苦苦抱怨，因为《玉书》的魅力正是从中得以体现，作家毋庸置疑的才华填补了这一被认定为缺失的真实性④。"

因此，我们发现诗集中文本的远东血统一直不断地带来问题，但是随着时间的推移原因也不尽相同。当《玉书》第一版发表时，人们倾向于将它视为朱笛特·戈蒂耶的原创诗歌作品，或者更愿意这样看待它：出于凌驾于中国文化的优越感，对本国作家的亲切友好，抑或是简单地出于无知，他们忽略了诗集的远东血统，只看重作者的创造性。后来，一些汉学家严厉地批评翻译中的错误、曲解和不忠，在揭露译文相较于原文的"想象力"的同时⑤，他们自己也推出一部原创作品，其中的资料来源当然也是中法两种不分上下。

---

① 参见约纳·理查森《朱笛特·戈蒂耶》，S. Oudin 译，巴黎，Seghers 出版社 1989 年，第 70 页。我们整篇介绍大大得益于这部考据极其翔实的传记。值得注意 Félix Juven 出版社 1902 年和 1908 年的版本书名更为明确：《朱笛特·戈蒂耶由中文翻译而来的诗歌》。

② 约纳·理查森《朱笛特·戈蒂耶》。

③ 维克多·雨果《书信集》，巴黎，Albin Michel 出版社 1947—1952 年，转引自约纳·理查森《朱笛特·戈蒂耶》。

④ 保罗·魏尔伦《朱笛特·瓦特的〈玉书〉》，《旗帜》1867 年 5 月 11 日刊，收录于《散文作品全集》，巴黎 Gallimard 出版社，七星诗社丛书 1972 年，第 622—633 页。

⑤ 参见缪里耶·德特里《〈玉书〉——一部先锋作品》，《比较文学杂志》1989 年第 3 期，第 301—324 页。

《玉书》——朱笛特·戈蒂耶的梦

翻译、阐释还是创作……尽管朱笛特·戈蒂耶也在书的第二版中自称是"忠实的译者"（雷米·古尔蒙指出："哪怕听到别人说自己对原文做了一丁点的添加都会让这个女译者伤心"①），《玉书》可能还是要被归为"不忠的美人"。我们发现作者在书中混合了来源极为不同的各种影响和形象，从古代中国到巴那斯派的最新成果一应俱全，但并未脱离浪漫主义抒情诗的主要题材。

我们首先要解释清楚是怎样的一系列因缘巧合，让一个1867年时年仅20岁的女孩朱笛特·戈蒂耶创作出最早的一部翻译成西方语言的中国诗集。

一、献给中国诗人丁敦龄

1863年，泰奥菲尔·戈蒂耶雇佣了一位名叫丁敦龄的中国流落文人，让他教自己的两个女儿朱笛特和艾斯黛尔汉语和中国文化。许多年后，《玉书》的作者回忆起这次相遇："想到能亲眼看到一位天朝的子民，我们就兴奋不已。从前只出现在屏风和扇子上的这个生灵，有着象牙色的脑袋，或者说是米纸般的面色②。"年轻的东方学学者，后进入法兰西研究院的查理·克勒里蒙·卡奴将这个中国人介绍给了诗人一家。丁敦龄被称为"泰奥菲尔·戈蒂耶的中国人"③，他的一生看来简直令人难以置信，充满了出人意料却无从证实的轶事。1830年左右出生的他，作为后来成为外交部翻译的传教士约瑟夫·玛丽·卡莱里的秘书来到法国，并跟随他一起编选中法词典。然而，1864年6月，他的靠山卡莱里主教逝世，丁敦龄走投无路，不久后便被泰奥尔菲·戈蒂耶领回家中。其他资料显示④，丁敦龄在法期间曾被拿破仑三世任命担任法兰西学院中文教授斯塔尼斯拉斯·于连的助手。此时，这位天朝的"文人"本该向斯塔尼斯拉斯·于连以及所有想听到真相的人坦白自己对孔夫子的语言一字不识。随后引起轰动的丑闻导致他被撤职，再后来，他被塞纳重罪法庭以重婚罪起诉，丁敦龄发现自己出现了在追求轰动效应的报纸的头条

---

① 雷米·古尔蒙《朱笛特·戈蒂耶》，巴黎，国际图书丛书1904年，第12—13页。
② 朱笛特·戈蒂耶《项链第二排》，巴黎，Félix Juven出版社1903年，第161页。
③ 同上。
④ 参见约纳·理查森《朱笛特·戈蒂耶》，第38—39页。斯特芬·万·米顿在《真实的异国情调经历：泰奥菲尔·戈蒂耶的中国人》中提供了一些新资料，《泰奥菲尔·戈蒂耶团体公报》第12卷，1990年，第35—51页。

上。他娶了一位法国女教师，这位妻子得知他在中国已婚后，便将他告上了法庭。当时，朱笛特·戈蒂耶出庭为自己曾经的家庭教师作证，在法庭上翻译出天朝的法律条款，由此丁敦龄得以无罪释放。这一案件激起了公众的好奇心，更有《小报》的记者在1875年6月13日的一篇文章中写道："整个巴黎都认识这个中国人。十五年间，他即使算不上巴黎的一件奇品，也称得上是首都的一大装饰。谁没在路上看见他穿着深蓝色粗布外套经过，头顶中式的小便帽，长长的棕色发辫拍打着腿肚？"

这个"不真实的存在"（龚古尔兄弟1863年7月17日在《日记》中首次如是引用道）在戈蒂耶一家位于讷伊的住所中生活了许多年。正是由于他，朱笛特才得以自18岁起接受特殊的汉语课程。父亲启发她"探穿这个黄种人，看一看他奇怪的脑袋里到底藏着些什么[①]"，在父亲的支持下，这一中国教育激发了少女的热情，坚定了她对远东持久不衰的迷恋。尽管这位老师在语言表达上有困难，朱笛特·戈蒂耶还是满怀激情地学习，尤其是中国古典文学使用的古文。她记得当时很快便想读诗歌，甚至翻译："我刚刚才开始结结巴巴地说中文，便想去做让最资深的汉学家都却步的这一最难、最不可能的事情——翻译不可翻的中国诗人。"

"在巴黎陷入困境的中国文人丁敦龄被父亲收留，成为了我的老师。当这个美妙的决定在我脑子里生根时，这个可怜的中国人便失去了一切安宁。从此不再有最爱的深椅上慵懒的午间小憩，也没有花园小径上悠闲的胡思乱想，他得和汉语字典上214个关卡做斗争[②]。"

"翻译不可翻的中国诗人"这一悖论展现出了朱笛特·戈蒂耶清醒的意识，就像后面我们将再次提及的《玉书》的《前言》中所揭示的，朱笛特从未低估遇到的困难。在《项链的第二排》中，她回忆道"几乎每天"都在丁敦龄的陪同下，在黎塞留街的图书馆里查阅和抄写可用文献里的一些诗歌。这一共同劳动带来了朱笛特·戈蒂耶第一部文学作品的发表——《中国主题变奏曲》。这部作品于1864年1月和1865年6月发表在《艺术家》杂志上，和之后的《玉书》一样署名为朱笛特·瓦特。然而当时查阅的中国诗集没有

[①] 朱笛特·戈蒂耶《项链第二排》，巴黎，Félix Juven 出版社，1903年，第163页。

[②] 苏珊娜·迈尔·宗戴尔《朱笛特·戈蒂耶身边十五年》，1969年。转引自约纳·理查森《朱笛特·戈蒂耶》，第40页。当时朱笛特·戈蒂耶可使用的词典只有一本：德经奉拿破仑一世之命编撰的《中法拉丁字典》（1813年）。

法文注释，没有索引，甚至往往没有目录①；此外，正如我们经常注意到的，中文名字的标注通常都不明确，因为目前在该领域还未确立一套约定俗成的体系。材料识别的困难在很多情况下使得对文本来源的研究变得不可能。更糟糕的是，从这一版本到另一个版本，某些诗人的名字还有变化，被颠倒了次序，或者他们的作品变成了某些"未知"作者的……正如朱笛特·戈蒂耶后来回忆起的那样，她只摘取了几首诗歌，以她自己的品位和作者的名望为参考标准，当然还少不了丁敦龄的建议。

此外，这位女译者还对在中国诗歌的探索中向给予她指导的人致以敬意，在《玉书》的第一版中题献道："献给中国诗人丁敦龄②。"这一献词在后来的版本中消失了，或许因为古怪的家庭教师在多次私下争吵后远离了朱笛特，又或者因为1875年案件的丑闻给他的名字染上了污点。1902年的版本发表时，中国朋友已经不在了，他于1886年离世，朱笛特·戈蒂耶通过体面的葬礼向他最后致意以示尊重和友谊。他曾是一位伙伴，或许甚至是《玉书》的合著者。据朱笛特自己说，《玉书》是她在所有作品中带着最大的乐趣写就而成的③。

二、梦幻般的翻译

尽管有中国文人的合作，汉学家们④还是在可追溯原文的译本中披露出错误和大量含混不清的地方。这些批评，尽管有根有据，却无法彰显朱笛特·戈蒂耶的意图，也无法抓住《玉书》的独创性和新奇。这位少女或许从未试图提供一部我们今天所理解的严格意义上的译作。朱笛特·戈蒂耶的译文与20世纪汉学家译文的对比虽然通常很有趣，却无法通向一个结论（读者将在本书最后的集中说明里看到一些当代译文的附注）。中国研究的进步——不要忘了法兰西学院"中国、鞑靼、满族语言与文学"教席1814年才创，——语

---

① 缪里耶·德特里《〈玉书〉——一部先锋作品》。
② 朱笛特·戈蒂耶《玉书》，巴黎，Alphonse Lemerre出版社1867年。
③ 约纳·理查森《朱笛特·戈蒂耶》，第70页。
④ 主要参见巴西勒·阿里克塞耶夫《中国文学》，巴黎，Paul Geuthner出版社，1937年。其他人诸如乔治·德·莫郎受朱笛特·戈蒂耶友好的影响而走向汉学，在《中国文学漫谈》一书中始终称赞这部诗集，巴黎，Mercure de France出版社，1912年。

法书和词典的出版，法文和其他语言新译本的传播，注音系统合理化，还有合作与交流的发展，这些都使得他们的知识和文化背景以及他们的译作难以相较高下。

此外还不能忘记这位年轻译者在创作的时候没有任何文学范例可供参考。她自然是读过圣德尼伯爵的《唐诗》（1862年），但是这两部作品中共同摘录的诗歌仅仅几首，通过对这两部诗集的对比，结果显示《玉书》并不带有《唐诗》的痕迹。因此朱笛特·戈蒂耶从来都无从参考母语中前人的翻译，只得投身于一项异常棘手的工作。面对遇到的困难，她使用了一些方法，我们必须很快地介绍这些方法以便能够准确抓住她的翻译特色。首先我们注意到女译者的重要选择——放弃诗体，转而采用不规则的形式，这引发了评论界的分歧。卡图尔·孟戴斯认为《玉书》是由"节"构成的，正如他提出的，有时我们能在书中看到自由诗的萌芽；其他的评论家，就像 J.-K. 于斯曼的小说《逆天》（1884年）中的主人公德艾散特一样，将诗集归为散文诗一类。如果不带成见地研究文本和原文，我们会发现朱笛特·戈蒂耶往往很简单地选择将一行诗翻译成一句话或一节短的段落——该称为"诗段"还是"诗节"——以至于大多数的四行诗都变成了四段话的形式。因此，翻译过来的诗歌相较于中文原诗扩展了许多，实际上法语几乎不能允许古文的这种极简性。这些扩展消除了原来的某些含糊不清意思；朱笛特·戈蒂耶往往会恢复缺失的人称代词，添加详细阐述、逻辑和时间指示。某些在汉语原文中处于一种现时停止的暂停状态的场景，到了这里就变成简单的叙述，然而尽管如此原文中的冥想层面也并不总会被抹去，比如李太白的《玉阶怨》就开启了咏月诗（La lune）这一部分。朱笛特·戈蒂耶非常清楚自己翻译中的不足，无法重现中文诗歌的效果，她在《前言》中表现出对读者的担忧并解释了她这份翻译工作："为了能了解汉语的作诗法，其复杂的规则和各种讲究，需要很长时间的研究。"她慎重地如是写道，不过紧接着还是加上了几个她认为必不可少的标注。她将汉语规则和西方作诗法对照，指出两者的相似处，即"构成诗句的音节数相同；顿挫；韵脚；四行诗诗节的划分。"女译者选择了宫廷诗（La cour）中一首律诗为例，标注上了读音：这首诗遵循了传统规则，是一首七言四行诗，第四个字后顿挫（朱笛特·戈蒂耶指出），前两句和后两句分别押韵。这让完全不了解汉语的读者想象出原文的简洁，立马估量出译文与原文间的差距。尽管如此，音标并不能展现汉字这种象形文字的丰富性，这就是为什么朱笛特·戈蒂耶接着指出"汉字的表意特性"带来"一种对整个主题意外的景象：花、木、水、月光，在开始读之前就已经出现在你们眼前了。"如果说这位女译者因此选择主要将读者的注意力吸引在中国诗歌最常见的形式上的话，她也没有忽视更自由的诗歌创新，这一部分出现在"补充过的"第二版里。她发现比翻译更加自由的形式，比如李清照在词（可以唱出来的诗歌）中所尝试的不规律的形式。她不加掩饰地赞赏这位女诗人考究的诗歌自由，当她"用随心所欲的形式创作，尝试独一无二的创新，镇定自若中便让旁人原谅并欣赏她的大胆。"

《前言》向我们展示了这样一位女译者形象：清楚地意识到遇到的语言障碍，希望给予读者指示试图超越翻译中的不可能。但是除了语言和诗体的障碍以外，还有中国文化基质和在古典诗歌中为数众多的指代的缺失。象征和政治意义、历史指代、对前人诗歌创作的影射，这些在中国诗歌中屡见不鲜；它们作为加深阅读的一种方式，通过不同意指层面展开，兜绕各种弯子。面对古典诗歌，中国读者通常自有一套关于间接指代的介绍和说明体系。即使某些约定的象征可以立即被西方读者所理解，比如李清照《红莲》中的莲花，翻译将其与爱情结合对应起来（"莲"〈lotus〉与"连"〈unir〉同音异义），但是大多数的隐喻都消失了，诗歌在语义层面上被压扁了。先不谈某些极其特殊的情况，朱笛特·戈蒂耶不希望因为解释性的注解而使得文本变得累赘，这些注解无论如何都是不充分的，而且会极大地毁坏诗集的容貌。但是她并未忽视这一财富，比如当她提及李白的诗歌时，她指出是一种"意象罕见而精致的生动风格，充满隐喻、暗指，有时还有讽刺。"最初的版本突出直接进入译文，后来的版本，尽管有《前言》，还是呈现出同样的简洁：朱笛特·戈蒂耶从新近的、脆弱的联系出发，总是谨慎地对待中西方的相异性。她担心会凸显西方与中国诗歌间的距离，却从未放任人们相信这段距离不可跨越。因此在《前言》中一个有趣的发现就是她认为杜甫的诗歌"比较不中国"，因此"更加普遍，离我们更近"，也正因如此这个诗人对她来说翻译起来更为"自在"。

朱笛特·戈蒂耶相信某些诗歌主题的不变性和普遍性。在介绍翻译过的几位最著名的诗人时，她从中提取出一系列的相近和对照，超越了时间和空间的距离：李白让她想起 Omar Kéyam，也就是奥马尔·加亚姆（Omar Khayam)。朱笛特通过查理·克勒里蒙·卡奴认识了后者,并在作品《外国民族》①(1879年)里的"波斯诗人"一章中研究过这位诗人。奥马尔·加亚姆生活在11世纪的波斯,首先是位数学家和天文学家,他的出名还因为他创作 roû baï②,一种大众的、自发性的波斯语四行诗。但是朱笛特不会详细地对照这些简单的形式,她更愿意指出醉酒是李白和奥马尔都最喜爱的主题,在《外国民族》里将之定义为"醉酒神秘主义"。雨果则被拿来与杜甫作比,两人都拥有流亡身份,并在他们的诗歌中留下印记:维克多·雨果,被第二帝国驱逐后自愿流亡,直到1870年9月5日晚才重返巴黎,当时他的仰慕者和朋友朱笛特·戈蒂耶在巴黎北站迎接了他⋯⋯在他之前很久,758年,杜甫因在皇帝面前为一位友人辩护而遭到驱逐⋯⋯即使这些相似看起来有些出人意外,女译者还是表现出对它们的敏感,并选择避开差异或不同,关于杜甫和雨果她这样写道:"在所有的国度和时代,诗人们都拥有同样的灵魂。"

经常被同代人形容为"漫不经心"或"麻木不仁",朱笛特·戈蒂耶却创作出了一部优秀的诗集:与她同时代的翻译相比,《玉书》提供了一幅相对广阔且精心挑选的全景图。书中许多第一次被翻译成法文的诗歌,被后来的诗选编入在册。尽管书中有错误,某些段落存在偏差,这部诗集在中法文学联系历史上具有划时代的意义。为了考察和真正理解这些联系,此处不可忽视女译者所属的译入语的语言和文化。被雨果称为"诗人之女,诗人之妇"的朱笛特·戈蒂耶,走近富有无法回避的不同指代的中国诗歌,而这些指代同样也属于法国文化。两种文学在翻译的选择和自由中相遇、相交。

三、巴那斯派下的中国

泰奥菲尔·戈蒂耶主要受到阿贝尔·雷慕沙1827年发表的《中国故事》启发,在《水上楼阁》(1846年)中想象出一位名叫玉琪婉(Ju-Kiouan)的中国年轻女诗人:玉琪婉"通晓《诗经》,深谙孔子的五条行为准则;世上再也没有更加灵巧的手能在纱纸上写下更为豪放、整洁的字。当她的手腕让毛

---

① 朱笛特·戈蒂耶《外国民族》,巴黎,G. Charpentier 出版1879年,第六章。
② 朱笛特·戈蒂耶读过 J. B. 尼古拉的翻译。今天,最好的翻译版本是阿尔芒·罗宾(Armand Robin)《奥马尔·加亚姆,四行诗集》,巴黎,伽利玛出版社,《诗歌》丛书,1994年。

《玉书》——朱笛特·戈蒂耶的梦

笔在纸上飞舞时,龙飞行的速度也较之不及。她了解所有的诗歌手法,平声、上声、去声和入声(le tardif, le hâté, l'élevé, le rentrant),创作出极为优秀的诗歌,这些诗歌题材自然地就能打动少女,比如燕子归来,春天的垂柳,紫菀还有其他类似的事物。就连自认可以骑金马的文人也无法像她一样轻松地即兴创作。"①

尽管泰奥菲尔·戈蒂耶在这段话中将汉语的四声误认为诗歌手法,从中还是可以显露出他对象形文字的特性、书法灵活的动作以及远东文学主题和风格的关心。中国文化于是成为了一种假想语言的诗歌源泉:让人不得不联想起故事中主角诗人的语言;这种语言被作者错误地理解,却反而让它显得更加神秘且绝对诗意。故事最后,玉琪婉的情人即兴创作了一首七言诗向她表白,这首诗显示出年轻人的文学才华:"书法的优美、辞藻的精致、韵脚的准确、意象的鲜明"……读者很不幸无法企及,只能想象。泰奥菲尔·戈蒂耶对中国充满兴趣,因为对他而言这是诗歌灵感的源泉,让他能将他的故事变成一部诗意的小说,对汉语的影射更增添了一丝神秘气息。朱笛特·戈蒂耶回想起曾见过父亲整理一些中国诗歌,不幸的是这些诗歌并没能保存下来。② 但是父亲作品中的中国参考并不是激起少女对亚洲兴趣的唯一缘由:自19世纪中叶起,东方的影响日益加深,一部分原因是受亚洲研究发展的影响。在巴那斯派的倡导下,波斯、印度和中国出现在勒孔特·德·李勒和卡图尔·孟戴斯的作品中,进入法国文学。自1852年起,勒孔特·德·李勒在《古代诗歌》的前言中试图揭示"一条新路",并在以东方学研究成果为基础创作的某些诗歌中开始慢慢成形。这其中就有《真福者》(Bhagavat)一诗,借鉴于欧仁·波诺夫翻译的《薄伽梵往世书》(Bhagavata-Purana);又如《湿婆之弓》(L'Arc de Civa),和其他诗一样,来源于《罗摩耶那史诗》(Ramayana),当时该书的翻译还在进行中。③

朱笛特·戈蒂耶经常拜访巴那斯派诗人。1865年,她深深地迷恋卡图

---

① 泰奥菲尔·戈蒂耶《水上楼阁》,1846年9月编入在《家庭博物馆》里发表,收录于《小说、短篇小说和中篇小说》,巴黎,伽利玛出版社,七星诗社丛书,皮埃尔·洛勃里耶主编,2002年,第1125页。关于文本的汉语来源,我们将读到让-克洛德·菲赞的出色研究,第1535页。

② 朱笛特·戈蒂耶《项链的第二排》,第205页。

③ 勒孔特·德·李勒《古代诗歌》,C. Gothot-Mersch 版本,巴黎,伽利玛出版社,诗歌丛书,1994年。1852年和1855年的前言见附录,第310页。

尔·孟戴斯,孟戴斯在巴那斯派杂志《艺术家》上发表诗歌新学说的同时,还将写给少女的情书一并发表①。勒孔特·德·李勒每周六在荣军院大道举办沙龙,朱笛特是他的贵客并自称是他的崇拜者。在那儿,她可以遇到泰奥多尔·德·邦维勒、马拉美、波德莱尔的近亲查理·阿塞里诺,还有后来她的出版商阿方索·勒梅尔。事实上应该注意到《玉书》第一版的出版者也同样是泰奥多尔·德·邦维勒以及勒孔特·德·李勒的出版商,通过他李勒在同一时期发表了《伊利亚特》(1867年)和《奥德赛》(1868年)的翻译。但是《玉书》在形式上与巴那斯派作诗极力推崇的讲究相比,显得很非典型。当不涉及翻译时,朱笛特会创作出关于中国主题的诗,比如从《诗歌》中摘取的这首十四行诗《中国夜》②:

明朗的金黄色天空,
　在傍晚夕阳的照耀下,
高塔层层叠起,
　黑龙的羽翼包围住屋顶。
湖上泛起涟漪,
　塔楼倒映其中。
如此奇异的影像,
　惹得柳树也弯腰细赏。
脆弱的小舟上蹲着
　一位男子,用细长的手指
拨动着檀木琵琶
　尖声唱着……
穿破净澈的空气,他的歌声让人心碎
　向着天空发出阵阵晶莹的哭啼。

摆脱了翻译的羁绊后,作者便会采用法国的作诗法,选择简洁的八音节诗,或许因为这与中国古典诗歌模型"七言诗"很相近的缘故。

---

① 约纳·理查森,第 54 页。
② 转引自约纳·理查森,第 244 页。

《玉书》——朱笛特·戈蒂耶的梦

即使1867年时朱笛特·戈蒂耶还未打算一头钻进格律和押韵的复杂游戏中翻译诗歌，她还是受到了巴那斯派一些重要观点的影响。说到《玉书》时，天朝的地理距离首先会引起人们的注意，但是时间上的距离对于品鉴翻译作品来说同样不容忽视。巴那斯派诗人推崇"古人"的文学，拒绝现代性，勒孔特·德·李勒1855年写道："我徒然把目光转向过去，我只有透过在空中凝结成厚厚烟云的煤炭黑烟才看得见它；我徒然侧耳倾听人类最初的诗歌吟唱，它们是唯一值得倾听的，如今我却只能透过工业魔殿里野蛮的喧哗才勉强听得到。"朱笛特喜欢自称脱世的"中国公主"，极其厌恶进步。她常常强调中国文明和文化的持久性，后者给予她逃避"无孔不入"的"文明"进步一个虚构的庇护所①。她与中国诗歌的相近与勒孔特·德·李勒一致，是为了回归在她眼中比西方文化早得多的诗歌源泉，就像她在《前言》中解释的那样：

"比俄尔普斯早十二个世纪，比大卫和荷马早十五个世纪，中国诗人早在那时就已经弹着竖琴吟唱诗歌了；在全世界范围内，只有他们还在用同样的语言和旋律唱着……"

古人的吟唱在中国生生不息，《玉书》最后一首献给李白的诗歌《不朽的文字》也证明了这一点：

"橘子诱人的清香，如果被一个女人长期带在薄纱袖子里会消散；同样，白霜见光也会消失。"

"只有我写在纸上的文字，永远不会褪色。"

正是这种寿命时长赋予了诗集名一定的意义：玉从来都不会随着时间的流逝而衰败……这一在诗歌中公认为永久不变的古代源泉，让现事现时在作品中黯然失色。因此它摆着巴那斯派所赞赏的不动声色的姿态，将现实、环境与轻蔑联系起来，这一点是泰奥菲尔·戈蒂耶所钟爱的，同样也是《珐琅和雕玉》②（1852年）前言中的论证。在《玉书》中，与世界的关系表现为疏远有时甚至是冷漠，比如"对夏日的温和漠不关心"。在其他地方，诗人的高姿态把他与平民世界以及闲散的人群隔开，他们被当作"疯子"。"诗人在

---

① 约纳·理查森。
② 泰奥菲尔·戈蒂耶《珐琅和雕玉》，C. Gothot-Mersch版，巴黎，伽利玛出版社，诗歌丛书，1981年。

浓雾环绕的山上散步"这句便是写苏东坡的。以一种更加形象的方式来说，诗人和山在一篇名叫《写给年轻诗人》的美文中混同起来。众多场景会让人想起西方的范例，比如出现在《珐琅和雕玉》的前言里、泰奥菲尔的评论《1830年后法国诗歌的进步》中歌德的形象——"魏玛的奥林匹斯神"，又或者是勒孔特·德·李勒站在巴那斯派高点上冷漠不动的形象。但是就像在原文中一样，一些意在赞美高山及其象征意义的中国诗歌和绘画主题也同时出现了。要表现出诗人作为一种不同寻常的存在，还得依赖语言的品质和精练，因为在《玉书》中往往都是诗人直接发话。我们由此可以得出结论，翻译过来的诗意语言在完全自由的情况下烙上了巴那斯派的某些印记。

语言没能增加"异域"效果，书中的专有名词极少，朱笛特甚至经常将中文地名换成更加含混的标识，比如"宫殿"或"山"。与同时代的勒孔特·德·李勒的翻译相比，我们发现《玉书》从未强调标注效果或古语。确切地说，作者追求的是贵族的词藻，比如取之于李清照《声声慢》的《绝望》，其中将"大雁"译成仪态更加庄重的"野天鹅"。书中随处可见精致而华丽的题材：玉、瓷器、宝石、珍珠、黄金、银子、乌木、莲花瓣、龙的金色鳞片、金酒、镜子、水晶……这些增强了闪耀透亮的效果。诗集中其他形象都集中在玉光芒的形象周围，创造出一种我们可以称之为"玉的写作"的风格。1864年4月在《总汇通报》上的一篇文章中，朱笛特说起一次让她深受震撼的中国艺术展，她写道："极少人能有机会观赏如此众多的珍品：瓷器、玉和宝石。人们出来时眼花缭乱，就像刚对视了太阳一样。"玉在古代中国被雕刻为祭祀用品，《礼记》中将它描述为吸取天地精华的结晶。在诗歌形象中，它像不变的光芒一样出现。光辉、透明和倒影随着水的流动而扩散，在诗集中随处可见：河流、湖泊、瀑布……还有其他各种变幻形式：雨、霜、雪、雾、汽、云……自然风光本身就可以成为艺术作品，就像《秋夜》中写的：

"秋日的蓝烟，笼罩着湖面；小草被白霜覆盖，
就像是一位雕塑家在它们身上洒下了玉粉。"

这种矿石也可以作为特别诗人的乐器材料，比如李白《湖边曲》中的"玉笛"便是"镶着金孔"。在中国诗歌里，玉的尊贵事实上暗喻着歌者和歌曲的卓尔不群，它天然地散发光芒，与西方的"大理石"极为不同，后者更需要复杂的加工才能"修饰"诗句。当李白需要诗醉时，甚至他的酒都可以

变得"像玉一样清新透明"……

朱笛特·戈蒂耶的诗歌晶莹透亮、风格清新,微妙地夹杂着巴那斯派对译作原文的影响,这让泰奥菲尔、勒孔特甚至魏尔兰钦佩不已。魏尔兰在指出女译者严格遵循自己定下的标准后,即"表达简明、句子简洁、慎用方法",这样写道:

"在我们的文学世界里,我认为只有永远让人惋惜的阿洛伊修斯·贝尔特朗的《加斯巴之夜》可以与这本诗集相提并论。而且如果让我选的话,我对《玉书》的喜爱要多得多,因为它的独创性更强、形式更为纯粹、诗歌更加真实而强烈。"①

四、借玉桥登上月亮

朱笛特·戈蒂耶让她的翻译部分地,或许还包括她对诗歌的选择,服从于某种对诗歌和诗人的表现以及一些风格特征,这是受巴那斯派运动的影响。1865至1867年间,朱笛特经历了该运动创造性沸腾的时期。然而巴那斯派宣扬的不动声色,或许可以在中国流放诗人傲慢的形象中找到等同,却无法完全让朱笛特满意。她的思想和品位引导她忠实于浪漫主义的抒情性,而这正是巴那斯派诗人明确反对的:对勒孔特而言,巴那斯派事实上在"净化"浪漫主义的"眼泪",而朱笛特并不愿意看到这一源泉枯竭。相反,当她研究四书五经中的中国古代文学时,她为抒情性和激情的缺失而感到遗憾。比如在《外国民族》中,她写下如下关于《诗经》的一段话:

"《诗经》包含了一部分最初的诗歌。但是我们惊讶而遗憾地思忖,孔夫子为了防止这笔无人保管的珍贵宝藏流失,手上收集了三千首,为何却仅仅只保留了其中的三百零五首。为什么让大部分这些古人的声音沉默,阻止它们一直走近我们呢?或许是因为这位严肃的哲学家只想让那些有着道德和历史意义的诗歌不朽,便无情地将那些仅仅描述性的、抒情的、富于情感的诗歌再次埋入深渊。"②

三首《诗经》的摘录作为《玉书》的开篇,出现在第二版中:《少女》、

---

① 保罗·魏尔兰《朱笛特·戈蒂耶的〈玉书〉》,第623页。
② 朱笛特·戈蒂耶《外国民族》,第46页。

《报仇》和《罪恶之爱》，显示出女译者对爱情主题的敏感，故意忽视本可以赋予汉语原文的政治或历史说明。约纳·理查森提出这一点有时甚至有自传性的回响；实际上这些可以引导某些声音、改变一些翻译的方向。这一假设当涉及到李清照的诗歌时便显得更加有理：《最美》说的是一位弃妇的痛苦和哀愁，或许实际上是在影射朱笛特和孟戴斯婚姻的不幸和失败。但从更普遍的意义上来说，这些都是浪漫主义主要题材的重现：忧郁、落空的爱情、自然对诗人苦难的无视、时光流逝……不过这种情感的表达往往带着份腼腆和含蓄，不知是源于巴那斯派的冷漠、对中国诗歌影射克制的表达的忠实，还是作者的敏感……尽管如此，在诸如李清照的《不动的目光》之类的作品中，我们仍然可以猜想深藏在"香炉"冷灰下，年轻弃妇不动的目光之后那股爱情的力量。

朱笛特·戈蒂耶明显是故意要让读者知道他所面对的是女性文笔，"女诗人李易安"的文笔，在《前言》中她对此做了很长的阐述。《玉书》中只有六首诗是源自这位宋朝女诗人的，但是我们很快注意到其他大量作品突出诗歌中的女性形象：普通少女或女人、公主、女王、皇后或宠妃、织女，或者更为神秘地、往往以"她"这一简单形式出现而无法鉴别的"缺席者"。花或者月亮同样也可以代替或反映她们。在《思霜》中，对女性和女人的颂扬随着景色清晰地展开：

"白霜完全覆盖住灌木；看起来就像女人抹完粉的面庞。

我从窗户向外看着它们，想到没有女人的男人就像一朵剥掉叶子的花。"

除了众多女性形象的出现以及对女人的颂扬之外，与中国传统思想中"阴"这一女性空间象征性联系在一起的要素也无处不在：对水的描述、夜景、月亮等，比如在《镜前的女人》中便明确地将女人比作月亮。

这些迹象足以表明朱笛特·戈蒂耶希望赋予诗集的女性特点，无论是在主题上还是象征上。在《前言》中，我们甚至可以看到她为"中国女人的孤独、禁锢、无力"而担心，她们"一言不发"却已表露出来。翻译李清照时，也正是"她的女性境遇"引起了朱笛特的兴趣。但是女译者的文字也可用同种方式定性吗？我们知道，19世纪时诗歌评论常常使用一套赋予性征的措辞：泰奥菲尔·戈蒂耶颂扬大理石石匠和克服语言障碍的诗人身上体现出的男性力量。在《1830年后法国诗歌的进步》一文中，他将以优美为特点的为数不多的女诗人形象，与雨果以卓越为特点的男性形象相比较。1887年勒孔特在

《法兰西院士就职演说》① 中也进行了同样的区分，提到"男性天才"和"男诗人的敏感"。在《水上楼阁》中描述那些"自然地就能打动少女"的诗歌题材时，诸如紫菀、垂柳还有后面我们将看到的爱情诗，泰奥菲尔释放出的宽容便可通过上文中的这一观念解释。

少女花在阅读浪漫主义所有杰作上的青春，拥有和玉一样透亮的色泽。让《玉书》中暮年诗人时常叹惜的这种青春，十分动人而热烈，滋生了对情感和渴望的迷恋。书中所选的翻译描述"年轻男子"和少女间标志性的场景：《少女》中女孩拒绝年轻男子的挑逗，《爱情之醉》中女子无精打采地跳舞，《折扇》中新婚初夜，《在水边》中当"骑士"经过时，裸浴女孩不动声色，直到《皇帝》中用折扇打扰天子议政的皇后"口"中的香气。就算其他的诗歌更加忧郁或沉重，为何此处要忽视除了优美之外，那份温柔的狡黠呢？

《玉书》出版后深受文学界的重视，标志着西方对中国文学和文化的发现进入新阶段，这不仅是针对法国作家和诗人，对大众而言也同样如此。朱笛特不遗余力地让大家认识中国，不仅通过她的故事、翻译和她创作的各种"异域"戏剧，还有好几篇评论和众多报刊文章。1867 年和 1878 年世界博览会期间，她在《总汇通报》和《公报》上撰文，非常详细地介绍亚洲国家不同的楼阁。1885 年，她再一次推出远东诗歌集，这一次是与西园寺公望（Saionji Kimmochi）合作完成的日本诗集《蜻蜓之歌》②，在书中她翻译了日本朋友的译作。但是在她的所有作品中，《玉书》的影响最为深远；它启发了许多诗歌创作，有诗集也有独立作品，同时它还频繁地被引用。同样属于巴那斯派的诗人埃米尔·布勒蒙，于 1887 年通过阿方索·勒迈尔发表了《中国诗歌》，其中几首深受这位女前辈翻译的影响。再早一点，查理·克罗斯在《檀香木盒》（1873 年）中模仿中国古典形式创作了一首七音节诗《李太白》，用来向中国诗歌致意。朱笛特诗选中的某些作品甚至被收入在于斯曼《逆天》的主人公德艾散特虚构的图书馆中：读者在那里可以找到"这本精致的《玉书》中的一些摘录，其中人参和茶叶的香气与水的清香混合在一起，书中随处可闻水流在一缕月光下不停作响。"这些作品被极其细心地放置在"波德莱

---

① 参见马丁·勒沃《泰奥菲尔·戈蒂耶——浪漫主义战士》，H. Champion 出版社，2001 年。
② 朱笛特·戈蒂耶《蜻蜓之歌》，参照日本明治天皇的国会议员西园寺公望的版本，Cillot 印刷厂 1885 年。

尔祈祷下的小教堂"里。其他作家有时以更加扩散的方式受到朱笛特的"中国"影响，比如她的亲戚埃米尔·贝热拉或者维利耶·德·利尔-亚当的中国故事。

　　诗集还被转译成了其他几种西方语言。20 世纪初，汉斯·贝特克在《中国笛子》①一书中将《玉书》的一些诗歌翻成德文：这其中的几首于 1908 年夏天被古斯塔夫·马勒创作成《大地之歌》中的音乐②。同年，朱笛特准许给查理·克罗斯的诗歌也作过曲的加布里埃尔·法布尔为《玉书》中的诗歌谱曲，并在费米娜剧场演奏。如此这番被翻译、引用和再利用，甚至谱成曲，这部作品散播了一种带有精致异域情调的亚洲诗歌和文化表现。英国作家哈罗德·阿克顿的小说《牡丹与马驹》（1941 年）讲述了 20 世纪 30 年代末发生在紫禁城的故事，书中人物谈到女诗人李清照时参照的还是朱笛特·戈蒂耶和她的《玉书》。1890 年，斯图亚特·梅里尔通过转译成英语让大众认识《玉书》中的一些作品，这些作品后来被收录在《散文粉画》中③。

　　如果说一部译作的价值是通过以它为资料来源的其他研究和作品的质量显露的话，那么我们也应该重视保尔·克洛岱尔，他改编了《玉书》中一系列诗歌并收录在《中国诗歌拟补》④中并于 1937 年发表。克洛岱尔在选择时甚至保留了丁敦龄的一首诗歌，对于这个"泰奥菲尔·戈蒂耶的中国人"的故事他也非常了解。正如我们此处即将看到的，他保留了原诗的题目——《橘叶的影子》，给出了他自己更简洁、与中文影射性简明更为接近的版本：

橘叶的影子

轻轻绘在膝盖上

就仿佛有人

撕碎我的丝绸裙！

---

① 《中国笛子》，汉斯·贝特克译，Insel Verlag 出版社，1907 年。
② 参见亨利-路易·德·拉格朗日《古斯塔夫·马勒一生的历史》，巴黎，Fayard 出版社，1984 年，《衰落的天才》第三卷（1907—1911 年）。
③ 《散文粉画》，司徒雅图·梅里尔译，W. D. 豪威尔斯引荐，伦敦，Harper & Brothers 出版社，1890 年。
④ 保尔·克洛岱尔《中国诗歌拟补》，收录于《诗歌作品》，巴黎，伽利玛出版社，七星诗社丛书，1967 年，第 941 页。

《玉书》——朱笛特·戈蒂耶的梦

这位外交官诗人在满族帝国崩塌之前曾在那里生活过很长时间,他非常了解让朱笛特·戈蒂耶无限向往的这个"中庸帝国",通过发表演讲《法国诗歌和远东》他再一次谈起中国诗歌。在分析法国文学与亚洲的接触和交流时,克洛岱尔指出《玉书》的出版是一次重大转折:朱笛特·戈蒂耶的翻译是一座"人们越来越常去的天桥",让西方人发现另一种文学。他接着说道,中国诗人"让这些爱慕者心跳。在许多世纪过去后,这些人感到生来就是为了成为同一片月光下的居民,为了将他们的梦寄托在由一支异域、遥远的木桨激起的涟漪上,寄托在一把绷紧的琴弦随时准备发出类似震动的诗琴破裂的琴马上。"①

或许朱笛特·戈蒂耶也有同样的冲动,她说过:"中庸帝国是诗人的天堂。"而她的梦——《玉书》便证明了这一点。

(说明:原作者是法国拉罗舍尔大学比较文学教授,译者是南京大学外语学院法文系著名教授张新木和他的女研究生,该文是译者应我之邀,专为《汉学研究》而翻译的。——钱林森提供文稿)

---

① 保尔·克洛岱尔《法国诗歌和远东》,收录于《散文作品》,巴黎,伽利玛出版社,七星诗社丛书,1965年,第1039页。

法国国立东方语言文化学院早期汉语教学

[法国] 安必诺 著 陈 寒 译

法国国立东方语言文化学院在巴黎建立之初——似乎没有人愿意提及 1669 年路易十四在柯尔贝尔①（Colbert）的提议下建立的青年外国语言学院为此打下的基础——并未设立汉语专业。将近半个世纪之后，汉语才在东语②获得了一席之地。

一、一门"不可能学会"的语言

事实上，按照共和三年芽月十日（1795 年 3 月 30 日）法兰西国民公会关于成立法国国立东方语言文化学院的决议，该校最初只有三名教师：其中一位负责教授阿拉伯文学和通俗阿拉伯语，一位教授土耳其语和克里米亚鞑靼语，还有一位教授波斯语和马莱语。当约瑟夫·拉卡纳尔③（Joseph Lakanal, 1762—1845）在国民公会为创建东语的计划——它实际上出自东方学家蓝歌籁④（Louis Mathieu Langlès, 1763—1824）之手——进行辩护时，学校并没有汉语的位置。遗忘并非无意之举，这是一次深思熟虑的决定。为此，我们这位来自阿列日省的代表提出了两个似乎颇为在理的论据：

首先是当时的中国处在闭关锁国的状态，但将要成立的学校却以实用目的为己任，致力于培养出能够服务于法国外交关系和国际贸易的译员。既然当时的法国与中国没有任何往来，设置一个汉语班自然就成为了毫无意义的浪费。拉卡纳尔强调说："唯有公共和商业用途能够指导我们选择教授何种东

---

① 让-巴普蒂斯特·柯尔贝尔（1619—1683），法国政治家和政务活动家。他长期担任财政大臣和海军国务大臣，是路易十四时代的风云人物。
② 法国东方语言文化学院的简称。
③ 法国大革命期间国家教育制度的改革者。
④ 法国著名语言学家。曾任东语校长，兼授波斯语、满语和马来语。

方语言。"

其次是即使法中两国之间有所往来，法国需要的也不是汉语译员，而是满语译员。因为当时的中国正处在满清异族的统治下，所以年轻的共和国需要打交道的不是汉人，而是满人。拉卡纳尔说："如果我们恢复与中国的邦交关系，我们可以随后在学校设置满语教席。"

或许是为了淡化论证中纯粹的功利主义倾向，拉卡纳尔感到自己有必要申明，由于伟大的中国文学经典都已被翻译为满语，法国人将会通过满语来学习中国文学，进而了解中原帝国的文明。

除此之外，拉卡纳尔还提出了第三个理由。这个理由与经济形势毫不相干，但他却要以此说明学校必须坚定地排斥汉语，这就是汉语这种象形语言在当时法国学术圈的名声。拉卡纳尔认为，汉语的这个重大缺陷令人望而却步，给想要学习汉语的人制造了"无法克服的困难"，更何况是以拼音文字为母语的法国人。

然而，东方语言文化学院最终接纳的是汉语而不是满语，只是这时候，时间已经到了1840年。满语虽然也在1875年终于被学校接受，却仅仅维持了短短两年。当时，教授汉语的任务落在了路易·罗歇①（Louis Rochet，1813—1878）身上。其实，这位"半路出家"的汉学家真正的职业是雕塑家。他曾创作了巴黎圣母院前广场上的查理曼大帝骑马像，还有坐落在里尔路2号东语旧址庭院中的西尔韦斯特·德·萨西②（Sylvestre de Sacy）坐像，这尊塑像险些在第二次世界大战德军占领巴黎期间被毁。

回头看来，汉语在法国东方语言文化学院的出现并非没有原因，它的历史背景是第一次鸦片战争。这场爆发于1840年6月的中英矛盾在1842年8月因《南京条约》的签订进一步深化。在此期间，中国开放了五座通商口岸，也因此被迫向世界打开了国门。这一全新的形势迫使法国立即采用一种新的教育，好让自己将来能够与这个异邦进行商贸往来。可是，既然之前已经有了汉语"不可能学会"的名声，法国人为何还要教授汉语呢？因为在此之前，巴黎其实已经出现了一门中国官话课程，课程的存在本身就已经戳穿了拉卡

---

① 法国雕塑家、人类学家。
② 法国东方学创始人，首先确立了东方主义的文本体系和学术传统，将东方研究建设成系统性的研究领域。

纳尔的说法，并使所有诽谤汉语的人再也无话可说。

二、法国最早的汉语课程

25 年前，法兰西公学院（Collège de France）就已出现了一个汉语教席，开路先锋正是 19 世纪初法国东方学领袖西尔韦斯特·德·萨西（1758—1838）。作为法国东方语言文化学院的先驱之一，他曾在 1806 年应法兰西公学院之邀在那里讲授波斯语。1814 年 12 月，波旁王朝第一次复辟期间，也就是从拿破仑退位到他被放逐到意大利的厄尔巴岛期间，萨西说服法兰西公学院，让他们设立了一个叫做"汉语及满语语言文学"的教席。

事实上，早在很久以前，汉语就已经作为其他东方语言的补充时断时续地出现在这所著名机构中：阿拉伯语专家付尔蒙①（Etienne Fourmont，1683—1745）曾致力于汉语语法的研究——尽管后来他的创始人身份曾受到质疑；他的侄子和追随者德奥特莱（Le Roux Deshauterayes，1724—1795）同样表现出对中国的兴趣，其研究始于佛教；另外，叙利亚语教授德金②（Joseph de Guigne，1721—1800）也爱好汉语，他相信汉语文字和古埃及象形文字间存在着某种相似性。

新批准的"汉语及满语语言文学"教席由雷慕沙③（Jean-Pierre Abel Rémusat，1788—1832）执掌，他曾在 1822 年与萨西共同建立了巴黎亚洲协会。雷慕沙的父亲是格拉斯的一名外科医生，他本人原来也学医，还曾写作过一篇关于中医诊断的博士论文。在雷慕沙的时代，要完成这样一篇博士论文，就必须在"没有老师，不懂语法，也没有字典"的情况下完全通过自学来掌握汉语。雷慕沙实现了这个传奇。他的汉语研究主要集中在语法方面。1822 年，雷慕沙出版了《汉语语法要素》，此外还撰写过一些书评。1816 年，他曾计划"将各种尚未翻译过的中文哲学宗教著作成功地介绍到我们的语言中来"。结果，他果然翻译了多种汉语作品，其中也有文学作品。

雷慕沙在法兰西公学院开课之初就表明，他讲课的目的是为了激发听众

---

① 他曾任路易十四的汉语顾问，并撰写过一本汉语语法教材《中国官话》。
② 又译德经、歧尼等，法国东方学家、汉学家，其子小德金亦为汉学家。
③ 法国著名汉学家，通汉语、蒙语及满语。

的"文学兴趣",但同时也包括"传教"和"商业"兴趣。

雷慕沙逝世以后——那是 1832 年,巴黎正饱受霍乱折磨——他的位置由儒莲①(Stanislas Julien, 1799—1873)接任。从 1832 年至 1873 年,儒莲在法兰西公学院任职共约 40 年。之后,儒莲的接任者分别是德理文②(d'Hervey de Saint-Denys, 1822—1892)、沙畹③(Edouard Chavannes, 1865—1918)以及道教研究专家马伯乐④(Henri Maspero, 1883—1945)——他最终病逝于德国纳粹集中营。直至第一次世界大战结束,也就是说在一个多世纪中,"汉语及满语语言文学"教席的名称始终未变,但它却名不副实,因为德理文和沙畹只是参与汉语教学,而掌握了满语的雷慕沙和儒莲则把满语变成了汉语教学的基础。雷慕沙很有把握地说,满语"能够给予汉语学习巨大的帮助……因为我们的皇家图书馆中藏有大量满语译作",而且"满语的字母和语法系统远比汉语的书写、遣词模式更接近我们这些普通语言"。

三、汉语来到东方语言文化学院

有了上述种种铺垫,汉语来到东方语言文化学院似乎已经是水到渠成的事情了。可是不想,正是法兰西公学院的这个汉语教席差点再次阻碍了汉语进入东语。因为当时,东语的教授们并非由衷地愿意接受汉语,他们觉得学校在法国国家图书馆租用的校址实在太过狭小(除非这一托辞是为了掩盖什么难言之隐)——这个地址被一直沿用到 1873 年。诚然,东语的教员队伍当时已较建校之初有所扩大:随着法国对外关系的发展,学校在原有的三种近东和东方语言文明的基础上又增添了另外三种语言,分别是 1812 年的亚美尼亚语,1819 年的现代希腊语和 1830 年的兴都斯坦语;与此同时还增添了一个

---

① 法国籍犹太汉学家,曾翻译了《孟子》、《三字经》、《赵氏孤儿》、《西厢记》、《玉娇梨》、《平山冷燕》、《天工开物》等中国典籍,并著有《汉学指南》;此外,他还精通梵文,曾翻译《大慈恩寺三藏大法师传》和《大唐西域记》。他也是最早将毕昇发明活字印刷的史实介绍给欧洲的人。

② 第一位出版唐诗法译集的法国汉学家。

③ 法国著名东方学家、考古学家、汉学家,曾翻译《史记》,引起世界瞩目,后又出版《华北考古纪行》、《中国两汉石刻》等。

④ 法国著名汉学家,沙畹的学生,主要研究中国古代史、佛教史、道教史,著有《古代中国》、《唐代的长安方言》、《古代中国的历史和制度》等。

新的阿拉伯语教席，即 1821 年的普通阿拉伯语教席。因为学校不得不承认，原有的阿拉伯语语言、文学混合教学的模式无法培养出熟练掌握阿拉伯语口语的学生。在这样的情况下，当汉语进入课程计划的提议被摆到教授委员会的桌面上时，教授们一致反对设立这个"重复的教席"，并借口说法兰西公学院的汉语课完全能够满足法国汉语教学的需求。

不过，教授们的反对最终彻底落败。校长并没有理会教授委员会的托辞，他于 1841 年 3 月 14 日任命巴赞先生在东方语言文化学院开设一门汉语课。看到这个结果，一直暗中为此奔忙的儒莲感到十分满意，因为这门新课程的出现终于实现了教学分工，从此，他不用再向法兰西公学院的听众解释什么是 b. a. -ba 了。巴赞会替他完成这件工作，而儒莲自己则终于可以无牵无绊地投身于他所钟爱的古汉语研究了。法兰西公学院的古代汉语教席建立于 1843 年 10 月 22 日。

我们对路易·巴赞（1799—1862），即所谓"大巴赞"的人生并无太多了解，只知道他从前是律师，晚年才成为汉学家。据说他信奉圣西门主义，他曾为基督教社会主义运动发起人之一菲力浦·毕舍①（Philippe Buchez, 1796—1865）所创办的《欧洲人》杂志（*L'Européen*）撰稿，还曾于 1828 年在法国瓦兹省建立了一所孤儿农业教养院。巴赞的代表作是与东语教员共同撰写的《论普通汉语的基本原理》（*Mémoire sur les principes généraux du chinois vulgaire*, 1845），此外还有《官话语法》（*Grammaire mandarine*, 1856）以及各种关于元杂剧的作品。

如果说法兰西公学院的目标是要培养所谓"文学兴趣"及"传教"、"商业"兴趣，那么，东方语言文化学院在起初大约 30 年的时间里，并不确定自己瞄准的是"公共及商务目标"。因为巴赞和他的两位老师雷慕沙、儒莲一样，都不曾在中国生活过，即使在路上遇见一位中国人也不一定能够辨认出来。且不论巴赞讲授的具体内容如何，我们所掌握的一切信息都可以说明，巴赞已经远远背离了当初交给他的任务，即培养出口语流利的汉语译员。巴赞所使用的教材，比如《红楼梦》及一些元剧选段，使用的语言都相当文雅，至少与 19 世纪中期的中国本土语言有一定距离。

---

① 法国历史学家、社会学家、政治学家，曾信奉圣西门主义，后成为基督教社会主义运动的发起人。

1862年，巴赞逝世后，由谁来接替他的问题忽然摆到了大家面前。这一问题并未立刻得到解决，也就是说，巴赞的席位并没有马上迎来一位新的接任者。在儒莲的鼓动下，学校决定采用一条权宜之计，但是谁也没想到，这个临时办法后来被一直拖延下去，从而使儒莲的手段得逞，最终夺得了这个席位。

四、一位"临时"的永久代理

儒莲，作为那个时代最优秀的汉学家，在所有关于中国的事务中都发挥着无可争议的领军作用：他不仅在法兰西公学院执掌"汉语和满语语言文学教席"——从1852年起，他同时担任该机构的学监；他还于1833年进入了法兰西学院（l'Institut），并于1845年被任命为法国国家图书馆副馆长，专门管理中文书籍。正因如此，儒莲很轻松地便能以"延续汉语教学"的名义把自己推上东方语言文化学院的舞台，不过在此之前，他打败了另一位极有诚意的候选继承人，这就是哥士奇伯爵（Kleczkowski）。

儒莲的确具有语言天赋。除了汉语、古希腊语、现代希腊语和拉丁语之外，他还会德语、英语、意大利语、西班牙语、满语、蒙古语和梵语。他主要致力于语文学的研究。儒莲曾撰写了《汉语新句法》（*Syntaxe nouvelle de la langue chinoise, fondée sur la position des mots*，共2卷，1869、1870年），并翻译了《道德经》（*Livre de la voie et de la vertu*，1842）及大量中国文学作品，其中包括白话故事，元杂剧片断和一些市井小说，值得注意的是，这些文学作品在传统上往往遭到中国文人的轻视。

不过，儒莲究竟是不是当时最适合教授现代汉语的人选呢？事实上，他虽然能够阅读汉籍，却并不会说汉语。据一位曾到巴黎拜访过儒莲的中国访问者证实，儒莲与他的交流是通过"笔谈"进行的。

无论如何，儒莲占据东方语言文化学院的汉语教席长达十年之久，但从未正式任职，因为他实在是事务冗杂，很难兼顾周全。然而，在东语受命免费教授汉语课程之后，他很快便谋得了正式教席，与其他教授享受同等待遇。

为了满足听众的意愿，儒莲特地让人印制了两套教材：《千字文》（*Livre des mille mots*，1864）和《三字经》（*Livre des phrases de trois mots*，1864）。

在最后的日子里，儒莲极不甘愿地把位置让给了他的弟子德理文，不过德理文接任的并非东语,而是法兰西公学院的教职。德理文的任期极短,仅有数月时间。虽然只是微不足道的过渡,身上的担子却足以激励德理文自费邀请"当地人"来东语辅助教学。这种教学手段虽然已被写入了1869年11月8日的学校重组法案,但在当时还没有成气候。这些受聘的"当地助教"的角色是"向学生提问,训练他们进行会话和朗读"。德理文的助手共有三人,其中就包括著名的丁敦龄①(Ting Tun-ling, 1830?—1886)。

五、译员-教员传统

说到巴赞的继承者——儒莲终究只是代理——无论如何都应该非哥士奇(Michel Kleczkowski, 1818—1886)莫属。

哥士奇伯爵出生于波兰,1849年入法国籍,是第一位不仅去过中国,还在中国生活过的法国人。他在中国跟传教士学习了汉语,日后成为法国译员,从事外交工作。

1863年巴赞去世后,当哥士奇第一次想要接替巴赞的空位时,被手腕灵活的儒莲巧妙地说服放弃了。十年之后,哥士奇终于能够凭借自己在实用汉语方面的知识以及在当地生活过的经验,证明自己完全能够"培养出商业及政治人才",从而摆脱掉所有可能的竞争对手。

应该说,哥士奇前辈们的教学计划并不是最出色的。以下是皮埃尔·拉鲁斯(Pierre Larousse)在他的《19世纪通用大辞典》(Grand Dictionnaire universel du XIXe siècle,第七卷,巴黎,1870年)中对他们做出的指责:

"目前的东方语言文化学院并没有实现所有预期的成果。课堂常常少有人光顾,原因可能是听者认为这些课程无用,没有任何实用目的,也没法实现任何功能。课堂是向公众开放的,也就是说,无论什么人都能来听课!有谁愿意为学习而学习来这里听课呢?学校也没有设置考试。在如此特殊而艰深的领域中,听课的通常是些无事闲人,听众当然很快就会感到厌烦,再也不来了。那些想要学本事、找工作的人也不能长期坚持去听一门没有任何实用效果的课。因此,课堂上就只剩下希望通过深入学习在法兰西学院谋得一席

---

① 丁敦龄是清朝的一位山西秀才,曾任太平天国军官,太平天国失败之后流亡法国。在此期间,他结识了法国诗人泰奥菲尔·戈蒂耶,后培养出朱笛特·戈蒂耶及苏利耶·德莫朗两位法国汉学家。

之地或者有朝一日取代他们老师的寥寥数人。我们常常可以见到一名教授对着一位学生授课的场景,有时甚至出现教授来到空空如也的教室而不得不转身回家的状况。"

哥士奇于 1871 年获得教席,并一直任职到 1886 年去世为止。哥士奇在任期间,学校形成了一个传统,这就是译员-教员的传统。这一传统一直持续了近 60 年,直至 1930 年初。当然,哥士奇任职期间,也有两项重要举措完全符合上文提到的学校重组法案的规定,并从此确定了东方语言文化学院的教学性质:

第一是哥士奇将学校聘用助教的习惯固定下来,尽管他自己并未一直使用助教:1874 年,第一位被录用的中国人是刘秀昌(Lieou Sieou Tchang①)。

第二是东语从此以后必须"教授东方政治地理和商业地理"并讲解相关语言。哥士奇本人也是这么做的,他每月一次讲授文化课程。

哥士奇想进一步开设一门更为专业和完整的课程,叫作"远东国家的地理、历史与制度"。不料原先已经设想好的执教者——德高望重的鲍吉耶②(Guillaume Pauthier, 1801—1873)在仅仅几个月后就逝世了,而这门课程的预算又被挪用到另一项支出,所以一直等到十年之后,课程才重新获得财政资助。1881 年,执教任务落到了身为教学负责人,而后成为教授的高迪爱③(Henri Cordier, 1849—1925)身上;1925—1940 年间,葛兰言④(Marcel Granet, 1884—1940)接任;再后来是格鲁塞⑤(René Grousset, 1885—1952)。因此,在鲍吉耶逝世后的十年间,哥士奇不得不坚持讲授每月一次的文化课程。

哥士奇的先后三位继任者都是他的学生,他们都曾长期在中国生活过并都沿用了老师的教学路线。冉默德(Maurice Jametel, 1856—1889)曾在中国生活过五六年,而德微理亚(Gabriel Devéria, 1844—1899)和微席叶

---

① De ce personnage, issu d'une famille catholique et resté longtemps chez les Lazaristes de Tianjin, seul le nom d'usage en France — dans la transcription phonétique de l'époque — nous est connu. Il mourut à Paris, dans l'exercice de ses fonctions, le 14 novembre 1879, à l'âge de 57 ans.

② 法国东方学家,著名汉学家,曾研究中国儒家思想。

③ 法国语言学家、历史学家、人种志学家、东方学家,曾任巴黎地理协会会长。

④ 法国著名社会学家、汉学家,主要致力于中国古代宗教的研究。

⑤ 法国历史学家,法兰西学院院士,是法国研究亚洲史学的泰斗,终生潜心研究东方历史文化,著述颇丰。

(Arnold Vissière, 1858—1930) 都曾生活过 20 年之久。冉默德在校任职 3 年（1886—1889），德微理亚任职 10 年（1889—1899），微席叶执掌教席 30 年（1900—1930）。

然而，在研究和出版方面，这些译员-教员的贡献却不能与儒莲相提并论：特别是哥士奇，他只有一套《汉语口语、笔语教程》（*Cours graduel et complet de chinois parlé et écrit*, 1876），其中也只有第一卷，即《口语卷》出版了。就连在汉语教学法方面作出了重要贡献的微席叶也无法与之媲美——虽然他曾撰写了《汉语初级教程》（*Premières Leçons de chinois*, 1904），特别是在中国伊斯兰教研究方面做出了令人瞩目的成绩，此外，他还创立了被法国外交部和法兰西远东学院（EFEO）所采用的"汉语法式标音法"（Méthode de transcription française des sons chinois）。

微席叶与他的前任不同，并没有一直任职到逝世，而是选择了提前退休。微席叶去世后，在 1930—1931 两年的过渡期内，东方语言文化学院暂时邀请伯希和①（Paul Pelliot, 1878—1945）——他自 1911 年起一直在法兰西公学院主持为他创设的"中亚语言、历史与考古教席"——替代微席叶的工作。随后，微席叶的职务由戴密微②（Paul Demiéville, 1894—1979）接任，并一直持续到 1945 年。此后，法国东方语言文化学院进入了一个崭新的时代，即现代汉学时代。

---

① 法国著名汉学家，敦煌学创始人之一，精通 13 种外语。伯希和著述极丰，有《吐火罗语考》、《敦煌洞窟》等。他还曾师从沙畹，师生合著有《摩尼教流行中国考》。

② 法国著名汉学家、敦煌学家、法兰西学院院士，曾组织翻译并出版《中国古诗选》，并著有《法国汉学研究史》、《敦煌变文与胡族习俗》等。

教学翻译在法国汉语教学中的应用、评估及改进

廖 敏

从古至今,翻译在外语教学中就扮演着重要角色。早在中世纪的欧洲,翻译就被用作教授拉丁语的语法的一种方式,当时的练习形式就是拉丁语和母语之间的互译。19世纪出现了以翻译为基础的语法翻译教学方法(grammaire-traduction),这是现代外语教学法中历史最悠久的教学法。虽然近年来由于新兴教学法如听说法和交际法的出现,很多人对语法翻译持反对态度,但语法翻译作为教学翻译的重要组成部分,在当今外语教学中仍占有重要地位。本文主要探讨教学翻译在法国高校汉语教学中的应用以及评估方式,并根据相关研究和自身教学经验,对教学方法和评估的完善提出了自己的看法。

一、翻译类型

现代翻译被普遍分为教学翻译(traduction pédagogique)和翻译教学(traduction professionnelle)两大类。教学翻译和翻译教学是由加拿大学者Jean Delisle于1981年首次提出并加以区分的一对翻译学术语(Encarnación Arroyo, 2008;薄振杰、李和庆,2011)。Delisle认为,教学翻译是用来测试学生对语言点,如语法和词汇的理解程度的一种方法,是外语教学的手段和媒介,而开展翻译教学是为了翻译,是翻译研究的一个重点。在外语学习的起始阶段使用的翻译方法都被看作是教学翻译,在高级阶段的翻译方法则逐渐倾向翻译教学。教学翻译只是一种外语教学方法,这种教学方法在外语教学中发挥着重要作用。而翻译教学是在学生具备一定的语言能力基础上所进行的翻译技能的训练。因为目的不一样,二者的教学对象、教学目标、教学方法以及评估标准都不一样。Delisle(1988)以表格的形式将教学翻译和翻译教学的异同区分开来,其主要的区别在于:

	教学翻译	翻译教学
目的	语言学习	完成文本翻译
翻译文本接受者	教师	读者
课堂内容	语法、词汇训练	（目标语语法、词汇已掌握）翻译技巧训练

根据外语和母语之间转化的顺序，翻译又被分为两种：外语译成母语（version）和母语译成外语（thème）。外语译成母语考察的是学生对外语的理解能力（compétence de compréhension écrite），而母语译成外语重点考察的是学习者对外语的口头或笔头表达能力（compétence de reproduction）。外语的口头或笔头表达能力涉及学生对外语句法、词汇、文体、文化等方面的掌握，因此在语言学习中，翻译是一种复杂的语言行为，也是听、说、读、写、译五项技能中要求最高也最难的一项技能。

二、法国高校法译汉教学实践

在初级阶段的汉语课堂上，老师常常用口头提问的形式检测学生是否理解并记住了所学的生词，比如"中国"用法语怎么说，反之法语词"Chine"用中文怎么说，这种教学方式在外语学习的最初阶段行之有效。随着学生语言能力的增长，教学手段也越来越复杂，翻译的使用也越来越广泛，从单词到句子，从口头练习到笔头练习等。在这些练习中的翻译活动都是双向进行的，即汉译法或法译汉。汉译法考察的是学生对汉语的理解能力，而法译汉重点考察的是学生对汉语的口头或笔头表达能力，所以汉译法和法译汉涉及学生的不同语言能力，评估标准也不尽相同。由于法译汉翻译需要调动学习者对汉语语法、词汇、文体及文化背景等相关知识，本身是极其复杂的语言行为，所以不适合初学者，这也是为什么在法国中学的汉语教学中不提倡法译汉练习，并且外语高考中也没有该项翻译测试的原因。

我们在此以自身教学经验为依托，主要探讨法国高校对外汉语教学中的教学翻译，尤其是中级阶段法译汉笔头翻译（thème）的展开、评估标准及其改进。在大学的外语教学中通常都是采用较传统的方法教授语法，比如教师先解释语法规则，然后举例，学生做相关翻译练习，最后通过翻译句子检验学生是否掌握相关语法，可以说翻译作为教学方法普遍存在，尤其是针对外国语言和文化专业（LLCE）（Encarnación Arroyo, 2008）。在法国高校开设有专门中文专业的大学如巴黎七大和巴黎东方语言文化学院，都根据学生的水平安排由少至多的翻译练习。在笔者执教的东方语言文化学院，针对一二年级学生的法译汉练习很少。从大学三年级开始，出现了专门的书写课，每周一次，每次两个小时，其目的是巩固和培养学生的语言能力，教学内容是把法文句子或短文翻译成中文，其特点是翻译练习都围绕着课文中出现的词汇和句法而编；这些练习一般都以单个句子为翻译单位，长度约为两三行，句子与句子之间互不关联，也有涉及文化常识的短文翻译或文学作品剪辑。书写课80%都围绕法译汉练习展开，有的是针对汉语语法，有的针对词汇。翻译可以弥补听说法或交际法在语言结构和读写技能上的不足，因此对重视语言准确度的大学汉语专业而言，翻译的作用举足轻重。

在教学方法上，翻译课以老师为中心，以纠错为主要教学手段。常见的方法有两种，一是课堂上师生一起翻译，老师引导学生一边翻译一边讲解；另一种方法是把翻译练习作为家庭作业，学生自己试着先翻译，然后课堂上老师讲评，即学生念或者到黑板上写，老师再做修改。我们根据自身的教学实践，更倾向于第二种授课方式，但是也更强调学生主动参与教学全过程。课前作业，初次感受是必不可少的，包括学习者必须先提出假设性的翻译、测试这些假设的对错、再修定原有的假设，整个解决翻译问题的过程可以直接增加学生对汉语学习的敏感度。教学翻译和翻译教学一样都应该重视翻译实践，老师应鼓励学生把翻译过程中遇到的困难标记出来，然后在课堂上讨论。课堂上更强调让学生从被动地听变为主动地做，对学生所做的翻译应鼓励其他同学先进行点评，对词汇、句法、句子结构及文体都可抒己见，由于提前准备了，学生必然会验证自己翻译的准确性，提出自己的看法。正是在学生比较、思考和寻求更好翻译的过程中，老师才能恰到好处地辨析同义词的区别，借助具体例句巩固语法点，同时引导学生区别不同的文体。课堂讨论中每位同学对问题的理解和处理能力不同，但都有贡献，从而促进彼此的学习成效。正如廖伯森所提到的，在课堂上使用母语和翻译来完成外语的练习，极大程度是依赖学生和老师彼此间利用他们的背景文化知识及既有的语言技巧共同建构出来的成果。课堂讨论的教师评语应以鼓励为主，讨论中的团结互助对学生的共同进步大有助益。

虽然法译汉以训练汉语的语法和词汇为主要目标，但在真正的教学实践中，翻译课并不仅仅局限于词汇和语法的操练，也常常涉及一些基本的翻译技巧、原文和译文的文体差异，尤其是学生译文中口头语和书面语的混淆。我们在此以东方语言文化学院中文系大学三年级的课后练习为例：

Les cuisiniers impériaux de la dynastie des Qing ont transmis au peuple la recette du canard laqué, qui est devenu un mets spécifique de la région de Pékin. (宫廷，制作方法，独特，地方风味）

上面例句不仅涉及对汉语词汇（传授制作方法）和语法（把字句）的检验，也涉及一定的翻译技巧和文体知识。常见的学生翻译是：清朝的宫廷厨师<u>转告</u>了人民烤鸭的制作方法，<u>它成了</u>北京地区独特的地方风味。

法语中的"transmettre"一词可以表达"转告一个口头信息"和"传授知识或方法"，学生对"转告一个口头信息"这一用法相对比较熟悉，因此在此使用"转告"一词，虽然"传授"在课文中已经出现过，但仍将二者的意思混淆在一起。同时由于"把字句"的难度较大，学生常常刻意避免使用。除了词汇和语法现象外，在上述例句中，我们也能看出学生汉语文体比较生硬，句与句缺乏逻辑关联。经过对比分析后，老师建议的翻译是：清朝的宫廷厨师把烤鸭的制作方法传授给了人民，使之成为了北京地区独特的地方风味。（东方语言文化学院三年级的学生也学习中国古文，因此对"使之"的使用容易接受；这个翻译也使学生意识到古文对掌握汉语书面文体的重要性。）

很多老师在类似的翻译课上主要集中精力讲解语法和词汇，虽然这正是教学翻译的目的所在，但我们认为，对一些基本的翻译技巧和文体知识仍有必要作补充性讲解。因为在课堂上虽然涉及一些翻译技巧和文体知识，但是很多汉语教师并没有足够重视，也没有在一开始就给学生做简单讲解，这样会让学生缺乏对翻译行为和翻译技巧的认识，甚至会误以为翻译中只要语法和词汇正确就行。因此，虽然只是教学翻译课，但仍可借鉴翻译教学的基本理念，使学生明白什么是翻译行为，掌握简单的翻译技能（Beverly. J. ADAB, 1998）。大学的教学翻译可以参考翻译教学的方法，帮助学生学习一些基本策略，就翻译活动中存在的内在困难对学生进行启蒙训练，在教学法上应教给学生识别这些困难的基本技能，解释其本质，建议正确的方法，再引导学生去验证这些方法。简言之，将大学翻译课放在更宽泛的领域来定位，它既能帮助学生完善语言学习，又能对学生进行翻译教学的启蒙，培养学生去识别翻译活动中的困难并验证其选择。

东方语言文化学院为中文系的研究生专门开设了法译汉课程，主要涉及文学作品的翻译和翻译技巧的传授。研究生阶段的翻译评估以考试为手段，学生将一些文学短文从法语翻译成中文，评估标准是学生对原文的理解、译文的语法和词汇的使用以及译文的文体是否贴切等。

三、教学翻译评估标准

常见的法译汉教学翻译评估都是围绕着汉字、词汇和语法展开，通常为终结性考试评估。以我校大学三年级写作课为例，考试内容由翻译和命题作文组成：学生需要将四个长度为两至三行的句子从法文翻译成中文，还有一个命题作文，作文要求使用所提供的词组或语法点。老师在修改学生试卷时，由于所选择的句子文体比较中性，所以评估时并没有将文体纳入考查范围，主要是考查汉字是否书写正确、词汇使用是否正确、句法是否正确，翻译方法也不在考查范围内。教师通过翻译考查学生对语法和词汇的掌握，最终局限在语言形式上，而缺乏其他更为科学的评估标准。Stuart Campbell 于 1998 年出版了《母语向第二语言的翻译》（Translation *into the* second language）一书，着力探索在把第一语言（即母语）翻译成第二语言的过程中与第二语言习得能力相关的翻译能力问题，在翻译研究领域具有一定代表性（文军，潘月，2003）。虽然书中主要针对翻译教学展开讨论，但正如众多研究者所阐述的（廖伯森，2003，刘和平，2004），翻译教学是在教学翻译的基础上发展而来的，教学翻译可以借鉴翻译教学的某些理念，帮助学生了解翻译行为的过程，学习一些基本策略，而《母语向第二语言的翻译》一书中提出翻译能力模式就可以供教学翻译参考借鉴，这个翻译能力模式涉及三项内容：

1. 文本能力：是目标语能力的一个方面，是指译者通过极为特殊的方式运用目标语的能力，通常第二语言写作水平高低反映在对写作文体特征的应用和掌握上，能够使作品具备写作文体而不是口语体的特点是对翻译者的内在要求。2. 性情修养：性情修养反映了译者自身与语言能力不相关的个人性格特点，它直接影响翻译工作的完成。3. 自我评估能力：自我评估能力涉及目标语能力和个人素养两个方面，Campbell 的研究证明，自我评估能力也是判断译者翻译能力的标准之一，译者自我评估能力越高则翻译能力越强。

"文本能力"中口语体和书面体混淆是汉语习得中级阶段很常见的现象，文本能力的提高是一个逐步的、长期的积累过程，除了学生自身的语言能力外，教师的引导也有重要作用。我们在此想强调的是教学翻译中常常被忽视了的自我评估能力，自我评估能力不仅包括定期进行的学生自我评估，而且包括每完成一个翻译活动后学生通过再阅读所进行的自我改进翻译文本的能力。没有经过课前准备的翻译就无从谈论再阅读和自我改进翻译文本的能力，因此教师重视课前翻译实践是非常重要的。此外，在实际的教学中，学生常常因为任务繁重，做完翻译练习后很难做到再阅读再修改，那么在课堂上教师如何帮助学生培养这项能力呢？我们认为可以有意识地引导并鼓励学生间的相互评估，课前的翻译也可以分组进行。除了互不关联的句子翻译，教师也可以提供短文，采用任务式教学法，每组负责一部分，课前翻译，课堂上交流信息，最后老师评估。这种自我评估和学习者间的相互评估以及老师在任务结束后的总结评估能更有效地追踪学生的学习过程，对学生的评估也更全面公正。

　　对于以考试为手段的终结性评估，我们参考了Campbell翻译能力模式中对文本能力的描述，以及廖伯森提到的翻译教学标准和法语中常见的翻译错误类型，结合教学翻译实践，总结出以下教学翻译评估标准以供参考：

　　1. 错字、标点符号有误。

　　2. 词汇错误：搭配不当、同义词混淆。3. 语法错误：译文结构不合文法，语法现象错误使用或避免使用。4. 表达拙劣：意义模糊不清，不必要的重复，错误使用口头语。5. 方法错误：漏译、添加、过于直译或意译。

　　这五项参考标准在具体实施中其分值可根据句子翻译或篇章翻译有所不同。除了对语言形式上的评估，在教学实践中常见的表达是否清晰、漏译、添加、过于直译或意译也都纳入评估范围。正如前面所提到的，大学的教学翻译可以参考翻译教学的方法，帮助学生学习一些基本策略和方法，在教学法上应教给学生解决这些困难的基本技能，因此在翻译方法上对学生进行启蒙引导也是必不可少的。

四、结　语

　　在法国高校的对外汉语教学中，法译汉翻译练习对于提高学生对汉语的敏感度起着重要作用。课堂上我们应强调学生的参与以及团体互助,这对学生的共同进步大有助益。同时教学翻译也可以借鉴翻译教学的某些理念,帮助学生理解翻译行为的过程,掌握简单的翻译技能。在评估方面,我们鼓励学生平时的自我评估以及学生间的相互评估,同时也对终结性评估标准提出了补充。教学翻译的课堂改进和评估标准的完善也将给汉语教师带来更大的挑战,教师的职责将不仅仅局限于教授语言,同时也需要熟悉翻译的基本技巧和理论,只有加强师生间的互动和提高教师自身的能力才能使教学翻译既能帮助学生完善语言学习,又能对学生进行翻译教学的启蒙。

参考文献

［1］薄振杰、李和庆《关于当前中国翻译教学研究的思考》,《外语界》2011年第5期。

［2］廖柏森《探讨翻译在外语教学上之应用》,《翻译学研究集刊》2003年第8期, pp. 225—244。

［3］刘和平《翻译教学方法论思考》,《中国翻译》2004年5月第25卷第3期。

［4］王春燕《非英语专业本科生翻译能力培养新途径——任务型翻译模式研究》《常州大学学报》2013年第14卷第1期。

［5］文军、潘月《母语向第二语言的翻译评介》,《中国科技翻译》2003年第16卷3期。

［6］Campbell, S. (1998), *Translation into the Second Language*, London, New York: Longman.

［7］Delisle, J. (1988). Définition, rédaction et utilité des objectifs d'apprentissage en enseignement de la traduction. In Garcia I. I. & J. Verdegal (eds). *Los estudios de traducción : un reto didáctico*. Barcelone : Universitat Jaume I : 13—43.

［8］Encarnación Arroyo, L'enseignement de la traduction et la traduction dans l'enseignement, *Cahiers de l'APLIUT*, Vol. XXVII N° 1 | 2008, 80—89.

中华书局与法国汉学

柴剑虹 孙文颖

上一个中国农历马年（2002）的岁尾，作为由法国文化通讯部组织的读书节的活动内容之一，中华书局在北京著名的琉璃厂文化街成功举办了主题为"中华书局与法国汉学"的书展与讲座，引起各界不小的反响。当时的法国驻华大使及使馆文化处专员都亲临现场，致辞祝贺；为此，我们印行了《中华书局与法国汉学》的小册子，著名语言学家、东方学大师季羡林教授（1911—2009）亲笔题写书名，尊敬的张广达教授、许明龙研究员特撰专文评介。岁星一周，今岁又逢马年，正值法兰西学院创设汉学讲座二百周年，法兰西学院与北京外国语大学联合举办纪念性质的学术研讨会，使我们有机会和汉学家们在巴黎一起切磋研讨，也遵魏丕信教授（Prof. Pierre-Etienne Will）之嘱，谈谈我们对此论题的粗浅认识与感想。

众所周知，中华书局创建于 1912 年元旦，是中国民主革命推翻封建帝制后成立的第一家具有划时代意义的现代出版机构。中华书局的早期出版物，内容涵盖中国传统文化经典与普及读本、国内现实的经济、政治、文学艺术的基础读物以及外国的政治、经济、军事、科技知识及文学艺术创作与学术研究著作。尤其值得称道的是，由于书局特别注重联系当时国内具有民主革命思想和开放意识的进步知识分子（包括许多留学海外的学人，一个典型的例子就是：书局资助了担任编辑工作的张闻天（1900—1976）先生到日本、美国学习，他后来成为中国共产党早期的著名领导人），使得一些推介国外先进社科人文思想意识和自然科学技术的著作能比较迅速地在书局出版，惠及广大的国内读者。此外，国外学者对中国传统学术、文化的研究，也引起了一些有远见卓识的中国学人的关注，他们开始翻译、介绍这方面的著述。其中,曾在法国巴黎大学留学的北京大学李璜教授(1895—1991)[①] 对法国汉学家葛兰言(Marcel Granet,1884—1940)[②] 的新著《古中国的跳舞与神秘故事》(Danses et Légendes de la Chine ancienne) 的译述于1933年在中华书局出版发行。因为书后还附录了对法国汉学大家沙畹(Edouard Chavannes,1865—1918)所撰《法国汉学小史》(La Sinologie) 的译介,以及《法国汉学重要书目》(著录40余种)。鉴于译者不是直译原书,而是采用了经过内容提炼并融入译者理解分析与评价的"译述"方法,论题明确,重点突出,语言流畅,更适合中国人的阅读习惯,所以该书成为中国学术界与出版界从微观到宏观全面介绍自法兰西学院设立汉学讲席("中国和满洲鞑靼语文讲座")以来一百余年间法国汉学状况的第一书。此外,著者还在书序中特别强调说明了为什么Sinologie称"汉学"而不称作"中国学"或"支那学"的原因,也开创了"汉学"这一至今为学术界公认的通行译称。故该书重要的历史意义自不待言。

一

我们一向认为,中华书局与法国汉学的"结缘"绝非偶然。如果要剖析二者之间"因缘"的话,大致可以归结为三点:第一,法国汉学家对于中国传统文化的"认同"与"识异";第二,中国一些著名学者专家和中华书局对法国汉学家研究成果的高度重视;第三,在新的历史时期中法政府、学术研究机构、出版机构对推进文化学术交流意义的正确认识。二者结缘的经历,大致可以划分为三个阶段,即:20世纪20—40年代;20世纪50—80年代;20世纪90年代至今。下面试作具体介绍与论述。

诚如张广达教授曾指出的,中国学者大量翻译法国汉学论著,实始自20

---

① 李璜,字幼椿,号学纯,曾化名伯谦。四川成都人。学者,政治活动家。中国青年党创始人之一。早年就读于成都洋务局英法文官学堂。1913年进入上海震旦学院学习。1918年参加李大钊等发起筹备的少年中国学会。1919年3月赴法国巴黎大学留学,获文科硕士学位。曾编译《法国文学史》、《法兰西学术史略》等收入"少年中国学会丛书"在中华书局出版。1923年12月与曾琦等发起组织"中国国家主义青年团"。1924年回国,与张梦九等创办《醒狮》周报。后历任武昌大学、北京大学、成都大学历史系教授及香港中文大学教授。

② 葛兰言,该书中译作马尔赛尔格拉勒,简称格拉勒。

世纪二三十年代，其成就最显著的代表人物就是著名的翻译家、学术宗师冯承钧先生（1885—1946）。冯先生早年留学巴黎，1911 年获巴黎大学法学学士学位，后进入法兰西学院师从著名汉学家伯希和（Paul Pelliot, 1878—1945），其间与沙畹等人交流甚多。故他自 20 年代起即以极大的热情和毅力陆续翻译一批法国汉学名家的著述。因为他与商务印书馆、中华书局的密切关系，后来这些译著最早都由这两家出版机构出版。我们从这些译著中不难看出，当时法国汉学家最关注也用力最勤的乃是对中国西部、北部及南海地区文化遗存及相关的中外文化交流的研究，如谢阁兰（Victor Segalen, 1878—1919）的《中国西部考古记》，沙畹的《西突厥史料》及其补编，伯希和的《吐火罗语考》、《蒙古与教廷》、《元代白话碑》、《交广印度两道考》，列维（Sylvain Lévi, 1863—1935）等人的《西洋汉学家佛学论集》，马伯乐（Henri Maspero, 1882—1945）的《汉明帝感梦遣使求经事考证》等等。这正充分说明了这些汉学家对中国传统文化的明确"认同"与睿智"识异"。所谓"认同"，即不仅认识到中国传统文化是以儒家文化为主干的多民族文化的共同体，也认识到中国传统文化在世界文明史上的重要地位；所谓"识异"，即对于处于古代陆地与海上两条丝绸之路在中外文化交融和文明发展中的特殊意义有敏感而清醒的认识，因而当中国绝大多数学者和文化人还拘束于"国学"的旧框架之中，对西域、南海在文明交汇中的重要性仅有懵懂意识之时，这些汉学家已经以他们丰富的考古学、人类学、社会学、语言学、民族学知识为中国传统文化学术的现代科学研究开拓了一片广阔而奇异的"荒地"。必须指出的是，"识异"是建立在"认同"基础之上的，二者是相辅相成的辩证关系。法国这一时期的汉学家不仅大多熟悉中国的古典经籍史书，而且有较好的汉文化修养，有的还亲自译介过若干中国古籍（如沙畹评译了司马迁《史记》、儒莲（Stanislas Julien, 1797—1873）译介了《大唐西域记》、毕欧（Edouard Biot, 1803—1850）翻译了《周礼》、葛兰言翻译了《佛国记》等）[1]；又如张广达教授曾指出的：沙畹和他的弟子们"无一不既具通识，又具问题意识"[2]。因此他们才有登高望远、拓展视野的扎实基础。同样，中国以冯承钧先生为代表的老一辈汉学著作翻译家、学者，不仅有深厚的国学功

---

[1] 在 18、19 世纪中，四书、五经等中国儒家经典几乎都已有了不止一种的法文或拉丁文译本。
[2] 请参见《中华书局与法国汉学》中张广达问题文章，中华书局，2002 年。

底，而且往往通晓多种外语及民族语言，又有开阔的文化视野与创新的学术追求，才能积极、认真地将国外汉学家的著述及时准确地译成中文。而中华书局、商务印书馆等中国现代出版的主要阵地正起到了展现中外学者成果的窗口和平台的作用。20 世纪初叶，中华书局的创始人陆费逵与商务印书馆的创始人张元济，这两位勇于引进、接受新思想的浙江人，均将兴办新学、革新教科书、翻译出版欧美学术名著、培养新人作为出版社的重要任务之一①。可以说，正是汉学家、翻译家、出版家三家之间的惺惺相惜、灵犀相通，为 20 世纪上半叶法国汉学著作在中国的翻译出版创造了适宜的条件。

二

20 世纪 50 年代，由于中国出版界专业分工的原因，中华书局被确定为以出版中国古籍，整理图书与学术著作为主的出版社，商务印书馆原先出版的冯承钧先生的法国汉学译著纸型基本上都先后转给中华书局再版，形成一个小高潮。众所周知，"二战"期间，欧洲汉学遭到重创，法国一些著名的汉学家相继辞世，因而新版或重印老一辈汉学家的译著，对于促进新一代法国汉学及培育中国翻译人才，都具有承前启后的积极意义。

1954 年《马可·波罗行纪》再版（商务印书馆 1936 年初版），拉开了"冯译法国汉学名著"在中华书局出版的序幕。此书是全面研究元代中国社会生活的重要资料，译注本有几十种之多。冯承钧先生选定法国沙海昂（A. J. H. Charigon，1872—1930）注本为原本进行翻译，由于他的学养和翻译水平，该书遂成为中国流行最广的译本。之后，中华书局 1955—1958 年间再版或新版的法国汉学译著有：

色伽兰（今译作谢阁兰）著《中国西部考古记》（商务印书馆 1930 年初版）

费琅著《苏门答剌古国考》（商务印书馆 1931 年初版）

伯希和著《交广印度两道考》（商务印书馆 1933 年初版）

---

① 张元济曾在戊戌变法中进言光绪皇帝兴办新式学堂、培养各种人才、注重翻译。陆费逵创办中华书局前曾任商务印书馆《教育杂志》主编，他在创办中华书局时发表的《中华书局宣言书》上即倡言"立国根本在乎教育，教育根本实在教科书"，而且将"融合国粹欧化"作为出版社的四大宗旨之一。

伯希和著《郑和下西洋考》（商务印书馆 1933 年初版）

闵宣化（Jos Mullie，旧译牟里）著《东蒙古辽代旧城探考记（附乘轺录笺证）》（商务印书馆 1930 年初版）

马司帛洛（今译作马伯乐）著《占婆史（附鄂卢梭占城史料补遗）》（商务印书馆 1933 年初版）

费琅著《昆仑及南海古代航行考》（商务印书馆 1930 年初版）

伯希和、列维著《吐火罗语考》、郭鲁柏著《西域考古记举要（附中亚佛教艺术）》（中华书局 1957 年初版）

沙畹著《西突厥史料》（商务印书馆 1932 年初版）

这些译著内容主要集中于南洋古代地理交通、元史及西北史地等方面，为中国历史的研究，特别是为西域南海诸国古代史地的考辨，提供了大量资料和重要的观点，也开拓了研究者的学术视野。

除以上专书外，《西域南海史地考证译丛》是冯承钧先生翻译的学术论文集。冯先生生前共汇辑了四编，在商务印书馆出版。后来其版权继承人陆峻岭研究员将冯译的一些遗稿和出版过的专书，以及散在旧杂志上的短篇论文，汇辑一起，又继续编了五编，即 1956—1958 年间由中华书局连续出版的《西域南海史地考证译丛》第五至九编。九编译文集共计收入法国学者论文 79 篇，原文大都发表在《通报》（*T'oung Pao*）、《亚洲学报》（*Journal Asiatique*）及《河内法国远东学院院刊》（*Bulletin de l'Ecole francaise d'Extrême-Orient*）上，所涉范围包括民族、语言、历史、地理、宗教、艺术各方面，集中体现了法国汉学家的学术视野、研究方法和成果。

冯承钧先生的史地译作，引进了法国汉学的成果和科学的治学方法，对民国时期以至后来的中外交通史、蒙古史的研究，都具有重大的推进作用。他无愧为"近四十年最大的史地译家"（顾颉刚《当代中国史学》，南京胜利出版公司，1947 年版）。"冯译法国汉学名著"至今仍为研究中外关系史、中亚史、蒙古史、南洋史的必备参考书，这些译著的集中出版，也为日后中华书局编辑出版中外文化关系史、西方汉学史类图书奠定了坚实的基础。

经过 60、70 年代的停顿之后，80 年代中期中华书局古代史编辑室主要由谢方编审策划并担任责任编辑，开始编译出版"中外关系史名著译丛"，其中法语著作占有最大的比重，如费琅辑《阿拉伯波斯突厥人东方文献辑注》（全二册，耿昇、穆根来译，1989 年初版）、伯希和著《蒙古与教廷》（冯承钧译，1994年初版)、费赖之著《在华耶稣会士列传及书目》(全二册，冯承钧译，1995年初版)，荣振华著《在华耶稣会士列传及书目补编》(全二册，耿昇译，1995年初版)等，都引起中、法两国文化学术界的广泛关注。这其中的一个重要原因，即是中、法两国正式建立外交关系为学界对中外关系的研究创造了良好的氛围和条件，而新一辈的法国汉学家已经成为欧洲汉学的中坚。另一方面，中华书局倡导做"学者型的编辑"，也为出版中外"学术前沿"论著创造了必要条件。具体到法国汉学著作的新译本而言，责编与译者有着良好、充分的互动互信，特别是作为中华书局资深编辑的谢方编审的认真负责与精益求精，耿昇等译者的勤奋和知难而上，使译文质量的不断提高有了很好的保障。

三

20世纪90年代，中华书局和法国汉学界间的合作，在法兰西学院、法国远东学院和众多法国汉学家及法国驻华使馆、中国翻译家、中华书局编辑部的共同努力下，推进到了一个崭新的发展阶段。

1991年，作为敦煌学研究者的中华书局《文史知识》杂志副主编柴剑虹，与中国社会科学院历史所副译审耿昇筹划翻译出版一套法国汉学家关于西域与敦煌学的著作。为此，时任法国驻华使馆文化参赞的郁白先生(M. Nicolas Chapuis)表示大力支持，并于1992年1月15日专门到书局与谢方、柴剑虹、耿昇等进行商讨，顺利达成共识，拟订了由法国外交部资助出版这套书的合同，使翻译出版"法国西域敦煌学名著译丛"的工作很快步入正轨。从1993年开始，马扎海里(Aly Mazaheli，1914—1991)的《丝绸之路——中国波斯文化交流史》、谢和耐(Jacques Gernet)等的《法国学者敦煌学论文选萃》、伯希和的《卡尔梅克史评注》、莫尼克·玛雅尔(Monique Maillard)的《古代高昌王国物质文明史》、路易·巴赞(Louis Bazin)的《突厥历法研究》等名著中译本相继出版，引起学术界和出版界的极大关注。1993年，法兰西学院敦煌研究小组的负责人、著名汉学家苏远鸣教授(Michel Soymié，1924—2002)邀请中华书局总经理等三人(邓经元、柴剑虹、许宏)访问法国，与法兰西学院、法国国家图书馆等就进一步编译出版法国汉学著作及法藏敦煌资料等事宜进行交流、协商，取得了多方面的共识，书局编辑也由此结识了一批优秀的中青年汉学家,为日后开展更广泛深入的合作打下了良好的基础。

1997年5月,法兰西学院汉学所所长魏丕信教授邀请中华书局柴剑虹编审访法,并与戴仁教授(Prof. Jean-Pierre Drège)共同主持了柴剑虹关于中国敦煌吐鲁番学研究状况的演讲。正是在这次访问的过程中,法国汉学家的交流热情与学术成果促使柴剑虹开始酝酿扩展出版法国汉学著作选题的计划。童丕教授(Prof. Eric Trombert)的新著《敦煌的借贷:中国中古时代的物质生活与社会》(法兰西学院汉学所论丛之二十九),就是在此时由书局物色中国年轻翻译并列入"法国西域敦煌学名著译丛"。

1997年11月,中华书局决定成立汉学编辑室——这也是当时中国大陆近六百家出版社中唯一以"汉学"冠名的编辑部门,得到了国内外学术界的关注与支持。为了开拓选题,1998年2月19日,以柴剑虹为主任的编辑室首次邀请冯其庸、李学勤、严绍璗、阎纯德等17位专家学者来书局座谈,征求翻译出版汉学著作的意见和建议。最初要落实的与法国汉学有关的出版计划,就是一书(《东方的文明》)、一刊(《法国汉学》)。

《东方的文明》是曾经长期担任吉美博物馆馆长的雷奈·格鲁塞(René Grousset,1885—1952)的东方学名著,原著为四卷本,之前只分别出版过由著名学者常任侠、袁音(学礼)合译的前三卷(近东与中东、印度、中国文明)单卷本,图版上也有若干欠缺,第四卷(日本文明)译出初稿后一直未能完稿出版。鉴于原译者已经去世,汉学编辑室在获得译者家属授权与支持的基础上,在一些专家学者的大力帮助下,补译与校定书稿,统一译名并编制对照表,重新选取图版,克服了许多困难,终于在1999年10月出版了此书的四卷合集本。此书完帙出版,得到了著名东方学大师季羡林教授在图片资料等多方面的帮助,著名文史研究大家冯其庸教授专门为之撰写序言并在《光明日报》上发表书评,因此引起学界瞩目。之后,中华书局汉学编辑室开始规划出版"世界汉学论丛",翻译出版了索安(Anna K. Seidel,1938—1991)的《西方道教研究编年史:1950—1990》等一系列汉学论著,冯承钧先生早年所译闵宣化(牟里)的《东蒙古辽代旧城探考记》、郭鲁柏(Victor Goloubew,1878—1945)的《西域考古记举要》和耿世民教授(1929—2012)所译伯希和的《高地亚洲》等多种法国汉学著作亦被列入这套论丛,并推出了新版本。

中华书局与法国汉学

《法国汉学》原先是法国远东学院北京中心与中国学者合力编辑出版的学术辑刊,前三辑由清华大学出版社出版。鉴于编辑力量等方面的原因,李学勤、葛兆光教授希望该刊转移到中华书局编辑出版。1999年12月,该刊第四辑正式在中华书局出版。该辑刊登了多位当代著名汉学家的精彩论文,其中,桀溺教授(Jean-Pierre Diény,1927—2014)[①]的论文《驳郭茂倩——论若干汉诗和魏诗的两种文本》引起中国古典文学研究界很大关注。该辑还在书前的"致读者"里首次发布了法国远东学院北京中心与中国多所大学及研究机构联合主办"中法系列讲座——考古、历史与社会"的消息。该讲座至今已举办了140多讲,产生了很大影响。之后,为了更好配合这些学术讲座的内容和满足学界读者的不同需求,编委会决定从第五辑开始每辑有一个中心论题。至2013年,《法国汉学》已出版的第6—15辑中的敦煌学、科技史、宗教史、粟特、考古等专号都得到了学术界的热烈欢迎,有的应读者需求,正准备重印;第16辑是关于中国与欧洲司法研究对话的专辑,也已经编辑完成,可望在年内出版。法国、中国和其他国家作者的队伍也不断壮大,联系更加广泛与紧密,也开辟了其他项目合作的新途径。法国远东学院北京中心的历任负责人、研究人员和《法国汉学》的编委们,如杜德兰院士(Alain Thote)和蓝克利教授(Prof. Christian Lamouroux)、吕敏教授(Prof. Marianne Bujard)、华澜教授(Alain Arrault)、陆康研究员(Luca Gabbiani)等都为辑刊的编辑出版与学术讲座的举办付出了卓有成效的辛勤劳动。同时,北京语言大学阎纯德教授将他主编的《汉学研究》也从第四集开始移交中华书局出版,更拓宽了中国读者对汉学的认识。例如在第四集中,刊登了著名汉学研究家许光华教授的《二战后的法国汉学》一文,简洁而全面地介绍了20世纪下半叶以来法国汉学的代表人物、主要成果及发展趋势。此文也成为作者日后撰著《法国汉学史》的先声。

中华书局与法国汉学家日益紧密的联系、合作,还可以再举几个比较典型的例子:

《戴名世年谱》。这是法国学者戴廷杰研究员(Pierre-Henri Durand)耗费十余年心力用中文撰写的学术年谱。1994年,作者结识书局汉学室柴剑虹编审,提及编著此年谱设想,得到赞同。十年间,作者为了搜集相关资料,几

[①] 就在我们此文即将完稿时,获悉桀溺教授逝世的消息,谨表示我们深挚的哀悼与缅怀之情。

乎跑遍了中国北京、上海、南京和安徽的各大图书馆,得到了法兰西学院、法国国家科学院等学术机构和一些中国学者的鼓励与支持,也得到了法国驻华使馆文化专员戴鹤白先生（Roger Darrobers）的支持。作者在撰稿过程中一直与书局编审认真商讨,虚心听取意见与建议,不断修订,终于在2004年出版了这部九十万字的著作。全书不但料丰富,文字精练,考辨严谨；且体例多有创新,索引完备；更引人注目的是全书均用汉语文言文写成。此书一问世即引起了中国学术界的高度关注与充分肯定。中国著名文史研究大家、书法界泰斗启功教授（1912—2005）盛赞此书并专门为之题写书名。著名学者北京大学张芝联教授（1918—2008）、南开大学来新夏教授（1923—2014）等写信、撰写书评予以赞扬,北京大学袁行霈教授还在国家古籍整理出版项目的评审会上慨言："为什么我们中国学者未能用文言文写出这么好的书？"以此来激励中国的学者。可以说,此书的写作不仅是对法国作者本人的艰苦磨炼,也是对各国汉学家的巨大挑战。此书出版十年来,作者本着精益求精的态度,一直在做增补、修订的工作,有望不久后在中华书局推出新的版本。

《陕山地区水资源与民间社会调查资料集》。这是当代法国汉学家和中国研究者进行具体项目合作的成果,一共四册,由中华书局在2003年间陆续出版。诚如2004年在巴黎为此书举办的研讨会上该书责任编辑柴剑虹发表的感言所述："这套资料集的学术价值是多方面的,尤其是在中国人文社会科学界长期以来比较忽视的陕山地区的水利碑刻、簿册、民间传说与民风民俗、民间宗教信仰、村社管理制度的关系上,找到了一些既有亮点又有深度的突破口,将田野踏查与科学考察结合起来,将中国传统的碑铭、典籍、口头传说的收集整理归于比较研究的范畴之内,着力分析大的社会背景下具有典型意义的小环境,为深入研究中国民间社会特征的传承做出了积极贡献。"[1] 尤其值得提出的是先后任法国远东学院北京中心主任的蓝克利、吕敏二位教授,在组织与实施该中法学者交流合作项目中发挥了重要作用。魏丕信教授和蓝克利、吕敏直接参与了该书第一、二、四集的编著。法国汉学家不仅充分发挥了在社会学、田野调查、比较研究方面的特长与优势,而且在编辑、校对过程中坚持与书局编辑协商交流,使此书出版为中国学术界带来了一股清新之风。现在,由吕敏研究员发起与负责的另一个重大合作项目——对北京内

---

[1] 柴剑虹《品书录（增订本）》,甘肃教育出版社,2011年,第466—469页。

城地区寺庙遗存的调查及其碑刻文字整理,也开始取得了积极的成果,《北京内城寺庙碑刻志》的前三卷已经由国家图书馆出版社正式出版。值得推崇的是,该项目的中方参加者以青年学人为主,他们在实际工作中,也受到了法国汉学家严谨学风与社会调查经验的感染与启发。中华书局编审对此项目也给予了全力的支持。

《法兰西学院汉学研究所藏汉籍善本书目提要》。此书是在魏丕信所长的指导下,由他负责监修,中国善本古籍著名鉴藏家田涛教授(1946—2013)主编,汉学所图书馆岑咏芳、王家茜二位工作人员助编的重要工具书[①],2002年初由中华书局出版。诚如魏丕信教授在为此书撰写的"序言"中所述,法兰西学院汉学所图书馆藏中文古籍类图籍,与伯希和、葛兰言、马伯乐、微席叶(Arnold Vissière,1858—1930)等人密切相关。这些汉学名家的深厚学养与访书慧眼,他们对中国图书市场的了解,为汉学所开设中国文化讲座对相关文献的热切需求,使得许多善本典籍得以入藏法兰西学院。但是,多年以来,不仅只有极少数的中国学者能够接触到这些图籍,即便是法国的汉学研究者,恐怕真正了解这些"珍藏秘籍"的也不多。在文化、学术大交流的新时代,为这批善本图籍编制书目提要并公之于世,其意义自不待言。事实上,这本书目所著录的 140 余种善本书,仅占汉学所图书馆藏的汉文图籍的很小一部分;但一叶知秋,它们所反映出的以地理类方志和边疆、少数民族等内容为主的藏书特点,恰好印证了从 19 世纪晚期到 20 世纪前期法国汉学家对中国边疆社会历史地理的关注,这是法国汉学家的治学优势所在,也正是他们在西方汉学界处于领先地位的一个标志。可以毫不夸张地说,此书出版后,引发了中国学者对于欧洲各大学、研究机构图书馆所藏中国图籍的更多关注。由北京外国语大学张西平教授领衔的中国海外汉学研究中心,多年来将编制、翻译欧洲各国所藏汉文典籍目录作为一项重要工作。2005 年 8 月 12 日,在中华书局汉学编辑室邀集专家举行的座谈会上,张西平教授还就此事提出了建议;之后,即就《梵蒂冈书目》与法国考狄(Henri Cordier,1849—1928)《西人论中国书目》等出版事项与中华书局进行了多年的合作。张西平教授还请德国汉学家、目录学家魏汉茂(Hartmut Walravens)为"考狄

[①] 为编撰此书提供意见与帮助的,还有戴廷杰研究员和时在汉学所图书馆工作的倪椿山、方玲、柯洁兰、马昃特几位女士。参见该书主编所撰"前言"。

书目"编制了索引①。去年4月，我们二人访法时，又就《法兰西学院汉学研究所藏汉籍善本书目提要》著录的二函三十三种《清代殿试策卷》，提出了与中华书局合作影印出版的建议，得到魏丕信教授和汉学所图书馆的支持。经过双方具体细致的协商与努力，该书的编撰工作进展顺利，可望在今年印行。

  去年中华书局孙文颖副编审访法，得到法国远东学院和吕敏教授的大力帮助，推进了她担任责任编辑的《沙畹汉学论著选译》与《马伯乐汉学论著选译》这两本由北京大学孟华教授策划的重要译著的编辑进程。十二年前，张广达教授曾经提出这样的建议："中华书局在继续选译汉学著作之同时，不妨适当扩大题材。法国汉学是法国史学的一个组成部分，它既然与法国整个史学有着有机的联系，我们应该把某些不限于汉学领域的重要史学著作的翻译也纳入我们的考虑。"他指出："江山代有才人出，今天，我们看到法国史学家仍然保持着这一传统，例如，专治中国近代史的巴斯蒂、专治清史的魏丕信、专治敦煌文书写本和中国出版史的戴仁、中国数学史家林力娜、道教史家劳格文、考古学家杜德兰等大批学者无不以通识与专长相结合见长，在诸多领域中推动着法国汉学的发展。"②虽然目前中华书局汉学编辑室已并入了历史编辑室，但出版汉学著作，尤其是法国当代汉学家的优秀论著，仍然是我们义不容辞的职责之一。多年来，法国汉学家和中华书局在共同培养出版社编辑队伍方面也做出了积极的贡献③。我们迫切希望，中华书局新一代编辑能建立和法国汉学家更广泛、深入的联系与合作，尤其是共同承担一些具体的研究课题，将能更好地巩固与发展两者之间的历史文化因缘。为此，我们建议：双方在汉学著作和译著的出版信息交流上，能够建立起经常性或定期及时交换书目、书评等相关资料的机制，以便更快捷、全面地掌握动态；同时，我们也建议《国际汉学》、《汉学研究》、《法国汉学》三种辑刊的编委会能进一步加强对法国汉学著作（包括译著）的评介工作；建议中法学者联手编制比较完备的《法国汉学书目》（或《法国汉学论著目录》）、《法国汉学家名录》、《法国汉学手册》（或《法国汉学年鉴》）等工具书。

---

  ① 该庞大书目及索引的编辑工作已基本完成，有望在近期正式出版。
  ② 请参见《中华书局与法国汉学》中张广达同题文章，中华书局，2002年。
  ③ 如法国远东学院北京中心吕敏教授曾为中华书局汉学室编辑王楠学习法语提供重要帮助；该编辑后来在法国留学期间，又在戴仁教授指导下撰写论文，在复制吉美博物馆所藏伯希和中文档案时得到支持。

1911年，中国的学术大师王国维（1877—1927）在《国学丛刊·序》里宣称"学无中西"，强调："世界学问，不出科学、史学、文学。"多元一体，学问相通，这正是交流与融合的基础。他在这篇序中断言："余谓中西二学，盛则俱盛，衰则俱衰，风气既开，互相推动。且居今日之世，讲今日之学，未有西学不兴，而中学能兴者；亦未有中学不兴，而西学能兴者。"[①]他的睿智卓识给我们留下了宝贵的思想财富。21世纪是世界各种文化在保留各自特色与加强对话的基础上大交流、大融汇的时代，那种此消彼长、我强你弱的观点及企图一以统之的做法肯定是不正确的。例如，近30年来，尤其是"敦煌学国际联络委员会"成立11年来，中国的敦煌吐鲁番学研究取得了举世瞩目的成绩，也推动了包括法国汉学在内的世界汉学的发展，这与国际间的交流、协调、合作是密不可分的。大家秉承"敦煌在中国，敦煌学在世界"的信念，交流互鉴，取长补短，共同推进学术发展。事实证明，国际汉学与中国传统国学研究是相辅相成、相得益彰的关系。今年3月27日，中国国家主席习近平在巴黎联合国教科文组织总部发表的演讲中指出："文明因交流而多彩，文明因互鉴而丰富。文明交流互鉴，是推动人类文明进步和世界和平发展的重要动力。"他还就文明的多彩、平等、包容做了精辟的论述[②]。200年前，法兰西学院设立汉学讲席，开启了法国汉学和世界汉学的新时代，也开启了法国民众更好地认识中国优秀传统文化的一个重要窗口；近百年来，中华书局编译出版了一系列法国汉学家的论著，使中国学者和广大读者得以拓展文化学术视野，架设了中法文化学术界交流互鉴的一座通畅桥梁。风流俱往矣，遗泽万世长。对于中国的出版者来讲，只要我们更好地总结历史经验，与汉学家们共同不懈努力，就一定能继往开来，为促进学术的繁荣进步作出更大的贡献。

[①] 参见浙江教育出版社、广东教育出版社2010年版《王国维全集》第14卷，第129—133页。
[②] 见《人民日报（海外版）》，2014年3月28日第1版所刊新闻报道文章。

雷慕沙及其继承者

——法国汉学两百周年学术研讨会综述

李 真

中华民族与法兰西民族在精神文化上的"建交",早已长达好几个世纪。从17世纪法国耶稣会会士入华,中法两个文化大国就开始了接触与了解。1687年,法王路易十四派遣了精通科学的六位耶稣会士前往中国,他们就是耶稣会在华传教历史上有名的"国王的数学家"。自法籍耶稣会士入华后,遂成为沟通中国和法国文化之间的摆渡者,将"中国研究"从仅仅作为协助阐释基督教教义的附属中解放出来,逐步成为真正的学术研究;将汉学研究范围从只关注儒家经典扩大到中国的政治、历史、道教思想、语言文学等过去传教士能力所不及的多个专业领域,使得法国成为当时欧洲获取中国知识的最大来源,并为19世纪法国成为欧洲近代汉学研究的中心打下了深厚的基础。

1814年,法兰西学院正式设立"汉、鞑靼-满语言与文学讲座",标志着汉学作为一门学科在欧洲的确立。西方专业汉学的诞生标志着中国的知识和学问开始成为世界性的学问,成为人类共同知识财富的一部分。2014年是中法建交五十周年,又恰逢法兰西学院正式设立汉学讲座两百周年,为了纪念西方汉学史和中西文化交流史上这一重要的学术里程碑,由北京外国语大学2011协同创新中心、中国海外汉学研究中心与法兰西学院汉学系共同倡议,特别筹办了"雷慕沙及其继承者:纪念法国汉学两百周年学术研讨会"。

本次国际学术研讨会于2014年6月11日—13日在法国巴黎的历史悠久的法兰西学院成功举行。来自中国大陆、中国台湾、法国、美国等国家和地区的30余位中外学者参加了本次研讨会,与会学者不仅包括法国当代著名的老中青三代汉学家,还包括语言学、历史学、敦煌学、考古学、宗教学、文献学、科技史、艺术史、中西交通史等学科和领域的中外专家学者。在三天会议中，中外学者们共发表了三个主旨发言，三十场中法文的论文报告，围绕"法国专业汉学的建立与发展"这一中心议题，在"汉学家雷慕沙及其汉学成就"、"雷慕沙的继任者：法国专业汉学家及其成就"、"法国汉学的地位与贡献"、"中法文化交流"等四个方面展开了极有价值的探讨与交流。会议学术氛围浓厚、讨论热烈，各抒己见，高潮迭起，充分展示了学者们最新的研究成果，以及海外汉学这一跨学科、跨专业、跨文化研究领域的发展动态与研究趋势。

一、汉学家雷慕沙及其汉学成就

欧洲大陆的汉学研究在18、19世纪之交发生了较大的变化，从传教士汉学逐渐转变进入专业汉学阶段，法国东方学中开始有了一个新的学科：汉学。法国当代著名汉学家戴密微（Paul Demiéville）曾这样论述过："1814年11月29日，法兰西学院汉语教授席位的创立使汉学研究的面貌大为改观。这不仅是对法国汉学，而且对整个欧洲汉学都是一个关键性的日子。对中国的研究列为大学学科，这在西方世界还是第一次（在俄国直到1851年，在大不列颠直到1876年才进入大学学科，在欧洲其他国家那就更晚了，美国是最后）。"当时，在法兰西学院担任第一任汉学教授的正是年仅27岁的阿贝尔·雷慕沙（Abel-Rémusat，1788—1832）。作为该讲座的首任教授，雷慕沙在东方语言研究、中国宗教哲学研究、中国通俗文学译介、中西交通史等诸多领域卓有建树，成为欧洲第一位真正意义上的专业汉学家，为欧洲汉学界培养了一批优秀的人才，他的学生包括后来的很多汉学大师级人物，如儒莲、克拉普罗特等人。因此，研讨会的一个重头戏就是探讨雷慕沙的学术生涯和成就以及他在欧洲专业汉学建立的过程中所做出的巨大贡献。

雷慕沙并不仅仅是一般意义上的汉学家，他对于整个东方学也有着如百科全书一般的广博知识。法兰西学院汉学系主任魏丕信教授首先以《东方学家雷慕沙》一文拉开了整个研讨会的序幕，重点介绍了雷慕沙在东方研究包括汉学研究领域的特点与成就。雷慕沙非常重视文本文献的研究，他用科学严谨的态度开创了东方研究里程碑似的一个新起点。他批评当时对东方的偏见，对西方国家在亚洲各国所进行的殖民与商业掠夺行为持批评态度，认为这些行为都是受到本国利益的驱使，对当地的本土文化有着极大的破坏作用，因此雷慕沙反对把欧洲模式强行加于全世界不同的文明，他以一种学者的态度表明世界上各国文明在价值上是平等的，各有特点，也各有不足。不同文明的交流不应该以独尊某一种文明或者贬损某一种文明为前提，历史和现实都一再表明，傲慢和偏见是文明交流互鉴的最大障碍。

法国高等社会科学院的 Isabelle Landry-Deron 教授重点关注 19 世纪初的巴黎学术界如何在雷慕沙的帮助下建立了汉语教学和汉学研究的过程，她的论文《1814 年法国的华语学习工具以及雷慕沙对此的贡献》深入研究了雷慕沙发表在《亚洲杂纂》、《亚洲新杂纂》和《亚洲期刊》上的多篇论文，探讨了从 1814 年法兰西学院开创汉学讲座以来一直到 1832 年雷慕沙因病突然去世的 17 年间，在法国产生的汉学文献与各类汉语学习工具书，包括字典、书目、教科书等多种出版物，这些汉学研究材料帮助了法国本土的中国研究从 18 世纪的以传教士为主体向 19 世纪的世俗研究机构与学者的转移。

法国国家图书馆东方手稿部的主任蒙曦（Nathalie Monnet）女士向与会学者展示了在法国国家图书馆（原王室图书馆）馆藏的大量珍贵的一手文献，包括雷慕沙的作品手稿和编撰的书目，着重介绍了他在中文藏书编目方面的贡献。尽管雷慕沙汉学造诣深厚，但他终其一生从未到过中国，汉语能力完全依靠自学成才。在来华传教士的积极搜罗下，法国王室图书馆拥有了当时全欧洲最好的中文藏书，雷慕沙在青年时代以读者的身份遍览这些馆藏，之后又进入中文藏书部工作并担任管理工作。雷慕沙不仅利用图书馆丰富的中文资料为自己的研究增添助力，同时也编辑整理馆藏书目，为其他汉学研究者和普通读者提供了查找文献、阅读书籍的便捷工具。

几乎所有关于雷慕沙的传记都不约而同地记载过相同的故事：雷慕沙从小聪慧过人，1805 年开始学医，1813 年完成了医学博士论文答辩，原本打算继承父业从事医生这一职业，但 1806 年他受邀前去参观著名收藏家德·特尔桑修道院长（L'abbé de Tersan）的藏品时，被一部中国植物图志吸引，从此激发了他对于这个东方古国和东方语言的全部热情，毅然将全部身心投入到汉语学习与汉学研究中，终其一生不改其志。然而长期以来，学界却鲜有人追溯过这本植物图志的相关信息，来自法国国家科学研究院 Alexandre Koyré 中心的荣誉高等研究员 Georges Métailié 的论文《一生志业的源起：雷慕沙的中国植物图志》就这一问题进行了探索，并对该文本发掘出了不少细节。

由于雷慕沙兼具医生和汉学家的双重身份，虽在博士毕业后就改医从文，但他一生仍然对医学保持着极大的兴趣，并且试图将自己的中国研究与原有的医学知识进行有机的结合，他的博士论文就是关于欧洲医学传统和中医舌诊的。因此，研讨会上有三位中外学者专门针对雷慕沙及后来的法国汉学界在中医译介与汉学的研究与成就方面进行了细致的梳理。法国国家科学研究院近现代中国研究中心的 Frédéric Obringer 教授的《雷慕沙：医生与汉学家》着重讨论了雷慕沙青年时代短暂的医学学生生涯以及这段经历对于他后来转入汉学研究的影响。北京外国语大学的张西平教授则立足于原始文献，从雷慕沙关于中医舌诊的博士论文入手，不仅介绍了这篇拉丁文博士论文的具体内容，还进一步分析了雷慕沙的中医研究所受到的来自波兰入华耶稣会会士卜弥格（Michel Boym）的影响。卜弥格是南明王朝的重臣，在明清鼎革之际被南明王朝派回欧洲寻求教宗的支持，是中国和罗马教廷关系史上的重要人物。卜弥格在欧洲期间，出版了几部关于中国医学、动植物学方面的作品，包括《中国植物志》、《中医指南》、《医学的钥匙》等，成为雷慕沙研究中国重要的一手资料。张西平教授的论文重点阐述了卜弥格论中医的作品与雷慕沙的论文在学术上的联系，从而揭示出欧洲从传教士汉学向专业汉学过渡阶段两者的传承与衔接。

在雷慕沙的年代，中医针灸在法国短暂流行过一段时间，然而这股热潮很快又销声匿迹；直到19世纪中叶后，又有几位研究中国的外交官、学者再次著书立说，使得中医再次引起法国医学界的兴趣和重视。来自日内瓦大学性别研究中心的 Lucia Candelise 教授进一步介绍了法国在中国医学思想理论译介过程中的重大时间点、重要人物和重要作品，她的《十九世纪末到二十世纪初中医在法国的发展：医者与汉学家》一文以时任法国驻华总督 Claude Philibert Dabry de Thiersant 所出版的《中国人的医学》（*La médicine chez les Chinois*, 1863）、《中国人的药材》（*La matièremédicale chez les Chinois*, 1873）等几部作品为中心，试图说明在法国被不同作者所重新诠释的中医思想，主要受到了他们不同的写作主旨、职业背景及实践目的的影响。

众所周知，雷慕沙所取得的汉学成就之一是在汉语研究和教学方面，他在法兰西学院开设汉学讲座，开创了19世纪法国本土汉语教学的新局面。1811年，年仅23岁的雷慕沙就出版了第一部介绍汉语的著作《汉文简要》（*Essaisur la langue et la literature chinoises*），介绍汉字的构造、六书、反切等知识，以及一些中文典籍，成为他作为汉学家的第一次学术亮相。该书一经出版就受到了欧洲学术界的关注。1822年,雷慕沙出版了《汉文启蒙》(*Élémens de la grammairechinoise*),这部语法书是第一部尝试为汉语进行逻辑性整理以及理性解构的著作,获得了欧洲汉学界和汉语教学界的一致肯定。本次研讨会上,来自法国国家科学院研究院的荣誉退休高等研究员贝罗贝(Alain Peyraube)教授和北京外国语大学的李真副教授都特别关注雷慕沙的汉语语法研究。贝罗贝教授是研究中国语言的大家,他的论文《雷慕沙及〈汉文启蒙〉》提纲挈领地总括了雷慕沙汉语语法研究的特色,逐一梳理了来华耶稣会士和准汉学家的语法书对雷慕沙创作的影响,以及他是如何在批判性地吸收和继承前人研究成果的基础上,超越欧洲文法学的传统框架,归纳总结出一套适合汉语特点的教学语法。在雷慕沙之前,法国耶稣会士马若瑟(Joseph de Prémare)于1728年撰写了一部《汉语札记》(*Notitia Linguae Sinicae*),这是西方汉语研究史上第一部同时介绍白话和文言的语法著作。在法国汉学史上,传教士汉学家马若瑟与专业汉学家雷慕沙有过特殊的交集:雷慕沙本人正是《汉语札记》手稿的发现者,并公开表示自己的语法书以马若瑟的研究为基础和参考。他深受该书启发,结合当时语言学发展的新进展,在《汉文启蒙》中所构拟的这套简明、实用的汉语语法教学体系,得到了广泛的承认和肯定。在西方汉语研究史上,《汉语札记》与《汉文启蒙》是两部承先启后的关键著作,两者间有着不可忽视的继承与创新。李真副教授的论文《雷慕沙与马若瑟汉语语法著作的比较研究》以《汉文启蒙》与《汉语札记》的关系研究为基础,通过对两书创作缘起、语料来源、框架安排、内容特点等进行了分析比较,重点揭示了法国汉学史和汉语教育史上两部经典之作的学术地位及重要贡献。

二、雷慕沙的继任者:法国专业汉学家及其汉学成就

法国汉学经过首任教授雷慕沙和几位亲传弟子的努力,从19世纪到20世纪初不断取得丰硕成果,在西方世界基本是"法国一统天下"。19世纪20年代留法学者李思纯就曾这样说过:"西人之治中国学者,英美不如德,德不如法。"巴黎俨然成为当时欧洲汉学研究的中心,而使法国汉学走向成熟的标志之一就是出现了有影响的泰斗级的汉学大师。这些专业汉学家兴趣广泛、思路开阔,比以前的传教士汉学家能更好地运用社会学、语言学、历史学等

雷慕沙及其继承者——法国汉学两百周年学术研讨会综述

新思维方式和跨文化的比较研究方法,因此使得这时期的汉学研究改变了过去仅仅以介绍、感知或者体会为主的格局,采取现代社会科学的理论、观念和方法,切实推进了法国汉学的发展,汉学的研究数量和水平都大大超过了前一个时期。

在法国汉学发展的历史进程中,每个时期都有其各具特色的研究特点和代表性人物。专业汉学发轫期以雷慕沙、儒莲为开创者,之后的沙畹、伯希和、马伯乐等可为兴盛期的代表,戴密微、谢和耐则成为"二战"后法国汉学复兴期的领军人物。本次研讨会上学者们讨论了法国汉学队伍中各具特色的几代汉学家,呈现了多篇精彩的论文。

在法国汉学史上,雷慕沙的学生儒莲(Stanislas Julien)是继雷慕沙之后具有国际影响力的大汉学家。他年轻时兴趣广泛,学业根底深厚,学习过希腊语、阿拉伯语、希伯来语、波斯语、梵语等,后来又跟随雷慕沙学习汉语和满语。儒莲在汉学领域成绩斐然,著作等身,在中国通俗文学西传和中国佛教经典翻译研究方面都取得巨大成果,被誉为当时欧洲最优秀的汉学家。儒莲本人在法国汉学界担任要职,既是法兰西学院的教授,同时又是巴黎东方语言学院教授和国家图书馆副馆长。但无论是生前还是过世后,儒莲总是招致很多严厉的批评,认为他独揽大权、易怒、嫉妒心重、好论争、排斥异己,与汉学同道相处不快,甚至被汉学家亨利·考狄(Henri Cordier)形容为一个"大恶人"。来自法国高等研究院实践学院的 Jean-Pierre Drège 教授就以《大学问家儒莲是个"大恶人"吗?》为题,重新梳理在儒莲时代他与其他汉学家之间的人际冲突与摩擦,以及针对不少学术问题双方所展开的尖锐的学术论战,由此可窥当时学术界权力的倾轧及汉学家派别间的对立,同时也从另一个侧面反映了中国研究融入欧洲古典学术体系的艰难过程。

在 19 世纪前期,还有一个博学多才的汉学家毕欧(Édouard Biot)值得我们重视。毕欧受其父亲科学家 Jean-Baptistic Biot 的影响,从原来的专业铁路建设转向新兴的汉学学科,成为儒莲最优秀的学生之一。他特别关注中国科技史的研究,包括中国的科学、天文、地理、气候、教育、工艺等领域,被称为当时最具革命精神和新观念的中国史专家。法国国家科学研究院与巴黎狄德罗大学科学、哲学与历史研究小组的 Karine Chemla 教授通过《十九世纪初汉学中的科学史研究:Biot 父子》一文,介绍了毕欧的学术历程,与儒莲的师承关系,以及毕欧父子对中国科技史的研究和取得的成就,他认为毕欧对中国科技史的研究在其整个学术体系中并非孤立的部分，相反与其他方面密切相关，为他整体的汉学研究方向提供了重要的知识源泉。

  北京大学的孟华教授另辟蹊径，向与会学者介绍了一位声名不那么显赫的汉学家德理文（Marquis d'Hervey de Saint-Denys）。由于夹在前后两位著名的汉学大师儒莲与沙畹之间，德理文在法兰西学院历届执掌汉学教席的汉学家中似乎是最不起眼的一个，但他曾经独自承办了1867年巴黎世界博览会的"中国馆"，出版的《唐代诗歌选》（Poesies de l'epoque des Thang, 1862）对19世纪的法国文学界产生了较为深远的影响，因此德理文实际上是研究中法文化交流史、法国人的中国观无法绕开的一个重要人物。孟华教授的论文《众说纷纭德理文》从中国游欧学者、外交官的日记等材料入手，展现了德理文的文化活动与相关作品，勾勒了一位学识渊博、热爱中国的汉学家形象。论文也着重分析了德理文对中国的认识和想象，探讨了他的中国观形成的时代背景、具体内容及对其汉学研究的影响。

  19、20世纪之交的法国汉学巨擘、欧洲汉学泰斗级人物非沙畹（Edouard Chavanne）莫属。他治学严谨，把历史考证方法引入了20世纪的汉学研究，译注的《史记》译文精确，考据精细，注释详尽而丰富，被公认为一部难得的盖世名作，至今仍被广泛引证。此外，沙畹对于中国的佛、道、摩尼教，以及中国的碑帖、金石、西域史、突厥史等都颇有研究，著述丰厚；作为世界上最早整理研究敦煌与新疆地区文物的学者之一，沙畹与弟子伯希和共同开创了法国的敦煌学。可以说，沙畹的研究不仅为法国汉学，也为整个欧洲汉学在研究方法、历史文献等方面奠定了基础。从1893年到1918年，沙畹在法兰西学院主持汉学讲座长达20余年，培养了一批法国汉学乃至欧洲各国汉学的新生力量，著名的伯希和（Paul Pelliot）、马伯乐（Henri Maspero）、葛兰言（Marcel Granet）均为其入室弟子。除了本土的汉学家外，20世纪俄罗斯汉学的奠基者阿列克谢耶夫院士于1904年赴英、法、德国访学期间，曾在法兰西学院师从沙畹，学习欧洲汉学最重要的学术思想和学术方法。北京外国语大学的柳若梅教授长期从事俄罗斯汉学研究，她的论文《沙畹与阿列克谢耶夫》以阿列克谢耶夫在1905—1917年间与老师沙畹的通信、阿列克谢耶夫的日记、回忆录等文献为基础，梳理了沙畹与阿列克谢耶夫在学术上的师承关系，并进一步展现了这种师承关系对20世纪俄罗斯汉学的影响。

  作为沙畹的弟子，伯希和在敦煌学、版本目录、中西交通史、考古艺术、

雷慕沙及其继承者——法国汉学两百周年学术研讨会综述

宗教文化等领域的研究青出于蓝而胜于蓝，成为法国20世纪上半叶最有权威的汉学家之一。傅斯年当年曾评价伯希和是"中国以外，全世界治汉学者奉为祭酒者也"。1911年，伯希和从敦煌返欧后，于5月5日在法国美文与铭文学院发表了一篇《佛教伪经在中亚与中国的角色》演讲，强调在佛教东传历史上，那些从佛典中消失了，但在敦煌文献中被重新发现的经文的重要性，说明这些所谓的"伪经"对理解中国佛教，及东亚汉字文化圈各国佛教的关键作用。法国远东学院的 Kuo Li-ying 教授就以这篇演讲为切入点，在《伯希和：中国佛教伪经与法兰西学院》中对该演讲进行了缜密的分析与阐述，说明伯氏所重视的这批汉文佛经对佛教在华传播过程中的重要影响。

1906—1908年，时任法国远东学院汉学教授的伯希和，率领由法国金石与美文学院、法国公共教育部、法国地理学会、国际西域考察委员会等组成的探险队，对中国西部地区（新疆、甘肃、青海、宁夏和山西）进行了科学考察和考古发掘，获取了大量珍贵的文物、文献。这些文物文献被分别入藏法国集美博物馆和国家图书馆。这次考察在伯希和本人的治学生涯中意义重大，直接决定了他后来终身研究的三大方向：西域语言、历史和考古。来自中国社会科学院的耿昇教授多年来致力于法国汉学名著的翻译工作，笔耕不辍，他的论文《伯希和西域探险与法兰西学院的"西域语言、历史和考古讲座"》从历史的角度为我们揭开了法兰西学院1909年专门为伯希和开设"西域语言、历史和考古讲座"的渊源及学术影响，并对讲座的内容做了初步介绍。

此前学者讨论的中心人物雷慕沙在西域研究方面也有着不可忽视的奠基作用，他于1818年发表《论中华帝国在西域的扩张》一文，为汉学关注西域诸国的研究打下了基础。之后集几代汉学家之力，法国汉学在中亚研究、西域研究和中西交通史的研究取得了显著成绩。法兰西学院的 Frantz Grenet 教授发表的论文《从雷慕沙到伯希和：法兰西学院汉学家对中亚的再发现之贡献》，较为完整地呈现了法兰西学院的汉学家如何在几个中亚阶段，为中亚研究带来关键性的推动作用。例如，儒莲翻译玄奘的著作，沙畹发表《西突厥研究资料》一文，以及伯希和所倡导的实地考察和田野调查的研究方法等；此外，论文也没有回避这些著名汉学家在各自研究领域中，因不可避免的因素而导致的部分局限性。

马伯乐是沙畹的另一个学生，家学渊源，父亲是开罗博物馆馆长、著名的古埃及专家。他以严谨的态度和批判的精神,追求一种清晰而精确的研究方法,使他对于古代中国经济史和语言的研究在汉学界独树一帜。马伯乐在1936—1938年间在布鲁塞尔发表了关于中国土地制度的三篇论文,洋洋洒洒描述了中国两千五百年历史中的土地所有制形式,特别是私人土地所有权如何获得政府的认可。法国国家科学研究院 Jérôme Bourgon 教授的论文《"土地是属于所有人得":马伯乐与中国历史中的土地所有权》以马伯乐的这几篇论文为基础,提出了"古代中国社会的农民是否享有某种'土地财产权',或者是仅仅因为实际占有土地而获得的一种拥有关系"这一问题,并以此为线索探讨马伯乐对中国法律史的贡献。

戴密微是"二战"前后法国汉学界承先启后的重要人物。当老一辈汉学家葛兰言、马伯乐、伯希和相继去世后,法国汉学一度万马齐喑,此时正是戴密微的出现使得法国汉学走出低谷,走向复兴。他也是沙畹的弟子之一,精通多种语言,治学范围广泛,著述丰富,是"二战"后法国汉学界的带头人。饶宗颐是中国现当代东学西渐的一位代表性学者,香港中文大学名誉教授,世界中国学贡献奖(中国)获得者。中法两位大学者之间有着深厚的友情,从1957年到1978年的二十余年间,两人通信多达八十余封,内容涉及学术探讨、答疑解惑、合作出版等方面,北京外国语大学叶向阳副编审的论文《饶宗颐、戴密微通信研究》以戴密微和饶宗颐之间的八十余封往来书信为素材,梳理他们在汉学学术文化方面交流的史实,凸显了中西两代学人亦师亦友、平等对话交流的关系。

三、法国汉学的贡献及地位

法兰西学院于1814年设立"汉、满-鞑靼语言文学"讲座,在法国和西方汉学发展史上有着重要的意义,奠定了汉学在法国乃至整个欧洲的学术地位。19世纪以来,随着专业汉学研究机构的设立、教学与研究的结合、专业汉学学会的建立、汉学刊物的创办和大量一手文献资料的收集,法国汉学逐渐从早期的追逐时尚逐步发展到深入的科学研究,无论在欧洲还是世界,都保持着领先的优势和独特的魅力,赢得了"西方汉学之都"的美誉。

研讨会上,学者们从科技史、艺术史、敦煌学、社会史等几个方面总结了法国汉学的发展历程和贡献。

雷慕沙及其继承者——法国汉学两百周年学术研讨会综述

中国社科院韩琦研究员的论文《欧洲汉学与中国科学史研究的兴起，1814—1887》探讨了在17、18世纪中西交流的大背景下，法国学者研究中国科学史的起因；在1814年汉学学科建立后，法国学者对中国天文史的研究，及其对欧洲学术界产生的影响；同时也介绍了汉学家儒莲对于中国传统技术史的研究，及与当时历史、学术背景的关系。

19世纪法国汉学界关注中国科技史的史实，这一传统一直延续至今，20世纪法兰西学院在推动这一研究领域的制度化方面不遗余力。法国国际科学研究院近现代中国研究中心的Catherine Jami教授撰写的论文《法国汉学中的科技史研究1984—2014：法兰西学院扮演的整合角色》进一步追溯了1980年法兰西学院中关于"中日韩科技科学史"研究小组的成立，并对该研究小组的研究成果进行了阐述。

在雷慕沙的年代，希腊、埃及以及近东、中东古文明风靡全法国，至于中国文明在当时还乏人问津，甚至一度遭受误解，人们顶多拥有一些从18世纪因崇尚中国情调的"中国风"热潮而流传下来的肤浅认识。法国高等研究实践学院的Alain Thote教授以雷慕沙对"玉"这个字所做的初步研究为出发点，在《从中国风到中国艺术史：法国一个新学科的诞生》中探讨了法国汉学家实地前往中国进行文物调查的考察活动是如何产生的，以及最早利用西方艺术史方法来对中国古物做研究的发展模式。

西方汉学中通常较为偏重唐宋明清四朝之研究，而忽视了辽金元三代的历史及多民族文化。近年来，学界对蒙古史和元代中国的研究已取得丰硕成果。同时随着对艰深的古契丹文字的解读取得突破性进展，对辽国的研究也有了更深一层的新认识。在这样的学科背景下，法国高等研究实践学院的Pierre Marsone教授发表的论文《辽金元与法兰西学院的汉学研究》以雷慕沙之初创研究为起点，梳理了法国汉学家对这一领域的开拓和钻研。

当今世界，敦煌学已成为一门显学，但其实该学科的发轫、发展与繁荣却是在20世纪前半期。其中，沙畹、伯希和、马伯乐等人发掘和收集了大量的敦煌文物文献，为法国敦煌学的开创立下了不朽的功劳。所以，单就数量来说，法国国家图书馆东方珍本部收藏的敦煌文献，虽然不及英国和俄罗斯数量之多，但就其学术价值而言，却端居各国之首。在伯希和的藏品中，中古时代的术数和天文历法文献占了相当多的比例，其中历日文献与术数文献一起属于"传世典籍中所未见"的稀有文献。遗憾的是，伯希和当年未有时间和精力去钻研这些珍贵文本,后来的法国汉学家利用这些文献,潜心钻研,发掘出了不少有价值的内容,在这一领域成绩斐然。中国文化遗产研究院邓文宽教授以《法国学者对敦煌术数文献和具注历日研究的贡献》为中心,对法国学者在这一方面的成绩进行了细致的梳理、总结和评述。

法国汉学家多以世界文明为背景来考察中国文化的发生发展,这与晚清以来中国学术界固有的以中国文化为背景研究西北史地之学和蒙元史研究有着明显不同,北京大学林梅村教授的论文《他山之石,可以攻玉:法国汉学对丝绸之路研究的贡献》从学术史的角度出发,探讨了这样两种研究方法和模式的异同;同时还分析了法国汉学家对中国近代学人治学方法、学术视野等方面所产生的影响,如王国维就是在沙畹的影响下,运用"二重证据法"在甲骨文、金文、敦煌文书等学术领域取得骄人成绩等等。

法国远东学院的 Luca Gabbiani 教授关注中国城市史的研究,其论文《城市的形式:二十世纪的中国城市史与法国汉学》讨论了当代法国汉学家如何研究中国史中关于"城市"这一课题,通过上古、中古与现代的过渡时期、民国三个时期当中重要的相关研究的介绍,分析了中国古代城市中心的形成及架构,以及现代中国城市兴起的过程。

四、中法文化交流

汉学的历史是中国文化与异域文化接触、交流的历史,也是外国学者借由他们的文化精神来了解、认识、理解、研究、解读中国文明的智慧结晶。中法两国的交往历史源远流长,法国汉学也正是在这种交流中不知不觉慢慢衍生发展。

研讨会上来自中国和法国的几位学者从中法文化交流与融合的角度出发,集中探讨了关于留法的中国留学生、北京的法文图书馆、中法汉学研究所、中华书局与法国汉学出版等几个问题。

法国 Erlangen-Nuremberg 大学的客座研究员 Stéphanie Homola 通过整理法兰西学院汉学高等研究所档案,撰写论文《中国学生与法国汉学家在汉学高等研究所中的知识交流(1927—1968)》旨在研究从 1927 年到 1968 年间曾于研究所就读的一批中国留学生以及他们与法国汉学家之间的互动关系,分析了这些留法的中国学生所受到的欧洲学术影响,以及学成回国后如何参与促进两国之间的学术交流与合作。

　　来自中国国家图书馆雷强老师的论文《法文图书馆与平津两地的汉学研究》凭借大量日记、信札、回忆录、新闻报纸、已公开的档案等相关史料为基础，进一步梳理法文图书馆创始人魏智（Henri Vetch）与中文学人、组织机构的交往，努力勾勒出法文图书馆30余年历程中的社会交际图，并进一步分析在20世纪上半叶法文图书馆在北平、天津两地汉学研究发展史中的地位与作用。

　　北京中法汉学研究所是一个用法国的研究方法研究中国文化的学术机构，于1941年成立，由铎尔孟（André d'Hormont）担任所长。1947年改属巴黎大学，1953年撤出中国。其主要研究工作涉及民俗学、语言历史和通检编纂，在出版和图书馆建设，以及学术普及和推广方面也做了卓有成效的工作。中国社科院葛夫平研究员的论文《北京中法汉学研究所与法国汉学》充分肯定了北京中法汉学研究所在法国汉学发展史上的独特地位与学术影响，特别是在战乱年代使得法国汉学的薪火能在中国得以延续，为战后法国汉学的繁荣和发展输送了优秀的研究人才，为战后法国汉学研究提供了助力。

　　在中法学者、研究机构及外交官员对两国学术文化交流的积极支持和推动下，作为中国出版界老字号的中华书局与法国汉学界有着多年友好的合作关系。中华书局柴剑虹编审并由孙文颖编辑的论文《中华书局与法国汉学》回顾了近百年来中华书局出版法国汉学著述的概括，特别对20世纪90年代以来双方开展实质性合作的内容、成果与特色做了比较翔实的介绍与分析，并以"敦煌学"为例，说明国际汉学与中国传统国学研究的相辅相成、相得益彰的关系。

　　北京大学李零教授的论文《同一个中国，不同的梦想》从一个中国学者的角度对国际汉学中两大汉学派别：法国汉学、美国中国学以及所谓国学的印象进行了初步的勾勒，他认为虽然三者研究的对象都是中国，但由于政治立场、文化背景、学术训练、观察角度的不同，造成了实际上的不一致。正因为有着这样的差别，才更需要相互交流、学习、理解与沟通。论文以法国汉学先贤与中国学者如罗振玉、王国维、陈垣、冯承钧等人的学术交往为例，阐发了对当今中国学术界与国外汉学界以互动交流共同促进学术进步的祈愿。

　　最后一天下午，研讨会从法兰西学院移师到有着近四百年历史的法兰西铭文与美文学院的演讲大厅，举行了最后三场主旨演讲，由铭文与美文学院

M. Roland RECHT 院长主持。第一位演讲嘉宾是法兰西学院的程艾蓝（Anne Cheng）教授，她的题目是《雷慕沙与黑格尔：十九世纪的欧洲汉学与哲学》。众所周知，雷慕沙是法国甚至全欧洲首创汉学讲座的知名教授，而黑格尔同样在欧洲哲学界享有盛誉。两者为同时代的人物。雷慕沙所代表的汉学标志着一个新学科的兴起，程教授以黑格尔所体现的哲学专业化为背景和切入点来考察汉学在欧洲的初创，其中通过分析雷慕沙与黑格尔两位大学者之间的关系更彰显了19世纪欧洲知识版图中中国所占的位置。

近20年以来，清代档案中的满文史料日益受到西方学术界的重视，但其实这一传统可追溯到19世纪初。当时雷慕沙已开始学习并研究满语，同时利用满语来辅助对中国历史和文学的研究。来自哈佛大学欧立德（Mark Elliott）教授的报告《雷慕沙、满语与汉学》从雷氏对满文的认识和理解为中心，探讨了满语在他学习中文的过程中所起的不可忽视的作用，因为雷慕沙是先学会了满语再学会了中文。此外，报告还进一步梳理了雷慕沙利用满文作为理解汉语文本的语言辅助工具的内容在满文和汉文之间进行翻译和进行汉学研究的创想与实践。

最后，中研院的张广达院士发表了题为《沙畹：首位全才的汉学家》的演讲。沙畹在法国二百年的汉学发展史上具有承前启后的关键地位，被弟子伯希和誉为"首位全才的汉学家"。一方面是由于沙畹受过哲学和史学的良好训练，另一方面他在中国居留数年，对中国有实际的认知。张广达院士的报告试图挖掘沙畹如何利用良好的学科训练和在中国的经验获得了"首位"与"全才"两项殊荣，对他的开创性贡献作出了重新诠释。报告指出，首先，基于现代哲学和史学的批判精神，沙畹译注《史记》并撰写长篇导言，成为用实证主义史学观点解读文本的一部精彩作品。作为第一位把中国的历史文本和历史知识学加以明确区分的史学家，沙畹对《史记》的研究是一种"第二度"的历史，即有关历史的建构历史。其次，他也是第一位将实地调查与文献研究相结合，将对中国的历史研究与现实研究相结合，将汉学与社会学相结合的汉学家。自沙畹开始，汉学首次确立了对中国自身学术传统的批判态度，出现了"当代中国研究"的问题意识，这对于西方汉学的转型起着极为重要的作用。张广达院士的精彩报告为本次国际学术研讨会画上了一个圆满的句号。

从17、18世纪的传教士汉学家开始到19世纪诞生专业的汉学家，西方

雷慕沙及其继承者——法国汉学两百周年学术研讨会综述

汉学从草创逐渐走向发展与壮大。1814年法兰西学院汉学讲座的开设，不仅使汉学在法国和欧洲的大学里真正成为一门学问，更重要的是，开创了从传教士汉学到专业汉学的域外中国研究的新时代。从这一历史过程中，我们可以看到自晚明以来近代中外文明的交流不仅仅意味着中国文明的向外传播，同时也意味着异域文明对中国文明的内化接受。在这样一个双向的过程中，无论是传教士汉学家还是专业汉学家，作为中外文化交流的桥梁，积极推动着中国文明与世界文明的互识与交融。

正如习主席今年3月27日在巴黎联合国教科文组织总部发表演讲时所强调的那样，世界文明具有多样性，不同文明应相互尊重、和谐共处，让文明交流互鉴成为增进各国人民友谊的桥梁、推动人类社会进步的动力、维护世界和平的纽带。今年正值中法两国共同庆祝建交50周年的契机，"纪念法国汉学二百周年"国际学术研讨会召开恰逢其时，不仅彰显了两国思想学术界源远流长的友好交往和蓬勃发展，也进一步增进了两国学者的友谊，提升了两国在文化学术领域的交流与合作。在这次研讨会上，来自中国和域外的新老学者齐聚一堂，共同梳理中法两国在文化交流方面的基本史实，回顾法国汉学二百年发展繁荣的历史进程，探讨法国汉学家对中国研究所作出的巨大贡献，以对话促沟通，以碰撞促融合，成果颇丰，成为近年来欧洲汉学（中国学）研究和中西文化交流史研究方面的一次国际盛会，也是中国学者在国际学术界发出重要声音的一次标志性会议。

·亚洲汉学研究·

《九云梦》俗字研究[①]

王晓平

1991年上海古籍出版社刊行的《古今小说集成》收录了癸亥本《九云梦》，使韩国古代汉文小说进入了更多中国古典文学研究者的视野。书中的"奇字"首先引起了学者的注意。曹中孚在该书《前言》中说："某些古书在刊刻时总避免不了会有一些异体字和通假字，尤其是小说，这类情形更为普遍。异体字、通假字一般都有习惯的写法和字形，此本却与众不同，异体字、简化字特多，其中有不少字的写法非常奇特，读时颇费斟酌。这虽是一大缺点，但它对研究高丽本，或许有所用处。"（1—2页）

+周志锋《明清小说俗字俗语研究》特别提到《九云梦》癸亥本的俗字，说："《九云梦》系高丽刊本，书中多奇字"（18页）。值得注意的是，他举出的字例均与草书有关："殁"同"殿"，"殿"草书或作"⿰歹⿱⺈又"，楷定则作"殁"；"訊"同"誉"，"誉"草书或作"⿱⺈又"，楷定则作"訊"。周文中还提到《九云梦》中的"䇯"字，"䇯"同"声"，"声"草书或作"䇯"，楷定作"䇯"，又可写作"䇯"。笔者进一步研究表明，《九云梦》癸亥本中草书楷化俗字远不止于此，理清了这一类俗字的源流，该书中大部分"奇字"也就不愁解读了。

说到底，古代小说的整理与研究，离不开汉字研究，不仅中国小说如此，韩国、日本、越南的汉文小说研究也不能弃汉字研究于不顾。它们同我国小说一样，多俗字满目，这是伴随小说的通俗性而自然出现的现象。特别是以写本流传的本子，书写的随意性、随机性更强，俗字资料也格外丰富。将这些不同国度的小说写本放在一起来研究，还可以看到汉语俗字在彼此间传播与演化的鲜明轨迹。

---

① 基金项目：国家社科基金重大项目"东亚汉文小说文献整理与研究"（13&ZD113）。

韩国、日本、越南的汉文小说写本，书写者在区别字体的前提下求快求便的倾向如出一辙，而草书的写法也就不断穿插在各种楷体写本之中。研究汉字写本，必须研究草书，就是在古代刻本中，草书楷化俗字也时有所见。朝鲜李朝汉文小说中的草书楷化俗字，是中国书法古代东亚传播的见证，反映了书写对汉字字形演变的干预与关涉，展现了字形与书写互动关系的重要侧面。癸亥本《九云梦》（以下简称《九云》）中的草书楷化俗字众多，是草书影响文字传播的一个缩影。

本文拟在对《九云》的草书楷化俗字加以较为全面的清理，由此探讨以下这些俗字知识对于整理东亚汉文学资料的意义。文中所引草书资料，出自日本圆道祐之所编《草书大字典》（以下简称《草书》）。

一、《九》俗字的分类

张涌泉曾根据汉语俗字的渊源条理，将其分为十三种类型，蔡忠霖将敦煌汉文写卷俗字分为十种类型，两者有相互重合的部分。金荣华所撰《韩国俗字谱自序》对韩国古今俗字形成的规律与脉络加以归纳，总结出十九条。河永三《朝鲜后期民间俗字研究》对俗字存在之样相，分为简略化、复杂化、交换、混用、新结构之创造之五大类。其他学者也提出了一些分类的方法，这些都可以帮助对《九云》一书的俗字分析。这里从东亚汉字文化圈的角度，即与中国俗字、日本俗字的相互关系方面，来对《九云》俗字作一下简单分类。

（1）来自中国，三国共享

假想将三部收字完备的《中国俗字典》、《韩国俗字典》与《日本俗字典》放在一起，逐字对照，可能会发现至少60%以上的字是相同的，这是因为韩日俗字的根在中国。今试以"眊"字为例。"眊"，《汉语大辞典》注出《孟子·离娄上》："胸中正，则眸子瞭焉；胸中不正，则眸子眊焉"，意为眼睛失神，视物不清。但这里所说的是《汉语大辞典》失收而见于《古今杂剧》的俗字"眊"。在说这个字之前，不妨从"毛"字说起。"毛"，同"垂"，《九云》："幸蒙师傅慈悲，亲往挈来，而昨往卫夫人宫中，摧谢前日之罪。旋辞夫人，永皈佛门，伏乞师傅，快赦旧愆，特毛明教。"（337页）"四顾寻声，忽与杨生两眸相值，鬓影云发乱毛，玉钗鼓斜，眼波朦胧，芳魂若痴，弱质无力，睡痕犹在于眉端，铅红半消于脸上矣。"（25页）毛同垂。

草书"垂"或作"毛"（《草书》，古帖，608页），或作"毛"（《草书》，王铎，622页）。楷定作"毛"或"毛"。凡"垂"部件皆可作毛，如陲，作陲（《草书》，怀素，400页）。

"睡"作"眊"。《九云》："每夜着眊，则梦中必参禅于蒲团之上。"（333页）"念及于此，心事小宽，就枕而眊，一梦遽飞，飞上天门九重。"（232）"其中适有玉人，午眊方浓，忽然惊觉，推枕起坐，拓开绣户，徙倚雕栏，流眄凝睇。"（24—25页）

睡，草书或作眊，或作眊，或作眊（《草书》王铎，卓吾，509页），楷定作"眊"。据《宋元以来俗字谱》，《古今杂剧》中已有"睡"作"眊"的写法。

日本古写本中亦见"睡"作"眊"者。《佚名白诗》"睡"作"眊"（843页）。江户时代文人诗讲究诗书画一体，诗人题诗作画，楷书中时杂草书。今人不识，有时不免错读。入矢义高《江户文人诗选》一书，收入了出自《玉堂琴士集》的一首诗，原诗为浦上玉堂（1745—1820）所作，诗中出现的"眊"字：

山房闲适十九首（之四）

眊午未能消卯酒	眊午未だ卯酒を消す能わず
野童爱护覆牛衣	野童爱護して牛衣を覆う
被喧鹭鸟醒来处	鶯鳥に喧がされて醒め来る処
春与王孙去不归	春は追う孫と与に去って帰らず

入矢义高解释"眊午"一词，说："或指午睡，眊，眼睛不好，看不清东西"（昼寝のことであろう。眊は目が悪くて物がよく見えぬこと。87页）或许入矢义高从其诗后面所写被莺啼吵醒推断"眊午"为"午睡"之意，又解"眊"为视觉不佳，前后不甚统一。笔者认为这里的"眊"就是"睡"字，这是一首惜春诗，写午睡也没能醒酒，正值春雨时节，牧童把蓑衣盖在牛身上，莺啼声声，吵醒了诗人，联想到刘安《招隐士》中的"王孙兮归来，山中兮不可以久留"和王维《山居秋暝》中的"随意春芳歇，王孙自可留"，

而感到"春天和王孙都已去了"。

正是由于中日韩三国的俗字不离汉字这条根，在很多情况下可以互证，将它们放在一起来研究，就会有新的发现，也会纠正以往割裂研究中的一些疏漏。

（2）简省同心　日韩通用

朝鲜李朝与日本江户时代，俗字流行，特别是简省笔画的字，更受欢迎。新井白石（1657—1725）《同文通考》所谓"本朝俗字，一从简省，遂致乖谬者亦多"（291页），正是讲的这种现象。不过，新井白石对中国俗字和韩国俗字研究都不甚深入，所以还没有将这看作当时普遍存在于日韩两国的现象。今天看来，无独有偶，当时有些被认为是一国的文字简化现象，在邻国也屡见不鲜。其中也有些是直接来自中国，也会有一些是日韩两国交互影响而流行起来的。河永三将简化字出现看作韩国俗字首要的特点，说："由于文字'辨认清楚'和'书写便利'的矛盾对立，出现了各样各色的大量简化字"，也表明了相近的看法。

1."芸"，同"藝"。《九云》："丞相命两妓各奏其芸，鸿、月一时齐起。"（273页）至今日本汉字"艺术"作"芸術"。

2."籴"，同"樂"。《九云》："但传闻易爽，虚实难副，小女欲因其籴，亲见郑氏，其容貌才德果出于小女之右，则小女屈身仰事；若所见不如所闻，则为妾为仆。"（192页）

按："籴"，林明德《韩国汉文小说全集》录作"條"，误。"籴"为"樂"的俗字，此在韩国李朝和日本江户时代多见。新井白石《同文通考·省文》："楽（ラク、ガン），樂也。籴，同上。凡從藥、櫟等從樂從籴，並非。"

据《宋元以来俗字谱》，"籴"（樂）已见于我国《列女传》、《通俗小说》、《古今杂剧》、《三国志平话》、《太平乐府》等。日本古写本颇常见。新井白石《同文通考》与太宰春台《倭楷正讹》所列出的不少俗字，都是日、韩共有的，其来源可能是韩国的典籍，而其中有些是中国很少见到，而在日、韩却使用比较普遍的。这些俗字的传播路径，也有待具体考证。

（3）李朝特制　一国专用

金荣华认为："就此十九条所成诸字，与《敦煌俗字谱》及《宋元以来俗字谱》两书相核，则第三、四、五、十二、十三、十七、十八各条，皆深具韩国俗字之特色。"他列举的深具韩国俗字特色的各条是：点、撇、竖、捺、钩等笔势不分；楷化行草，或成别体；一横或写成左右两点，左右两点或连成一横；于字中用"又"字表示重复部分，于字中用重复符号表示重复之形体；改形声字为会意字；形声字改为会意字后，其中取代声符者，又于其他形声字中取代同样之声符。这种分析有益于我们对韩国俗字的认识，不过，由于《宋元以来俗字谱》采录的文献有限，加之金荣华还没有将日本俗字纳入视野，韩国俗字的特性也有进一步探讨的余地。

河永三认为："汉字由象形、会意向形声结构的演变规律的影响，大量创造出新的形声结构，但坊间刻本俗字新形声结构之比率总是比中国各时期的异体字显然少，这是因为朝鲜已经保有汉字以外的另外表音文字体系（Hangul），yiner 汉字与朝鲜文字可以分担表音与表意功能的结果。"（28 页）韩国并非接受了中国的全部俗字，却根据自身需要创造了一些"固有汉字"，如"仝"（墓）、"狲"（獨）等，均见于《九云》，下谨举四例。

1. "仗"，同"儒"。《九云》："洛阳诸仗纳卷而来，则宜阅其中文，断其落言如符合，未尝一失其神鉴如此也。"（45 页）

按："仗"为韩制会意字。《芝峰类说法禁》："平时儒生骑马有禁，故仗生穿履徒步，罕有骑行云云"。《宋元以来俗字谱》中所录"伕"（佛）字，与之相类。

2. "旺"，同"国"。《九云》："去年讨蕃旺时，深险之水，崭裁之壁，人不能着足而此马如踏平地，未尝一蹶。"（286 页）

按："旺"为韩制移位字。

3. "踏"，同"踏"。《九云》："奉太后圣旨，以养女郑氏封为英阳公主，踏两宫之宝，以赐郑氏，使宫女擎公主冠服，著郑氏。"（222 页）

按："韩制汉字"，即所谓韩国"固有汉字中有'畓'字"。《三国遗事》卷第二《驾洛国记》："王若曰：'朕欲定置京都，仍驾幸假富之，南新畓坪，是古来闲田，新耕作故云也。畓乃俗文也。'"《昼永篇》下："我东有两字合为一字者，以水田为畓。"受"畓"字影响，凡从"沓"者，如踏、諮、嵞、鞜等，右皆或作"畓"。

4. "坚"，同"坚"。《九云》："此龙门山上百年自枯之桐木，性已尽于霹雳，坚强不下金石，虽以千金赌之，不可易也。"（68 页）

按："堅"，草书或作"坚"（《草书》，怀素，279 页），楷定作"坚"。

"堅"作"⿱臤土","尤"贤"作"夨"。《九云》:"小姐奉夨郎和诗,十分感激,切备传郎君之意。"(31页)"朕有妹两人,皆夨淑非凡骨也。虽欲更求如卿者,何处可得乎?"(242页)"虽有素癖而未遇夨师,不得其妙处矣。"(34页)"夨"同"贤"。"贤"草书或作"夨"(《草》,张旭,20页),楷定作"夨"。

河永三《朝鲜后期民间俗字研究》:"旺、仗等字,反映着朝鲜固有文化色彩。"对于这些俗字的研究,就需要与所谓"固有汉字"的研究结合起来。

(4) 一本独有 字讹有因

还有一些或许属于《九云》本身的讹书,写法实际也与俗字有关。如"撑"字,是俗字"撑",是俗字"挃"的讹书。

"撑",同"擡"。《九云》:"性真伫立桥头,撑首远望良久,云影始灭,香风尽散,惘然如失,怊怅而归。"(10页)。其由如下:

"仝",同"臺",《九云》:"性真知不可奈何,拜辞于佛像及师父,与师兄弟相别,随力士而归。入阴魂之关,过望乡之仝。"(15—16页)《九》:"出林外,回瞻亭榭,碧树重重,瑞霭朦胧,如觉瑶仝一梦。"(97页)

"挃",同"擡"。《九云》:"杨生乍挃醉眸,猎视群娼二十余人,各执其艺。"(43页)

"撑"为"挃"字增笔讹书,据文意,当作"挃"。

王平《韩国写本俗字的类型及其特点》总结韩国汉字的特点:(一)传承汉语俗字;(二)汉字在域外使用的内在因素,认为"汉字的域外传播,一言以蔽之。也是一个求简易、求区别的过程。"(215页)古代中日韩的汉字均有毛笔书写,各种书法对汉字形体不仅有如实据写的被动的一面,也对字样予以积极的作用,唐篆隶行楷草书等均对字体发展各有影响,而影响域外日常书写最大的当属楷书、行书与草书,在观察各国汉字的时候,也就不能不涉及这些书法的不同影响。

二、《九云梦》中的草书楷化俗字

《九云梦》中的草书楷化俗字数量颇多,一部分已见于《敦煌俗字谱》与《宋元以来俗字谱》,以下所举,多数不见于上述两书。语料以《九云》为主之外,也适当引述其他朝鲜李朝汉文小说。为便于复核,每条材料均注明原书页码，每条聚焦一字，引例中的其他僻异字则改为通行字。

1."髟"，同"髮"。《九云》："小子服事师傅十阅春秋，而曾未有毫髟不恭不顺，诚愚且昏，实不知自作之罪。"（12页）

"髟"，同"髮"，"髮"草书或作"髟"（《草书》，492页），楷定作"髟"。

2."俟"，同"侯"。《九云》："杨尚书成功还朝，则大可为王，小不失为俟，聘两夫人，实非僭也。"（190页）"上大悦，慰其勤劳，褒其动庸，将议封俟，以答其功。"（137页）

"俟"、"俟"同"侯"，"侯"草书或作"俟"（《草书》，闻韶，672页），楷定作"俟"。凡从"矣"者皆从"夨"或"夭"。如"候"作"候"，"喉"作"唊"。

3."兊"、"兊"，皆同"兔"。"兔"，草书或作"兊"（《草书》，米芾，134页），或作"兊"（《草书》，允明，136页）凡从兔之部件皆作兊或兊。"晚"，同晚。《九云》："臣妾晚得一女，爱之如玉，及其婚事。一误礼幣，还送老臣，魂骨俱碎，唯愿速死。"（227页）

"冤"，同"冤"。《九云》："郑司徒累徒宰相，国朝大族，以其女子为人姬妾，不亦冤乎？此亦不可也。"（190页）

"勉"作"勉"。《九云》："而汝镇定南海，博施雨泽，有功于万民，是以赦之。自今勉悛旧讹，幸勿得罪于娘子也。"（183页）

推而广之，凡作"夂"者皆可作"丷"，如"鳞"作"鳞"、"蟾"作"蟾"。

4."昇"，同"鼎"。《九云》："鸣剑之志虽展于今日，列昇之养不及于亲闱，子职虚矣，人道废矣！此古人之所以悲风树之不停，望太行而感兴者也。"（233页）《兔公传》："古之圣王，明察秋毫之末，不杀无辜小人。笼（笼）中之鸟，昇〔中〕之鱼，必不得免焉，虽死何恨？"（393页）

"鼎"亦作"昇"，《兔公传》："白玉榻，黄金榻，仙人仙女，罗列于左右，珍羞玉食，堆积于前后。天妃捧玉盘，王母调金。"（389页）

"鼎"，草书或作"昇"（《草书》，申锡，其昌，511页），楷定作"昇"。

5."夊"，同"欠"。凡从"欠"者皆作"夊"。如歌作歌，《九云》："龙女进贺尚书之全胜，以千石酒、万头牛大飨三军，士卒鼓腹而歌，翘足而舞。"欺作欺，《九》："猗兰之操虽出于大圣人忧时救世之心，而犹有不遇时

之彩也。"(73页)

"欠",草书或作"久"(《草书》,裴休,716页),楷定为"彡"。

"炊",同"效"。《九云》:"此叶于朽木,水于涸鱼,惟当竭髓肆无殚力,以炊报答之悃。"(227页)这是因为"效"误作"炊",《九云》:"妾虽不能炊古人之投水,自此誓不出闺门之外终身而死矣。"故"效"亦作"炊"。

6. "甫"同"肃"。《九云》:"军容井井,号令甫甫,因建瓴之势,成破竹之功,数月之间,复所失五十余城。"(166页)

"萧"作"菁"。《九云》:"至真州,正当仲秋也。山川菁瑟,天地摇落,寒花酿感,断雁流哀,令人有羁旅之悲矣。"(232页)

"箫"作"箐"。《九云》:"正堂曰庆福堂,大夫人居之;庆福之前曰燕喜堂,左夫人英阳公主处之,庆福之西曰凤箐宫,右夫人兰阳公主处之。"(275页)

"綉"作"絟"。《九云》:"小侄身是女子,尚未求文人之赞,将使前工归虚,甚可惜也。欲得姐姐数句语,数行笔,而絟幅,颇广卷舒。"(206页)

"萧",草书或作"肃"I(《草书》,《字汇》,136页),楷定作"菁"。

7. "伫",同"仰"。《九云》:"妾亦凋谢癃尫,以鬼为邻,亦未由追逐,宫娥自服掖庭,扫洒之役,丘山之恩,将何以伫报乎?"(227—228页)"不得已,暂邀姐姐,祈得笔制,一以完小女为亲之孝,一以慰远路相别之情,而未知姐姐之意,不敢直请,伫渎于夫人矣。"(207页)

"仰",草书或作"仰"(《草书》,张弼,676页),或作"伫",楷定作"伫"。

8. "晋",同"响"。《九云》:"诗成浪咏一遍,其声清亮豪爽,宛若叩金击石,一阵春风吹其余晋,飘散于楼上。"(24页)"忽巨风便而闻之,则洞帘一曲,自云霄葱茏之间,渐渐而来矣。地密声远,虽不能辨其调晋,而俗耳所不闻者。"(137—138页)《鼠狱传》:"城头欲栖,寒食古墓,含纸钱而低飞,唯吐哑哑之晋,既未取怜于人,莫非命也。"(432页)

"响",草书或作"𠀋"(《草书》,允明,186页),楷定作"晋"。

9. "鼡"、"鼡",皆同"鼠"。《九云》:"仍曳出水子(中),屏息戢身,鼡窜而走。"(183页)

"鼠",草书或作"鼡"(《草书》,羲之,191页)。或作"鼡"(《草书》，苏轼，502页），《宋元以来俗字谱》引《古今杂剧》、《三国志平话》"鼠"或作"鼡"。凡从"鼠"者，皆可从"鼡"。

"鼇"作"鼡"，《九云》："今不可以鳞甲之腥，鼇鼡之陋，以累贵人之床席也。"（179页）

"窜"作"窜"。《兔公传》："此时兔公恐被人知，窜伏林下。主簿大喜。"（387页）日本新井白石《同文通考·省文》："鼡（ソ·子ズミ），鼠也。䶄，同上。凡从鼠字从鼡、从䶄，并非。"日藏唐钞本《文选集注·沈休文〈弹奏王源〉》："臣实儒品，谬掌天宪，虽埋轮之志，无屈权右，而狐鼠微物，亦蛊大猷。""鼠"作"鼡"。

10. 怀，同懷。《九云》："承相见春云如见小姐，尤切悲怀，余泪又汪然数行下。"（238页）《红白花传》："与娘子不同枕席，欲表不安之心也。岂情谊之薄，恩爱之疏乎？此外亦不无别样怀抱，娘子后当知之矣。"（203页）

"懷"，草书或作"怀"（《草书》，怀素，172页），或作"怀"（《草书》，献之，398页），楷定作"怀"。

11 "盟"，同"盟"。《九云》："是以弟子亦八人，同约同盟，结为兄弟。一吉一凶，一生一死，必欲之相随而不相离也。"（176页）

"明"，草书或作"☉"（《草书》，羲之，504页），"朋"，草书或作"⺆"。《宋元以来俗字谱》引《太平乐府》、《东窗记》"鹏"作"鹏"（113页）。朝鲜李朝写本"明"、"朋"或相混，《韩国俗字谱》引《广寒楼记》"盟"作"盟"，"盟"草书楷定作"仗"。

12. "ゑ"，同"必"。《九云》："当初与姐姐结约，死生不相离，苦乐必相同，以矢言告之于天地神祇。"（212页）"吾闻关雎之威德，合为君子之配匹，ゑ顺受君命，毋陷理戾，是我之望也。"（243页）

"必"，草书或作"ゐ"（《草书》，其昌，293页），或作"ゑ"（《草书》，谢庄，140页），楷定作ゑ。

凡从"必"者，皆可作"ゑ"。密作"宓"。《九云》："翰林乍出画廊，而望见则两人隔小墙而立，或笑或语，携手而戏，欲听其宓语，稍稍近往。"（131页）

13. 𠂇，同無。《九云》："小姐必在玉皇香案前矣。承相千秋万岁后，岂无会合之期哉。慎勿过哀，似伤贵体。"（244页）

無，草书或作ゐ（《草书》，羲之，610页），或作ゑ（《草》，羲之，618

页），楷定作"𠆸"。日本新井白石《同文通考·省文》："無（フ、厶），无。𠆸。同上。"松平文库本《千载佳句·四时部·秋兴》："邃壁暗蛩无限思，恋巢寒燕未能归。（白居易《感秋咏思》）""无"作"無"。松平文库本《千载佳句·四时部·早秋》："鸟下绿芜秦花寂，蝉鸣黄叶汉宫秋。"（许浑《题咸阳城东楼》）"芜"作"荎"。

14. 翶，同翻。《九云》："崔夫人闻有新翶之曲，则必招致其人，使奏于座前，使小姐论其高下。"（63—64页）

翹，同翹。《九云》："龙女进贺尚书之全胜，以千石酒、万头牛大飨三军，士卒鼓腹而歌，翹足而舞。"

"羽"，草书或作"𦏡"（《草书》，怀素，274页），"翻"字中羽字与"番"连笔，遂楷化为"翶"。同理，翹字草书楷化为"翹"。

15. "磬"，同"磬"。《九云》："俄闻石磬之声出于林端。尚书曰：'蘭若必不远。'"（187页）

"磬"，草书或作"𥕛"，楷化作"磬"。凡"声"部件均作"𠯁"。如"馨"作"馨"，《九》："太后赐宴，皇上及皇后亦入侍太后，终夕馨欢。"（246页）

16. 佩，同佩。《九云》："两人下马，披草而坐，拔所佩报道割肉炙啗，互劝深盃。"（288页）

"珮"，同"佩"。

"珮"，同"佩"。《九云》："与丞相各解赠所珮知剑，裊烟捲袖解带，舞一曲于金銮之上。"（298页）"丞相喜，则解给所珮之画弓，惊鸿执弓而立。"（294页）珮，当作"佩"，同"佩"。

"佩"，草书或作"佩"（《草书》，孟頫，671页），楷定作"佩"。珮，草书或作"珮"（《草》，韵会，339页），楷定作"珮"。

17. "修"同"修"。《九云》："杨郎不必烦访老身，勉修科业，期于大捷可也。"（60页）

"修"，草书或作"修"（《草书》，米芾，677页）。书体影响字体。《九云》中凡"彡"，多作"三"，如"颜"作"颜"，"衫"作"衫"，"轸"作"轸"，"修"作"修"，"寥"作"寥"，"膠"作"膠"，"毦"作"毦"，"谬"作"谬"，"醪"作"醪"等，不遑枚举。

河永三谈到韩国俗字"为了刻板的便利，常常把曲线笔划改成直线结构"，而改"彡"为"三"，正是出于这种考虑。应该补充的是，草书中的改斜为直，乃是这种做法的前驱。

18. 罞，同器。《九云》："我有一介宝剑，即魏征丞相斩泾河龙王之利器也。当斩汝头以壮军威。"（182页）

"器"，草书或作"罞"（《草书》，陈珹，497页），楷定减笔为"罞"。

19. 彶，同從。《九云》："通判陪夫人往浙东任所，而小姐病不从，姑留于内舅张别驾宅矣。"（196页）

"從"，草书或作"彶"（《草书》，李邕，539页），凡从"從"者皆作"彶"，如"縱"作"綐"（47页），"蹤"作"跟"。

20. "属"，同"隔"。《九云》："美人凝情熟视，闭户而入，惟有阵阵暗香，泛风而来而已。杨生虽大恨书童，一垂珠筠，如属弱水。"（25页）"杨状元之换女道士，于汝何关也？与卓文君之属 帘窥见不可同道也。"（84—85页）"而双剑未合，九原遽属，则所谓天者不可必也，理者不可谌也。"（235页）

"隔"，草书或作"隔"（《草书》，泰阶，343页），或作"隔"（《草书》，卓吾，346页），左右连笔，楷定作"属"。

21. 粧，同粧。《九云》："吾不胜，则吾一身所佩之香，粧首之饰，从春云所求而与之，娘子不胜从我请也。"（255页）"男子以女粧瞒人者，必欠丈夫之气骨也，皆因其不足处而逞其诈也。"（282页）

"粧"，草书或作"粧"，右边与"塵"字的俗字"尘"字形近相混，故作"粧"。

草书之法，有连（连笔）、省（省笔）、变（变形）、代（以符号代部件）等，而书其大意，略显其形是其大要，不失其字是为底线。草书既源于楷书，而又有别于楷书，流行的草书，正是书法家对楷书进行的一次艺术再创作，这些字体，或者全部，或者部分，成为人们模仿的对象，由此影响字体本身。《九云梦》中既有全字为草书楷化者，亦有字的某一部分为草书部件楷化者。盘点一下那些给予影响的草书，可以发现王羲之、王献之、米芾、董其昌等书法名家的墨迹占有的比重最大。《九云》是一座各类书法的博览会，其中有古字、讹别字、汉唐至宋元的各类俗字等，而其中最引人注目的，当是草书楷化俗字的繁多，有些古字、简化俗字、异体字等，也都采用了草书部件，经过综合分析，就会发现，所谓奇字皆"字出有因"。

22. 丅，同下。《九云》："丞相指越王而言曰：'此越王殿丅也。汝辈以礼谒之。'"（297页）《九云》："皇上爱尚书万德，已定釐降之仪，先使寡人谕之，诏命将继丅也。"（146页）

古文下作"丅"，以点代竖，作"丅"。

23. 夣，同梦。《九云》："时御使上京师，小姐独在家，夣寐之外，忽逢杨生，见其貌而悦其风采，闻其诗而慕其才。"（26页）梦，亦同梦，《九云》："弟子蒙暗，不能辨梦非真也，真非梦也。"（336页）

"夢"字上部的"草"，草书或作"艹"，其上部草书楷化，则作"夣"或"梦"。

24. 属，同屬。《九云》："今朝官人押领罪人等数多家属过此店之前，问之，则曰：'此属皆没入为英南县奴婢也。'"（38页）

屬，草书或作"属"（《草书》，献之，275页），楷定为"属"。

25. 澁，"澀"之讹书。《九云》："桂卿尚靳一关清音，樱唇久锁，玉齿未启，阳春绝调，犹不入于吾侪之耳。桂卿若不故作娇态，则必有羞澁之心而然也。"（46页）

"澁"，一本作"涉"，疑皆为"澀"字之讹。"涉"，亦"澀"之讹。《九云》："欲听其密语，稍稍近往，狄生闻曳履声，惊而走，蟾月顾见翰林，颇有羞涉之态。"（132页）

"澀"属"品"型字，下或作"メ"，字作"渋"。草书右边因与"齿"、"步"形近而讹为"澁"、"涉"。

三、文字与书法的互动

日本江户时代学者太宰春台（1680—1747）《倭楷正讹》谈到俗字在日本的流行时说："晚近以来，国字盛行，俗书蜂起，而法书寝废。以予所见，数十年来，世之书工为小学师者，略知效华人而不得其实，措楷字而习行草，行草未善，而兼学篆隶八分。彼其所学如是，而其教人亦如是。今之俗工者，固不足道也，其为华人者，未始学楷法，而唯行草是习，是东坡所谓未能立而行走者，衡山所谓无本之学，安得无差乎哉！"这说明，江户时代中期，在日本写本和刻本中俗字混入楷书的情况已经很普遍，根据他在《倭楷书正讹》中提供的字例，有些就属于草书楷化而形成的俗字。

张涌泉《汉语俗字研究》(增订本)指出："草书楷化是简体俗字滋生的主要来源之一。"(83页)他还引用了宋王观国《学林》卷一"称秤"条的一段话："俗书'秤'盖生于草书'稱'字。按草书法'禹'字与草书'平'字相类，因而讹书作'秤'也。字因草书而讹变其体者甚多，不特此也。"显然，域外草书楷化而讹变的现象，堪称中国本土这一现象的余波。

不过，《九云》中的草书楷化俗字的数量，还是明显多于同时期中国小说，何以如此？

如果抛开书写习惯不谈，那就不能排除刻工因素。原稿书写另当别论，相比之下，明清刻工可能对楷书正字的规范更为熟悉，明清刊刻的小说，刻工将草书楷化俗字改为正规楷书并不困难，而朝鲜李朝的刻工则更有可能将它们保留下来。刻工对书籍的文字享有最后决定权，有可能对书稿文字进行随机处理。例如，"發"字，在《九》中已有俗字简化俗字"汆"，但在双行小字的注文中，又出现了进一步简化的"介"字，以适应更为狭小的空间。一般来说，笔画有勾连的字不易脱落，便于刻画，同一字，简洁、平直笔画的字体更易被刻工选用。这一点对于非汉民族的刻工来说，可能更为突出。另一方面，书写者的求简求便倾向，是草书楷化俗字大受欢迎的根本原因。异国书写者对俗字往往简中求简。如"夢"，在中国有"梦"等写法，而在朝鲜李朝还有更简便的"多"，在日本也有旻、夛的写法。新井白石《同文通考·省文》："旻（ユメ）、夛（ユメ），夢也，並同。"但是，更为重要的，恐怕还是要考虑书法，特别是名家书法的传播与影响。盘点一下以上引用的草书，王羲之、王献之、张旭、怀素、董其昌等草书大家所书草字占有较大比重，这提示我们思考字体与书法的互动关系。

草书是中国书法艺术中一种重要书体，在汉字各种书体中，草书是真正激发人们艺术创造力首屈一指的书体，删难省繁，损复为单的草书为书法家提供了艺术想象空间，足以营造龙飞凤舞的氛围。张怀瓘《书议》中说："然草与真有异，真则字终意亦终，草则行尽势不尽。或烟收雾合，或电激星流，以风骨为体，以变化为用。有类云霞聚散，触遇成行；龙虎威神，飞动增势。岩谷相倾于峻险，山水各务于高深；囊括万殊，裁成一相。"同时，草书较之其他书体，还更便于寄寓书家的情感，体现书家的个性。所以张怀瓘《书议》又接着说："或寄以纵横之志，或托以散郁结之怀；虽至贵不能抑其高，虽妙算不能量其力。是以无为而用，同自然之功；物类其形，得造化之理。皆不知其然也。可以心契，不可以言宣。观之者，似入庙见神，如窥谷无底，俯猛兽之牙爪，逼利剑之锋芒，肃然巍然，方知草之微妙也。"（122 页）也正是这种艺术想象空间的魅力，成就了那些书法大家的书法传世珍品。刘熙载《艺概·书概》说："书家无篆圣、隶圣，而有草圣。盖草之道千变万化，执持寻逐，失之愈远，非神明自得者，孰能止于至善耶？"模仿书圣与大书法家的草书，成为一些文人的爱好，以至于宋代的苏轼与日本江户时代的太宰春台都不得不提醒世人，楷书才是一切书法的基础。

简化并含有艺术感的草书，渗透到文人的日常书写之中，由此频频出现在坊间流行的小说之中。域外的书写者在楷化过程中还有所发挥，形成了一些与中国本土不同的写法，而这些写法进入到刻本领域，有些就变成了"韩制汉字"或者"日制汉字"。书法之改变字体，由此可见一斑。

楷书形变为草书，草书楷化进入楷书为主的刻本中，书法与字体的这种互动，使刻本呈现出多样的面孔，这可以说是伴随汉字艺术化的特有现象。字形为草书艺术奠基，草书又反过来推进字形演化，《九云梦》癸亥本为我们提供了一个可资分析的标本。

参考文献

[1]［韩］金春泽《古今小说集成　九云梦》，上海古籍出版社，1990 年。
[2]［韩］金荣华《韩国俗字谱》，亚细亚文化社，1986 年。
[3] 河永三《朝鲜后期民间俗字研究》，中国语文学第 27 辑，1996 年。
[4] 王平《韩国写本俗字的类型及其特点》，中国文字研究第十五辑。
[5] 王晓平《朝鲜李朝汉文小说写本俗字通例研究》，上海师范大学学报 2012 年第 6 期。
[6]［日］入矢义高《日本文人诗选》，中央公论社，1983 年。
[7]［日］新井白石《同文通考》，勉诚社，1979 年。
[8]［日］太宰春台《倭楷正讹》，种玉堂，1766 年。
[9]［日］圆道祐之《草书大字典》，东京印书馆，1968 年。
[10] 冯涛《日本历代书圣名迹书法大字典》，华夏出版社，2004 年。
[11]［韩］丁奎福《九云梦研究》，高丽大学出版部，1974 年。
[12]［韩］金钟埙《韩国固有汉字研究》，集文堂，1992 年。
[13]［韩］林宪道《朝鲜时代汉文小说》，集文堂，1980 年。
[14] 林明德《韩国汉文小说全集》，国学资料院，1999 年。

[15] 甘中流《草书津梁》，高等教育出版社，2001年。
[16] 傅如明《中国古代书论选读》，陕西人民美术出版社，2011年。
[17] 刘熙载《艺概》，上海古籍出版社，1978年。
[18] 张涌泉《汉语俗字研究（增订本）》，商务印书馆，2010年。
[19] 刘复、李家瑞《宋元以来俗字谱》，国立中央研究院历史语言研究所，1930年。
[20] 黄征《敦煌俗字谱》，上海教育出版社，2005年。

蒟酱、缚娄与"夫娄（扶娄）朝夏"

刘顺利

朝鲜半岛一直传说着"夫娄（扶娄）"的故事。半岛古籍多载，檀君之子扶娄朝中国，此即"扶娄朝夏"②。按半岛近现代文献《桓檀古记》之说，夫娄（扶娄）的生卒年月为前2240年至前2182年，但公元前2182年离夏朝太远了，我国《夏商周年表》认定夏朝共历470年，时间是前2070至前1600年③。显然，夫娄朝的不是200多年后才出现的夏朝，而是华夏国。另外一个"夫娄"出现在与朝鲜半岛相关的文献里面，他叫"解夫娄"，但时间上离"朝夏"就更靠后了，解夫娄是北扶余的最后一个国君，是东扶余的开创者，他是公元前48年去世的，离"朝夏"的檀君之子有2000年的时间距离。第一个"夫娄朝夏"，就夏朝来说太早，早了200多年；另一个叫"解夫娄"的人，卒于2000年后，根本不可能"朝夏"。

《后汉书·东夷列传第七十五》（卷八十五）载："扶馀国，在玄菟北千里。南与高句骊，东与挹娄，西与鲜卑接，北有弱水。地方二千里，本濊地也。"这里的扶馀就是扶余。百度百科"扶余"说："扶馀的起源地位于今日中国黑龙江省的松花江流域中心，辽宁省昌图县、洮南县以北，至吉林省双城县以南，皆其国土。今昌图县之扶馀城即古扶馀王所居。"

解夫娄（前86—前48年在位），公元前86年继承其兄、北扶余第四任君主高于娄为北扶余国主。宰相阿兰弗假借天帝之语而篡位，解夫娄东迁，建立东扶余。原有的北扶余之地被解慕漱占据。据高丽僧人一然《三国遗事》

---

① 本文为笔者作为子课题负责人参与四川大学中国俗文化研究所教育部基地重大项目"中国民俗在东北亚的传播研究"前期成果之一。

② 参见王国彪《朝鲜汉诗中的民族传说始祖檀君》，《辽东学院学报》第10卷第6期，2008年12月。

③ 参见李学勤教授等"夏商周断代工程"2000年11月9日正式公布的《夏商周年表》，载《新华字典》，商务印书馆，2004年第10版。

记载，檀君朝鲜末代国君古列加后裔高豆莫（东明帝）与东扶余争执，于是解夫娄被迫率众东迁到朝鲜东海边上的迦叶原，建立东扶余，并一度臣服于北扶余。金蛙王继位后，立即结束了东扶余与北扶余的藩属关系。北扶余君主分别为解慕漱、慕漱离、高奚斯、高于娄、解夫娄、高豆莫、高无胥。前东扶余君主分别为解夫娄、金蛙王、带素王、曷思王。后东扶余君主分别为都头王、慰仇太王、简位居王、麻余王、依虑王、依罗王、玄王、余蔚王。高句丽与百济乃是扶余的另外两个分支卒本扶余、南扶余。可以看出，解夫娄、金蛙王、带素王、曷思王是没有移居半岛的扶余人。

"夫娄朝夏"的主角夫娄生活的年代，是尧舜时期。笔者以为，中国古籍中的"扶留"可以作为考察"夫娄朝夏"悬案的一个线索。

扶留，又名"蒟"，胡椒科植物，又名扶留藤，实似桑椹。扶留藤是一种藤类植物，叶子有巴掌大，秋后果实成熟时采摘，果穗黑褐色，呈弯曲的长条状，气特殊，味辛辣，以干燥不霉，味辣而浓者为佳，产于四川、云南、广东、广西、海南、台湾等地。

泡菜是朝鲜半岛的日常饮食，在中文中最早叫"葅"，其发音与"蒟"一致，也许同是来源于羌族史诗《羌戈大战》中的"戈基"。我国学者周爱东认为，今韩国的泡菜，原本是汉字"沈菜"，来自古老的"菹"。"沈菜"的宋国、鲁国发音乃是韩国泡菜发音的本文①，但"葅"、"菹"、"蒟"的字源当是一致的。

下图②笔者以为是檀君的妈妈"熊女"，请注意石像面部的日月图案。其额头上戴着的是"明珠"，伸着舌头似乎在说："啊，大蒜太辣了！"这些与高丽僧人一然《三国遗事》中的记述一致。

记载扶留的古代文献以巴蜀为多。左思《吴都赋》："石帆水松，东风扶留。"《蜀记》（二）云："扶留木，根大如箸，视之似柳根。又有蛤，名'古贲'，生水中，先以槟榔着口中，又取扶留藤长一寸，古贲灰少许，同嚼之，除胸中恶气。"《吴录·地理志》（一）载："始兴，有扶留藤，缘木而生。味辛，可以食槟榔。"《异物志》（四）载："古贲灰，牡砺灰也。与扶留、槟榔三物合食，然后善也。扶留藤，似木防己。扶留、槟榔，所生相去远，为物

---

① 周爱东《韩国泡菜与中国的"菹"》，《扬州大学烹饪学报》2009年第3期。
② ［韩］《长生（柱）》，Shinho Telecom Co. Ltd. 1996年光盘版。

甚异而相成。俗曰：'槟榔扶留，可以忘忧。'"《交州记》（六）云："扶留有三种：一名'获扶留'，其根香美；一名'南扶留'，叶青，味辛；一名'扶留藤'，味亦辛。"

蒟酱，一名槟榔药，为胡椒科植物蒌叶藤，载于《唐本草》，孟诜《食疗本草》名曰"土荜拨"。其苗叶名扶留藤，结实状如桑椹，长2—3寸，食之辛香。李时珍云："两广、滇南及川南皆有之，其苗蔓生依树，彼人食槟榔者与此是嚼之，云辟瘴病。"

1803年来华的朝鲜文人李海应《蓟山纪程》记载，暹罗国（今泰国）使节团到北京所贡之物，包括"皇帝前龙涎香一斤，沉香二斤，白檀香一百斤，白胶香一百斤，降真香三百斤，金刚钻七两，上冰片一斤，中冰片二斤，獐脑一百斤，大枫子三百斤，豆蔻三百斤，荜拨一百斤，桂皮一百斤，甘蜜皮一百斤，翠鸟皮六百张，孔雀尾十屏，象牙十二枝，犀角六个，西洋毯二床，西洋红布十匹，乌木三百斤，苏木三千斤。皇后前方物诸种并同，而勋两皆减其半。"其中"荜拨一百斤"，记录的当就是这种药材。在宋人李昉等编纂的《太平广记》卷四百一十四《草木九·荜拨》中，荜拨与胡椒是放在一起解释的：

熊女石像

荜拨，出摩伽陀国，呼为荜拨梨。佛林国呼为阿梨诃咃。苗长三四尺，茎细如箸，叶似戢叶，子似桑椹。八月采（出《酉阳杂俎》）。

胡椒，出摩伽陀国，呼为昧履支。其苗蔓生，茎极柔弱。叶长寸半，有细条，与叶齐。条上结子，两两相对。其叶晨开暮合，合则裹其子于叶中。子形似汉椒，至芳辣。六月采。今作胡盘肉食，皆用之（出《酉阳杂俎》）。

303

"荜拨"产于云南东南至西南部，我国广西、广东和福建有栽培。尼泊尔、印度、斯里兰卡、越南及马来西亚也有分布。可以推断，朝韩人最初之所以追逐"荜拨"，还有一个很重要的原因是饮食，直到现在，朝韩人的食品中，狗肉还是很重要的一种，尽管近年来已经大大地减少了。

"蒟酱"之名，最早出现在《史记·西南夷列传》中：

建元六年，大行王恢击东越，东越杀王郢以报。恢因兵威使番阳令唐蒙风指晓南越。南越食蒙蜀蒟酱，蒙问所从来，曰"道西北牂柯，牂柯江广数里，出番禺城下"。蒙归至长安，问蜀贾人，贾人曰："独蜀出蒟酱，多持窃出市夜郎。夜郎者，临牂柯江，江广百馀步，足以行船。南越以财物役属夜郎，西至同师，然亦不能臣使也。"

这里的番禺即今广州，"夜郎国"在今贵州，"南越"即今广东。

蒟酱在司马迁的《史记》、班超的《汉书》记载的比较少，关于它的产地也未提及。但北魏贾思勰《齐民要术》却为我们提供了这种巴蜀名产的确切产地。该书引《广志》说："蒟子，蔓声，依树，生南安。"南安即今四川省夹江县，乃是秦汉巴蜀蒟酱的原产地。蒟酱最初产于四川，以后云南、广东也有出产蒟酱的记载，这反映了巴蜀饮食文化对云南、广东地区的影响。晋朝人顾微《广州记》称："扶留藤，绿树生。其花实，即蒟也，可以为酱。"这是岭南蒟酱的最早记载。蒟酱不仅是调味上品，且还具有食疗作用。蒟酱味辛，性温，无毒，具有"主咳逆上气，心腹虫痛，胃弱虚泻，霍乱吐逆，解酒食味"等功能。晋代嵇含说："因蒟子可以调食，故谓之酱。"《蜀都赋》云："蒟酱绿木而生，其子如桑葚，熟时正青，长二三寸，以蜜藏而食，辛香，温调五脏。"

明人冯梦龙《喻世明言》卷十九"杨谦之客舫遇侠僧"写道：

……有一只船上叫卖蒟酱，这蒟酱滋味如何，有诗为证：白玉盘中簇绛茵，光明金鼎露丰神。椹精八月枝头熟，酿就人间琥珀新。

杨公说道："我只闻得说，蒟酱是滇蜀美味，也不曾得吃，何不买些与奶奶吃？"叫水手去问那卖蒟酱的，这一罐子要卖多少钱，卖蒟酱的说："要五百贯足钱。"杨公说："凭的，叫小厮进舱里问奶奶讨钱数与他。"小厮进到舱里，问奶奶去钱买酱。李氏说："这酱不要买他的，买了有口舌。"小厮出来回复杨公，杨公说："买一罐酱值得甚的，便有口舌！奶奶只是见贵了，不舍得钱，故如此说。"自把些银子与这蛮人，买了这罐酱，拿进舱里去，揭开罐子看时，这酱端的香气就喷出来，颜色就如红玛瑙一般可爱，吃些在口里且是甜美得好。李氏慌忙讨这罐子酱盖了，说道："老爹不可吃他的，口舌就来了。这蒟酱我这里没有的，出在南越国。其木似穀树，其叶如桑葚，长二三寸，又不肯多生。九月后，霜里方熟。土人采之，酝酿成酱。先进王家，诚为真味，这个是盗出来卖的，事已露了。"

这里写的很明白，"自把些银子与这蛮人"，卖蒟酱的是"蛮人"，可能是南方人。显然这里说的蒟酱是一种果酱。扶留本来还有一个名字，就叫"（扶）蒌"，现今我国海南省还有这样的叫法，安歌《红潮登颊醉槟榔》① 一文中有此记录：夫娄就是扶离，是胡椒的一种。"荜拨"当与上古汉语"蕃、发"等发音一致，是商朝王族的称呼。从广义上说，追逐这种草药或者食材的檀君部落属于契所代表的商人；从狭义上说，扶留——夫娄——扶娄是这些人的族属之名。舜帝时夫娄前往朝拜，这大约就是"扶娄朝夏"的真相。

《孟子·离娄下》载："舜生于诸冯，迁于负夏，卒于鸣条，东夷之人也。"《墨子·尚贤中》载："古者舜，耕历山，陶河滨，渔雷泽。尧得之服泽之阳，举以为天子，与接天下之政，治天下之民。"

1973年，在长沙马王堆三号墓出土的帛书中，有一幅《长沙国南部地形图》，该图用长、宽各96厘米的黄褐色绢绘制，地图所定方位是上南下北，左东右西。图中最引人注目之处，是在该图的东部偏南的地方绘有"九疑山"。山南画有一排九个圆形柱状物，柱旁注有"帝舜"二字，九柱间的空隙处露出五幢高低不一的人字形建筑物。学者们推断，这是一幅清晰的舜帝陵庙图，九柱与五房合成"九五"，应是"九五至尊"之意。②

从地图上看，湖南省永州市位于全省南部，靠近今广西壮族自治区。

回到"扶娄朝夏"的传说上来，我们看一看半岛的相关记述。

---

① 见《中国国家地理》2013年第2期，第162页。

② 参见高至喜《舜葬九疑的历史见证》，收入吕芳文、陈仲庚、尤慎、周亚平主编《舜文化论文集》（第一辑），湖南人民出版社，2008年。百济即"伯济"，也作"白济"，今我国云南省迪庆藏族自治州维西傈僳族自治县澜沧江边有此地名，广西南宁市邕宁区有"百济乡"。

1911 年，朝鲜文人桂延寿、李沂编著《桓檀古记》，该书所列檀君至古列加历代君主为：王俭（即檀君，前 2333 年—前 2240 年），扶娄（前 2240 年—前 2182 年），嘉勒（前 2182 年—前 2137 年），乌斯丘（前 2137 年—前 2099 年），丘乙（前 2099 年—前 2083 年，丘乙借鉴中原的天干地支开始记元），达门（前 2083 年—前 2047 年），翰栗（前 2047 年—前 1993 年），于西翰（前 1993 年—前 1985 年），阿述（前 1985 年—前 1950 年），鲁乙（前 1950 年—前 1891 年），道奚（前 1891 年—前 1834 年），阿汉（前 1834 年—前 1782 年），屹达（前 1782 年—前 1721 年），古弗（前 1721 年—前 1661 年），代音（一云"后屹达"，前 1661 年—前 1610 年），尉那（前 1610 年—前 1552 年），余乙（前 1552 年—前 1484 年），冬奄（前 1484 年—前 1435 年），缑牟苏（前 1435 年—前 1380 年），固忽（前 1380 年—前 1337 年），苏台（前 1337 年—前 1285 年），索弗娄（前 1285 年—前 1237 年），阿忽（前 1237 年—前 1161 年），延那（前 1161 年—前 1150 年），率那（前 1150 年—前 1062 年），邹鲁（前 1062 年—前 997 年），豆密（前 997 年—前 971 年），奚牟（前 971 年—前 943 年），摩休（前 943 年—前 909 年），奈休（前 909 年—前 874 年），登兀（前 874 年—前 849 年），邹密（前 849 年—前 819 年），甘勿（前 819 年—前 795 年），奥娄门（前 795 年—前 772 年），沙伐（前 772 年—前 704 年），买勒（前 704 年—前 646 年），麻勿（前 646 年—前 590 年），多勿（前 590 年—前 545 年），豆忽（前 545 年—前 509 年），达音（前 509 年—前 491 年），音次（前 491 年—前 471 年），乙于支（前 471 年—前 461 年），勿理（前 461 年—前 425 年），丘勿（前 425 年—前 396 年），余娄（前 396 年—前 341 年），普乙（前 341 年—前 295 年），古列加（前 295 年—前 238 年）。

其中，鲁乙（前 1950 年—前 1891 年）中的"鲁"暗示其生活在鲁地即现今山东省。鲁乙当政时期，恰恰是中国夏朝"相与少康之间，寒浞夺位 40 年"（《古本竹书纪年》）时期①。其中的邹鲁（前 1062 年—前 997 年）所指地点就更加详细了，是在今天山东省邹城市，墨子故里。

---

① 可参见李佩钧编著《中国历史中西历对照年表》，云南人民出版社，1957 年，第 1 页。谭其骧主编《简明中国历史地图集》中，夏时期疆域图标注的"寒"在今山东省淄博、潍坊一带，其附近是莱夷。该书由中国地图出版社 1991 年出版。

蒟酱、缚娄与"夫娄（扶娄）朝夏"

继承了"夫娄朝夏"传统的三韩君主是嘉勒（前 2182 年—前 2137 年）。嘉勒在世时间夏朝也还没有建立。

朝鲜半岛野史《揆园史话》作者是"北崖子"或"北崖老人"，他自称其书以高丽文人李茗《震域遗记》（此书已失传）为基础写成。全书由"揆园史话序"、"肇判记"、"太始记"、"檀君记"和"漫说"五部分组成。有韩国学者认为该书于朝鲜肃宗二年（清康熙十四年乙卯，1675）完成。《揆园史话·檀君纪》所说的檀君出生等，与高丽僧人一然的说法无大区别，其时间为大韩民国第一届国会所认定的公元前 2333 年。

《檀君纪》说，檀君执政 30 多年后，大洪水淹没了牛首河流域，檀君率领众人转移到了阿斯达下唐庄之野。该书还说，檀君遭洪水，使彭吴治山川，奠民居。彭吴就是扶余，扶余与夫娄古音同。笔者认为阿斯达是在新疆吐鲁番，那里有著名的阿斯塔纳古墓群。《檀君纪》认定，檀君薨逝于前 2240 年辛丑即黄帝历四百五十九年、檀君历九十四年，其子扶娄继位。该书认定扶娄曾参加大禹的涂山之会，此即半岛历代传说之"扶娄朝中国"，但半岛文人所认定"朝夏"理解有误，这里的"夏"不是夏朝，而是华夏即与华胥、华阳并列的"三华"，高丽僧人一然记录为"三花"。

《檀君纪》说，扶娄在位三十四年而薨。"扶娄"当为其时"朝鲜"人在今山西省太原市娄烦县的南山生活之记忆。该书说，扶娄薨后，其子嘉勒继位，嘉勒在位五十一年而薨。笔者以为"嘉勒"是其时"朝鲜"人向西回归拜见始祖帝喾遗迹的记录，"嘉勒"当为地名，乃今山西省大同市天镇县宣大高速北面东黑石村、于西堡村附近"孙家河"的"家河"。

《揆园史话·檀君纪》认定，普乙在位十一年，薨于公元前 1158 年，其子古列加继位，古列加乃在华迁徙"古朝鲜"最后一位国君。该书载，由于"古朝鲜"经济困难、人心涣散，古列加奉祭器逊居于唐庄京，遂宅于阿斯达即今我国新疆吐鲁番的"阿斯塔纳"，檀君朝鲜寿终正寝。从《檀君纪》可见，檀君至于古列加共 47 位君主皆在华迁徙，但公元前 1128 年檀君朝鲜就结束了。此说与朝鲜文人桂延寿、李沂编著《桓檀古记》所说相差 900 多年。

1882 年 4 月 8 日，朝鲜领选使金允植与天津军械所负责人刘含芳对话时说："刘曰：西汉以前，上溯箕圣，有史书否？余曰：犹中华书契以前，不可详考。箕圣东来之前，檀君都平壤，与尧并立。在夏禹时，送其子扶娄，往

307

赴涂山之会。"① 檀君送其子往赴大禹的涂山之会，这样的说法显然是把"夫娄朝夏"的"夏"理解为夏朝了。金允植所记忆的与《揆园史话·檀君纪》所认定的，当是半岛口传传统中的另外一件事，那就是檀君朝鲜国君曾经派其子参加大禹的涂山之会。

《左传·襄公七年》载："禹合诸侯于涂山，执玉帛者万国"，《后汉书》则说："至于涂山之会，诸侯承唐虞之盛，执玉帛亦有万国。是以山海经称禹使大章步自东极，至于西垂，二亿三万三千五百里七十一步"。但司马迁《史记》中没有关于"涂山之会"的记载。

禹在确立王权后，就在有崇氏部落所在地——嵩山之阳建立了阳城（河南登封县告成镇）作为都城。后又迁往阳翟（河南禹县）。

为了巩固王权，禹又沿颍水南下，在淮水中游的涂山（安徽蚌埠西郊怀远县境），大会夏、夷诸部众多邦国和部落的首领，这就是"涂山之会"。原来的众多部落首领，到此时大都转化成世袭贵族，分别成为各个邦国的君长。这次大会，是夏王朝正式建立的重要标志。②

涂山之会的时间大致为大禹五年乙未，公元前 2066 年。此时的檀君朝鲜君主为达门（前 2083 年—前 2047 年），参加大会的当是达门之子翰栗（前 2047 年—前 1993 年）。

经过了大半个中国的迁徙，朝韩人此时已经生活于我国的安徽一带。

1911 年朝鲜文人桂延寿、李沂编著《桓檀古记》载："甲戌六十七年，帝遣太子扶娄与虞司空会于涂山，太子传五行治水之法。勘定国界，幽营二州属我，定淮岱诸侯置分朝以理之，使虞舜监其事。"这里的"甲戌六十七年"当为公元前 2267 年，即黄帝历四百三十二年，舜六十一年甲戌，是岁为檀君历六十七年。从时间上看，《桓檀古记》所说是对的，但其记载与历史事实有很大出入，恐怕是《桓檀古记》抄错了书所致。我国《后汉书》卷八十五中关于东夷记载的原文是："武乙衰敝，东夷盛，遂分迁淮、岱，渐居中土。"商朝武乙三十五年为公元前 1113 年。《后汉书》卷八十五之说与《揆园

---

① ［韩］金允植《阴晴史》上卷。
② 百度百科"涂山之会"，2013 年 3 月 5 日。

史话·檀君纪》在时间方面相当接近,后者认定公元前1128年檀君朝鲜就结束了。

《三国遗事》中记载建立北扶余的解慕漱的儿子也叫"扶娄",可能是传说互相混合所致。解慕漱与河伯之女的儿子就是后来的朱蒙,《三国遗事》认为扶娄与朱蒙为同父异母的兄弟。

半岛古籍《东事古记》对其记载为:"中国唐尧时,有檀君者,立国于今平壤,号曰朝鲜。言东方之地,受朝日光鲜也。子解夫娄,与于涂山之会。传国至商武丁时乃绝。"《东事古记》这段文字有两处问题:第一,檀君朝鲜不是建立在今天的朝鲜平壤市;第二,商朝武丁前1250年即位,离檀君朝鲜灭国还有100多年。

在中国古籍中,"扶娄"是南方的国名。

晋人王嘉《拾遗记·周》载:"周成王七年,南陲之南,有扶娄之国。其人善能机巧变化,易形改服,大则兴云起雾,小则入于纤毫之中,缀金玉毛羽为衣裳,吐云喷火,鼓腹则如雷霆之声。或化为犀、象、师子、龙、蛇、犬、马之状。或变为虎、兕,口中生人,备百戏之乐,宛转屈曲于指掌间。人形或长数分,或复数寸,神怪欻忽,炫丽于时。乐府皆传此伎。至末代犹学焉,得粗亡精,代代不绝,故俗谓之婆候伎。则'扶娄'之音,讹替至今。"周成王七年是公元前1036年,这个时间是《揆园史话·檀君纪》认定檀君朝鲜于前1128年灭国后几十年,在时间上是相符的。

近年广东省的惠州市准备投资20亿重现缚娄古国。缚娄古国是三千年前的一个无君之国,横岭古墓群、银岗、龙窑都是古国文明的体现。

缚娄之名,始载于《吕氏春秋》:"扬汉之南,百越之际……缚娄、阳禺、欢兜之国,多无君。"《吕氏春秋》成书于秦始皇八年(前239年),成书比秦平定岭南早25年。自秦始皇三十三年秦军平定岭南后,"缚娄"之名便消失于历史迷雾中。据惠州文史专家何志成介绍,见于周朝的"扶娄"、春秋战国的"缚娄"及两汉的"傅罗"、三国的"博罗",都是指同一个地方。

有考古专家认为,博罗横岭先秦古墓群中,所有墓葬都朝东排列,可能是当年与秦军作战阵亡士兵的墓葬,反映了当年战况之惨烈以及缚娄人抵抗时的顽强。秦军占领岭南后,在岭南设南海郡,辖龙川、傅罗两县。"傅罗"即今天的"博罗"。

互动百科《缚娄古国》说:

缚娄古国是春秋时期的一个小国家，为罗氏所建，公元前 337 年后消失。地理范围大致为现代的广东省惠州、博罗一带。

缚娄古国-历史

缚娄古国的名称始于春秋时期，《吕氏春秋》记载："坜汉之南，百越之际，……缚娄、阳禺、欢兜之国，多无君。"

公元前 337 年楚威王伐越，越国灭亡后，其王室后裔纷纷南逃，相继在福建、浙江、湖南、江西、广东、广西等地立国，名为闽越、东越、瓯越、骆越、南越、西越等，史家又称之为"百越"。缚娄等小国，大约就在这一历史进程中出现，又在这一进程中消亡。晋人的《拾遗记》里亦有记载："周成王七年，南陲之南，有扶娄之国。"见于周朝的"扶娄"、春秋战国的"缚娄"以及两汉的"傅罗"、三国的"博罗"，都是指同一个地方。近现代的专家们，从历史学、历史地理学的角度，早已考证出，"缚娄"曾有"扶娄"、"傅罗"之称，虽字音字形有别，却都是今之博罗。汉代（一说秦代）置县名博罗，其名沿袭至今。它是广东省四大古县之一。

中国地图学社 1975 年出版的《中国历史地图集》中，在战国时期全图版图中，明确地标明，战国时期博罗曾是缚娄国。这个小国管辖的范围不仅包括惠州、博罗一带，据推测，可能龙川、河源、海丰、陆丰、深圳、东莞等地亦在管辖范围之内。

缚娄古国-考古发现

1985 年博罗公庄镇出土七件完好的属于春秋时期的青铜器和编钟；1996 年，龙溪镇银岗村发现先秦时期的陶片，发掘出广东最大的先秦时期的龙窑窑址；2000 年在博罗县罗阳镇挖掘的春秋墓葬群里出土的青铜器、陶器和水晶文物，这些不仅证实了岭南在先秦以前并非"瘴疠之地"，还改写了整个岭南的文明史，岭南文明史得以上溯至 3000 年前。

缚娄古国-复建工程

2012 年 3 月，惠州市政府与企业合作，投资 20 亿元人民币，打造"缚娄古国·文化大观园"，重现缚娄古国文化。

2012 年 10 月 12 日，该项目通过博罗县规划委员会的审议。

必须注意的是该国"为罗氏所建"，就是说朝鲜半岛的"新罗"可能是其继承者。晋人王嘉《拾遗记》"周成王七年，南陲之南，有扶娄之国"及

蒟酱、缚娄与"夫娄（扶娄）朝夏"

春秋战国的"缚娄"、两汉的"傅罗"、三国的"博罗"说明，广东省惠州的夫娄故国与半岛野史《揆园史话·檀君纪》的记载一致，周成王七年是公元前1036年，恰恰是檀君朝鲜结束之后。《揆园史话·檀君纪》说，在檀君朝鲜最后的君主古列加归隐前，檀君朝鲜被黎国的创立者蓝侯裹挟着进入今的安徽省一带。该书说，檀君朝鲜国君丘忽在位七年，薨于前1174年丁亥，其子余娄继位，此时蓝侯立鲜牟国于殷商淮南之地。若如此，则"余娄朝鲜"当在我国安徽省六安市。依《檀君纪》之说，余娄在位五年，薨于前1169年，其子普乙继位。该书说，普乙"朝鲜"时期，"蓝侯遂总帅诸侯，朝觐普乙者遂稀。"也就是说，蓝侯已经把在华迁徙的"檀君朝鲜"基本吞并了。

简言之，从缚娄古国的出现时间看，今广东省惠州市的"缚娄"就是公元前1128年左右被灭国的檀君朝鲜后裔的方国，"缚娄"即夫娄（扶娄）。朝鲜王朝北崖子《揆园史话·檀君纪》认定檀君朝鲜从公元前2333年至前1128年。该书记载的檀君朝鲜不停移动，笔者以为其路线是从新疆吐鲁番到陕西再到山西、山东，檀君朝鲜一直在华迁徙。其后相继有两个在半岛的政权，一个是从公元前1046年开始的箕子朝鲜，该政权一致延续到从我国燕国流亡到朝鲜半岛的卫满开始执政；第二个政权就是卫氏朝鲜，卫氏朝鲜从公元前194年开始到前108年结束，汉武帝在卫氏朝鲜故地设立乐浪、临屯、真番三郡。西周成王七年（前1036年）在今广东省惠州市出现的"扶娄之国"，东晋人王嘉《拾遗记》有载。前239年成书的《吕氏春秋》亦载："扬汉之南，百越之际……缚娄、阳禺、欢兜之国，多无君。"缚娄古国被秦朝将军赵佗于公元前219年左右所灭。秦二世二年（前208年）即半岛北部的箕子朝鲜和罗王箕谞二年，半岛南部由西向东分布有马韩（今韩国全罗道）、弁韩（今韩国忠清道）、辰韩（今韩国庆尚道）三个政权。三韩的出现与缚娄古国被灭之间似乎存在着互动关系。"蒟"或"蒟酱"也是一条考证的线索。

"中国之馨香"[①]

——论青木正儿的元曲翻译特色

吴 珺

青木正儿（1887—1964）是日本20世纪上半叶著名的汉学家，在日本汉学界享有举足轻重的地位。青木正儿"思想敏锐，眼光开阔，在日本近代中国学谱系中，他是上承狩野直喜、铃木虎雄，下启吉川幸次郎的学术桥梁"。[②]青木正儿一生致力于汉学研究，学术建树丰厚。所著结集为《青木正儿全集》，共10卷，汇集了他毕生的成就。

在汉学研究之余，青木正儿还从事文学翻译。他的翻译作品除了新译《楚辞》和《中国童谣集》以外，还包括元曲《梧桐雨》、《货担郎》、《魔合罗》三个剧本，这三个剧本翻译收录在《青木正儿全集》第四卷当中。一个优秀的翻译工作者必须是语言通，文化通。青木正儿毫无疑问是其中的佼佼者。他的日文功底自不待言，而中文方面，谷苇对此有很详细的描述："记得这几位东瀛汉学家对中国文字都是修养有素的，青木正儿的来信全以文言文撰写，字也端庄流丽，信末还喜欢钤上常用的印信，完全是一个老派中国学人的作风，因而留下的印象久久不泯"。[③]可以说，青木正儿是一位日文与中文兼修的文学大师。在汉学研究之余，他还建立了名物学研究模式，因为青木正儿感到"为了加深对所攻专业中国文学的理解，有必要知道中华的风

[①] 本课题为北京语言大学院级科研项目（中央高校基本科研业务专项资金资助），项目编号为14YJ020014。

[②] 严绍璗《日本近代中国学中的实证论与经院派学者——狩野直喜·武内义雄·青木正儿研究》，《岱宗学刊（社哲版）》1997年第2期，第51页。

[③] 谷苇《赵景深与青木正二的文字交》，《书城》1997年第4期，第15页。

俗"。① 长期以来对中国文学的涉猎,使青木正儿对中国文化的修养与小说方面的专门的学识已经达到了常人难以企及的高度。

对这样一位具有浓厚"中国情趣"的大家的研究正从各个角度不断深入,但对于青木正儿在翻译方面的成就,似乎还没有引起学者的太多关注。目前可查到的有王晓平《青木正儿译注的〈元人杂剧〉》一篇论文。该文在高度评价青木正儿的元曲翻译才华的同时,又从元曲校勘、整理和注释的角度,认为作者在"指疏漏""正典故""辨讹误"方面作出了独特的贡献。②

但遗憾的是青木正儿完整的元曲译作只有《梧桐雨》、《货担郎》、《魔合罗》这三篇,对此,青木的后学——田中谦二(1912—2002)③也感慨道:

青木痛惜其师狩野先生多年以来的元曲讲义成果被湮没,希望至少能够将先生所写的诸如元曲札记公诸于世,裨益学界,当他提出希望自己这一代能肩负此任整理出版时,却被告知狩野先生没有任何笔记留存,这让青木先生大失所望。让我同样感到更遗憾的是青木先生毕生只留下了三篇完整的元曲翻译作品,这也是不得不接受的现实。④

与青木正儿的汉学研究成果相比,他的译作尽管数量不多,但却很好地实践了他对翻译的所思所想,对于解读青木的翻译观弥足珍贵,值得关注。并且,青木正儿把翻译当作"滋润"之事,提出了明确的翻译理念,即不失"中国之馨香"。这"是青木正儿反复思考、苦心孤诣地进行探索的问题"。⑤本论文将从这三个文本入手,通过对具体的翻译策略的考察,论证"中国之馨香"这一翻译理念的运用,进而归纳和提炼出青木正儿的翻译观。

---

① 青木正儿《中华名物考》,范建明译,中华书局,2005年,第3页。
② 王晓平《青木正儿译注的〈元人杂剧〉》,《日本中国学述闻》,中华书局,2008年,第254—260页。
③ 田中谦二(1912—2002)1935年毕业于京都大学,主攻元曲,翻译了《元曲》等作品,并以《西厢记》研究著称。受到青木正儿的影响,在战后的元曲研究方面取得了杰出的成就。
④ 田中谦二《青木全集·第四卷·解说》,春秋社,昭和58年,第677页。笔者译。
⑤ 王晓平《青木正儿译注的〈元人杂剧〉》,《日本中国学述闻》,中华书局,2008年,第254—260页。

一、"中国之馨香"的提出背景

"中国之馨香"是青木为自己树立的翻译标准,它实则来自于读者的反馈。1921年青木将自己所译的《潇湘雨》楔子和第一折发表在杂志上时,被朋友批评为译文有失"中国之馨香",而青木对此也表示认同并决定终止连载。但自此不失"中国之馨香"却作为青木正儿的翻译理念得以确立,他在之后的翻译过程中把不失"中国之馨香"作为自己的翻译理念,苦心追求。对于青木正儿来说,读者的批评让他深刻地领悟到翻译绝非性情所至之事,需要谨慎对待。十余年之后,当青木完成了大作《中国近世戏曲史》,他对于"死板的论述性"写作开始感到有些厌倦,于是又萌生了"元曲翻译的谋叛之意"①。由此可见翻译始终没有离开他的视线,在其学术生涯中占有重要的一席之地。"在繁忙的研究和教学工作中,他始终没有忘记元曲的翻译"②。

青木正儿开始翻译元杂剧要追溯到明治末年。那时他刚刚考入京都大学不久,便把《惊梦》一折译成了《净琉璃》,时间早于狩野先生的戏曲史讲义以及元曲的讲解。实际上从翻译《潇湘雨》开始,他的翻译才华已露端倪。名古屋大学曾在2007年举办了青木正儿成就回顾秋季展览,题为"游心的祝福"。此次展览从各个时期、各个角度展现了青木正儿在汉学研究、文学研究、名物学、翻译方面卓越的才华,其中对他的《潇湘雨》翻译给予了很高的评价。尽管青木正儿只翻译了楔子和第一折,但我们"可以充分享受到青木的翻译才华"③,"其译文成了公立社汉文学讲座中讲述戏曲史的范例"。④

田中谦二(1912—2002)在第4卷解说当中对青木正儿的元曲译作也做了如下的评价:

> 最后,我们关注一下先生的译文风格。先生领悟到要译出"支那之馨香",与《新译楚辞》同样,采取了以准确为宗旨,不拘泥形式的扎实的风

---

① 田中谦二《青木全集·第四卷·解说》,春秋社,昭和58年,第677页。
② 王晓平《青木正儿译注的〈元人杂剧〉》,《日本中国学述闻》,中华书局,2008年,第254—260页。
③ 「遊心」の祝福,名古屋大学附属図書館,2007年秋季特别展。
④ 王晓平《青木正儿译注的〈元人杂剧〉》,《日本中国学述闻》,中华书局,2008年,第254—260页。

格。(略) 先生的译文处处体现了先生翻译《净琉璃》以及戏文当中的多方面文采。(略)①

不失"中国之馨香",即保留原作浓郁的民族特色和艺术风格,准确地传达原作的神韵,不仅在语言上,而且在艺术效果上得到最大的等值。经过十余年的沉淀,当青木正儿再次提起笔重译元曲时,他的翻译理念已十分明确,即不失"中国之馨香"。这一理念必在他之后的译文文本中有所体现。

二、"中国之馨香"与元曲翻译

20世纪初,受到王国维《宋元戏曲史》的影响,日本学者对介绍和翻译元曲兴趣浓厚,有大量成果问世。在译介方面,《西厢记》、《窦娥冤》、《琵琶记》、《述魂记》、《长生殿》、《桃花扇》等剧本先后被译成日语,呈现出"万马骈镳而驰骋的盛观"②。但当时《梧桐雨》、《货担郎》、《魔合罗》在被青木正儿译成日文之前并不为人所知,青木正儿之所以甄选出这三个剧本,是因为他认为研究者"应该更多地去发现一些不被视作名家,却又真正具备戏曲才能的新'名家'"③。这类作品尽管容易被人遗忘,但其实生命力强大。这体现了青木正儿拥有敏锐独到的审美观,同时也表明他在选择译本文本时发挥了译者主体性。这三部戏曲当中青木正儿尤其对《货担郎》褒奖有加,"以我个人的嗜好来说,那么我便想推举此剧(指《货郎旦》)为无名氏的第一杰作"④。

这三部作品语言自然,不矫揉做作,无刻意雕饰。都是在大"俗"之中求得极致的"雅"——一种调和与洗练,不轻易向观众妥协的作品。⑤以下将分别从叠词、文化负载词的翻译以及实证主义研究方法这三个角度论证青木正儿的元曲翻译如何不失"中国之馨香"。

---

① 田中谦二《青木全集·第四卷·解说》,春秋社,昭和58年,第677页。笔者译。
② 盐谷温《中国文学概论讲话》,转引自王古鲁《中国近世戏曲史译者叙言》,中华书局,1958年。
③ 孙歌、陈燕谷、李逸津《国外中国古典戏曲研究》,江苏教育出版社,2000年,第270页。
④ 青木正儿著,隋树森译《元人杂剧概说》,中国戏剧出版社,1957年,第117页。
⑤ 田中谦二《青木全集·第四卷·解说》,春秋社,昭和58年,第677页。

1. 叠形词译文精准考究

元曲的表达形式十分丰富，在唱词部分出现了大量的拟声拟态叠形词。这些词汇有声有色，变化多样。例如写笑声，就有笑吟吟、笑呵呵、笑哈哈、笑冶冶等；写雨声，就有渐洌洌、渐零零、昔留昔零、浙零浙零、浙浙伶伶、浙零零湍等。

日文当中拟声拟态叠形词数量丰富，这也是日文的一大特色。但如果不是对中文的语境有深刻的理解，是无法准确翻译并达到"传神"和"化境"效果的。

例如：《梧桐雨》①

一行人觑了皆惊怕	供の者ども見て驚き恐る
嗔忿忿停鞭立马	軍かっと怒りて鞭を停め馬を立て
恶獃獃披袍贯甲	にくにくしげに鎧前垂に身を固め
明飚飚掣剑离匣	きらきらと剣を鞘より抜き放ち
齐臻臻真燕行班排	きちきちと勢揃へして
密匝匝鱼鳞似亚	ひしひしと鱗の如く詰めかけたり

《梧桐雨》是白朴的名作，也是元曲的代表作。白朴善于把人物的主观感受渗透于外界景色，使情景交融，同时也使人物刻画入木三分。节奏紧凑，扣人心弦。这一段是玄宗带领杨贵妃、杨国忠以及高力士等上场，太子等随行的场面中玄宗的唱词。原文唱词当中密集出现了"嗔忿忿""恶獃獃""明飚飚""齐臻臻""密匝匝"这样的拟声拟态叠形词，借此营造出一种紧迫感，形象地表达了当时箭在弦上，一触即发的情景。而与之相对的日文译文用了"かっと""にくにくしげに""きらきらと""きちきちと""ひしひしと"这样生动贴切的拟声拟态词。日文的拟声拟态叠形词词汇丰富，表达细腻。比如表示愤怒之意，日文中就有"かんかんになる""かっとする""ぷりぷりする""ぷんぷんする""きっとする""むしゃくしゃする""つんとする"等多种表达。但无疑"かっとする"最能贴切地表达一行人顿时怒从心头起的场面。"かっとする"在日文当中有"激怒"，"突然动怒"之

---

① 青木正儿《青木全集·第四卷》，春秋社，昭和58年，第490页。

"中国之馨香"——论青木正儿的元曲翻译特色

意,恰到好处地传递了一瞬间火上心头的意境,很有戏剧的临场感。由此可见在译词的选择方面,青木正儿做了相当认真的考量。不仅在修辞手法上尽量接近原文本,还在译义层面自然贴切,达到了不逊于原文的美学效果。另外青木正儿非常重视戏曲舞台艺术,这和他游学中国之时"乘机观戏剧之实演,欲以资案头空想之论据"[①]的宝贵经历有关,而观剧无疑对他的研究和翻译有积极的触发作用。

例如:《货担郎》[②]

我只见黑黯黯天涯云布	と見れば一天黒くかき曇り
更那堪湿淋淋倾盆骤雨	辛や、さんざと注ぐ俄雨
早是那窄窄狭狭沟沟堑堑路崎岖	はや狭き溝も塹もあふれて路踏みなやむ
知奔向何方所	何地へ走らん行方も知らず
犹喜的消消沥沥断断续续	嬉しやヽ、しょぼしょぼばらばら降りみ降ら済み
出出律律呼呼噜噜阴云开处	するするゆらゆら陰雲開くと見れば
我只见霍霍闪闪电光星烂	ぴかぴかきらきら稲妻はためく
怎禁那萧萧瑟瑟风	なんとせう、さらさらそよそよの風
点点滴滴雨	ぽとぽとぼつぼつの雨

这一段景物描写烘托了三姑一家人走投无路的绝望心情。先写乌云密布,紧接着又是一场暴风骤雨,雷鸣电闪,风雨交加,一家人命运坎坷未卜,凄凉万分。"消消沥沥""出出律律呼呼噜噜""霍霍闪闪""萧萧瑟瑟""点点滴滴",像这样叠词交错使用,节奏感强,有力地烘托了一家人紧张害怕又慌不择路的气氛。与中文叠词相对应的日文译文分别是"しょぼしょぼばらばら""するするゆらゆら""ぴかぴかきらきら""さらさらそよそよ""ぽとぽとぼつぼつ",都巧妙地译成了日文的拟声拟态词,不仅从修辞上再现了原文的特色,在意义上也贴切到位。其中"点点滴滴"一词,其实翻译成

---

① 青木正儿《中国近世戏曲史》序,中华书局,2010年。
② 青木正儿《青木全集·第四卷》,春秋社,昭和58年,第551页。

"ぽとぽと"也可以传达"点滴"的意境，但青木精确到了"点"（ぽとぽと）和"滴"（ぼつぼつ），译文处理得非常忠实细致。再比如"出出律律"一词。"出出律律"在元曲当中是常见的叠词，在此青木正儿把它翻译成了"するする"来表示"轻快""滑溜"的样子，而在同一文本第三折出现的"足律律往来打转"中的"足律律"，青木正儿则翻译成"きりきりと"，用此词传递了张三姑眼中看到的"嗖"地旋转的旋风场景。译者没有拘泥于词汇本身，而是采取了灵活变通的翻译技巧，在充分理解原文后根据不同的场景翻译，准确传神。由此可见青木正儿元曲译本中的日文拟声拟态词与原文叠形词相得益彰，充分再现了原文所具备的美学效果。同时也可窥见青木正儿在翻译过程中为了保持"中国之馨香"所做的极致的努力。

如果说拟声词和拟态词是日文表达的特色之一，青木只不过是发挥了他自身高超的语言驾驭能力而已，那么从以下部分可以看出，青木为了体现原语的特色，尽可能地保留原语的修辞风格，他确实在翻译上下了很大的工夫，有的译文为了再现原文的特色还具有一定的独创性。

例如：《磨合罗》①

呀呀呀猛见了	やややや、俄かに人影を見て
嗨嗨嗨唬的我悠悠魂魄消	へへへ、びっくりおつ魂消た。
将将将纸钱来忙遮	しし紙袋で急ぎ顔をかくし
把把把泥神来紧靠	ごごご神體にしがみつき
慌慌慌我这里掩映着	あああわてて此処に身をかくす。

在此段唱词中"呀呀呀""嗨嗨嗨"都是感叹词，生动地表达了德昌听到文道喊声后因不知对方是何人而惊恐万分的心理状态。日文译文中的"ややや"（yayaya）"へへへ"（hehehe）与原文在音、形、意上也非常贴近。后三句当中"将将将""把把把""慌慌慌"为三字重叠的用法，用于强调慌张、激动等时候的样子。而日文译文也模仿了中文三字重叠的处理方式，分别为"しし"（sisi），"ごごご"（gogogo），"あああ"（aaa），这样的处理方式不仅很好地再现了原文的语言特色，而且让日文读者感到很新鲜。同时，

---

① 青木正儿《青木全集·第四卷》，春秋社，昭和58年，第578页。

"中国之馨香"——论青木正儿的元曲翻译特色

又自然而然地把读者带到剧情当中,可以说达到与原文等效的艺术效果。

然而在三十年前,青木正儿在翻译《新译楚辞》时,对拟声拟态叠形词的翻译并没有像现在这样考究和紧贴原文。

表独立兮山之上
云容容兮在下
杳冥冥兮羌昼晦
东风飘兮神灵雨
留灵修兮憺忘归
岁既晏兮孰华予

译文一①
ただ独り尾のへに立てば
白雲は足元に湧き
遥けく暗く、など昼くらき
東風につれて雨も降り来ぬ
あら楽し、かの時しも君と睦みて家路忘れき
老いては誰か吾を愛でん

译文二②
ただ一人山の上に立てば
雲はむらむらと下に湧き
あやめもわかず、なんとまあ昼も暗いことか
東風吹きまいて神霊は雨を降らす
あの方を引き留め、楽しませて帰すまい
年取ったら誰も私を相手にしなくなる

可以明显看出,青木正儿30年之后的译文对原文当中拟声拟态叠形词等的处理更加细腻到位,比如说"云容容"在译文一当中只被译成了"白雲"、

---

① 青木正儿20多岁时的译作。转引自田中谦二《青木全集·第四卷·解说》,春秋社,昭和58年,第677页。
② 青木正儿50多岁时的译作。转引自田中谦二《青木全集·第四卷·解说》,春秋社,昭和58年,第677页。

而译文二当中就加了"むらむらと"这一拟声拟态词,更好地传递了云海茫茫的意境,更加忠实和传神。再比如"东风飘""神灵雨",在译文一当中被处理成"東風につれて""雨も降り来ぬ",意境较原文相比有很大的缺失。而译文二中为"東風吹き卷いて""神霊は雨を降らす",显然更高一等,把"东风狂舞啊神灵降雨"的语境很好地传递过来,不仅做到了"信""达",而且完整地再现了原文中"中国之馨香"。

对于同样的内容复译,这正体现了青木正儿苦心追求"中国之馨香"翻译理念的执着,同时也可看出译者在从事翻译和元曲研究过程中读者意识不断增强,从最初的兴趣所致转变到30年后"为了便于初学者的理解"① 的翻译,这无疑是达到了质的飞跃。田中谦二评价指出《新译楚辞》"译文褪去无用的血气,丝毫不矫揉造作。追求准确简洁"②,他认为译文二之所以有了质的飞跃其原因之一就在于翻译时青木正儿先生为了不失去"中国之馨香"而做出了努力,这一点笔者非常赞同。

2. 文化负载词翻译贴切到位

元曲中的语言,涉及的方面很广泛,凡历史掌故、典章制度、风俗习惯、戏曲术语、俗语方言、江湖行话等无所不包。要翻出此类内涵不仅需要精通两种语言,而且还要深入了解两种文化的精髓。而其中成语、谚语、历史掌故等文化关联词的翻译难度很大,甚至被认为是翻译当中的试金石。

比如:**梧桐雨**③

他此夕把云路凤车乘	今宵雲路にほう車を馳せ
银汉鹊桥平	銀河に架けし鵲の橋打渡り
不甫能今夜成欢庆	解けて語らふ隙間もなく
枕边忽听晓鸡鸣	早や枕邊に鶏の声
却早离愁情脉脉	きぬぎぬの盡きぬ名残に
别泪雨冷冷	別れの涙小夜時雨
五更长叹息	曉かこつため息に

---

① 田中谦二《青木全集·第四卷·解说》,春秋社,昭和58年,第677页。
② 田中谦二《青木全集·第四卷·解说》,春秋社,昭和58年,第677页。
③ 青木正儿《青木全集·第四卷》,春秋社,昭和58年,第473页。

"中国之馨香"——论青木正儿的元曲翻译特色

则是一夜短恩情	あわれ一夜のはかなき契り

例二 梧桐雨①

你道我因歌舞坏江山	なんと、われが歌舞に因って国を破るとや
你常好是占奸	汝こそ常常姦を窺いおくべけれ
早难道羽扇纶巾笑谈间	固より団扇片手に笑談しつつ
破强房三十万	強敵三十万打ち破れる孔明が智謀のあるべきや

"银汉鹊桥平"和"破强房三十万"都是中国有名的典故，但在日本却不一定广为人知。青木正儿将这两句翻译为"銀河に架けし鵲の橋打渡り""強敵三十万打ち破れる孔明が智謀のあるべきや"，分别加入了"に架けし（架桥）""孔明が智謀のあるべきや（孔明足智多谋）"这样的阐释性字眼，使不熟悉中国文化的日本读者也能够了解典故及其背后深意。"翻译行为亦应当被看作是一种跨文化阐释的行为。也即就翻译而言，它既有着语言转换的功能，同时也有着文化阐释的功能"②，而承载着语言转换和文化阐释的译者只有在熟练驾驭两种语言，并且熟知两国文化时才能对文化空缺部分采取更为有效的翻译策略。可以说这既是一个完美的翻译，也是一个很好的文化阐释的实例。

对于一些无法在译文当中完全体现其意思或文化背景的用语，青木正儿则采取了保留原语并加注释的方法保留原语的特色。

比如说对曲名"货担郎"就解释为"歌祭文"（日本民间演唱形式），而"蛇皮鼓"被解释为"我が国での玩具の豆太鼓のような形のもので、現在北京にもこの類の振り子を鳴らして街を触れ売りする者が有る。実にかん高く、よい音がする"③（即形似日本玩具豆太鼓，现在北京街头还可见到手里摇着这样声音清脆悦耳的小鼓沿街叫卖的小贩——笔者译），这样的解释方式既形象又生动，无疑会使读者减少对中国文化的陌生感，加深对剧情的理解。

再比如对"花红"的注释如下：

---

① 青木正儿《青木全集·第四卷》，春秋社，昭和58年，第484页。
② 王宁《翻译与跨文化阐释》，《中国翻译》，2014年第2期，第5页。
③ 田中谦二《青木全集·第四卷·解说》，春秋社，昭和58年，第677页。

参阅东京梦华录第五卷，即可知在迎娶新娘之时需要把系了红绸的酒由男方家送到女方家。另外，在迎娶的当天，新嫁娘一过门就要给男方家的主人披了红绸带了金花的聘礼。"花红"也即聘礼的标志，相当于我国的礼签。（中略）在元曲当中描述迎新时经常会使用"花红羊酒"这样的字眼，意即在迎娶新娘之时纳征的三大件。①（笔者译）

青木正儿对"花红"的解释不仅精准到位，而且能使读者在理解了"花红"译文的同时又知晓中国迎娶的风俗，对理解译文有很大的帮助。中日两国文化虽一衣带水，但对于跨文化的日本读者而言，历史掌故、成语谚语、风俗习惯是难以逾越的障碍，因此，对这些用语的翻译处理是否得当直接影响到对原文的理解。其实，每个章节的注释也是青木正儿发表研究成果的一种方式，大量的注释②不仅体现了青木正儿要保持原语特色的努力，也从另一个角度展示了他对作品的考据和深入理解。"尤其是在俗语的释解方面他所遇到的困难更大：无齐备、准确的元曲俗语辞书可查阅，不熟悉中国的群众语言，在这种情况下，他采用对比、归纳的方法，力图理解每词的确切含义，有些说解仍很有新意"③。读青木正儿的注释部分，我们能够感受到他把元曲的翻译与中国文化背景相结合的强烈愿望和努力。这是因为"从学生时代开始青木就认为，要理解中国的文学就有必要知道中国的风俗、生活"④，只有对原作品的文化背景深入了解之后才能更好地理解作品的精髓。这正是一个翻译家在很好地贯彻自己翻译理念的有力证据。

3. 注重实证避免曲解

青木对朱熹的集注赞赏有加。他认为朱熹"最令人钦佩之处便是对于不明白之事不妄自牵强解释"⑤。青木正儿在自序当中也感慨道："能在关键时候相商译文的老友已驾鹤东去，尽管总是遭他嘲笑；而中华曲学的权威吴梅

---

① 田中谦二《青木全集·第四卷·解说》，春秋社，昭和58年，第677页。
② 据笔者考证三篇元曲共400条注释。
③ 王晓平《青木正儿译注的〈元人杂剧〉》，《日本中国学述闻》，中华书局，2008年，第254—260页。
④ 见中村乔《序言》，见青木正儿著，范建明译《中华名物考（外一种）》，中华书局，2005年，第8—11页。
⑤ 田中谦二《青木全集·第四卷·解说》，春秋社，昭和58年，第676页。

"中国之馨香"——论青木正儿的元曲翻译特色

兄也答应我将就原文的疑问之处给予解答,但不料却在事变后客死昆明"①。由此我们也可以看出,青木在翻译元曲时很注重求"信",为了求"信"不耻下问,这实际是和不愿失去"中国之馨香"同出一辙。

"具体到中国戏曲研究方面,青木求实求真的思想贯穿始终"。②这一点在青木正儿的翻译流程当中也得到了很好的体现。

首先,在正式进入翻译之前,他会对原文内容解题。译本的第一部分是对元曲表演形式、元曲相关术语等介绍。比如关于末本和旦本,他解释道:今所翻译的戏曲,《梧桐雨》和《摩合罗》是末本,《货担郎》是旦本。但扮演正旦或正末之人在同一剧中却不一定扮演同一人,比如《梧桐雨》四折当中正末都扮演玄宗皇帝,但在《摩合罗》当中,正末第一第二折戏中扮演店主李德昌,第三第四折中则扮演六案都孔目张鼎③。第二部分则包括作者生平、创作背景、故事梗概以及青木正儿的点评等。在《货担郎》的解题当中,青木正儿对"货担郎"的出现年代以及来龙去脉做了考据和梳理,并解释了最终把"歌祭文"确定为"货担郎"译文的缘由。解题对帮助读者更好地理解译文起到了很关键的作用,可以理解为是译文很重要的一部分。

其次,在翻译过程中,始终注重不失"中国之馨香",在充分再现原语文化的同时,保证译语符合读者的表达习惯。

在进入译文的注释之前附有凡例,对注释的意图及注意事项进行说明。例如凡例第二条④是"原文中に十分了解しかねる所は、注释にお いて疑を存し、武断の弊を避けることに力めた"⑤(对于原文不能准确把握之处,在注释中予以标明,尽量避免武断之嫌——笔者译)。对于译文中一些不明之处,或尚有疑问的地方,青木并不掩饰和回避,而是放在注释中加以说明,或者直接写"不详"等字眼,表明此部分内容有待进一步考证。

最后是注释部分。青木正儿首先特别对原文当中常用但用法有些特殊的汉字助字加以解说,之后在400条注释当中,为了更好地让读者理解译文的精髓,他往往会采用日本读者熟悉的事物,通过对比性的介绍阐释剧中对日

---

① 田中谦二《青木全集·第四卷·解说》,春秋社,昭和58年,第451页。
② 周阅《青木正儿与盐谷温的中国戏曲研究》,《中国文化研究》2012年第2期,第208页。
③ 青木正儿《青木全集·第四卷》,春秋社,昭和58年,第452页。
④ 青木正儿《青木全集·第四卷》,春秋社,昭和58年,第621页。
⑤ 田中谦二《青木全集·第四卷·解说》,春秋社,昭和58年,第621页。

本读者来说难懂陌生的事物。

凡例、解题、译文以及注释,这些既是青木正儿元曲研究成果的组成部分,也是翻译特色的重要方面。这既与狩野"引进实证主义观念,并且使它与中国清代考据学结合"一脉相承,同时又呈现出青木自己的特色。他对元曲的译介方法用现在的眼光来看也是严密系统、符合翻译程序和翻译原则。

三、结　语

俄国著名翻译家阿列克谢耶夫认为,译文有三种不同的模式,一是逐字逐句把原文表达出来;二是将原文全部转换成标准的俄语,称为作家或文学家的翻译;第三种则是介于此两者之间,既保留原文的中国味道与风格,又能让读者理解而且感觉到其味无穷。①青木正儿为了不失"中国之馨香",对原文当中的一字一句、叠词、谚语、成语等都巨细靡遗,同时,又让读者充分地感受到原作的"滋味",由此可以认为他的翻译属于第三种翻译模式。

翻译就是文化再现,指的就是译者不能任意抹杀和损害原语民族文化色彩,忠实地把原作文化传递给译语读者,力求保持原语文化的完整性和一致性。对于把不失"中国之馨香"作为其翻译终极目标的青木正儿来说,他做到了。青木正儿为了再现元曲的诗学意境,他在选词上匠心独运,很好地保留了原文的修辞效果。尤其是唱词部分更凸显了他高超的驾驭两种语言和文化的能力,透过他的译文,我们可以跟随着主人公的心情而起伏,或喜、或悲、或愤怒、或惆怅;在元曲的译介方法上,他求"信",注重实证,避免失去"中国之馨香"。如果说任何一种翻译其实都是在翻译文化,那么青木正儿正是身体力行的实践者。这也正是其他学者就其译本对于中国元曲文化走出国门所具备的参考价值给予高度评价②的缘由所在。

---

① 李福清《聊斋志异》在俄国——阿列克谢耶夫与《聊斋志异》的翻译和研究,《汉学研究通讯》2001 年 11 月,第 32 页。

② 王晓平指出"读一读他的译本,对于如何整理元曲,如何向国内外广大读者介绍我国古代优秀的戏曲作品,都可以得到启发"。参见王晓平《青木正儿译注的〈元人杂剧〉》,《日本中国学述闻》,中华书局,2008 年,第 254—260 页。

·内藤湖南研究·

内藤湖南历史认识的哲学背景[①]

[日本] 井上克人 著 吕 超 译

一

内藤湖南（1866—1934）历史认识的特质，在于从根本上认识诸事象以准确把握事物的历史性质这一基础上，不仅能够将诸事象放到特定时代的整体背景中考察，而且还能够对此一时代在绵延不绝的滔滔历史长河中处何种局面有精准的洞察。本文意在讨论湖南是如何具备这种历史认识的，以及在这种认识的背后有怎样的思想支撑。

在湖南的著作中随处可见变化、变迁、变移、发展、衰亡这样的词汇，可见湖南惯用变化的视角来观察历史。比如，《支那中古的文化》的开头部分对"中古"这一时期的整体变化有如下的概括。

支那的文化自古代延续而来，一旦成形，便出现自我文化中毒的现象，继而在一种分解作用下逐渐走向崩溃。这种崩溃大抵止于东晋。其后，本国文化又再生发，在外国文化传入的刺激下，又形成一种新的文化。如此新生文化逐渐形成又再度分解、崩溃。[②]

要从变化的位相上认识诸事象，则需要长期且持续地对各种现象的经纬、变化以及消亡的整个过程进行观察。这个过程在历史研究上来说就是"通史"

---

① 本文是日本文部科学省平成23—25（2011—2013）年度科学研究费（基盘研究B）《内藤湖南のアジア観の形成と近代日中学術交流》课题研究成果之一。

② 内藤湖南《内藤湖南全集》第十卷，筑摩书房，1997年第249页。

性的研究方法。正如高木智见氏所言，说重视通史是湖南历史研究的一大特色并不为过。① 湖南明确主张历史就应该是通史，② 他这样论及："说到历史的意义，如植物的种子发芽、成长、繁茂的生长过程，又如动物血脉相承，子孙兴旺，是一个延绵不断的系统"③。

湖南从京都大学退休时出了一本论文集《研几小録》，"研几"一语典出《易经》，乃据《系辞传》："夫《易》，圣人之所以极深而研几也。唯深也，故能痛天下之志；唯几也，故能成天下之务"④。据此可以推知湖南特意用"研几"作为书名的真意，即认为自己的学问可以通过研究隐藏在现象背后的微妙变化即"几"，预见其发展变化的趋势，探究并把握历史变化的内在理路，从而能够对现实有更深的理解，最终达到预知未来的目的。湖南执念于事物的萌芽，正是源自"研几"。⑤

这样，湖南将一切事物都放在变化的位相上进行观察，认为事物变迁的过程本身就是历史。那么，对于推动事物变化的力量湖南又是如何认为的呢？先前提及的高木氏指出，湖南的历史认识自然是在其庞大的阅读量基础上在思考过程中产生的，但是在湖南思想的背后能看出《史记》的历史观和佛教的无常观。对此，高木氏做了如下论述。

可以认为湖南把事物放在变化的位相上来考察的历史认识来自《史记》的历史观。实际上，《史记》的历史认识一言以蔽之即"变化的思想"。《史

---

① 高木智见《内藤湖南の歴史認識とその背景》，《内藤湖南の世界—アジア再生の思想》，河合文化教育研究所，2001年第57页。
② 宫崎市定认为，湖南《支那史学史》中最得意的地方是唐代有刘知几的《史通》和杜佑的《通典》、宋代有司马光的《资治通鉴》和郑樵的《通志》、清代有章学诚的《文史通义》，这些书名当中都有个"通"字，他对湖南学问的特色概括如下。"这个通字的意思，既是贯通的通，也是普通的通。'通志''通典'意思是贯通古今的综合的历史和礼节、'通义'古今普遍适用的原理、'史通'的通大抵与通义意思相近。……实际上'通'字最能代表湖南博士的学问的特色，这是因为他醉心于把通字作为形容词的古人的学问之故吧。"（「独創的なシナ学者内藤湖南博士」『宫崎市定全集』第二十四卷「随筆」下、岩波書店、1994年。参照前载高木论文。）
③ 内藤湖南《内藤湖南全集第十三卷》，筑摩书房，1997年，第394页。
④ 《易経》高田真治・后藤基巳译・下卷，岩波文库，2011年，第238页。
⑤ 高木智见《内藤湖南の歴史認識とその背景》，《内藤湖南の世界—アジア再生の思想》，河合文化教育研究所，2001年，第59—60页。

记》天官书中载:"夫天运,三十岁一小变,百年中变,五百载大变;三大变一纪,三纪而大备,此其大数也。为国者必贵三五。上下各千岁,然后天人之际续备。"认为天运行的根本规律即循环和变化。在这个前提下,《史记》中随处可见"天变""时变""人变""事变"这样的词汇,万事万物皆处在时时刻刻的变化之中。司马迁的目标是"究天人之际,通古今之变,成一家之言"(《汉书·司马迁传》之《报任安书》),也就是探究宇宙古今变化的原理,树立起自己的言论。所以,"网罗天下放失旧闻,考之行事,稽其成败兴坏之理"(《太史公自序》),也就是网罗天下散逸的旧闻,根据具体的事实,把握王者的事迹的始末,探究其荣枯盛衰。

简言之,湖南对事物的理解,重视其诞生、变迁、衰亡的过程,这样的历史认识恰好与司马迁重视变化的思想一致。①

二

湖南在收于《日本文化史研究》一书中广为人知的名文《关于应仁之乱》中说"大体说来,所谓历史,若从一个侧面来讲可以说是下层人民逐渐向上发展的过程的记录……"②,关于"下克上",又说"最下层的人民对所有原有秩序的破坏行为,以及更加过激行为进行了反复、深刻的思考后称之为下克上现象"③,内藤还认为"所有的文化大致都是从特定的阶级即当时政治得势的贵族阶级向一般阶级普及的过程,这大概是当时的实际状态。这是自然而然的必然现象……"④(着重点·引用者),这里希望大家注意的是着重号部分"自然而然的必然现象"这句话。

昭和19年(1943年)《支那上古史》出版,此后《支那近世史》、《支那中古的文化》、《支那史学史》等书籍在战后相继出版。值得注意的是,在这

---

① 高木智见《内藤湖南の歴史認識とその背景》,《内藤湖南の世界—アジア再生の思想》,河合文化教育研究所,2001:63—64

② 内藤湖南《内藤湖南全集第九卷》,筑摩书房,1997年,第130页。

③ 内藤湖南《内藤湖南全集第九卷》,筑摩书房,1997年,第136页。

④ 内藤湖南《内藤湖南全集第九卷》,筑摩书房,1997年,第140页。

些书中"自然"这个词频繁地出现。据池田诚氏的统计,《支那上古史》有48处、①《支那中古的文化》约13处、《支那近世史》16处、《支那史学史》中有38处。例如,《支那近世史》的开头部分有如下用例。

(1) 像这样从贵族政治进入到君主独裁政治是各国都有的自然的程序。②
(2) 这是人们自然地从束缚于土地的奴隶、佃户地位解放出来的开端。③
(3) 统帅者的力量变得薄弱,底层的力量得势是自然的结果。④

在"自然的程序"、"自然的结果"这些词汇的内里暗含"破坏所有古来的秩序"这一历史过程,这是不言自明的。

然而,湖南早期的名著《近世文学史论》中"时运"、"时势"、"气运"、"时势所趋"、"世运"、"形势"、"运"这样的词汇频出,而不用"自然"这个词。但这些词用"自然"代替也可以讲得通。但是,湖南的《学变臆说》(收于《泪珠唾珠》)中有"将历史上的变迁和所谓的天运仅仅看作是循环似也不无道理"⑤ 这样一句话,据此可知,湖南所谓"天运",实谓历史的变迁一事。因此,"天运"、"时势"、"时运"、"气运"这些词汇与"自然推移"、"自然发展"和"自然的步骤"等语句之间的联系就成为问题。将这些词汇统统理解为"历史的变迁"似无太大问题。

这里需要强调的是,相乐享曾指出:古代日本人为了接受、移植大陆思想和文化的基础的原型(archetype),换言之,日本人的意识深层中有"自发"(自ずから)这一存在范畴(Kategorie)⑥。不可否认,虽是中国学家,这一范畴也渗透进了日本人内藤湖南的历史观中。

"自发"从语源上讲来自"己つから","から"意为"生まれつきの意(与生俱来的意思)"(大野晋《岩波古语辞典》)。如此,"自发"一语原本应有主语的存在,但与其说是实体的东西,不如说是无限定的"非人称主语"的基体,它的状态、变动与外在的力无关,而是源于自身内在的自我触发的动力。举例说来,近世的山鹿素行(1622—1685)主张"情不自禁的

---

① 池田诚《内藤史学にかんする私论》,《内藤湖南全集》第五卷附录"月报11",1972年。
② 内藤湖南《内藤湖南全集第十卷》,筑摩书房,1997年,第349页。
③ 内藤湖南《内藤湖南全集第十卷》,筑摩书房,1997年,第353页。
④ 内藤湖南《内藤湖南全集第十卷》,筑摩书房,1997年,第364页。
⑤ 内藤湖南《内藤湖南全集第一卷》,筑摩书房,1997年,第351页。
⑥ 相乐享《日本人の心》,相乐享著作集第五卷,ペリカン社,1992年。

诚"、"自发的诚"的,他认为"天地自疆不息",在他看来,天地的自然运动,具体来说是阴阳运动的方式展开,天地本是没有"形"即无限定的东西。除了这里所说的自然的运动,以及在运动中生存的万物以外,天地就成为一种捕捉不到的东西。因为,天地被看作是"纯自然"、是"自然的全部"。这样一来,自然这个词就涵盖了多种多样的东西,这些东西以运动的形式存在。在这个由运动的东西构成的自然当中,曾被看作天地的无限定的宇宙具备的终极性作为其背景的广延就不难被看出。

这种"自发"的范畴,在历史观中也有所反映。基督教认为宇宙是由具人格的唯一神从无到有创造出来的,这里就有个"创造"的逻辑。而日本的创世神话则与此完全相反,认为世界是自然形成的世界。丸山真男指出的这个问题①,他分析《古事记》的开头,把世界的创世过程作为一个在"产灵"灵力的不断作用下自我触发而自然形成的东西来看。这样就与基督教的"创造"逻辑不同,而是一种"形成"的逻辑。日本人认为历史是"一步步发展的必然结果",换言之,也就是"自然而然的必然结果"。这里,事物的本质的核心没有应有秩序的观念,而是"自然而然"的"自然形成的观念"。另外,丸山还指出日本有代表性的历史书《愚管抄》中,源于历史的历史形成的行为规则并不明确。也就是说,现在的状态是历史内在的"自然而然的必然"相应而生的,与现在的趋势相应的"自发"的状态就是应有的状态。

实际上,在湖南的历史认识的根底,也存在用"自然而然的必然"的观点去看待历史的倾向。

三

还有一点,关于湖南历史认识的背景,先前提到的高木氏主张是诸行无常的佛教的无常观,笔者更加倾向是明治中期学院派哲学所标榜的佛教哲学。正如高木氏所言,一般认为日本人的宗教意识中存在原始佛教倡导的"诸行无常・诸法无我",特别是明治中期知识青年层为该如何寻求自我的存在价值这样的"人生问题"而烦闷。但这与其说是严守佛道修行所要求的清规戒律般佛教实践性思考,倒不如说他们所吐露的不过是充满着浪漫主义色彩的恍

---

① 丸山真男《歷史意識の古層》,《忠誠と反逆》,筑摩书房,1992年。

惚感和昂扬感的佛教虚无感。较之"无常观",更不如说是自我陶醉般的充满厌世观意味的"无常感"。在这样一个熏染着当时的日本青年的大氛围中,湖南所持佛教的无常观也不能例外。

以下对上述当时知识青年所生活的时代氛围作一简单介绍。明治17年(1884年)的一月,以井上哲次郎(1855—1944)、井上圆了(1858—1919)、三宅雪岭(1860—1945)等东京大学哲学科的毕业生为中心结成了"哲学会",这便是后来成为德国哲学中心官学学院派的发轫。明治20年代,随着凯比尔(1848—1923)的赴任,叔本华(1788—1860)的哲学随之被介绍到日本,另外,德国留学归来的井上哲次郎也协助介绍叔本华。从明治20年代末开始,以及明治30年代宣扬厌世观和憧憬涅槃的哲学广泛渗透到青年阶层。叔本华虽是德国人,但他的学说基督教色彩并不浓厚,反而他对基于浓厚的厌世观宣扬"涅槃寂静"的印度佛教,也就是小乘佛教抱有很大的兴趣。这里希望大家注意的是,这与传到中国和日本的北传大乘佛教性质不同。南传佛教,出家是基础,然后必须经过克服烦恼、痛苦终至涅槃,或者说"斩断烦恼丝,方得入涅槃"这样一个佛道修行的过程。而与之相反,北传大乘佛教宣扬"烦恼即菩提"、"生死即涅槃",这些佛教哲理的根本体现在《大乘起信论》一书中,"现象即实在论"便是依据该书思想。而宣称"现象即实在论"为自己哲学立场的井上,对叔本华的佛教理解有些许的不满。①

四

德富苏峰(1863—1957)在明治20年刊行的《新日本之青年》中言辞激烈地说:"明治的青年并非被天保的老人引领,而他们恰恰引领着天保的老人。"②这里所说的"天保的老人"指的是以福泽谕吉为首的明治初期的启蒙思想家们。在他们的思想框架中有根深蒂固的儒教伦理观,而且他们对政治、社会问题抱有很大的关心。而"明治的青年"们却热衷于从理论上掌握、从学术上接受哲学思想。除此之外,他们开始关心伦理、宗教性的问题,尤其

---

① 关于明治时期对叔本华的受容,请参照拙著《西田几多郎と明治の精神》(〔关西大学东西学术研究所·研究丛刊三十九〕关西大学出版部,2013)的第二部第二章,对该问题有详细论述。

② 德富苏峰《新日本之青年》,《德富苏峰集》明治文学全集34,筑摩书房,1974年。

是明治20年代后半期开始30年代以后，随着近代的个人意识增强，人们开始追寻个人内心世界对自我的自觉。怎样才能找到人生的价值，人生的价值究竟在哪这样的"人生问题"困扰着广大的知识青年，成为笼罩着这个时代的大氛围。

明治36年（1903年）高一学生藤村操投华严瀑布自杀，他的作品《华严辞》中所反映出的对人生的困惑与烦闷，真真切切地展现出明治这个时期的大氛围。曰："悠悠哉，天地！辽远哉，古今！以五尺之躯居于此大之下，霍雷肖之哲学何用特言此乎，万事之真理只一言可言尽，曰：不可解也。我怀此愤懑，不胜烦闷，终决赴死。"有这种困扰的人自然不止藤村一人，高山樗牛（1871—1902）在明治24年（1891年）的《文学会杂志》创刊号上以这样的"人生问题"为题材发表了题为《人生终何往》的文章吐露自己的心声："如何度吾此生，此实非一大疑问乎？生而成回天之雄图，死而垂千古之功名，果当如此以终老耶？吾甚疑之。生前一杯酒，休管身后名，如此终了此生乎？吾甚疑之。"① 内藤湖南也有相同性质的烦闷。高木氏指出，湖南早期的文集《泪珠唾珠》中富有佛教虚无色彩的文章很多，但必须考虑到这是湖南往朋友大内青峦主办的佛教杂志投稿的文章②。另外，明治22年22岁的湖南执笔的文章《读少年园》（入选征文的甲等奖，署名藤炳卿，载于明治22年1月3日《少年园》第一卷第五号）的开头部分有以下的文字。

人生几何哉？譬如草上之露，斜阳红日，照自东山之巅，未及拂晓则干矣。岁月五十载，觉乎其长，然较恒存之天地，乃弹指一挥间也。往者如昨日之欢尚恋恋兮，恐来者之苦又复惴惴焉。且企望之、追忆之、遥想之，以五尺之躯、碗大头颅，四面八方所见皆辨之以明。八万四千，所及之处欲、烦生焉。吾生也有涯，而知也无涯，虽曰死而后已，人何以堪耶。吾观人者微弱如此、怯懦如此、无勇如此，尝夜冥想一过，抚膺恸哭（以下略）。③

---

① 高山樗牛《人生终に奈何》，《樗牛全集》第4卷，博文馆，1907年第3集。
② 高木智见《内藤湖南の历史认识とその背景》，《内藤湖南の世界—アジア再生の思想》，河合文化教育研究所，2001年，第65—69页。
③ 内藤湖南《内藤湖南全集第一卷》，筑摩书房，1997年第442页。

最后文章结尾以"由生至死,或曰吾辈之命,或曰吾辈之路也"① 总括全文,读来感觉是陶醉在厌世的氛围、恍惚的虚无感、极其浓厚且充满浪漫主义色彩的美文调式文章中,而非对所谓"诸行无常"的佛教无常观的吐露。湖南也并无例外地呼吸着当时的时代气息,而这种气息便是存在于当时知识青年之间的根本氛围。

随着明治以来个体自我的自觉渗透到日本人的精神世界中,这种苦闷便成了一种不得不背负的重负。在近代日本深深植根的"自我",同时还背负着与自然不可避免的"乖离",有陷入封闭的唯我论的危险。从叔本华的主要著作《作为意志和表象的世界》中的厌世的唯我论解脱出来便成为"明治的青年"面临的思想课题。总之,在这种风潮中,内在的自我凝视成为当时我国大多数知识分子人格形成过程的基调。

五

虽说明治20年代后半期叔本华的厌世哲学被介绍到日本,但是在明治30年代以后,属于康德、费希特、黑格尔等德国观念论流派的人格主义·理想主义的伦理学传入并被广泛介绍,并且用德国哲学来解释我国传统佛教和宋学的现象也为数甚多。例如,先前提及的井上哲次郎的《现象即实在论》、井上圆了的《真如物心の相即论》、宣扬通过超人格绝对论者的合一来实现自我解脱的清泽满之(1863—1903)的《精神主义》、网岛梁川(1873—1907)的《予が見神の実験》中体现出来的宗教性法悦思想便是其例。桥本峰雄氏巧妙地称这种将真的实在看作自他不二的统一体的看法为"有机体的哲学"②,更进一步把具有浪漫主义倾向的三宅雪岭(1860—1945)的思想纳入有机体的哲学当中来。雪岭认为哲学是通过"混一地观察宇宙"使自己和宇宙能够达到泛神论上的合一并使之概念化的行为。在他的主要著作《宇宙》当中,对自我和宇宙之间混一的联系的宇宙有机体说展开了论述。此说认为人类产生于大宇宙的生命,死后又复归于彼。但是这里说的死若从梦幻与觉醒的区别来讲,反而是超觉醒、与宇宙的生命合一的"超越的大觉"。另外,

---

① 内藤湖南《内藤湖南全集第一卷》,筑摩书房,1997年,第444页。
② 桥本峰雄《近代的世界観の哲学の形成》,《近代日本社会思想史》,1968年。

宇宙中既有生命存在，若此生命的理想是真、善、美的话，那么人类的终极目的也在于追求真、善、美①。有趣的是，内藤湖南也有些思想属于有机体的哲学范畴。他在题为《今日》（明治24年5月26日《日本人》第72号）的美文调的文章中有如下的话。

> 所鉴者何物耶、所虑者何事耶、较尔高大、较尔灵慧。然包尔于内、驱使尔、视尔如手之垢、睫之尘、九牛之一毛。如此大有机物以石器期为胎儿、青铜器期为孩提、铁器期为少壮期之亘古恒长生命，以五十年短促荣华之小动物之思考焉能及也。②

这里所说"大有机物"的思想，似可与三宅雪岭一同纳入有机体的哲学中去。

六

但是湖南的历史意识并不能归结为明治期青年们具有的心情昂扬的"无常观（感）"，而是具备某种独特性，即湖南历史观对当时基于德国观念论的佛教哲学的认可。应该注意到，在湖南成为历史学家之前，对哲学的见解就已经具备极其卓越的才能。湖南的次子内藤耕次郎曾介绍过一封湖南于明治18年1月27日写给他父亲调一的信，③ 信中说："当时书生的状况是皆欲研究理工化学、欲入工部大学、欲学习法律、欲从事政治学。我独好西洋人之所谓哲学"，表达了自己在诸多新兴学科中欲从事与出世、富贵无关的哲学的意愿。他对哲学的理解做了以下阐述。

> 我独好西洋人之所谓哲学（哲学的定义是研修所有学科共通的一成不变的理法，简单说既与佛法相似，仔细考虑又似儒学主义是深远高妙的关于心性的学问）现在我读彼国之书，又兼修佛法，若能对东洋自古以来的一大哲

---

① 三宅雪岭《三宅雪岭集》，《明治文学全集》33，筑摩书房，1967年。
② 内藤湖南《内藤湖南全集第一卷》筑摩书房，1997年，第548页。
③ 内藤耕次郎《人间湖南にかんする断章 その（一）》，《内藤湖南全集》第十卷附录"月报10" 1997，又，三田村泰助《中公新书 内藤湖南》，中央公论社，1972年，第91页。

学有所发挥，实乃一大幸事。虽觉似不着边际的妄言，夜深人静之时倘静思冥想，实则所有学科共通之理法并非虚言。吾心似与哲学之心相合，此事虽自己明了，然语与他人亦不过耳旁风，遂不由有了右边的话。

当时湖南刚年满十八，虚岁十九。这时的日本刚好处于从受英法哲学影响诱发自由民权运动的明治初年的启蒙思想中脱离出来，奖励汉学同时又大肆介绍保守的德国哲学这样一个时代。如后所述，这时刚好是以《大乘起信论》为基础的佛教哲学理论和西洋哲学，特别是德国观念论相结合来理解的官学学院派哲学的形成期。

另一方面，读湖南年轻时期的著作《近世文学史论》或是《泪珠唾珠》就会发现他思考历史的方法是充满辩证法的思维。湖南受其感化并高度赞扬的富永仲基（1715—1746）、三宅雪岭以及章学诚他们也都对辩证法运用自如。

以下简单回顾当时明治中期的哲学思想状况，以窥视湖南历史认识的根底潜在的辩证法的哲学。当然，湖南身处那个时代思想潮流之中，他的学问结构的养成自然受其影响。

七

如前所述，德国概念论被详细地介绍到日本是在明治30年以后，只是这些概念论是从神秘的、宗教的侧面被接受的。这个领域里最活跃的要数先前提到的井上哲次郎和井上圆了，他们哲学的基本特质就是承认现象的根底存在着被称为"实在"、"真如"的一成不变的形而上学的绝对性存在，一言以蔽之，他们的哲学立场就是"现象即实在论"。也就是说，"实在"正存在于现象的内里，而并不在现象的超越性的背后。这是大乘佛教思想的根本"本体一元论"，也就是假定外无超越者的思维模式。具体表现为《大乘起信论》所说的"万法是真如、真如是万法"这样的定式，这在后面会论及。井上哲次郎的哲学立场被称作"圆融实在论"，其实"圆融"一词处在天台佛教所宣扬的"圆融相即"一语。这个观点虽发表在《哲学杂志》第十二卷上，但他的理论的立场早在其写于明治16年自由民权运动最盛期的《伦理新说》中就有所体现。① 在这里他主张"万有成立"（天地自然所孕育出的东西，译者注）、"势力（能量）"是隐藏在现象背后的东西，并将这种顺应"势力的去向"解释为"伦理的大体"。但是这个"势力"或是"实在"并不存在于现象的背后，而正是在现象之中。这便是所谓"东洋泛神论"，也就是对北传大乘佛教的"哲学化"。

其实，井上哲次郎天台佛教性的"圆融实在论"的思想受其敬之如师的原坦山（1819—1892）为东京大学开设的"佛书讲义"课程选定的教材《大乘起信论》的哲理的影响。也就是说，"现象即实在论"实际上是井上哲次郎、井上圆了、清泽满之、三宅雪岭这些坦山的弟子们宣扬的一定的形而上学、"超越论的实在论（TranszendentalerRealismus）"这些理论的总称。明治10年，时任东京大学文科大学总长的加藤弘之（1836—1916）对哲学抱有好感，他拜访曹洞宗的禅僧原坦山并邀请其出任东京大学刚刚开设的"佛教讲义"课程的首任讲师②。原坦山将《大乘起信论》作为教材讲授大乘佛教的哲理，他的课教学生把"真如实相"与德国观念论的形而上学结合起来考虑，成为当时佛教学说中最具哲学性的讲义。坦山将佛教根本教义中所包含的哲学性的内容与西洋哲学比较对照，开辟了将"佛教"看作是"心性哲学"抑或是"印度哲学"的研究方法。醉心于新式西洋哲学的年轻学人们也重新认识到处在亚洲远东的日本在很久以前就有不输西洋哲学的独特的哲学体系存在，他们为了改变将东洋式的思考内容用西洋哲学去概念构造化的现状，结果，出席坦山"佛书讲义"（"印度哲学"）课程的学生抛出了后来被称为"现象即实在论"的哲学立场。这是《起信论》宣扬的真如真相式的自我内发的一元论的看法，又似乎与德国观念论，特别是与黑格尔的辩证法的发展相结合来理解的。

井上圆了是比井上哲次郎晚四年的后辈，他明治14年入东京大学文学部哲学科，明治18年毕业。他虽是真宗大谷派的学僧，但在大学时代却私淑芬诺萨（1853—1908），开拓了依据西洋哲学来理解佛教思想的研究之路。明治

---

① 明治文化全集第23卷思想篇，日本评论社，1967。

② 有关原坦山、井上哲次郎与"现象即实在论"的关系，请参照渡部清氏《佛教哲学者としての原坦山と〈现象即实在论〉との关系》（载上智大学《哲学科纪要》第24号，1998年），以及《井上哲次郎の哲学体系と佛教の哲理》（同纪要，第25号，1999年）。又，参照拙著《西田几多郎と明治の精神》。

19年他的第一本著作《哲学一夕话》出版，在这本书中他根据《起信论》对现象即实在论展开了论述。这本书被广泛阅读，也受到西田几多郎（1870—1945）的喜爱。在此之后，井上圆了又发表了很多与现象即实在论相关的书籍，对佛教进行哲学化的再构筑，同时又积极宣扬佛教对于西洋哲学和基督教的优越性。

但有趣的是，内藤湖南对这种"哲学"风潮有某种刻意保持一些距离的迹象。先前提及的内藤耕次郎氏有如下回忆。

大正八、九年左右我还在读一高时，为解决关于死的问题而苦思冥想，虽有所悟，但因埋头日常琐事又懈怠退步，如此反复，甚是懊恼。回京都老家时，便开诚布公地把此事讲与父亲，他说："只要不是笨蛋，你这个年纪的人任谁都会考虑这个问题的。我在十九岁的时候，总烦恼于是唯心论还是唯物论这个问题，结果我领悟到这两者在某个层面上其实是相通的。这是在我十九的时候。所谓哲学，其实就是从这个境界出发去巧妙地解释森罗万象。说白了只不过就是头脑游戏。"（末川博编，《学问的周边》，有信堂刊，38页）又给了我一本慈云尊者的《十善法语》。①

慈云尊者（1718—1804）是江户后期主要活跃于大阪的真言宗僧人，他在京都、奈良等地广泛地修行显、密、禅、律、儒等，因提倡重视戒律的《正法律》（真言律）而广为人知。《十善法语》宣扬遵循"十善戒"的成人之道，湖南在青年时代似乎就热忱地阅读这一类的佛教书籍。但结果他却把"哲学"这门学问称作是"头脑游戏"，简直可以说是很不成熟的议论，看似离题，而我们从"我在十九岁的时候，总烦恼于是唯心论还是唯物论这个问题，结果我领悟到这两者在某个层面上其实是相通的。……所谓哲学，其实就是从这个境界出发去巧妙地解释森罗万象"这一句话中似可以推测出他指的是井上圆了的佛教哲学即"真如物心的相即论"。当时得到广泛好评的圆了的《哲学一夕话》出版是在明治19年（1886年），而湖南19岁从秋田师范学校毕业是明治17年（1884年），也就是说此书尚未公开发行。而即使此书

---

① 内藤耕次郎《人间湖南にかんする断章　その（一）》，《内藤湖南全集》第十卷附录"月报10"，1997年。

发表之后，圆了这种物心相即的思想也不可能很快地广泛传播，因此，不难想象，湖南一定是通过某种方式接触到了这种思想。

另外，圆了在东大的时候向井上哲次郎学习东洋哲学、向原坦山学习印度哲学，而西洋哲学则学习芬诺萨。明治15年他与友人每月集合一次研究康德和黑格尔。明治16年，与友人合办"文学会"，轮流进行研究发表，相互促进学问精进。此间，圆了与三宅雄二郎（雪岭）、棚桥一郎等友人在神田锦町学习院内联合创办了"哲学会"。明治17年1月26日召开了第一次例会，有西周、加藤弘之、中村正直、西村茂树和外山正一等29名哲学界的代表人物参加，这成为后来德国哲学中心的官学学院派的出发点。

湖南虽居僻壤却也敏感地觉察到当时哲学界主流的这种学术动向，特别对于佛教，不只是先前提及的厌世观，也有着非常深厚的学识。比如在《情非得已》（明治22年5月1日《大同新报》第四号）、《佛教复兴之现象》（同年10月6日《大同新报》第一四号）中，批判"耶稣教"的同时，从佛教的基础知识、古代日本作为平乱护国国家对佛教的接受到奈良、平安以及中世、近世的日本佛教史都有论述。而在《青年佛教徒》（明治23年5月25日、6月10日、6月25日《大同新报》第二八号、第二九号、第三十号）中，湖南论述了佛教从印度传到支那的变迁，又说"佛教五百年中如马鸣之出现，著此大乘起信论，大乘之义复现于世自此始也"[①]，不是谈论各种经典，而是特意提及佛教论书《起信论》这一点值得注意。不难想象，这应是因为熟知东京大学"佛书讲义"教材的缘故。

湖南不仅关注到佛教与德国观念论哲学相结合的官学学院派哲学的动向，而且众所周知，他受三宅雪岭的感化也很强。[②] 雪岭从性格上来说具备记者的天资，在哲学史、思想史相关的著述上也发挥着优秀的才能，同时他对辩证法的理解也十分值得关注。明治16年，他从东京大学哲学科毕业后，以东京

---

① 内藤湖南《内藤湖南全集》第一卷，筑摩书房，1997年，第517页。

② 关于三宅雪岭，请参照渡部清氏《三宅雪岭研究（一）——彼の「哲学」观を中心に》（载上智大学《哲学科纪要》第26号，2001年）、《三宅雪岭研究（承前）——儒教心学再生の试み》（同纪要28号，2002年），都是翔实优秀的论文。又，参照笔者编著《丰饶なる明治》（〔关西大学东西学术研究所·研究丛刊四十一〕关西大学出版部，2012年）所收的长妻三佐氏《三宅雪岭と长谷川如是闲における「天」の观念》，以及该氏著《公共性のエートス 三宅雪岭と在野精神の近代》，世界思想社，2002年。

大学准助教授的身份在编辑所工作，后又到文部省，从事佛教史的研究。明治19年，发表了《日本佛教史》和《基督教小史》两本著作。他站在"现象即实在论"的立场上，标榜有机体的一元论的宇宙观，在众多的著作和文章中，《我观小景》（明治25年政教社发行）对现象即实在论有专门论述。

但这里应特别注意的是，雪岭跟随时代风潮对叔本华的思想抱有亲近感，但是他有从自己独特的观点出发做出的解释。他在明治22年刊行的《哲学涓滴》中有如下论述。

其（黑格尔）所谓思想即智慧的思想的内里缺乏生机勃勃的活力、没有活泼的势头、缺少活跃的生气，宛如塑像一般。正因如此，他不能做到让那些持强烈反对立场的反对者无话可说的无懈可击的境地。而叔本华的卓越正在于补黑格尔之不足，他重意志，从尘埃的浮动到日星的运行天地间森罗万象无不归于意志的作用。他不把宇宙的运动归于应活用的智慧，而归于应发动的意志，由此没有了解释评论的余地，实可谓居功甚伟。①

另外，从《我观小景》中不难看出三宅对叔本华的模仿。

世间万物，其运行皆出于此力，力之所发，进之无穷。人之行为亦是源于意志，意志实为势力之要素，力与意志实不可分。天地间的势力尽化为意志，万物行动亦归于此一意志，此乃叔本华也。②

宇宙万物、人类行动的根底存在着"力"，这个力来缘于意志。叔本华被认为是这种思想的代表，而雪岭也把这种思想作为自己哲学的立场。他这种"意志一元论"式地对叔本华的理解方法与井上哲次郎和圆了相同，属于本体的一元论的认识方法。值得注意的是，雪岭对叔本华的理解中并未有只言片语提及前述的"厌世的无常观"。这也正说明"力"一元论是他独特的辩证法理解。

这里要注意的是，根据湖南的次子内藤耕次郎所说，雪岭的这本书实际

---

① 《明治文学全集》33《三宅雪岭集》，筑摩书房，1967年，第198页。
② 《明治文学全集》33《三宅雪岭集》，筑摩书房，1967年，第245页。

上是内藤湖南和田山吕泣共同执笔的①。从中我们可以看出，湖南采取的立场已经从不成熟的厌世哲学中脱离出来，而且养成了能够理解无形的意志力的自我内发的一元论化的辩证法的坚实素养，后来这发展成为湖南对中国历史理解的背景。

八

那么，论述本体一元论的《大乘起信论》（以下略称《起信论》）一书究竟是何种内容的佛教论著，以下试做一详细介绍。被认为是马鸣著、真谛译的《起信论》成书于5、6世纪，没有梵语原本，只是中国人撰述的关于大乘佛教的哲学论著。此书主张众生之心有"心真如"、"心生灭"两个侧面，它们并不是相互对立，而是相互表里一体的关系。满是烦恼的"心生灭"追根溯源的话本来也就是"心真如"，前者受后者的"熏习"产生变化，宣扬后者使前者得以净化的方法。这也就是所谓的"如来藏思想"，《起信论》中用"真如随缘"的方式去理解"心真如"、"心生灭"，将体用的关系比作水与波的关系来说明。也就是说体用是与因果相对的词汇，用水波的比喻来说明的话，因果关系就是风与波的关系，与此相对，体用关系就是水与波的关系。体是根本、自身，用是派生、作用，即本体与作用、实体与现象的关系。因果关系就是所谓的因果异体，即因和果就像风和波一样是相互不同的东西。而体用关系的特征一般用"体用一致"或"体即用、用即体"来论述。就像水和波并非不同的东西，体和用也是不可分的关系。但是水以大波、小波或者任何形式呈现，水就是水，也就是说水的本体（湿）通常超越所有波纹的形状，保持水本身的自我同一性。延伸来说，就是水（体）有沾湿一切的效果（用）。但是，从水自身的特性来看，水虽然能够沾湿一切，但是水自身却不被沾湿，这样来保持水之为水的自我同一性。也正是因为水自身不被沾湿，所以水才能够有沾湿一切的效果。如此一来，体以贯通所有用的"统一原理"来保持自我同一性，体与用是"非一非异"的关系，所以本体无论如何无法超越。因此，即使是超越也只能像水与波纹无法分离那样的内在超越，而并

---

① 内藤耕次郎《人间湖南にかんする断章　その（二）》，《内藤湖南全集》第五卷附录"月报11"，1972年。

非外在的超越。那些超越自身的东西的本体保持着自我同一性的同时，用各种功能的形式来自我展开，存在于所有的现象之中。超越了各种波的形状的水本身（本体），在保持着这种超越性的同时，以各种各样形态的用（功能）呈现，若无波何来水？这无疑正是向着归"一"系统性的发展，也就是"现象即实在论"。

然而，这种体用的观念，是从佛教而来，还是原本就存在于儒教思想中？现在已经很难界定。岛田虔次氏认为，体用概念与假定实在之外无造物主的中国式思考模式极易融合，中国式思维本来就是、或者说是一种潜在的体用思想①。

九

但这种大乘佛教中的发出论性质的一元论的思维方法，与原来原始佛教的立场相去甚远。我们必须考虑到给日本佛教很大影响的中国佛教的特质。印度佛教的根本是标榜"诸行无常·诸法无我"的"空"，也就是"缘起"所宣扬的万物皆无实体思想。在这里我们可以看到剔除起源或根据之类的实体性基体的非形而上学的特质。若从将般若的空看作缘起的印度佛教来看中国佛教，那很明显中国佛教是偏离正道的。而正是尊崇老庄无的哲学的魏晋时代的"玄学"决定了这种歪曲的理解。玄学通过用老庄的"无"去重新解读印度般若的"空"，构筑了一种全新形而上学的思索与实践的修行模式。

众所周知，《老子》中有"天下万物生于有，有生于无。"②（第四十章），《老子注》（魏·王弼）中注释为"有之所始，以无为本。"③ 无不单是空虚，而是"恍惚"、"窈冥"的道（第二十一章），是混沌的实在本身，其中充满了灵妙的精气，是天地万物生成的始源。那就是万物的母胎，她拥有产生世间万事万物无限的包容力和无限的创造力，而且她自身是没有极限的。像这样把具有①无极限性、②母性的包容性、③创造性、④丰饶性这些特质的"无＝道"理解为"本体"，并把般若的"空"解释为与之相同的便是所谓的

---

① 岛田虔次《朱子学と阳明学》，岩波书店，1967年，第5页。
② 小川环树译，高木智见解说《老子》，中央公论新社，2005年。
③ 《无求备斋藤老子集成续编》，艺文印书馆，1965年。

"格义佛教"。①

简言之，这也就是中国式的主体性的"无的体用论"，也就是以无为"本体"的发出论性的一元论，并最终发展成根源的一的生成·展开的形而上学。《起信论》所具有的形而上学的特质最甚。宣扬"现象即实在论"的官学学院派哲学应该是把《起信论》中所体现出的真如真相的自我内发性展开的一元论的看法与德国概念论，特别是黑格尔或是叔本华的哲学中所体现出的辩证法的发展相结合来理解的。内藤湖南身处这种思想潮流之中，敏锐地感受着时代的空气并将其作为自己囊中之物加以自己的理解。

十

形式理论坚持否定矛盾的矛盾律，赋予对象片面的条件加以考察，而辩证法的特质在于，承认矛盾的存在和意义的基础上，对事物加以全面的考察。因此，与形式理论看法和态度是局限的、固定的相对，辩证法的观点和态度一直处于流动的、发展的状态。

那么湖南的历史认识所潜在的哲学倾向究竟是哪一种类型的辩证法呢？在《近世文学史论》的序论中，有如下记载。

文明之中心随时间迁移并产生断裂，其移动的后一中心必承袭前一中心而来，但定有所损益，前者之特色或就趋消耗，后者之特色又于新地展开，然各合其时宜，因之人道与文明可万世维持。殷因夏礼，周承殷制，然忠、质、文所尚各有不同，汉之制又趋向霸道却不专治王政，故周之礼文、秦之律法兼而采之……②

这无疑就是旧事物向新事物转换或者说扬弃的辩证法理论。应注意的是在《泪珠唾珠》一书的《伦理之学》这篇文章中，有如下的言论。

---

① "玄学"立场的代表、宣扬"本无义"的道安如下解释"无·空"。"谓无在万化之前。空为众形之始。"（《中观论疏》卷二之末，大正四十二年，二九页上。），《梁高僧传》，卷五，大正五十，三五五页上。

② 内藤湖南《内藤湖南全集》第一卷，筑摩书房，1997年，第22—23页。

今视归纳实验之法为研究之最佳方法,由此法可察知内心活动、可得人心之伦理性、可考种族交涉之变迁、可究发自伦理之行为,以此考既往实迹,乃绝非肆意虚构想象。此法甚善,近世学术之进步可谓精确空前,实由此法。然近世思想之大谬误,亦源于依赖此法太过。而如伦理之学,则为其最甚者。①

这篇文章虽认可建立于归纳法基础之上的实证科学的意义,却也在70多年前就道破了其局限。由此可知,湖南支那学的方法中,有研究者将其看作与西洋中国学相关的实证科学的"近代的知",在我看来这种观点并未击中要害。②狄尔泰(1833—1911)在《生的哲学入门》的序文中说"实证主义(Positivismus)是精神世界为了进入外在世界的范围而将其切断(verstümmeln),而这正是实证主义的局限所在。③"人性(die Menschheit)是丰富而宽广的领域,如果勉强用实证科学的规则来解释和说明现象,将其纳入这种所谓的自然科学方法的框架内,结果不免会扼杀了生动活泼的人性,狄尔泰正是表达了这种担心。

同书中的大作《学变臆说》也直接体现了湖南的历史理论。该文全篇对恒常与变化、分裂与统一的时间上的辩证法展开铺陈,并将其称为"天运螺旋形循环说"。通常如果认为历史是循环的,那根据历史来预言便成可能,相反若历史是转变的,则变得不可能。对此湖南认为"或者进化变迁的路是环状的,或者是以直线进行,两者各执一边,无法相通"④。认为两者都是片面的。

从论述了文化中心移动说的《地势臆说》(《近世文学史论》所收)中说"溯其往而追其来,占、卦使之可为也"⑤,是说八卦和占卜使得根据过去可以预测未来变得可能,据此可知湖南相信历史预言的可能性。在《学变臆说》

---

① 内藤湖南《内藤湖南全集》第一卷,筑摩书房,1997年,第297页。
② 详细请参考拙稿《内藤湖南と近代の〈知〉》,《关西大学·文学论集》第63卷,第1号,2013年。
③ Dilthey : Die Geistige Welt, GA. Bd. 5, S. 3.
④ 内藤湖南《内藤湖南全集》第一卷,筑摩书房,1997年,第355页。
⑤ 内藤湖南《内藤湖南全集》第一卷,筑摩书房,1997年,第117页。

中湖南用"天运"一语来表述"经过无穷时间的历史变迁"①,接下来他说"所谓天运,仅作循环解似也不无道理"②,也印证了上述的想法。但是,意在说明围绕这个不变轨道的循环是使进步变迁变得可能的动力之时思考出来的却是"天运螺旋形循环说"。对此,湖南认为"天运虽循环,然想来此循之环者乃非完全之圆形,莫如乃无穷之螺旋形也。"这与单纯的循环有何不同的话,虽然外形几乎相同,但是螺旋形的开始和结尾处性质上来说是不同的。这里湖南直观地对历史,特别是对文化史的优越地位坚信不疑。可以说湖南的文化中心移动说是基于空间的思考,而天运螺旋形循环说便是时间维度上的考察。从湖南喜欢类型化地把握人类社会或文化来看,变迁与循环这两者之间他更倾向循环。而关于螺旋的最后一环,他有如下令人惊叹的论述。

此种统一非专制式统一,而是每个个体受尊重的统一,非枝统叶、干统枝的统一,盖似帝释天网、百千明珠、相互照映、融通无碍的统一。每个个体丢弃自守的思想后,经纬的想法自然而生,而并不是自己居于物之上的经纬,是自己与物相互平等之经纬。若能平和,彼岸远乎?③

如前所述,湖南的《近世文学史论》中"时运"、"时势"、"气运"、"时势所趋"、"世运"、"形势"、"运"这样的词汇频出,这些不外乎是与"天运"相同指的是历史的变迁。这种思想虽然也可以说是进化论的发展史,但湖南的思想并不单纯是发展论,说是观念论或者辩证法的发展论更加合适。那么,湖南的历史变迁观念中能够解读出的黑格尔的辩证法哲学是怎样的呢,接下来将对此问题进行论述。

十一

黑格尔(1770—1831)辩证法哲学的特质在其《精神现象学》(1870年)中所陈述的真理概念中体现得最为明显,他认为"真理存在于自身运动

---

① 内藤湖南《内藤湖南全集》第一卷,筑摩书房,1997年,第351页。
② 内藤湖南《内藤湖南全集》第一卷,筑摩书房,1997年,第351页。
③ 内藤湖南《内藤湖南全集》第一卷,筑摩书房,1997年,第354—355页。

中"①。真理的发展运动之所以可能,不是因为外在的他者,而是源于真理本身否定自身的自我否定(自我外化·自我异化)和通过再一次否定这个否定来找回自我(更高阶段)这样的否定之否定的作用。"这样回归自身的同一性(Selbstgleichheit)、或者在他者的立场上回归自身的运动就是真理②",发展只有先自我否定才成为可能,就像一颗麦粒掉到地里,只有先死掉才能结出果实产生新的生命。

　　既然真理的本质是发展,自不待言,真理绝对不是一成不变的东西,真理的发展是无限的,真理在发展上是无限的。但这种无限绝对不是直线所表现出来的无限,而是圆环的形状。因为圆环自身是可以自我完结的,"真理就是全体(Das Wahre ist das Ganze)。而全体是通过自我发展来自我完成的实在。③" 在此基础上,真理的发展是圆环揭示了始于自我、经历他者又回归自我的过程,即真理本身的自我认识。真理的发展是真理自觉的过程。真理是发展的全体,其发展的契机之一必然是首先自我否定成为他者,然后在他者的立场上找回自我最终又回归自我的这样一种以否定之否定为媒介的辩证法运动。而开端的单纯事物(实际上是绝对存在的无自觉状态)在这个媒介运动的过程中自觉逐渐加深而变得复杂,最终变成绝对存在(实际上无非就是回归到绝对存在,这里的绝对存在现在成为真正自觉性的事物)这样一种循环运动。

　　这种循环运动换种角度来看的话是螺旋状的。所谓螺旋并不是仅在统一地方做回归式的环绕,而是向上发展的运动,而且在向上上升的同时也向外扩展,在这一点上来说是直线的。但是拿单个圆周来考虑的话这是循环的。所以,就变成了循环·回归的动作同时地在进步·发展。这不得不说是对历史具体的思考。因此,这里说的时间概念,向前推进在某种意义上来说是回到以前。但是,并不只是回到以前,而是更向前进步了。向前推进、进步也就是回到以前,是一种回归。或者不如说向前发展反而是一种回溯本源的过程、是一种溯源。这不得不说是一种显而易见的矛盾,但可以说这才是历史的发展。总之,内藤湖南的历史认识的根底的依据便是这种循环的即发展的

---

① Phänomenologie des Geistes, hrsg. v. J. Hoffmeister, 4te Aufl-, Leipzig, S. 40
② Phänomenologie des Geistes, hrsg. v. J. Hoffmeister, 4te Aufl-, Leipzig, S. 40
③ Phänomenologie des Geistes, hrsg. v. J. Hoffmeister, 4te Aufl-, Leipzig, S. 40

"螺旋运动"的辩证法思想。

那么，立足于这种历史观的湖南对富永仲基的"加上说"尤为关注就自然是再正常不过的事情了。

十二

湖南在《先哲的学问》当中，曾经这样论述仲基的《出定后语》。

（富永仲基的）学说哪里了不起，他倡导大乘非佛说当然可以说是了不起了，但是我并不对富永的研究成果的结论感到佩服，我佩服的是此人主张的研究方法。日本人对逻辑的研究法的构成究竟还是非常马虎。虽然有很多学者有新的想法、从事某种新事物的研究，但是自己来摸索非常正确的逻辑的研究方法，并且以此来构建自己的研究方法的是少之又少。……日本人研究学问，在逻辑的基础上构建研究方法的仅有富永仲基一人，这样说并不过分。在这一点上我非常地敬佩他。①

这种方法，简言之就是思想史研究的方法，第一，思想发展在于"加上"学说，第二，理解表现思想的语言时要用"人"、"世"、"类"这"三物"去把握它的意义的学说，第三，思想因国家的"俗"（国民性）不同而各具特色的学说等等。

关于第一个"加上"说，在《翁之文》中有"盖自古欲立说之时，必先有物以假托为祖，而逾先于我者之上，此乃定法"②的论述，另外在《出定后语》当中，"诸说兴起之际，先加上于既有，若无此加上，则道法如何得张耶？此乃古今道法之自然也。"③也就是说，某种思想发展成立之初，必定以既存的思想为前提并要超越既存的思想，这时将自己的学说假托（托）为始祖的学说，使自己的学说具有正统性，在自己的学说上"加上"既存的学说

---

① 内藤湖南《内藤湖南全集》第九卷，筑摩书房，1997年，第375—376页。
② 石滨纯太郎、水田纪久、大庭修等校注《日本古典文学大系》97《近世思想家文集》，岩波书店，1966：554
③ 水田纪久、有坂隆道《日本思想大系》43 富永仲基、山片蟠桃，岩波书店，1973年，第19页。

使之发展的做法就称为"加上"。这里很容易窥见思想发展、展开过程中体现出来的螺旋式的辩证法，湖南所关注的正在于此。

作为构成这个加上法则基础的理论，他确立了"三物五类"的原则。三物是指，（1）用语因学派、经纶而异（言中有人）、（2）同一词汇亦因时代而异（言中有世）、（3）语言有类别之分（言中有数）①。五类是指三物当中的第三类又分为五项，（1）扩大原意的（张）、（2）扩大之前原来之狭义（偏）、（3）总括起来使用的（泛）、（4）激烈地使用的（矶）、（5）相反地使用的（反）。

延伸说来，仲基认为加上法则的社会·文化背景是"国有俗，道因之二异"，② 关注民族性·国民性与思想形成之间的关联。据此，印度人国民性是"幻"（幻想性·神秘性），中国人国民性是"文"（文饰性·夸张性）③。他的这种加上说最终发展成比较思想论·比较文化论。

在视科学研究为正统学问的近代，湖南盛赞科学在合理和实证方面有着卓越的批判精神和先驱性，同时，他发现了仲基，并对其创立的"加上"说方法论给予了无上的评价。或者可以说，湖南之所以在自己的东洋学研究当中积极地运用加上法则，是因为仲基学问的方法中隐藏着辩证法哲学。因此，湖南将仲基的理论理解为思想发达法则，从应用价值方面着眼来看待这个旷世天才的独创性，并且运用"加上"法则再三地试图给史料以历史性质的整序和时代定位。

---

① 水田纪久、有坂隆道《日本思想大系》43 富永仲基、山片蟠桃，岩波书店，1973 年，第 51—52 页。

② 水田纪久、有坂隆道《日本思想大系》43 富永仲基、山片蟠桃，岩波书店，1973 年，第 89 页。

③ 水田纪久、有坂隆道《日本思想大系》43 富永仲基、山片蟠桃，岩波书店，1973 年，第 88—92 页。

王羲之的仆人　熊希龄的顾问[①]

——从1913年内藤湖南的自我定位看其中国观的特征

陶德民

一百年前的1913年，内藤湖南（1866—1934）虚岁48，将届"知天命"之年。屈指算来，从1887年出走东京投身报业以降，已过了26载，自1907年执教京都帝国大学以来，也有6个年头了。虽说5岁时就开始读四书和《二十四孝》，20岁时为父亲得到"王紫铨（王韬）笔迹"而感到"欣喜不堪"，但是初次目睹台湾风土和燕山楚水，还要分别等到32岁和34岁时。而后者即1899年秋天的大陆行，得以与严复、文廷式、张元济和罗振玉等促膝笔谈，获益匪浅。后续的频繁访华，特别是1905年日俄战争后期的奉天调查，1906年的"间岛问题"调查和1910年与狩野直喜等京大教授赴北京调查清内阁旧藏书和敦煌文书，以及1903年在大阪欢迎来访博览会的张謇和在京都家中接待亡命中的梁启超，1911年秋与藤田丰八、狩野直喜等一起在京都帮助安顿前来避难的罗振玉和王国维等等，种种因缘际会，都使内藤与中国的文化和政治结成了难分难解的紧密联系。

那么，1913年的内藤在与中国的关系上是如何自我定位的呢？

号称"书圣"的古人王羲之（303—361，字逸少）的仆人，贵为"总理"的今人熊希龄（1869—1937，字秉三）的顾问，是内藤觉得胜任愉快的两种角色。为此，他在春天主办了格调高雅的京都兰亭会，在秋冬口授了足以传世的名著《支那论》。一年之中有两项建树，可谓成绩斐然。

[①] 本文是日本文部科学省平成23—25（2011—2013）年度科学研究费（基盘研究B）《内藤湖南のアジア观の形成と近代日中学术交流》课题研究成果之一。

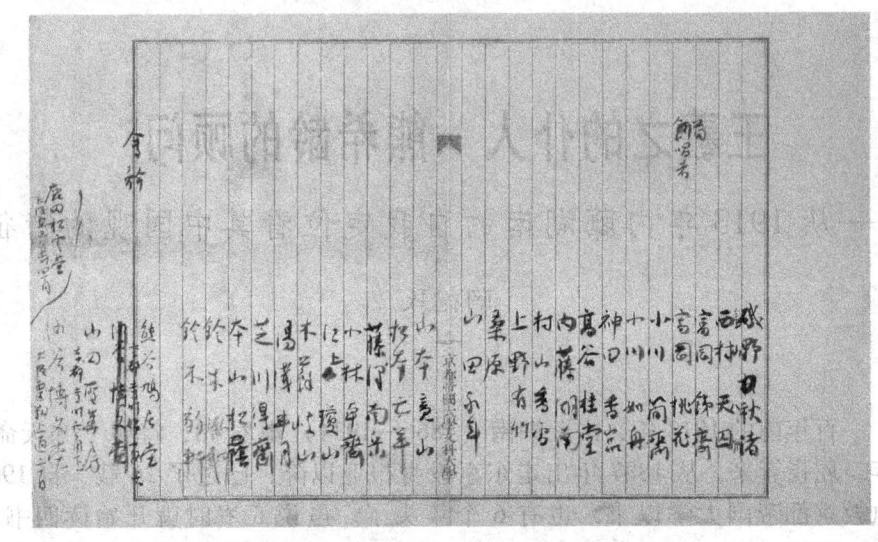

《兰亭会缘起及章程》中的发起人名单

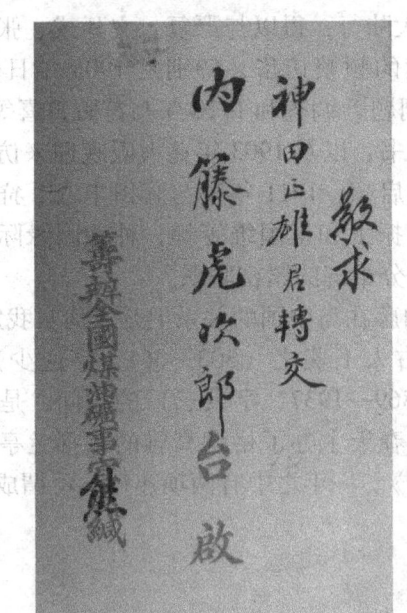

感谢信的信封显示了熊希龄卸任总理后的职务

王羲之的仆人　熊希龄的顾问
——从1913年内藤湖南的自我定位看其中国观的特征

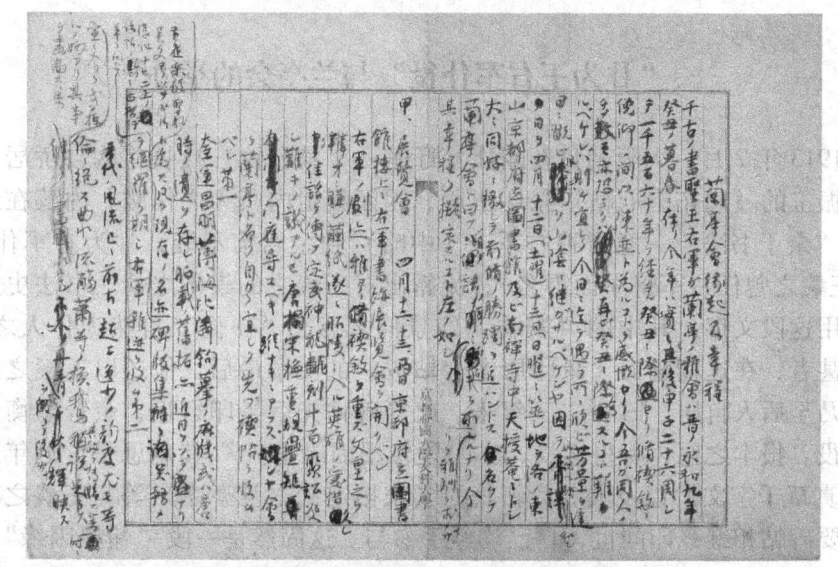

内藤湖南起草的京都《兰亭会缘起及章程》首页

熊希龄收到内藤湖南托人带去的《支那论》后所写的感谢信

以上四图均为关西大学图书馆内藤文库所藏

一、"甘为王右军仆役"与兰亭会的举办[①]

　　1913年2月，大阪朝日新闻社上野理一（号有竹）社长将购自侨居京都的罗振玉的《唐拓十七帖》景印出版，因而嘱咐内藤为之作跋。内藤在跋中写下"余于书法，一意瓣香右军，（中略）独余笃信不疑，甘为右军仆役"（因王羲之曾任右军将军而得名），流露出对王羲之的崇敬之情。书法史家乐于引用这段文字，其中的"瓣香"即景仰之意，"仆役"自然为仆人之意。更有甚者，在这篇题为《景印唐十七帖跋》的文章最后，他还以王羲之的私淑者乃至后人自居，曰"二三年来，此等碑帖先后景印行世，余皆亲衡量以董其役。报本之愿，聊得遂焉，亦一段翰墨因缘也。"[②] 其意思是，近年来智永《真草千字文》以及犬养毅新获的《宋拓定武本兰亭序》等与王羲之有关的重要碑帖相继景印问世，自己均经手参与。这固然是一段"翰墨因缘"，但更重要的是借此实现了自己的"报本之愿"。

　　所谓"报本追远"，是对一个宗族或家族的祖先知恩图报而举行祭祀追念时的用语。内藤使用此一词语，想必是将王羲之认作自己所属的汉字文化圈的书法艺术的始祖。难怪他在起草京都"兰亭会缘起及章程"时，会写下如下一段起首文字："千古之书圣王羲之之兰亭雅会在晋永和九年癸丑暮春，今年实乃其后甲子廿六周而经一千五百六十年之癸丑。"[③]

　　东晋永和九年即353年，1913年乃其后历经1560年之第26个癸丑年，故有兰亭会之盛举。这年的兰亭会，由于明治·晚清时代开始的日中交通和学艺交流，不限于京都，东京、北京、杭州、上海也相继举行，互通声气，一时间形成千古奇观。但是若论学术水准，则以京都兰亭会为最高，而且由

---

　　① 本节主要依据陶德民编『大正癸丑蘭亭会への懷古と継承—関西大学図書館内藤文庫所蔵品を中心に—』（関西大学東西学術研究所資料叢刊33、関西大学出版部）所附拙论《大正二年における内藤湖南と藤澤南岳の王右軍論の含意を考える》写成，由新近获得关西大学文化交涉学博士学位的王海译为中文，谨此表示感谢。
　　② 内藤湖南《景印唐拓十七帖跋》，《内藤湖南全集》第十四卷，筑摩书房，1976年，第144—145页。
　　③ 内藤湖南《兰亭会缘起及章程》，《内藤湖南全集》第六卷，筑摩书房，1972年，第199—200页。

王羲之的仆人　熊希龄的顾问
——从1913年内藤湖南的自我定位看其中国观的特征

长年侨居上海的长尾雨山鼎力襄助，不远千里地从绍兴兰亭拓来"晋右将军王公逸少谥羲之神位"的拓本，还专门运来分装于十二个啤酒瓶的兰亭水，用于祭、点茶和挥毫，其中包括京都大学铃木豹轩的祭文，罗振玉的挽幛和王国维的题诗等。此外，又精心制作玻璃板《清内府本王右军游目帖》和《兰亭印谱》等纪念品。印谱由著名文人画家富冈铁斋（刻起首之"永和九年"四字）和内藤本人（刻结尾之"亦将有感于斯文"七字）等61人（包括旅居关西地区的中国籍和朝鲜籍人士）合作分刻《兰亭序》全文324字，内藤作序。而且无巧不成书的是，京都兰亭会发起人的总数（28人）和《兰亭序》的行数（28行）不谋而合，其"报本追远"之诚意，似乎真有得到上天眷顾之处。①

当然，京都兰亭会的成功举办不仅是因为有内藤这样的京大学院派人士作指导，与关西地区的深厚文化积淀也是分不开的。包括京都、大阪和奈良等古都的关西地区也称畿内地区，历来是日本的文化荟萃之地。即使在西洋一边倒的明治时代，这种传统仍然存活，各种书画典籍的展览会和诗文结社的唱和会经常举行。1907年2月大阪博物场举办"观鹅会"，前述大阪朝日新闻社的上野理一与另一位轮值社长村山龙平皆来出席，大阪的宿儒、泊园书院的退休院长藤泽南岳在日记中评道："见三百年来名贤之遗墨，有睹物思人之感"。关于1909年12月21日在大阪堺卯楼召开的"兰亭帖会"，藤泽记道："集者二十五六名，有内藤等十人从京都来访。《佩文斋书画谱》和《米庵墨谈》明确记载的兰亭帖摹刻本有百余种之多，然此会仅出品五十一本，其中神龙本、定武本摹刻占了过半。阅览终了后有宴会。湖南为参加者介绍兰亭帖之典故，甚为详细精密。"而同年11月29日，南岳也写道："访京都（府立）图书馆，阅览敦煌发掘唐代遗书之写真与《孝经》古刊本。图书馆位于冈崎太极殿西侧。"② 而此前的24日到27日这四日间，内藤已在《朝日新闻》上连载了相关解说。联想到1896年内藤在大阪《朝日新闻》上连载、为其在报界文坛赢得盛誉的《关西文运论》（次年结集出版，更名为《近世文学史论》），可见他在明治后期关西地区的传统文化活动中始终扮演着一个

---

① 杉村邦彦《大正癸丑の蘭亭会とその歴史的意義》，陶德民编 大正癸丑蘭亭会への懐古と継承—関西大学図書館内藤文庫所蔵品を中心に—，关西大学东西学术研究所资料丛刊33，关西大学出版部，2013年，第11—23页。

② 吾妻重二《藤澤南岳と篆刻芸術》，関西大学東アジア文化交渉研究，2013（6）。

穿针引线的关键人物角色。

内藤在少年时代便临摹过王羲之的《兰亭序》。在应同事铃木豹轩之请而写的七绝诗《豹轩博士索书 书此就正》中有"忆起少年临禊叙"一句，可以为证。后又悉心研习王羲之七世孙智永的书法，几乎达到了出神入化的境地。从其弟子们的回顾中也可窥见内藤的"晋唐派"立场，例如神田喜一郎指出，"先生说，学书最好是临摹古人的真迹。贯名海屋曾说，集帖不如碑刻，碑刻不如真迹。先生对此完全赞同，并在《鸣鹤日下部先生碑铭》一文中加以引述，并教诲我们：我国之唐人真迹存世虽然极少但幸而仍有流传，以习之为好。而先生自己亦躬行实践"。① 又如吉川幸次郎说到，"关于书法，先生还有超越中国人、为其所未为的一种意思。不太喜欢颜真卿、苏东坡之后的书法，而推崇更早的二王（王羲之、王献之）。还经常提到，比起中国，日本保存的二王真迹更全。先生的意识里，有一种类似清朝兴起的中世主义倾向，这在先生自身的艺术活动中得到躬行实践。"②

可是，知道以上内藤的见解，还只能说是对其《景印唐十七帖跋》中的自我表白——"余于书法，一意瓣香右军，（中略）独余笃信不疑，甘为右军仆役"——理解了一半，因为其中的"中略"部分省去了"虽有阮芸台诸人的抑南扬北论"的关键一句，即清朝中后期因大官兼大儒阮元（1764—1849，号芸台）的《北碑南帖论》和《南北书派论》而形成的书法流派论。这种观点有褒扬"北碑派"、贬抑"南帖派"的倾向，经由 1880 年代前期来日的杨守敬（1839—1915）的极力推介，对日本书法界，特别是东京一带的著名书家产生了很大影响。但是内藤则不为所动，坚持强调自己的"王右军"追随者和传人的立场，对此观点予以断然驳斥。神田喜一郎曾披露实情，"先生年轻时与中村不折画伯关系甚笃。不过论起书法则意见全然相左，画伯以北碑为尊，先生却以晋唐为宗，以致有过激烈争辩。窃以为，先生以晋唐为宗，与其说是追求形似，不如说是致力于得其神理。"③

中村不折（1866—1947）与内藤同年生，初学南画，20 岁过后从小山正太郎（1857—1916）学西洋画，以后留学法国，也擅长书法，还自办书道博

---

① 神田喜一郎《内藤湖南先生と書》，《書論》，1978（13）年。
② 东方学会编，内藤湖南博士《东方学回想Ⅰ先学を語る（1）》，刀水书房，2000 年。
③ 东方学会编，内藤湖南博士《东方学回想Ⅰ先学を語る（1）》，刀水书房，2000 年。

王羲之的仆人　熊希龄的顾问
——从1913年内藤湖南的自我定位看其中国观的特征

物馆。如果说内藤在与其辩论中初露锋芒的话，那么到了晚年，其对中国书法发展史上的南北交融现象的看法就更加成熟了，这是因为他对古来的金石书画和同时代的出土文物有了更为广泛而深入的了解。1932年他在长尾雨山担任副会长的京都"平安书道会"集会上以"关于书论的变迁"为题的讲演，充分显示了这一点。

日本的书法未必没有北碑系统，而是种种风格皆有之。若以为日本人的书法定于弘法大师（空海）一尊，大师统一了日本书法，而不再深究各种系统的话，便无法真正了解日本书法。若作一番研究，立马可知阮元关于南北书法派别的评论并不可靠，比如前面谈到的丁道护启法寺碑，实际上承袭了今之始兴忠武王萧憺碑的系统，而属于智永千字文所代表的南派风格。就连曾被阮元断言为南派书风的虞世南庙堂碑，可以认为亦有类似北派胡昭仪墓志以及高归彦造像的元素，而不能认为只是受到王羲之书风的影响。因此我认为，此前诸多不够严谨的论断在今后的研究中大概会被一一推翻吧。①

内藤不仅与中村有过辩论，还毫不客气地批评过其师、创立了"明治美术会"的日本西洋画坛奠基人小山正太郎，原因是小山曾公然在《东洋学艺杂志》发表"书法非美术"的意见。1899年秋初次游历大陆归来的内藤，次年初在家乡的《秋田魁新报》上反驳说，"书法是否美术姑且不论，但书法有挥洒之趣和展观之兴则不容争辩。若建筑与装饰皆可视同美术，而独鄙视书法以为不入流，则未免荒唐。余虽不谙挥洒之趣，于展观之兴则自信有所体认。"②

如果说，当时的内藤还是一名记者，而且其主张只是在地方报纸上发表，因而影响有限的话，那么15年后的1915年，他作为东洋史讲座教授在京都帝国大学例行的夏季演讲会上做题为"清朝史通论第六讲 艺术"的讲座，并辅以实物展览时，再次强调"作为清朝文化的主要部分，我今天想讲关于艺术的话题。艺术之中固然有许多种类，不过在支那来说，书画必然是其中最

---

① 内藤湖南《書論の変遷について》，《東光》，1946（4）年。
② 内藤湖南《论书八则》，《书论》，1979（14）年。

主要的部分。"①

因为有内藤这样的学术权威大力主张，影响所及，世人对中国书画自然要刮目相看，并不免会增添几分敬重和崇拜之情。

二、"欲为熊秉三进言"与《支那论》的撰写

关于《支那论》撰写的直接动机乃是内藤欲为当时的民国总理熊希龄进言一事，过去并未坐实。仅有在内藤晚年受其亲炙的三田村泰助提到过一句："《支那论》问世于辛亥革命后袁世凯推行反动政治的时期，特别是因为内藤的知己熊希龄是内阁总理，该书便针对其政策作出了批评。"②

幸运的是，我在关西大学内藤文库中未经整理的故纸堆里偶尔发现1912年春内藤在奉天调查时与当地官员的笔谈记录，内有"貴國此日形勢岌岌，弟与財政総長熊秉三交態甚密，欲一為言之。但此時公事甚忙，未能赴燕見伊耳"等字样。换言之，当时的熊希龄还是民国首届唐绍仪内阁的财政总长，内藤已有进言之意，只是因为手头忙而未便赴北京拜会之。那么，到了第二年7月24日，当他从《大阪朝日新闻》上见到民国众议院投票结果，"熊总理案"获得通过的报道，以及9月组阁成功的消息，他的进言愿望更加强烈，是可以想见的。而这一点，正与《支那论》出版前夕写于1914年3月12日的《自叙》中提到的"夏秋之际"相一致。

虽然在昨年的夏秋之际曾想到要写本书，但是那时候去朝鲜旅行，一时连动笔的机会也没有了。十一月初，受文会堂主人的恳切劝说，终于开始着手。（中略）就这样在十一月十一日作第一回演述，同月二十五日作第二回演述，十二月二日作第三回演述，十二月九日作第四回演述，到十二月三十日第五回演述完毕。③

不仅如此，内藤还坦陈在口授途中的11月下旬，从《大阪朝日新闻》等

---

① 内藤湖南《清朝史通论》，《内藤湖南全集》第八卷，筑摩书房，1972年，第414页。
② 三田村泰助《内藤湖南》，中央公论社，1972年，第213页。
③ 内藤湖南《支那论自叙》，文会堂书店，1914年，第1页。

王羲之的仆人　熊希龄的顾问
——从 1913 年内藤湖南的自我定位看其中国观的特征

了解到熊希龄的"施政方针宣言书发表"的消息和内容，"见到其中章节的分法与我自己的所论相差不大，便在中途转而按其章节顺序进行演述，并将以前的演述内容也加以修订，使之与其章节顺序不相矛盾。"其希冀自己的建议为熊希龄采用的愿望，以及为便于其参照而不惜调整章节和内容的苦心，跃然纸上。

那么，内藤与熊希龄的交谊始于何时，又何以汲汲于为其进言呢？《支那论》绪言中有以下交代："支那的时局宛如走马灯，正在急转变化中。（中略）目下居于权势中心的袁世凯也没有一贯的政策，（中略）虽然内阁总理熊希龄等可谓其中具有一贯政策的人物，其一贯的政策能否获得贯彻，实为目下的疑问。不仅如此，熊希龄的政策实际上似乎是要将在清朝末年所思虑者原封不动地试行于革命之后的今日。我跟熊氏颇有交情，在十年前就当时支那的救亡策交换过一些意见，对其见识是赞赏的"。[①]

由此看来，其交往始于清末，已有十年之久，据了解，熊希龄曾于 1904 年、1905 年和 1906 年连续赴日考察；内藤湖南文库中还存有 1906 年内藤访问奉天时熊希龄等官员回请内藤赴宴的请柬；在《支那论》初版的卷首，内藤还把熊希龄的墨迹与他所尊敬的顾炎武、黄宗羲、曾国藩、胡林翼、李鸿章、冯桂芬等经世学家的墨迹一并刊载（《全集》未加收录），而熊希龄墨迹的内容为允诺内藤寄送东三省"酌定公费表册"之请，其时应是 1910 年在东三省清理财政正监理官任上。所以，二者在清末的频繁接触确为事实，文中的"颇有交情"一语果然不虚，且与上述笔谈记录中的"交态甚密"一词也相符合。

熊希龄是一个被遗忘了的清末和民国初年的重要政治家。出生于湘西凤凰的熊希龄在担任长沙时务学堂总理期间曾招聘梁启超为国语总教习，虽因参与百日维新得咎，幸受湖南巡抚赵尔巽和端方赏识而得以复出。因精于实业且理财有方，先后出任奉天和江苏的农工商务局总办。1905 年五大臣出洋考察宪政时为随行书记，次年来日时与流亡中的梁启超就组织立宪政党一事进行磋商。在辛亥革命后财政拮据的困境中，他被选任为民国首届内阁的财政总长，绝非偶然。而他自己组成第四届内阁（前有唐绍仪，陆征祥和赵秉钧等三届）时，也是总理兼任财政总长，梁启超为司法总长，张謇为农商总

[①] 内藤湖南《支那论》，文会堂书店，1914 年，第 1 页。

长。内藤之所以器重熊希龄,并与其意气相投,就是因为"其所长在于财政",这与内藤本人一贯重视历史上和现实中的财政问题,认为"文明的变移"、"世运的升降及国势的消长,必定与财政的丰歉大有关系"的卓识是分不开的。

概而言之,内藤对熊内阁施政方针的评价是以其对近代西方、明治维新、明清史和民国初年现状的丰富知识和洞察力为背景的,其中有批判,也有忠告。比如,熊内阁的主要改革方针包括重组地方行政区(废止省制,改而导入道县二级制)和裁减军队两项,而内藤视其为自相矛盾:

现在熊希龄内阁采取的方针,一方面(为了抑制各省都督的权力)要分割各省而将行政区缩小,以扩大中央政府的权力,另一方面,又要减少军队人数以节省经费。此等政策在今日(财政)困境下是不得已的,而从袁政府的立场来看也是别无办法。可是实际上其政策却是自相矛盾:若要推行中央集权,就不能够减少军队;若要减少军队,就不能不废除中央集权的政策。因此,不能不说现在熊希龄内阁的方针有着根本的误谬。①

与此相关,内藤还告诫说,即清末以来康有为和熊希龄等便以施行英国等的小行政区制度作为理想,但是"像中国这样跟欧美和日本等社会状态不同的国家,不能不考虑是否只要一概模仿欧美文明国家的政治外形,国家就可以治好。(中略)这一点,从(明治维新后)把二百六七十藩合并成三府四十余县而取得了好成绩的日本的实例,也可以得到证明。所以,中国有其本身一直存在的政治上的利弊,(顾炎武、黄宗羲等近世的)有识之士所深思熟虑之事,必须加以充分考虑"。②内藤还以义和团事件期间地方总督张之洞和刘坤一的"东南互保"和此后推行新政等成功经验作为根据,说明了传统的大行政区制度有足以强韧地应付内乱危机的优点。

那么,应该用何种地方分权模式来取代中央集权呢?内藤的处方旨在利用传统的地方行政区和共同体组织来实行"一种变形的联邦制度"和"乡村自治"。前者即联邦制度的目标是使中央不与省一级的"各地方发生利害冲

---

① 内藤湖南《支那论》,文会堂书店,1914年,第179—180页。
② 内藤湖南《支那论》,文会堂书店,1914年,第114—115页。

王羲之的仆人　熊希龄的顾问
——从1913年内藤湖南的自我定位看其中国观的特征

突,虽然统一力度极为薄弱,却也不致造成地方分离"。为了形成这一制度,"地方的财政应该尽量由地方来维持,中央则尊重地方的习惯,承认地方的独立,以此为根本原则;地方既不再轻率地借款,则为对抗中央政府所必须的军队亦会以地方政府的力量自行解散,并将对中央的敌意全部化解,从而建立各自地方的行政和财政的基础"。同时,"今日袁世凯用以暂时维持其政府基础的官业,即交通部,比如以铁道收入为根底采取的各项政策姑且继续下去,并与各省和解。这样的话,地方向中央的输税即使只有清朝时代的半额之数,也可以维持小型的中央政府,尽量不向外国借款也可以建立财政基础"。后者即乡村自治是由"清末先识者"冯桂芬所提倡的以宗族社团、同业公会或保甲制度等为基础的村镇级地方自治。"以往支那人民以其管治者皆为流官,并不依靠之。故一个村落或者一个家族皆结成团体进行自治,(中略)所以,把过去留存下来的自治体作为基础,斟酌传统的习惯,在此之上建立新的自治制度,此制度应会非常成功"。"在此之上取乡官制度,如果知县以上的官吏亦体恤地方上的利益,则(不负责任的流官对地方进行榨取等)数千年来的积弊方可一扫而空,支那人民始可得到救济。"①

内藤所开的处方不乏真知灼见,虽然忠言逆耳,确有值得参考之处。只可惜熊内阁与其前面三届内阁一样,在袁世凯的种种倒行逆施之下,也未摆脱短命内阁的厄运。所以还没等到1914年3月下旬《支那论》出版,就已经于2月份下旬倒台了。从这个意义上可以说,内藤的一番热心和苦心是白费了。

三、内藤湖南的中国观的特征

从上述内藤的两个自我定位,即王羲之的仆人和熊希龄的顾问,可以看出其1913年的中国观有如下一些特征,并从中得到某些重要启示。

(1) 关于其文化认同和文化代言的问题

清末以降直至20世纪初,中日两国人士乃至第三国人士均有近代中日地位逆转的感受和论述,即昨日的学生今日成了先生,过去的后辈国现在成了先辈国(此处的"昨日"和"过去"是指以华夏文明为基准的古代,"今日"

---

① 内藤湖南《支那论》,文会堂书店,1914年,第117—118、211—212页。

和"现在"是指以西欧文明为基准的近现代)。内藤所言所行虽然在形式上与之相近,但是由于他汉学造诣极高,对传统的执着和对现实的关怀极深,以致认为华夏文化传统并未完全过时,西潮下的东亚世界的改革必须从自身的历史中汲取经验教训,甚至自视为中国的书法艺术和经世学术的传人之一。且不论对王羲之的崇拜,就《支那论》而言,他不仅在卷首收入从顾炎武到熊希龄的中国先识者的墨迹,还在自叙中表白"此书的著述有赖于一般中国先识者的著书及其意见之处实为不少,"直是将之看成继承明末清初到清末的经世论传统而"接着讲"的一本著作。

内藤对于汉字文化圈优良传统的这种高度的认同和继承意识,我们无法也没有必要因为其国籍和民族的归属而加以排斥,而应该感到高兴和欢迎才是。1917年初冬内藤结束访华回国时,溥仪的老师陈宝琛在送别诗中写道:"乾嘉世远风流尽,隔海欣来物茂卿"(物茂卿为德川时代的著名儒学家荻生徂徕的别名)",把他比作当今日本首屈一指的汉学家;1926年内藤年满花甲时,曾任教育总长的大藏书家傅增湘特意临摹内藤私淑的清代大史学家和考据学家钱大昕(1728—1804年,号竹汀)的画像,并作诗为之祝寿,就是这种开放心态的表现。① 因为中国的学术和艺术历来是东亚各国共有和分享的公器和开放体系,不同国家和民族人士虚心向化并将之发扬光大,正显示了这种传统学艺的感召力和普世性质。而由于20世纪初期日本业已跻身列强,国际地位较高,其学术领袖对中国学艺的褒扬,有利于在一个西潮笼罩的世界中提升其认知程度和扩大其受众范围,也有助于增强因国势衰退而处于动摇之中的中国人的文化自信心。当然也要注意这种文化代言可能造成的偏差,即由于民族主义作祟和语言逻辑不同而形成的误导,例如一度在西方世界流行的"只知有Zen(禅字的日语罗马字拼法),而不知有Chan(禅字的汉语拼音)"那样片面的禅宗史观。

(2)关于其政策建议的局限性以及对华态度由热转冷的国际契机问题

内藤对熊希龄的不少政策建议固然是建筑在广阔的历史视野和准确的现实把握之上的,但是他毕竟未能摆脱局限性,即对日本通过日俄战争中的浴血奋战获取的东三省(满洲)特殊权益的坚持。《支那论》在提到满洲经营

---

① 陶德民编《内藤湖南与清人书画——关西大学内藤文库所藏品集》关西大学东西学术研究所资料丛刊26,关西大学出版部,2009年,第27,34页。

王羲之的仆人　熊希龄的顾问
——从 1913 年内藤湖南的自我定位看其中国观的特征

的失策之处时指出,"日本当局也有一处不慎:日俄战争后,日本并没有利用那些从大势上已经觉悟到不能不屈服于外国势力的满洲土著来支配满洲,反而把那些没有经验过日清战争(即甲午战争)和日俄战争的南方支那人,特别是把近来以旨在变法自强的新教育培养出来的南方人移入满洲,充当官吏。(中略)因此,日俄战事以后来到满洲的官吏,其对日情感和政策都不免可说是对日本非常不利。"①

从某种意义上说,熊希龄就是这样的"南方支那人"的后台之一。他在长沙时务学堂总理任上推行旨在"变法自强"的新教育的急先锋;在担任奉天农工商务局总办和东三省清理财政正监理官期间,又是把汉族移入满洲和引进英美资本的积极推动者。内藤的所论是否特指他的老朋友熊希龄姑且不论,他对熊希龄这样的兼有改革意识和独立精神的中国政治家的评价显然是有矛盾的,即一方面依据近代国民国家的逻辑及近世中国经世论的传统来大力支持熊希龄和梁启超企图建立法治国家的努力,因为他看到当时袁世凯"举行了不合共和国总统身份的祭天虚礼","捆绑国民党议员并把他们遣返家乡,又几乎封锁了国会,所设立的新的政治会议也只不过是毫无势力的咨询机关而已",并进而废除国会,"几乎返回到了变法论未曾发生以前的清代"。②但是另一方面,他却又按照日本国家利益的逻辑来批判他维护东三省主权的努力,甚至建议他为了减轻财政负担而放弃国防和塞外领土。不过,人们正可以由此看出内藤的意见所反映的日本国家在对华政策上的内在矛盾。

在《支那论》出版前夕的 1914 年 3 月 12 日所作的"自叙"中,内藤怒气冲冲地写到,袁世凯政权"日复一日要将其国运投入无底之黑坑。前此的五国借款,尚是考虑到本国财政权独立的借款,而近日为油田及淮河疏浚而引入外资等,是近乎否定了自己存立的借款。(中略)虽然我自己完全是代支那人、为支那着想才撰写此书的,但是以今日这样的状态,可能不久就再也没有必要为支那打算了。北清事变(指义和团事件及八国联军来华镇压)时,在天津临时成立了都统衙门,实行列国的联合政治。我估计,第二次大型都统政治出现的时机应该不会很远了。(中略)实行都统政治的话,是君主制还是共和制的问题以及领土问题都是不必要的了,因此本书只有第三章以下尚

---

① 内藤湖南《支那论》,文会堂书店,1914:96—97。
② 内藤湖南《支那论》,文会堂书店,1914:220—221。

有值得考究的地方。"①

这里所谓"油田及淮河疏浚而引入外资"是指两项大型美国贷款，即由兼任全国水利局总裁的农商总长张謇与代表美国红十字会的美国驻华公使于1914年1月13日签订的淮河治理工程贷款意向书，以及同年2月10日由张謇举行与美国的美孚石油公司有关在陕西省延长和热河省建昌开发油田的贷款合同签约仪式，熊希龄总理也出席了。当时对这两个大型投资项目的竞逐失利，引起了日本朝野的激烈反应。他们生怕美国借这两大开发项目之机深入华北和华东地区，形成仅次于英德两国的列强在华第三大势力范围，从而超越只是在满洲享有特殊权益的日本的地位。内藤也卷入其中，感到恼怒并溢于言表，这与他1913年11月和12月口授《支那论》本文时的理性态度形成了鲜明对照。

后来于1918年4月15日，他在《外交时报》上撰文追述此事时，还不无遗憾地提到自己的危言耸听所引起的反弹："我并不是在今日才开始对作为国家的支那感到悲观的。在袁世凯氏开始透露其帝政野心之时，及其野心赤裸裸地显现出来之时，我曾作以下危言：整个支那如果不觉醒起来，就会逐渐归于由列国共同统治的命运。这一极端言论，当然招致了支那人的恶感，甚至也引起了日本人的非议。"② 1924年元旦，在其老友、政治家犬养毅（号木堂）的后援会所办的《木堂杂志》创刊号上，内藤发表《支那研究的变迁》一文，指出辛亥革命后"支那的政治状态相当混乱，成为那些要弄一时权谋术策而不顾国家长久之计的支那人上蹿下跳的良机。而日本的浪人并没有支那人那样的智慧，而日本的有识之士也无能为力，并也不想卷入纷扰之中。支那人对以日本为其本国改革榜样的想法日益淡薄，而日本的支那研究者们也渐渐对制定计划直接帮助中国一事死了心，于是对于支那的命运也就开始持袖手旁观的冷淡态度了。"③ 这里的所谓"一时权谋术策"，也包括（在他看来）熊希龄和张謇所采取的引进美国资本以抗衡日本的"远交近攻"策略。而其实，正如熊希龄在当面回答内藤的熟人、当时驻北京的日本公使山座圆次郎质问时所表明的那样，中国政府并非刻意冷落日本，优先给予美

---

① 内藤湖南《支那论自叙》，文会堂书店，1914年，第8—11页。
② 内藤湖南《支那を悲観し併せて我国論を悲観す》，《内藤湖南全集》第五卷，筑摩书房，1972年，第17—18页。
③ 内藤湖南《支那研究の变迁》，《内藤湖南全集》第五卷，筑摩书房，1972年，第167页。

王羲之的仆人　熊希龄的顾问
——从 1913 年内藤湖南的自我定位看其中国观的特征

国以油田开采权的合约乃"是根据前清政府商订之意",有信守之必要,"盖应许何国商人合办矿产,乃我国主权之自由"。① 但是无论如何,就连内藤自己也承认的那样,1914 年是包括他自己在内的一些日本有识之士在对华政治态度上由热转冷的关键时期,即彻底放弃了清末以来为中国当权者设计改革方案的想法和做法。而我们知道,在清末内外交困的时期,不少日本人士确实应邀或主动提出过有助于中国的改革方案,而且也得到过中国当权者的赞许。我研究过的内藤好友、朝日新闻记者西村天囚就是一例:1898 年初他上呈湖广总督张之洞的《联交私议》得到赞许,有些主张和用语甚至被张之洞的《劝学篇》所采纳;1900 年他给两江总督刘坤一的《论教育书》也得到好评,刘坤一在赠诗中赞扬他"多难忧宗国,邦交结近邻","一见如先识","贾谊策披陈"。西村之所以感动了当时的两大总督,是因为他作为汉学家,确实对其文化母国怀有一种反哺之心,认为日本将其消化的西方文化介绍给中国,"犹人子尝药而劝之于亲",并在朝日新闻社论上公开主张日本政府派员对京师大学堂教育改革进行援助的意义,不应"单纯出于国际关系上的政略,而要思师承之谊,顾世变之大,自认启发东洋文明之责,出于将彼老衰之先辈国从濒危之境拯救出来的情义。"② 内藤对这种日本影响笼罩之下的清末改革也采取过类似的态度。然而,随着辛亥革命后美国影响的逐渐增大,民国政府的全方位外交的展开及其背后的中国民族主义的兴起,特别是后来在第一次世界大战期间威尔逊和列宁提出的"民族自决"原则的冲击,内藤对这种新局面感到难以适应,也就逐渐放弃了一种"欲为进言"的顾问心态了。

四、内藤的日中亲善论、庚款办学建议和苏东坡探访趣闻

内藤在《支那论》中提到中国国民的德义心或国家观念的形成条件时指出,除了普及教育以外,更大的内忧外患也是不可或缺的条件。"将来支那成

---

① 熊希龄《三月十二日日本山座公使关于美孚合同之谈话》,《熊希龄先生遗稿》第五卷,上海书店出版社,1998 年,第 4965—4967 页。
② 陶德民《明治の漢学者と中国—安繹・天囚・湖南の外交論策—》,第二章 戊戌維新前夜の「日清同盟論」—西村天囚と張之洞をめぐって、第三章 義和団事件前後の「支那保全論」—西村天囚と劉坤一をめぐって、関西大学出版部,2007 年。

为一个统一国家的希望,即是由于革命,由于外患,由于各种各样事情使得支那人民觉醒起来,产生爱国热情,想方设法去使国家独立而避免外国分割。不能不期待以此为基础来实现统一。"① 具有讽刺意味的是,《支那论》出版后第二年的1915年,大隈重信内阁便向中国提出"二十一条"要求,欲将中国变为其保护国,并不惜以最后通牒的方式逼迫袁世凯就范。日本的高压政策作为最大"外患"在促使中华民族觉醒和救亡救国的过程中确实起到了关键作用,这一点恐怕是内藤所始料未及的。

内藤对大隈内阁的笨拙对华外交手法多有批评,而且对日中两国的国民感情的日益恶化感到担忧,曾于1916年11月在《东方时论》上发表《两国国民性的理解与日支亲善》一文,指出日本人不应以中国人缺乏国家观念和爱国心而加以鄙视,中国人也不应以日本人不懂友情和不讲义气加以鄙视,"总之,双方都要理解各自的长处短处,不应只以自己的标准来判断他人,而要以对方的标准互相考量。相互之间不失尊敬心,则两国国民的交际必能于此带来新的进步。""真的日支亲善只有到达如此地步才会永久成立,故虽然日支亲善的用语多少有些陈腐的感觉,""我自己依然愿做一个平凡的日支亲善论者"。②

1917年秋冬,内藤与稻叶岩吉和高桥本吉一起赴华,按着青岛—济南—南京—上海—苏州—杭州—汉口—长沙—汉口—北京—满洲的行程周游,在各地与要人和学者见面,在北京再次见到了熊希龄。其任务之一是视察中国的教育,因而了解到大学里留学日本的教员所占比重已经从清末的90%下降到40%,而留学欧美的教员所占比重已经上升到60%,而且美国传教士在华办学和美国政府以退回庚款培养留美学生的举措深得人心,有必要尽快加以效仿。因此,内藤建议日本政府退回部分庚款或是由富豪捐款的形式,在北京设立法科和文科学校,在汉口设立理科、工科和农科学校,借以抗衡日益增长的美国在华影响。因为在当时的中国,到处都蔓延着对美信赖和对日恐惧的情绪。后来,日本政府以部分庚款举办了东方文化事业,以促进两国的

---

① 内藤湖南《支那论》,文会堂书店,1914年,第172—173页。
② 内藤湖南《両国国民性の理解と日支親善》,《内藤湖南全集》第四卷,筑摩书房,1971年,第594—600页。

王羲之的仆人　熊希龄的顾问
——从1913年内藤湖南的自我定位看其中国观的特征

学术交流。①

如果说内藤的政治关怀随着时代的变迁而不断有所变化，而他对中国文化的痴迷程度则是与日俱增，以致闹出了一个有趣的大笑话。即1917年初冬，北京举办赈济华北大水灾的书画展览会，达官贵人和文人墨客纷纷志愿出品珍藏书画，会场上的展品每天轮换更新。正在北京逗留的内藤坚持天天去看，看到了景朴孙所藏的苏东坡《寒食帖》等，但因抵京那天未及前去而没能看到徐世昌（1855—1939，号东海。袁世凯部将，曾任东三省总督和国务卿，1918年选为总统）所藏的东坡《成都西楼帖》。从1915年起，内藤每年都参加长尾雨山和富冈谦藏于旧历十二月十九日举办的寿苏会，避难京都的罗振玉父子也亲自参加，吴昌硕和沈增植也不时从上海寄诗文来祝贺。而这次回国不久以后，马上要面临1918年1月31日（旧历十二月十九日）参加"丁巳寿苏会"的问题。《成都西楼帖》与《寒食帖》同为东坡的超级名帖之一，岂可不趁此机会大饱眼福，借以增长见识并丰富谈资？于是他雇了一个翻译前往徐世昌家中拜访。那翻译原本觉得徐世昌是政治家，两人的谈话应不难翻译。没想到两人只谈了半刻钟时事，话题就被内藤引入《成都西楼帖》，而且没完没了地持续了几个小时，搞得不谙书法语汇的翻译虽勉力为之却捉襟见肘，出尽洋相。他内心大为光火，却又不好发作，就故意以戏言质问内藤：你今天到底是来造访哪一位，是古人苏东坡，还是今人徐东海？结果引得三个人一起哄堂大笑。②

---

① 陶德民《大正期の日中関係と「米国問題」》，陶德民、藤田高夫编《近代日中関係人物史研究の新しい地平》，雄松堂，2008年，第333—354页。
② 陶德民《内藤湖南における中国趣味の形成とその影響》，《内藤湖南と清人書画—関西大学内藤文庫所蔵品集》，关西大学东西学术研究所资料丛刊26，关西大学出版部，2009年，第177页。

内藤湖南的当代意义

——"内藤湖南与中国"国际学术会议综述

钱婉约

  2013年9月8、9两日,在南开大学召开了"近代以来中国与世界的相互认知——内藤湖南与中国"国际学术研讨会,本次会议由南开大学世界近现代史研究中心、同校日本研究院、日语系与日本关西大学联合主办,来自中国大陆、中国台湾、中国香港、日本、加拿大、德国等国大学和学术机构的学者31人提交了论文,还有附近各地高校的硕博士生前来参会。本次会议一则是南开大学世界近代史研究中心教育部人文社会科学研究重大攻关项目"近代以来日本的对华认识及其行动选择研究"(06JDZ0023)的学术集会,同时又是关西大学历时数年的"内藤湖南的亚洲观形成与近代日中学术交流"(日本学术振兴会科研费基盘研究,编号23330027)课题的结项会议。我作为关西大学课题组成员之一,参与了内藤湖南研究课题大阪的启动会议、韩国首尔的中期研讨,现将两天会议的情况综述如下。

一、会议概况

  在大会开幕式上,东亚文化交涉学会创会会长、关西大学教授陶德民先生以图片方式回顾介绍了近30年来国内外内藤研究和翻译方面的主要书籍,提到其中不少作者参与了本次会议,是一次难得的大会师和当面交流的好机会。陶先生援用新渡户稻造把林肯比作人类文化史上的泰山之例,指出内藤湖南(1866—1934)在东亚文化史上也堪称一座显赫的山峰。他逝世不久便得到日本同仁后学的怀念评论和中国学者周一良的评介,将来仍可供人们从不同角度加以观察和研究。开幕式后,在全体会议上安排四个主题报告分别为:关西大学内藤湖南课题组负责人井上克人的《内藤湖南历史认识的哲学

内藤湖南的当代意义——"内藤湖南与中国"国际学术会议综述

主席台从左至右分别是：井上克人、钱婉约、傅佛果、杨栋梁

背景》，北京语言大学钱婉约的《内藤湖南与中国学人关系谱系——仰承与垂范的变奏》，南开大学世界近现代史研究中心主任、《近代以来日本的对华认识及其行动选择研究》项目负责人杨栋梁的《在学识与良知之间：民国初期内藤湖南的支那论》和陶德民的《王羲之的仆人 熊希龄的顾问——从1913年内藤湖南的自我定位看其中国观的特征》。

井上克人以近代西方哲学影响日本哲学史的研究视野，深入挖掘了内藤湖南历史观中"天运螺旋形上升"哲学思想的中、日、西学术史背景，特别是揭示了其与德国黑格尔辩证法之间的关联性，这是以前的研究未有提及的。钱婉约首先揭示内藤湖南一生与中国政界学界交往时的价值取向，进而梳理和分析其与中国官僚知识分子、学者交往的实态，展示了内藤湖南与中国学人之间所构成的若干个关系圈、学术网络，并将近代中日学术互动影响的方式，尝试性地名之为"仰承与垂范"交替的关系。杨先生立足历史理性，对内藤湖南《支那论》和《新支那论》中蔑视中国主权、缺失历史良知的代表性言论，逐一进行了直截了当的批判。陶先生选取1913年这个内藤湖南与中国关系的重要年份,从其当年主办有罗振玉和王国维参加的京都兰亭会纪念活动及当年秋冬撰写《支那论》这一对其清末老友、时任民国总理熊希龄的国策建议这两个重大事件,蠡测管窥,以微见著,凸显内藤湖南中国观的二重性及立场和姿态上的特征,即在历史文化上仰视中国甘当学生,在现实政治中俯视中国自居顾问。陶文还介绍了内藤在日本"对华二十一条"引发两国关系危机时,提出双方应设身处地评价对方,相互不失尊敬心才能保证两国关系长久友好,以及效仿美国退回庚款来促进两国文化交流等见解和建议。

下午及第二天,会议将参会论文分成 A、B 两组,按不同主题分类进行小组发表和讨论。各小组的主题分别是:内藤湖南的思想与学术、内藤湖南与中日古代史研究、内藤湖南与中国美术史研究、内藤湖南与史料文献研究、内藤湖南的异文化理解与东亚、内藤湖南的人物形象及其影响等等。这些论文是近年来中日两国关于"内藤湖南新研究"的集大成展示,其研究特点主要有如下几端:

第一,推进专题领域的深入探研。在史学观上,有高木智见《关于'设身处地为支那人思考'再考》,有名和悦子的《内藤湖南关于间岛问题的国境领土论再考》,还有高木尚子细论《内藤湖南的时代区分学说》,吴伟明《从〈诸葛武侯〉看内藤湖南史学的形成》;在史料学方面,既有长谷部刚《内藤湖南的唐代文献研究简介》,林志宏《内藤湖南与满洲的文献搜集事业》这样断代或分领域的研究;又有西本昌弘"空海《文镜秘府论》的撰述理由和成立年代"、卢盛江"内藤文库藏《文镜秘府论》版本研究"这样针对《文镜秘府论》而进行的专书研究,这些论文均堪称专家专论,深入中肯,持之有故,资料翔实。刘岳兵"同时代京都学者眼中的内藤湖南",则以内藤湖南去世当年他的同事、学生的回忆文章为素材,还原历史细节,提醒人们在进行内藤湖南研究时,应当关注内藤著作以外的相关资料。

第二,新研究领地的开拓。本次会议论文中涉及一些之前内藤湖南研究中较少涉及的领地,比如关于内藤湖南美术史方面的研究,有德国海德堡大学前田环的《内藤湖南与近代中日美术史学》、北京语言大学周阅的《内藤湖南的中国美术研究》,还有一篇来自上海社科院秦蓁关于内藤湖南旧藏顾亭林手书扇面二帧在中日之间流传、拍卖和真伪情况的考证。另外,北京外国语大学硕士生杨阳在陶德民先生的启发和导师李雪涛教授的指导下,撰写了《内藤湖南的西方学养》一文,全面爬疏并开列了内藤文库中所藏"西文书籍"的目录清单，又以内藤湖南欧洲访书活动为线索，论述了内藤史学与西学的关系，也颇有创新性。

第三，社会资源的参与。内藤湖南的家乡即日本秋田县鹿角市的先生们，也赶来参会。他们是鹿角市先人显彰馆馆长小田鸠隆一、鹿角市内藤湖南显彰会会长胜田尚，他们向与会学者介绍了在内藤家乡成立先人显彰会，缅怀先贤思想业绩，编撰《湖南》纪念研究专刊等至今所走过的三十三年历程。他们还为会议带来了家乡博物馆珍藏的内藤书法手迹图片等，这些资料与陶德民先生精选出的关西大学"内藤湖南文库"相关资料一起，在会议期间，举办了"内藤湖南与中国"图片展。另外，独立学者印晓峰在小组发言建议，鉴于筑摩书房《内藤湖南全集》出版后，不断有集外佚文被发现，中国学人是否可以考虑，在全面汉译《内藤湖南全集》的基础上，编辑出版更为全备的汉文版《内藤湖南全集》？还有，利用"内藤湖南文库"，可否梳理编辑出《恭仁山庄友朋书札》这样的内藤往来书信集？另外，本次会议还涌现一批青年内藤湖南研究者，如朱琳、王凯、胡珍子、吕超、张硕、杨阳等，体现了内藤湖南研究队伍后继有人的喜人景象。

二、前景展望

大会闭幕式上，首先由西本昌弘、长谷部刚、陶德民、胡宝华、刘雨珍、卢盛江六位组长，代表各组向大会作了小组论文的总结汇报。然后，分别由英语世界和汉语世界内藤湖南研究的代表学者加拿大约克大学傅佛果（Joshua A. Fogel）教授、北京语言大学钱婉约教授，做了大会的总结报告。

傅佛果教授回顾说：我完成关于内藤湖南生平与学术研究的博士论文是在 1980 年，著作问世到现在也近 30 年了。这 30 多年来，日本和中国研究内藤湖南的社会学术环境，有了很大的变化。中日两国，特别是中国，对于内藤湖南政治与学术的认识和评论，也有了很大的改观，研究不断拓展和加深，这从两个国家这些年涌现出的关于内藤湖南的研究著作和中文译本也可以得到证实。我想说，不管是西方学者、日本学者，还是中国学者，如果能够不是立足于这个或那个国家的国民立场，而是从学者个人的学术观点出发，来进行学者间的互相交流和讨论，那无疑将是一件很有意义的事情。内藤湖南去世到现在将近 80 年了，为什么我们还在不断地研究他？谈论他？他的史学遗产对于今天的世界和学术界,到底意义何在?魅力何在?我们应该怎样充分地认识内藤湖南的中国历史观和中日文化关系论?值得深思。

钱婉约教授的总结说:傅佛果先生提出了一个饶有兴趣的问题,即内藤湖南在今天的魅力和意义究竟是什么?这也是我参会这两天常想到的问题,我就接着这个话题,说一些自己的感想,借此机会求教于各位与会学者。

第一,内藤思想的放射能。不必说,"内藤史学"博大精深,戛戛独造,有些方面的成就至今无人董理总结,这是他仍值得研究的原因之一,更为重要的是,内藤史学蕴含的思想内核,代表了近代东与西、中与日纷繁复杂关系下的一种学术追求———一种超越纯学术,又绝不自甘为"政治或政府附庸"的学术追求,其以"史论为里、时论为表、预言未来"的经世情怀和慷慨言论,在当时的日本中国学家中堪称异数。战后日本思想界代表人物竹内好评论冈仓天心时曾说:"天心是一位难以定论的思想家,在某种意义上说,又是一位危险的思想家。说他难以定论,因为他的思想包含着拒绝定型化的因素;说他危险,因为他的思想具有不断发散的放射能。"[①] 一位学问家的思想,在其身后的时代里,在新的历史环境下,仍能对后世具有不断的启发意义,竹内好将之称为"具有放射能",这个"放射能"的说法,移来评论内藤史学,我觉得正是十分贴切的。特别是,内藤史学所具有的这种放射能,有时对于日本是正的,对于中国是负的;或者彼时是负的,此时是正的;对于政治是负的,对于学术是正的等等。内藤湖南到底留给了我们什么?这其实已经不是他的问题,而是他留给我们这些后人的问题,也是我们的责任所在了。

第二,学术与政治的并行不悖。从不同的考察视角出发,会得到不同的研究评说,这是内藤湖南研究中长期存在的一个特征,本次会议也不例外。大凡侧重研究内藤学术思想的,往往多肯定、叹服、赞誉内藤的创新性和独到见解;侧重研究内藤社会政治学说的,往往多批评、指责他的扩张殖民心态。如何调和和统一这似乎矛盾的两种价值判断?还是允许这样"专业化倾向"的存在,承认不同领域研究所得出的"片面深刻性"?正如傅佛果先生著作的书名———《内藤湖南:政治与支那学》已经昭示的,"政治与学术"是衡量内藤史学体系不可或缺的两面。学术史发展的历程告诉我们:与社会时

[①] 竹内好《冈仓天心:立足于亚细亚观的文明批判》,《近代日本思想大系》之七《冈仓天心集》,筑摩书房,1976年,第369页。

事相关的政治学说,往往是长江后浪推前浪,与时俱进,不断更新,这多少制约了它的生命力长度;而学术作为民族文化大树上的一脉枝叶,是有本之木,有源之流,只要中日两国的民族文化还在,只要中日关系还是东亚世界一个不可回避的话题,内藤史学的学术史意义就将生命之树常青。

第三,治学风格上的示范意义。本次会议虽然展示了从多领域、多方面切入的内藤湖南研究成果,不过,也还留有令人期待之处。例如,缺少把内藤湖南放在日本中国学发生发展的学术史长河中进行史的考察的研究论文,也就是说,我们需要进一步思考:内藤湖南在中日近代学术史上的位置,他的承前启后性,他的示范意义何在?最近,日本当代一位重要的中国学研究者竹内实先生去世了,日本评论家对于竹内实的一生学问,给予了这样的评论:"竹内中国学有两个突出特点,一是他对现代中国不仅怀有跟踪报道的新闻热情,重要的是结合中国传统,使现代中国在日本开始成为一门独立的学科;二是除了借助于文献思考之外,更热衷亲自观察和亲身体验当今中国,一生为促进日中友好,在两国之间奔波且乐此不疲。"① 虽然,竹内实的研究主要侧重现代中国,但上述他治学风格上令人瞩目的这两点,则恰好与八十年前去世的内藤湖南有"殊途同归"之感。换句话说,将"文本的中国通"与"现实的中国通"相结合,将文献的研究与经世的情怀相结合,这是否可以说,是内藤湖南留给日本中国学家的一种示范?一个启示?可惜在内藤身后这几十年,继承者可谓寥寥,竹内实是又一个异数。

作为余兴,钱婉约即兴作七绝一首,赠予鹿角市内藤湖南先生显彰会。

为鹿角市内藤湖南先生显彰会
《题内藤湖南》
钱婉约

宛委山头慷慨立,苍龙窟里潜底游。造就扶桑名山业,流芳遗响逸神州。

(宛委山,在今浙江省绍兴市内,传说大禹治水登此山,挖开石头,得到珍籍宝典,后以"宛委别藏"代指珍藏典籍的地方。内藤曾手书"宛委山"三字,悬于自己的藏书处。苍龙窟亦为内藤手书悬于秋田鹿角市故居,取"山不在高,有仙则灵;水不在深,有龙则灵"之意。)

---

① 程麻《竹内实:可以走了》,《中华读书报》2013年9月4日第19版。

宫崎市定中国史研究的特色与立场
——在内藤湖南中国史研究的参照下

王广生

一、内藤中国史研究概论

自20世纪八九十年代以来,学界渐次出现了"内藤热"的现象,在我国,夏应元、钱婉约、张广达、何培齐等诸位先生均对内藤湖南做了深入而全面的评述和分析。一般意义上,内藤湖南的中国史研究所展现出的史学特征和价值观念,概括来讲主要体现为其独特的"内藤发展史观"和"现实情怀与民族立场"。

(一)独特的内藤发展史观

众所周知,内藤湖南一直强调通过与周边民族的相互作用来考察和研究中国历史文化的发生、发展过程。而且他还认为,在这一过程当中,中国的历史文化是相对自足的状态,并没有受到太多外部世界的干扰和冲击。因此,他曾将中国历史文化比作一棵树木,主张中国文化的发展自成一个完整的系统,即中国史自身就是一部世界史。总之,内藤湖南所主张的"中国历史是自然形成、自然发展的历史"这一史学观念是其独特的发展史观的重要组成部分,我们可称之为独特的"内藤发展史观"。

内藤的这一系列的观念其实早已形成。在《支那上古史》(据20世纪20年代他上课的笔记整理而成的书稿,收入《内藤湖南全集》第10卷筑摩书房)的《绪言》之内,他就曾表述过类似的想法和观念,即中国文化由里向外发展影响了周边不同的民族与地区,在此过程中,形成了一个有系统且有继承关系的历史,这就是东洋的历史。换言之,东洋发展的历史亦是中国文化的发展史。

内藤湖南还认为中国文明几乎是靠着自身的力量发展壮大起来的,在漫

宫崎市定中国史研究的特色与立场
——在内藤湖南中国史研究的参照下

长的历史进程中,中国文明虽然也受到外来文化文明的影响和刺激,但却是比较微弱的,因为外来的文化因子并没有改变中国文明自身发展原有的轨道。而在内藤眼中,欧洲文明和日本文明的情况就有比较大的差异,其中,欧洲文明不断受到西亚文明的冲击和影响,而与之近似,日本文明则自古就是不断受到来自中国的文化影响而成长起来。因此,如中国文明这样的历史本体,才是标准的历史发展形态而非欧洲历史文明抑或日本历史文明。在内藤看来,中国历史文化自身,遵循着历史发展的一般规律,发展到了一个迥异于欧洲和日本的相对成熟阶段,如同每个文化都有自己的发展轨迹一样,中国历史文化也有着属于自己的发展情形。

而中国历史又是如何展开属于自己的发展轨迹的呢?这就涉及了内藤湖南的独特历史发展观的另外一个重要组成部分,即"时势论"抑或"大势论",按照何培齐先生的观点,基本上包括了"天运螺旋形循环说"和"文化中心移动说"两个方面的内容。而有的学者则着眼于两者的内在关联,直接将两者合二为一称之为"文化中心移动说",然而限于篇幅,此处就重点讨论"文化中心移动说",将"天运螺旋形循环说"省略,不再赘述。①

所谓"文化中心移动说",其基本内涵如下:"文化中心"是指中国文化在特定时代、特定地域内形成的"文化集合"。每个时代都会因为"地势"和"时势"的原因,产生一个文化发达的集中地即"中心"。而文化中心并非一成不变,而是发展变迁、向前推移的过程。另外,发展的轨迹也并不是直线的前进,而是"一条由一个中心点出发的主线,向三维的空间伸展,形成无数支流,缠绕着、螺旋形地向前推移"②。

在《地势臆说》一文中,内藤湖南不仅探讨了"地势"与"人文"的关系,还特别探讨了日本的"地势"与"人文"以及赵翼的"地气学说"等诸多事项,最后还论及了"满洲"的现实并对"满洲"的将来和中国四川、两广的情形做了分析和预测。

1924年,内藤湖南又在其著作《新支那论》中,再次对这一理论进行了较为详细的阐述。

---

① 根据三田村泰助所言,内藤湖南的"文化中心移动说"即是针对那珂通世博士所谓"旧中国社会停滞说"的直接反驳。这一论说主要集中在内藤湖南于1894年11月发表的《地势臆说》和《日本的天职与学者》这两篇文章中。

② 内藤湖南《学变臆说》,《内藤湖南全集》第一卷,筑摩书屋,1970年,第351页。

但也正如钱婉约等诸多学者所指出的那样,该学说背后有极为浓烈的现实诉求,在日本筹建"伪满洲国"、加紧入侵中国步伐的现实之下,内藤湖南在阐发此理论时,还特别强调外来异民族的入侵是维系中国历史文化发展的原因等,在当时的特殊时代条件下,这些话语所包含的特殊意味,精辟学说背后的现实情怀和民族立场,是每个学者基于常识都能体会到的。

(二) 现实情怀与民族立场

以整体的眼光来看,内藤湖南的历史发展观(螺旋形的发展观)与其主张的"中国历史文化在与周边种族的相互作用为指标的分期方法"有着内在的一致性,因为,按照内藤湖南的"宋代近世学说",贵族政治鼎盛时代同时也是周边民族在中国内部活跃时期。这两个现象之间有无必然的历史性联系呢?内藤湖南虽然没有给予明确的说明,但作为"京都学派"①第三代的代表学者,谷川道雄曾提醒大家需注意的是,在中国历史文化的发展过程中,当国内统一、对外统一的动力日渐停顿同时,中国的国内分裂与外部民族的向内发展势头则日渐显现。前者说明贵族阶级从皇帝权力那里获得相对独立的地位,而后者预示着周边民族从汉族政权取得了相对独立发展的位置。②

不过,在笔者看来,上述中国历史内部产生的统一与分裂的相互作用之论说,其实还有着更为深刻的一个层面。因为,"文化中心移动说"代表的发展观和"中国历史是自然形成、自然发展的历史"之观念的背后,都渗透着内藤湖南强烈的现实政治情怀和民族主义立场。

这一点,钱婉约先生也在《内藤湖南研究》一书中,有着准确的分析:

---

① 对于这一概念,学界有不同的观点,即便在认可这一概念的学者中也有不同的解读。但大多都承认这一概念所具有的泛化特征以及相对化特征。正如钱婉约在《日本中国学京都学派刍议》(北京大学学报·哲学社会科学版,2000年第5期第37卷,总201期)所说,"京都学派"有时也是一个更广义的概念,它也包括20世纪以来京大中国学以外的哲学如西田几多郎经济学如河上肇等人的学术体系,而且从学术史概念上讲,则是先有京都学派,相应地才产生东京学派。在本文中,笔者将这一概念限定为京都(帝国)大学的东洋史学创建以来的学术研究谱系。但在战后有关"中国史时代区分争论"之后,无论是京都还是东京的学者们都已经不再注重原本就非本质的差异,而是在所谓的"全球化语境"下,各自使用相似和差别的理论思想资源,从事着自己的具体研究。另,在笔者看来,所谓"东京学派"和"京都学派"的差异,较之于均为"近代日本"之产物的两个最重要的"帝国"大学的学术所共有的"帝国学知"之特性,其具体的观念和方法之差异已算不得什么了。

② 谷川道雄《日本京都学派的中国史论——以内藤湖南和宫崎市定为中心》,李济沧译,《史学理论与史学史刊》,2004年(卷),第300—312页。

宫崎市定中国史研究的特色与立场
——在内藤湖南中国史研究的参照下

他把王安石变法说成是"宋代的朴素主义教育论",是汉民族在与朴素民族接触后,反省自身并向朴素民族学习的运动。他指出从宋代知识分子感叹"天子失政,道在四夷","礼失求诸野"等一些言论中,也可以看出"宋人尽管攘夷思想浓厚,但另一方面却能理解朴素民族所具有的优点"。这些论述又可看作是内藤湖南"文化中心移动说"的"中毒"与"解毒"、"恢复年轻"等理论的深入具体化。①

此处提及内藤湖南的民族主义立场并非本文之目的,更多地是处于引出后面对于宫崎市定中国史研究特征的论述。有兴趣的读者可阅读钱婉约先生书在《内藤湖南》一书中有关"宋代近世学说的实质"等部分章节。其他内藤湖南的研究者,甚至包括宫崎市定也都注意到了曾经活跃于政治论坛的内藤湖南与现实政治的关联,以及其言辞背后的民族意识及立场。②

二、宫崎市定的中国史研究特色

以上简单概述了内藤湖南中国史研究的主要的史学观念和价值立场即两者内在的统一。而作为内藤湖南之后"京都学派"最为杰出的学者之一,宫崎市定的中国史研究呈现怎样的状态呢?

宫崎市定中国史研究成果极为丰硕,足可等身,本文也难以详尽论述,故,本文拟在内藤湖南中国史研究特色的参照下,更多地关注其史学观念和价值立场在中国史研究中所体现出的某些特征。③

在此思路下,我们发现宫崎市定的中国史研究有两个较为突出的方面,

---

① 钱婉约《内藤湖南研究》,中华书局,2004 年,第 120—121 页。
② 内藤湖南《内藤湖南とシナ学》,《宫崎市定全集》第 24 卷 随笔(下),岩波书店,1994 年,第 248 页。
③ 若以更开放的视角观察,我们可以发现宫崎市定与内藤湖南之间更多的差异和不同。如宫崎市定不仅关注中国历史的文化,与此相对其着力点或许更多地侧重经济的考察等等。具体参见宫崎市定《自跋集东洋史学七十年》,岩波书店,1996 年,第 2—19 页。

即世界史的视域和民族主义立场。①

（一）世界史视域中的中国史研究

宫崎市定与内藤湖南之间的师承关系，最主要体现在宫崎市定对内藤假说即"唐宋变革学说"的继承和发展上。近藤一成曾在《宋代士大夫政治的特色》一书中讲到，由内藤湖南提倡，宫崎市定等展开的唐宋变革论是日本的中国史研究可举出的最重要的成果之一，至今仍然是考察这一时代的坐标轴。另外，张广达先生也曾指出，这一成果为西方所接受时，该假说往往还被称为"内藤—宫崎假说"。②

不过，宫崎市定对内藤湖南学说的发展，从另外一个角度也说明两者中国史研究的差异和不同。其不同的关键和原因，就在于宫崎市定持有的世界史的视域和框架的方法论，因此，宫崎市定的中国史研究之所以独树一帜、引领一代风骚，能够描绘出与众多日本研究中国史的学者不一样的中国历史图卷，从根本上亦在于宫崎市定特有的世界史视域中的中国史，所呈现出不一样的风景。③

宫崎市定在讲述研究中国历史时，曾写到自己一个重要的着眼点就是中国文明的生成、成长过程中与外部世界的关系如何。这样的思路和研究方式，明显与内藤湖南将中国史看成相对独立、自成一部世界史的观念不同。④

宫崎市定在其特有的世界史的视域和框架下⑤，先把西亚社会理解为一个独自的文化圈，认为它介于欧洲和东洋之间，其次，特别强调这三大文化圈之间的交流及其意义，由此说明，东洋历史从来就不是一个孤立于世界史的文化圈，而基于交通的意义，东洋历史自古就处在了一个与世界相关联的文化圈。这显然与内藤湖南所主张的中国文化是一个相对自足、自然的文化圈，

---

① 宫崎市定亦有明显的政治情怀，但与内藤湖南相比则有些弱化。宫崎市定亦曾在内藤湖南的评论中，对其师在这方面有过委婉的批判。详见内藤湖南《内藤湖南とシナ学》，《宫崎市定全集》第24卷 随笔（下），岩波书店，1994年，第236—248页。

② 张广达《内藤湖南的唐宋变革说及其影响》，《张广达文集：史家、史学与现代学术》，广西师范大学出版社，2008年，第57—133页。

③ 以方法论的立场考察，也可说是源于两者方法论的差异和不同。

④ 宫崎市定《自跋集 東洋史学七十年》，岩波书店，1996年，第3页。

⑤ 这无疑受到了桑原骘藏关注东西方交流交通，重视西亚的历史地位和作用等东洋史学的观念影响所致。

宫崎市定中国史研究的特色与立场
——在内藤湖南中国史研究的参照下

外来的影响十分微小等观念不同。宫崎市定与内藤湖南的研究之所以产生差异,就在于宫崎市定所持有的世界史观与方法论选择的差异。另外,宫崎市定在世界史的视域和框架内,不仅基于交通这一观念和路径去研究中国历史,而且还在历史事实考察的基础上,基于比较这一观念和方法在对比中发现中国历史所具有的普遍意义,由此,中国历史就被作为了世界史来认识和把握,中国历史并非像其他文化圈一样只是经过了某些共通的发展阶段,而且在事实上,中国历史是在与各类文化圈的交流中得以成长和发展的。

据此观念,宫崎市定对于中国历史的整体观察和把握,就具有了明显的个性化特征,他就中国历史的各个阶段的具体研究和观点,也都体现了这一独到的观念与认知。

"都市国家"之论说,是宫崎市定考察中国古代历史的重要观念。他认为各个地域的文化都是以都市文化为母体发源发展起来的。① 而据其世界史的观念,中国历史每一个时期的文化特征,既是东西文化交流的结晶,亦是自身发展的结果。

在宫崎看来,中国的古代城市直至汉代,都有着类似于希腊、罗马的古代城邦一样的形态,即它们一直都是以农民为主体的农业城市,而在中国战国时期,其工商业发展的经济大城市是随着中央集权的权力出现的二次现象,况且,战国城市的发展和中世纪、近代的城市有所不同,并非单纯的经济现象,而是主要受制于军事和政治因素的影响。这一观点,基本上成为了日本学界的定论。②

而且,据其推测,都市国家这一历史现象,最早出现在西亚社会,体现了人类古代文明发展的新的水平和高度。这一现象向西影响,促成了欧洲的希腊、罗马等地区出现了都市国家,向东则使得印度、中国也成为都市国家。又经过春秋战国之巨变,中国历史则从都市国家变为统一帝国。

宫崎市定还认为,战国时代的秦国受到西方国家(西亚文化)先进文明的影响而强大进而统一中国;

---

① 在战后的50年代,宫崎市定在《中国古代史概论》中提出了"西周抹杀论",表达了对于西周这段历史存在的怀疑,据其表述,这也是他将古代中国历史的研究转向秦汉之后的主要原因之一。参见宫崎市定《中国古代史概論》,ハーバード・燕京・同志社,1957年,第9—12页。

② 江村治树:《古代城市社会》,佐竹靖彦主编《中国史学基本问题丛书 殷周秦汉史学的基本问题》,中华书局,2008年,第21页。

秦国走向强盛的另一个理由,是由于征服了居住在甘肃省方面称为义渠之戎的民族。所谓"戎"的这个民族,好像是居住在城郭都市里,并且保持着高度的文明。但是这种文明与中国迥异,若以其火葬的风俗来看,或许是印度、伊朗系的民族。果真如此,彼等就未必与其西方的同族完全孤立而殖民此地,因而必定与西亚的文明圈保持着相当的接触。秦国可能自此方面展开与西亚之间的交通,而得到吸取进步文化的机会。①

古代帝国的解体亦是一个世界性的历史现象。对此,宫崎市定认为,这主要源自于经济上的原因,汉代的黄金向西亚输出流走,造成了汉代的衰落以及后来的灭亡。

而对于中国"中世"的研究,正如谷川道雄所说,宫崎市定特别强调在六朝隋唐时期可以发展类似于欧洲中世纪社会的特点,因此应该将该时期划分为中世,但是却没有这一时期两个世界相互影响的具体史实和详尽分析。②但宫崎市定依然基于另外一个重要的方法论路径即"比较",给予了上述两个世界的逻辑上,就以下几个方面论述了两者之间的联系:

货币经济的衰退与自然经济的回归;政治上自由的人与人的关系转变为身份制社会(历史在该层面的倒退);政治上的分裂趋势增强、少数民族进入原有文化中心区;土地投资与庄园经济的发展;等等。③

以上,都是东西方两个世界所共有的现象,而最具中国中世特色的贵族制度与欧洲分裂割据时期所反映出的独立性,在根本层面也是一致的。

另外,众所周知,宫崎市定对于中国近世历史的研究,尤其是唐宋的研究,最为着力,成果也最为丰厚。其原因,一方面,无疑是宫崎市定继承了内藤湖南所提倡的"唐宋变革学说"及其相应成果,另一方面,也与宫崎市

---

① 宫崎市定《中国史》,邱添译,华世出版社,1980年。原著1977—1978年由日本东京岩波书店出版,后收入《宫崎市定全集 1 中国史》(岩波书店1992年)。
② 谷川道雄著《日本京都学派的中国史论——以内藤湖南和宫崎市定为中心》李济沧译,《史学理论与史学史刊》,2004年(卷),第300—312页。也可参考由谷川道雄《魏晋南北朝隋唐史的基本问题总论》,《中国史学的基本问题:魏晋南北朝隋唐史的基本问题》,中华书局,2010年,第1—23页。
③ 同上。

宫崎市定中国史研究的特色与立场
——在内藤湖南中国史研究的参照下

定基于其世界史观和方法论对这一学说进行了自己进一步的阐发有关。

1950年10月,处于战后日本有关中国历史时代划分之论争中心的宫崎市定,出版了划时代的作品《东洋的近世》一书。该书的框架依然在世界史的观念和视域下,基于"交通"和"比较"的方法路径和思维,把中国近世社会的特征更多地放在了东西方联系和对比之中,特别强调中国近世的宋代社会与欧洲文艺复兴之间共通性的特质。这样的思路,早在其名篇《东方的文艺复兴和西方的文艺复兴》(1940年10月)一文中就已经表现出来。

对此,宫崎亦曾在《宋代的煤与铁》(原载《东方学》第十三辑,1957年3月)说道:

我绝非单单用类推对比的方法在中国历史上肯定东方的文艺复兴,而是我觉得宋代的文化实际上对于西方的文艺复兴发生了影响,所以就探究它的经过,从而得到宋代也可说是东方文艺复兴时代的结论。①

从中可以发现,宫崎并不是简单地将东西方进行比照,而是侧重从东方对于西方的影响之视点出发的基于事实联系的关联性比较,并借此发现东方历史具有的普遍意义。

由上可知,比之于内藤的中国史研究之观念与方法,宫崎市定可能更多地注意到了中国历史与西亚、欧洲等地区的交通联系和平行比较,而较少关注内藤湖南所倡导的注重分析和考察中国历史内在的潜运默移的宗旨。②

(二)民族主义立场中的中国史研究

上面的段落,集中讨论了基于宫崎市定和内藤湖南在史学观念和方法论之路径的不同,而导致双方在中国史研究具体成果和侧重点的差异。但若放

---

① 宫崎市定《宫崎市定论文选集》(下),中国科学院历史研究所翻译组编译,商务印书馆,内部刊行,1965年,第177页。
② 张广达《内藤湖南的唐宋变革说及其影响》,《张广达文集:史家、史学与现代学术》,广西师范大学出版社,2008年,第96页。

在民族主义视角的观察下,两者的中国史研究更多地呈现出相似的特征。①

由于宫崎市定学术生涯七十余年,在"二战"前后的中国史研究领域内都留下了活跃的身影。故,以下拟将划分为战前和战后两个时期,来呈现和分析宫崎市定民族主义立场中的中国史研究。第一个时期,其民族主义主要表现为与战前日本侵略政策纠结的民族主义,这一时期的特点是在国家意识形态直接影响下的民族主义立场和观念。在此阶段,内藤湖南与宫崎市定有着相近的文化语境和由此产生出的相似的民族主义史学表征。第二个时期,其民族主义主要表现为战后日本文化民族主义史学的延续,这一时期的特点则为更多基于学术架构下、受美国鼓吹的近代化论影响的民族主义立场和观念。这一阶段,与仅生活在战前文化语境的内藤湖南的民族主义不同,宫崎市定的民族主义呈现出新的发展和特点。但若从本质上讲,无论内藤还是宫崎的民族主义,都深深基于他们自身对于本民族主义文化的体认和对日本自身命运的关注。

第一个时期,即战前,日本侵略政策纠结的民族主义史学研究。

依据史料和宫崎市定自己的叙述,在1945年之前,他不仅参与了1939—1944年为期五年的"东方文化学院"与"东亚研究所"的合作项目,②其集体的成果为《异民族统治中国史》③。而且他还参与了文部省主持下的、具有显著的"大东亚共荣圈"构建意图和指向的《大东亚史概说》的编纂和构思。

卡尔(Carr)说道:"历史学家是历史的一部分,他在游行队伍中的位置,决定了他观察往昔的视角。"④因此,在近代日本中国学的集体变异的语境

---

① 民族主义包含有诸多层面的内容,丸山真男认为日本的民族主义既有个人朴素的对乡土的爱,也有体现为国家意志的文化和道德层面的创建。此文中拟将谈论的宫崎市定的民族主义亦是包含了国民主义、国家主义和民族情感与认同等多个层面的内容,由于本文不专以研讨民族主义的构成为目的,故此处恕不赘言。

② 第二次合作项目原本截至1946年,但因为日本战败而未果,其研究成果《大东亚史概说》也未能出版,战后宫崎市定在自己参与该项目撰稿的基础上未见改动地出版了《亚细亚史概说》。

③ 东亚研究所编《异民族の支那统治史》,大日本雄弁会讲谈社,1944年初刊,1945年再版。中译本:韩润棠等译校《异民族统治中国史》,商务印书馆,内部刊行,1964年版。

④ 迈克尔·斯坦福《历史研究导论》,刘世安译,世界图书出版公司,2012年,第75页。韦伯也曾说过,历史与我们的价值观相关。我们去研究历史,只是因为我们能在其中的某一部分找到这些价值观。

宫崎市定中国史研究的特色与立场
——在内藤湖南中国史研究的参照下

下,宫崎市定积极参与其中,其选择的"历史位置",也定然在其史学中有着相应的作用和反映。

出版于 1940 年的《东洋朴素的民族与文明主义社会》较为集中地体现了战前宫崎市定民族主义史学立场下的中国史研究特色:

> 进入近世以来,东洋的内部尤其是中国与日本的关系发生了巨大变化,沾染了文明主义之病的中国毫无生命力,而日本借助朴素主义则开始主导东亚,并为东亚其他地区所瞩目和期待。"朴素主义的日本和满洲一脉相承,即便语言不通,但以心传心,相互了解。所谓英雄惜好汉。①与中原(中国)的文明社会相反,幸而东洋存在着一个朴素主义的社会。这就是日本。……日本人朴素谦虚,正邪分明,天真如镜,无一点瑕疵。②

不难发现,在宫崎市定看来,保持朴素主义的日本不仅接受了自古以来西亚和以中国为中心的东洋社会的古代文明,也很好地吸收了近代以来的西欧文明,人类文明的种子最终在日本落土,开出优秀而独特的花朵。③若按此逻辑,推演下去,无疑日本就是代表了世界当下的先进文明和优秀文化,是亚洲的未来,也是朴素的民族之代表,"进入"中国,其实就是帮助中国"解毒"。

故,本质上所谓"终点文化论",实乃日本宣扬自身民族文化优越论的"天皇史观"的翻版,与近代日本的"分裂与统一性格"相吻合:一方面面向亚洲内部宣扬日本当下文化的先进性(与原本产生于汉字文化圈内部文化中心之转移的"华夷变态"思路一致的),以解放者自居,为侵略寻求历史和现实的合法性;另一方面用亚洲代言人的身份,借以东洋的历史文化对抗西方中心主义(现实层面则多表现为对抗列强获得自身侵略利益)。无论是"天皇史观"还是"终点文化论"都是沾染了近代西方之病毒的变态反应,这一病毒的名称可暂定为"近代的魔咒",其中最大的咒语即是民族主义国家。宫崎市定也同样感染了这一病毒,最为明显的即是在国家权力直接干预下的民

---

① 宫崎市定《宫崎市定全集 2 東洋的近代》,岩波书店,1991 年,第 125 页。
② 同上,第 127 页。
③ 有关日本是"终点的文化"之论述更多的可参阅宫崎市定《東洋史上の日本》,新潮社 1953 年。

族主义立场。

第二个时期,战后宫崎市定民族主义史学在学术框架下的延续。

战后,宫崎市定在民族主义史学立场下,继续对中国历史文化进行新的解构。①宫崎市定在1978年出版的《中国史》一书中,写有这样的文字:

> 但实际上,第一号准白人的出现,绝不是与其他的东方人毫无关系的。直到最近,人种的平等终在观念上为世界普遍承认,其实际也正在逐渐地上升;然而,这是由于有了现实的准白人的缘故。如果没有这种实际,则连人种平等原则的树立将落空,又若即使原则受到承认,那也不过是完全的空文而已。在凡尔赛和平会议上,日本所提出的人种平等案被遗弃而不顾,并不是那么久远以前的往事。把这种事情写在历史概说书中的,或许别无他人,但是我以一位历史学家的立场,却深感那是最要紧的事情而有非写不可的义务。其故何在?因为若是委由欧洲人来写历史,绝不会提到这件事的。②

上述的言辞,有着深刻的现实政治背景,与战后日本史学界曾经流行的"近代化论"密不可分。这种观念一方面受到美国带有政治意图的诱导,一方面也是基于日本经济再次起飞的现实心态和民族主义情绪而发。③

近代化论是在60年代初由美国官方学者传到日本的。④肯尼迪政府的驻日大使赖肖尔也曾以学者身份著书立说,发表谈话、讲演,系统宣扬近代化

---

① 反观今日所谓"日本文明"已被列为与"中华文明"对等的世界现有几大文明之一的现实,就会更清晰地看到,宫崎市定等日本学者和知识分子在战后坚持"日本文化"作为"终点文化"的同时,解构"中华文明"之实践的指向了。
② 宫崎市定《中国史》,岩波书店,1978年,第554页。宫崎市定在1978年日本"战败"三十余年后,仍然以亚洲代言人的身份提及此事,意味深长。既体现了其反对欧洲中心主义的两难,更表现出了两难背后的民族主义情结。
③ 永原庆二教授曾说,这一史学观念的兴起,无疑与民族的自负心态有着直接的关系。转引自沈仁安、宋成有《日本史学新流派析》,《历史研究》1983年第1期,第127—140页。
④ 1960年8月,福特财团资助的美国学术团体"近代日本研究会议",邀请日美两国学者在箱根举行会议,讨论日本近代化问题。与会者都是著名的学者,如赫尔、赖肖尔、约翰逊、罗克拉德、川岛武宜、坂田吉雄、丸山真男、古岛敏雄、大内力、远山茂树等。耶鲁大学教授、"近代日本研究会议"主席赫尔做了题为《日本近代化——概念构成的诸问题》的主报告。一般认为,这次会议是近代化论正式引入日本的开始。

宫崎市定中国史研究的特色与立场
——在内藤湖南中国史研究的参照下

论,核心即是日本的近代化既有历史的依据和前提,在现实中也是欧洲以外最成功的近代化国家典范。这样的近代化论无疑是美国政府曾经的意识形态战略之一,不过随着后来形势的变化,这样的近代化理论不攻自破,早已破产。不过美国当年兜售的近代化史学理论却成为了日本的一个学术潮流,在曾经的日本文化优越论盛行的土地上生根发芽。

值得注意的是,这般基于民族主义立场的情绪和观念,也不止一次在战后宫崎市定的著述中出现。如1993年出版《宫崎市定全集》的第十八卷《亚洲史》的自跋中写到,随着日本国力的提升,试图改变由西洋人撰写世界史的习惯,并克服西方中心主义撰写东洋人参与世界的历史,而未完成的《大东亚史概说》以及自己的《亚洲史概说》则在此点上完成了自己的历史使命。不仅如此,宫崎市定还在战后的著述中,依然坚持早已失败的亚洲解放论的殖民理论和思维。不仅将台湾说成是一个国家,还无视朝鲜半岛已经分裂为南北两个国家的现实,并且认为原来对中华文明无比信赖的朝鲜和台湾,由于日本的占领,在战后却发展得超过了中国大陆,无疑具有历史的讽刺意味等。[①]

由此可见,战后宫崎市定的民族主义史学立场及观念不仅与战前的一致和关联,而且,这一立场和观念,继续影响着其包括中国史在内的史学研究。

三、结 语

众所周知,内藤湖南和宫崎市定是日本近代中国学领域内最具代表性两位学者。相对于"内藤湖南研究"已经充分展开,国内外学界的"宫崎市定研究"则尚待深入,既有的研究也多在"内藤湖南研究"之延长线上,注重其对于内藤史学的继承和发展。

本文则将内藤史学作为参照,侧重凸显和分析宫崎市定中国史研究的特色,并站在方法论的立场上,观察内藤史学和宫崎史学内在史学观念和方法、路径以及价值、立场的统一。具体而言,内藤湖南将中国历史看成是一个相对独立完整的历史世界,既是观念亦是方法,其民族主义即是其立场和价值的皈依。与此相应,宫崎市定史学的两个重要特征:世界史的视域和框架既

---

① 宫崎市定《东洋史学七十年自跋集》,岩波书店,1996年,第2—19页。

是核心的史学观念也是基本的研究方法,① 其民族主义则是其学术的价值观和立场。

当下的海外中国学研究界,更多地关注内藤史学和宫崎史学的史学观念和具体成果,而本文则在强调其观念、方法和目的内在统一的同时,更加侧重对其民族主义立场的观察。在这一点上,钱婉约先生评述内藤湖南民族主义的文字,颇具启发意义:"内藤湖南从事中国学研究的出发点及终极目的,始终在于对日本民族及日本文化之命运和前途的深切关怀,这是牵动他情感至深处的毕生理念。"②

在笔者看来,这段话也完全适用于宫崎市定的中国史研究。或许这也是一名研究者尤其是人文研究者注定的命运,这或也是沟口雄三先生一直强调研究者主体性的原因。只不过,在笔者看来,沟口雄三先生所谓的"以中国为方法,以世界为目的",在现实的学术研究中,更多地表现为"以中国为方法,以日本为目的"。③

---

① 其主要路径是"交通"和"比较",可参考笔者的拙文《宫崎市定方法论研究——以"交通"与"比较"为中心》,《汉学研究》,学苑出版社,2014年春夏卷,第506—519页。
② 钱婉约著《内藤湖南研究》,中华书局,2004年,第15页。
③ 不过,需要注意的是,内藤湖南和宫崎市定的民族主义固然相近或相似,但是毕竟两者还有不同,这与两者所处的时代不同,宫崎市定在战后也曾反思东洋史学本身,包括民族主义立场的思考,故其提倡亚洲史方向的转换;而沟口雄三之所以提出"以中国为方法,以世界为目的"的背景,无疑与民族主义受到全球化思想的冲击有关。

·汉风五大洲·

澳洲汉学史的来龙去脉

熊文华

澳大利亚是南半球最小的一个大陆板块，也是世界上面积第六大的国家，那儿的海天一色景致、热带雨林、红色沙漠、大堡礁和乌鲁汝曾对航海家和历史探索者充满吸引力，千百年来见证了原住民与欧亚移民共同创造奇迹建设家园的历史。澳大利亚汉学史跌宕起伏的章节在时空隧道中的再现，一次次唤起了人们已经淡忘了的记忆。

根据德国科学家对澳大利亚新南威尔士州蒙戈湖（Lake Mungo）附近发现的古人类化石的研究，距今大约4.5万年前澳洲大陆就已经出现了人类活动的迹象。中外学术界认为，澳大利亚大陆地理上长期孤立，18世纪末叶以前与外界几乎处于封闭隔绝状态。但是《美国国家科学院院刊》（Proceedings of the National Academy of Sciences of the United States of America，简称PNAS）刊载的一份研究报告却称，大约在4230年前印度人种的基因就开始向澳大利亚转移，近代将近11%的澳洲原住民的基因组曾被检测出与澳洲大陆的印度人的基因组之间存在着亲缘关系。这一时期澳大利亚出现了石制器皿、食品加工技术和澳洲野狗种群，也是支持澳洲文明发端的佐证。

史学界部分专家认为，中国和澳大利亚人民之间的交往历史可以上溯到5—6世纪。据《梁书》和《南史》等史籍记载，云游高僧慧深法师曾于南朝齐永元元年（499年）造访过扶桑国，见证了当地人以国树为口粮，织其皮为布以制衣，修板屋却不建城郭，有文字但无兵甲。法师还说南朝天监六年（507年）有晋安人游扶桑东千里外之女国，亲见当地女子个个容貌端正，又被告知若每年二、三月入水妊娠，六、七月便可产子。虽然历史学家和人类学家对于史书上述记载的真伪判断和解读不一，但是也有一些学者认为，若联系澳大利亚历史生态及其特有单孔目动物鸭嘴兽，可对以上传说加以验证。有关慧深以中华高僧身份到访澳大利亚的史话正是由此推演而来。

383

元朝南昌航海家汪大渊（1311—?）至顺元年（1330 年）从泉州乘商船出海，历经海南岛、马六甲、苏门答腊、缅甸、印度、波斯、埃及，横渡地中海到摩洛哥，又出红海到索马里，由印度洋到斯里兰卡，经澳洲到加里曼丹、菲律宾返回泉州，历时 5 年。至元三年（1337 年）他再次从泉州出航，历经南洋群岛、阿拉伯海、红海、地中海、莫桑比克海峡和澳大利亚，两年后返闽。他所著《岛夷志略》（成书于 1349 年）记载了名叫"麻那里"和"罗婆斯"的地方，还有"楠树"（澳洲火焰树）和"仙鹤"（澳洲鹤）等异物，以及"男女辫发以带梢，臂用金钏，穿五色绢短衫，以朋加剌布为独幅裙系之"等习俗。他曾说书中所记"皆身所游焉，耳目所亲见，传说之事则不载焉"。19 世纪中叶《岛夷志略》就引起汉学家的关注。英国学者伟烈亚力（Alexander Wylic，1815—1887）在 1867 年所编的《中国文献记略》（Notes on Chinese Literature）中曾收录该书。经反复考证，多数中外学者认为"麻那里"是马来语"Maharani"或"Marani"的对音，意为"女人国"，该地在今日的达尔文港以东一带。至于"罗婆斯"，韩振华认为是印度尼西亚语 nusa-su 或 lusa-su 的对音，意为"绝岛"，当在澳大利亚境内。①

1879 年在澳大利亚达尔文港附近的一棵树龄约为 200 年的榕树下 4 英尺深处，曾出土中国道教寿星的雕像，被树根缠满，引起许多学者猜测是否郑和船队的遗物。美国学者李露晔（Louise Levathes）根据《星槎胜览》文字记载，推断郑和船队曾经到过达尔文港以北的吉里地闷岛（现称"帝汶岛"）。《郑和航海图》中有一处标为"哈甫泥"，可能就是南太平洋的科尔圭兰岛。如果考证属实，就可以断定郑和船队到达过南半球。但是后来发现那尊寿星雕像是用一块软皂石雕刻而成的，不可能保存那么长世间，因此存疑。英国退休潜艇军官凯文·孟希斯（Gavin Menzis，1937—）在其专著《1421 年：中国发现了世界》（1421：The Year China Discovered the World）中断言，15 世纪中国明朝三保太监郑和（1371—1433）率领的船队曾沿着西洋海路浩浩荡荡南下，1422 年抵达了澳大利亚。

一支澳大利亚考古队根据一艘 1826 年建造的捕鲸船留下的罗经测位标记和一张可能绘制于 1860 年前后的木船和沙堆示意图的提示，在距离海岸线

---

① 韩振华《元朝有关澳洲的地名名称及其风土人情的记述》，陈佳荣、钱江编《韩振华选集》第一卷，《中外关系史研究》，香港大学亚洲研究中心，1999 年。

150米的沙丘下发现了20多块坚硬无比的红色木块，有些大小像土豆，有些形同手指，一端尖利另一端平整光滑似木船榫钉，极为罕见。此事最初未曾引起人们的关注，直到几十年后木片消失在海滩沙堆中才有知情者旧事重提。他们开始考查其来历，坚信那些钉状红木仍然埋藏在仙女港（Port Fairy）和瓦南布尔（Warrnambool）之间25公里海岸的沙丘下。为此他们专门成立了一个红船考查委员会，维多利亚州政府还承诺要对提供有价值线索者悬赏25万澳元，并在相关地段修建了步道。委员们执着地认为，那些红木残片可能是外国船只留下的，出土与否对澳大利亚的历史肯定有着某种特殊意义，也许可以为公元1405—1433年间郑和下西洋的船队早于欧洲人到达了澳大利亚北部达尔文港的推断提供物证。

在群雄争霸的大航海时代，葡萄牙、西班牙、法国和荷兰等西欧国家的探险队曾先后登陆澳洲。1768年英国船长库克（James Cook, 1728—1779）率领"奋进"号（H M Barque Endeavour）到达大溪地（Tahiti）。1770年8月22日库克在"占领岛"（Possession Island）上宣布将东海岸地区命名为"新南威尔士"，由英王乔治三世（George III, 1738—1820）行使主权。1788年初亚瑟·菲利普（Arthur Philip, 1738—1814）奉命运载第一批英国公民志愿者前往悉尼定居。随着麦卡瑟（John MacArthur, 1767—1834）从好望角将美丽诺羊种（Merino lambs）引进澳洲，奶制品和羊毛逐渐成为当地居民生活的必需品。1829年英国把西澳作为囚犯流放地（penal colony）并入版图，进一步扩大了殖民范围。

近代华人移民澳大利亚的历史可以追溯到1810年，广州人麦世英（Mak Sai Ying, 1796—1880）被认为是第一位到达悉尼的华人。随着清廷在第一次鸦片战争中的惨败，新南威尔士和维多利亚两州金矿的发掘，以及英国殖民者入侵亚洲各国引起的社会动荡，一批批福建、广东和东南亚华人离乡背井到澳大利亚寻求发展。1848年一批华人到澳大利亚从事放牧、拓荒和农垦。1854年又有2500名华工进入澳大利亚，多数人签了5年期合同，每年工资12镑，分别受雇于牧场、码头、林区，也有些人当厨师或菜农，聚居于莫顿（Moreton）。到1857年全澳华工已达4万名之多，临时安身之处扩大到维多利亚州的中部城市本迪戈（Bendigo）和巴拉莱特（Ballrate）。

在维多利亚州西南部的阿拉雷特小镇，1857年来自四邑的700多名广东人发现了含金量极高的矿脉，在此后的55年中他们披星戴月，日夜劳作，很快使阿拉雷特由无名荒村发展成繁荣的矿区，鼎盛时期人口超过了5万。1926年最后一批中国矿工离开了那个流淌过他们血泪和汗水的地方，留下了300多座坟茔。虽然如今小镇上已经看不到中国人的踪影，但是当地居民每年11月都要焚香点烛，撒菊舞狮，以庄重的仪式祭奠亡灵。在他们心目中早先华人移民就是开创伟业的先贤。华人移民经历的磨难艰辛都记录在州志镇史中。早在1855年维多利亚议会就通过了一项法案，规定进港的外籍海船每10吨货物只准带一名华人上岸，还须交纳10镑人头税。不久又进一步规定对华工每人每月征收1镑的居留税。1888年澳大利亚各殖民地口岸不再接受华人移民。1901年在墨尔本开幕的联邦议会上通过了《移民限制条例》（Immigration Restriction Act），决定对包括中国人在内的有色移民严加限制，目的是为最终建立一个纯种白人的澳大利亚。为了阻止中国新移民并遣返已居留的华人，当局编制了一套语言测试题，申请入境者必须通过50个欧洲语言单词听写方可获得居留资格。入境一年者还可能再次被要求接受语言测试，通不过者仍可能被递解出境。该项政策表面上是英籍移民埋怨中国淘金移民的涌入降低了他们的劳动价值，同时迁怒于他们所带来的中国文化影响，因此行政当局才为白人移民采取了强制性保护手段。实际上该项法规涉及了澳洲政府在地缘经济和地缘政治方面的定位：地理上接近亚洲的澳大利亚是否应该成为亚洲的一部分，还是毗邻亚洲的一个西方国度？这个长期困扰澳大利亚政界的问题一度使其多元文化遭受了重创，成为汉学史研究中无法回避的话题。

　　澳洲是一个没有发生过大规模战争的大陆，1901年初六个分立的殖民区改制为州，组成了隶属于大英帝国的澳大利亚联邦（Commonwealth of Australia），国家元首之职由英国君主代行。1927年首届澳大利亚联邦会议在堪培拉国会大厦召开，正式宣布澳大利亚独立。但是直到1931年获得了内政和外交的自主权后，澳大利亚才成为英联邦中的一个名副其实的独立国家。

　　澳大利亚联邦的版图位于南太平洋和印度洋之间，由澳洲大陆和塔斯马尼亚等岛屿及海外领土组成，面积共769.2万平方公里。据2009年统计全邦人口为2177万，其中70%为英格兰和爱尔兰人后裔，18%为欧洲其他民族的后裔，亚裔仅占6%，土著居民约占2.3%。华人是澳大利亚最大的少数族群之一，1901年人数为3万，19世纪50年代中期减至数千人，到2012年又升至38万，主要聚居于东海岸的悉尼和墨尔本等地。

由于生存状态和文化表现的差异，早先中澳两国的人文联系并不深厚，处于"白澳政策"（White Australia Policy）控制之下的多数澳大利亚人对中国更是知之甚少。但是在浩浩荡荡的历史大潮中两国都不甘沉默，都希望相互了解相互往来。澳大利亚殖民时期两国主要通过传教士、外交官、记者、商人、游客和军人发挥联系纽带的作用。从1888年到1900年，澳大利亚先后派遣了81名传教士来华，其中男教士41名，女教士40名，属于英国传教士戴德生（James Hudson Taylor，1832—1905）创立的中国内地会（China Inland Mission）所差派的800人员中的一部分。

英籍澳大利亚牧师郭秀峰（Arthur G Nicholls）于1894年来华，1906年奉派到贵州石门坎接受培训，后随薄拉德（Samuel Pollard，1864—1915）到武定县洒普山苗族村寨传教。当地教堂建成后由他负责教务，1923年他曾主持成立基督教内地会滇北六族联合会，并担任教区内的武定、禄劝、元谋和陆丰等地的监管，直至1944年回国。

澳大利亚神职人员艾文斯1941—1944年任职于葛布，授命创办圣经学校和瞽目学校，葛布总会成立后他负责推选朱文正为教会总长老，为后期发展打下基础。墨尔本还有一对桑德斯姐妹，姐姐纳莉（Nellie Saunders）生于1871年，妹妹陶普思（Topsy Saunders）生于1873年，1893年底同时被派往福建古田传教，受到了早期到达的昆士兰籍安妮·高登（Annie Gordon）小姐的热情接待。姐妹俩学习了一年的中文后便开始深入基层。纳莉担任两个男童班的教学工作，陶普思在离住处20公里外的一个妇女识字班任教。姐妹俩总是把传播福音与教学结合起来，一家一户地深入民居，访贫问苦，还向人们传授生活和自救知识。在那社会动乱、缺医少药、温饱堪忧的年代，村民们能得到外界关怀、帮助化解疑虑，了解生命意义，因此受到欢迎。

历史上澳大利亚军人出现在中国主要有两次，虽然在中澳两国交往史中着墨甚少，但是也被视为重要事件。第一次：1900年初义和团运动席卷直隶和山东，八国联军入侵中国。英国从澳洲的维多利亚军团中派出200人，从新南威尔士选送260人，外加水兵109人，于当年8月8日以"中国远征军"名义来华。9月9日澳军抵达塘沽，与俄、德、奥等国8000官兵联合攻打天津，但是他们到达北塘镇时战斗已经结束。维多利亚的200名军人在另一次军事行动中，经过12天的行军到达预定目的地保定时也因行动迟缓折返。至于驻防北京的新南威尔士军人，多数奉命转业担任维持社会秩序、消防和火车站检票工作。第二次：1941年12月8日太平洋战争爆发后，经过爆破、伏击和侦察技术培训的澳洲军队官兵45人，与50名英国军人组成了"郁金香部队"，乘坐卡车沿着滇缅公路行驶3000公里到达昆明，后乘火车到达湖南祁阳，进驻李默庵将军指挥的第一突击队第五突击营。同年6月他们跟随第五突击营的中国官兵，穿过湘中和湘东，前往江西，驻防靖安。

澳大利亚居民大部分属于英裔白人，其政治和经济制度与西欧和美国有许多接近之处。在相当长的一段时间内许多澳大利亚人以归属西方为荣，还有少数一些人认为英国才是自己的"故土"，甚至对纯正的英国口音竭力追捧。第二次世界大战爆发后澳大利亚新生代慢慢地从对英国传统文化的追求转向了美国通俗文化。生活的变化使澳大利亚政界不安，他们开始对所执行的脱亚政策进行了反思，慢慢地认识到面向亚洲、亲近亚洲、融入亚洲应该成为他们新的价值取向。随着国际政治格局的变化以及中国、日本、韩国和新加坡等国的经济发展，澳人逐渐改变了态度，越来越多地参与亚洲事务，甚至公开宣称21世纪为亚洲世纪，不愿意为广义的西方利益冒犯东方各国。虽然澳大利亚行政当局在敏感问题上还时常表现出亲近西方的倾向，但是在世界重大政经事务的表态中却总声称"不选边站"的立场。20世纪60年代之后包括艺术、文学、音乐、电影在内的澳大利亚主流文化重视与世界接轨，力图通过对原住民文化与白人文化的同化，打造出新型的澳大利亚文化。

澳大利亚是一个后起的发达国家，宗教自由，意识形态开放，自然资源丰富，农牧业发达，盛产羊、牛、小麦和蔗糖，也是世界重要的矿产资源生产国和出口国。20世纪70年代以后高科技产业、旅游业和服务业迅速发展，在国际市场上竞争力不断提高。

1972年12月21日中澳两国正式建交，1973年澳政府通过移民法修正案，从此种族歧视被视为非法，中澳关系掀开了新的篇章。双边贸易快速升温，中国已经成为澳大利亚第一大贸易伙伴、最大出口目的地和最大进口来源地。两国之间的文化和教育交往也在不断发展，大批中国留学生前往澳大利亚，许多中国学者加入了澳大利亚人文和社会科学研究者的行列。

澳大利亚汉学发展史可以划分为三个阶段：一、前汉学草创时期（19世纪中叶至1917年）；二、汉学研究常态化、专业化和团队化的创建时期（1918—1971年）；三、多元多科语境中的综合发展时期（1972年至今）。

1901年澳大利亚联邦成立后，政界和学界的有识之士开始关注远东各国的发展，期待通过比照交流吸取经验，寻找榜样，接受挑战。1918年悉尼大学（University of Sydney）率先设立了东方研究系，聘任原澳洲陆军学校的英籍日语学者梅笃克（J. Musdock）为教授，从此澳洲分散和自发的汉学研究正式步入了高校殿堂。1922年赛德勒（A. L. Sadles）接替梅笃克的教席，招生和教学水平在原有基础上有所提高，汉学研究渐成规模。1947年第三任教授莱德敖（J. K. Rideout）走马上任，但是因为战乱，生源和办学经费都碰到种种困难，研究系每况愈下。社会智库更是势单力薄，研究主要参照西欧和北美模式，学术骨干以华裔和亚裔学者为主，选题范围多聚焦于历史、文学、哲学、宗教和语言学等方面。

1953年澳大利亚国立大学设立了第一个中文教授席位。1955年悉尼大学业已萎缩的汉学研究系聘任戴维思（A. R. Davis）教授重新筹办，第二年正式挂牌招生。戴维思是一位汉学家，对于陶渊明有专门研究，曾翻译校勘陶渊明诗文两卷。他主持悉尼大学东方研究系后，聘任华人学者刘渭平（Liu Weiping, 1915—2003）为讲师，共同策划课程，编写教材，制定规章，把教学和科研秩序管理得井井有条。与此同时，戴维斯还邀请专家学者组建澳洲东方学会，并自任会长，定期举行学术报告会和研讨会，出版会刊，在学术界产生了很大影响，提高了汉学研究系和东方学会的知名度。

此后，澳洲其他大学也相继设立了中文系或者东方研究所，并创办汉学期刊。澳大利亚国立大学（Australian National University）在太平洋研究所设立了远东史学系，又在东方研究院创办了中文系。新南威尔士大学（University of New South Wales）研究中心等机构先后成立，选题逐渐扩大到现当代中国研究，取得了长足进步。1960年悉尼大学亚洲研究院（School of Asian Studies）创办了学术性刊物《东方社会学刊》（Journal of the Oriental Society）。但是这一阶段各大学基本上还是根据本部门教授的学术倾向和选题开展教学和研究，个案立项多于综合性规划，较多关注中国的特殊性，系统归纳、比较分析、理论应用和方法选择都处于逐步完善过程。

20世纪70年代初中美两国代表开始秘密接触，商讨改善国家关系问题，引起了东西方政界和媒体的关注。澳大利亚国立大学因时顺势组建了澳大利亚亚洲研究协会（Asian Studies Association of Australia），旨在开展对亚洲各国的语言、文化、政治进行研究，并为政府提供咨询和服务。与此同时，该校当代中国中心（Contemporary China Centre）汇集了许多中国问题专家，专门研究新中国成立以来的发展状况及其影响,在新创办的《澳大利亚中国事务学刊》(现名《中国研究》)上刊登对当代中国政治、经济、文化和中共党史研究的论文。该校远东历史系创办的《远东历史论丛》(后更名为《远东史》)也因为发表多篇名家杰作很快成为研究当代中国问题的主流刊物。

随着1972年中澳正式建交两国关系得到迅速发展。澳大利亚大学的汉学研究出现了可喜变化。学习汉语专业的学生人数增加,大多数人可以在中国学习一年。中国教育部门为来华澳大利亚留学生提供了良好的环境。中国档案馆和图书馆的开放为他们提供了丰富的学术资源,改变了以往的研究方式。他们还有许多机会深入中国社会,广泛接触城乡居民,对于提高汉语水平增加对中国的了解都有帮助。中澳两国国学者的合作进入了常态化规模化发展。

澳大利亚学者和团队曾经发表过一系列关于加强澳大利亚高等院校东方语言和文化教学、加强与中国和亚洲学术交流的报告,其中有奥克缪蒂报告(Auchmuty Report,1970年)、费思芬报告(Fitzgerald Report,1980年)、英格尔森报告(Ingleson Report,1989年)和亚洲研究理事会(Asian Studies Council)的国家战略报告,但是因为种种原因效果并不尽如人意。

20世纪70年代之前中澳学术界联系不多。鉴于发展汉学和亚洲研究需要巨额资金支持,而社会对于这类人才的需求量却很有限,因此在澳大利亚高等教育投资逐年削减的情况下亚洲和汉学研究也受到了影响。1995年澳大利亚政府宣布亚洲研究不再纳入国家重点,澳大利亚亚洲研究奖(Australian Awards for Research in Asia)随之中断,一年之后澳大利亚全国亚洲语言奖学金计划(National Asian Llanguage Scholaarship Scheme)也停止执行。1996年霍华德执政时期情况依然并未得到改善,对亚洲研究的有限支持进一步萎缩。

从事中国研究的澳大利亚机构有政府设立的,也有高等院校设立的。1985年设立的亚洲研究理事会(Asian Studies Council)是政府机构,提倡开展对亚洲的政治、经济、历史、地理和文化研究,澳大利亚驻华首任大使费思芬(Stephen Fitzgerald)出任该会第一任主席,至1991年撤销。另一个政府机构是澳大利亚政府理事会(Council of Australian Governments)下属的由马克林主持的亚洲语言与文化工作组(COAG Working Group on Asian Languages and Culture)1994年由马克林 Colin Mackerras,1939—主持,1999年撤销。

20世纪90年代情况发生了可喜变化。澳大利亚国立大学亚太研究学院(Research School of Pacific and Asian Studies)成立了当代中国中心

(Contemporary China Centre),专门研究1949年以后中国的政治、经济、社会等方面的发展,出版了《澳大利亚中国事务学刊》(The Australian Journal of Chinese Affairs)并设立了博士研究生课程。麦夸里大学(Macquarie University)也创办了中国政治经济中心(Centre for Chinese Political Economy),开展商业调查并举办讨论会,还出版了《进入中国》(Access China)以及不定期出版物《麦夸里中国政治经济研究》(Macquarie Studies in Chinese Political Economy)。阿德雷德大学(University of Adelaide)于1990年成立了中国经济研究小组(Chinese Economy Research Unit),侧重研究中国的城乡经济关系、农村工业化、粮食生产投资和就业等问题,并发表了相关报告。塔斯马尼亚大学(University of Tasmania)历史系也创办了《澳大利亚中国研究协会通讯》(CSAA Newsletter)。以费子智(Charles Patrieck Fitzgerald 1902—1992)、柳存仁(Liu Tsun-yan, 1917—2009)、王赓武(Wang Gung Wu, 1930—)、泰韦斯(Frederick C. Teiwes, 1939—)、马克林、费约翰(John Fitzgerald, 1951—)和白杰明(Geremie Barmé)等为代表的中国问题专家在学术界十分活跃,推动了澳大利亚的中国问题研究向专业化和规模化发展。仅悉尼大学中国研究中心就有研究人员114名。澳大利亚当代中国研究在新的话语体系中广泛涉及社会科学、人文科学、自然科学、医疗保健、商业贸易等方面,并同中国对口部门开展了各种学术交流合作,制定研究培训计划,以适应两国的社会经济和文化交流发展的需要。

澳大利亚高等院校从事中国研究的专家有400多名,研究中国和亚洲问题的中心有55个,主要分布在澳大利亚国立大学、麦夸里大学、新南威尔士大学、悉尼大学、伍伦贡大学(University of Wollongong)、格里菲斯大学(Griffith University)、昆士兰大学(University of Queensland)、国际问题研究学院(Faculty of Asian and International Studies)、阿德雷得大学、塔斯马尼亚大学(University of Tasmania)、拉特罗布大学(La Trobe University)、墨尔本大学(University of Melbourne)、莫纳什大学(Monash University)、维多利亚理工大学(Victoria University of Technology)、墨尔多克大学(Murdoch University)和西澳大学(University of Western Australia)。澳大利亚国立大学、悉尼大学和墨尔本大学是澳大利亚最早开展中国研究的机构。

1989年"六四风波"后澳大利亚的汉学研究曾受到一定的影响,但是1991年后又出现了可喜的变化,研修大学汉学专业的本科生和研究生的人数和新学科都有所增加，来华留学生和访问学者的人数也超过了以前的规模。2004年澳大利亚研究理事会批准了对11项汉学课题的资助。这些课题涵盖了语言、历史、文学和文化等传统项目，也包括中国当代政治思想、经济管理和社会发展方面的选题，这是前所未有的现象。

澳大利亚全国2100万人的祖籍分属世界120多个国家的140多个民族，他们先后移民到澳洲，带来了不同的文化种子在那片土地上生根发芽，开花结果。移民国家的汉学研究赋予其国际化的特点。读者们在面对澳大利亚汉学家众生相时，不能以移民官员的目光用"是否澳大利亚护照持有者"的标准来审视他们。因为父母亲都是澳大利亚公民的汉学家大概只能从20世纪60年代以后出生的学者中去考查，但是谁也不能保证在汉学研究方面有所建树者中是否已经移民或者曾一度加盟他国学者的行列。大名鼎鼎的汉学家田伯烈（Harold John Timperley，1898—1954）出生于澳大利亚，后来定居于英国，1928年曾任英国《曼彻斯特卫报》驻北京记者，抗战爆发后到上海采访，还在国民党中央宣传部驻外机构中任职多年，直到1941年才离任回国。1945—1952年起他又应聘于联合国教科文组织，后来赴印度尼西亚为该国战后重建效力。具有类似阅历的澳大利亚汉学家人数不少，也是澳大利亚汉学跨学科、跨文化、跨专业特色之成因和具体表现。

2010年4月23日，时任澳大利亚总理的陆克文在澳洲国立大学发表题为"世界民族之林中的澳大利亚和中国"（Australia and China in the World）的演讲，提出在该大学建立"新汉学"基地，随后还在《华尔街日报》发表署名文章畅谈此观点。在外界的眼光中，澳大利亚进出口贸易可以从中国找到资源和市场，国土安全可以借助美国和西欧的科技优势；中国之于澳大利亚的独特性和重要性，甚于澳大利亚之于中国的独特性和重要性。

自2005年在珀斯建立澳大利亚的第一所孔子学院——西澳大学孔子学院以来，该国已先后建立了13所孔子学院和300多所孔子课堂。随着学习中文需求的增加，全澳开设中文课程的中小学超过了1000所，中文教师已增至近千人。据2011年的统计，在澳大利亚各高校学习的中国留学生约有15万人（约占澳大利亚外国留学生人数的1/3）。中国是澳大利亚最重要的贸易伙伴、最大的教育出口市场、第二大移民来源地，越来越多的澳大利亚人意识到学习中文的重要性。从长远观点来看，学术共同体发展的最终目标是促进经济攸关方的进步，符合中澳两国人民的利益。

繁荣的十年

——中国文化译介在芬兰①

李 颖

中芬关系一直十分友好。清末民初，帝国主义试图瓜分中国之时，芬兰就与中国签订了第一个友好协议。芬兰出于国内基础建设和发展的需要，一直重视经济发展，而相对弱化意识形态的问题，于1950年1月13日承认新中国，同年10月28日与我国建交，是最早与中国建立外交关系的国家之一。中芬两国自建交以来，两国关系一直正常友好。50年代，中苏关系正常的时候，中芬两国间政治、文化等往来比较多，尤其是文化方面，交往频繁。1951年6月，由左派人士和中间派友好人士发起建立了"芬兰-中国协会"（Suomi-Kiina seura，简称"芬中协会"）。在50年代协会注册会员非常多，且涵盖了社会的各个阶层和不同的意识形态。芬兰前总统乌尔霍·吉科宁（Urho Kekkonen，1900—1986）的夫人苏乐维·吉科宁（Sylvi Kekkonen）一直是协会的第一名誉会员。1956年芬中协会开始出版会刊《中国言画》（Kiina sanoin ja kuvin），一年四期，主要介绍中国的文化和社会的各方各面。中芬之间的很多友好文化活动都是通过芬中协会进行，例如表演艺术团和各种展览都是通过其安排接待。中国还通过芬中协会邀请很多芬兰的知名人士访华。芬兰官方比较重视芬中协会的作用，并给予了支持。

1953年4月芬兰第一次派文化代表团访华。代表团成员共17人，领队为当时的总理夫人苏乐维·吉科宁，她也是一位作家。团员包括教授、作家、艺术家和编辑等，其中有数位著名作家，例如奔蒂·韩培（Pentti Haanpää，1905—1955），库仁沙里（Matti Kurjensaari）等。应该说这是芬兰文学界第一

---

① 由中央高校基本科研业务费专项资金资助，项目批号2009JJ043。

次与中国的接触。这次访问于 1953 年 4 月 17 日从赫尔辛基出发，途经列宁格勒（现名圣彼得堡）、莫斯科、乌兰巴托，到达北京，之后他们游览了很多城市，包括蚌埠、南京、上海、杭州、广州、长沙、武汉等，最后从北京回到赫尔辛基。因为此次活动由官方邀请组织，所以旅行中芬兰代表团不仅看到了古老的长城、故宫和颐和园，现当代的中山陵，品尝了让他们又惊又怕的蛇汤，还参观了幼儿园、农村。在上海，代表团还参观了鲁迅博物馆。唐弢向他们介绍了鲁迅的一生及其创作活动。

这批出访的文艺文学界人士回国后，芬兰组织公演了中国歌剧《白毛女》，随团的作家陆续出版数本有关中国的回忆录。芬兰作家库仁沙里先生担任过记者、编辑，是当时芬兰总统的亲近幕僚之一，有着广泛的影响力，回国后就将自己的旅行日记整理，于 1953 年出版了《中国日记：芬兰人眼中的新中国》（*Kiinalainen päiväkirja: uutta Kiinaa suomalaisin silmin*）。而另一位作家奔蒂·韩培是当时芬兰非常有名的作家，在短短五十年中写了三百多篇短篇小说，十几部长篇小说。韩培出身农民家庭，未受过正规教育。作品始终是农村题材，不与城市发生任何关系，内容多是对社会进行剖析和批判，发笔于事物细微之端，而展现人间的艰难与社会的不平等。他回芬兰后出版《中国故事》（*Kiinalaiset jutut*），讲述当时在中国的所见所闻，以及不同的视角观察到的中国生活。书名中"Kiinalainen juttu"，在芬兰语中有另外一层含义，指困难的问题，难解决的状况。其中"kiinalainen"（名词，中国人；形容词，中国的）也可以指奇怪的，曲折的，诡异的，费解的意思。韩培用此书名，实为一个双关语，表达了芬兰人对中国的"刻板印象"。这次访华之后出版的旅行访问见闻作品在芬兰知识界产生了影响，特别是对左派作家。例如库仁沙里的书中其中有一节鲁迅介绍就激发了艾尔维·雪奈尔佛（Elvi Sinervo, 1912—1986）对鲁迅的兴趣，他进而对鲁迅作品进行了研究和翻译。

与此同时，中国文化在芬兰的翻译在 20 世纪 50 年代掀起了一次高潮。短短 12 年间（1949—1960 年），中国文学文化译本多达 23 本，这些译本译自：中文、德语、瑞典语、法语、英语、俄语。中国文学在芬兰的翻译数量是之前总量的数倍之多。

一、古典哲学思想的翻译

1950 年，传教士王为义（Toivo Koskikallio, 1889—1967）翻译的《道德

繁荣的十年
——中国文化译介在芬兰

经》出版，书名为《老子-神秘之道》（ *Lao-tse，salaisuuksien tie*），共 107 页。这是《道德经》在芬兰翻译出版的第二个版本。第一个版本是 1907 年派嘉·尔瓦斯特（Pekka Ervast，1875—1934）从英文翻译的。王为义是 Toivo Koskikallio 给自己起的中文名字，他于 1920—1928，1930—1935，1937—1947 年一直在湖南传教。1947 年离开湖南之时，他对中国宗教信仰、哲学思想的研究已经有二十七年了，他感觉汉语已经完全向他敞开大门，那时他已经能够独立阅读中文书籍和中文释义，在现代汉语（白话文）注释本、西方其他语言译本以及中国老师的帮助下，他也更深入地理解了中国古典典籍。虽然王为义把这个版本也定名为"神秘之道"（salaisuuksien tie），但是对于他而言，《老子》的道家哲学不再像派嘉·尔瓦斯特认为的是完全的"神秘主义"而无法理解。在前言中，他提到老子学说更具有一种宗教的意义："在我们紧张的时间中，老子几千年的话语一直回响耳边，提醒人们安静下来，倾听内在的声音。它谈的是安宁与平静，如何通过追寻和实现精神价值，并以此获得安宁和平静。"在前言中王为义还明确提到，他的翻译基于中文原典，在中国时还与中国的文人学者讨论文本的释义。在成书出版之前，阿尔内·穆斯托宁（Aarne Mustonen）还帮助审定了王为义的版本，将他的翻译与其他欧洲语言的译本相比较，并且提出了很多"值得注意的意见和建议"。所以相比《道德经》的第一个译本，1950 年的版本是芬兰人第一次基于中国传统的《道德经》研究和西方汉学的研究成果所做的《道德经》研究，以《道德经》的译本为基础，将老子思想较为全面地、系统地介绍给芬兰人。

王为义在中国长期的传教期间，对中国文化有了较深的理解，已经积攒了很多文本的翻译手稿。继《道德经》之后，50 年代出版了数本经典的译本：《孔子：论语》（*Kung Fu-tse：Keskustelut*，1958）、《孟子：教学》（*Mung-tse：Opetukset*，1959）。《论语》之后多次再版，第二年就出了第二版。在《孔子：论语》一书的序言中，王为义广泛地介绍了孔子的学说和儒家思想，认为孔子的学说并非宗教的性质，而是世俗的哲学范畴，他的宗教性只是对古老习俗的遵守，而没有个体的超自然的存在，在这一点对儒家传统的认知上，他有别于之前的芬兰传教士。在《孟子》的前言中介绍了孟子的生平以及孟母三迁择邻的故事。关于孟子的师承，王为义认为孟子的数位老师的前辈应该都是孔子的门生，孔子的学说在孟子这儿得到继承，孟子继续发展了孔子学说。对于当时中国的思想和哲学流派，王为义指出孟子时期，孔子的学说并不是主流,"其他学说,特别是杨子(Jang Tse)和墨子较为兴盛,而孟子的一生都在宣讲孔子的学说,以免孔子学说被遗忘"。王为义认为孟子有很多关于"天"(taivas)和"天道"(taivaan toiminnat)的论述,而孟子所言之"天"是一个非人的力量。王为义除了在引用前人的言论之外,没有使用"上帝"(Shang Ti)这样的词汇。孟子时代对人性本善还是本恶的争论非常激烈,而孟子倾向相信人性的善,"他认为人性并非纯善,但是人性中有强烈的向善的倾向,正如水向低处流一样"。人的恶"多是由外部环境因素的影响",比如"好的光景里,人性常善,到那时有些低谷的岁月中,人就是恶的,因为匮乏和意外会驱使他们走上犯罪的道路。"对于学习,王为义认为孟子对于学习的目的"是为了得到智慧,以及通过智慧达到人的完整(täydellisyys)"。此外,王为义还论述了孟子关于孝的观点,认为"'孝至亲'是最高的美德"。王为义将其翻译为"爱父母"(Rakkaus vanhempiin)。

王为义中国古典哲学译本在芬兰是阅读最广的版本,从其各个译本的再版情况可见一斑,赫尔辛基大学的东亚系关于汉学的教学也采用他的译本作为教材。在中国古典文化的普及方面,王为义起了开创性的作用。

50年代,派蒂·涅米宁(Pertti Nieminen,1929—)也翻译了《道德经》,收录在1956年《中庸-中国思想选集》(*Keskitie*:*Valikoima kiinalaista viisautta*)中。《中庸-中国思想选集》是一本中国古代经典介绍性总览,介绍了《诗经》、《尚书》、《论语》、《孟子》、《中庸》、《大学》、《荀子》、《墨子》、《道德经》、《庄子》、《商子》、《楚辞》、陶渊明、王羲之、苏东坡。其中克里斯蒂娜·吉维沃利(Kristiina Kivivuori)也翻译了这本书的一部分。每个单元在简短的介绍之后,都附有译文节选。例如《庄子》的翻译是第一篇和第十七篇,《大学》的翻译只有两页,陶渊明的章节后有《桃花源记》的译文。《道德经》的翻译是全文,共八十一篇。派蒂·涅米宁本身是一位诗人,他更主要的成就是中国诗词翻译。

二、诗词的翻译

1950年艾诺·迪卡宁(Eino Tikkanen,1889—1953)出版了他编译的最后一本诗集,名为《自黄河》(*Keltaiselta joelta*),此部诗集包含了不少之前已经发表的作品的修订版和一些新的诗词翻译。艾诺·迪卡宁曾经做过《赫尔

繁荣的十年
——中国文化译介在芬兰

辛基日报》(Helsingin Sanomat)的编委、副主编,芬兰民族联合党(Kansallinen Kokoomus)的党务秘书,《方向》(Suunta)报的副主编、主编,还担任过霍格·施德出版社(Holger Schildt)的芬兰文学部主任。后来搬到图尔库做了十年《新犁》(Uusi Aura)报的主编,《新芬兰》日报(Uusi Suomi)的编委和副总编。他还担任过芬兰报业记者联合会的副主席和赫尔辛基报业记者协会的主席。除了担任记者编辑和党派工作外,艾诺·迪卡宁还是位作家和诗人。这次他不仅以德语的译诗为原本,还参考了瑞典语的诗选,参考使用的原本总共为七种。他还阅读了瑞典汉学家、翻译家高本汉的有关中国文字和文学的汉学著作。这本诗集的翻译比前两本有更多的改进,虽然不懂中文,但是迪卡宁将不同版本的译诗进行了比较和研究。此外,本部选集的前言明显比前两个版本更丰富,可见他对中国诗词和文化更加熟悉,文中修正了之前的一些错误。在注释部分,也明显比前两本更加翔实具体。诗集所选的诗词较之前更加关注现当代,所选的诗词覆盖到20世纪初。

1957年《中庸-中国哲学思想选集》再版中,补充了一些托马斯·安哈瓦(Tuomas Anhava, 1927—2001)翻译的谚语和诗歌。托马斯·安哈瓦是芬兰著名的翻译家、诗人,向芬兰介绍了日本的古典诗歌和欧洲的现代主义,如埃兹拉·庞德。1954—1959年间他还给杂志《新画报》(Uusi Kuvalehti)翻译了一些中国的诗歌,其中一部分被收入到佩蒂·涅米宁的《中庸之道》。在他自己创作的诗歌中也多次提到中国诗歌的影响。比如在1958年的诗集《36首诗》的第30首诗最后,就提到此诗源自欧阳修。安瓦哈在诗歌创作中是个完美主义者,对"le mot proper"(正确的字)有狂热的执着,对现代诗歌的美学理论有非常大的兴趣。他在1953年的诗集《诗》(Runoja)中就将"疏离"作为中心主题,并且试图寻找日常现实生活的超越性。而在1958年的诗集《36首诗》中也反映了这些主题。这些诗中的意象很容易让人想起日本和中国的诗词。

派蒂·涅米宁1956出版了自己的第一本诗集《石器时代》,其中除了自己创作的二十多首诗,还有六首中国古诗芬译,分别是孟浩然的《春晓》(Kevätunia),李白的《送友人》(Ystävää saattamassa)和《月下独酌》(Juon yksin kuutamossa),王之涣《登鹳雀楼》(Ylös Haikaratorniin),苏东坡的《夜宿燕子楼》(Vietän yötä Pääskytornissa)(永遇乐·明月如霜)和李清照的《香蕉树》(Banaanipuu)(添字采桑子·窗前谁种芭蕉上)。这本诗集实际是

《中庸-中国哲学思想选集》的副产品,托马斯·安哈瓦在塔米出版社(Tammi)工作时,派蒂·涅米宁应邀编译《中庸-中国哲学思想选集》,顺便把自己创作的诗集手稿和译稿带给出版人。涅米宁1958年的诗集《骨灰盒》(Uurnat)除了自己创作的七组诗歌外,还有九首苏东坡的诗词和一首贾岛的诗《访隐者不遇》。

三、叙事文体的译介

在叙事文学方面,1955年出版了第一个较为完整的长篇小说译本:《金瓶梅》,副标题为"西门庆和他的六个老婆的故事"(*Chin Ping Mei*:*Hsi Menin ja hänen kuuden vaimonsa elämäntarina*)。约尔玛·派尔塔宁(Jorma Partanen,1906—1972)是一名诗人和翻译家,总共译有三四十本著作。译者在前言介绍了英国汉学家阿瑟·韦利(Arthur Waley,1889—1966)的观点,他认为《金瓶梅》的出处及作者研究只能是各种谜团。其后译者介绍了《金瓶梅》作者兰陵笑笑生为王世贞(Wang Shih-cheng)及其生平,《金瓶梅》在历史上的流传,以及此书在欧洲的翻译情况。此书是根据欧洲的数个版本,包括德国汉学家奥托·祁拔(Otto Kibat)和阿尔图尔·祁拔(Artur Kibat)1928年翻译的德语版,1939年法兰兹·库恩(Franz Kuhn)的德语版,同年基于库恩德语版翻译的英文版,以及之后出现的瑞典语版。全书总共四十九回,书后有每个章回简要的注释,主要介绍中国文化风俗和历史背景。在前言结尾处,译者谈到"有些读者认为此书是中国的《十日谈》(*Decamerone*),但是(译者)认为其实书中并没有薄伽丘(Boccaccio),或者班戴洛(Bandello)或是斯特拉帕罗拉(Straparole)的书中那种情色的感觉。某种客观性是本书的特点,'世俗小说'的概念更适合描述此书。如果说此书的开始部分确实有很多情色的描写,但是应该将它与拉伯雷(Rabelais)和巴尔扎克(Balzac)的幽默故事(*Contes Drolatiques*)相提并论,而后半部分的紧张,从道德和伦理的角度都会让人想到福楼拜(Flaubert)和克莱斯特(Kleist)。"此书在芬兰多次再版,1955年就发行了三版,1966年出了第六版。主要还是因为"此书一直以来的情色标签使它在芬兰大受欢迎"。

1957年派尔塔宁根据法兰兹·库恩的德语版翻译了《红楼梦》(*Punaisen huoneen uni*)。约尔玛·派尔塔宁翻译的芬兰语译本是基于全世界"最知名、

繁荣的十年
——中国文化译介在芬兰

最被认可"的翻译家法兰兹·库恩的德译本,德译本基本涵盖了原书内容的八成,删去了一些配角和情节,对整个框架做了缩减,重新调整分章后共五十回,是"西方世界最全的版本"。而芬译本对文中人名的译法在德译本基础上做了调整和解释,但是书后没有加任何注释。派蒂·涅米宁为此书撰写了前言,较为详细地介绍了中国象形文字和文学的起源,中国哲学的黄金时期(公元前500—前200年),经史子集的分类,小说的起源,以及文言和白话的发展、区分及使用等。前言中,对于明清小说的介绍较为详细,包括《水浒传》、《三国演义》、李渔、《金瓶梅》、《西游记》、吴承恩,《红楼梦》,曹雪芹等重要作品和作家。此外,对《红楼梦》除了介绍作者曹雪芹、高鹗之外,还谈到了胡适的相关研究。在全书的情节上,派蒂·涅米宁认为中国人对超自然的态度和生命观是理解此书的前提,此书的所有情节都是在一个传奇或者是梦境的框架下完成的。"《红楼梦》是中国第一部可以称为'心理学'的小说。《金瓶梅》已经开始描述女性的精神世界。""而红楼梦中的人物描写有一些不同,虽然其中人物的行为方式在中国的习俗和世俗生活背景下,对我们来说非常奇特,但是这些人物,例如宝玉和宝钗,都是活生生的人物。因而对于西方读者而言,他们首先具有人本主义的特点,超越了他们的中国性"。派蒂·涅米宁还介绍了红楼梦在清朝的传播,虽为禁书,但是依然"畅销"。此外介绍了《红楼梦》在西方的翻译和流传,"西方阅读很广"。"数个最老的版本有4000多页,字母只有2.5×3毫米大。"此处译者在前言中,用了"版本"一词的复数形式,说明派蒂·涅米宁对于中国古典小说的研究较之前有了更进一步的认识,了解到中国古代小说一般版本较多,并无定论之说。对于其他国家汉学以及译本的翻译也多有了解,但是在信息的准确性上可能囿于掌握资料有限,很多论述依然有待商榷。

派蒂·涅米宁编译古典思想选集,零星地翻译中国古诗,在为芬译本《红楼梦》所写的序言中介绍了中国文学发展,之后又于1958年主编了《中国小说家:中国叙事文学选集》(*Kiinalaisia kertojia: valikoima Kiinan kirjallisuutta*),克里斯蒂娜·吉维沃利、艾尔维·雪奈尔佛、托马斯·安哈瓦也参与了翻译。《中国小说家:中国叙事文学选集》第一次较为系统地介绍了中国诗歌以外的叙事文学史,在前言中派蒂·涅米宁谈到"中国的诗歌,诸如李白和杜甫已经为世人所知,在西方世界也负有盛名,但是中国的小说则鲜为人知"。前言从《尚书》说起,与欧洲的史诗文学传统相比较,梳理了中国文学发展的脉络,从中国叙事的起源,到各个朝代叙事散文及小说的发展以及代表作品。这本选集译本从《史记》开始,直到辛亥革命以后,论及新时代的鲁迅、巴金和老舍。这个译本的部分内容直接译自中文,当时可以拿到原文的文本有《今古奇观》、《诗经》和《聊斋志异》以及哥伦比亚大学出版的《李娃传》中文本。艾尔维·雪奈尔佛翻译的《阿Q正传》是转译本,后来拿到的原文又与转译本做了审校。而克里斯蒂娜·吉维沃利在转译中参考了不同语言的译本,尽量做到准确可信,托马斯·安哈瓦翻译的巴金的文章译自法文。这部作品是芬兰首次从古至今全面介绍中国叙事文学的开始,在中国文学于芬兰的传播史上具有重要意义和价值。

四、华人华裔的英文作品译介

这个时期还出现了华人华裔文学作品的翻译,其中比较著名的是林语堂和韩素音。从40年代开始,林语堂的著作就被翻译成芬兰语,包括《吾国吾民》(1942)、《京华烟云》(1946)、《生活的艺术》(1948)。50年代又有三本著作被译成芬兰语。1953年《寡妇、尼姑与歌妓:英译三篇小说集》,由克里斯蒂娜·吉维沃利翻译。1954年约和·奥古斯·赫罗(Juho August Hollo,1885—1967)翻译了《朱门》(*Punainen portti*)。1955年他又翻译了《英译重编传奇小说》(*Kuuluisia kiinalaisia tarinoita*)。赫罗是芬兰著名的教育学家、翻译家和批评家。据芬兰文学协会统计(SKS,1993),赫罗总共翻译了各种世界文学作品167本。赫罗可以从不同的语言翻译不同类型的作品,译著质量也很高。有人对此表示怀疑,猜测赫罗可能有一个翻译工作室,或者有一批助手协助做前期的翻译工作。对于翻译时间的质疑,赫罗只用一句话作答:"我有漫漫长夜。"事实上,林语堂的作品每一本都在芬兰多次再版,其中《生活的艺术》译本再版达十次之多,每版印数都达到四五万册。林语堂的作品之所以翻译之多,有一个重要原因是他的很多作品都是直接以英语写作,并在美国出版。派蒂·涅米宁认为林语堂将故事以迎合美国受众的畅销书的方式重新改写,他已经从比较文学的角度说明了林语堂译本在西方畅销的原因。对于身处西方文化圈的芬兰而言,一方面翻译英文的畅销小说更加容易和便捷,另一方面又能够呼应芬兰国内对中国文化关注与了解的需求。

50年代另外一位受关注的海外华裔作家是韩素音(1916—2012)。这位

繁荣的十年
——中国文化译介在芬兰

亚欧（中比）混血作家以 20 世纪中国生活为素材进行外文写作，共有七部作品被译为芬兰语。50 年代出版了三本：1954 年的《瑰宝》（*Päivien kimallus*），译自英文版 "*A Many-plendoured Thing*"（1952），由玛莉亚·尼尼罗托（Marja Niiniluoto）翻译，此书多次再版，截至 1994 年总共发行了 13 版。1956 年的《餐风沐雨》（*On sade juomaani*），由曲丽吉·海麦莱宁（Kylliki Hämäläinen，1906—1993）译自同年的英文版 "*And the rain my drink*"。1958 年的《青山青》（*Vuoret ovat nuoria*），由奥斯莫·麦基莱宁（Osmo Mäkeläinen）译自同年的英语版 "*The Mountain is young*"。韩素音的作品在西方一直非常流行，芬兰在欧美风的影响下，对这些具有中国元素的英文作品进行翻译是非常自然的。

五、左翼人士翻译现当代作品

50 年代芬兰出现中国文化文学作品译介的高潮，其中有一个重要的原因是中苏关系的友好。1949—1960 年中国的政策（指芬兰对华政策）主要基于一个方面，就是苏联。因为苏联是芬兰东边强大的邻国，其文化圈对芬兰有着重要的影响。而芬兰与苏联历史上的领土问题，以及芬兰共产党与苏联的密切联系，使芬兰与苏联东部地区的关系更加千丝万缕，错综复杂。50 年代是中苏关系有史以来最好的时期，在芬兰的中国文学翻译上，中苏、芬苏关系的历史促进作用尤为明显。

在芬兰，有一个出版社比较着力出版有关中国的书籍：人民文化出版公司（Kansankulttuuri o. y.）。人民文化出版公司第一次成立于 1940 年，是芬苏和平友好协会（Suomen ja Neuvostoliiton rauhan ja ystävyyden seura）在冬战后出于自身宣传需要建立的出版机构，但是协会解散使出版工作陷入困境。1941 年出版社领导层的数位左翼人员被捕，导致出版社的出版工作还没开始就已经半途夭折。莫斯科的和平停战协议之后，左翼分子被释放。芬苏和平友好协会（Suomi-Neuvostoliitto-Seura）重新组建出版公司，开始出版此前一直匮乏的左翼的研究和相关书籍。在人民文化出版公司出版的书籍带有明显的意识形态色彩。

人民文化出版公司出版的第一本有关中国的小说是：1954 年赵树理的《李家庄的变迁》（*Kylä muuttuui*）。由凯素-米日亚米·罗德伯格（Kaisu-Mirjami Rydberg，1905—1959）翻译，译自戴乃迭（Gladys Jang）翻译的英文版。1960 年出版艾尔维·雪奈尔佛（Elvi Sinervo）翻译的鲁迅作品集：《祝福及其他短篇小说》(*Uudenvuoden uhri ja muita kertomuksia*)。艾尔维·雪奈尔佛是芬兰著名作家、诗人、翻译家，是芬兰左派文化团体"基拉社"成员。1954 年芬兰代表团第一次访华后，艾尔维·雪奈尔佛对访华传记中有关鲁迅的内容十分有兴趣，1956 年随芬中协会组织的友好访华团访华。回到芬兰后，便开始着手鲁迅作品的翻译。她认为此时鲁迅的小说对于欧洲人而言，"就如同本世纪杰出的欧洲现实主义作家的作品"，而中国异域的环境和生活方式的差异更增加了这些小说的魅力。

50 年代还有一个特点，出现了一批转译自俄语的翻译作品。其中人民文化出版公司（Kansankulttuuri o. y.）也资助了一本——《毛泽东选集》上下册（*Mao Tse-tung：Teoksia* 1—2），1958 年由图睿·乐晗（Tuure Lehén, 1893—1976）翻译。图睿·乐晗是芬兰著名的左翼政治家、哲学家，同时也是记者和翻译家，1918 年参与组建芬兰共产党。冬战时期，苏联在占领芬兰的部分领土上建立傀儡政权——芬兰民主共和国（Suomen Kansanvaltainen Tasavalta），图睿·乐晗任内政部长，1918—1945 年期间在俄罗斯和苏联地区较有影响。1946 年，他回到芬兰从事马克思列宁主义的研究工作。图睿·乐晗在前言中说明他所依据的版本是 1952—1953 年间在莫斯科出版的俄语版《毛泽东选集》，此外还参考了英语和德语的版本。文集按时间顺序从 1926 年 3 月的《论中国社会阶级分析》到 1945 年 8 月 9 日的《与日本侵略者的最后一战》。此外译者对每篇文章内容作了注释，在脚注标示针对文章题目或者文章名称的解释，例如土豪劣绅、绅士等。而对于文章句意和背景的介绍梳理则在每篇文章之后都有尾注。毛泽东作品的翻译出版证明当时中苏友好对芬兰左翼作家的影响。芬兰左派思想家在论战背景下翻译毛泽东的作品是非常自然的，在 60 年代芬兰又一次掀起了翻译毛泽东作品的高潮。

除了在芬兰国内翻译出版的书籍之外，还有一批在苏联卡累利阿共和国境内翻译出版，但是主要面向芬兰，针对芬兰读者的中国文学芬译本。实际上自 1918 年开始有大量芬兰人前往苏联，早在 20 年代就在苏联境内建立了芬兰语文化圈。早在 1931 年列宁格勒就已经出版了中国小说集的芬兰语版。在 50 年代通过苏联占领下的卡累利亚地区从俄语翻译到芬兰语的中国文学作品共有七本。第一本就是 1953 年的 H. 鲁德内夫斯卡牙（H. Rudnevskaja）的

繁荣的十年
——中国文化译介在芬兰

《刘兄弟：中国民间故事集》（*Lju veljekset：Kiinalaisia kansansatuja*），收有18则民间小故事。1958年由瓦普·林德伯格（Vappu Lindberg）翻译的《黄鹤和太阳山：中国民间故事》（*Keltainen haikara ja Auringon vuori：kiinalaisia kansansatuja*）是一本只有12页的小书，实际上在1953年翻译出版的《刘兄弟：中国民间故事集》中已经收有这两则故事。1960年由安娜－丽萨·莱万宁（Anna-Liisa Levänen）翻译的San San Fei的《十个小朋友》（*Kymmenen pikkuystävä*），是一本很简单的配图儿童故事书，只有16页。

除了民间故事，居于苏联的"芬兰人"还翻译了中国当代作家的一些作品。1954年许乐维·诺克莱宁（Sylvi Nokelainen）翻译的《中国故事》（*Kiinalaisia kertomuksia*）主要是新中国的七篇短篇小说，包括赵树理和周立波的短篇小说。1956年奥乐卡·佩蒂宁（Olga Pettinen）从俄语版翻译了华山的《鸡毛信》（*Kukonsulkakirje*），副标题为"有关中国人民抗日战争"，小书共49页，文中简单介绍了新中国的成立、作者华山，以及《鸡毛信》故事的时代背景和情节。1956年许乐维·诺克莱宁又和维克·泰帕乐（Veikko Taipale）合作翻译了周立波的《暴风骤雨》（*Rajumyrsky*），俄译版译者所作的前言中较为详细地介绍了中国抗日战争以及新中国成立的历史背景，作者周立波的生平以及小说的时代和文化背景。1957年由沃克·阿赫文尼宁（Vuokko Ahveninen）翻译的《茅盾文集》（*Mao Dun：kertomuksia*），共收有茅盾的十篇小说，包括《春蚕》（*Kevään silkkitoukat*）、《秋收》（*Syksyn sato*）、《林家铺子》（*Linin puoti*）、《喜剧》（*Komedia*）。书中前言详细介绍了茅盾的生平、创作风格及作品。

这些在苏联卡累利亚地区从事翻译出版的译者有些是20世纪30年代拉普阿运动（Lapuanliike, Lapua Movement）期间从芬兰逃往苏联地区的。根据学者奥乌沃·科斯蒂埃宁（dosentti Auvo Kostiainen）研究估计20世纪30年代初约有12000-15000芬兰人逃往苏联。译者安娜－丽萨·莱万宁的父亲就是在这个时期逃往苏联的芬兰共产党员。全家在一年后到苏联与他团圆，但是此后的生活与他们的想象完全不同。其父在斯大林时期失踪被杀，全家艰难度日。20世纪50年代后期中苏关系破裂，之后鲜少有由俄文转译的芬兰语译本。

六、结　语

尽管与其他欧美主流国家相比，中国文化在芬兰翻译的数量依然不大，但是20世纪50年代芬兰语中国文化的翻译出版较之以前呈现出明显的增长，形成了第一个翻译高潮，这背后有多种因素的影响。例如政治方面对新中国的关注和苏联卡累利亚地区的影响，芬兰国内文学左翼运动团体基拉社（Kiila）和火炬社（Tulenkantajat）促进了外部文学的关注和翻译，美国现代派诗歌推动了中国古诗意象的传播，各种因素交汇在一起，呈现出新中国成立后芬兰文化界对中国文化翻译的"繁荣十年"。

50年代芬兰对中国文化的译介迅猛增长，译者身份也发生了一些变化。在之前中国文化的翻译者中，不少是"兼职"翻译家，这类人大多有多个身份，包括外交家、记者、电视广播媒体从业人员、政治家、左翼活动家、艺术家，翻译只是他们在自己的主业之外因兴趣所致而从事的活动。但是50年代的译者中还出现职业翻译家，他们主要从事大量翻译活动，在芬兰的翻译界负有盛名，参与翻译理论的讨论和研究。另一些是诗人或者作家，在翻译的同时也对自身的写作和本国的文学作品产生了影响。

整个芬兰文化界和芬兰官方与中国的亲密接触，与整个50年代中国文学译介的繁荣相互呼应，相互推动。从这点可以看出各国之间的文学关系，文学以及文化作品的翻译与接收首先是由接收国的文化特点，政治诉求等多种原因造成的，因此，认真梳理中国文化在域外的传播历史，解析文化传播中的文化和政治背景与具体的国情特点是十分重要的。

· 俄国汉学研究·

历史诗学理论中的"三国"题材文学研究[①]

张 冰

《三国演义》是中国最早的一部长篇小说，在中国民间流传最广，影响最深，形成了独具特色的"三国"（Троецарствие）题材文学，也备受俄罗斯学者关注。

19 世纪开始，中国的古典文学已开始陆续传入俄罗斯，到 20 世纪 50 年代，随着中苏两国政治经济文化进入全面发展的新时期，大批中国古典文学作品开始在苏联翻译出版，苏联汉学进入了新的发展高潮阶段。其中，帕纳秀克（В. Панасюк）和米里姆斯基（В. Миримский）翻译的《三国演义》俄译本（两卷本，М.：Гослитиздат，1954，1984）在莫斯科的面世，谢曼诺夫的论文《中国古典长篇小说〈三国演义〉》（Семанов В.，Китайский классический роман《Троецарствие》，《Иностранная литература》，1955，№ 6）；马努辛的论文《中国第一部长篇小说的创作总结》（Манухин В. С.，Художественное обобщение в первых китайских романах，《Научные доклады высшей школы. Филологические науки》，1959，№ 4）、孟列夫的论文《长篇小说〈三国演义〉的主要思想》（Л. Н. Меньшиков，Основная идея романа "Троецарствие"，《Народы Азии и Африки》，1967，№4）、古米廖夫的论文《三国演义在中国》（Л. Н. Гумилев. Троецарствие в Китае Опубликовано в Докладах Отделений и комиссий Географического общества СССР，вып. 5，1968.）的发表，特别是俄罗斯汉学家鲍·利·李福清（Борис Львович Рифтин，1932—2012）的论著《历史演义与中国民间文学传统》（Историческая эпопея и фольклорная традиция в Китае，М.，1970）、

---

① 本文获得国家社科基金重大招标项目"俄罗斯《中国精神文化大典》中文翻译工程"（12&ZD170）赞助。

《从神话到章回小说——中国文学中人物形貌的演变》（*От мифа к роману: эволюция изображения персонажа в китайской литературе*，М.，1979）① 等的面世，标志着俄罗斯的中国古典文学研究，特别是三国文学题材作品的研究达到了新的发展水平。

李福清从列宁格勒大学东方系毕业后（1955 年），到苏联科学院高尔基世界文学研究所民间文学研究室担任初级研究员，专事民间文学研究；1962 年，他被调入高尔基世界文学所新组建的东方文学室，按照东方文学室的要求，主要研究中国文学。李福清选取了与民间文学有关的研究专题"中国历史演义与民间传统的关系"。对中国历史演义、章回小说的关注是俄罗斯汉学家最重视的领域之一，俄罗斯关于中国文学较早的专论——1890 年刊登在俄罗斯《东方评论》杂志第六期上的俄罗斯汉学家、瓦西里耶夫的弟子 А. 伊凡诺夫斯基（Алексей Осипович Ивановский，1863—1903）在俄国皇家地理学会发表的演讲讲稿《中国人的美文学（中篇小说、长篇小说和戏剧）》，对此便已有述及。李福清当时选择这个研究专题的另一原因是：

> 20 世纪 60 年代初捷克有名的汉学家普实克院士与他的学生争论中国说书问题。普实克院士主张说书人说书不是以小说为依据，而是继续宋元口头的传统。他的学生不同意，说今天的说书人说书是根据章回小说。争论得很激烈，但是两方面都不作仔细的具体的研究。我想一定要找到当代说书人讲的三国评书记录，拿它们与《三国演义》作仔细的比较，才可以解决这个问题。②

因此，《三国演义》研究成为李福清的学术重点，他以论著《中国的历史演义与民间传统》通过了列宁格勒大学博士论文答辩。1970 年 6 月 12 日，获得语文学博士学位。

此后，1992 年，李福清受邀到台湾清华大学讲授"三国演义"、"中国

---

① 这两部书和普罗普的《故事形态学》第二版，1969；梅烈金斯基的《神话诗学》（Е. М. Мелетинский，*Поэтика мифа*，1976）同属于"东方民间文学与神话研究丛书"（"Исследования по фольклору и мифологии Востока"），1969 年起由俄罗斯东方文学出版社陆续推出。

② ［俄］李福清《三国演义与民间文学传统》"中文版自序"，上海古籍出版社，1997 年，第 4 页。

民间文学"和"20世纪以前俄中关系"等课程；1995—1999年，受邀到台湾静宜大学讲授"三国演义"、"民间文学"和"台湾原住民文学"三门课程。并陆续出版了《从三国故事看中国讲史的发展问题》（Проблемы развития исторического сказа китайцев）（莫斯科，东方文学出版社，1964年；英文，莫斯科，1964；中文，1988年）；《中国的历史演义与民间文学传统》（莫斯科，科学出版社，1970；中文修订版《三国演义与民间文学传统》，1997，上海古籍出版社；越南语版，2002）；《从神话到章回小说——中国文学中的人物形貌的演变》（莫斯科，科学出版社，1979）；《关公传说与〈三国演义〉》（台北，汉扬出版社，1997）等论著，在三国文学题材创作研究领域取得了巨大的成就。其中，他运用历史诗学理论，研究三国文学题材作品的形成发展演变过程，发掘各国文学在其特有的历史文化语境中反映出来的人物外貌描写的类型特点及其演变尤其引人注目。

"我的这本书及1979年在莫斯科出版的《从神话到章回小说》都可以说是历史诗学的研究。"①历史诗学（Историческая поэтика）理论由"俄国比较文学之父"、19世纪俄罗斯著名学者维谢洛夫斯基（А. Н. Веселовский, 1838—1906）院士创立，提出"以历史比较方法为依据，在广泛比较分析和综合研究世界各民族文学和文化史料的基础上，建立科学的总体文学史和历史诗学体系的任务"②，认为世界文学的发展进程与社会发展阶段有密切的关系。历史诗学的目的和民间文学的多阶段性的"历史发展阶段"学说对李福清的研究产生了深刻的影响。李福清较早地将历史诗学这一概念引入汉学研究中，他认为：

其一，历史诗学探讨的是从世界文学发展进程的角度研究诗学意识的演变，世界文学的发展进程与社会发展阶段密切相关。

其二，比较文学方法在做历史诗学研究中不可或缺。通过比较文学方法来证同、辨异，表现各种文化（文学）的诗学特点并发现它们的共同来源或类型。

在他看来，从历史诗学的角度，世界文学史可以分成诸如古代文学类型、

---

① 《三国演义与民间文学传统》"中文版自序"，第6—7页。
② ［俄］维谢洛夫斯基《历史诗学》"译者前言"，刘宁译，百花文艺出版社，2003年，第1页。

中世纪文学类型①与现代文学类型几个大的类型。每个类型有它的特点。当然每个文学类型也处在自身演化的过程当中。他曾撰文批评中国比较文学研究中"某些不采用历史视角及类型概念，作较随便比较的现象，如《三国演义》与托尔斯泰的《战争与和平》比较等等"。

其三，"历史诗学也从文学演化角度研究文体、风格、情节与描写方法。历史诗学研究特别注意文学来源问题"，重视研究原始口头文学（民间文学）。

其四，诗学研究"主要研究体裁的特点及演化。因为体裁是古代、中世纪文学非常重要的范畴"。如，中世纪俄罗斯的编年史体历史著作属于"市俗文学"，因为不是用教会斯拉夫语书写；在远东中国，史籍却属于"高雅文学"，因为是用文言写成的。《文心雕龙》及后来的中国文学理论著作都谈到体裁的问题，但是没有谈到人物描写演化过程。②

一、以历史诗学理论研讨三国题材作品的演变阶段

三国故事在中国历史的长河中源远流长，李福清从维谢洛夫斯基的历史诗学理论出发，运用历史比较、历史演变的观点探讨文学发展中每个阶段类型的发展规律，研究阐明三国文学题材创作的源流特点，研究自三国时代直到20世纪三国题材作品的演变发展，认为三国题材作品经历了从史实记载、史诗故事到口头传说定型、元代戏曲，到真正的书写文学——演义小说；从零散传说到结构严谨的叙事艺术作品的形式上和内容上曲折复杂的发展演变，具体可以划分为五个阶段：

第一阶段，公元3、4—6、7世纪，零散的历史传说产生和发展时期。第

---

① 李福清在三国题材文学研究中引入"中世纪文学"类型观念，认为：中世纪文学类型包括 1. 民间口头创作，2. "高雅文学"（用有文化有学问者才懂的语言书写，如俄罗斯的教会斯拉夫语，欧洲的拉丁语，远东中国的文言，日本、朝鲜和越南的"汉文"，近东的阿拉伯语等）。3. 市俗文学（以接近日常口语的语言完成的作品，如中国的平话、话本、通俗剧等等）。它们同属于中世纪文学类型，但时间上并不同步，如"市俗文学"在近东和远东大约出现在11—12世纪，在俄罗斯、朝鲜和日本则出现在17—18世纪之初。参见《三国演义与民间文学传统》，第196—197页。

② ［俄］李福清《从历史诗学的视角看中国叙事文学中人物描写的演化过程》，《兰州大学学报》（社会科学版）2005年第4期，第1—2页；原载《中国文学研究》，早稻田大学中国文学会，2001年第27期。

二阶段，公元 8—12 世纪，零散的历史传说连缀成统一题材的史诗故事时期；第三阶段，13—14 世纪上半叶。三国题材口头作品的"记录"和初步加工的时期；第四阶段，14 世纪中叶或末期，罗贯中创作《三国演义》时期；第五阶段，14 世纪—20 世纪中叶，《三国演义》和晚期评话、戏曲并存的时期。

（1）陈寿的《三国志》和南朝宋裴松之的《注》成为第一阶段的集大成者。《三国志》面世之前，魏吴已经有史。陈寿收集利用，"事多审正"（裴松之《上三国志注表》），终成与《史记》、《汉书》、《后汉书》并称"四史"之大作。李福清认为，《三国志》的价值是后来民间说书人、戏曲家、《三国志评话》和《三国演义》的素材来源之一。《三国志》不仅仅按照"范式"勾画出了人物形象，而且突出了众多人物的某一主要特征，如，张飞的躁，关羽的忠，曹操的诈，刘备的仁等，对后世影响深远；人物的生平故事也成为后来小说创作的情节引线；《三国志》中人物的著名对话更是成为后来小说或戏曲中对话的基础。裴注"往往将陈寿简略的记载具体化了，并且'拓展'了"。"裴注保存的许多史料，为民间说书人和罗贯中的创造性想象提供了丰富的素材。如诸葛亮南征孟获的记述。"但是裴注对于《三国志》"描写历史人物的传统风格并没有增加任何全新的东西"。

3—5 世纪，三国主题已散见于各种传说，《三国志》之后又出现了大量吸取民间文学口头传说内容，依照史书体裁按文学作品规范加工的三国历史著作，但是还没有成套的三国民间故事，所以李福清将这个时期称为三国题材零散的不成系统的传说阶段。①

（2）三国题材创作发展到唐代，李福清认为此时三国故事已经连缀成套，讲到的不同情节和人物已经被看作一个统一的整体；出现了中世纪创作的典型手法——人物形象与人物外部表征（标志）相结合，人物形象已经固定。譬如，13、14 世纪说书人的作品、演义小说和戏台上，羽扇都和诸葛亮"牢不可分"，成为其独特的"标志"。

此外，在宋代民间百戏，包含说话伎艺蓬勃发展时期，士兵成了一切伎艺场所的常客，这也促进了符合这部分听众需求的历史英雄题材说书内容的流行。李福清在此提到了，11—12 世纪的日本也是一样：士兵是民间说书人的基本听众。但遗憾的是，他没有做进一步的分析。也许这也是日本"说话

---

① 《三国演义与民间文学传统》，第 23、30—31 页。

文学"《今昔物语集》出现的原因之一。其时，日本正值平安时期，随着《竹取物语》的成书，日本文学从零散的、片断式的古代传说阶段发展到了结构完整的短篇小说形式时期，与李福清总结的此时三国故事的发展阶段特点相类似——这一时期中国的三国题材文学已经从情节、人物互不相干的职业说书，发展到具有统一情节的成套历史故事阶段。

李福清提出的三国故事形成发展的第二阶段进入到史诗故事时期，与中国学者的观点也相契合。① 李福清进一步指出此阶段的《三国志平话》叙事并非纯史诗的结构组合，仍然是依照真实的历史顺序构建叙事，其内部纷争这种历史素材也不是典型的民族英雄史诗，"这些特点只能用三国故事的中世纪性质来解释"②。

（3）在李福清看来，《三国志平话》的刊印完成和繁荣的元代戏曲反映了三国题材发展中的新阶段——成套的三国故事的初步加工阶段。此时，元戏中三国戏开始占据重要位置，13世纪末至16世纪，似是三国题材戏出现最多的时期；李福清通过比较有中国俗文学范本之称的《平话》及同时期戏曲创作演出中的具体情节故事，阐析《平话》与戏曲的相异相同及其相互关联，指出它们或来源民间文学素材，或取材于历史文献史实；之后在演义中得到发挥或被罗贯中舍弃，作为承上启下的三国故事发展中重要的一环，成为从史籍型的无情节叙事向有情节的长篇《演义》的过渡，形成了一个固定的、经过文学加工的三国题材故事系列，推动了长篇小说形式的发展，在题材方面为罗贯中《三国演义》的出现打下了基础。③

（4）罗贯中正是在三国题材文学不断发展的过程中，开始了《三国演义》的创作，它也标志着"三国题材"相对地进入到了第四阶段。李福清提

---

① 中国学者认为三国故事到隋唐时代，渐渐脱离了历史的轨道，进入了文学的阶段……参见，陈周昌"《三国演义》形成过程论略"，《三国演义研究集》，四川省社会科学院出版社，1983年，第310页。

② 《三国演义与民间文学传统》，第69页。

③ 李福清指出，文学史上存在某些独特的具有过渡性质的体裁，本身不具重大的美学价值，但却赋予另一些作品以生命。如，使成熟的戏曲文学得以诞生的早期戏本，推动长篇小说形式发展的平话；德国的民间读物等。参见《三国演义与民间文学传统》，第178页。这一观点在俄国学者迪尼亚诺夫指出体裁的渗透力及其体裁间动态联系的一系列论述中也可以看到。参见［俄］迪尼亚诺夫《文学事实》，张冰译，《国外文学》1996年第4期。

出《三国演义》的情节素材源自相异的"说话、戏曲"和"史书"的观点。

其一，关于有情节叙事的"说话和戏曲"在《三国演义》创作中的作用，李福清更多地强调了"平话"为其出现打下的基础，欧洲文学体裁形式演变过程具有同样的规律。

其二，李福清在历史类比中肯定了中华民族的历史自我意识。他说：如果说印度人从不关心他们的历史，中国人则早在公元前6世纪就开始记录自己的历史史实（史籍《春秋》首次采用编年史形式），"史书"的发展和中国人的唯理性主义和历史化思维类型本身为《演义》的出现做好了准备。①

李福清运用历史诗学理论比较分析了中国、俄罗斯、越南、朝鲜等民族文学体裁演变中，编年体对演义和历史小说发展的作用；通过大量实例说明，罗贯中模仿了编年体史书叙事风格，模仿了纪传体史书记载人物传记的形式，在写作中也吸收了民间说话艺术的成分；高度评价了中国第一部长篇小说，在民间最享盛誉的历史演义——《三国演义》。

其一，

在中国文学史上，《三国演义》作者罗贯中担负起了创造中国民族史诗的历史使命。在10—11世纪的波斯文学中，完成这一使命的是 A. 菲尔多西，而乌兹别克诗人 A. 纳沃伊则是在罗贯中之后一个世纪完成了这个使命。罗贯中的著作正是位于中世纪东方这些最伟大的大师的著作之列。他们都写下了规模宏大的史诗，作品都浸透着同样的颂扬明君、谴责暴政的激情。②

其二，《三国演义》的创新在于，它就像为大众写的戏曲本子，脱离了"高雅文学"，此前的文人散文都是用文言文写就的供文人阅读之作。

其三，《三国演义》是中国第一部真正规模宏大、引人入胜的文学作品。

（5）《三国演义》问世后，取代了史书在说书中的创作地位，成为说书的底本，大大推动了17—20世纪的"三国"晚期评话和地方戏曲的发展。李福清据此将《三国演义》和晚期评话、戏曲并存的时期划分为三国题材作品

---

① См.: Рифтин Б. Л. Историческая эпопея и фольклорная традиция в Китае (Устные и книжные версии „ Троецарствия ") , М.: Издательство 《Наука》, 1970, с. 203.

② 《三国演义与民间文学传统》，第179页。

发展的第五阶段。

　　李福清先生这部专著的特点就在于，它深入地探讨了三国题材文学的历史发展过程，探讨了在这一过程中文学与史学的关系，书面文学与口头文学的关系，不同文学体裁之间的关系。①

　　李福清关于三国题材文学发展过程的研究不仅梳理了《三国演义》的形成史和三国文学的发展史，揭示出三国文学的发展轨迹、规律特点，同时其研究中贯穿的历史诗学意识，历史类比方法都独具特色，具有重要的意义和价值。

二、以历史诗学理论进行人物外貌描写研究

　　人物描写，特别是人物外貌描写研究，是李福清的三国文化研究中特别独特的部分之一。1970年1月李福清在列宁格勒大学进行博士论文答辩时，便有评委提出他对《三国志平话》人物外貌的研究很有价值。从历史诗学视角进行人物外貌研究也是李福清本人最看重的三国研究问题之一。以往的中外三国研究中，这个问题显然没有得到充分的重视，李福清将此归咎于学者们认为史诗没有人物外貌的细致描写，"正是叙事诗才具有这种按照同一建构法则塑造人物的静止的肖像描写"。②

　　《从神话到章回小说——中国文学中人物形貌的演变》，是他在《三国演义与民间文学传统》出版后开始的新的专题研究成果，该书系统研究中国神话人物肖像及后来的中国文学人物肖像描写的演变，特别是第二章中从"中世纪小说描写中的人物肖像"，"民间平话话本中的人物及其描写"，"章回小说人物描写原则"，"晚期史诗演义作品中的神话人物"几方面，集中阐述了他对三国人物的肖像研究心得，以期"展现各种人物形象的思想特征，揭示中国古代各种哲学体系中肖像的描写作用，以及中世纪历史作品和后来的叙

---

① 王长友《世界第一部三国题材文学史——读李福清〈中国的历史演义与民间传统〉》，《学海》1996年第5期，第91页。
② 《三国演义与民间文学传统》，第97页。

事文学作品中所具有的描写的标签性"①。

青年时代，每当我坐在图书馆里，面对一卷卷中国古代线装的俗文学作品，不论它是小说、弹词、戏剧或是木鱼书之类的唱本时，我就会情不自禁地沉浸在眼前浮现的古老而神奇的世界中，那些穿戴着古老衣冠的书中人物，也就自然而然地在我的脑海里活了起来……②

在论述三国题材作品的价值时，李福清认为：三国题材作品"能够让我们最为详尽地研究人物外貌描绘的原则问题"③。为此，他运用历史诗学理论，专门辟专节讨论人物外貌描写问题，在中外文学发展进程中对刘备、诸葛亮、关羽、张飞等三国中代表人物外貌细节描写钩稽、索解，溯本求源，进行系统的类型化的历史诗学研究，提出了独特的见解：

其一，静态描写法。李福清将人物外貌描写方法分为静态描写法和动态描写法，认为前者"用在古代和中世纪文学中"，后者属于"现代文学描写法"。④ 三国人物描写归于前者，人物的外貌基本上属于静止、固定的标签式——极端的典型化的描写。他特别强调，中世纪文学中，"标签性"⑤ 描写给予书写作品的巨大影响，并且溯本求源，探究这种"固定的标签式"形象的演变形成。

---

① Рифтин Б. Л. *От мифа к роману: эволюция изображения персонажа в китайской литературе*, М.: Издательство《Наука》, 1979, с. 6.

② 李福清："序言"，参见［俄］李福清、李平编《海外孤本晚明戏剧选集三种》，上海古籍出版社，1993年，第1页。

③ *От мифа к роману: эволюция изображения персонажа в китайской литературе*, М.: Издательство, с. 215—216.

④ ［俄］李福清《三国演义的人物描写原则》，《关公传说与三国演义》，云龙出版社，1999年，第221页。

⑤ 李福清在这里使用了与德·利哈乔夫院士一样的概念，即，中世纪作家总是根据人物特定的地位和身份来描写人物的行为举止和言辞，事件的进程常常不是根据历史事实去描写，而是按照一定的"标签"描写。利哈乔夫也因此认为形式主义的"陌生化"的提出并不成功，因为对中世纪的读者来说主要的审美享受是在陌生的现象中发现熟悉的现象，为新的内容采用习惯的形式，占据艺术主要地位的是体裁和手法运用的"世俗化"。См. Д. С. Лихачев. *Раздумья о России*, СПб.: Издательство "Logos", 1999.

譬如，他以《三国志平话》刘备形象塑造为例，指出，"说起一人、姓刘名备、字玄德、涿州范阳县人氏、乃汉景帝十七代贤孙、中山靖王刘胜之后。生得龙准凤目、禹背汤肩、身长七尺五寸、垂手过膝、语言喜怒、不形于色、好结英豪。少孤，与母织席编履为生"是书中对刘备最详细的描述，其外部特征逐字袭用《三国志》的《先主传》，而《先主传》的这些描写却是来自佛经；《平话》关于刘备，而后又有"两耳垂肩"，"面如满月……龙准龙颜，乃帝王之像"等描述，"两耳垂肩"仍然袭用陈寿的描写，"面如满月"则又来自佛经传统。李福清引用了 А. П. 巴兰尼科夫的研究成果："面净满如月"是佛教著作中列出的八十个高贵外貌标志之一。

他还考证了其他细节描写的源流，如"龙准"在民间由"隆准"而得，是《史记》中描写汉高祖的用词；也有民间说话人将"隆"易为"龙"，即"龙准凤目"，"龙""凤"相对。又如，"凤目"在中国相术中是非凡和智慧的象征，还有"禹背汤肩"的描写，禹汤都是中国古代神话中的帝王；"龙颜"则更是中国传统的帝王之相的描写等……显而易见，刘备的外貌肖像描写发展到《平话》，已经贴上了帝王相的"标签"，并且这种"标签式"的固化形成，即是运用佛经的象征，同时也添加了中国传统的象征；关羽、张飞的描写依据的仍然是描写刘备时所用的形容词和比喻的原则，不同的则是没有佛经传统的形容词，全部描写都是来自民间文学。

李福清认为，《三国演义》中人物描写很少使用修饰词，也同人物固定的标签式描写手法有关。他还通过分析"面如冠玉"成为描写刘备、诸葛亮、马超肖像的固定用语，"面如重枣"用以形容关羽、魏延等的肖像细节描写，指出，很多固定的修饰词，包括成语，已经成为了某些人物的标志特征。形成这些人物特征的不是其特有的个别的自身特点，恰是这些特点的组合。

可以说成是与口头传说相近的中世纪后期的民间文学（不论是平话，还是城市小说——话本——中几乎出现于同一时代的同一种艺术创作形态的不同种类）具有的描写的固定标签性。①

其二，"通过描写人物面庞与身体某些部位的特点，逐渐描画出人物的外

---

① *От мифа к роману: эволюция изображения персонажа в китайской литературе*, с. 219.

貌，为他们每人提出一个形容词"①，李福清称之为"分解式描写法"。"中世纪的作者（或者他的前辈——说书人）描述人物时，努力分解相似的描述。"② 通过认真分析比较俄罗斯著名学者 B. M. 日尔蒙斯基和乌兹别克学者 X. T. 扎里佛夫对乌兹别克英雄史诗中勇士形象描写的研究（《乌兹别克民间英雄史诗》），和处于最原始阶段的雅库特叙事诗中对勇士的描写（普霍夫：《雅库特人英雄史诗"奥龙特"》），以及中国文言小说关于人物外貌的描写方法，李福清认为这种创作手法"大约是从神话到民间叙事作品过渡时的一种古老的民间文学方法"，"仍然是较原始的叙事风格的特征"。③ 三国故事中，"刘关张"的描写典型地反映出"分解式描写法"的特点。

其三，与"刘关张"对立的其他人的描写则使用了和"分解式描写法"完全不同风格的夸张化描写原则。李福清以《平话》中对董卓、吕布等人的描写，并与雅库特叙事诗中对有力的莫立丢的描写相比较（董卓"身长八尺五寸，肌肥肉厚肚大……"吕布"身长一丈，腰阔七围……"莫立丢"身长十丈，体肥亦同……"总结出这是一种"属于文言文学的简洁的和局部性描绘与民间史诗作品特有的夸张相结合"。④ 同样，"在利用民间传说崇拜与有关关羽的书中，关羽美丽的胡须起到了突出其典型性格特征的作用"⑤。

其四，还有一些人物的外貌描写"一定程度上由人物衣着和武器的非常详细的仍是分部的描写所代替"，李福清称之为"无肖像描写"。如《平话》开端对书生的描写："忽有一书生，白襕角带纱帽乌靴，左手携酒一壶，右手将着瓦钵一副，背着琴剑书箱，来御园中游赏。"李福清感叹道：这位书生……"负载着多少物件啊"。他又通过书生身上的宋朝服装，唐代以后的纱帽，指出，作者在描写人物时利用了他熟悉的现实生活中的一些因素。⑥

同时指出，"无肖像描写"也鲜明地体现在对将领的描写中，即以列出军人的衣着和盔甲（武器）代替外貌描写。值得注意的是，与其他民族史诗相比较，可以证明这种描写来自民间，蒙古史诗里存在相同的描写特点；日本

---

① 《三国演义与民间文学传统》，第 100 页。
② *От мифа к роману： эволюция изображения персонажа в китайской литературе, с. 227.*
③ 《三国演义与民间文学传统》，第 100—103 页。
④ 《三国演义与民间文学传统》，第 104 页。
⑤ 《关公传说与三国演义》，第 228 页。
⑥ 《三国演义与民间文学传统》，第 108—109 页。

军记里对军士的描写也有同样的特点；但是中国的史籍却从不详细地描写人物的衣着和武器。李福清认为，它足以证明，文人文学和说书传统与"俗文学"在题材和修辞上相互联系，但却存在着艺术描写形式的差异。

其五，李福清认为，《三国志平话》还有着值得一谈的"情态肖像"（ситуативный портрет）的萌芽，尽管极为少有。譬如，董卓被杀时的"鼻气如雷，卧如肉山"；曹操被赵云追杀时的"盔斜发乱"。"情态肖像"并非中国史籍和传奇小说的特点，只是有时属于口语结构特有的结果结构的第二个部分，是民间艺术思维的首创。

李福清在各民族文学的整体发展中，通过对不同体裁（史籍、平话、话本、鼓书、蒙古本子、演义小说、戏曲等等）的三国题材作品中主要人物外貌叙事的演变比较，深刻、详尽地阐述了中国古代文学人物外貌特征的塑造原则，及其人物形象观念、艺术思维的发展演变，并进而探究各民族传统观念中人的外貌描写特点、手法演变，得以"展示这一过程中，新的和传统的因素间的相互作用，文学与民间创作相互关系的动态发展，以及中世纪各个种类和体裁文学作品受到的异域影响作用和外来描写手法的适应原则"①，显示了他渊博的汉学学识和深厚的理论功底，也为中国古典文学研究开辟了独特的视域。这从《从神话到章回小说——中国文学中人物形貌的演变》出版后，在苏联国内外好评如潮，备受关注中可见一斑。

---

① *От мифа к роману: эволюция изображения персонажа в китайской литературе*, с. 6.

"新汉学"与俄罗斯的中国研究传统

[俄国] A. 洛曼诺夫 著 岳小文 译

在不断变化的世界中，中国全球影响力的加强推动大家讨论"新汉学"的发展前景，希冀"新汉学"能够提供研究中国的现代方法。目前，不仅在中国国内，而且在国外，学者们都在讨论这一问题。讨论的基础是学者们希望能更全面更准确地反映中国与世界的新关系，并且融合中国汉学与国外汉学的学术传统。

在此背景下，重新审视国外各种汉学研究流派的遗产就显得尤为重要。出现并形成汉学流派的各个国家，在20世纪都无可避免地出现了研究内容和方法与中国正在发生的变化相适应的问题。对于目前建立"新汉学"的努力来说，这一历史经验包含着重要的教训。

以俄罗斯汉学遗产为例，在20世纪20世代，俄罗斯汉学研究面临着研究传统中国与快速发展的中国所出现的现代问题相结合的命题。致力于研究古代中国文化的古典汉学难以回应这一命题需求。实际上，这也是"新汉学"发展的第一次尝试，即在保持与之前学术传统联系的同时，来研究新的中国。

俄罗斯杰出的汉学家 B. M. 阿列克谢耶夫（1881—1951）留下了对汉学发展道路的深刻思考。他认为，中国发生的变化不能不影响汉学家的研究方向："1911年的中国革命冲破了中国几千年的封建枷锁，从十月革命开始，新中国比旧中国和传统中国更让我们感兴趣"（阿列克谢耶夫，1982，138）。

同时，阿列克谢耶夫强调，新问题的出现不应该意味着不再研究中国文化遗产。他在1947年完成的一篇名为《苏维埃汉学》的概论文章里明确阐述了这一思想："清楚的是，新中国并不比旧中国简单，现在要想理解她，必须以马克思主义的方法全面理解中国文化的历史。由于新中国现在主要是在欧洲文化的旗帜和口号下进行文化建设，那么研究新中国的现代学者首先需要在这一领域做好准备"（阿列克谢耶夫，1982，132）。

要理解这些话，需要清楚阿列克谢耶夫对20世纪初俄罗斯东方学的批判性意见。他指出,那时在学者中形成了两个流派,一派认为西方优于东方,另一派则相反,钟情于所研究的东方国家,成为这些国家的"热爱者"。但是,双方都受困于"过度的傲慢",对欧洲文化不求甚解,甚至是完全无知(阿列克谢耶夫,1982,9)。在20世纪二三十年代的苏联,随着中国研究领域中新一代研究者的加入,不了解西方文化的问题更为突出,让阿列克谢耶夫很担忧。他强调,了解西方文化对于理解中国受外力影响而发生的变化是必要的。

阿列克谢耶夫对20世纪中期俄罗斯的汉学研究提出了重要要求:把研究中国文化的历史与理解马克思主义和西方文化有机结合起来。这对理解外国汉学现象非常重要,因外国汉学比西方汉学范围广,汉学家的文化知识教育背景因素不能忽视。具有百年历史的俄罗斯汉学研究说明,在中国和东亚象形文化所在地之外形成的研究传统,如同阿列克谢耶夫指出的那样,经常"傲慢地蔑视西方同行"。20世纪下半叶,西方对于中国的研究,由于忽视对中国文化传统的研究,或者对马克思主义理论和其对中国发展的影响过于表面化的理解,同样表现出单一性和片面性。理解这三个要素(中国传统-马克思主义-西方文化)之间的本质和变化的相互关系应该是"新汉学"的基础要求。

阿列克谢耶夫认为,旧汉学仅限于中国语文学研究,到20世纪中期,这种学术研究范围的局限性已经变得不可接受。但是,无限地扩大研究领域也会使汉学失去自己的特点。阿列克谢耶夫指出对中国文本的研究是汉学研究的基本特点。他建议,汉学应该是一个完整的学科体系,为了全面研究的必要性和科学性,要求将汉语文本作为研究的主体和客体(阿列克谢耶夫,1982,119)。

阿列克谢耶夫举了几个例子来说明汉学与其他学科的不同。比如说,对中国植物的研究可借助经验,不需要依靠汉语文本,但研究中国植物科学史则需要对汉语文本进行学术研究。阿列克谢耶夫认为,借助于汉语文本建立起来的中国历史肯定有别于依托用外国语言编写的关于中国的作品开展的历史研究。阿列克谢耶夫指出,这些比较部分说明了"汉学"这一术语的时间性和条件性。从汉语翻译过来的作品数量必将会不断增加,随着时间发展,翻译文本会逐步替代学术领域里的汉语文本,就像翻译作品已经从学术领域挤走了中世纪的拉丁文。

但是，对于外国人和中国人本身，"汉学"应该是一个具有一定恒定性的术语。阿列克谢耶夫认为，独特的中国文化体系和它通过汉语反映出来的历史观和生活观，就是这一恒定性的基础。必须预先并且全面地通晓这一文化体系，才能对这一文化体系开展局部研究，而这只能通过科学的方法才能实现。阿列克谢耶夫警告说，在研究中国的领域"经验主义，特别是实践经验主义，会导致不求甚解和知识贫乏"。换句话说，汉学，作为完整的理论学科，应该走在对中国生活的局部开展实践研究的前面。在这种情况下，汉学才是"中国文化体系和其表达者——汉语的学术理论"（阿列克谢耶夫，1982，120）。

在一本供那些初出茅庐的汉学学人使用的《汉学家著作索引》（这本书的手稿在20世纪30年代已完成，2010年才出版）的前言中，阿列克谢耶夫对汉学做出了更详尽的定义。他写道，汉学是"以文本表述的中国文化体系的学科，对这些文本进行解译以及阅读需要知识和能力的重建，一种极度复杂的重建，需要中国人，特别是非中国人奉献毕生的学术生涯"。随后，阿列克谢耶夫又给出了简明的解释："汉学是关于中国文化的历史、语文、社会及其他各个方面的学科，而中国文化正是由汉语以至今可闻的生动的口语和其他方式，特别是从至今不知从何起始的远古流传到现在的书面可视的语句来表述的"（阿列克谢耶夫，2010，22）。阿列克谢耶夫强调："汉学以中国文化作为综合研究的客体"（阿列克谢耶夫，2010，23），以此说明文化与语言之间不可分割的联系。

阿列克谢耶夫认为，在汉学内部，如同其他学科一样，可分为不同的专业，可以分为历史学家、语文学家、社会学家、语言学家。但是，在确定所研究的汉语文本的真实性时，他们又都变成了语文学家，这一点又将不同专业的汉学家联系到了一起。此外，无论他们生活与工作在哪个国家，所有的汉学家都要经过严格的学校教育，而教育内容在很多方面是相同的。所有的研究者都需要了解中国的古典作家和历史，需要掌握对所研究文本进行准确的语法分析的技能（阿列克谢耶夫，2010，22）。

汉学，作为一门学科，不能以著述的语言为基础进行划分。阿列克谢耶夫非常希望年轻的俄罗斯汉学研究者去研究西方学者的著作。他还强调，汉学家也应该了解中国的汉学，努力在学科内部创立新的方向，避免重复国外已有的研究方向。他以中国汉学家胡适为例，认为国外的研究者应该关注他和他关于中国哲学的著作。阿列克谢耶夫指出，20世纪初出现"中国汉学"的现象与中国文化和西方文化之间的交流扩大有关："现在，我们面前是一个新的时代。科学上解放的中国人，迅速并轻易地在欧洲和美洲找到了掌握通用科学思想和知识的方法，进入到了一个汉学新时代：他们从翻译和研究的客体变成了创作的主体，以学术语言为载体，进入世界汉学家之列"（阿列克谢耶夫，2003，325）。

阿列克谢耶夫关注中国1920—1930年期间的国学之争。他指出，目前的中国国学家把自己的研究主要局限于西方文明进入中国之前中国人所形成的思想和流派。同时，他认为，汉学和国学可以被描述为对中国语言与历史的学术研究："尽管对于在西方和中国这一未分拆出来的学科体系还有很多不确定的地方，但在理解上是近似的，特别是按照常规的方式并参与其中来理解"（阿列克谢耶夫，2010，101）。当中国对国学的内容、国学与西学在整体上和与西方汉学在局部上的关系展开争执时，俄罗斯杰出学者的这一论断在今天引起了特别的关注。

汉学家应该具备什么样的职业品质？阿列克谢耶夫认为，最为重要的是能够将理论与通晓汉语相结合，可以自主研究所有的中国文献，完全不需要借助翻译作品或其他二手信息。他指出，把通晓书面汉语的要求作为汉学研究的基础标识受到一些人的批评，他们自己未能很好地掌握汉语，却指责汉学家的"教派性"。但是，通晓汉语，除了表面知识，还有研究者研究汉语文本并对其进行评价时形成的内在"知识"。那些缺乏汉学知识的作者经常误解汉语文献，他们自己无法对材料做出批判性评价，不得不借助别人的观点、外国作者和翻译者的判断（阿列克谢耶夫，1982，120）。

阿列克谢耶夫把研究中国的学者分为三类。

"文本通"或者全面的汉学家。对于那些翻译得很好的可以成为未来研究者学习文献的作品，这些学者可以判断出作品中汉语文本的出处。

"片面的"汉学家。他们阅读有限选择的汉语文本（只限于口语的、现代的、统计的、报刊的），但就自己的业务领域讲，他们可以或多或少地满足于这种局部阅读文本的能力。

"描述"中国的作家。他们打交道的中国文献只是使用汉语之外其他语言著就的不完整内容，他们认为，批判和通用方法学决定一切，可以使研究者脱离汉语（阿列克谢耶夫，1982，120）。

阿列克谢耶夫对于那些声称不需要汉语就可以研究中国的人一直保持警惕。"我不得不说,一些人,研究中国,但不懂汉语,还有一些学生,因为认为汉语过于困难而不愿同汉语文本打交道,这些人对汉学研究事业的危害非常大"(阿列克谢耶夫,2010,23)。他强调,转述或编辑别人的翻译作品或者随时可见的转述作品,这些人就是"关于中国的作者",而不是汉学家。但是,那些汉学初学者,诋毁并轻视所有的汉学文献,准备只从自己开始或利用最易获得的文献来研究中国,"与其说是汉学初学者,不如说是汉学终结者"。对于汉学家来说,最为重要的要求就是能独立与汉语文本打交道,能够对其进行理解并评价。中国的俄罗斯汉学史研究者李明滨(1933年生)指出,"这些主张都具有方法论的意义,它有力地指导了苏联汉学家的成长"(李明滨,2008,91)。

但是,如果汉学家的成果不如受过很好的教育并且拥有超人智慧的"关于中国的作者"的作品,那该怎么办呢?阿列克谢耶夫以"贫乏的"阿列克西伊·维诺格拉多夫修道士(1845—1919)作为不够权威的汉学家的例子,尽管他的"头脑里满是汉字"。阿列克谢耶夫对他的《中国图书和俄国驻北京宗教使团及外交使团成员著作》(维诺格拉多夫,1889)表示怀疑,指出它不符合学术图书评论的要求。与之相反的例子是哲学家 B. C. 索罗维约夫(1853—1900)的《中国与欧洲》(1890年),阿列克谢耶夫称之为"当时最有智慧的文章","文章显示出对中文的完全不掌握,但却是高质量的文章"。在这篇文章中,索罗维约夫借助了俄罗斯和国外汉学家的作品,对欧洲和中国文明发展之路的对立性给出了鲜明判断。

但是,阿列克西伊·维诺格拉多夫和索罗维约夫(1856—1900)作品的对比并没有改变阿列克谢耶夫的总体思考方向。"前者,不管怎样还是汉学家(尽管从质量上讲不太好),后者,则只是关于中国的作者,只是通过二手甚至三手资料来评论这个国家及其文化,单凭自己毫无理由的判断来选择相信或是不相信这些资料"(阿列克谢耶夫,2010,102)。

重要的是,阿列克谢耶夫不仅指出了汉学家的基本品质,并且真正将这些品质融会到自己的学术生涯中。这一点在中国与日本文化通 H. И. 康拉德(1891—1970)1925年出版的对阿列克谢耶夫译自蒲松龄的《聊斋选编》(俄文版在1922—1923年分两卷出版)的书评中也被强调过。当然,要翻译中国文学,必须懂汉语。但是,汉学翻译家掌握汉语不应该是像翻译匠或是翻译人，只考虑单词的字面或是字典含义，而应该是像学者，广泛而深入意义上的学者，具有历史前瞻性和丰富的关联性。他的研究应该涉及中国文化的方方面面，特别是具备批判的态度，以及无限多样化和复杂化的知识，同时也通晓中国人民无与伦比的世界观本质；而且同样不是像环球旅行者，在中国现代奇特的双栖人才（顾维钧，1888—1985）身上观察这一世界观，而是在独特的伟大民族的背景下和这一民族的伟大历史前景中研究这些两栖人才（康拉德，1977，595）。

康拉德强调了阿列克谢耶夫在翻译方面的职业成就，认为他具备非凡的品质。可以看到，这些特点和对汉学家的要求非常接近，也体现在阿列克谢耶夫自己的著作中——对中国文化的全面理解、批判的方法、跳出现状洞察中国发展历史背景的能力。"环球旅行者"不是汉学家，因为他们看不到中国现实奇特表象下面深刻的文化本质。康拉德把以西式名字 Wellington Koo 为大家所熟知的中国政治家顾维钧作为这种奇特现象的例子。对于环球旅行者来说，西方文化对中国的影响就限于这种表面现象，但是，汉学家能够从中国民族文化及其历史的角度来评判这一现象。

但对于现在的汉学家来说，这些还不够。他不仅需要具备深入而完整的客观知识，还需要特别的主观情绪、对待中国文化的个人态度。"必须有这样的心理结构，能够容纳其他的和在很大程度上与自己不同的现象——中国文化与世界观，能够从内心里认识并将其转化为自我理性与感性的本原……那些不能接受有价值的但异于自己观点的人，会自动失去那些走不进他视野的东西，对东方诗歌作品的翻译将会是粗制滥造的"（康拉德 1977，595—596）。这里讲的是文化的平等和国外汉学家把中国文化看作是与自己母文化传统平等的能力。康拉德强调说，阿列克谢耶夫从本质上具有这一品质。

这些思想在20世纪90年代具有新的现实意义，这一时期，东亚地区的经济发展成就和中国的改革唤起了研究者们在考虑传统遗产对现代变化的影响的基础上，全面研究中华文明的兴趣。著名的俄罗斯汉学家 М. Л. 季塔连科（1934年生，俄罗斯科学院院士，远东研究所所长）建立了新的研究纲领，这一纲领的基础是"研究具有几千年精神文化传统的现代中华文明对工业和后工业社会现代化和要求的适应性"（季塔连科，1999，15）。

在这种研究方法框架下，对中国及其发展道路的研究不应该局限于经济、政治学和国际关系理论。对现代中国的研究，要考虑中国文化遗产，这就是汉学家面临的任务。季塔连科指出，现代汉学正在汇集成为社会科学和人文科学（经济、历史、社会学、人类学等）一部分的通用知识。"从另一方面讲，中国是一个特别的文明星球，拥有最为久远而鲜活的历史、传统与文化，需要综合的研究方法，以及专门的语言学、文化学和历史学知识。这种情况也说明了将汉学学科体系作为人文科学的专业领域的益处。把汉学与其他人文科学的研究成果分离，或者使其与通用人文知识相对立，会导致汉学的衰弱和边缘化。同时，不考虑中国的历史文化和语言特点会导致汉学与研究目标的脱离和知识的抽象化（失去把中国作为一个特殊文明的认识）"（季塔连科，1999，190）。

在中国内部，文化传统的意义变得越来越显著，这无疑成为外国研究者的兴趣所在。季塔连科指出，现在，中国国内正在进行对传统的辩证继承，这些体现在继承自传统文化的诸多现代化概念中。他对此举例说明，比如德治、大同、小康、道德、和而不同、和谐等。随着中国全球影响力的增强，它在世界文明对话中的作用也在加强，中国文化在外部世界的存在感越来越明显。季塔连科指出了中国传统文化对构建中国"软实力"和在其他国家人民眼中塑造国家形象的重要性。"孔夫子的人道、宽容、合作与爱好和平的思想是中国塑造良好形象的哲学思想基础。孔夫子的"和而不同"主张广受欢迎。这一主张具有多重意义，它使中国既成为多种文明彼此靠拢与对话的促进者，也是保持文化多样性的拥护者"（季塔连科，2008，98）。

季塔连科强调，在现代条件下，研究中国传统文化的意义已经超出了文化学的范畴。"要调整和加强与我们的远东邻居们，特别是中国的相互理解，掌握道德哲学，揭示其现在的影响力就显得尤为重要"（季塔连科，2008，86）。对于分析和预测国际关系，包括研究传统对俄罗斯与中国关系形成的影响，以及中国哲学与文明对构建新的全球秩序的作用，汉学研究是必不可少的。"首先是研究俄罗斯与中国的思想理论发展进程对两国人民与政府关系的影响因素。这里是指成为决定俄罗斯与中国文化发展方向的民族同一性和自觉性核心的思想和哲学传统。它们对这些国家的社会觉醒产生影响，促进彼此间的相互理解……其次，中国精英人物对待全球化进程的态度有其思想理论基础，需要研究的是中国哲学与文明对这一思想理论基础的影响。中国的态度能否具有建设性地替代"文化冲突"论？能否制衡世界文化的全盘西化和生活在我们这个星球上的所有民族思潮的全盘西化？"（季塔连科，2012，

75—76)

观察现代中国使学者们意识到中国文化的全球意义。B. B. 马良文（1950年生）指出，中国的现代化并不意味着丢失自己的文化特点，而是中国文化与西方文化的融合，并由此焕发出中国人新的生命价值。"近几十年来，远东国家所取得的惊人成就，清楚地表明，在我们的时代中华文明遗产获得了新生。这一生命力的秘密在于中华文明的"心术"，和依托"法术"的欧洲文明成就完全不同。或者今天，我们开始清醒地明白，机械工具并不是本身在起作用，而是寻求信任、真诚与同感的人的意志和智慧。认为人与人之间的真挚和睦高于"客观真相"和抽象利益的中华文明，在后现代主义时代引起了广泛共鸣。在这个时代，可传达性比传达本身更重要，人际交流的主要条件是未表现出来和未说出来的东西"（马良文，2000，613）。

其他著名俄罗斯汉学家也表达过类似的思想。A. И. 科布泽夫（1953年生）指出，"在统一的世界舞台上了解主要角色的精神气质与文化价值具有特别，甚至是和生命一样重要的意义。众所周知，中国的作用越来越重要，她的文化不仅在文化载体数量上世界领先，而且其本土发展的悠久历史所决定的内部复杂程度也是世界领先的。"科布泽夫认为，"因此，需要对中国文化进行最为全面、准确、详尽而又精练的描述"（科布泽夫，2009，424）。这种描述的尝试体现在综合性的多卷百科全书《中国精神文化大典》（2006—2010）中，该著作是在季塔连科院士领导下，俄罗斯汉学家同仁编著的。对中国文化进行全面描述的努力说明了在研究现代中国问题时汉学研究的复兴。

20世纪上半叶，受阿列克谢耶夫的影响，注重中国文化研究成为俄罗斯汉学研究传统的一部分。阿列克谢耶夫呼吁研究者们把中国文化体系看作一个整体来关注，并在此基础上研究局部问题。他呼吁不要把研究中国传统和研究中国现代问题对立起来，他指出，了解过去才能更全面更准确地理解现在。这些方法论出现在20世纪90年代俄罗斯后苏联汉学研究领域中，用于深入研究现代中国发展过程中的文化与文明命题。

在学者中越来越多的人意识到，要发展对现代中国的专科研究（经济、人口、政治学等），越来越需要把汉学看作是一门关于完整的中国文化体系的学科，将这些专科研究方向彼此联结起来。同时，中国国内政府推行的建设文化强国的任务也促进了科学领域汉学研究重要性的提高。2011年，中共中央全体会议关于文化发展的决议，提出了在中国建设具有中国特色、中国风格、中国气派（中共中央，2011，18）等三大特点的哲学和社会科学的任务。国外研究者未必能在中国社会科学的各个不同方向上脱离整体研究中国文化体系而表现出这些特点，这一任务属于汉学研究领域。研究具有中国特质的新的中国社会科学要求国外学者们把狭窄的专业知识与广泛的汉学视野结合起来。

"新汉学"的发展推动研究中国的"汉学化"，以便借助社会科学的方法，把狭窄的研究纳入到中国文化背景中。"新汉学"的一个关键任务是理解现代中国如何构建新文化和文化合成。首先，这是提高"文化自觉"和"文化自信"的问题，也是国家发展的战略目标。在俄罗斯汉学研究传统的发展轨迹中，可以将"新汉学"看作是一门关于中国文化在全球的综合学科，需要借助汉语文本来通晓中国文化的学科。"新汉学"的新要求在于把关于中国文化的知识与站在中国之外的角度理解中国文化及其与其他文化传统的互动关系结合在一起。

参考文献

［1］阿列克谢耶夫 1982—B·M·阿列克谢耶夫《东方的科学论文和文献》，莫斯科科学出版社东方文学总编部，1982年。

［2］阿列克谢耶夫 2003—B·M·阿列克谢耶夫《中国文学论集》第2册，俄罗斯科学院《东方文学》出版社，2003年。

［3］阿列克谢耶夫 2010—B·M·阿列克谢耶夫《汉学家著作索引：中国语言与文化研究指导手册》，圣彼得堡科学院图书馆，2010年。

［4］维诺格拉多夫 1889—基辅伯朝拉大修道院修士司祭阿列克西伊（维诺格拉多夫）《中国图书和俄国驻北京宗教使团及外交使团成员著作（附目录与图）》，潘杰列耶夫兄弟印刷厂，1889年。

［5］科布泽夫 2009—A·И·科布泽夫《中国文化百科知识与《中国精神文化大典》百科全书　中国：寻求和谐》，庆祝 M·Л·季塔连科院士75岁寿辰讲话，论坛出版社，2009年。

［6］康拉德 1977—H·И·康拉德《选集：汉学》，莫斯科科学出版社东方文学总编部，1977年。

［7］马良文 2000—B·B·马良文《中国文明》，阿斯特列尔出版社、ACT出版社、设计信息绘图出版社，2000年。

［8］季塔连科 1999—M·Л·季塔连科《中国：文明与改革》，莫斯科共和国出版社，1999年。

[9] 季塔连科 2008—М·Л·季塔连科《远东的地缘政治意义：俄罗斯、中国及其他亚洲国家》，莫斯科历史思想文献出版社，2008年。

[10] 季塔连科 2012—М·Л·季塔连科《全球化世界中的俄罗斯及其亚洲伙伴—战略合作：问题与前景》，论坛出版社，2012年。

[11] 中共中央 2011—《中共中央关于深化文化体制改革推动社会主义文化大发展大繁荣若干重大问题的决定》，人民出版社，2011年。

[12] 李明滨 2008—李明滨《俄罗斯汉学史》，大象出版社，2008年。

艾德林及其陶渊明诗歌的翻译与研究

张淑娟

陶渊明是继屈原之后又一位具有鲜明个性的诗人。在俄罗斯翻译与研究陶渊明诗歌的是艾德林博士，他的研究著作《陶渊明及其诗歌》被认为是阿理克《论诗人的长诗》之后集翻译、研究与注释于一体的最成功的作品。

一、陶渊明诗歌的翻译

陶诗的俄译起于帝俄时期，最早的译文刊于1914年出版的第一本中国诗歌集《中国之笛》中，译文名称直译成汉语为《枯枝影》，但陶渊明诗作中并无此诗，因该集作品多从外文转译，详情已难考证。苏联时期有众多汉学家参与陶渊明诗歌翻译。以翻译《易经》而闻名的楚紫气（Ю. К. Щуцкий，1897—1938）曾译《桃花源记》，刊于1935年《东方》第一辑上。阿理克曾译陶渊明的《桃花源记》、《归去来兮辞》、《五柳先生传》和《闲情赋》，康拉德（Н. И. Конрад，1891—1970）院士曾译《归去来兮辞》。诗人吉托维奇（А. И. Гитович，1909—1966）在各种杂志和文集中陆续译出陶渊明诗歌，有《连雨独饮》、《庚子岁五月中从都还阻风于规林二首》、《祭从弟敬远文》、《责子》、《止酒》、《饮酒》、《乞食》、《自祭文》、《杂诗》等十多首。艾德林（Л. З. Эйдлин，1909/1910—1985）是以翻译和研究陶渊明而闻名的汉学家，其译作见于各种杂志、诗歌合集及专集译著中。

艾德林生于切尔尼戈夫手工业者家庭，1937年毕业于莫斯科东方学院，与费德林（Н. Т. Федоренко，1912—2000）同为苏联汉学的奠基者、科学院院士阿理克（В. М. Алексеев，1881—1951）的研究生。1942年以《白居易

---

* 本文为国家社科基金重大项目《百年来中国文学海外传播研究》（俄罗斯卷）的阶段性成果，项目号为12&ZD161。

绝句》一文获副博士学位，1950年起为苏联作家协会会员，1969年获博士学位，同年评为教授。1956年访华期间艾德林曾到北京大学俄文楼给学生做讲座，深受欢迎。艾德林先后在莫斯科东方学院、莫斯科军事外国语学院工作，1961年后一直在苏联科学院东方学研究所工作。艾德林主要研究中国古典文学，特别是中国古典诗歌，有该领域的代表作《陶渊明及其诗歌》（1967）。译著有《白居易绝句集》（1949，1951）、《白居易诗歌集》（1958）、《陶渊明抒情诗集》（1964）、《白居易抒情诗集》（1965）、《艾德林译中国古典诗歌》（1975）等。艾德林在现代文学领域同样成就不凡，有《论今日中国文学》（1955）、《论毛泽东的诗作》（1958）、《新中国文学发展概述》（1960）、《中国文学简史》（与索罗金合著，1962）等。此外，他还研究过鲁迅、艾青、郑振铎等人的作品，一生发表作品250余种。1985年去世。世纪之交彼得堡东方学出版社再版了艾德林的译著《枯苇：7至10世纪唐诗》（1999）和《秋菊：陶渊明诗集（4—5世纪）》（2000）。艾德林还有很多为各种译著、合集所写的序言。

艾德林最早的陶渊明译作是《癸卯岁始春怀古田舍二首》，发表于1954年《新世界》第10期上。1957年《中国诗歌选》中收录艾德林译陶渊明的《癸卯岁始春怀古田舍二首》、《癸卯岁十二月中作与从弟敬远》、《乞食》、《饮酒》、《拟古》5首作品。之后，艾德林陆续在《外国文学》上发表陶渊明译作几十首。1964年艾德林出版《陶渊明抒情诗集》，这是第一本陶渊明诗歌作品集。1967年出版的《陶渊明及其诗歌》的后半部分是陶诗的俄译，囊括了陶渊明作品的精华，是作者几十年翻译经验的结晶。艾德林按其题材把陶诗分为13个主题：咏怀咏史、命子与责子、致友人、归田园居与归鸟、《杂诗》、《饮酒》、《止酒》、《拟古》、《读山海经》、《咏荆轲》、《咏贫士》、《拟挽歌辞》、《桃花源诗》，共译陶诗77首。另外，1972年艾德林再次出版的《陶渊明诗歌集》，是1964年的扩大版。1975年出版的艾德林译《中国古典诗歌》中，也囊括了陶渊明诗作70多首。经过众多汉学家特别是艾德林的努力，陶渊明的大部分作品都已有了俄译，像《桃花源记》、《归去来兮辞》等家喻户晓的名篇更有多种译本。现在我们就来欣赏艾德林的陶诗译作《归园田居》其一中的四句：

原作： 艾德林的译文是：

	Возвратился к полям и огородам
狗吠深巷中，	Громко лает собака в глубине переулка глухого,
鸡鸣桑树颠。	И петух распевает среди веток, на тут взгромоздясь.
户庭无尘杂，	Во дворе, как и в доме, ни пылинки от бренного мира,
虚室有余闲。	Пустота моих комнат бережет тишину и покой.

俄罗斯文学理论家加斯帕洛夫（М. Л. Гаспаров, 1935—2005）院士提出翻译"准确性指数"与"随意性指数"的概念。"准确性指数"是指译作遵循原作的词与原作使用词汇的比率，"随意性指数"是指译作增减词与译作所用词汇的比例。"准确性指数"越大，译作越接近原作，"随意性指数"越大，译作与原作的差距越大。加斯帕洛夫特别看重译作对原作的遵循程度，再好的译作如不以原作为出发点，都无从论及。因此，加斯帕洛夫借鉴统计学的原理，提出"随意性指数"与"准确性指数"两个术语，把衡量诗歌翻译标准的尺度数字化，这增加了翻译评判的客观性和科学性，同时也具有一定的可操作性，为诗歌翻译评价提供了依据。这里我们用加斯帕洛夫提出的这一概念来检测译文遵循原作的程度。

原作共用20个字，译作共使用22个词（这里指的是实词，包括名、形、动、副四大词类）。译作与原作相符的词共有12个，分别是：лает（吠），собака（狗），глубина（深），переулок（巷），петух（鸡），распевает（鸣），ветка（树），двор（庭），дом（户），пылинка（尘），пустота（闲），комната（室）。用到的同义词有2个：мой（моих комнат 意为：虚室），бережет（意为：有），即与原作相符的词共有14个，与原作使用20个实词比较，14∶20＝70%，即艾德林译文的准确性指数为70%。译作中增加的词有громко（大声地），глухого（安静的），тут（在这里），взгромоздясь（费力地往上爬），бренный（暂时的），мир（世界），тишина（寂静），покой（平静），共8个，漏掉的词有1个"桑"，与译作共使用22个实词比较，9∶22＝40%，即艾德林译文的随意性指数为40%。从以上分析我们可以看出，艾德林译文的准确性还是比较高的，达到了70%。艾德林同阿理克一样特别看重译文的准确性。可以说，译文较好地再现了原诗的形象和意义。但艾德林不主张押韵，这首诗也同样体现了艾德林的这种原则。总体来看，艾德林翻译陶渊明、白居易以及其他中国古典诗歌特别关注了以下方面：

其一，译文的可读性。

艾德林赞成用现代语言去翻译古诗。他主张译者的语言应是现代的，这样读者就像读我们当代的作品一样，译作读者相对于本国作品读者的优势也正在这里。用现代语言并不会消减译者转达古诗的民族特点，也并不会减少语言所蕴含的古老韵味。但运用现代语言并不意味着可以任意想象，它应帮助读者深入理解译文，不加渲染，不用译者的思想改变原作。他认为，中国古诗的译者在翻译过程中要表现出两种优势，原作同时代人读作品的优势和译作同时代人读作品的优势。而这个任务会帮助我们解决关于注释的一个永久存在的问题……在可以的范围内，遵循必要的分寸，注释与原文融合在一起，使我们更准确接近原作，创造出与古人读书时一样的心境。

其二，译文的准确性。

艾德林特别赞成阿理克提出的翻译要像文件般准确的原则，并在自己的译作中严格遵循了这一原则。他认为，不忠实于原作的译文是无法被其他学者作为引文使用的，正如阿理克指出翟理斯（Herbert Allen Giles，1845—1935）所译司空图《诗品》那样，翟氏的译作是直译与转译的混合，这样的翻译对文学史学家来说毫无价值。艾德林特别注意到这一点，他注意保持诗歌中的形象、排比、语法、逻辑，认为这是一个统一而不可分割的整体。他说，"这是中国古典诗歌的灵魂，也是翻译的职责。"①

其三，韵脚是非主要因素及韵脚的不可译性。

在这个问题上，艾德林提出中国古典诗歌最重要特征的问题。他认为，节奏、排比、形象、逻辑——是中国诗歌的民族特点，也是翻译中最主要的因素。中国现代诗歌已渐渐失去韵脚这一元素，今天我们的读法已发生改变，和古代不同了。② 在韵脚与节奏上，艾德林更看重节奏，他很赞成北京大学林庚教授的观点："我们读五言无韵诗，但并未感到节奏受损，因为五个汉字所带来的节奏远比韵脚所带来的节奏感要多。"③ 而且韵脚有时也存在一定弊病，比如让现代读者感觉重复；为了韵脚，我们往往要放弃其他重要的方面。艾

---

① Эйдлин Л. З. Тао Юань-мин и его стихотворения. М.：Наука，1967. С. 140.
② Эйдлин Л. З. Тао Юань-мин и его стихотворения. М.：Наука，1967. С. 142—143.
③ Эйдлин Л. З. Тао Юань-мин и его стихотворения. М.：Наука，1967. С. 142.

德林认为，我们可以用一点"小的牺牲"来寻求现实的可能。他也谈到阿理克对韵脚的观点，阿理克曾称韵脚是"令人怀疑的功绩"，还有普希金的观点，普希金希望慢慢用"白诗"来创作。从以上我们看出，艾德林是基于两方面的原因认为可以不译出韵脚。一方面，韵脚不是中国诗歌的主要因素；另一方面，在必要元素中增加韵脚，译者的职责无法实现。艾德林在翻译白居易和陶渊明诗歌时运用了他所坚持的这一原则，不考虑韵脚，只是在他认为可以而无损于其他要素时才使用。他的这一观点得到俄罗斯汉学家的支持，如李福清院士。李福清说，在他需用引文时他当然首选艾德林的译文作为引文。但也有学者不支持艾德林的翻译观点，如孟列夫。孟列夫认为，韵脚是中国诗歌几千年来形成的文化积淀，应该给予译出，而且也可以译出。

这里我们暂不去评论译者的等级优劣，我们看到通过译者的努力中国诗歌在他乡竞相绽放。我们希望有更多的翻译原则，而这只能说明中国诗歌在异域依然有其多彩的魅力。

二、陶渊明诗歌的研究

对陶渊明的研究始于阿理克，是阿理克首先认识到陶渊明在中国文学史上的地位并给予了精辟论断。阿理克在研究司空图《论诗人的长诗》(1916)中就明确指出陶渊明对司空图的巨大影响，阿理克特别指出过陶渊明思想中的道家因素，但同时也强调，陶渊明的"自然"思想与道家思想有根本区别。另外，"在 1915 至 1916 学年中，阿理克还给圣彼得堡大学东方系的学生们开过'陶潜诗歌'这门特别的课。"① 在 1920 年阿理克发表在《东方文学》上的《中国文学》一文中说道："陶渊明起到了我国普希金所起的作用……中国诗人饱含各种理想的诗歌创作都建立在陶渊明那永垂不朽的诗句上。9 世纪诗歌中理想诗人的形象既来自于庄子寓言中那超人的理想，也来自于陶潜那淡化生活欲望的田园诗。"② 阿理克特别指出陶诗的特点，既简洁而又寓意深刻，"我们感到陶诗分外简洁，每一首诗都蕴藏着无穷的魅力，诗人简单的生活中

---

① Петров В. В. Рец. на Л. З. Эйдлин. Тао Юань-мин и его стихотворения // Народы Азии и Африки. 1968. № 3.

② Алексеев В. М. Китайская литература // Литература Востока. М.: Госиздат, 1920. С. 30.

蕴含着深刻的思想,正因如此,陶渊明创造了人们对他的崇拜,而且与时俱增,又非时代久远而呈现出的那种宽容式的崇拜。"① 康拉德在其文选中也特别强调了陶渊明"不为五斗米折腰"的品质。

1960年,艾德林在"第25届国际东方学家学术会议"上提交了他研究陶渊明的首篇著作《中国诗歌传统与创新问题研究：陶渊明诗歌》,文章以陶渊明诗歌为切入点,试图建立起中世纪中国诗人的形象,进而对中国诗歌进行总体研究。1967年,艾德林出版《陶渊明及其诗歌》,无论从哪个角度来说,这都是俄罗斯汉学界奉献给世界的一部力作。从世界汉学范围看,《陶渊明及其诗歌》是第一部有分量的专著。日本汉学家吉川幸次郎曾于1958年出版了《陶渊明传》,但那只不过是对陶渊明诗歌注释的一本小册子,谈不上全面研究,同年日本出版的《中国诗人作品集》中用20页概要介绍了陶渊明诗歌,但根本无法与艾德林的巨著相提并论。从中国学术界看,陶渊明研究比较有价值的要数1947年萧望卿的《陶渊明批评》和1953年张芝的《陶渊明传论》,只是篇幅也较短。艾德林研究陶渊明著作的成功当然与陶渊明在中国文学史上的地位不无关系,但更重要的是与艾德林准确优美的译文及深入详尽的研究不可分割。因此,该书值得我们给予特别的关注。

《陶渊明及其诗歌》分为"诗人"与"诗歌"两部分,前半部分是对陶渊明的研究,后半部分是陶渊明诗歌的翻译。在研究部分,作者以16小节分别阐述并分析了诗人所处的时代、生活、创作、世界观、在中国文学史上的地位及作者翻译陶诗所遵循的原则等问题。笔者以为,艾德林的陶渊明研究可以从以下方面加以分析：

首先,艾德林对诗人生平与创作给予了阐释并对诗人的相关信息进行了考证。

对诗人所处的时代、生平及创作的阐述是每一位研究者都无法回避的问题,艾德林对陶渊明的研究也是如此。艾德林却发现,像陶渊明这样在中国诗歌史上如此关键的人物在陶氏之后的著作中却记载寥寥,诗人的生平无从考证。陶渊明的好友颜延之所作的《陶征士诔》是现存可考的关于陶渊明的第一篇文章,对陶渊明一生进行了总结。颜延之认为陶渊明是一位优秀的诗人,但对其文学成就却少有提及。沈约著《宋书》和后来唐代编纂的《晋

---

① Алексеев В. М. Китайская литература // Литература Востока. М.: Госиздат, 1920. С. 30.

书》中都有《陶潜传》，但对诗人几乎没讲什么。唐代李延寿编《南史》基本上是重复沈约的论述。另外，更令人奇怪的是刘勰《文心雕龙》中对诗人只字未提，钟嵘《诗品》中把陶渊明列为中品，而把谢灵运列为上品，可以说对陶氏的评价并不算高。只有梁朝昭明太子萧统对陶渊明给予了应有的评价，并且亲自编选《陶渊明集》并作序。在萧统编选的《文选》中收有9篇陶渊明的作品。艾德林翻译了萧统序言中介绍陶渊明作为一个人和一位优秀诗人的部分，并指出，"陶渊明诗集和序言的出现是时代发展的需求，是社会追求真理和有教诲意义的智者诗歌的一种表现。"① 艾德林强调，那些记载诗人生平的传记都过于简略，与诗人的地位极不相称，而给人的印象是陶渊明只是一位爱饮酒的诗人。艾德林说："其实陶渊明在其诗中完整地展现了自己的生平；对诗人形象的来源不是直接来源于现实，而更多是来自于诗人的诗歌，其作品可以为证。"②

陶渊明在史书中的信息基本上是确凿的，但学界对诗人的生年存有疑虑，有的学者认为陶渊明生于365年，如游国恩、朱自清，有的认为陶氏生于372年，如梁启超、陆侃如。艾德林认为，想要找出确切的答案，唯一的方法就是通过诗人作品所透露的点滴信息加以寻找，因为诗人的作品就是他真实生活的记载。艾德林通过对诗作《辛丑岁七月赴假还江陵夜行涂口》、《归去来兮辞》、《饮酒》、《拟挽歌辞》等的分析得出结论，陶渊明生于365年，卒于427年，而上述诗人的生卒年代也是目前中国学者普遍认同的。以诗人作品为出发点，基于事实之间的联系寻找线索，这不仅展现了艾德林深厚的古文功底和优秀的诗歌才能，也让我们看到艾德林朴实而严谨的治学风格。

其次，对诗人出仕、归隐及世界观给予了分析。

中国学者对陶渊明出仕、归隐原因及世界观的探索从未停止过，这一点自然也引起艾德林的关注。但就以上问题，艾德林至少得出三点与中国学者不同的观点。中国学者王瑶认为，陶渊明最后一次出仕表现出道家追求"正道"的理想。吴瞻泰在陶诗汇注中认为这是诗人儒家思想的表现，他希望追求仕途，参与时政。我们知道，陶渊明共五次任职五次辞官，他最后一次任彭泽县令仅81天就又辞官，从此再未出仕。陶氏著名的《归去来兮辞》就作

---

① Эйдлин Л. З. Тао Юань-мин и его стихотворения. М.: Наука, 1967. С. 47—48.
② Эйдлин Л. З. Тао Юань-мин и его стихотворения. М.: Наука, 1967. С. 30.

于此时。艾德林通过大量分析此时期的诗人作品，特别是对《归去来兮辞》的分析后指出，陶渊明最后一次任职，"并非因希有所裨益，也并非希仕途有成，通过做官而实现儒家的为善思想，这两点都不是使陶渊明在彭泽任职的原因，而是贫穷，很显然，穷困已使他无法'硬忍受'。而陶渊明最终还是回到了他之前的状况，任何身体的困苦对诗人来说都不算什么。"[①] 陶渊明的归隐被中国学者认为是陶渊明认为在别朝当职是一种耻辱，诗人在刘宋时期创作的作品中没提到过君王的名字和年号，与晋时期创作的作品完全不同。艾德林也并不同意这种观点，他认为，"陶渊明对'空吟深叹'的诗是非常愤慨的，因此在其诗中并未有信仰旧朝的诗句。他在刘裕改朝易代之前很早就辞官回家过，诗人的作品完全可以证明这些。当官越来越使诗人感到重负，当官会间接或直接成为为政者的帮凶，这与诗人本性相异，而使诗人正直的本性遭到玷污……我们应该这样理解诗人，他的辞官正说明诗人对恶的态度，内心的愤怒，对正义的追求，而这与晋宋易代并无关系。"[②] 艾德林的观点似乎更符合陶渊明的个性而令读者接受。艾德林进而探索了诗人的世界观。他认为，"陶渊明所追寻的并不是隐居，而是一种自然。古代很多学者及其评论家，从钟嵘开始就混淆了这一概念。"[③] 艾德林坚决反对陆侃如、冯沅君在《中国诗史》中提出的"陶渊明的追求自然的思想与嵇康的'任自然'思想一致"的观点，艾德林说，嵇康乘风高逝，远登灵丘。结好松桥，携手俱游。朝发泰华，夕宿神州。弹琴咏诗，聊以忘忧的道家神游思想与陶渊明向往田园生活怎么会是一样的呢！正如阿理克所指出的那样，道家思想在陶渊明那里发生了根本改变。陶渊明诗中的自然思想与诗人对生死的观点是紧密相连的，而这些观点与道家观点截然不同。陶渊明清醒地认识到人生的无法重复和死亡的不可规避，与道家的神仙和佛教的永生不同，这种思想和王羲之的很像，他们都以高尚的人格使其永垂不朽，而这主要是诗人思想中所受的儒家教育。[④]

艾德林充分考察了中国古代经典和中国学者的观点。比如，在研究陶渊明生平时，他考察了《晋书》、《宋书》、《南史》、《文心雕龙》、《文选》等

---

① Эйдлин Л. З. Тао Юань-мин и его стихотворения. М.: Наука, 1967. С. 70.
② Эйдлин Л. З. Тао Юань-мин и его стихотворения. М.: Наука, 1967. С. 76—77.
③ Эйдлин Л. З. Тао Юань-мин и его стихотворения. М.: Наука, 1967. С. 86.
④ Эйдлин Л. З. Тао Юань-мин и его стихотворения. М.: Наука, 1967. С. 87—91.

史书，在研究诗人归隐原因时，他考察了李公焕、方东树、梁启超、朱自清、张芝等学者的观点，之后，他还考察了鲁迅、陆侃如、冯沅君、羊达之等对陶渊明有关问题的研究。艾德林很重视中国学者的观点，使其成为自己研究的基石，但他并未因此囿于其观点，反而能标新立异、别出机杼、步步维新。艾德林惯以独立思考见长，他上述提出的观点值得我们重视。

艾德林大量运用了比较方法。艾德林把陶渊明与俄国 19 世纪早期诗人达维多夫（Д. В. Давыдов，1784—1839）①进行对比。艾德林认为，陶渊明在诗歌中所运用的创作手法与达维多夫的创作手法很像。比如，达维多夫的同时代人维亚泽姆斯基（Д. А. Вяземский，1792—1878）②虽然都很了解达维多夫，但更多地只是谈及诗人作品中的主人公，这和颜延之的《陶征士诔》如出一辙。达维多夫诗中还有另外一个主人公布尔佐夫，这也和陶渊明诗歌《咏贫士》中的贫士一样，其实写的都是诗人自己。"达维多夫所创作的形象和性格令人惊异，以致后世其他诗人在其作品中继续保留了这些形象。"③ 而这点也和后世对陶渊明的敬仰异曲同工，中国在陶氏之后的许多大诗人如李白、杜甫、白居易、孟浩然、王绩、欧阳修、辛弃疾仿作陶诗和献给陶氏的诗作更数不胜数，苏东坡与陶诗相关的诗更以百计。艾德林认为，"陶氏把诗歌与自己的生平融为一体的原因与中国古人的思维定性、国家与时代的文化类型相关。古人转述而非杜撰，相信和喜爱儒家学说，尊重事实，把文学作为一种阐释手段，即要表达真实的事情。这种思想根植于中国社会的思想意识之中。"④ 通过艾德林简洁清晰的对比，相信俄国读者对陶渊明的作品及其在中国文学史上的地位会有更深刻的认识。

艾德林被认为是阿理克研究方法的最忠实继承者，该书研、译、释的创作体例也承袭了阿理克研究司空图《二十四诗品》的创作模式。作品的问世是中国古典文学俄传的又一重要成果。作品问世后共有 6 篇书评发表，如不考虑阿理克的司空图研究，至今还没有哪一部著作能像该书一样能有那么多篇书评对其加以介绍，艾德林对陶渊明的研究在苏联汉学界引起了强烈反响。可以说，该作赢得了众多汉学家的赞誉。就拿注释说明部分来说，注释所用

---

① 俄国诗人，1812 年卫国战争中的英雄——笔者注。
② 俄国诗人、文学评论家，彼得堡科学院院士——笔者注。
③ Эйдлин Л. З. Тао Юань-мин и его стихотворения. М.：Наука，1967. С. 43.
④ Эйдлин Л. З. Тао Юань-мин и его стихотворения. М.：Наука，1967. С. 44.

资料相当丰富，作者利用了中国的一切传统注释，并对比西方已有的研究，得出自己的观点。李福清称这是翻译加研究的"样板"。费德林说："该部著作的出版，使我们不得不对我国汉学的发展感到满意。艾德林的《陶渊明及其诗歌》一书就其研究的深度而言，超越了前人，较之此前的同类著作优越甚多。"① 车连义也认为，"艾德林的著作远远超出题目涉及的范围，可以认为该作是中国古典诗歌总体特点的研究。中国诗歌作为世界上一种特殊的诗歌，我们可以在陶渊明作品中很容易找到中国诗歌的这种传统。理解了陶渊明诗歌也就是最大程度上理解了那个时代的中国文化。"② 彼得罗夫说："艾德林的著作还包含对陶渊明诗歌中意象的美学分析和艺术阐释，以及对思想与心境的深层解读。"③

　　正如彼得罗夫所言，艾德林的著作实际上还翻译了很多哲学、史学、美学等方面的资料，对很多问题给予了科学的阐释，如陶渊明传记的问题，历代对《桃花源记》的看法等问题。该部著作在俄罗斯汉学史上是继阿理克《论诗人的长诗》后又一部具有里程碑意义的著作，是集译、释、研于一体的综合性研究某一作家的典型创作，可以说是俄罗斯汉学里中国文学研究的高水平代表作，在世界汉学内彰显了俄罗斯中国文学研究的特点。

---

① 赵永穆编选《费德林集》，天津人民出版社，1995年，第229页。
② Черкасский Л. Е. Поэзия Тао Юань-мина // Вопросы литературы. 1968. No 5.
③ Петров В. В. Л. Эйдлин. Тао Юань-мин и его стихотворения // Народы Азии и Африки. 1968. No 3.

·美国汉学研究·

丁韪良对晚清中国民俗的观察
——以沈弘等译《花甲忆记》为核心

崔学森 朱俊华

一

丁韪良是晚清举足轻重的来华传教士，在中国生活近60年，最终埋骨中国。他广泛结交中国各界人士，又在总理各国事务衙门等机构中担任重要职务，对中国有特殊的感情，也对中国社会生活和思想文化有比较全面深刻的认识。他的著述和社会活动对清末中国的政治、外交、思想、文化和教育等领域均有一定的影响。美国学者鉴于他对中国、美国乃至世界的影响，将其与海关总税务司赫德相提并论。① 与此相反，长期以来中国人对丁韪良的评价不高，甚至完全抹杀和忽略丁韪良的贡献。② 因此，中国学术界对他的研究也不够充分。近10年来，随着丁韪良的著作不断汉译，丁韪良研究方兴未艾，

---

① 1907年美国"The Outlook"杂志在"有创造力的美国人"栏目中刊登丁韪良专访文章，作者Albert Porter表示："如果问这样一个问题，'谁是当今在中国最著名的两个外国人？'答案恐怕只有一个——那就是：'赫德爵士和丁韪良博士。'""没有另外的美国人能够像他那样受到中国人如此的高度尊重。"Albert Porter: An American Mandarin. The Outlook, 1907年8月24日。转引自傅德元《丁韪良研究述评（1917—2008）》,《江汉论坛》2008年第3期。

② 例如否认丁韪良为京师大学堂总教习等现象。参见沈弘《丁韪良：如何评价他在北大校史中的地位？——与陈平原教授商榷》，http://web5.pku.edu.cn/ccs/duihua8.htm

对其评价呈现多元化倾向，客观和肯定评价渐为主流。①

近几年来，丁韪良的著作《花甲忆记》②、《中国的觉醒》③ 和《汉学菁华》④ 相继由沈弘等人汉译出版，掀起了中国大陆对丁韪良研究的热潮。⑤沈弘等翻译的《花甲忆记》是丁韪良的一部自传体或半回忆录性质的作品，是丁韪良1895年为止的诸多日记、文章的结集。⑥ 英文版首版于1896年，1900年出版第三版，1905年或1906年出版新版，但新版只增加了丁的一篇序文，其他部分未作任何改动。沈译之前曾有部分章节的汉译本。原书名为"A Cycle of Cathay"。沈弘之所以将其译为《花甲忆记》，他认为早在1910年上海基督教文献学会就出版过该书的一个中文节译本，译者为Chao-Shunheng，并说该版本在国内已经很难找到。⑦ 但据撰写博士论文《丁韪良与中国》的王文兵考证，将"A Cycle of Cathay"翻译成《花甲忆记》是存在很大问题

---

① 以"丁韪良"为关键词检索中国学术期刊网，共184条，其中题名中包含丁的有43篇，涉及丁的非专题论文136篇，博士论文1篇，硕士论文4篇。关于丁韪良研究评述，付德元比较全面地梳理了近百年来中国大陆、台湾地区和美国等国的研究概况、丁韪良著作的整理、出版和翻译情况以及对研究中存在的问题的建议。美国研究丁韪良最具权威的学者是拉尔夫·柯维尔（Covell Ralph R），其著作《丁韪良：在中国的进步的先驱者》仍是美国研究丁韪良的最权威著作。中国学者付德元、沈弘和王文兵对丁韪良研究比较深入。

② [美]丁韪良《花甲忆记——一位美国传教士眼中的晚清帝国》，沈弘、恽文捷、郝田虎等译，广西师范大学出版社，2004年。

③ 丁韪良《中国的觉醒：国家地理、历史与炮火硝烟中的变革》，沈弘译，世界图书出版公司，2010年。

④ 丁韪良《汉学菁华：中国人的精神世界及其影响力》，沈弘等译，世界图书出版公司，2010年。

⑤ 重要的论文有王文兵《此〈花甲忆记〉非彼〈花甲忆记〉：丁韪良 A Cycle of Cathay 中译本勘误补正》(《近代史研究》2008年第4期)以及王文兵、张网成的《重建与解释：丁韪良的中国历史研究述评》(《学术研究》2009年第4期)和沈弘的《读丁韪良的〈汉学菁华〉》(《中华读书报》2008年3月5日)，等等。

⑥ 关于沈译《花甲忆记》研究状况，除上述王文兵的一篇勘误补正的文章外，还有王月的《丁韪良与中国现代化——从〈花甲忆记〉说开来》(《中国图书评论》2010年第2期)和段琪的《从〈花甲忆记〉看丁韪良在中西文化交流中的作用》(《多元视野中的中外关系史研究——中国中外关系史学会第六届会员代表大会论文集》，2005年8月)，等等。

⑦ [美]丁韪良《花甲忆记——一位美国传教士眼中的晚清帝国》，沈弘、恽文捷、郝田虎等译，广西师范大学出版社，2004年，第329页。

丁韪良对晚清中国民俗的观察
——以沈弘等译《花甲忆记》为核心

的。沈提到的 Chao-Shunheng,中文名为赵受恒,1910 年出版的《花甲忆记》并非赵翻译,而是丁韪良口授,赵笔述,50 页,英文名为"Review of My Life"或"Gleanings of Long Life from Two Continents"。这个译本藏于北大图书馆。最为重要的是 1910 年版的《花甲忆记》尽管与沈译本有所重复,但仅限于 1895 年前的部分内容,1910 年版增加了 1895 至 1910 年期间的内容,这是沈译本所没有的。所以将两本"《花甲忆记》"说成全本和节略本是有欠妥当的。所以,也就不应该将"A Cycle of Cathay"译为《花甲忆记》。书名中的 Cycle 意思是一个循环,特指中国纪年中的一个甲子,60 年。Cathay 是"契丹"的音译,指中国。所以书名可译为《中国六十年》或《中国花甲记》。之所以起此书名,丁韪良认为第一次鸦片战争到此书的写作,将近 60 年,书中讲述的事情大致也是这 60 年发生的。①

以往对丁韪良的研究多集中在政治、外交和教育等领域,笔者尚未见到专论丁韪良与中国民俗方面的论著,尽管有些研究丁韪良与中国宗教关系的文章涉及民俗方面内容。② 丁韪良在华生活近 60 年,对晚清民俗给予了相当的关注,沈弘等翻译的《花甲忆记》等著作中有多处记载。本文以这些著述为核心,梳理丁韪良对中国民俗观察的内容。丁韪良具有异文化接触者的独特观察视角,对中国人习以为常的传统民俗给予了颇有见地的评价。本文对这些评价也给予适当的讨论。

一

丁韪良在中国近 60 年,主要居住在宁波、上海、北京、武汉等城市。另外,还"走访了六个省份(其中有些省份还去了不止一次),因此我对十八个行省中的十个省份都有切身的了解,并收集到了珍贵的第一手资料。"③ 作为长期在华生活的美国传教士和汉学家,他足迹遍布半个中国,对中国的了解非常深入,民俗是他观察中国的重要部分。

---

① 参见王文兵《此〈花甲忆记〉非彼〈花甲忆记〉:丁韪良 A Cycle of Cathay 中译本勘误补正》,《近代史研究》2008 年第 4 期。
② 王维俭《丁韪良在宁波十年宗教活动述评》,《浙江学刊》1987 年 6 月。
③ [美]丁韪良《中国的觉醒:国家地理、历史与炮火硝烟中的变革》,沈弘译,世界图书出版公司,2010 年,第 4 页。

在梳理丁韪良对中国民俗观察之前，有必要对民俗的含义加以解释，并根据本文需要，对民俗类型进行划分。民俗，即民间风俗，"是民众的风俗习惯"，① 指一个国家或民族中广大民众所创造、享用和传承的生活文化。风俗是特定社会文化区域内历代人共同遵守的行为模式或规范。风俗是一种社会传统，某些当时流行的时尚、习俗、久而久之的变迁，原有风俗中的不适宜部分，也会随着历史条件的改变而发生变化。

民俗可以按照不同的标准分类，本文根据信仰的有无和强度将民俗分为一般型民俗和信仰型民俗。② 一般型民俗又可分为娱乐型民俗、节庆型民俗、生产生活型民俗等；信仰型民俗可细分为源于佛教、道教、儒教和其他宗教信仰的民俗。迷信也可以包含在信仰型民俗之内，尽管它是一种特殊的信仰。当然，在一般型民俗和信仰型民俗里也包含一定的迷信。

（一）对非信仰型民俗的观察

丁韪良观察的休闲娱乐型民俗有斗牛、斗蟋蟀和斗鹌鹑等。他观察说，斗牛在中国的某些地区颇为盛行，离宁波不远的金华地区每年春季举行牛展，其中最吸引人的一个项目就是斗牛。他将该地斗牛与西班牙等地斗牛进行比较，金华斗牛不是跟人或马决斗，而是让公牛之间互相争斗。有人告诉他说这是为了"能够消除社会中争强好胜的精神，这样人们便可以和谐地生活在一起。"③ 丁韪良认为中国人是不顾一切的赌徒，人们喜爱斗牛背后的动机就是赌博的刺激性。紧接着他又举出斗蟋蟀和斗鹌鹑的赌博形式。他说："衣着华贵的公子和年衰体弱的老人都喜欢观看精彩纷呈的蟋蟀拼争，看蟋蟀如何努力将对方的头咬掉。"④ 他甚至把京城一度被一伙鞑靼人占领的原因归于守城的将军过分沉溺于斗蟋蟀。丁韪良关于斗牛、斗蟋蟀和斗鹌鹑的观察都是为了说明中国人喜欢赌博冒险。在《中国的觉醒》中，他也提到在澳门附近观看斗鹌鹑和斗蟋蟀的场景⑤。在此之后，丁韪良还提到竞猜历史谜语，具体

---

① 田晓岫《中国民俗学概论》，华夏出版社，2003年，第11页。
② 一般性民俗和信仰性民俗的划分也是相对而言，如果追根溯源，很多一般性民俗最初也多与信仰相关。
③ ［美］丁韪良《花甲忆记——一位美国传教士眼中的晚清帝国》，沈弘、恽文捷、郝田虎等译，广西师范大学出版社，2004年，第60、61页。（下引本书只注明页码）
④ 第61页。
⑤ 《中国的觉醒》，第9页。

丁韪良对晚清中国民俗的观察
——以沈弘等译《花甲忆记》为核心

做法是"有些历史名人由一种动物来代替,被写入一副对联之中。"①

赛龙舟是为了纪念爱国诗人屈原而保留至今的传统习俗,丁韪良对此做了描述。他说,之所以叫龙舟,是因为船的外形和装饰像一条龙。人们把龙舟划出去名义上是为了搜寻投水而死的诗人屈原的尸体,但实际上,划龙舟只是为了比赛和娱乐。丁韪良还记录了同样有纪念意义的寒食节,人们在春季守三个通宵的斋,在这三天内不能点灯和开伙,只能吃寒食。"这个习俗是为了纪念生活在公元前9世纪的介之推而设立的。"②

丁韪良对平民出身的章鋆中状元在家乡庆贺时的情景做了详细描绘:放着鞭炮,有中国乐器演奏会,乐师们拿着几日的旗帜,帽子上戴着红色的流苏。状元夫人应邀去宁波城的六个城门处,把大米撒在地上,以驱逐厄运。因为人们相信,一个人的辉煌成功会使众人免受厄运的威胁。③丁韪良在《中国的觉醒》中对这种习俗做了不同的解释,他说:"人们相信,每当这样的荣誉落到某个城市时,往往会有接连三年的灾荒,以达到某种平衡。"状元妻子登上城墙撒米,目的是"逆转将来临的饥荒"。④

中国人在旅行和游览期间喜欢留言。丁韪良刚到北京不久,与蒲安臣和普鲁斯攀登离京城12英里的西山,在山上的佛寺里他注意到诗人有在寺庙墙壁上题诗的习惯,他还将一些诗句摘抄下来。⑤1866年2月2日,丁韪良从北京出发,绕道河南区寻觅犹太人聚居点,之后再到曲阜拜祭孔子。这次旅行为他提供了观察民俗的好机会。他注意到旅店的白色墙壁有两种用途:一是做花名册和账本,二是供旅客留言用。店主把旅客的名字写在上面,旁边是旅客散文体或诗体的留言,诗文常常还配上粗糙和不堪入目的绘画。⑥

丁韪良在去开封的途中正赶上中国的传统节日春节,他做了细致的观察。他看到一个十分有趣的现象,有一个村庄的人们戴着两顶帽子,一顶叠一顶。他正要把这个奇特的现象当做乡间民俗记录下来时,顺便询问这样戴帽子的原因。原来是人们赶集回来,每人都为明天过年买了一顶新帽子,便将两顶

---

① 《中国的觉醒》,第9页。
② 第50页。
③ 第64页。
④ 《中国的觉醒》,第18页。
⑤ 第151页。
⑥ 第184页。

帽子叠在一起戴了，过年时就只戴新的了。他观察到商店和大门口在新年这一天挂了春联，每个人都穿上鲜亮的衣服，街上挤满了拜年的人。丁韪良住宿旅店的店主向他跪拜拜年，并希望得到例行的赏钱。丁韪良的仆人同样行了礼，并请求允许遥拜他的母亲。仆人面向母亲所在的北京行了九叩大礼，祝愿母亲健康长寿。丁韪良接着评论说，这是一种表达孝心的美好方式，它造就了中国的祖先崇拜，并使之在中国的人际关系间发挥巨大作用。①

在这次旅行途中，丁韪良还记录了与公共安全相关的习俗。他注意到马路两旁建有望楼，望楼是用于观察的，而且也便于防守。一旦出现警报，可以点燃狼粪作为信号，因为狼粪能产生浓烟。他说这是对狼的一种新的利用。②他还记载了守夜人巡夜的情形。"晚上九点刚过，就可以听到街上官府巡夜者近乎嘶哑的吆喝声，夹杂着私家守夜人凌乱的竹梆声。后者在同一时刻也开始值夜。"每隔一段时间巡夜者要重复吆喝，屋里的守夜人也走到窗边敲一阵竹梆，以便让人们知道他还没睡着。③

此外，丁韪良观察了一些关于女性和婚姻的习俗。轿子一般是达官贵人的专利，但"新郎和新娘在特定的场合被允许使用这样的排场。例如用彩虹和蝴蝶等五彩织物装饰的新娘婚轿由一支乐队在前面开道，乐师们吹吹打打，唢呐与钹齐鸣。"④丁韪良也记载了妇女受到的限制和不幸，如妇女不容许出现在舞台上或者在公开场合看戏，但在私人宅邸的戏曲演出是不受官方审查制度约束的。⑤在一次从奉化到西邬的旅行中，丁韪良注意到约有2500居民的小镇西邬居民全都姓邬。原因是规定同姓严禁通婚，无论血缘关系有多远。所以邬镇的人家都要把女儿嫁到邻近的林镇去，同时邬镇的男子也娶林镇的姑娘作为交换。丁韪良指出了这种习俗的不合理性，他说："这样就把一个城市中的女子变成了所有男子的禁忌。这样的异姓婚姻是否有点过分？相比之下，不同姓氏男女间的关系很少有人关注，以至同母异父兄弟姐妹之间的婚姻并未受到禁止。⑥"寡妇在传统专制社会是被欺凌的弱势群体，丁韪良提到

---

① 第185页。
② 第182页。
③ 第79页。
④ 《中国的觉醒》，第10页。
⑤ 第43页。
⑥ 第71页。

丁韪良对晚清中国民俗的观察
——以沈弘等译《花甲忆记》为核心

一个婚后丈夫不久便去世的寡妇的遭遇。她要像佣人和奴隶那样服侍公婆,公婆却申斥她,认为她给家庭带来了灾难。公婆对她非常苛刻,决定逼她改嫁,这样一来就可以免除她带来的厄运并得到彩礼上的补偿。丁韪良认为在中国的婚姻市场上,寡妇尤其是一件贬值的商品,公婆甚至可以不通过婚姻将寡妇卖掉,从而获得更多的金钱。① 丁韪良还记录了妇女殉葬、为贞女烈妇立贞德牌坊等习俗。②

丁韪良对生产生活型民俗也有所观察。他在宁波、镇江一带看到许多特殊的捕鱼方式,如训练鸬鹚捕鱼。有一种捕鱼方式很奇特,使用一种装置,让鱼自投罗网,它并不是用渔网和鱼钩,而是让鱼越过一块白色的板自己跳进船舱。他还描写了空手捕鱼的情景。③ 丁韪良对少数民族的习俗也做了细致的观察。他说:"整个蒙古地区被中国人称为'草原之乡',那里的居民拥有羊圈和牧牛的草场,却没有农田和房屋,只能看到一些帐篷和临时的草舍。他们仍保持着游牧习俗,当水源和牧草出现短缺时,便赶着牛羊从一个地方迁往另一个地方。"④

(二)对信仰型民俗的观察

信仰性民俗大致可以分为与宗教信仰相关的民俗和迷信两部分。

与宗教信仰相关的,又可以分为佛教、道教和儒教的信仰。丁韪良观察了寺庙中放生的情景。⑤ 他对佛教灵魂转生也有所评价,对这种教义的负面作用表示不满。他认为转生的教义倾向于贬低人的尊严感,又可导致自杀之风的盛行。转生的教义也深深地渗透到中国人的生活之中,他曾经在一座寺庙里看到两三千妇女在某个节日聚在一起拜佛祈祷下个轮回转世时要做男人。从上文记述可看出专制环境下妇女地位的卑微,她们的这种祈祷行为也是对悲惨命运的一种反抗方式。丁韪良对妇女抱以同情心,并赞扬她们谦卑、优雅和优秀。⑥

民间对佛教的信仰,往往带有浓厚的功利色彩。1855 年,丁韪良在舟山

---

① 第 140 页。
② 第 81 页。
③ 《中国的觉醒》,第 17 页。
④ 《中国的觉醒》,第 53 页。
⑤ 第 18 页。
⑥ 第 51 页。

群岛度假时目睹一伙海盗在附近一个岛上的渔村里搭台演戏，祭祀菩萨，庆祝捕获一艘运载蔗糖的平底帆船。① 寺庙里有搭台唱戏的风俗，戏台正对着菩萨搭建，因为它们被视为戏曲的主要观众。② 他还目睹人们经常抬菩萨游行，有时场景非常壮观，而且费用相当昂贵。他了解到，在京师这类游行一般都被禁止，因为当局害怕它们会被用来作为暴动的掩饰。但在其他城市，大都会受到官员的鼓励。至于游行的功用，丁韪良认为既能满足民众喜欢看热闹的情趣，也能将公众目光从政局吸引到其他方面上去。当然，这种抬菩萨游行和搭台唱戏给菩萨看的活动几乎失去了宗教色彩，丁韪良所记录的舞龙游行也是如此，它们几乎成为一种公共娱乐方式。

丁韪良除了大量记载与佛教相关的民俗外，对道教和儒教也有相应观察。他认为北京民众多有供奉神龛的习俗，认为神龛是敬奉狐仙的，或者蛇妖、刺猬和黄鼠狼精等。他认为这样的动物崇拜是道教的副产品，它的存在证明了其他信仰的脆弱性。③

丁韪良描写了中国人对深明大义、替民请命之人的态度。为反对苛捐杂税，有两位头领带领农民到宁波市内暴动，暴动被镇压之后，巡抚保证在交出暴动头目之后取消苛捐杂税，两位头目毅然自首，以换取暴动目的的实现，以及中止暴动的祸害。两头目被公开处决，因免受苛捐杂税和困扰，当地人对他们充满感激之情，修了一座庙宇来纪念他们，并将其尊为天神。丁韪良评论道："我不知道还有其他什么东西能比这个事件更能体现中国的民族特征。"④

（三）对迷信的观察

丁韪良对迷信的记载最多。传统中国以农耕为主，风调雨顺是保证收成的根本条件，因此这方面的迷信活动相对较多。自古以来，黄河多次泛滥，给农业和生活带来巨大灾难。丁韪良记载了河伯娶妇的故事，认为这种仪式通常是非常隆重的，人们相信这能保护国家不受洪水的侵扰。但他说这种做法已经被废弃，有个睿智的地方官将主持这种祭祀的女祭司扔进了黄河，并宣称没有比她更能使河神愿意接受的人了。丁韪良提到白河上洪水泛滥时，

---

① 第 81 页。
② 第 42 页。
③ 第 196 页。
④ 第 58 页。

丁韪良对晚清中国民俗的观察
——以沈弘等译《花甲忆记》为核心

有人在河里抓到一条小蛇,把它送到直隶总督李鸿章处,李把它当作龙王的化身,向它跪拜叩头,乞求让洪水退去。传统中国人认为洪水是由称作"蛟"的龙造成的。丁韪良谈到,在《夏历》里便记载着地方行政官员有职责率领人民去寻找并消灭蛟龙。丁韪良在宁波期间得知那里的知府至少有一次遵循这样的古训捉拿蛟龙,他听说农民后来在一块岩石后面找到一条黑狗,于是把它当作蛟龙的替身,将它活活打死。他还记载有一次广州城的一场大雨造成了巨大损失,当地人把这场灾难归咎于洋人向天上飞过的蛟龙开炮所致,暗示着洋人应该为那次灾难负责。①

当然,丁韪良记载最多的是当时仍盛行的求雨活动。他记载道:每当遇到大旱时,常会有人跳崖以舍身求雨,跳崖者发下誓愿,从悬崖上跳入沸腾的漩涡中。丁韪良说全中国的龙潭里几乎都有类似的事情发生。在宁波附近雪窦寺落差有五六百英尺的瀑布处也有这样的祭祀品。② 在宁波时,在一个干旱得很厉害的季节里,丁韪良看到一长列的农民手持绿色的柳枝,护送一顶用柳条编成的轿子,鱼贯走进了衙门。队列中的人告诉他在求雨,并说抓住了龙王,并把它带来接受之父的崇拜,龙王就在轿子里。丁韪良注意到轿子里有只陶盆,里面不过是一条蜥蜴。人们在乞求天神显灵之后,来到神圣的水塘旁,在地上铺一块地毯,知府身着官服,跪地向龙王的化身磕头,最后将蜥蜴放回水塘。在当时人眼中,旱灾是由于有人惹怒了龙王或上天而不降雨造成的。丁韪良提到翰林院掌院学士倭仁强烈抗议让贵胄子弟入同文馆学习,有一年适逢大旱,他唆使一位御史上奏折,诬告同文馆为旱灾的根源,此馆不除,则天上决不会再降雨。③ 皇帝和朝廷百官也认为旱灾与龙有关。丁韪良记载道,有一次皇帝率百官拜神求雨,但毫无结果。于是有一位谋臣献议说,旱灾起因是由于掌管风的虎克了掌管云的龙。于是皇帝下令将一副老虎的骨骼扔进圣潭。

是否降雨,从现代科学来讲,完全是一种自然现象,而当时中国人却用迷信的方式来理解。同样,作为自然现象的地震,中国人也以迷信的方式给予解释。丁韪良在宁波时经历了一次地震,他记载说中国人把地震说成是一

---

① 第 52 页。
② 第 81 页。
③ 第 211 页。

条大鱼的躁动不安,有时也说成是洋人的魔力。① 阿尔德茜是早期在宁波传教的著名女传教士。丁韪良记载道,几次地震带来的惊吓促使一些人指责是阿尔德茜的魔法带来了这些灾难。那些人说曾经见到她在黎明前爬上城墙打开一个瓶子,瓶子里禁锢着法力强大的鬼魂,这些恶鬼进而摇动了支撑大地的柱子。②

即使在今天,风水依旧在民间占据重要的位置。丁韪良对风水也予以了关注。刚到中国时,他提到福州城里的一座小山,当地人将小山视作保护神之山,即能够吸收四面来风的吉利影响,并将其反馈给山下居民。丁韪良分析了信仰风水的原因,认为也许是"因为对与风和水的观察跟商业繁荣密切相关。然而它逐渐演变成一整套迷信的东西。"③ 他还指出《中美条约》中甚至涉及了风水方面的规定,其中一个条款规定美国人买地盖房子时"当地政府不得干涉,除非本地居民因这块地本身的问题提出反对"。几年之后,英国传教士在山上盖房子时,当地居民害怕这些房子破坏风水捣毁了山上新建的教堂、学校和住房。他还记载道,在杭州,一位知府死于暴疾,他的猝死被认为是由于一个传教使团在知府官邸正对面的山坡上盖房子造成的。于是人们请求传教士接受另一块地作为放弃此地的交换。丁韪良在同文馆供职时,建议建设一所印刷所。建房的地基需要填高,为此他想铲平一个常年来在馆内堆成的小丘,用那里的废土充作填料。结果这个想法被总理衙门否决,认为铲平小丘会破坏风水。④ 丁韪良还建议总理衙门建设新天文台,总理衙门也承认建设的必要性,并且答应一旦确定合适的地点,便马上开始建造。有几处地方曾被选中作为新观象台的地址,但每一次都是因为风水不合的原因遭到否决。最终花了差不多 20 年才得到一处风水没有问题的地址。⑤ 因而,丁韪良不无感慨:"甚至一些实际的事务,比如盖房子、开矿、修路都受到'风水'这种伪科学的约束。"⑥丁韪良对风水评论道:"这两个字后面隐藏着多大的危险。这是一门伪科学,其论著汗牛充栋,甚至还有风水先生在课堂上对

---

① 第 64 页。
② 第 140 页。
③ 第 19 页。
④ 第 209 页。
⑤ 第 209 页。
⑥ 第 161 页,另见《中国的觉醒》,第 155 页。

丁韪良对晚清中国民俗的观察
——以沈弘等译《花甲忆记》为核心

徒弟们进行传授。没有任何一个中国家庭敢于在造房子和挖墓地之前,不先请位风水先生来看一下这块地的风水是否适宜。"[1] 他自信地认为"动摇这些支柱的力量将会使整座迷信的高楼倾倒。"[2] 为此,丁韪良花了两年的时间把力量集中在科学教育和格物学教科书的编写上。当然,对风水信仰的根深蒂固,并非几部教科书就能动摇。当时,上层士大夫也在风水的信仰之列。著作等身的董恂是丁韪良的朋友,但仍然迷信风水。赫德为同文馆的教习购买的一座房屋与董恂比邻,鉴于私交,董才答应与外国人为邻,但他说"不过不要在我家墙边建高烟囱。"[3]

对于传统中国人来讲人体是非常神秘的。"身体发肤,受之父母,不可毁伤"的教诲又让人迷信保全肢体。丁韪良记载说中医对于所有伤口都是用膏药涂抹,他们从不截肢,也许是出于对圣人格言的敬畏。他对中医的很多处置方式十分不满,认为"中医虽然既无研究又无科学,但几千年积累起来的经验肯定会像瞎猫抓耗子那样,摸索出一些行之有效的疗法,但大多数中药是不灵验的。"[4] 丁韪良雇佣的一个文书身上患了疥癣,他便焙烧一只蟾蜍,将炙成的灰和上水喝了下去。之所以用此药方,是因为癞蛤蟆的疣状皮肤跟他的病症有些相似。对于重病症来说,丁韪良观察到中国人坚信取自人身各部位材料做成的中药具有奇效,中药里用人体器官做成的药品起码在 32 种以上。人脑、人眼、人胆和人肝都是最走俏的药品。有一次屠杀洋人的案件就起源于一则谣言,说洋教的修女们诱骗小孩,用他们来制药。[5] 他说:"最富煽动性的……控告是拐骗小孩、挖眼抽血、割取脂肪,为魔药备料。"[6] 1891年在芜湖的一场教案直接起因于婴儿被用于制药的迷信。"四川发生的教案也巧妙利用了这一迷信。[7]" 丁韪良不无愤怒地说这并非只是贱民的迷信,上层社会也如此。他认为传教医师在努力破除这种对社会安定造成严重威胁的

---

① 第 20 页。
② 第 161 页。
③ 第 240 页。
④ 第 217 页。
⑤ 第 218 页。
⑥ 第 303 页。
⑦ 第 303 页。

迷信。①

丁韪良记载某些地区依然存在扼杀女婴的现象，有个人告诉他有几个女儿一出生就被扼杀了，通常不自己动手，而是找邻居帮忙。丁韪良认为，说过"不孝有三，无后为大"这句话的孟子应该对此现象负有一定责任。丁韪良的解释是"因此每个人都急于尽早结婚……当孝道已尽，祭献齐备时，对于多余的子女就很少关心，尤其是对女儿。"② 此外，丁韪良还注意到了有关于死婴和丧葬的迷信。当一个孩子夭折时，死婴被视为一个债主的化身，即死婴的父母前世欠债未还。在婴儿生病时，父母对其百般呵护。但一旦去世，父母的看法就会改变，将婴儿的尸体视作无情债主的假面具，而且当死婴被用粗糙的草席裹住抱出门去时，人们要用刀斧在门槛上砍一下，表示已经恩断义绝，死婴的灵魂不能再回来进入另一个人的身体。他还记载了一个类似的做法，即将濒死的人，无论长幼，转移到一张临时的床上，通常把床放在门外，以便不让死人的鬼魂萦绕在卧室里。

此外，书中还记述了大量迷信性民俗，如军队出征前要杀人祭祀、沾人血的宝剑具有辟邪作用，人血是高层建筑基础的最佳黏合剂、鲤鱼跳船则家中某个成员死期已近、绿毛水龟与太平天国崛起相关等迷信。③

三

在中国生活近60年的丁韪良以西人和新教传教士的视角勾勒了晚清中国的部分民俗，为今人展现了晚清民俗的生动情景。除了详细记述，他还对某些民俗加以品评，这对于我们反思传统文化不无裨益。丁韪良的民俗观察，总结起来有如下特点：第一，他的记述多集中于刚到中国的时期，即在宁波生活的十年期间。这符合异文化接触的规律。一般认为，与异文化接触会有一个休克期，这一期间对异文化的冲击会十分敏感。丁韪良来华初期对不同于西方文化的中国文化感到新鲜，同时，这一时期也是他求知欲最强烈、精力最旺盛的时期。他说："在那里，我度过了朝气蓬勃的十年光阴，那是一生

---

① 第218页。
② 第70页。
③ 第81、41、81、79、94页。

丁韪良对晚清中国民俗的观察
——以沈弘等译《花甲忆记》为核心

中最容易感受新鲜事物的十年,也是一生中学习外语的黄金季节。"① 当然,这与他的身份也不无关系,他是作为传教士来华的,有大部分时间去接触中国的普通民众和下层社会,对民俗的观察也就比较细致。北上之后,他的身份渐由传教士转为清政府的雇员,主要时间和精力已不在传教本身,交往的群体也从普通民众向官僚士大夫阶层转移,加之已经完全适应和习惯了中国的生活,容易对"司空见惯"的民俗视而不见,至少不会像刚到中国时保持高度的敏感度。第二,从记述内容上来看,丁韪良对民俗的观察多集中于信仰型民俗,这些观察除了有利于他对中国社会的深刻理解外,还有效地服务于传教的目的。关于信仰型的民俗,基本上都是有碍于基督教传播的,从具有排他性的基督教来讲是要否定和消灭的。大致来讲,影响基督教传播的因素有孔孟儒家思想的排斥、佛教和道教等宗教思想的抵制和固有习俗及民间迷信等。② 其中,民间迷信更是跟基督教水火难容。深刻理解这些信仰型民俗,使得丁韪良可以更有针对性、有的放矢地传教。比如,针对中国人迷信的问题,他耗费两年时间,把"力量和时间都集中在科学教育和格物学教科书的编写上。"③ 第三,由于自身的文化背景以及考虑到其著作的阅读对象,丁韪良经常自觉不自觉地运用比较方法来记述和评价中国民俗,如在记述斗牛时,他说"这儿的斗牛跟西班牙人和城市的斗牛都不相同,因为竞技场上的公牛并不是跟人或马决斗,而是公牛之间相互争斗。"④ 第四,丁韪良努力透过民俗来全面理解中国,不仅有记述,还杂有评论,并且不无有见地之处,如他对同姓不许通婚的记述,一针见血地指出了其中的弊端,等等。但是,他对很多民俗的评论也不无牵强解释的一面。究其原因,中国民俗有几千年来长期发展演变的过程,如果不深入研究,只凭借外在表现形式和实地观察,难免会有偏颇。如从斗牛、蟋蟀和鹌鹑的民俗中便推导出中国人的性格喜欢赌博冒险,显然不妥,又如他对中医的评价也不够恰当。

如今,随着时代的变迁,随着现代化和城市化的推进,丁韪良所记述的大部分晚清民俗(尤其是陋俗和迷信)已一去不复返。通过他的记述,今人可以部分地还原时人的所思所想和所做所为,这有利于我们理解传统民俗与

---

① 第137页。
② 王维俭《丁韪良在宁波十年宗教活动述评》,《浙江学刊》1986年6月。
③ 第161页。
④ 第60页。

社会变迁的关系。经历几千年孕育发展起来的民俗，是中国文化的重要组成部分，它具有相对稳定性和保守性。有些民俗成为拒绝西方文化、抵制社会变迁的重要工具。比如说丁韪良记载的中国人对风水的态度，成为推延铁路铺设、矿山开发和天文台建设的重要原因，使得中国的近代化遇到强大的阻力，减缓了近代化的进程。

另一方面，丁韪良的记述也让我们更好地理解传教士在中国的生活状况和传教的背景环境，让今人对他们多一层理解和同情。教案是清末中外交涉过程中的重大问题。以往的研究多将教案的发生归咎于传教士，认为他们是外国侵华势力的帮凶，中国人对他们的抗击是合情合理的。确实，一些传教士在中国飞扬跋扈，跟地方官勾结，强占土地等，在中国犯下了不可饶恕的罪行，对这些传教士的行径奋力抵抗是理所应当的。但是，另一方面，有些教案起因于清末中国人的迷信。丁韪良注意到中医里人体器官可以入药的问题，他认为很多中国人相信人眼和心脏可以作为中药使用。而中国人看到外国传教士在华开办接收孤儿的"育婴堂"等慈善机构，便迷信地认为他们收留弃婴和孤儿是要挖去他们的心、眼，用来入药。这样的谣传导致了几起教案的发生。传教士在华的慈善活动因此不被理解，无法顺利开展。通过这些教案，不难想象传教士在清末中国面临着今人难以想象的困境。

略论民国史家与美国汉学家的交流合作
——以1940年代前后赴美的中国史家为考察中心

吴原元

基于远东利益考虑,美国学术团体理事会、太平洋学会、社会科学研究委员会、哈佛燕京学社以及洛克菲勒基金会等机构和组织于20世纪30年代开始积极推进汉学研究。其中一项举措,即是选派汉学专业的学生来华访学和年青汉学家来华进修。因此,20世纪30年代以来相继有恒慕义(Arthur W. Hummel)、富路特(Luther C. Goodrich)、卜德(Derk Bodde)、顾立雅(Herrlee Glessner Creel)、嘉德纳(Charles S Gardner)、毕乃德(Knight Biggerstaff)、魏特夫(Karl A. Wittfogel)、费正清(John K. Fairbank)等一批美国汉学家涌向北京访学或进修。他们借此同中国学者建立友谊和学术联系,有的还同中国学者展开学术合作。与此同时,自20世纪30年代以来至新中国成立前,房兆楹、陈受颐、邓嗣禹、杨联陞、王伊同、冯家升、朱士嘉、何炳棣、王毓铨、何兹全、洪业、董作宾、韩寿萱、张仲礼、王重民、瞿同祖、萧公权、袁同礼、裘开明、王钟翰、任以都等一批出身清华、燕京和北大的中国史家亦以留学、访学、讲学或应邀等形式先后赴美。② 当中国史家到美后,他们或应邀请,或出于师生关系,或因个人间的学术友谊,以不同形式同此前曾到中国访学进修后返美的美国汉学家开展学术合作。例如,邓嗣

---

① 本文系国家社科基金青年项目《民国史家与美国汉学:以1940年代移居美国的中国史家为考察中心》(项目批准号:12CZS004)的阶段性成果。

② 20世纪80年代初周一良到美国匹兹堡访学,老友王伊同教授向其详细介绍了几十年来华裔文史学者在美国的情况。大体说来,以前燕京、清华、北大出身者多,近40年则几乎以台大出身者为主了。具体参见周一良《毕竟是书生》,北京十月文艺出版社,1998年,第92页。

禹即先后同毕乃德、恒慕义、费正清、顾立雅等美国汉学家进行过学术合作①；房兆楹参与了恒慕义、富路特、包华德所主编的人物传记辞典；②陶希圣、王毓铨同魏特夫之间进行了学术合作等。③有关民国史家同美国汉学家之间所进行的学术合作之研究，笔者仅见桑兵在其《国学与汉学——近代中外学界交往录》一书中简略介绍了美国汉学对中国考古学之影响，并略微提及魏特夫、顾立雅、卜德在华期间与中国学者的交往；④李孝迁的《魏特夫与近代中国学术界》，较详细地介绍了魏特夫学说在中国之传播和影响及其主持中国历史编译项目时与中国学者的合作；⑤陈润成的《邓嗣禹与二战后美国汉学的发展》，提及邓嗣禹同费正清之间的合作，但并未详述和分析⑥；彭靖的《邓嗣禹与费正清的合作情缘》，对邓嗣禹与费正清的几次合作仅作了非常简略的描述⑦。基于此，笔者拟对民国史家同美国汉学家之间的学术合作与研究之情形、特点、影响及所存在的问题作一宏观而具体的论述与分析，并就民国史家同美国汉学家之间的学术合作对于今天我们开展国际学术合作之启示进行探讨。不当之处，恳请学界同仁批评与指正。

一、民国史家与美国汉学家合作之概况

当年轻的美国汉学家和汉学专业的博士生涌至北京后，他们大多都积极主动地向中国学者请益，并借此建立学术友谊。恒慕义自1924年与胡适在北平相识后，两人维持着终生的友谊；此外，恒慕义与蒋梦麟、郭秉文、袁同

---

① J. K. Fairbank. Obituary: S. Y. Teng (1906—1988). *The Journal of Asian Studies*, Vol. 47, No. 3 (Aug., 1988), pp. 723—724.

② Theodore de Bary. Obituary: Chao-ying Fang (1908—1985), *The Journal of Asian Studies*, Vol. 45, No. 5 (Nov., 1986), p. 1127.

③ Urslua Richter, In Memoriam Karl August Wittfogel (1896—1988),《近代中国史研究通讯》1988年第6期。

④ 桑兵《国学与汉学——近代中外学界交往录》，浙江人民出版社，1999年。

⑤ 李孝迁《魏特夫与近代中国学术界》，《人文杂志》2010年第6期。

⑥ 陈润成《邓嗣禹与二战后美国汉学的发展》，《华美族研究集刊》2004年。

⑦ 彭靖《邓嗣禹与费正清的合作情缘》，《文史春秋》2012年第11期。

略论民国史家与美国汉学家的交流合作
——以1940年代前后赴美的中国史家为考察中心

礼、顾颉刚等其他中国学者亦维系着长久友谊。① 1935年至1937年,魏特夫以太平洋学会研究员的身份来北京进行研究时,陶希圣常与之过从,帮助其搜集资料,并有过讨论,称"他的见解的确定,态度的虚心,很使编者佩服。编者对于他坚持的原则虽不同意,但对他个个事件的评定,有时极感兴趣与钦佩";② 邓之诚为其解释难懂的字义,并推荐训练有素的合作者③;中国社会经济史研究拓荒者之一的冀朝鼎(筱泉)也与之有魏特夫交往,他翻译了魏特夫发表于1935年的《中国经济史的基础与阶段》,称魏氏为治该学的先进学者,该文为其在中国经济史上所贡献的理论之总叙,言短而意长,可谓其学说之精髓;④ 当时任教于燕京大学的顾颉刚与之谈论中国古史,并几度交往⑤;据《顾颉刚日记》记载,魏氏在北平的社交活动甚为频繁,曾与其共席的国内学者有胡适、顾颉刚、傅斯年、王毓铨、连士升、陶孟和、洪业、姚从吾、梁方仲、刘选民、鞠远清等。⑥ 富路特在北平期间,结识了胡适、洪业、顾颉刚、陈垣等人⑦。顾立雅于1931—1935年在华期间,从北平图书馆金石部主任刘节学习金文和甲骨文⑧,并参加安阳发掘,结交顾颉刚、陈寅恪、李济、傅斯年、梅光迪、董卓宾、柳诒徵等中国考古学者及古史专家多人。⑨ 顾立雅在华期间曾用中文撰有《释天》一文,刊载于《燕京学报》⑩。1931年至1937年在华的卜德,从冯友兰、许地山等几位来自燕京大学和清华大学的知名中国学者学习,他翻译的冯氏著作《中国哲学简史》于1937年在

---

① Edwin G. Beal and Janet F. Beal, Obituary: Arthur W. Hummel (1884—1975), *The Journal of Asian Studies*, Vol. 35, No. 2 (Feb., 1976), p. 271.
② 陶希圣《编者的话》,《食货》1937年第5卷第3期。
③ 参见自桑兵《国学与汉学——近代中外学界交往录》,浙江人民出版社,1999年,第76页。
④ [美]魏特夫《中国经济史的基础和阶段》,冀筱泉译,《食货》1937年第5卷第3期。
⑤ 顾潮编著《顾颉刚年谱》,中国社会科学出版社,1993年,第235页。
⑥ 《顾颉刚日记》(3),台湾联经出版事业股份有限公司,2007年,第369页。
⑦ Thomas D. Goodrich, Luther Carrington Goodrich (1894—1986): A Bibliography. Journal of the American Oriental Society, Vol. 113, No. 4, (Oct. -Dec., 1993), p. 586.
⑧ 钱存训《留美杂忆——六十年来美国生活的回顾》,黄山书社,2008年,第26页。
⑨ H. G. Creel, *The Birth of China: A Study of the Formative Period of Chinese Civilization*. New York: University of Chicago Press. 1937, preface.
⑩ [美]顾立雅(撰)《释天》,《燕京学报》1935年第18期,第80—92页。

北京出版。① 杨树达在日记中记述了1934年卜德招饮之情形，同座还有冯友兰、许地山、吴宓及福开森，后卜德将其所著《左传与国语》一文寄杨，申证高本汉《左传》非伪书之说②，该文后发表于《燕京学报》③。柯睿格（E. A. Kracke, Jr.）认为其研究宋史的真正导师，是在1936—1940年访问燕京大学时结识的聂崇岐④。曾两次来华的毕乃德如是描述其在北京的生活情形："对一群精力充沛的西方青年学者来说，北京是一个令人振奋的学习和研究中心。……当时生活在北京，正逢一个具有刺激性的年代。十分重要的是，经过现代教育培养的中国学者正大批地、迅速地成长，如胡适、蒋廷黻、洪煨莲、丁文江等，他们对那些认真的外国学者很有帮助。……在北京的时光，真是一段美妙的日子。我们请教博学的中国学者，熟悉参考用书和文献收集，练习口语，我们中的很多人还进了优秀的协和华文学校学习口语。我们参观皇家宫殿、寺庙，逛书店和市场，在城墙上散步，在西山徒步旅行。"⑤

在这种交流互动中，部分美国汉学家开始同中国学者进行合作研究。曾以哈佛燕京学社研究生身份于1929—1931年间在燕京大学访学的毕乃德，当他于1934年获得哈佛大学博士学位后再次到燕京大学做为期两年的博士后研究时，即与1935年刚从燕京大学历史系毕业后留校任讲师的邓嗣禹合作，于1936年出版了《中文参考书目解题》一书介绍了近300种中文参考书目。此书实际上不仅是中美两位学者合作的成果，也是中美两国学术界合作的产物，在致谢名单中我们可以看到这样一些当时活跃在北京学术界的中美学人：博

---

① W. Allyn Rickett. In Memoriam: Derk Bodde (1909—2003). *Journal of the American Oriental Society*, Vol. 123, No. 4 (Oct. -Dec., 2003), pp. 711—712.

② 杨树达《积微翁回忆录积微居诗文钞》，上海古籍出版社，2006年，第91—92页。

③ 卜德（Derk bodde）《左传与国语》，《燕京学报》1934年第16期，第163—169页。此文发表得力于顾颉刚甚多。顾虽然称赞卜德"来平两年，竟能以汉文作文，其勤学可知"，但学术论文毕竟不同于一般文书，稿来数月，顾先托张海波改，纸谢不敏，容庚也说无办法。顾自己遂费一日之力为其改之，"以就稿改削不便，索性猜其意而重作之，居然可用矣。"见《顾颉刚年谱》所引1934年10月14日顾氏日记，第224—225页。

④ Edwin O. Reischauer. Obituary: E. A. Kracke, Jr. 1908—1976. *The Journal of Asian Studies*, Vol. 36, No. 3 (May, 1977); 参见何炳棣《读史阅世六十年》，广西师范大学出版社，2005年，第125页。

⑤ [美]保罗·柯文、默尔·戈德曼主编《费正清的中国世界——同时代人的回忆》，朱政惠、陈雁、张晓阳译，东方出版中心，2000年，第7—9页。

略论民国史家与美国汉学家的交流合作
——以 1940 年代前后赴美的中国史家为考察中心

晨光（L. C. Porter）、洪业、卜德、聂崇岐、顾廷龙、谭其骧、朱士嘉、裘开明、毕格（Cyrus H. Peake）、富路特、岳良木、张尔田、邓之诚、恒慕义、嘉德纳、王力、周一良，他们或提供建议，或校正，或以其他方式提供帮助。① 魏特夫在北京期间，陶希圣与其合作一年，通过在北京大学一院设立的经济史研究室替代搜辑辽金社会经济史料。经济史研究室的连士升、鞠清远、武仙卿及沈巨尘诸君为他做了大批的卡片。七七事变之后，魏特夫将其带回美国。②

20 世纪 30 年代以来，房兆楹、邓嗣禹、杨联陞、王伊同、冯家升、朱士嘉、何炳棣、王毓铨、何兹全、洪业、董作宾、韩寿萱、瞿同祖等一批出身清华、燕大和北大的中国史家相继赴美。他们到美后，以不同形式同此前曾到中国访学进修后返美的美国汉学家开展学术合作。恒慕义利用与美国学术团体理事会的密切关系和洛克菲勒基金会的资助，邀请到一批中国史家到美国国会图书馆东方部共同工作和研究。例如，吴光清于 1938 年加入美国国会图书馆东方部，成为其中活跃的一员③；朱士嘉于 1939 年应邀赴美，在美国国会图书馆工作 3 年，编撰了《美国国会图书馆中国地方志目录》④；王重民于 1939 年受聘于美国国会图书馆，整理馆藏中国古籍善本，编撰有两卷本的《美国国会图书馆藏中国善本书录》⑤。尤为值得一提的是，在洛克菲勒基金会的资助下，恒慕义于 1934 年开始负责组织编撰《清代名人传记》⑥，为此，恒慕义邀请了 50 位学者参与，其中相当一部分人是中国学者，如房兆楹和杜

---

① Ssu-Yu Teng and K. Biggerstaff, *An annotated Bibliography of Selected Chinese Reference Works*, Camb, Mass: Harvard Univ. Pr., 1950. p. viii.
② 陶希圣《潮流与点滴》，中国大百科全书出版社，2009 年，第 130—131 页。
③ 钱存训《留美杂忆：六十年来美国生活的回顾》
④ Chu Shih-chia, *A Catalog of Local Histories in the Library of Congress*, U. S. Government Printing Office, 1942.
⑤ Wang Chung-min, *A Descriptive Catalog of Rare Chinese Books in the Library of Congress*, U. S. Government Printing Office, 1957. 实际上，此书初稿完成于 1943 年，直到 1957 年才出版。
⑥ Edwin G. Beal and Janet F. Beal, Obituary: Arthur W. Hummel (1884—1975), *The Journal of Asian Studies*, Vol. 35, No. 2 (Feb., 1976), p. 266.

联喆夫妇、邓嗣禹、冯家升、裘开明、吴光清、王重民、朱士嘉等。① 七七事变后，离华返美的魏特夫在洛克菲勒基金会资助下，于1939年在哥伦比亚大学 Low Memerial 图书馆开始主持中国历史编纂计划。凭借充裕的资金及其在中国学术界建立的广泛人脉关系，魏特夫招募到一批中国学者与其共同开展此项目，如王毓铨于1938年应魏氏之邀来美负责秦汉史部分；冯家升在冀朝鼎和恒慕义的推荐下于1939年离开国会图书馆东方部到魏氏处担任辽史部分负责人②；瞿同祖和赵增玖夫妇在吴文藻和费孝通的引荐下于1945年3月到哥伦比亚大学中国历史编纂处做研究员，主要工作是继续王毓铨先前的任务：摘录、翻译和注释有关秦汉社会经济方面的基本史料③；房兆楹和杜联喆夫妇在1942年完成《清代名人传记》编纂后即加盟中国历史编纂处；何兹全进入哥大历史研究院后，为了生活也曾在魏特夫处参与校阅核对英文译稿，并写些专题小文供魏氏使用④；此外，在卡内基基金会的资助下，德效骞（Homer H. Dubs）于1930年开始承担法国汉学家伯希和（Paul Pelliot）提议的译注《汉书》之项目。⑤ 为译注《汉书》，他特地聘请 Jen T'ai、C. H. Ts'ui 和潘洛志（P'an Lo-chi）等三位中国学者担任助手。⑥

除了依托大型研究项目开展集体合作外，美国汉学家亦与民国史家进行个人合作。邓嗣禹于1939年到哈佛大学师从费正清攻读博士学位，在求学的

---

① 恒慕义主持的《清代名人传记》，50位学者耗时8年才完成。在总计829位人物的传记中，由中国学者所撰的人物传记统计如下：房兆楹和杜联喆夫妇于1934年参加清代名人传记项目，分别撰写了276和146位人物的传记；王重民为清代名人传记项目撰写了3位；邓嗣禹于1937—1938年为清代名人传记项目撰写了33位；冯家升于1937年应邀赴华盛顿美国国会图书馆东方部工作，参加清代名人传记编撰，撰写2位；朱士嘉撰写2位；吴光清撰写3位；裘开明撰写1位。另外，其他参与此项目的中国学者中 C. H. Ts'ui 撰写1位、H. S. 曾撰写2位、Y. M. 金（Chin）撰写2位、S. K. 张撰写6位、C. P. 王（Wang）撰写1位、任泰（Jen Tai）撰写1位、杜厥撰写1位、曾勉（Tseng Mien）撰写2位、S. H. 齐（Chi）撰写2位、李满贵（Li Man Kuai）撰写29位。
② 散木《灯火阑珊处：时代夹缝中的学人》，山东人民出版社，2008年，第122—123页。
③ 瞿同祖《汉代社会结构·前言》，上海人民出版社，2007年。
④ 何兹全著，潘雯瑾整理《何兹全学述》，浙江人民出版社，2000年，第84页。
⑤ The Committee on the Promotion of Chinese Studies, *Progress of Chinese Studies in the United States of America*. Washington, D. C: The American Council of Learned Societies, 1931, p. 67.
⑥ L. Carrington Goodrich, Homer Dubs (1892—1969), The Journal of Asian Studies, Vol. 29, No. 4, (Aug., 1970), p. 889.

略论民国史家与美国汉学家的交流合作
——以1940年代前后赴美的中国史家为考察中心

三年间,他同费正清合著了《论清代官方公文的递送》、《论各种公文的程式及其使用》、《论清代纳贡制度的规章及其实施》等3篇系列文章①。太平洋战争期间,顾立雅同邓嗣禹合作编辑了名为"Newspaper Chinese by the inductive Method"和"Translations of Text Selections and Exercises in Newspaper Chinese"的两部系列汉语教材②。太平洋战争结束后,邓嗣禹再次来到哈佛作为期一年的战后进修,费正清利用此机会再次与其通力合作,在太平洋关系协会和洛克菲勒基金会的资助下,把那些有助于说明常被人引用而又易被误称的中国门户开放真相的重要文献材料由中文译成英文,于1950年拿出了一部厚厚的《中国对西方的反应》油印稿。后来又有两位非常能干的学者房兆楹和孙任以参加进来,担任部分翻译工作。③ 为了对哈佛燕京学社的有关中国近代史的藏书作一个全面调查,费正清同刘广京合作在1946年至1949年间详细调查了1067部著作,出版了一部达608页的《近代中国:1898—1937年中文著作目录指南》。④ 富路特亦积极同中国学者进行学术交流与合作:1943年同韩寿萱合作撰写了《明实录》一文;⑤ 1946年,同冯家升合作撰写《中国火枪的早期发展》,王重民对此文的撰著提供了非常有价值的参考书目和建议⑥;1949年同瞿同祖合作撰写了《隋文帝时期宫廷中的外来音乐》⑦。

1949年新中国成立前后,无论是以留学、讲学还是应邀合作研究等形式

---

① 这三篇文章分别刊载《哈佛亚洲研究杂志》(*Harvard Journal of Asiatic Studies*) 的 Vol. 4, No. 1 (May, 1939)、Vol. 5, No. 1 (Jan., 1940)、Vol. 6, No. 2 (Jun., 1941) 三期。后以《清代行政的三种研究》(*Ch'ing administration: three studies*) 为题由哈佛大学出版社结集出版。

② H. G. Creel; Teng Ssu-yu, *Newspaper Chinese by the Inductive Method*. University of Chicago Press, 1943; H. G. Creel; Teng Ssu-yu. *Translations of Text Selections and Exercises in Newspaper Chinese*, University of Chicago Press, 1943.

③ [美] 费正清《费正清对华回忆录》,陆惠勤、陈祖怀、陈维益、宋瑜译,知识出版社,1991年,第399页。

④ [美] 费正清《费正清对华回忆录》,第398页。

⑤ L. Carrington Goodrich and Shou-Husan Han, *The Ming Shih-Lu. The Far Eastern Quarterly*, Vol. 3, No. 1 (Nov. 1943), p. 37—40.

⑥ L. Carrington Goodrich and Feng Chia-Sheng, *The Early Development of Firearms in China. Isis*, Vol. 36, No. 2 (Jan, 1946), p. 114—123.

⑦ L. Carrington Goodrich and Ch'u T'ung-tsu, *Foreign Music at the Court of Sui Wen-ti, Journal of the American Oriental Society*, Vol. 69 (1949), p. 148—149.

赴美的中国史家，大多如同王重民、冯家升、韩寿萱、王毓铨、朱士嘉、何兹全等人一样选择归国。当然，面对国内动荡的局势，在国民党败局已定，新生的共产党政权即将建立之时，房兆楹、洪业、陈受颐、邓嗣禹、杨联陞、王伊同、何炳棣、刘广京、刘子健、瞿同祖、罗荣邦、孙任以都等中国史家或因政治原因，或因担心国内已不复具有他们原来的生活条件，或因家庭和学业等因素选择留居美国。这批中国史家在留居美国后，仍以各种形式同美国汉学家进行学术合作与研究。例如，张仲礼自1954年开始即协同华盛顿大学的梅谷（Franz Michael）编撰《太平天国起义：历史与史料》，直至其回国；① 邓嗣禹、王伊同、孙任以都、唐德刚、刘子健、萧公权、周策纵、朱文长、何炳棣、吴光清等一批留居美国的中国史家参与了由福特基金会资助包毕德（Howard L. Boorman）主持的《民国人物传记辞典》于1955年开始编撰的，他们都撰著了数量不等的相关辞条，因而出现在执笔人名单中。② 富路特于1962年开始主持编撰《明代人物传记辞典》，在执笔人名单中同样可见一大批留居美国的中国史家名字，如邓嗣禹、房兆楹、王伊同、李田意、罗荣邦、萧公权、孙任以都、吴光清、钱存训等。③

德国汉学家海尼士（Erich Haenisch）曾指出：“利用中国助手以解释例证，代寻引证，及解决语言困难问题之办法，在东亚居留之西人固常用之，即在欧洲方面之汉学家亦尝为之”。④ 这种情形在美国汉学界更为普遍，拉铁摩尔坦言道，"在美国职业汉学家中流行的姿态是，声称或者有时假装自己的汉字写得如此之好，以致他们亲自做全部的工作。事实上，他们大多数人依靠懂英语或法语的中国人来承担为其搜集材料的主要工作，自己只是将其润色一下"。⑤ 由此可想见，由民国史家担任美国汉学家助手实际上是自20世纪

---

① Franz Michael, *The Taiping Rebellion: History and Documents*, Volumes 1. University of Washington Press, 1966, P. viii.

② Howard L. Boorman, *Biographical Dictionary of Republican China*, Columbia University Press, 1967.

③ L. Carrington Goodrich, *Dictionary of Ming Biography*, 1368—1644, Columbia University Press, 1976.

④ 王光祈译《近五十年来德国之汉学》，《新中华》1933年第1卷第17期。

⑤ 《蒋介石的美国顾问——欧文·拉铁摩尔回忆录》，复旦大学出版社，1996年，第41—42页。

30年代以来民国史家与美国汉学家间甚为常见的合作形式。20世纪30年代嘉德纳在北京进修期间,聘请周一良担任其私人秘书,任务是替他翻阅有关东方学的刊物,作成论文摘要。①后来由于周一良领取哈佛燕京学社奖学金,要去哈佛留学,周一良便推荐杨联陞,由杨联陞接任,帮其买书及为中日文论文作英文提要约一年。②1949年,何兹全经陈翰笙介绍到霍普金斯大学国际政治学院协助佛朗西斯(Jhone D. Frances)教授翻译范文澜的《中国通史简编》。何兹全一面译,佛朗西斯一面看译稿,讨论译稿中出现的问题。半年后,何兹全回国,佛朗西斯又找到了王伊同接替。③唐德刚在哥伦比亚大学半工半读之时,曾在中国历史编纂处作编译,魏特夫曾嘱唐氏校订《东方专制主义》全稿,并笺注意见。④孙任以都在撰写博士论文期间,曾作为费正清的助理,帮助其查对博士论文,翻译补充中文资料,并为他编的《中国对西方的回应》作一些翻译;博士毕业后的1950年至1952年间,又担任拉铁摩尔(Owen Lattimore)的助理,帮他记录蒙古人的访问稿。⑤珀金斯(Dwight Perkins)坦承,他在从事中国农业发展研究时"倘若没有一些人不断地给予帮助,我是承担不起来的。王业键是一位当之无愧的经济史家,他对这个计划的进行以及在整个过程中提供的指导和关键性参考资料,给了我极为宝贵的帮助。就算我对中国古代汉语的知识事实上要好得多,但要从成千上万部地方志中找出1900年前的资料,这对我来说,几乎是不可能的。可这项工作却由肖王国璎女士和苏永明小姐出色地替我完成了。"⑥

二、民国史家与美国汉学家合作之成就及特点

民国史家与美国汉学家的合作成果,在美国汉学界乃至国际汉学界获得极高赞誉。例如,《清代名人传记》被认为,"对于我们的中国知识无疑是一

---

① 周一良《毕竟是书生》,北京十月文艺出版社,1998年,第176页。
② 杨联陞著,蒋力编《哈佛遗墨》,商务印书馆,2004年,第6页。
③ 何兹全著,潘雯瑾整理《何兹全学述》,浙江人民出版社,2000年,第84—85页。
④ 唐德刚《告别帝制论》,见朱庆葆主编《南京大学百年学术精品·历史学卷》,南京大学出版社,2002年。
⑤ 《任以都先生访问记录》,中央研究院近代史研究所,1993年,第58、60页。
⑥ [美]珀金斯《中国农业的发展》,宋海文等译,上海译文出版社,1984年,第1页。

个非常显著的贡献……它是今天人们所能找到的关于中国最近 300 年历史最为详细最佳的著作,这并非夸张"①,"它将成为任何以近代中国历史和文化为专业的研究者手中所必不可缺的指南和参考书籍,……这部具有高度学术水准的著作将对西方世界在近代中国历史的研究方面产生不可低估的促进作用。"② 德效骞与其中国助手合译的《前汉书译注》,被认为"准确又非常贴近中文原文,……体现了译者对其经济资助者的极大负责"③;富路特主持编撰的《明代人物传记辞典》,"是自恒慕义出版《清代名人传记》以来关于传统中国最为重要的西方参考工具书,它对于明代中国研究领域所作的贡献值得永远感激,其编者值得被高度称赞。"④ 邓嗣禹与毕乃德合编的《中文参考书目解题》,在美国汉学家萧洛克(John K. Shryock)看来,"在这本书之前,这个领域唯一的英文书是伟烈亚力(Alexander Wylie)编写的《中国文献提要》。这两本书内容不尽相似,难以详细比较。但我们完全可以说,最近出版的这一本更有价值。……这本书涵盖的范围很广,对于不知道如何着手寻找资料的学人来说,本书是最好的门径。"⑤ 美国汉学家宾板桥(Woodbridge Bingham)认为,冯家升与魏特夫合著的《中国社会史:辽(907—1125)》一书"是一部融高度学术水准与综合性为一体的著作,这使其在所有有关中国历史的著述中都将永远占有一席之地。"⑥ 梅谷与张仲礼合编的《太平天国:历史与史料》一书,在韦慕庭(C. Martin Wilbur)看来,"这几册著作虽然昂贵,但是所有关注中国研究的图书馆都应收入此书,众多以社会科学

---

① K. S. Latourette, *Review Eminent Chinese of the Ch'ing Period (1644—1912)*, Arthur W. Hummel, *The American Historical Review*, Vol. 50, No. 4 (Jul., 1945), pp. 803—805.

② Franz Michael. *Review Eminent Chinese of the Ch'ing Period (1644—1912)*, Arthur W. Hummel. *The Far Eastern Quarterly*, Vol. 3, No. 4 (Aug., 1944), pp. 386—387.

③ Derk Bodde, Reviewed work (s): *The History of the Former Han Dynasty by Pan Ku*; Homer H. Dubs, *The American Historical Review*, Vol. 44, No. 3, (Apr., 1939), p. 642.

④ W. S. Atwell, *Review Dictionary of Ming Biography*, 1368—1644, *Bulletin of the School of Oriental and African Studies*, Vol. 40, No. 2 (1977), pp. 421—422.

⑤ John K, Shryock, *Review An Annotated Bibliography of Selected Chinese Reference Works*, Yenching Journal of Chinese Studies, Monograph No. 12, Teng Ssu-yu; Knight Biggerstaff, *Journal of the American Oriental Society*, Vol. 57, No. 3 (Sep., 1937), p. 350.

⑥ Woodbridge Bingham, *Review History of Chinese Society: Liao (907—1125)*, Karl. A. Wittfogel; Feng Chia-Sheng, *The Far Eastern Quarterly*, Vol. 9, No. 3 (May., 1950), p. 356.

略论民国史家与美国汉学家的交流合作
——以1940年代前后赴美的中国史家为考察中心

为中心的图书馆亦应获取这一重要著作,它是中美学术合作的一座丰碑。"①

纵观20世纪30年代以来民国史家同美国汉学家的合作研究,不难发现美国汉学家同民国史家所开展的合作研究具有与众不同之处。概括而言,笔者以为主要有如下几个值得我们关注的特点:

其一,基于美国学术界和现实之急需合作研究项目多集中于汉学基础领域。20世纪30年代以来,美国汉学基础仍十分薄弱,处于奠基发展时期。以有关中国历史的英文通史教材为例,"在英语界唯一的教材是卫三畏的《中华帝国》,对于整整一代人来说它一直是一本权威的教科书。……赖德烈于1934年出版《中国:历史与文化》一书后,作为一本大学的中国史教科书就没有遇到过任何竞争对手"②。苦于缺乏英文教材,韦慕庭哥伦比亚大学教授中国近代史时最常依赖的是恒慕义主编的《清代名人传略》。③ 故此,美国汉学家与民国史家的合作多集中于书目、名人传记辞典、资料汇编或汉学教材等工具类或基础性项目。例如,毕乃德与邓嗣禹合作编撰的《中文参考书目解题》,属于"为人之学"的目录指南,成为美国汉学发展不可缺少的基础,对每一位从事汉学研究的学人而言都是必备参考书,正如其前言中所说,"是向西方学者介绍中国研究领域时最为重要的参考书"。此书1936年初版后,因"众多学者的迫切需求以及书商发现初版已绝版很多年"而于1950年修订后再次出版,由此亦可见毕乃德当初同邓嗣禹合作此项目时,实是有感于美国汉学界急需此类参考书。④ 费正清与邓嗣禹合撰的《论清代官方公文的递送》、《论各种公文的程式及其使用》、《论清代纳贡制度的规章及其实施》,虽是关于清代行政方面的研究论文,但实质属于清史的基础性研究。20世纪以来大量清代档案文献的相继出版,引发了学界无穷无尽的需要;当费正清

---

① C. Martin Wilbur, *Review The Taiping Rebellion: History and Documents*, Volumes II and III: Documents and Comments, Franz Michael; Chung-Li Chang, *Modern Asian Studies*, Vol. 8, No. 3 (1974), p. 424.

② S. Y. Teng, *Review A Short history of the Chinese People* by L. Carrington Goodrich, *The Journal of Religion*, Vol. 24, No. 4 (Oct., 1944), p. 294.

③ 周明之《萧公权与美国汉学》,李又宁主编《华美族研究集刊》(创刊号),天外出版社,2000年,第68页。

④ Ssu-Yu Teng and K. Biggerstaff, *An Annotated Bibliography of Selected Chinese Reference Works*, Camb, Harvard Univ. Pr., 1950. p. vii, v.

等美国汉学家在阅读这些档案文献时，发现"在档案文献资料中充满着技术程序名称，五花八门，令人眼花缭乱"；故此，费正清同邓嗣禹合撰关于清代行政方面的研究论文，梳理解释清代公文的类型、作用及传递方式，以使"我们知道这些公文是如何产生和处理的，传送这些公文需要多长时间"①。如果不理解清代文献中的这些专门术语，不了解清代行政方面的主要制度及其运作程序，就不可能真正探讨19世纪中国历史或对这段历史进行任何社会科学分析。②《清代名人传记》、《民国人物传记辞典》、《明代人物传记辞典》等治汉学者所必备的参考工具书亦是因当时学术界之所需而编撰。恒慕义组织包括民国史家在内的 50 位学者编撰《清代名人传记辞典》之初衷在于，"一方面借此项目使中国研究专业的青年人在中国史料方面得到训练，另一方面满足美国汉学界对这种参考工具书的迫切需求。"③富路特组织编撰的《明代名人传记辞典》也"是出自于一种需要，1950 年代亚洲学会的各种不同学术圈越来越强烈地呼唤一部关于明代的基础性著作的问世。"④顾立雅同邓嗣禹合作编写汉语教材，"尽管有许多人一道联合使这本书能够快速出版，正如前言中所告诉我们的，这是珍珠港事件的直接结果"。⑤太平洋战争爆发后，基于军事和外交的需要，美国政府为使将被派驻到远东的人员对这一地区的语言文化和民族风俗有所了解，在多所院校开设为期 6 个月的"外国区域与语言课程"短期培训班⑥。正是基于这种专门训练所需，顾立雅同邓嗣禹专门编写了此套汉语教材。

---

① ［美］费正清《费正清对华回忆录》，知识出版社，1991 年，第 162 页。

② John K. Fairbank and Ssu-yu Teng, *Ch'ing Administration Three Studies*, Harvard University Press, 1971, p. vi.

③ Edwin G. Beal and Janet F. Beal, Obituary: Arthur W. Hummel (1884—1975), *The Journal of Asian Studies*, Vol. 35, No. 2 (Feb., 1976), p. 269.

④ L. Carrington Goodrich, *Dictionary of Ming Biography, 1368—1644*, Columbia University Press, 1976, p. vii.

⑤ W. Simon, *Review Newspaper Chinese by the Inductive Method*, H. G. Creel; Teng Ssu-yu, pp. 265. University of Chicago press, 1943; *Translations of Text Selections and Exercises in Newspaper Chinese*, H. G. Creel; Teng Ssu-yu. p. 56, University of Chicago, 1943. *Bulletin of the School of Oriental and African Studies*, University of London, Vol. 12, No. 1 (1947), pp. 260—261.

⑥ Meribeth E. Cameron. *Far Eastern Studies in the United States*, *The Far Eastern Quarterly*, Vol. 7, No. 2, (Feb., 1948), p. 117.

略论民国史家与美国汉学家的交流合作
——以1940年代前后赴美的中国史家为考察中心

其二，研究理念及框架结构的设置皆出自于美国汉学家。20世纪以来的美国汉学，在欧洲汉学家的影响下，注重的是应用实证方法研究传统中国的历史、语言、思想和文化。哈佛燕京学社的社长叶理绥（Serge Elisseeff）明确提出，美国汉学应像法国汉学那样主要致力于用严密科学的考证方法研究传统文化。他公开宣称"研究1796年以后的事件是单纯的新闻工作"。① 赖德烈在20世纪30年代亦曾如是言道：学术的热点集中在周代和周代之前的历史、周代和宋代的思想史及艺术史。欧美汉学家极少注意前汉至清代这段时期中国历史的内部发展。② 太平洋战争爆发后，基于现实社会所需，在费正清等人的倡导下，美国汉学开始摆脱欧洲汉学模式，由注重传统中国转向关注明清以来的近现代中国，尤其侧重探讨西方入侵如何左右中国历史，所关注的主要是鸦片战争、太平军起义、中外贸易、通商港口的生活与制度、义和团、孙中山、外交关系、传教事业、日本侵略等西方自身最关切的问题。③ 故此，自20世纪40年代以来美国汉学家与民国史家的合作多是关于清代名人传记、民国人物传记、明代名人录、中国对西方的反应、太平天国起义的历史与史料、清代行政公文的类型及传递等方面的研究。

就合作研究项目框架而言，亦是由美国汉学家所设计。例如，魏特夫、冯家升合著的《中国社会史：辽（907—1125）》一书，即是由主编魏特夫负责方法论的研究与有目的的选择，然后由冯家升分析、综合和解释收集到的资料。费正清与邓嗣禹合编的《中国对西方的回应》，按照费正清的设想把常被人引用的视为中国对西方回应的史料译成英文；为使其成体系，费正清"写了该书的最后的文本以把这些文献材料连成一体。"④ 梅谷与张仲礼合编的《太平天国：历史与史料》，亦是按照梅谷关于太平天国历史时期的设想来挑选和编排史料；⑤ 顾立雅同邓嗣禹合编的两部汉语教材虽是由邓嗣禹负主要

---

① [加] 保罗·埃文斯《费正清看中国》，陈同等译，上海人民出版社，1995年，第63页。
② Kenneth. S. Lattourette, *Chinese Historical Studies During the Past Nine Years*, The American Historical Review, Vol. 35, No. 4, July 1930, p. 796.
③ [美] 柯文《在中国发现历史》，林同奇译，中华书局，2002年，第53页。
④ [美] 费正清《费正清对华回忆录》，陆惠勤、陈祖怀、陈维益、宋瑜译，知识出版社，1991年，第399页。
⑤ Franz Michael, *The Taiping Rebellion: History and Documents*, Volumes I. University of Washington Press, 1966, p. vii.

责任，但其框架结构是遵循顾立雅教授的 Literary Chinese by the Inductive Method 中的体例方法来编排。①

其三，合作研究中史料搜集、挑选、英译及注解等任务多由民国史家承担。美国汉学研究者的汉语言水平，在民国史家看来确实是不敢恭维的。著有在国际汉学界广受好评的《中国印刷术源流史》一书的卡特，在邓嗣禹看来其遗憾之处仍在于未能精通汉文；②被认为美国学者中在杂学上最渊博的富路特③，在雷海宗看来"读中文的能力太差"④；美国汉学家自己亦承认其汉语言能力有限。费正清曾回忆起其20世纪30年代在北京时的汉语能力，"我的汉语口语即将登上有能力同仆役、零售商人和宾客处理生活上紧要事务而交谈的高原，但还远远没有走近为理解某一专业术语而必须攀登的连绵不断的山峰，更不用说学者之间在旧式交谈中那些文学典故和不计其数的比兴语句了。"⑤拉铁摩尔也曾自述其在撰著《中国的亚洲内陆边疆》时的汉语水平，"不过，显然还有许多准备工作要做。首先是学中国文字，我虽然会说中国话，却不能自由阅读。我所读过的，有许多还不能完全理解。尽管我脑子里装满了民间故事和传说，但不知道这些充满历史事件的中国传说究竟有没有正史的根据。"⑥富路特曾指出，"近期美国人做了一次有关中国的西方重要著作调查，我发现，145位作者中只有23位美国人，且其中一半不熟悉中文。"⑦

由于美国汉学者的中文修养不够，故在合作研究中多由民国史家承担史料的搜集、挑选、英译及注解等任务。例如，邓嗣禹与毕乃德合编的《中文

---

① W. Simon, *Review Newspaper Chinese by the Inductive Method*, H. G. Creel; Teng Ssu-yu, pp. 265, University of Chicago Press, 1943; *Translations of Text Selections and Exercises in Newspaper Chinese*, H. G. Creel; Teng Ssu-yu. pp. 56, University of Chicago Press, 1943, *Bulletin of the School of Oriental and African Studies*, University of London, Vol. 12, No. 1 (1947), pp. 260—261.

② 邓嗣禹《中国印刷术之发明及其西传》，《图书评论》1934年第2卷第11期，第56页。

③ 杨联陞《富路特〈中华民族小史〉书评》，《思想与时代月刊》第36期，第42页。

④ 雷海宗《书评：The Literary Inquisition of Ch'ien-Lung, Luther Carrington Goodrich》，《清华学报》1935年第10卷第4期，第957页。

⑤ [美]费正清《费正清对华回忆录》，第44页。

⑥ [美]拉铁摩尔《中国的亚洲内陆边疆》，唐晓峰译，江苏人民出版社，2005年，第2页。

⑦ L. C. Goodrich, *Chinese Studies in the United States*, *The Chinese Social and Political Science Review*, 1931, (1), p. 75.

参考书目解题》,虽然在1936年初版的导言中没有介绍二者的分工,但在1950年的修订版中却明确说明了两者的分工:新增的大约130部著作由邓嗣禹负责挑选并由其撰写有关描述这些著作的注解,而毕乃德则通读了这些新材料并就版本的变化提出了一些建议。① 魏特夫主持的中国历史编纂计划,最终正式出版的成果是魏特夫、冯家升合著的《中国社会史:辽(907—1125)》。这部书分为两部分,第一部分为通论,由魏氏执笔;第二部分为资料汇编,主要由冯家升来搜集和甄选,并加以注释。正因为如此,魏氏在该书的总论中高度评价了合作者冯家升的出色工作,"他在文字材料方面的非凡知识,使他非常适合于做选择、翻译和注释等学术工作,而这些工作则是进一步开展一切工作的依据。"② 在梅谷主持编撰的三卷本《太平天国:历史与文献》一书中,所收集的391份有关太平天国原始文献中相当一部分由张仲礼英译,并且他还负责对翻译进行检查。③ 费正清与民国史家合著的著述中,亦主要由民国史家负责材料的收集、整理和英译。《中国对西方的反应》共65篇重要文献,邓嗣禹"起草了其中的大部分的译稿并汇编了我(费正清)编写的有关作者的大部分资料","后来又有两个非常能干的学者房兆楹和孙任以参加进来,担任部分翻译工作"。④

三、民国史家与美国汉学家合作之思考

众所周知,20世纪以来美国汉学虽有所进展,但直至40、50年代无论汉学研究人员还是汉学研究的基础和环境仍不尽人意。德国汉学家佛尔克(Alfred Forke)在给劳费尔的信中写道,"这里其实没什么人对汉学感兴趣。

---

① Ssu-Yu Teng and K. Biggerstaff, *An Annotated Bibliography of Selected Chinese Reference Works*, Camb,: Harvard University Press, 1950. p. v.

② 魏特夫、冯家升《中国社会史:辽(907—1125)·总论》,见王承礼主编《辽金契丹女真史译文集》,第59页。魏特夫1947年于《哈佛亚洲研究》发表的《辽代公职与中国考试制度》的注释中,亦坦承冯家升的贡献以及有关不同朝代考试制度的重要资料都是由瞿同祖收集。具体见 *Public Office in the Liao Dynasty and the Chinese Examination System*, *Harvard Journal of Asiatic Studies*, Vol. 10, No. 1 (Jun., 1947); p. 13.

③ Franz Michael, *The Taiping Rebellion: History and Documents*, Volumes II. University of Washington Press, 1971, p. ix.

④ [美]费正清《费正清对华回忆录》,第398—400页。

学生们只想学一些口语方面的东西,听一些泛泛而谈的讲座课,课上要尽量少出现中文表达方式。"①俄籍汉学家叶理绥赴美前对美国汉学有一形象比喻,欧洲尤其法国是汉学的"罗马",而美国则是汉学的"荒村"。他为某些美国汉学家缺乏应有学术训练而感到遗憾。他无奈感叹道,"他们这里完全不了解真正的语文学方法,随意翻译汉文文献。你若给他们讲解,他们经常会问why,叫你无言作答。"②美国本土汉学家亦不讳言其汉学的边缘性和薄弱。赖德烈(Kenneth S. Latourette)曾如是描述当时美国汉学界的情况:"我们的大学给予中国研究的关注很少,在给予某种程度关注的大约30所大学中,中国仅仅是在一个学期中关于东亚的概论性课程中被涉及,只在3所大学中有能够称得上对于中国语言、体制、历史进行研究的课程。美国的汉学家是如此缺乏,以至于这3所大学中的2所必须到欧洲去寻找教授。"③毕乃德亦曾就20世纪30年代的美国汉学如是指出,"有关中国的教学和研究少得可怜;如果有,那就是很少的几位传教士学者如赖德烈、恒慕义以及一些像亨培克这样不懂汉语也没有接触过中国文献的专家和两三个像马温(N. Wing Ma)那样的中国人提供的。"④20世纪40年代在美的中国史家对此有着切身体会。杨联陞在1943年10月26日给胡适的信中这样写道,"这个礼拜Wittfogel在这儿讲几点钟,我还没去听,昨天下午碰见他,一块儿在校园里绕了两个弯儿,他说讲中国上古史不可不念王国维、郭沫若的文章,不可不用金文、甲骨文,如司徒即是司土之类不可不知。我说这些知识,对于中人以上的史学系大学生,不过是家常便饭,无甚稀罕。他似乎觉得奇怪。"⑤王伊同曾面告

---

① 艾默力(Reinhard Emmerich)《我总觉得自己一再被那些独特而自由的思想所吸引——佛尔克评传》,载[德]马汉茂、汉雅娜;[中]张西平、李雪涛主编《德国汉学:历史、发展、人物与视角》,大象出版社,2005年,第407—408页。

② 阎国栋《俄国流亡学者与哈佛燕京学社——读叶理绥日记与书信》,该文是华东师范大学海外中国学研究中心、华东师范大学历史系与美国匹兹堡大学联合主办于2011年6月24日—26日在华东师范大学召开的"北美中国学的历史与现状国际学术研讨会"上提交的参会论文。

③ Kenneth S. Latourette, *American Scholarship and Chinese History*, *Journal of the American Oriental Society*, Vol. 38, 1918, p. 99.

④ [美]保罗·柯文、默尔·戈德曼主编《费正清的中国世界——同时代人的回忆》,朱政惠、陈雁、张晓阳译,东方出版中心,2000年,第7—9页。

⑤ 胡适纪念馆编《论学谈诗二十年——胡适杨联陞往来书札》,安徽教育出版社,2001年,第2页。

略论民国史家与美国汉学家的交流合作
——以1940年代前后赴美的中国史家为考察中心

何炳棣,20世纪40年代后半在哈佛东亚语文系博士论文口试时,与费正清合撰东亚史的日本史资深教授雷晓尔(Edwin Reischauer)不时做笔记,足见哈佛教授中国史知识有限。[1]

美国汉学家与民国史家合作研究的成果能够获得极高赞誉,当然与民国史家的参与有着密不可分的关系。在《清代名人传记》中,最大的贡献是属于房兆楹夫妇两人,他们俩竟写成了全数八百余中的半数。房君的工作,非但占了数量的偏重,又是尽了物质的优胜,凡是最重要的人物的记载,上自帝皇公卿大臣,下至博学宏儒与一代的诗人,皆出于房君之手;又因为他的国学根底之深,他的记载如顾炎武、戴震,及之尖,更是超人一等;他在这部书内指出了无数硕数的伟人与时代的进退,及他们对于当代学术的影响,和中国文化的趋势。[2] 恒慕义在序言中写道,"应该提到编者主要助手房兆楹先生的功绩。房兆楹先生为编辑本书整整辛劳八年,在这期间他所撰写的传记数量远远超过其他任何人","房夫人同他丈夫一样忠忠耿耿为这个事业服务,并且小心翼翼地关注许多麻烦的细节问题"。[3] 费正清亦如是评价道,所有美国学者的贡献都远远逊于恒慕义请来的两位高级助理——房兆楹、杜联喆夫妇。无论培训美国学生,还是编辑审定工作,房氏夫妇都获得了成功。他们"按照恒慕义博士的编辑宗旨编纂出版了独一无二的关于中国的最重要的外文著作"。[4] 富路特主持编撰的《明代名人录》亦同样受益于房兆楹。狄百瑞曾如是评价道,"他在这部著作中的角色由其作为合作编者即可知得到承认。这意味着作为由美国出版的两部最为不朽的汉学著作的合作编者,他的名字在西方汉学学术史上将成为不朽。"[5] 德效骞英译的《汉书》之所以被誉为"标准的中国史著英译本,在西方汉学界应处于一流地位",其中很重要的

---

[1] 何炳棣《读史阅世六十年》,广西师范大学出版社,2005年,第124页。
[2] 黄维廉评《清代名人传略》,《申报》1947年5月8日,第9版。
[3] [美]A. W. 恒慕义主编《清代名人传略》(上),中国人民大学清史研究所《清代名人传略》翻译组译,青海人民出版社,1990年,第6页。
[4] [美]费正清《费正清对华回忆录》,陆惠勤等译,知识出版社,1991年,第399页。
[5] Theodore de Bary. Obituary: Chao-ying Fang (1908—1985), *The Journal of Asian Studies*, Vol. 45, No. 5 (Nov., 1986), p. 1127.

一个原因正如杨联陞所言,有"潘洛志(P'an Lo-chi)作为其中国合作者"。[①]魏特夫与冯家升合著的《中国社会史:辽(907—1125)》之所以获得交口称赞,冯家升在其中的作用至关重要。拉铁摩尔高度肯定冯氏之作用,他说,"尽管带有非常明显的魏氏理论之标记,但与此同时如果没有作为辽史之权威的魏氏主要合作者冯家升多年来所作的贡献,是不可能撰著出这样一部高水准的著作的。"[②]魏氏自己亦承认,"冯家升先生对于《辽史》的精湛知识和他所补充的原始资料,对于我们核对事实的准确性和理解制度程序具有头等重要的意义。他在我们著述工作的两个方面不知疲倦的兴趣,为人们树立了志趣相投的合作典范。"[③]张仲礼之于《太平天国:历史与史料》的作用,梅谷如是评价道,"张仲礼多年来一直参与此研究项目,他承担了相当一部分史料的翻译。他深刻的学识、对于史料的严谨评估,对大量史料英译的修订和注释,对这几卷著作作出了无价的贡献。"[④]毕乃德、费正清、顾立雅先后同邓嗣禹合作,在费正清看来"这些人从他的能力和博学学识中受益极大。"[⑤]

由此可见,20世纪40年代前后留居的这一批民国史家对于美国汉学具有非同寻常之意义。为费正清所推重的杨联陞曾言,"稍有识见的西人,已知治中国文史之学不与中国同行学人商量参阅而一意独行者,只是胆大妄为而已。"[⑥]林德贝克亦曾就这批留居美国的中国学者对美国汉学之影响给予这样的评价,"作为既接受过中国和西方学术训练,同时又具有在东西方两个世界从事研究和教学经历的这一代华人学者,他们不仅在美国的中文教学和传统

---

① Lien-sheng Yang, *Review The History of the Former Han Dynasty by Pan Ku:Translation*, Volume Three:*Imperial Annals XI and XII and The Memoir of Wang Mang*, Havard Journal of Asiatic studies, Vol. 19, No. 3/4 (Dec 1956), p. 437.

② Owen Lattimore, *Review History of Chinese Society*:Liao (907—1125), Karl. A. Wittfogel;Feng Chia-Sheng, *The Pacific Historical Review*, Vol. 19, No. 1 (Feb., 1950), p. 85.

③ 魏特夫、冯家升《中国社会史:辽(907—1125)·总论》,见王承礼主编《辽金契丹女真史译文集》,第59页。

④ Franz Michael, *The Taiping Rebellion:History and Documents*, Volumes I. University of Washington Press, 1966, p. viii.

⑤ J. K. Fairbank. Obituary:S. Y. Teng (1906—88). *The Journal of Asian Studies*, Vol. 47, No. 3 (Aug., 1988), pp. 723—724.

⑥ 杨联陞《追怀叶师公超》,《传记文学》1982年第41卷第1期。

略论民国史家与美国汉学家的交流合作
——以1940年代前后赴美的中国史家为考察中心

中国研究方面起着不可替代的作用,而且他们在将美国的中国研究提升到专业学术水平方面亦占有独一无二的地位。"① 确如其所言,他们把中国的文史知识引入美国汉学界,使美国人更深刻地领略到中国文化的高深,以至于费正清如是感慨道,"我们在美国所从事的对中国的研究主要有两个依靠——其中之一是来自中国的富有才干的学者。"② 当我们探讨美国汉学发展史之时,我们不能不看到民国学者在其中所起之作用,这是我们理解美国汉学发展史所不可缺少之视角。如此,方能理解美国汉学缘何能从20世纪初的荒村到20世纪50、60年代即成为世界汉学的重镇之一。

但就民国史家参与合作的环境而言,并不甚理想。一方面,如上述所言美国汉学基础薄弱;另一方面,亦与当时美国社会所存在的歧视有关。周一良先生曾回忆:"谈到住房,不能不揭露美国那时的种族歧视。房东太太往往对东方人偏见很深,不肯把房间租给中国学生。有时外边贴着'出租',开门看见黄皮肤,立即说已租出,甚至更恶劣到一言不发,飨以闭门羹。租公寓尤其如此,我碰到多次"。③ 许倬云也曾提到,"早期华人在美国饱受歧视,50年代我在美国芝加哥大学当学生时,华人连住家都受到歧视,根本不可能在某些白人社区买到房子。1972年我在美国买房子还听说过那一段历史,买屋还得左邻右舍签字同意,才能成交。"④ 对于华人学者来说,这种歧视不仅仅体现在日常生活中,更深的歧视还广泛存在于美国学术界。在洪煨莲到美国后,只能在哈佛大学挂个研究员的名。⑤ 孙任以都女士在她的回忆录中提到,在哈佛女校求学时曾因是中国学生而被拒绝选修某位美国教授的美国社会史讨论课,其拒绝之理由是"因为中国学生念不好我这门课"。⑥ 冯家升、瞿同祖、王毓铨、房兆楹等中国史家曾参与魏特夫主持的"中国历史资料编

---

① Lindbeck, John. M. H, *Understanding China: An Assessment of American Scholarly Resources*, New York: praeger 1971, p. 95.
② [美]费正清《费正清对华回忆录》,陆惠勤等译,上海知识出版社,1991年,第399—400页。
③ 周一良《毕竟是书生》,北京十月文艺出版社,1998年,第34—35页。
④ 陈永发、沈怀玉、潘光哲访问,周维朋记录《家事、国事、天下事——许倬云先生一生回顾》,南京大学出版社,2012年,第205页。
⑤ [美]陈毓贤《洪业传》,北京大学出版社,1996年,第161页。
⑥ 《任以都先生访问记录》,中央研究院近代史研究所,1993年,第50—51页。

译计划",让何炳棣愤愤不平的是"所有搜译的各朝代的资料原则上仅供魏氏一人之用。"① 杨联陞在日记中曾如是描述他感受到的华人学者群体在美国学界所受排挤与歧视,"李田意来信,云crump(自名迂儒)不肯在AAS年会文学史节目中加入李文(讲三言二拍)亦因crump自己要讨论此题,怕相形见绌。毛子可恨如此。"② 更为严重的是,学术观念和学术方法的冲突。美国一般学者研究中国历史或文化时,往往首先设立假定,然后搜寻资料来证明所设的假定。③ 费正清曾如是言道,"我仅设想我的职责是阐述事实,而答案则让它自己冒出来。前来听课的研究生不久即粉碎了我那种只讲事实,不提论点的借口。他们只不过问些并不简单的问题,但我立刻意识到,任何阐述的事实都已在种种预想的框架中,而事实叙述者的首要之事,就是必须注意自己的设想框架。"④ 对此,民国史家多难以认同或接受。在中国学者看来,治中国史者首先必须深入中国文献的内部而尽其曲折,然后才能进一步提出自己的心得。陶希圣主张,"历史的方法必须从史料里再产生,才是真确的。如果先搭一个架子,然后把一些史料拼进去,那就是公式主义,也就是错误的。"⑤ 杨联陞积极倡导"训诂治史",主张彻底掌握史料的文字意义,要求扣紧史料的时代而得其本义。萧公权亦主张"放眼看书,认清对象,提出假设,小心求证。这一步工作做得相当充分了,不必去大胆假设,假设自然会在胸中出现,不必去小心求证,证据事先已在眼前罗列。其实假设是证据逼出来的,不是我主观的,随意的构造。"⑥ 王伊同则在评述德效骞的《前汉书译注》时直言不讳指出,"方今以汉学家自命者,间或学殖荒芜,而抵掌空谈。傥籍氏书,而怀乎学问广大,非侈谈方法者所克奏功。"⑦

基于此,人文学者显然不愿意在这种学术环境中从事中国文史研究。邓嗣禹在给胡适的信中写道,"在密尔思大学讲学,亦不过欲对祖国文化略加宣扬而已。多一番接触,多一分经验,多一分认识,知道教授美国人,如何取

---

① 何炳棣《读史阅世六十年》,广西师范大学出版社,2005年,第264页。
② 《杨联陞日记》,1957年2月8日。
③ 萧公权《问学谏往录》,黄山书社,2008年,第211页。
④ [美]费正清《费正清对华回忆录》,知识出版社,1991年,第167—168页。
⑤ 陶希圣《潮流与点滴》,中国大百科全书出版社,2009年,第123—124页。
⑥ 萧公权《问学谏往录》,黄山书社,2008年,第211页。
⑦ 王伊同《德氏前汉书译注订正》,《史学年报》第2卷第5期,第519页。

略论民国史家与美国汉学家的交流合作
——以1940年代前后赴美的中国史家为考察中心

材,如何立言,如何应付。然雅不愿长留异邦。"① 然而,民国史家中不少人或因国内动荡之局势,或因担心国内已不复具有他们原来的生活条件等原因而选择留居在美国,并与美国汉学家开展学术合作。在民国史家与美国汉学家合作中,不乏双方合作顺利愉快者。恒慕义主持编撰的《清代名人传略》之所以能够获得成功,在胡适看来,"这种学术合作事业,最重要的条件还不在金钱,而在领袖者能与人合作,使人人能尽其所长,使人人各自负责任,即是人人各自负其功过。你试看冯家升、王毓铨两兄的领袖Wittfogel的待遇同事的态度,对合作事业的态度,就可以知道'名人传记'的成绩不是偶然的。恒先生必有大过人的领袖风度,始能有此成绩也。"② 但基于前述原因,我们不难想见民国史家与美国汉学家的合作研究中定是不愉快者居多。从民国史家在日记或与友人往来书信中对美国汉学家所表示的不屑和不满中便可推知。萧公权在给胡适的信中如是写道,"我承华盛顿大学约来任教,并参加远东学院19世纪中国史的研究工作。到此方知Wittfogel(维特弗格)被奉为'大师'。因此研究的方法和观点都大有问题。如长久留此,精神上恐难愉快。"③ 杨联陞在日记中表达了对费正清的不满,"费所谓integration非奸人盗窃即愚人盲从,绝非大学者气象,原定22日开会,提前一天,似乎故意不等广京,亦属可恶。"④ 王伊同在其《读费正清〈五十年回忆录〉》的未刊稿中对费正清如是评价道,"费君正清,年七十五,皤然老矣。治清史,执美国汉学牛耳,达四纪,号儒宗,而君亦自居而不疑。吁嘻,费君诚儒宗哉!……夫文字之未通,费君诚儒宗哉!其治清史也,典章仰诸邓嗣禹,督抚科道胥吏公廨之制,拱手瞿同祖,清史目录,则唯刘广京是赖,……吁嘻,费君岂儒宗哉,盗名欺世矣耳!"⑤ 由此亦可知民国史家在美的心境。他们不但不能继续本土研究的传统,研究特长亦难以充分展现,还需面临普遍的歧视与学

---

① 杜春和、韩荣芳、耿来金编《胡适论学往来书信选》(下),中华书局,1979年,第507—508页。

② 北京大学信息管理系、台北胡适纪念馆编《胡适王重民先生往来书信集》,国家图书馆出版社、安徽教育出版社,2009年,第81页。

③ 曹伯言整理《胡适日记全编:1938—1949》(第8册),安徽教育出版社,2001年,第33页。

④ 《杨联陞日记》1950年7月21日,转引自刘秀俊著,王学典指导《中国文化的海外媒介——杨联陞学术探要》,山东大学,2010年,第84页。

⑤ 王伊同《王伊同论文集》(上编),台北艺文印书馆,1988年,第513—514页。

术观念的冲突，更有对故土和文化的思念。萧公权旅居美国西雅图时所填的"少年游"四阕，最能道出"花果飘零"后中国知识分子的心情，其一曰：游人未拟滞天涯，银汉待回槎，莺燕飞时，烟尘定后，重谱洛阳花。高歌何处无明月，何处不宜家，试问从来，可容词客，头白住京华。①

---

① 萧公权《萧公权全集之二：小桐阴馆诗词》，联经出版事业公司印行，1983 年，第 366 页。

书写中国
——中国通和中国故事，1848—1949①

[美] Charles W. Hayford 著　孟庆波 译

自鸦片战争至1949年的革命，在中国生活过的美国传教士、外交官、商人及作家，这些中国通们，曾写就了大量的流行作品。他们不仅视中国为一个地理空间，而且还是一个现代化的真实寓言、美国生活方式的试验场。这些人主要依据他们的生活经历"在中国乡村待了40年"、"寄自上海"，形成了柯文（Paul Cohen）所说的美国写作中国文献的"业余阶段"。而"真正的专业领域"只有在"二战"结束后才到来。伊罗生（Harold Isaacs）和杰斯普森（T. Christopher Jespersen）令人信服地指出，傅满洲、陈查理和慈禧经常会淹没中国通们的声音，美国人对中国的印象也根植于种族主义、对中国移民的恐惧、东方神秘主义、历史神学、外交战略以及整体的无知之上。根据史景迁"义务阶段"的说法，美国人已经到了"改变中国"的时刻。亚达斯（Michael Adas）最近也描绘了"技术义务"和"美国的文明化使命"，这也包括了美国在中国的使命。②

---

① 原文载 The Journal of American-East Asian Relations 杂志 2009 年第 16 卷第 4 期，第 283—311 页。译者感谢原杂志及 Hayford 先生授予翻译版权。译文受中央高校基本科研业务费专项资金 2014WX01 资助。

② Paul Cohen, *Discovering History in China: American Historical Writing on the Recent Chinese Past*, New York; London: Columbia University Press, 1984, 1-3; T. Christopher Jespersen, *American Images of China*, 1931-1949, Stanford, Calif.: Stanford University Press, 1996, xv; Harold R. Isaacs, *Scratches on Our Minds: American Views of China and India*, New York: John Day, 1958; White Plains, N. Y.: Sharpe, 1980, reprint with new preface; Jonathan Spence, *To Change China: Western Advisers in China*, 1620-1960, Boston: Little, Brown, 1969; Michael Adas, *Dominance by Design: Technological Imperatives and America's Civilizing Mission*, Cambridge, Mass.: Harvard University Press, 2006.

虽然民众没能理解他们的故事，并且政策制定者几乎完全忽略了他们，但这些中国通们还是努力寻找词汇、象征和故事来把握和解释中国。如同在印度建立统治的英国同胞一样，在华的美国人也承担了"白人的责任"，并且像他们在北美边界上的国人一样，使用了军事暴力来实施他们的这一权利。但即使像亚达斯这样谨慎的学者，也忽视了由美国和中国双方变化而引起的中国通们彼此争执的复杂性。20世纪20年代，中国青年都转向列宁革命，将其视为建设现代国家的途径，而30年代日本人的侵略使得美国人也重新定义了他们的使命。中国被视为一个战略盟友，首先要反抗日本，其后要反对苏联。中国通们既害怕又认同毛泽东的革命。但是当专业学者将他们挤下舞台时，他们失去了与民众的沟通，也失去了他们的权威。在中国变得"有毒"的年代，他们因害怕被问责"失去中国"而大多陷入沉默。

一、永恒的中国：基督化而非欧洲化

卫三畏（S. W. Williams，1812—1883）在广东留居十多年后返回美国时，哈达德（John Rogers Haddad）曾评价说，"他比任何美国人都更了解中国，在整个西方世界也首屈一指"。19世纪初，美国人可以广泛阅读上自马可·波罗时代的欧洲文献，但同样重要的是他们也有机会到演讲、会议、博物馆、陈列室和展览会去看、去听别人口传或亲身的经历。这些信息渠道的监管人是传教士、商人、政客，但没有专业学者。卫三畏填补了这一空白。他那两卷本著作的全名读起来就像是一份教学大纲——《中华帝国：中华帝国的地理、政府、文学、社会生活、艺术、历史及其居民概观》（The Middle Kingdom，1848）。这部著作是一座事实记录的纪念碑。①

1833年，美国海外传教会将21岁的卫三畏派到广东做印刷工，而不是传教士。当时西方人被禁止进入中国或者学习汉语——他的一位汉语老师甚至不得不充当修鞋匠以作掩护。卫三畏支持"无声福音"，即传播印刷品而不是到处宣教。他成了《中国总论》（*Chinese Repository*）的编辑，并亲自为之写

---

① John Rogers Haddad, *The Romance of China: Excursions to China in U. S. Culture*, 1776-1876, New York: Columbia University Press, 2008, 15; Alfred Owen Aldridge, *The Dragon and the Eagle: The Presence of China in the American Enlightenment*, Detroit, Mich.: Wayne State University Press, 1993, lists American imprints on China before 1826.

书写中国
——中国通和中国故事，1848—1949

就了 100 多篇文章。卫三畏憎恨鸦片贸易，认为它不仅毒害了中国人的身体，也增加了中国人对福音的反感。然而当英国人以炮舰打开中国的大门时，卫三畏却倍感兴奋。上帝自有他神圣的计划。1844 年他回国休假，决定筹款为其印刷所购买汉字字模，却发现鸦片战争使美国公众以美国文明为荣，而对中国则大为鄙夷。①

卫三畏的巡回演讲暴露了听众们那令人沮丧的无知。在美国人的印象中，中国人"无趣、古怪并且尚未开化"，人们可以随意取笑，因为他们"极为自负、无知并且无可救药"。卫三畏曾抱怨说美国人总是期望他去讲那些奇怪的故事，让他描绘：

> 扣着黄纽扣的中国人
> 递给你蜗牛蜜饯
> 广东的年轻小伙子
> 穿着南京布紧身衣和雀尾边饰
> 奉上许多少见并且吓人的小点心
> 猫肉片、狗肉饼
> 还有就地取材的燕窝汤

他意识到需要有一本书"卸下强加在中国人及中国文明上的那种奇特并且几乎无法言说的荒诞形象；仿佛他们只是欧洲人的模仿者，他们的社会、艺术和政府都是基督教国家的滑稽模仿"。

《中国总论》的书名选自"那个国家人们最常用的自称。也是因为中国介于文明与野蛮之间。而以她现存的制度与文化，中华民族是最闻名的异教民族"。该书的论调、目的和结构都基于"激发基督教社区对于在中国进行福音传播工作的支持。向人们展示一旦基督教在中国扎根，中国将会极大地回馈我们的传教工作"。中国独特、自发生长，但并不怪异，因此工作的关键不是给中国送去西方的科技、制度或社会变革（尽管卫三畏也认为这些因素很强大有效），而是福音。一旦有了福音，一切都会依上帝的安排依次行进。

---

① Suzanne W. Barnett, Silent Evangelism: *Presbyterians and the Mission Press in China*, 1807-1860, *Journal of Presbyterian History* 49 (Winter 1971).

二、中国人和美国人的特性

美国总统尼克松访华的 100 年前，即 1872 年，明恩溥（Arthur H. Smith, 1845—1932）与妻子 Emma 作为传教士抵达天津，不久之后便在山东的庞家庄长久定居下来。明恩溥的新教平民主义让他放弃了王公贵卿、儒士文人和城市中间阶层，而是把福音直接面向无权无势的"农民、小贩、苦力、剃头匠、衙役和无业游民"。①

《中国人的特性》（Chinese Characteristics）出版后不久就被译成日文，又从日文译成汉语，成为一直到 20 世纪 20 年代在华美国人追捧的五种热销书之一。毕可思（Robert Bickers）发现该书确立了"将中国人作为中国人进行解释的体例"，分析中国人的"主导范式"就是分析他们的"特性"，尤其是"脸面"。毕可思认为明恩溥引导了其后作家们的基要主义写作，例如甘露德（Rodney Gilbert）的《中国有什么毛病？》（What's Wrong with China?）；但如果他也暗示明恩溥把中西关系看成"主仆关系、统治与被统治的关系"，并认为"一本小册即可涵摄中国的方方面面"的话，毕可思就有些武断了。②

《中国人的特性》更多地以观察而非研究为基础、以激情演讲而非百科全书的论调写就，在修辞、结构和概念上与《中国总论》截然不同。《中国人的特性》由报纸专栏发展而来，这种不连贯的结构却隐藏了比《中国总论》那种事实概说更为强烈的写作主张。利用正在兴起的社会学观点，明恩溥声称中国特性是中国生活方式或文化的必然产物。特性集在一起就成为模式。例如在讨论中国的贫困问题时，《中国人的特性》没有简单讨论资金匮乏，而是第一个将其定位于国情。明恩溥确实跨过了分析与介绍之间的微妙界限，他的观察也揭示了很多美国中产阶级的实际情况。事实上，明恩溥书中所写的各种特性也开列了这些中产阶级人士将野蛮祖先、其他种族、更低阶级的竞

---

① Arthur H. Smith, The Best Method of Presenting the Gospel to the Chinese, *Chinese Recorder* 14 (November-December 1883), 431; Charles W. Hayford, Chinese and American Characteristics: Arthur H. Smith and His China Book, in Susanne W. Barnett and John K. Fairbank, eds., *Christianity in China: Early Missionary Writings*, Cambridge, Mass.: Harvard University Press, 1984.

② Robert Bickers, *Britain in China: Community, Culture, and Colonialism, 1900 - 1949*, Manchester; New York: Manchester University Press, 1999, pp. 26-27.

书写中国
——中国通和中国故事，1848—1949

争者及外来移民与自我进行区分的种种标准。①

书中的章节包括"忽视时间"、"忽视精确"、"缺乏公共意识"、"不求舒适与方便"、"神经麻木"、"缺乏同情"和"缺乏信用"。然而，明恩溥又在中国人身上发现了一些中产阶级的美德，比如，节俭、勤劳、礼貌、耐心和毅力。他声称"亚洲没有家庭生活"是一种"大体公平"的评价，因为这里的女人都是附属性的，她们被禁止展示"家庭美德"。

然而，明恩溥和卫三畏都将自己推向了窘境。只有基督教才能变革中国，但是中国人的特性却形成了一张无法穿透的网。变化从何而来呢？改革，甚至革命都是必要的，满族的统治者也应该被推翻。这些新教徒视改革为心智的、信仰的而非社会或政治的；因此，变化无从引进。明恩溥嘲笑一些西方人认为他们能够暴风骤雨式地占领中国，想象着将中国欧化并继而从英国运来刀叉、长袜和钢琴。科技是问题之所在，但却不是答案。明恩溥坚信美国并没有因蒸汽机和电力而更加高尚和文明，反而市场却威胁到了人们的精神世界："西方国家在非洲大陆所进行的甜酒和奴隶贸易这两项无法形容的罪恶即可证明，贸易本身没有任何教化因素。"政治改革也不能改变中国："引进投票箱能否将中国人变成一个民主民族，让他们适合共和政治？物质文明无法在中华帝国产生与西方一样的种种社会条件"。卫三畏则声称"通过个体工作使异教徒改宗并对其进行建设应当受到各界的颂扬"。②

明恩溥与卫三畏都设想中国首先会以某种方式成为基督教国家然后再建设其现代化，但这种基督教化的过程只能通过个体才能实现。下一代的社会福音派传教士却设想了一个相反的历史顺序：社会是以科技水平为评价标准的有机整体；西方科技和西方文化应当并举；因此，为实现中国的现代化，她的全部生活方式必须西化。一旦中国实现现代化（西化），中国就会产生相应的社会特征培育基督教。

---

① Steven Mintz, *A Prison of Expectations: The Family in Victorian Culture*. New York: New York University Press, 1983, pp. 1–20.

② S. Wells Williams, *The Middle Kingdom: A Survey of the Geography, Government, Literature, Social Life, Asia, and History of the Chinese Empire and Its Inhabitants*, 2 vols., New York: Scribner's, 1882.

三、中国知识的专业化

19世纪末,美国中产阶级纷纷转向高等教育和专业化以保持其社会声望和提高收入。医学和法律确立了这种模式。国家立法机关宣布若无专业机构颁发的资质证书从业即为违法,为医学和法律的专业人士提供了垄断地位。洛克菲勒基金会大力推广德国模式的研究生教育。职业人士主张社会应从专业知识中获益,例如革命性的疾病病毒理论。这种专业知识必须经由专业人员而非只具经验和常识的人来实施。专业知识是学院式而非个人的;科学而非直觉的;世俗而非宗教的;建立在理论而非传统之上的。但是新医学需要多年的研究生教育;外科技术集中在医院;游医、庸医和接生婆的禁绝限制了专业人员的数量。所有这些措施都推动了从业成本的上涨。在这个过程中,盎格鲁-撒克逊信仰的中产阶级逐渐主导了专业化队伍。[1]

没有证书但研究中国却从来都不是非法的。美国是自发组织和言论自由的乐园。与欧洲不同,这里没有国立学术机构或具有相应资源的贸易公司资助长期的语言研究。高校零星分散、受教派控制、规模不大,并且其课程集中于圣经和古典研究。新教美国无法和天主教对耶稣会及多明尼克会汉学家的支持相比,也比不上荷兰东印度公司的学者、拿破仑的东方学家或受瑞典皇家赞助的学者。巴雷特(T. H. Barrett)的研究表明甚至英国也没有法国国家图书馆那样的亚洲藏书,而这些藏书都被法国汉学家充分利用,来培养他们的学生和接班人。尽管有理雅各(James Legge)这样个别出众的学者,巴雷特却指出他们都是业余者,即他们背后都有其他职业。英国的各大学也只

---

[1] Burton J. Bledstein, *The Culture of Professionalism: The Middle Class and the Development of Higher Education in America*, New York: Norton, 1976; Robert H. Wiebe, *The Search for Order*, 1877-1920 (New York: Hill & Wang, 1967); Alan Trachtenberg, *The Incorporation of America: Culture and Society in the Gilded Age*, New York: Hill & Wang, 1982; Paul Starr, *The Social Transformation of American Medicine*, New York: Basic Books, 1982.

书写中国
——中国通和中国故事，1848—1949

是在愿意设置相关职位时才聘用"退休的老手中国通"。①

美国汉学——制度化、全职化地将中国语言文化研究作为一个专业——只有在超越业余与个体研究之后才成为可能。美国东方学会，这个美国人文科学领域中最古老的学术团体，1842年由波士顿的博学牧师和中国研究的外行人创建。到19世纪末，该学会已经从创始时的教务研究和旧约研究转向印度及美索不达米亚研究。这一变化推动了大学知识的世俗化，但对东亚研究影响寥寥。新英格兰地区是中国贸易的发源地，但这里的私立大学却没有中国研究的基本材料。卫三畏退休后在他儿子卫斐列（Frederick W. Williams）的帮助下到耶鲁大学修订他的《中国总论》，但他却没有学生。哈佛大学的汉语教学自其第一任教师过世后也就此中断。然而在西海岸，华盛顿和加利福尼亚的州立大学却有了实质性的起步。②

美国缺乏专业汉学家的一个明显例外就是柔克义（W. W. Rockhill, 1853—1916）。他学过梵文并在巴黎国家图书馆开始了他的汉语学习。为被派到中国并且提高他的汉语水平，柔克义参与了驻中国的外事服务。在北京1888—1889和1891—1892年的外交任上，他做了一次冒险甚至是鲁莽的西藏之旅。尽管他个子高高并且还有红色头发，但不知怎样他却以中国人而非西方人的身份通过无阻。他把他的《喇嘛之国》（The Land of the Lamas）寄送给华盛顿的内行人，比如西奥多·罗斯福。柔克义在书中压制了所有的情感色彩使这本书中没有个人因素，以至于当时的一位读者说"难以读懂"。柔克义的个人情感都留在了他亚洲之旅的大地上。英国诗人丁尼生（Alfred Tennyson）曾说"欧洲的五十年胜过中国的一个朝代"，但柔克义说，"假使如此，对我来说，则是中国或朝鲜的一个朝代胜过美国的五十年"。柔克义的汉学家

---

① Timothy Barrett, *Singular Listlessness*: *A Short History of Chinese Books and British Scholars*, London: Wellsweep, 1989, 108; Harriet Zurndorfer, A Brief History of Chinese Studies and Sinology, in *China Bibliography*: *A Research Guide to Reference Works About China Past and Present* (Leiden; New York: Brill, 1995).

② Carl T. Jackson, The Emergence of the Oriental Scholar, *The Oriental Religions and American Thought*: *Nineteenth Century Explorations*, Westport, Conn.: Greenwood, 1981, chap. 10; Bruce Kuklick, *Puritans in Babylon*: *The Ancient Near East and American Intellectual Life*, 1880-1930, Princeton, N. J.: Princeton University Press, 1996, pp. 58-59; Frederick Wells Williams, *The Life and Letters of Samuel Wells Williams, LL. D.*, *Missionary, Diplomatist, Sinologue*, New York: Putnam, 1889, chap. 12.

名望在 1898 年门户开放政策的制定中给予他极大的影响力,但彼得·斯坦利 (Peter Stanley) 在细致研究了柔克义生平后总结道,柔克义最终"是一位权威,但还不是专业学者"。他说,专业学者"不仅在某一学科内具有公认的、可证明的专长,而且还应该在某一机构框架内连续并且自觉耕耘",而这种条件只有等到美国政府和公众认真对待中国时才能实现。①

四、门户开放政策:提升中国

1898 年美国总统威廉·麦金莱 (William Mckinley) 注意到诗人吉卜林 (Rudyard Kipling) 呼吁"白种人的责任",他采取行动占领了菲律宾。麦金莱对美国这一行动的解释同样适用于中国:"提升、教化和基督化"。1900 年义和团运动在中国北方农村兴起,他们杀害传教士和教民,包围了首都的外国领事馆。和 1857 年印度的反英叛乱一样,义和拳民也被描绘成反抗帝国主义的爱国者。但美国人却确认为他们只是被盲目仇外情绪所激怒的一群暴民。出于报复,外国联军入侵了中国华北,杀戮那些他们认为是义和拳民的人,并提出了此次入侵行动的军费赔偿。明恩溥的传教士同事引导了重惩华北的美国海军,而明恩溥也为之叫好。马克·吐温称他们为"一伙美国传教会的牧师强盗"。②

著名的门户开放政策呼吁中国向所有西方国家保持贸易机会的均等。然而其执行却取决于当时尚不具备的两个条件:中国的自卫能力和外国势力的自我约束。不管怎样,门户开放一直成为美国政府接下来 50 年的外交政策。韩德 (Michael Hunt) 的研究解释了在华美国商人、传教士和外交官如何产生了门户开放的意识。这种意识主要从两种斗争审视中国:第一种是中国内部的进步性改革与封建惰性之间的斗争;第二种是美国的善意帮助与英、俄、

---

① Peter Stanley, The Making of an American Sinologist: W. W. Rockhill and the Open Door, *Perspectives in American History* 11 (1977–78), p. 426, 428, 430.

② This section draws on Charles W. Hayford, The Storm over the Peasant: Orientalism, Rhetoric and Representation in Modern China, in Shelton Stromquist and Jeffrey Cox, eds., *Contesting the Master Narrative: Essays in Social History*, Iowa City: University of Iowa Press, 1998; James Hevia, *English Lessons: The Pedagogy of Imperialism in Nineteenth-century China*, Durham, N. C.: Hong Kong: Duke University Press, 2003.

日等国之间的利己帝国主义的抗衡。只有按照美国中产阶级的路线进行改革，中国才能足够强大，以求自保。只有美国人才能教会中国人怎样去做。①

五、革命和旅途上的中国专家

建立一个中产阶级的中国也需要将中国的知识专业化、规范化、合理化和理论化。现在中国应该可以用社会科学的术语进行解释了。尽管没人察觉，经过一代人之后，美国人讲述中国故事所使用的关键术语、修辞和象征都已经发生了转换。明恩溥寻求中国特性，而社会学家则寻求革命阶段。中国的差异再也不仅仅是在地图上所标注的远东，而且进入了历史视阈；中国再也不仅仅是"在那里"，而且还"上溯到过去"。现在的中国变成了西方的过去，现在的西方也就成了中国的未来。

在门户开放的年代里，对于专家身份和社会改造的渴望激发了各学术机构在新的"善于接受的中国"进行旅行或从教的高潮。E. A. 罗斯（Edward Alsworth Ross）因为反对华裔移民而丢掉了在斯坦福大学的教职，但他却在威斯康辛大学继续从事社会学研究项目，推动中西部的进步主义，并成为新成立的美国社会学学会的主席。当1910年罗斯到中国旅行时，他知道如何解释他的见闻：

事实上，任何旅行者如果想了解另一文化阶段的智力水平或另一种社会类型，中国看上去倒不那么令人迷惑。

对于视中国为怪异的东方学家，罗斯也表现了他的不屑：

有理论认为，出于心智构成的差异，黄种人和白种人永远也不能彼此理解或同情。这种理论受到东方文献解释学者的欢迎。但是当社会比较学者收集隔绝、生存竞争、祖先崇拜、家长权威、妇女卑顺、军事衰落和学者权势的材料，进而得出当然结论之后，这种论调就变得毫无意趣。

---

① Michael Hunt, *The Making of a Special Relationship: The United States and China to* 1914, New York: Columbia University Press, 1984, xi.

他的《变化中的中国人》(*The Changing Chinese*)于1911年10月出版。开篇第一句话写道:"中国是中世纪欧洲的再现。"①

哈佛法学院的罗斯科·庞德(Roscoe Pound)和霍普金斯大学的弗兰克·古德诺(Frank Goodnow)都以宪法专家的身份到过中国。古德诺曾担任袁世凯的顾问,他建议说,"毫无疑问,君主制要比共和制更适合中国"。芮恩施(Paul Reinsch)在威斯康辛大学组建了一个吸引亚洲学生的社会学项目,此举使他成为该领域的领军专家,并成为威尔逊总统派驻北京使节的明确人选。但他的著作《一个美国外交官使华记》(*An American Diplomat in China*)只是低调记录了五四运动与中国对抗西方事件的一本小册子。②

威尔逊时代的进步主义者想消除他们认为主导中国"中世纪性"的精神迷信、经济落后和官僚主义,代之以个人主义、市场经济和中产阶级的世界大联盟。列宁则以正义、公平、集体化生产、国家计划和工人阶级的世界大联盟为名,形成了另一并立挑战。新文化中的知识分子迅速采用了一个新词语"封建"。事实上,帝制晚期的中国有中央集权的文人政府、货币化经济和一个国家市场,在任何意义上都不是封建性的。但"封建"这个词重构了中国的国情,将其定位于必将发生革命的历史阶段。③

基督徒孙中山以及后来成为基督徒的蒋介石欢迎了列宁的使者和列宁式的政党组织。对于美国和中国的自由主义者来讲,革命是非理性的暴力和破坏,但很多中国年轻人都把革命视为能够消除封建和帝国主义并建设富有和强大国家的规律性力量。年轻的毛泽东曾赞美群众暴力并将革命比喻成自然力:"将有几万万农民从中国中部、南部和北部各省起来,其势如暴风骤雨……一切帝国主义、军阀、贪官污吏、土豪劣绅,都将被他们葬入坟墓"。

---

① Edward Alsworth Ross, *The Changing Chinese: The Conflict of Oriental and Western Cultures in China*, New York: Century, 1911, p. 3.

② Franklin Ng, Knowledge for Empire: Academics and Universities in the Service of Imperialism, in Robert David Johnson, ed., *On Cultural Ground: Essays in International History*, Chicago: Imprint, 1994; Hans Schmidt, Democracy for China: American Propaganda and the May Fourth Movement, *Diplomatic History* 22 (December 1998), p. 14.

③ Odd Arne Westad, *The Global Cold War: Third World Interventions and the Making of Our Times*, Cambridge; New York: Cambridge University Press, 2005, 8-16, 39-57; Erez Manela, *The Wilsonian Moment: Self-Determination and the International Origins of Anticolonial Nationalism*, Oxford; New York: Oxford University Press, 2007.

书写中国
——中国通和中国故事，1848—1949

在辩驳那些更加儒雅的同志们时，毛泽东说，革命"不是请客吃饭"，而是"是一个阶级推翻另一个阶级的暴烈的行动"。1927年3月，南京的国民党无赖士兵洗劫了外国人的房舍并杀害了6名外国人。不久，蒋介石便整饬纪律，外国势力扩大了他们的外交承认，选择留下来的美国人也知道他们将不得不与国民党达成协议。各方都吸取了教训，避免了1900年式的相互暴力。①

有两名访华学者都以中国为标题出版了著作。哈佛大学政治系教授何尔康（Arthur Holcombe）访华时受到礼遇，欢迎他的人几乎都是他的学生——例如宋子文，1915届哈佛毕业生，哈佛派之一。中国也因此不再是那个反面怪胎：何尔康说，当年吉普林写下"东是东，西是西，泾渭分明，永不合流"时，他想的只是印度，肯定不是中国。事实上东西方已经相遇，虽然是以共产主义扩散世界革命和美国推销基督教和教育两种方式进行。芝加哥大学远东历史及制度学教授宓亨利（Harley Farnsworth MacNair，其妻子是翻译家弗洛伦丝·埃斯库 Florence Ayscough），曾在上海居住过十多年。他在1931年的书中感觉有能力"在与中国人及其制度进行个人接触的基础上衡量材料并将矛盾的部分加以过滤。"宓亨利断言中国历史"从某种程度上可以说经常自我重复"，因为直到1911年"那里的政府形式从未有过本质上的变化——除了王朝的家族"。外国人提出很多证据论证布尔什维克革命在中国并不合理，但宓亨利警告这些主张"应被视为假设而不是定理"。②

这些来访的专家没有一个人会最基本的汉语。他们觉得没有必要，完全依靠熟练掌握英语的归国留洋学生。他们的著作以"革命"为特色，但所讲述的都是一个年轻的中国学习如何适应业已成熟的国际社会、并采用以西方为模型的政治体系。卫三畏和明恩溥曾依靠基督教作为中国自发现代化的基础；博学的教授们则设想他们的学生会建立一个像当代西方国家那样的中产阶级中国。具有讽刺意味的是，美国的进步主义者和马克思都认为工业化的西方代表了人类的未来（尽管马克思对基督教有不同的认识）。

---

① Report on the Peasant Movement in Hunan. (1927), in Stuart Schram, ed., *Mao. s Road to Power*, White Plains, N. Y.: Sharpe, 1994, 2: 430.

② Arthur Holcombe, *The Spirit of the Chinese Revolution*, New York: Knopf, 1930, 3; Harley Farnsworth MacNair, *China in Revolution: An Analysis of Politics and Militarism under the Republic*, Chicago: University of Chicago Press, 1931, p. 2, 3, 190.

六、"有三个名字的女人"对门户开放政策的挑战

莱斯利·菲尔德（Leslie Fielder），一位特立独行的美国文学评论家曾说女性作家写的一系列畅销小说，比如斯托夫人的《汤姆叔叔的小屋》和玛格丽特·米切尔的《飘》，都比男性创作的文学经典更坦诚地涉及了种族、阶级和性别。霍桑（Nathaniel Hawthorne）曾称她们为一群"该死的舞文弄墨的女混蛋"。①

菲尔德的主张同样适用于许多在华美国女性小说家所写的作品。最典型的例子是赛珍珠的《大地》（The Good Earth）和艾丽斯·蒂斯代尔·霍巴特（Alice Tisdale Hobart）的《中国煤油灯》（Oil for the Lamps of China）。一位知名的专业人士曾鄙夷地称她们为"有三个名字的女人"。②

赛珍珠在中国或1936年返回美国后不久所写的作品，尤其是《大地》和有关她传教士父母的回忆录，都挑战了三个人所塑造的意象（其中两人为门户开放政策的支持者）：她那福音派传教士父亲，当他并且只有他在宣扬福音时曾以父亲的眼光看待中国，并认为中国需要福音；她那传教士农学家的丈夫，曾计划将科学农业带给中国农民；和毛泽东，一个她可能见过的中国人。毛泽东1927年的秋收起义离她在南京大学的教工平房仅有几百英里。

赛珍珠在中国写成的《大地》与美国读者所读到的版本并不完全一样。美国读者读到了有关"贫农"（peasant）的故事，这个当时正开始在中国流传开来的词并没有在书中出现。主人公说"我叫王龙（Wang Lung），是个农民（farmer）"。使用"贫农"这个词，正如毛泽东那样，意味着描述了一个正待革命的封建中国。赛珍珠看到了一个"永恒的中国"。在抗日战争成为关键问题之前的作品中，赛珍珠把革命看作类似义和团的那种暴力。1924年她写道：

---

① Fiedler, *What Was Literature? Class, Culture and Mass Society*, New York: Simon & Schuster, 1982.

② Tung-li Yüan, *China in Western Literature: A Continuation of Cordier.s Bibliotheca Sinica*, New Haven, Conn.: Far Eastern Publications Yale University, 1958, 439-58, lists more than 400 novels (including translations) by Western authors published between 1924 and 1957.

书写中国
——中国通和中国故事，1848—1949

布尔什维克主义？我不这样认为。中国的年轻人呼喊很少却思考很多，他们心中都有遗自祖先的非感性、牢固的常识。这会使他们停下来观察布尔什维克的所作所为并发现它毫无建树。他们会坚持明智的、步伐稍慢一些的进步程序。

赛珍珠认识到外国的特权都建立在军事力量之上并且她欢迎帝国主义的结束。1927年，赛珍珠一家在仆人的帮助下才得以躲开排外的暴徒，并被美国军舰带到上海。当他们坐在无窗的小密室里听着周围的破坏声，赛珍珠断言"狂风已经开始酝酿，旋风正在结集"。是机缘让他们出生为白人，但是"谁也无法逃脱我们出生之前几百年的历史"，"我们四处躲避求生，因为我们是白人"。①

《大地》以一种本土美国读者无法攫住的方式将这一思想戏剧化。赛珍珠将王龙的贫困原因说成是天旱缺雨，而不是缺乏农业技术或基督教，更不用说什么阶级压迫。在一组场景里，王龙先是接了一个传教士的小册子，后来又接了一个狂热鼓动者的宣传单，然而他对二者的反应却是一致的：把这些东西交给他的老婆去堵鞋上的破洞。生计常识战胜了意识形态。书中的女性主义也很复杂。赛珍珠对中国的家长制社会和传教士的生活方式都很愤怒，但她却很欣赏她所知道的那些中国女性，并且认为外国人没有任何资格去改造中国妇女。欧兰（O-lan）是一位骄傲称职的妻子，而不是一个可怜的受害者。

霍巴特1913年到达中国。《中国煤油灯》中的主人公Steven Chase，名字很有情感意义，是以她的丈夫，一位在洛克菲勒标准石油公司的职员为原型的。在小说的开头，Steven在满洲内陆旅行时发现一位乡村小伙子正眯着眼睛在昏暗呛人的煤油灯下努力读书。这一场景让他发出了那句不朽的名言："老天，这里的落后果真激人奋进哪。"Steven发明了一种便宜的汽油灯，而这种油灯不管是在象征意义上还是在实际上都给中国带来了光明（标准石油公司确实发明了这样的汽油灯，大发横财，并且还将部分盈利赠与中国）。

但发展带来的是灾难，而不是进步或者民主。Steven埋头于中国的古典社会关系研究，但中国激进的民族主义者却已经与他们的传统脱节。"在新秩

---

① *My Several Worlds: A Personal Record*, New York: John Day, 1951, p. 208.

序到来之前的社会革命中,家庭的稳固性遭到了削弱","男人的名望再也不为家庭所倚重"。Steven 中国副手的儿子也参加了革命,不久就变得自傲堕落。愤怒的排外暴徒烧毁了公司的油库,也损坏了 Steven 在公司的信誉。他被公司开除了。霍巴特这样描述她的丈夫:

> 这种被称为进步的状况,他年轻时在满洲就已经预见了,现在已经降临中国。时机已到。但像明灯照亮暗处一样的进步,它到来的方式他却没能预见。它更像一个尚在腹中的巨型婴儿,在临产的阵痛中撕扯和破坏着母亲的子宫。

霍巴特写道"是西方人带领东方到达这种阵痛。东方并不想改变。黄种人会憎恨白种人并且对其进行疯狂攻击"。公司的遭遇也同样不好——"任何灾难都无法匹敌大革命所造成的破坏。就像一辆重型卡车一样,它漫不经心地碾过被革命破坏的大地和狼藉"。①

尽管不同于卫三畏和明恩溥的情形,但赛珍珠和霍巴特也同样将自己逼进了窘境。这两位女作家都挑战了门户开放政策,并且害怕革命的民族主义,但却没有提出(或者她们觉得没有必要)可供选择的其他办法。霍巴特展现了一个若不破坏就无法改变的中国。赛珍珠似乎满足于王龙按照祖先的方式生活下去,并没有担心中国如何构建政治权利来进行自我保护和如何将人民从贫苦中拯救出来。革命几乎是不可想象的。

不管出于怎样的原因,只有到了后来才有男性文学作品可以与她们相比较。19世纪50年代有两部、60年代有一部小说涉及了无知的——说得更好听些,天真或孩子气的——美国人利用科技给他们想要进行建设的中国造成了破坏。约翰·赫西(John Hersey)出生在中国。离开中国多年后写成了《一块卵石》(*A Single Pebble*)。与白修德(Theodore White)同样,赫西也曾为出版家亨利·卢斯(Henty R. Luce)写作。小说以一位匿名美国工程师平静回忆的口吻写成。他曾在二十几岁时搭乘一条旧船上溯长江去勘察修建大坝的选址。像《中国煤油灯》中的 Steven 一样,他也被中国的落后所震惊。纤夫大石(Old Pebble)就像王龙一样,是旧有中国的象征。美国的科技使团

---

① Hobart, *Oil for the Lamps of China*, pp. 332–33.

书写中国
——中国通和中国故事，1848—1949

毁了大石——他溺死在养育他一生的长江上。白修德的《山路》（*The Mountain Road*）把背景定位于1944年日本侵华时的灾难性"一号作战"。一个美国陆军中尉领着一支爆破小分队去炸掉已经落入日军手中的美国弹药。起初他依靠中国人并将他们同等看待（尤其是一名英俊的Radcliff学院毕业生），但是当饥饿的中国土匪伏击并射杀他的小分队时，他震怒了。他屠杀了最近的一个村庄，然后以世界末日的一幕炸掉了弹药库，也炸掉了美国的自由主义态度。

永不止息的大河、美国的工程师和中国的民族主义也架构了理查得·麦基纳（Richard McKenna）的《圣保罗号炮艇》（*The Sand Pebbles*）。作者麦基纳本人是19世纪30年代长江上一艘炮舰机械师的朋友，但他却将小说的背景定在十年前的大革命时代。机械师Jake Holman教给他的中国工人（他拒绝叫他们苦力）炮舰的机械原理。他让他们在理解中学会，而不是简单模仿。炮舰的任务是从排外暴徒的手中解救"中国之光传教团"，这引发了一起争论："任何支持不平等条约的人都无权称自己为基督徒"，"到了福音传道会让路的时候了。只有'炮弹发射会'才能让这些人清醒过来"。当炮舰在一场激烈战斗中烧毁一艘中国战船后，Holman带领了一个登陆小组前去解救传教士，但却中弹被杀。

出于一种有趣的巧合，赫西和白修德的小说都在格雷厄姆·格林（Graham Greene）《沉静的美国人》（*The Quiet American*）一书出版的前后一两年面世。这本书的背景定在印度支那而不是中国（尽管在中国的影响之下），但也与美国的无知、科技和暴力相关。叙述者Fowler是一名厌倦战争的记者，说新来的Pyle没有浮躁的商业气，不自私，是个沉静的美国人。Pyle在哈佛的老师写了一本《红色中国的前进》（*The Advance of Red China*），这本书使他坚信了"西方的责任"。Pyle满怀理想地参加了CIA，想把民主带给这片尚处在中世纪的土地。然而Fowler暗示说，Pyle并没有意识到中世纪将引发革命。在Fowler看来，共产主义虽然野蛮但却讲求实际：农民"需要足够的米粮……他们不想挨饿。他们梦想着有一天能和别人活得差不多。他们不需要我们这些白种人在一旁告诉他们需要什么"。对于最近500年的世界历史，Fowler与赛珍珠的思考出奇地一致："世界上可能没有纽约或伦敦，但人们肯定在耕种成片的稻田，他们肯定会头顶斗笠用长竿挑着农产品去集市上卖"。Pyle在西贡的集市上安放了炸弹以制造恐慌并嫁祸共产党人，对于死者他则说"很遗憾，但从某种意义上说他们也是为了民主而死"。当越南人刺杀Pyle时，格林让那位法国督察说出了这篇小说的寓言："上帝总是从无辜和善良的人中间把我们拯救出来。"①

七、思考革命：太平洋关系学会

战争年间，在洛克菲勒和其他基金会的赞助下，太平洋关系学会（IPR）成立。这个学会汇集了太平洋沿岸国家政治、商业和文化的精英，就太平洋地区的多种问题进行非官方的交流。并不是所有人都看好这个组织。1925年夏该学会于火奴鲁鲁的普纳荷学校（Punahou School）举行初次会议后，《时代》杂志就称主办者是"奇怪的杂牌队伍"、"一小群精英和博学的冒险者"。美国国务院官员则担心对国际外交事务的业余讨论可能会干涉战略规划的制定。②

根据Tomoko Akami的有力分析，太平洋学会以威尔逊计划（Wilsonian Project）为核心，"坚持与启蒙略有关联的一系列重要但却抽象的概念——和平、理性、自由、进步、宽容和民主"。她还补充说，该学会是一个绅士俱乐部，不关心能否为本国的弱势阶层带来什么好处，并且"自由"意味着反对共产主义、反对帝国主义、反对民族主义。③

在中国知识的专业化方面，太平洋学会是个关键组织，但在我们看来，它本身却不够专业。很少有成员是专业学者，至少不是亚洲研究的职业学者。可以肯定的是，太平洋学会资助了许多极具学术意义的项目，例如中国断代史的翻译等，但它的主要出版物《太平洋事务》（*Pacific Affairs*）杂志，尤其是会议记录系列《太平洋问题》，则主要关注眼下，立足政策。该学会的专家

---

① Graham Greene, *The Quiet American*, London; New York: Viking, 1957, p. 177, 22. Other insightful novels perhaps did not feature enough sex and violence to sell in big numbers: Preston Schoyer's *The Foreigners*, New York: Dodd Mead, 1942, *The Indefinite River*, New York: Dodd Mead, 1947, and *The Typhoon's Eye*, New York: John Day, 1959; Grace Morrison Boynton, *The River Garden of Pure Repose* (New York: McGraw-Hill, 1952).

② Charles W. Hayford, *To the People: James Yen and Village China*, New York: Columbia University Press, 1990, pp. 69–71.

③ Tomoko Akami, *Internationalizing the Pacific: The United States, Japan, and the Institute of Pacific Relations in War and Peace, 1919-45*, London; New York: Routledge, 2002, p. 7.

书写中国
——中国通和中国故事，1848—1949

大多是外交官、银行家或将军，而非学者。这一事业吸引了许多有活力的机会主义学术企业家。例如爱德华·卡特（Edward C. Carter）曾在1900年被"学生志愿海外传教运动"辞退出哈佛大学，然后去印度谋业，继之在大战期间到基督教青年会的法国分部工作。卡特没有受过亚洲研究方面的教育（更不用说博士学位），也不会讲任何亚洲语言，但他却协调着一个专家和学者组成的跨国组织。①

再如拉铁摩尔（Owen Lattimore），在欧洲大陆的概念看来，他既不是个学者也不是个汉学家，但1933年卡特却雇用他主编《太平洋事务》。拉铁摩尔在中国长大，受父母之教学过古文，去英国读过预备学校，但他从未上过大学。重返上海后，他在一家贸易公司工作并在后来坚持说他的商业旅行所教给他的中国现实知识比任何大学都要好。尤其是骑着骆驼来华贸易的商人教给他中国的内陆实际上是中亚的前沿。在旅行日记《荒漠路至土耳其斯坦》（*The Desert Road to Turkestan*）和《高地鞑靼》（*High Tartary*）中，他对这些知识做了解释。然后他在哈佛度过了几年，学习汉语和人类学但却没有注册任何博士课程。在接下来的几年里，拉铁摩尔发表了一些严肃但不一定具有学术性的论文及两本著作《满洲：冲突的摇篮》（*Manchuria, Cradle of Conflict*）和《满洲的蒙古人》（*The Mongols of Manchuria*）。②

在他北平的编辑部，拉铁摩尔鼓励在欧洲和美国都不能实现的马克思政治经济学、韦伯社会学和汉学的交叉互动。他的合作者之一就是德国汉学家魏特夫（K. A. Wittfogel）。他曾是希特勒的逃亡者、前德国共产党员和法兰克福批判社会学学派的学生。魏特夫没有接受中国传统学者和西方人的分类和假设，在将有关中国的学术引入世界历史框架的过程中起到过推动作用。③太

---

① Ibid., p. 14.

② David Buck, Owen Lattimore, in John A. Garraty and Mark C. Carnes, eds., *American National Biography*, New York: Oxford University Press, 1999, pp. 248-250; James Cotton, *Asian Frontier Nationalism: Owen Lattimore and the American Policy Debate*, Atlantic Highlands, N. J.: Humanities Press International, 1989.

③ Martin Jay, *The Dialectical Imagination: A History of the Frankfurt School and the Institute of Social Research*, 1923-1950, Boston: Little, Brown, 1973, pp. 15-17, 134; G. L. Ulmen, *The Science of Society: Toward an Understanding of the Life and Work of Karl August Wittfogel*, The Hague: New York: Mouton, 1978; Yung-chen Chiang, *Social Engineering and the Social Sciences in China*, 1919-1949, Cambridge: Cambridge University Press, 2001, pp. 245-246.

平洋学会及《太平洋事务》发表了例如陈翰笙、王毓铨和冀朝鼎等受马克思主义影响的中国学者的文章。他们以社会阶层、生态结构和历史力量为主导，形成了中国历史的新解释。拉铁摩尔最有影响力的著作《中国的亚洲内陆边疆》(*Inner Asian Frontiers of China*)更多是受到亨廷顿（Ellsworth Huntington）的地理环境决定论和历史学家阿诺德·汤因比（Arnold Toynbee）的影响，但是他把这些理论集中到一起，形成了一种容易理解且具有说服力的综合体系。①

太平洋学会的其他著名学者还有英国费边社成员托尼（R. H. Tawney），写有《中国的土地与劳动》(*Land and Labor in China*)作为太平洋学会1931年年会的研究备忘录。托尼的学术专长是中世纪欧洲，但他断言"中世纪欧洲的研究暗示了发展阶段之间的比较，仿佛中国文明不是与欧洲不同的另外一种文明，而仅仅是在阶段上尚未成熟而已"，"这种老生常谈的研究已经太过泛滥了"。然而在另一方面，他却描述了一个停滞的封建中国，只有革命才能将其解放。②

到20世纪30年代，尽管美国公众还没能理解这种变化，但是太平洋两岸的顶尖学者都以一种在结构上和修辞上与20年代都不相同的方式讲述中国故事。他们的言辞和隐喻都不再把中国置于一种独特并且怪异的地位，而是把它放在世界历史的框架之中。革命不再是马克思主义派系的号角，而是变成了一种几乎实在的力量；封建也成为世界历史的一个阶段；法西斯主义成为将欧亚两大洲绑在一起的共同威胁；扛着锄头的人们也不再叫做农民，而成了贫农了。

八、战争故事

从中日战争迫在眉睫到演变成国际外交事件，身在中国的记者们自身也经历了一次转变。至少到"一战"时，北美和英国的报业都还没有渴望独立性与客观性的专业标准；在中国条约口岸的编辑们公开主张他们本国的国家利益，并且利用他们的报纸为外国铁路价格和银行利息的提高而呼喊。战后

---

① William T. Rowe, Owen, Lattimore, Asia, and Comparative History, *Journal of Asian Studies* 66 (2007), pp. 758-760.

② R. H. Tawney, *Land and Labor in China*, London: Allen & Unwin, 1932, p. 8, 91.

书写中国
——中国通和中国故事，1848—1949

情况有了改变。在华的美国记者大多都受过高等教育，并且站在进步的中国一边，那里有他们的众多读者。新派记者说那些老记者都是酒鬼、种族主义者和把日本当作抵抗布尔什维克主义堡垒的雇佣文人。①

密苏里新闻学院的两名毕业生展现了新派职业记者的多面性。第一位是卡尔·克劳（Carl Crow）。他于1917年抵达上海为盟军做公共宣传，但他一直留下来组建了一家开创性的广告公司。他那乐观的上海回忆录《四万万顾客》（*400 Million Customers*）将中国表现得具有商业气息但却怪异——他称之为"鲜花王国"。这本书主张外国商人必须听取中国消费者的意见，以满足他们令人吃惊但总归可以理解的要求。中国人是顾客，不是老板。最近一位历史学家伊萨里尔（Jerry Israel）总结说，"克劳的中国没有痛苦、落魄和贫困，也没有革命。他在寻找四万万顾客，但可能最终发现了四万万零一个老板"。②

第二位是密苏里人埃德加·斯诺（Edgar Snow）。他1929年抵达上海并成为《密勒氏评论报》（*China Weekly Review*）的多产记者；1934年移居北京，在燕京大学新闻学系兼职教书。他在燕京图书馆中广泛阅读，发现了支撑他新闻报道的政治理论。1936年当他秘密去延安窑洞拜会毛泽东时，斯诺已经做好准备要"看到"中国的大众民族主义。共产党的领导机制决定了毛泽东接受斯诺采访时所传递的信息，但事情的说服力却丝毫未减：社会革命既可以将农村从封建主义中解脱出来，又可以产生抵抗日本的力量。与《大地》中永恒的、自给自足的"农民"截然相反，《红星照耀中国》（*Red Star Over China*）展现了"一个生活暗淡的贫农阶级"。斯诺对亚洲和他的爱尔兰祖先深表同情并带有一丝对英帝国主义的敌对色彩，他看到了不仅反对法西斯主义而

---

① Stephen R. MacKinnon and Oris Friesen, eds., *China Reporting: An Oral History of American Journalism in the 1930's and 1940's*, Berkeley: University of California Press, 1987, pp. 23–26; Bickers, *Britain in China*, esp. chap. 2; Peter Rand, *China Hands: The Adventures and Ordeals of American Journalists Who Joined Forces with The Great Chinese Revolution*, New York: Simon & Schuster, 1995.

② Carl Crow, *400 Million Customers: The Experiences–Some Happy, Some Sad, of an American Living in China, and What They Taught Him*, New York; London: Harpers, 1937; EastBridge: D. Asia Vue Series, reprint with an introduction by Ezra Vogel, 2004; Jerry Israel, Carl Crow, Edgar Snow, and Shifting American Journalistic Perceptions of China, in Jonathan Goldstein, Jerry Israel, and Hilary Conroy, eds., *America Views China: American Images of China Then and Now*, Bethlehem, Pa.: Lehigh University Press, 1990, p. 153.

且还反对西方帝国主义的一场全面战争。亚洲的解放取决于中国的革命。①

获得"世纪独家新闻"使得斯诺成为几代外国记者的职业模范,但毛泽东过世后,曾被用来表现中国故事的主题从抵制日本侵略变成了讨论毛泽东独断统治的责任。斯诺因其卑劣的职业道德备受攻击:他丧失了客观性;50年代传达过毛泽东的指示;他忽略甚至否认毛泽东的大饥荒;在中国研究领域曾帮助推销过"革命范式"。②

1937年的不宣而战使得美国公众分裂成同情中国和害怕被卷入战争两派。政策辩论暴露了最基本的问题,即谁的讲话权威以及如何定义中国。归国的中国通们都上前为中国说情。赛珍珠组织了东西方委员会(East-West Association),一方面推广中国知识,另一方面呼吁支持。而周以德(Walter Judd)和其他返美的传教士则组织了"不参加日本侵略委员会"(American Committee For Non-Participation In Japanese Aggression)。③

中国通们费了很大力气说服美国公众相信中国的倒下将会危及美国,他们还要与美国国务院的现实主义者论战,尤其是国务院的资深顾问霍恩贝克(Stanley Hornbeck)。霍恩贝克曾是神圣但却空洞的门户开放政策的监护者。美国无法保护一个连自身都保护不了的中国。拉铁摩尔曾回忆霍恩贝克说"他是曾经在中国待过很长时间,20年上下,但却连要杯茶那样简单的汉语都不会的人"。霍恩贝克倾向于"柔而又柔的政策",并认同日本作为抵御苏联的基本防线。拉铁摩尔又接着说,"外交家们认为生在中国的美国人人数太少,知识也太有局限性,只知中国而不知世界"。罗斯福不久后就入主白宫,

---

① Part Three, *Red Star Over China*, and Elsewhere, S. Bernard Thomas, *Season of High Adventure: Edgar Snow in China*, Berkeley: University of California Press, 1996; *Red Star Over China*, New York: Random House, 1938, pp. 66-74, 106-7, 449.

② Anne-Marie Brady, *Making the Foreign Serve China: Managing Foreigners in the People. s Republic*, Lanham, Md.: Rowman & Littlefield, 2003, pp. 46-48; Jonathan Mirsky, Message from Mao, *New York Review* (16 Feb. 1989), 15-17, review of John Maxwell Hamilton, *Edgar Snow: A Biography*, Bloomington: Indiana University Press, 1988; Ramon H. Myers and Thomas A. Metzger, Sinological Shadows: The State of Modern Chinese Studies in the United States, *Washington Quarterly* (Spring 1980), p. 88.

③ Donald J. Friedman, *The Road from Isolation: The Campaign of the American Committee for Non-Participation in Japanese Aggression*, 1938-1941, East Asian Research Center Harvard University, 1968; Robert Shaffer, Pearl S. Buck and the East and West Association: The Trajectory and Fate of Critical Internationalism, 1940-1950, *Peace & Change* 28 (January 2003).

书写中国
——中国通和中国故事，1848—1949

疏离了职业外交官们。①

第一位在来华之前就已经学习汉语的美国记者（也可能是西方记者中的第一位）大概就是白修德了。他1938年以最优异的成绩毕业于哈佛大学，是费正清指导的第一名学生，也是第一位以历史专业出身研究中国的人。白修德的回忆录里描述了他在藏有少量中文书籍的博斯屯馆（Boylston Hall）的地下室里面，钻研老师要求记忆的汉字。他说道，"这些字几乎是毫无用处"。然而，在他四年级那年，预备军官训练团（ROTC）教会了他在哈佛所学到的最有用的技能——骑马。白修德认为犹太出身可能会使他难以谋得大学教职，因此他就去了美国驻中国的情报处工作。当1941年《时代》杂志出版商亨利·卢斯访问重庆时，聘请白修德作他的中国通讯员。运用他的语言技能和骑术，白修德报道了多场战斗情况、饿死两千万人的湖南灾荒、重庆的战时腐败以及毛泽东活力但专断的延安。1944年，白修德厌倦了国民党的审查制度以及卢斯对他所发电讯的擅自篡改，他辞职返回了美国。②

当白修德还在中国的时候，另外一种声音也在竭力为中国代言，那就是回国的留洋学生。这些学生中权势最大的，要数蒋夫人宋美龄。1943年早期她曾向美国的参众两院发表演讲，下半年在美国各地巡回演讲，并在好莱坞的露天剧场推动了民众呼吁的最高潮。她在公共关系上成就殊异，但对美中两国的政策却几乎没能产生影响。③

归国学生的号角声来自林语堂，他曾在哈佛学习，后转至法国，又在莱比锡大学获中国语言学的博士学位。他是一位可敬的中国古典学者，能以中英双语写作都市散文。和赛珍珠一样，林语堂生活在"几个世界"里。赛珍珠与她的继任丈夫、庄台出版公司（John Day Publishing House）的老板沃尔什（Richard Walsh）将林语堂介绍给美国公众，并帮助他移居美国谋生。他

---

① Owen Lattimore, comp. Fujiko Isono, *China Memoirs*: *Chiang Kai-Shek and the War against Japan*, Tokyo: University of Tokyo Press, 1990, 94; James C. Thomson, Jr., The Role of the Department of State, in Dorothy Borg and Shumpei Okamoto, eds., *Pearl Harbor as History*: *Japanese-American Relations*, 1931-1941, New York: Columbia University Press, 1973.

② Theodore H. White, *In Search of History*: *A Personal Adventure*, New York: Harper & Row, 1978, 42-46, pp. 126-27.

③ Jespersen, Madame Chiang: The Personality of Sino-American Relations, *American Images of China*, chap. 5.

的畅销书《吾国与吾民》（*My Country and My People*）、《生活的艺术》（*The Importance of Living*）是美国公众认为唯一能匹敌赛珍珠的作品。战争行将结束时林语堂回国半年，写成了一本"行纪"《枕戈待旦》（The Vigil of a Nation），批判式地描绘了国共两党在战争中的对抗。如林语堂的传记作者钱锁桥所言，斯诺在《国家》（*The Nation*）杂志上引发争议的文章攻击了林语堂的观点，指出林语堂长期缺席中国，削弱了他作为中国代言人的资格。斯诺说林语堂"离弃了他编纂古代智慧的工作去发挥新的特长，而这本应属于辩论家和政党宣传者"。斯诺还暗示这本书的读者阳刚不足，"林博士对中国战况的无知可能不为老年女性读者所察觉。当她们读到他的书时，可能会被吓得毛发俱立"。①

白修德与贾安娜（Annalee Jacoby）——一位《时代》记者也是他的情人——一起出版了中国战后报道的经典之作《中国响惊雷》（*Thunder Out of China*）。当专家及著者们都质疑他们业余前辈的权威性和中国"特殊、怪异和停滞"的观念时，白修德和贾安娜埋怨说，中国和西方的学者们或者"通过她的古代经典看中国"（极可能指的是林语堂），或者"视中国为古怪"，发现在其乡村和人民的头上罩着亘古的绿锈（肯定指的是赛珍珠）。他们将这些描述都斥为"虚伪和恶毒"。中国显然是封建性的。该书第一章《贫农》开头写道"这场战争中的中国人是出生在中世纪的贫农，却在二十世纪中死去"。"不到一千年以前的欧洲人曾这样生活；然后那里发生了革命"。中国政府被"具有封建精神"的人所主导，为"封建地主"的利益而运转（这些人当然会包括毕业于哈佛的宋子文和毕业于欧柏林大学的孔祥熙）。中国政府未能培育中产阶级，仅有的另外一个群体就是共产党人，他们代表了新型的法国大革命："我们尊敬那段革命的历史，但认为我们这个时代的这种叛乱是恐怖的、令人厌恶的"。中国的革命是可怕的、极可能会爆发的和自然的。

最有影响力的中国通是亨利·卢斯，《时代》、《生活》和《财富》的老板。卢斯是个"传教士孩童"，生在山东并在那里接受教育，返回美国后就读于耶鲁大学。就在美国加入"二战"之前，卢斯宣扬"美国人的世纪"，中

---

① Edgar Snow, China to Lin Yutang, *The Nation* (1944), pp. 180-182, quoted in Qian Suoqiao, Representing China: Imperialism, Parlor Liberals and Chinahands, Association for Asian Studies Annual Meeting, San Francisco, 2005.

国和美国会在世界民主中携手。对于卢斯而言,蒋介石基督徒的身份要远远比他政府中的腐败更重要。《时代》的一位编辑说,"中国佬"卢斯(朋友们都这样称呼他)并不完全是个中国人,而是"神秘的'洋家坡'王国的公民,东方和西方在那里全天候交汇"。和吉普林一样,卢斯扮演了"无上光荣的媒婆角色:一个标准的西方人坐在莲花宝座上用三种语言传经讲道"。卢斯想"以基督教为粘合剂,将中国的高雅文化和西方的政治知识合并,连接太平洋的两岸"。但如他的朋友所总结,卢斯实际上所建立的,是一座"没有岸头的桥",因为中美两国的实际差异还是一如既往地大,把卢斯"优雅地悬在了半空"。但是卢斯的中国故事却是权威的。《生活》的一期杂志就有450万美国读者,比过去半个世纪听过传教士布道的人还要多。①

《中国响惊雷》是美国"每月读书会"(Book of Month Club)的特别推荐书,卖出了45万本,除《大地》和《中国煤油灯》之外比任何有关中国的书籍都更加畅销。在大街上相遇时,卢斯拒绝向他的前雇员白修德碰帽致敬,还痛骂"那个丑陋的犹太小个子混蛋写的书"。但杰斯普森总结说,《中国响惊雷》这本书只是昙花一现,因为美国公众不久就对中国失去了兴趣,而转向了国际共产主义。《时代》的读者群是购买《中国响惊雷》人数的三倍。②

九、诊断中国:1948年的美国和中国

当哈佛大学出版社邀请费正清为其"外交政策图书馆书系"写作中国时,新故事的成分已经被搜集整理并且作为权威共识公之于众。

费正清的《美国与中国》(*United States and China*)于1947年秋口述给打字员,是理论、历史研究以及在中国战时经历的卓越综合。这本书明显地疏离了坚持中国独特性的汉学,转向了假设中国世界性的社会科学。费正清隐隐地排斥了业余研究者。在全部的四版中,费正清只有一次提到了《大地》(索引中没有出现),明恩溥只出现在引用中被用以说明他们那种古怪的令人讨厌,卫三畏也只是得到了勉强的赞许。拉铁摩尔的调查(他继承了老师卫斐列在耶鲁的教职)"事实总结得不错","然而读起来并不怎么让人兴奋"。

---

① Wilfred Sheed, *Clare Booth Luce* (New York, 1982), 88; Jespersen, *American Images*, p. 10.
② Jespersen, *American Images*, 131; White, *In Search of History*, pp. 254-257.

费正清解释说,"历史平衡了专家的中国知识和社会科学家的方法","对现代中国事物的最伟大理解只见于寥寥几位一流记者的笔下",尤其是《中国响惊雷》。他继续说,"埋头于图书馆"的研究是必要的,但"现场"的观察更加必要,因为"若想理解或者相信一种异域文化,研究者必须去经历它"。①

然而费正清的中国研究并不始于那个"异域",而是1929年(斯诺到达上海的同一年)他作为罗德奖学金学者去访学的牛津大学。牛津大学的中文学习机会很少,所以几年后费正清就来到了北京。他和新婚妻子费慰梅居住在老城的一个四合院里,拜会那些受过西方学术训练的活跃知识分子,与拉铁摩尔、伊罗生以及斯诺交换看法,并逐渐认识了中国。他的导师蒋廷黻曾在哥伦比亚大学学习新史学,他教给费正清如何使用新开放的清代总理衙门档案,还教会他如何超越单一的外交学,将材料用于社会史研究。在1937年日军侵华的前夕,费正清回到哈佛,不久便开设了一种新的导论课程以替代霍恩贝克20年代设立的远东外交概论。费正清说,"我们现有的现代远东课程主要关注19和20世纪的外交关系,这完全不能胜任也不适合作导论课程"。学生们不得不忙于各种层级的学习内容。林语堂《生活的艺术》介绍了中国文化的基础。费正清问道,"在没有讨论中国的儒家政府之前怎么可能讨论中国的外交政策?"他说,一门"现代的导论课程必须从周代末期开始"。1941年,费正清和在巴黎接受过学术训练的赖肖尔(Edwin O. Reischauer)将中国和日本的导论合并,开设为期一年的东亚导论——"稻田课程"(Rice Paddies)。②

费正清的区域研究硕士课程是为了培养专业记者、政府官员和基金会执行人员,而不是专业学者,但他却邀请哈佛大学的社会学家们在下午的讨论课上给学生总结他们的理论方法。然而费正清并不信任社会理论,教学从未超出常规的语言学习;教材里也没有社会科学的任何专门术语。讨论课也邀请到了拉铁摩尔和魏特夫,他们两人都认同汤因比的观点,将中国视为一个

---

① John King Fairbank, *Chinabound: A Fifty-Year Memoir*, New York: Harper & Row, 1982, pp. 325-327; Paul Evans, *John Fairbank and the American Understanding of Modern China*, New York: Oxford: Basil Blackwell, 1988, pp. 106-10, pp. 172-176; *United States and China*, Cambridge, Mass.: Harvard University Press, 1948, p. 351.

② John King Fairbank,. An Introductory Survey of the Far East: Why It Is Necessary,. *Notes on Far Eastern Studies* 3 (June 1938), pp. 1-2.

伟大的文明。在书中独占一节的人物只有孙中山；人物的描述全部依据抽象的伟大力量——"中国场景"、中国社会、游牧民族征服、官僚主义、法律、宗教等等。然而这个故事是流动性的，情节全部由模式、周期、征服、失败、冲击、整合和重建等因素所构造，并且这一切都没有注脚。①

书的开篇句承认冷战并尽力想将其淡化：从根本上说，"中国不同于俄国，也不同于美国。她正按照自己的传统和情形往前发展"，但他马上补充"试图让中国服务于美国……，或将中国视为一个工具而不是其本身——这种想法是极其不道德的"。中国是自治的，绝非傀儡。中国的革命和内战直接源自中国传统的社会结构。在这个传统结构里有两个中国：一个是农村的无数个农民群体，另一个是由居住在城镇的地主、商人和官员组成的超级联盟。革命与其说是阶级斗争，倒不如说是将这两大阵营统合成一个中央政府。

十、职业中国：远距离研究

当毛泽东断绝与美国的往来却频繁登上《时代》杂志的封面时，冷战中的美国发明了"当代中国研究"——远距离研究中国。以个人见闻为资本讲述中国故事的权威败给了理论和专业技能，尽管他们的自传和注脚为抵制政治问责"谁失掉了中国"提供了部分庇护。②

在接下来的几十年里，专家们设立了研究生课程、本科专业、研究中心、专著系列和众多图书馆。战前的传教委员会和通才组织，如太平洋学会，都让位于设在大学之中、以美国为中心、自称是非政治性的组织，如美国亚洲研究学会（Association for Asian Studies）。在战前，学术界只是吵吵闹闹的"绅士俱乐部"，很少有女性、犹太人、非裔美国人、工人或亚洲人；战后的环境变成了有能力者主导的职业化，成果复杂然而却具有广泛的代表性。普通大学回避了传教关怀和面向公众的写作，女性教授的人数比传教士或流行小说家时代的人数更少了。中国的隔绝也切断了新的学术潮流和观念的产生，

---

① Fairbank, *Chinabound*, p. 325.
② Pt One, La Chine Contemporaine, un invention Américaine, Yves Viltard, *La Chine Américaine: Il faut étudier la Chine contemporaine*, Paris: Belin, 2003.

也使得在中国的交流和汉学培训变得不可能。①

写作的形式变成了有更多注解更少图片、更多归纳、更少趣闻的专著、论文和书评。这些著述都以社会学理论尤其是现代化理论为主线。读者群体是其他专家而不是公众,论证的权威性取决于理论和在图书馆搜到的材料,而不是以日常语言写出来的个人亲身经历。尽管研究计划都依据冷战理论,但政治游说和精力集中于社会问题却都被认为是不专业的。②

1972年尼克松访华之后,记者们重返中国,学生和学者们可以体验中国的日常生活,中国人也可以离开去西方进行写作。"我曾在中国"的叙述方式又强势复苏。区域研究专家逐渐开始怀疑自己的权威:对权威的普遍怀疑;"越战"之后对现代化的疑问;阶级、种族和性别的新建设;对欧洲中心主义、全球化和种族霸权历史性错误的辨认。中国研究首先被攻击的就是冷战时期对毛泽东的敌意,然后又被攻击过度抬高了他。高校专家仍然没有放弃把理论作为他们讲话权力的基础。总之,随着结构主义、后结构主义、后现代主义、后殖民主义、批判理论等的学术发展,理论变得越来越重要。③

当拥有博士学位且能认清中国之后,总的说来我更加相信专业化给予人们更有力、更合理的中国故事。我们这些专业研究者对中国通和业余者们评价不高,说他们迎合市场、用轶事散漫地解释他们的主张而不是对其进行验证,为了廉价的简单性而放弃多重解释和怀疑精神。然而我同样也相信"业余阶段"中国通们的价值要远远超出这些评价。

---

① William Palmer, *From Gentleman's Club to Professional Body: The Evolution of the History Department in the United States*, 1940-1980, [Charleston, S. C.]: BookSurge. com, 2008.

② John King Fairbank, A Note of Ambiguity: Asian Studies in America, *Journal of Asian Studies* 19 (1959), pp. 3-9; Wm. Theodore deBary, Presidential Address: The Association for Asian Studies: Non-Political but Not Unconcerned, Ibid. 24 (August 1970), pp. 751-760.

③ Peter Zarrow, Meanings of China's Cultural Revolution: Memoirs of Exile, *positions* 7 (1999, 165-191; King-fai Tam, Chinese Diaspora Memoirs in the United States, in Melvin Ember, Carol R. Ember, and Ian A. Skoggard, eds., *Encyclopedia of Diasporas*, New York; London: Kluwer Academic Plenum, 2004, 2005, pp. 341-47; Nils Gilman, *Mandarins of the Future: Modernization Theory in Cold War America*, Baltimore, Md.: Johns Hopkins University Press, 2003; James Peck, The Roots of Rhetoric: The Professional Ideology of America's China Watchers, in Edward Friedman and Mark Selden, eds., *America's Asia*, New York: Pantheon, 1971; Joseph Esherick, Harvard on China: The Apologetics of Imperialism, *Bulletin of the Committee of Concerned Asian Scholars* 4 (December 1972), pp. 3-8, 9-16.

书写中国
——中国通和中国故事，1848—1949

我们总可以从他们那里学到简洁、交流和叙述的热情。好书永远都值得一读。还有一些其他原因。提莫西·艾什（Timothy Garton Ash）在介绍他20世纪90年代的东欧演讲集时，曾指出直到最近历史学家们才采用了"实际上非常古老的一种理念：局外人要比局内人知道得更清楚"。目击者报告有投机性且常需修订，然而它也有优点："你记录下了当时人们所不知道的东西"。那种临时性报告能更正历史作品中最强的"选择性幻象"，即"回溯决定论的幻象"。艾什总结道，"什么也无法与当时在场相比"。①

那些目击者把琐事连同精华一起都扫除掉了，但他们有时会提醒我们还有被扫到地毯下面的东西。甚至（尤其是）当我们发现一条记录不完整或带有错误时，探求其中的原因会令人感觉精神倍增。再以《大地》为例。杰出的日本马克思主义中国研究者今堀诚二（Imabori Seiji），20世纪30年代在北京当学生的时候，曾在旧货市场上搜寻一本准备带进医院闲看的书。他挑了一本最厚的——《大地》的译本。令他失望的是，赛珍珠对于中国乡村生活的了解比他还要多；当然，赛珍珠还不懂阶级关系，但她的观察力和问题视野则远远超出了任何学者。② 可能我们本应该更严肃地看待赛珍珠的"农民"，而对毛泽东"贫农"和"封建中国"的故事更持批判的态度。

最重要的是，在实现从中国通到博士专家的转换之后，我们需要接受从业余者时代一直持续到现在的一个挑战。因为当时的使命游移不定、中国尚不发达，他们长达世纪之久的争辩还没有定论，有关美国能力和道德责任的问题还依然存在。

---

① Timothy Garton Ash, *History of the Present: Essays, Sketches, and Dispatches from Europe in the 1990s*, New York: Random House, 1999, xii, xiv.

② Seiji Imabori, tran. H. L. Kahn, Nostalgia for Pearl Buck's *The Good Earth*, *Journal of Peasant Studies* 2 (April 1975).

鲁迅在美国汉学界

[俄] A. 热洛霍夫采夫 著 宋绍香 译

鲁迅著作的翻译与研究,在西方尤其在美国,从来都不被视为纯学术问题。它总是被赋予一种沉重的政治涵义。鲁迅是公认的中国左翼文艺运动的领袖,这首先就决定了美国对待他的态度。其实,美国对待鲁迅的不同态度,是以中美关系的发展状况为转移的。

鲁迅在世时,美国汉学无视鲁迅创作。美国反动集团总是怀着敌意对待发端于1919年五四运动的中国新文学,认为它是"亲共"的。当时,只有埃德加·斯诺的态度是个例外,他追求的目的就是宣传中国的新文学。

1936年鲁迅去世后,他在中国所取得的文学成就,使美国汉学界对他的态度发生了明显变化。鲁迅作品译本开始在美国出版,其创作被承认是中国现代文化的一部分。甚至,国民党当局在鲁迅逝世后,也推动鲁迅作品在美国传播。这是对这位优秀作家创作的一种典型的政治投机事例。急需美国帮助的国民党反动派,为寻找中国文学在美国传播的路子,不知羞耻地把目光投向了生前曾被其跟踪、追捕、迫害的作家鲁迅的作品。然而,美国大学与汉学界继续无视鲁迅和整个中国新文学,不承认它的审美价值。在50、60年代,中华人民共和国内对鲁迅的公认和推崇,更激起了美国对他的极大成见。在这一时期,关于鲁迅,与其极端恶意地评说,不如完全沉默得更好。

70年代中美关系的变化,导致美国汉学界重新审视其鲁迅观。此刻,西方国家开始积极研究鲁迅和出版鲁迅作品译本。这种对鲁迅的新的态度,较之过去,其学术思考是比较严肃的。在鲁迅研究方面,美国和西方汉学,总体来说,明显地落后于苏联汉学。显而易见,苏联学者的成绩,首先是以客观地对待这位伟大的中国作家,并系统地研究其文学遗产为前提的。

美国汉学的第一阶段,是美国人认识鲁迅创作的时期——翻译鲁迅生前出版的著作。我们应该将由中国人译成英文并在中国出版的鲁迅作品同西方(包括美国)关于鲁迅的汉学著述加以区分。只有翻译语言的共性,才能把它们统一在一起。中国翻译家的工作不能确定或表现美国汉学界的态度和立场。

鲁迅作品的早期翻译，是由中国人在中国完成的。还在1926年，梁社乾就把《阿Q正传》译成英文在上海出版了。① 但是，在自己国家出版的外文读物，还不能证明国际上对该作家的认可。国外开始翻译并出版鲁迅著作的时刻，来得较晚。敬隐渔（J. B. Kyn Yn Yu）译的法文译本《阿Q正传》，经罗曼·罗兰推荐发表于《欧罗巴》（Europe）杂志（1926年第5—6期）上；而1929年，译者又补充、翻译了鲁迅短篇小说《孔乙己》和《故乡》，与法译本《阿Q正传》一起编入《中国现代作家短篇小说选集》在巴黎出版。该短篇集在英国由米尔斯（E. H. F. Mills）从法文转译成英文，于1930年在伦敦出版；而后，又于1931年在美国出版。② 所以，在美国第一次认识作家鲁迅，似乎是通过第二手翻译完成的。所以，埃德加·斯诺非常犹疑地评价这次翻译。1935年，斯诺在谈及梁社乾和密尔斯翻译的两种鲁迅作品英译本时，他写道："现在已经出版了两种英译本。但是，非常不幸，这两个译本中都含有许多随意添加和删减文字之处，以及粗陋的错误。"③

令人惊奇的是，美国的图书索引竟然没有提及米尔斯在纽约出版的译著，俨然做出它大概并不存在的样子；在吉布斯（D. A. Gibbs）详细的图书索引里压根儿没有提到它④，只有专门研究《阿Q正传》在国外传播的中国文艺家戈宝权提到了米尔斯翻译的这部书。

在美国汉学界，首先关注鲁迅创作的是埃德加·斯诺。1935年他在纽约的《爱沙》（Эйша）杂志上发表了他翻译的鲁迅短篇小说《药》；1936年又发表了《风筝》。埃德加·斯诺成功地在美国出版了译自鲁迅和其他中国现代作家作品的译著。1935年，他在纽约出版了自己的译文集《活的中国》，1936年在伦敦再版。鲁迅的著名短篇小说《一件小事》、《风筝》、《药》、

---

① G. K. Leung, *The True Story of Ah Q*, Shanghai, 1926.
② *The Tragedy of Ah Q and Other Modern Chinese Stories*（tr. E. H. F. Mills from the French Original of Kyn Yn Yu）. London, 1930; New York, 1931.
③ 戈宝权《〈阿Q正传〉在国外》，人民文学出版社，1981年，第28页（中文版）。
④ D. A. Gibbs, *A Bibliography of Sdudies and Translations of Modern Chinese Literature*, 1918—1942, Cambridge, Mass., 1975.

《孔乙己》、《离婚》、《祝福》等都编入了这个集子①。

美国纽约的《远东杂志》大约一年发表一次鲁迅作品译品。译者王际真翻译、发表了《风波》和《祝福》，而 J. 肯涅基翻译、发表了《故乡》②。1941 年，美国哥伦比亚大学出版社出版了王际真翻译的鲁迅短篇小说集（《阿 Q 及其他——鲁迅小说选》）③。实际上，这本书是美国出版的第一本鲁迅选集，虽然过去国民党政府特派来与美国搞战时文化关系的中国人也曾翻译过它。在来美国前，王际真在为在华外国人创办的英文版《天下月刊》（"Tienhsia Monthly"）杂志社工作。正是这位王际真，1943 年在美国又出版了中国现代作家作品选集，该集编译收录了鲁迅的短篇小说《端午节》和《示众》④。

在中华人民共和国，鲁迅著作是由杨宪益和格拉底斯·杨（英裔中国籍翻译家戴乃迭——译者注）翻译成英文的；这些译品在中国不止一次再版——譬如，四卷本的鲁迅选集在 1980 年前就出版了三次。在这些翻译的基础上，纽约版本的鲁迅短篇小说集（一卷本）于 1972 年问世了⑤。50 年代，鲁迅短篇小说集在美国仅出版了一次，是由进步出版社"凯麦隆"出版的⑥。

1974 年，纽约出版了 W. 甄涅尔（W. J. F. Jenner）编译的《中国现代短篇小说集》，其中收录了鲁迅作品（1970 年在伦敦出版）⑦。1974 年，美国编译出版的中国短篇小说集《草鞋脚》是中美学界的共同举措⑧。这是一本 1918—1933 年间的中国短篇小说集；这个集子是当年鲁迅和茅盾应伊罗生（Harold Isaacs）在美国出版的请求而准备好的。书是编辑好了，但是，当时

---

① E. Snow. *Living China. Modern Chinese Stories*. London, 1936; London, 1937. 埃德加·斯诺在其另一本书中指出，他还有一本 1935 年纽约出版的书（E. Snow. *Red Star over China*. New York, 1968, p. 245），这部书笔者未见到，美国天逸·李和 D. 吉布斯的图书索引没有记载，中国的索引书《鲁迅研究年刊》（西安，1979）也没有记录。

② "*Far East Journal*", vol. 2, No2, 3; vol. 3, No5, 6.

③ *Ah Q and Others: Selected Stories of Lusin*, New York, 1941.

④ Wang Chi-Chen (tr.). *Contemporary Chinese Stories*, New York, 1943.

⑤ *Lu Hsün, Selected Works*, vol. 1—4. Peking, 1980; *Lu Hsün, Selected Stories*. New York. 1972.

⑥ *Lu Hsün, Teacher of Chinese Revolutionary Literature*, New York, 1957（转引自《鲁迅研究年刊》）.

⑦ W. J. F. Jenner (ed.), *Modern Chinese Stories*, New York, 1974; London, 1970.

⑧ *Straw Sandals, Chinese Short Stories 1918—1933*. Ed. by Harold R. Isaacs. Foreword by Lu Hsün. Cambridge, Mass., 1974.

没能出版,手稿在美国一直放了40年方才出版。这么晚才出版的原因,当然不是突然认识到了中国现代文学的美学价值,而是希望通过这种文化举措加强建立中美关系。该书编者伊罗生在其详细的前言中宣称:"这本中国短篇小说集,在1934年就编好了。其目的是展现当时已持续15年的中国文学革命的发展历程。这些短篇小说,是根据这场文学革命的活动家之一、第一个真正的作家鲁迅及其青年朋友、当时被认为是继鲁迅之后最优秀的作家茅盾的意见而编选的。本书编者们的意图在于,运用具体的文学资料彻底弄清中国文学运动从追求文学的人文精神和浪漫主义到开始注意其丰富的政治思想内容的发展进程。编者们的这一编辑意图,在当年震动全国的许多重大事件的影响下实现了。正如鲁迅先生在序言中指出的那样,本集出版的另一个目的是向西方读者介绍遭受国民党当局残酷镇压的作家们的作品。"

接下来,伊罗生说,这个集子最初考虑使用一个尖锐的书名:《来自中国被窒息的声音》,后来改换成了《草鞋脚》。现在,事情过去了很多年,美国的编者和出版发起人本身也明白了,既然最初的书名是具有象征性的和正确的,那么,"这部手稿在美国档案室里存放的这些年间,事态发生了变化,时间给这个书名赋予了特殊的讽刺力量"①。

鲁迅和茅盾编选的这本集子,正如他们期望的那样,向英语国家的读者,首先是向全体美国读者,展现了中国文学,展现了中国进步作家的最优秀之作。该集中有16位作者。其中大部分作家在我们(苏联)这里都很熟悉——因为他们的作品不止一次地被译成俄文。他们中大多数作家的书在50年代就在苏联翻译出版了。然而,伊罗生编译的这个集子,却名副其实地成了一座30年代的文学纪念碑。参与该书写作的中国作家们的命运,在中国文学史上真正具有象征性意义。当他从中看到中国文学史上那些悲惨事件的影子时,伊罗生的态度是公正的,他说:"30年代初,临近编译这本短篇小说集时,他们中有五位作家牺牲了:三位被国民党刽子手在1931年杀害;一位死于疾病;一位在1933年被国民党密探局特务追捕时击毙。1936年鲁迅死于肺结核。还有两位作家在40年代被日本人杀害。两位作家当了共产党的专职领导,很多年没写东西,50年代去世,大概是自然死亡。还有三位作家是创造社成员,在'文化大革命'中无影无踪地消失了。他们中还有两位最著名的作家——茅盾和丁玲——遭遇'清

---

① Ibid., p. XI, XII.

洗'：丁玲在1957年，而茅盾在1965年被'清洗'。本书的16位作家中只剩下一位老作家郭沫若；他是毛泽东的私人朋友和政府部门的要员。"① 伊罗生的前言写于1973年，时间给他过去写的东西做了某些修正。现在，郭沫若没有了，茅盾也没有了，但是，在中国文坛上还有丁玲，她已被恢复名誉，很活跃、很积极：她再版了自己过去写的作品，给它们写了新的序言，并发表了许多报刊文章。伊罗生未曾提及的叶绍钧现在还活着，前不久，国家为他召开了庆贺会，祝贺他荣获中国优秀教育家和作家荣誉。

伊罗生自称在美国出版《草鞋脚》是美国汉学的"复活"。他同时还发表了为准备编译该书自己与鲁迅和茅盾的通信——该信件很快便在中国发表了，不但发表在专门的学术刊物上，而且还发表在多家报刊上②。毫无疑问，在30年代，伊罗生的确在努力出版鲁迅编选的这部书。但是，他的努力似乎是无效的；当然，其未成功的原因也是很清楚的：在该集序言中他所宣称的目的——给被国民党镇压的牺牲者以说话的权利，同时展现1918—1933年中国先进的进步文学——无论如何，这与当时美国的对华政策是相悖的。正如伊罗生写道："纽约著名的出版家，按合同要出版这部短篇小说集，但是，稿子准备好以后，却'对它失去了热情'，因为'形势发生了变化'。接下来，两年间，《草鞋脚》遭到了一个又一个出版家的拒绝。"埃德加·斯诺编译的中国短篇小说集问世之后，伊罗生才停止了那些徒劳的麻烦事③。

显然，伊罗生意识到了，在美国出版中国文学与美国的政治方针有着直接的依赖关系。所以，他写道："书籍，作为一种思想，要等待自己的时代；现在，这部书的时代终于来临。"④ 当然，1972年尼克松总统访问北京后，出版这部放了40年的中国短篇小说集的"时代来了"。这里十分清楚，在事情"大白"之前，这部书是不值得一提的，如果伊罗生不打算推卸美国轻蔑中国文学为"共产党文学"40年的责任的话！这是不可能的。但是，伊罗生认为，在这部中国进步作家的短篇小说集中，许多作家（作者）本人就是共产党员和革命者、白色恐怖的牺牲者和中国革命的英雄，所以，他们的作品在美国不能出版，因为共产党的"反作用"会对纽约的出版家产生"不良影

---

① Ibid., p. XV.
② 参阅《光明日报》，1979年12月5日。
③ In: Straw Sandals..., p. XLIV.
④ Ibid., p. XLV.

响"!有不少"自我揭发者"在伊罗生的前言中窥探出了许多"妙句",作者在那里努力表述鲁迅是"反共分子":"他(鲁迅)的近年生活充满了对共产党工作人员的顽强而绝望的反抗。"① 事实上,这句话是鲁迅在同革命运动内部的教条主义者论战时反对教条主义的话,不止一次成为文艺理论家们关注的对象,也包括苏联的文艺理论家们②。伊罗生试图让鲁迅反对中共,这大致可以归责于他力图在美国较容易地出版这部书,只好按照那些具有反共情绪的美国出版家的口味,写了那些非原则的话。

美国汉学界对鲁迅的不友好,是使鲁迅作品在这个国家一直不能广泛传播的原因。鲁迅作品在美国出版,或印数很少,或为了象征两国的文化关系而迅速发表在专门的政治期刊上。米尔斯从法文转译过来的书,也不能认为是真正介绍鲁迅著作的书。埃德加·斯诺编译的书,那是另外的问题,但是,那里没有鲁迅单行本著作。

美国出版的鲁迅个人的第一部书,如上所述,是王际真怀着政治目的翻译的鲁迅作品,没有得到广泛关注。所以,鲁迅作品在美国没有成为人们文学生活的一部分,没有走出专业汉学研究和利益驱动的圈子。实质上,美国广大读者对鲁迅仍然一无所知。甚至,尼克松总统访华后,中美关系正常化了,美国也没有为鲁迅开辟一条通向美国广大读者的通道。

美国的关于鲁迅作品的学术研究,长期以来,实质上没有实现。鲁迅生前,埃德加·斯诺试图宣传他的作品,发表了论文《鲁迅——白话文学巨匠》③。N·维尔斯、埃德加·斯诺夫妇的论文也对鲁迅做出了正面评论。这篇论文被收入他编译的书《活的中国》④。

后来,这些论文甚至在1968年都没有引起美国图书索引学家的注意,其原因在于,这些文章都以应有的尊重在评论鲁迅。可是,美国的图书索引家们却喜欢关注那些歪曲地介绍鲁迅作品的著作⑤。不过,那样的著作发表得不

---

① Ibid., p. XIII.
② В. И. 谢马诺夫《鲁迅与教条主义》,《亚非人民》1968年第2期,第64—73页。
③ E. Snow. Lu Hsun, Master of Pai-Hua. — "Asia", 1935, Vol. 35, No. 1.
④ N. Wales. The Modern Chinese Literary Movement. —In: E. Snow. Living China. Modern Chinese Short Stories. London, 1937.
⑤ Tien-yi Li. Chinese Fiction. A Bibliography of Books and Articles in Chinese and English. New Haven, Conn., 1968.

多,因为鲁迅作品在美国被人为地冷落了。美国1968年出版的关于中国艺术散文的图书索引的作者天逸·李(音译)会说只有三篇论文即T. A. 夏(T. A. Hsia)、刘群若(Chun-jo Liu)、韦克兰德(J. H. Weakland)的论文①。图书索引学家作为重要学术著作专门提出来的T. A. 夏和米尔斯的论文,仍然没有出版:第一篇是油印;第二篇作为未发表的学位论文保存起来②。这不就是美国汉学界轻视鲁迅作品的明证吗?

  在美国,没有资金出版已经写好的研究鲁迅的博士论文,这不会是偶然的现象,大概是对中国作家缺乏善意的一个征兆。不过,在尼克松总统访华之后,在美国很快便筹集到资金,开始出版关于鲁迅的著作。培尔·夏·陈(Pearl Hsia Chen)1953年写成的博士论文,脱稿后23年,终于1976年问世了③。威廉·舒尔兹的博士论文至今仍未出版,尽管1955年就完成研究。就其标题的名字,可知它是阐释鲁迅最紧张的创作阶段的④。T. A. 夏在1968年出版的个人论文集中,发表了自己研究鲁迅的论文⑤,而米尔斯则放下1963年未出版的博士论文,继续从事鲁迅研究,并写出新的研究论文发表于1977年出版的剑桥大学论文集⑥。T. A. 夏的著作等了9年、密尔斯的著作等了11年、P. S. 陈的博士论文等了23年才出版,而威廉·舒尔兹的著作仍然没有出版,虽然美国汉学家们的论文经常援引这部著作的论点,这就证明:在学术活动中应该关注这部著作。

  中美关系的正常化使美国汉学界对中国现代文学研究措手不及,鲁迅作品研究的现状就是一个很有说服力的事例,只好毫无争辩地迅速承认,鲁迅

---

  ① T. A. Hsia, *Aspects of the Power of Darkness in Lu Hsun*, — "Journal of Asian Studies", 1964, Vol. 23, No. 2; Chun-jo Liu, *The Heroes and Heroines of Modern Chinese Fiction*; From Ah Q to Wu Tzu-hsu. — "Journal of Asian Studies", 1957, vol. 16, No. 2; J. H. Weakland. Lusins (Lu Hsun) *Ah Q: a Rejected Image of Chinese Characted*, — "Pacific Spectator", 1956, No. 10.

  ② T. A. Hsia, *Lu Hsun and the Dissolution of the League of Leftist Writers* (mimeo), Seattle, 1959; H. C. Mills. Lu Hsun: *1927—1936—the Years on the Left*, Doctoral Diss. New York, 1963.

  ③ Pearl Hsia Ch'en, *The Social Thought of Lu Hsun (1881—1936)*, New York, 1976.

  ④ W. R. Schultz, *Lu Hsun: the Creative Years*, Ph. D. Diss, Univ. of Washington, 1955.

  ⑤ T. A. Hsia, *The Gate of Darkness. Studies on the Leftist Literaly Movement in China*, Seattle—London, 1968.

  ⑥ M. Goldman (ed.), *Modern Chinese Literature in the May Fourth Era*, Cambridge, Mass. —London, 1977.

永远是中国伟大的作家。积极研究中国现代文学的工作开始了。在70年代，美国汉学家开始积极出版研究鲁迅的著作，再版过去年间封存在美国的书稿，这些书就这样走出了国门。除了上面提到的P. S. 陈的博士论文外，还发表了P. D. 哈南的论文学巨匠鲁迅的重要论文①、C. T. 夏（C. T. Hsia）著作中评论鲁迅的详细章节②。黄松康（Huang Sung Kang）③ 1957年在美国出版的学术专著再版了，威廉·莱尔（W. A. Lyell）的新著《鲁迅的现实观》④也出版了。

毫不奇怪，在这种既定情况下（政治形势突变、美国汉学总体落后，亟需大力关注鲁迅），美国汉学应该关注苏联汉学在鲁迅研究方面的经验和成绩。

美国翻译并出版了苏联汉学家、当今莫斯科大学教授В. И. 谢马诺夫的研究著作《鲁迅与他的先驱者们》（莫斯科，1976）⑤。这在人文学科中不是常有的事。它本身就证明了美国汉学在中国当代文学与文化问题研究方面落后了。译者阿利别尔只好承认："我总感到震惊，系统研究鲁迅的英文资料数量不多，首先是缺乏文献索引。问题在于，那样的中文著作也没有，尽管有大量的出版物。在对这位伟大作家的研究方面，还有许多工作要做。所以，我为能作出微薄的贡献感到自豪！"⑥ 阿利别尔以其对谢马诺夫著作的翻译对美国汉学真正作出了贡献，他的努力理应得到认可，如果没有其他方面问题的话。

译者和前言的作者阿利别尔不仅是一位汉学家，而且还是一位苏联学家。他于1971年在印第安纳大学答辩的博士论文《苏联的鲁迅评论家》（阿利别尔，现任南卡罗来纳州大学教授）"填补"了美国汉学的明显空白：他在前言中千方百计地尽力给苏联汉学，尤其给研究鲁迅的汉学著作抹黑。阿利别尔

---

① P. D. Hanan, *The Technique Lu Hsun's Fiction*, — "*Harvard Journal of Asiatic Studies*", 1974, vol. 34, pp. 53—96.

② C. T. Hsia, *A History of Modern Chinese Fiction, 1917—1957*, New Haven, 1961.

③ Huang Sung Kang. Lu Hsun and the New Culture Movement of Modern China. Westport. Conn., 1975.

④ W. A. Lyell, Jr. *Lu Hsun's Vision of Reality*. Berkeley, Calif., 1976.

⑤ V. I. Semanov, *Lu Hsun and his Predecessors*. Tr. and ed. by Charles J. Alber, New York. 1980, 175p.

⑥ Ibid., p. XXVI.

的过于自信令人讨厌！他以其刚愎自用着手批判苏联的学术著作，这种"刚愎自用"是毫无理由的，美国汉学在鲁迅研究方面没有什么值得骄傲的。

对待鲁迅作品的不友好态度在西方已延续了半个世纪，这不可能是偶然性的，所以，阿利别尔以这种"理由"表示惊讶是徒劳的。其原因，对于任何一位没有成见、有思想的读者来说，都是十分清楚的：鲁迅的革命性、他转向马克思主义立场的过程、他宣传苏联文学和马列主义文艺理论——这些都刺激了资产阶级汉学家。政治的偏见使他们丧失了公平的评判能力。在一部美国出版的关于中国文学史的著作中，对鲁迅的评论是："他的注意力，很快就被吸引到日文和德文翻译的许多共产主义的文章中。左翼分子视其为革命文学元老而加以欢迎。他秘密躲进上海的外国租界里，用不断更换的笔名痛斥国民政府。鲁迅经常受到中共地下工作者的指示"①。这就是美国汉学拒绝研究鲁迅作品的原因。然而，这并没妨碍阿利别尔高傲地批评苏联的鲁迅研究者。

其实，在苏联还在1929年就出版了《阿Q正传》两种版本：莫斯科版本和列宁格勒版本②，当时无论在英国还是在美国，都还没有翻译鲁迅的这部大部头作品。但是，苏联当时对这位作家的评价，却没使阿利别尔满意。当然，我们现在对鲁迅作品的评价也是别具一格，任何人都不会认为鲁迅是"小中产阶级急进主义思想家"③，但是，真理是在探索中认识的，而在那个时代，无论在英国还是在美国，都没有进行这样的探索。阿利别尔不得不承认，早在1938年鲁迅的名字在苏联就受到高度敬仰了，但在这里他又幸灾乐祸，说什么在1938年出版的（鲁迅逝世）周年纪念文集④中"论文和译文都很糟"。我们只好重新提及一下：当时在美国，大概，还没有任何鲁迅作品的译本。

关于苏联老一辈汉学家，美国作者说，他们"没有备好白话文学这一课"，后来写的一些关于中国现代文学论著，可称为"表面化的、不真实的，带有明显肤浅思想"的书。只有那种没有搞过真正学术研究的作者，才能容许自己做出这样的评价。当时，1956年，美国由于在政治上敌视中华人民共和国，大概还没有开始研究中国当代文学。

---

① Ch'ên Shou-yi, *Chinese Literature, A Historical Introduction*, New York, 1961, p. 644.
② 《阿Q正传》，列宁格勒，《浪潮》，1929年；《真实的传记》，中短篇小说集，莫斯科，1929年。
③ Б. А. 瓦西里耶夫《帝国主义时代中国文学中的外国影响》，《苏联科学院东方学研究所论文集》第1卷，莫斯科，1932年，第36页。
④ 《鲁迅 1881—1936》，纪念中国当代伟大作家论文、译文集，莫斯科——列宁格勒，1938年。

50年代下半期，苏联的鲁迅研究形成了很大规模，研究质量迅速提高，得到了世界的认可。甚至，阿利别尔也不得不承认，Л. 波兹德涅耶娃的著作①"远远超过了西方的研究著作，在中国和日本产生了很大影响"，这里引用了日本评论家的资料②。关于 В. 彼特罗夫和 В. 索罗金③的著作，阿利别尔也承认是对鲁迅作品研究的"文学贡献"，不过，伴随赞许也留下了贬义，说什么，由于第一作者的社会历史观和第二作者的社会心理观而降低了其文学价值。这种不友好态度走得太远了，甚至连 В. 彼特罗夫对鲁迅使用的"爱民者"这个词，美国作者都带有讽刺意味地称它是"彼特罗夫新词"。认为鲁迅对人民的爱使独具个性的冷嘲热讽变得毫无意义。除此之外，来自美国的俄语"新词"的行家应该知道，"爱民者"（"народолюбец"）这个词，在俄罗斯文学中早就存在，至少从19世纪初，在 П. А. 维亚泽姆斯基，稍后在 Г. И. 乌斯宾斯基、Г. В. 普列哈诺夫的作品中就使用过这个词。

　　阿利别尔企图向美国读者介绍，苏联汉学是肤浅的、非学术的和歪曲客观真实的，但是，他承担不起这个任务，并坠入了自相矛盾之中。索罗金和彼特罗夫的著作是那么不同，在一个很肤浅的小标题下硬要把它们抄写在一起，美国的苏联学家未能成功。他面临的最大困难是，В. И. 谢马诺夫的著作是他选来翻译的，选择翻译这本书是因为它具有明显的优点，是关注前驱汉学家研究成果的最新著作，他不得不撰写评论这部书的文章。阿利别尔似乎被迫采取低劣的蛊惑手段："我认为，令人震惊的，不是歪曲程度，而是作者的客观性标准。在书中个别章节，尤其在第三章的文学分析部分，你简直感觉不到，苏联批评家是在搞研究工作"。这种想使苏联鲁迅研究的不同著述相对立的企图，是极不严肃的。反历史地对待苏联汉学与政治偏见相结合，彻底使阿利别尔丧失了客观评判的能力。

　　1967年出版的谢马诺夫的著作，获得了苏联汉学界的高度评价④。谢马

---

① Л. Д. 波兹德涅耶娃《鲁迅：生平与创作》（1881—1936），莫斯科，1959年。

② 卡瓦卡米·丘久（Каваками Кюдзю）《中国文学研究在苏俄》，《Дзинбун кэнкю》，1964年第27卷第19期。

③ В. В. 彼特罗夫《鲁迅：生平与创作简论》，莫斯科，1960年；В. Ф. 索罗金《鲁迅世界观的形成》（早期政论文和《呐喊》集），莫斯科，1958年。

④ В. Ф. 索罗金《评В. И. 谢马诺夫的〈鲁迅与他的先驱者们〉》，《亚非人民》1968年第1期，第195—197页；*Soviet Sinology in the Past Fifty Years*（*Literature*），Moscow，1967.

诺夫的著作在匈牙利汉学家 Э. 加尔的评论中得到了正确评价。他专门指出：
"谢马诺夫的著作利用了鲁迅研究苏联学派较早的优秀著作"①，因而，无论如何不能使它们对立起来。

美国汉学杂志不久前发表了 E. 维德莫尔（加尔瓦尔大学）的一篇评论谢马诺夫著作的文章，这一次摆脱了美国苏联学的投机行为②。作者在该杂志上回敬了评论者，就鲁迅作品对 19 世纪末 20 世纪初中国谴责小说传统的继承性问题与其进行了辩论。③ 这就是说，在美国汉学中，完全能够认真严肃地对待苏联的学术著作，很遗憾，阿利别尔似乎力不从心。

苏联汉学家的著作在美国的出版，在美国汉学界引起了强烈反响，而且，大多数评论者没有采取阿利别尔的"苏联学的"立场。A. 吉尔利克在评论谢氏著作时写道："革命时代所催生的鲁迅，认清了革命之动因后，成为了一个伟大的人和文学战士。也就是说，这种革命激情造就了他创作的文学作品。在这里，谢马诺夫已经指出了他的价值。"④

专业汉学杂志的评论者直接反驳阿利别尔的观点，指出谢马诺夫的学术著作摧毁了在美国业已形成的关于苏联汉学著作品格的带有偏见的、教条主义的观念，所以，它似乎完全不像美国苏联学家所创造的关于"苏联典型的学术著作"的神话。评论家正确地懂得，分歧的存在，不在苏联学术和著者之间，而在美国关于苏联学术和真实性的畅销观念之间。⑤

1981 年，全世界都在庆祝中国伟大作家鲁迅 100 周年诞辰。为此，什瓦尔兹（V. Schwarcz）发表了对中国文学研究家、1978 年出版的鲁迅研究学术专著的作者——袁良骏访谈录。"30 年过去了，我们重新开始对话，"什瓦尔兹写道，"鲁迅是怎样成为马克思主义者的？——这个问题，既不是现实的问

---

① E. Galla, В. И. Семанов, ЛуСинь и его предшестве–ники, *Acta Orientalia Academia Scientiarum Hungaricae*, 1969. T. XXII, Fasc. 3, S. 390—392.

② E. Widmer, *Lu Xun and His Predecessors* (Lu Sini ego predshestvenniki. Moscow, 1967), "*Modern Chinese Literature Newsletter*", 1975, Vol. 1, No2, pp. 8—15.

③ "*Modern Chinese Literature Newsletter*", 1976, Vol. 2, No. 1.

④ "*Pacific Affairs*", 1981, vol. 54, №1, p. 146.

⑤ In: "*Chinese Literature*", 1981, №1, pp. 283—285.

题,也不是研究中国现当代史的西方学者的一般问题"[①]。V. 什瓦尔兹的观点是对的。他说,美国汉学 30 年没有同中国学者对话,对鲁迅也不感兴趣。政治思辨给美国汉学带来多么惊人的变化:学者们出版的杂志,现在能对鲁迅怎样成为马克思主义者问题感到兴趣,并能组织学者同中国文学研究家真正讨论这个问题。交谈者什瓦尔兹的态度,的确,感到苦于肤浅:袁良骏坚决否定"四人帮"统治时期所写的一切评论鲁迅的著作。——这就是他对学术做出的简单贡献。

美国汉学界近 50 年来对待鲁迅的态度,明显地表现了政治形势对这个国家的学术所产生的主导地位的影响。鲁迅,作为"创作奇观",早已被埃德加·斯诺理解和珍重——但是,可能由于政治基调所致,那时鲁迅及其创作被人为地忽视。直到 70 年代,美国汉学家才积极研究中国现代文学。很快便出现了转机,出版了多年前存入档案室的手稿,再版了过去的著作,创办了《中国文学》杂志,在该杂志中,当代中国课题占据重要位置。

现在,美国汉学对鲁迅作品的价值没什么争议了。1981 年 8 月,在蒙特利(加利福尼亚)召开了一次"鲁迅及其文学遗产"研讨会,特邀中国学者出席了大会。鲁迅作品克服了西方国家偏见的障碍,现在那里可以研究鲁迅了。但是,能为广大读者出版他的作品吗?至今尚未做成。中国作家鲁迅,对于美国读者来说,还仍然是或全然不知他为何许人也,或认为他是与一般的流行观念——有关遥远中国的异国风情相关的圣人。

苏联汉学在研究和传播鲁迅作品方面的功绩,是无可争议的。我们对鲁迅很了解、很亲切;他的名字大家都熟悉,从 1929 年至 1981 年,他的作品在苏联的总印数已超过 175 万册。只在 1981 年,这位中国大作家的《选集》就出版了俄文版 7.5 万册,乌克兰文版 3.0 万册。中国作家在苏联具有这样的知名度和普及性,这在美国是不可想象的。

(译自:А. Н. Желоховцев. Лу Синь в американской синологии. см. Проблемы Дальнего Востока. 1982, No. 3, cc. 72—81.)

[①] V. Schwarcz, *How Lu Xun Became a Marxist*: *Coversations with Yuan Liangjun*, "Bulletin of Concerned Asian Scholars", 1981, Vol. 13, No3, p. 146.

·国学典籍传播研究·

"文心"西渐

——历史、发展与比较

闫雅萍

一、《文心雕龙》在欧洲的译介

《文心雕龙》成书于齐梁时期，公元五六世纪之交。①在当时的文坛上，刘勰和他的同代人钟嵘都是地位低微的文人，不具有很高的知名度，《文心雕龙》也不为时流所重。研究者的一个普遍的观点是：虽然其版本在历代俱有流传，但《文心雕龙》在清代以前一直没有受到应有的重视。美国汉学家、哈佛大学东亚系和比较文学系教授宇文所安认为，从唐至明，对《文心雕龙》的著录或引述虽不鲜见，但清以前的重要文学批评和理论著述很少把它作为权威著述来引述，《文心雕龙》显然没有享有它今天所享有的地位。清代对它的兴趣则大大提高，而在现代，概因西方传统对于体系性诗学的重视，《文心雕龙》才受到了前所未有的关注。②

---

① 关于《文心雕龙》的成书年代，主要有两种看法：一、成于齐末，二、成于梁代。详见李淼，《成书年代》，杨明照主编《文心雕龙心学综览》，上海书店出版社，1995年，第81—85页。
② 关于《文心雕龙》的影响，见 Owen, Stephen, *Readings in Chinese Literary Thought*. Harvard University, 1992, p. 184. 宇文所安《中国文论：英译与评论》，王柏华、陶庆梅译，上海社会科学出版社，2003年，第187—188页，第313页注释【5】—【7】；类似观点亦见田晓菲《烽火与流星——萧梁王朝的文学与文化》，中华书局，2010年，第105页；Zong-qi Cai, "Introduction." *A Chinese Literary Mind: Culture, Creativity, and Rhetoric in Wenxin Diaolong*. p. 3. 王元化为《文心雕龙学综览》所作的序中亦提及了《文心雕龙》成书时不为时流所重的事实。

"文心"西渐——历史、发展与比较

自唐代始,《文心雕龙》开始传播到海外,日本"龙学家"兴膳宏的考证认为《文心雕龙》早在公元751年(唐天宝十年)已经传入日本。①而直至1867年,《文心雕龙》的书名才出现在英国汉学家、伦敦传道会教士伟烈亚力(Alexander Wylie)(1815—1887)的《汉籍解题》(Notes on Chinese Literature,又译《中国文献录》)中被介绍至西方。该书介绍了两千多部中国古代典籍,分为经、史、哲及纯文学四个部分,《文心雕龙》被列于"纯文学"部分中的"诗文评论"类别。书中对《文心雕龙》简短介绍如下:"《文心雕龙》(共10卷)是中国现存的最早的诗文评论著作(Critique on Poetry and literature),由作者刘勰于6世纪创作,被认为是一部具有重要价值的作品(a work of considerable merit)。但目前的版本存在不少缺陷和错误。宋朝的注本现已佚失,另一个注本是明朝的梅庆生注本,以此为底本,当前发行的黄叔林辑注的10卷本——《文心雕龙辑注》中有更多评注。"②同一时期在日本,1897年问世的古城贞吉著的《支那文学史》是全世界最早的一部中国文学史,该著作的第三章"六朝文学"中,亦简要介绍了《文心雕龙》的作者刘勰、体例及语体特点。但20世纪初的几位日本汉学家相继写成的中国文学史中,几乎没有谈及《文心雕龙》的理论价值。③

《文心雕龙》在西方世界的翻译和研究是随着西方汉学的发展而逐渐开展的。19世纪欧洲的汉学研究与宗教和传教士有密切的关系,旨在深入研究如何在中国传播基督教教义,促使中国人信仰基督教,中国的文学研究并非他们研究的需求和兴趣所在。鸦片战争之后,随着西方强国对中国政治经济的兴趣的提高,汉学研究得到了更快的发展。彼时从事汉学研究的学者大多数是外交官,研究的范围主要是历史。中国古代文学的研究并没有取得很大的进展,仅仅作为史学和经学的附庸,尚未进入汉学家的关注视野,对《文心雕龙》的介绍还停留在《汉籍解题》中短短8行文字。此时在中国国内,1914—1917年间,黄侃在北京大学开设了《文心雕龙讲疏》的课程,其讲稿分别于1927年、1935年刊印发表,后合编为《文心雕龙札记》,于1962年出版。黄侃的研究将文字校勘、资料笺证与理论阐述相结合,被视为《文心雕

---

① 兴膳宏《文心雕龙研究在日本》,《文心雕龙学综览》,上海书店出版社,1995年,第42页。
② Alexander Wylie, *Notes on Chinese Literature*, Shanghai: American Presbyterian Mission Press, 1867, p. 197.
③ 兴膳宏《文心雕龙研究在日本》,《文心雕龙学综览》,上海书店出版社,1995年,第45页。

龙》研究的新的拓展,①开启了20世纪国内《文心雕龙》研究的旅程,现代《文心雕龙》研究史的撰写多以此为开端。同一时期的日本学者铃木虎雄(1818—1963)在京都大学文学部讲授《文心雕龙》,1919至1920年在《艺文》杂志连载发表的《魏晋南北朝时代文学论》中专章论述《文心雕龙》,介绍了全书的内容。他的另外两部著作《敦煌本〈文心雕龙〉校勘记》、《黄叔琳本〈文心雕龙〉校勘记》也分别于1926年、1928年面世。②

1926年,苏联汉学研究的奠基人阿里克谢耶夫(B. Alexeev)(1881—1951)在巴黎法兰西学院做了有关中国文学的讲座,第一讲主要介绍刘勰《文心雕龙》中的文学概念,并称刘勰为公元5世纪有名的诗学家。阿里克谢耶夫在其论中国诗学的著作中也多次引述《文心雕龙》。1936年,该讲座的讲义以《中国文学》(*La Literature Chinoise*)为题在巴黎出版,其中第一次把《文心雕龙》的《原道》篇译为法文。③在他的影响下,法国汉学界较早开始了对《文心雕龙》的研究。1943年,巴黎大学北平汉学研究所将王利器的《文心雕龙新书》收入《通检丛刊》出版。50年代之后时有《文心雕龙》的研究论文发表。1974年,匈牙利学者杜克义(F. Tokei)又用法语翻译了《文心雕龙》的《声律》篇。

比较文学研究的勃兴有力地推动了《文心雕龙》在西方的研究。法国著名学者、比较文学泰斗艾田伯(Rene Etiemble)在60年代就提出了比较文学必然走向比较诗学的卓见。④法国学派对影响研究的推崇和美国学派关于平行研究的主张,最终都必然将比较文学的研究引向比较诗学,中西异质文化间的比较研究也终将成为比较文学发展的必经阶段和必由之路。研究《文心雕龙》的诗学理论并将其与西方诗学进行比较,不再仅仅是个别西方汉学家的目光余光之所及,这正是比较文学走向比较诗学这一必经道路上的重要地标。除上文提到的《原道》和《声律》篇外,《文心雕龙》其他篇章的法语翻译

---

① 张文勋《中国〈文心雕龙〉研究的历史回顾》,《文心雕龙学综览》,上海书店出版社,1995年,第9页。

② [日]兴膳宏《〈文心雕龙〉研究在日本》,《文心雕龙学综览》,上海书店出版社,第45页。

③ [意]珊德拉《〈文心雕龙〉研究在欧洲》,《文心雕龙学综览》,上海书店出版社,第54—55页。另见李明滨《〈文心雕龙〉在前苏联的译介和研究》,《文心雕龙学综览》,第59页。

④ 艾田伯《比较不是理由:比较文学的危机》,罗芃译,《比较文学之道:艾田伯文论选集》,生活·读书·新知三联书店,2006年,第42页。

及研究最早见于法国哲学家、汉学家弗朗索瓦·于连（F. Jullien）。与同时代其他汉学家不同，于连着重运用中西比较的研究方法来研究《文心雕龙》，发表了一系列充满新见的研究论文。自1982年，于连在其主编的《远东远西》（*Extr. Orient Extr. Occident*）杂志上发表了大量关于中国古代文学的评论文章，其中不仅翻译了《文心雕龙》的若干篇章，如《宗经》、《丽辞》等篇，并用比较文学的研究方法研究《文心雕龙》中的某些论题：将西方的"艺术模仿自然"论与中国"兴"的观念并置；研究《宗经》篇中刘勰所提倡的儒家思想对文学创作的重要影响及中国传统中"文"的概念；以《文心雕龙》的"神思"概念为对象，探讨了文学创作中想象力的产生问题，在翻译并详尽研究了《丽辞》篇的基础上，研究了对偶句（骈体）的表现方法。[①]于连将《文心雕龙》作为理解中国古代诗学思想的重要基础，广泛引用其章节内容，在与西方文学理论的比较中论述中国文学、创作和美学观念。他认为只有从根本上与西方传统做比较才能够充分认识独立发展的中国传统文学思想的独特性和差异性并解释其根源。作为世界上有影响的汉学家，于连坚持以承认差异为前提的汉学研究思想，他的《文心雕龙》研究则具体体现了这一思想和立场。从比较研究的视角出发，于连敏锐地观察到《文心雕龙》中所蕴含的中国文学理论的独特性，自发而自觉地将其与西方的文学理论进行比较，并在比较中求同辨异，向西方展示了《文心雕龙》的"他者"诗学理论，使得"文心学"研究得以在跨文化的语境中展开。进入21世纪，随着《文心雕龙》在西方世界的传播及影响的增强，其法语全译本已呼之欲出，国内已有研究者率先完成了《文心雕龙》全书50篇的法语翻译。[②]

除了英语的全译本外，《文心雕龙》的另一种西方语言的全译本是1995年出版的意大利语译本，译者兰珊德（Sandra Lavagnino）（又译珊德拉）是当代意大利著名的汉学家，现任米兰国立大学孔子学院的意方院长。受其父亲——著名音乐家安杰洛·拉瓦尼罗的影响，兰珊德自幼便对中国的文化与艺术充满向往。大学毕业于罗马大学中文专业后，兰珊德成为那不勒斯东方大学的老师，并于1974年被派往上海外国语学院（今上海外国语大学）担任

---

① ［意］珊德拉《文心雕龙研究在欧洲》，杨明照主编《文心雕文心学综览》，上海书店出版社，1995年，第55—56页。
② 见陈蜀玉《文心雕龙法译及其研究——前言》，上海社会科学院出版社，2011年。

意大利语外教。20世纪80年代始，兰珊德陆续翻译了《文心雕龙》的一些篇章，并发表了评论文章。兰珊德同时也很重视研究资料的整理并对当代《文心雕龙》研究的前沿信息保持密切的关注，为该国的"文心学"研究及中国古代文学研究奠定了基础。1984年，她编著的《研究中国古代三至六世纪文学评论资料》列出了《文心雕龙》研究的专著辑要，提供了书目、词汇和研究资料。1989年，她发表了关于1988年广州召开的《文心雕龙》研讨会的长篇会议报告，把《文心雕龙》研究的新进展介绍给西方的读者及汉学家。1995年出版的《文心雕龙学综览》中，兰珊德撰文介绍了《文心雕龙》在欧洲的译介及研究情况。同年，她完成了《文心雕龙》全书的意大利语翻译，全译本中附有引言和注释。她认为在《文心雕龙》的翻译中，要保留汉语的词汇，并向西方读者解释其主要含义和不同的表达方式，而不宜用西方的术语来翻译或替代汉语独特的表达，因为在很多情况下，中西方不存在相对应的术语和词句，其相似只是表面性的。[1]兰珊德的翻译思想和策略也在宇文所安和刘若愚的相关翻译及论述中得到了更进一步的实践和印证，也是更多西方汉学家和研究者关于中国古代典籍翻译的共识，在兰珊德的翻译及研究中践行中西跨文化的相互理解与平等交流。据兰珊德介绍，1991年，意大利汉学家马西编辑了《中国文学100名著内容》，书中将《文心雕龙》列为中国文学历史上最重要的著作之一，概述了全书的内容并强调了《文心雕龙》的传统性，认为其骈文体裁是当时社会的反映。

在兰珊德完成《文心雕龙》全本意大利语翻译的同一年，西班牙的汉学家阿利西亚·雷林克（Alicia Relinque Eleta）也完成了《文心雕龙》全书的西班牙语翻译。阿利西亚是西班牙著名汉学家，现任教于西班牙格拉纳达大学，除母语西班牙语外，精通法语、英语、中文，其研究领域包括文学理论和普通语言学及文学理论和比较文学。1994年，阿利西亚从格拉纳达大学博士毕业，撰写了题为《〈文心雕龙〉——通往中国传统诗学》的研究论文。之后于1995年，完成并出版了《文心雕龙》全书的翻译。

据意大利汉学家兰珊德介绍，1989年，德国汉学家德邦在荷兰出版了德文的名为《中国诗词：历史，结构及理论》（*Chinesische Dichtung：Geschichte, Struktur, Theorie*）一书，其中列举了"文心雕龙"的词条，并翻译了《序

---

[1] 珊德拉《文心雕龙研究在欧洲》，《文心雕龙学综览》，上海书店出版社，1995年，第57页。

志》篇的"赞",在另外35条关于文体的词目解释中引用了《文心雕龙》并翻译了其中几段重要的段落。德国汉学家卜松山在其专著《中国的美学和文学理论——从传统到现代》中①,以西方汉学家的视角介绍了中国从《诗经》到《人间词话》两千多年的文学理论及美学史,其中设专章——"宇宙规律及文学样式"对刘勰的《文心雕龙》进行介绍,重点涉及《原道》、《神思》、《体性》等篇章的内容。在相关注释中,卜松山先生的研究所参考的译本仍是施友忠及黄兆杰的英文译本,所参考的论著也基本以英语论文为主,德语参考书目仅有李肇础的《传统中国文学理论——刘勰的〈文心雕龙〉》(Tradionelle Chinesische Literatur Theorie——Wenxin Diaolong, Liu Xies Buch vom prachtigen stil des Drachenschnitzens)。不难看出,《文心雕龙》在德国的翻译与研究仍是一片尚待垦拓的处女地。卜松山先生在全书的结语中还对包括《文心雕龙》在内的中国文学理论在欧洲的研究状况提出了看法:"但仍可以肯定,中国在德国正规学校的教学计划中依然无足轻重。虽然儒家学说、道家思想、有时甚至是毛泽东主义也间或被纳入欧洲人的视野,但遗憾的是,当今天一个受过普通教育的中国人对柏拉图、康德以及黑格尔(更不用提那位著名的特里尔之子)都耳熟能详时,在欧洲却不存在与此相对应的情况。"因此作者也期待这部著作能对平衡这样一种不对称的现状做出些贡献。类似的观察与期许也出现在蔡宗齐先生所主编的《文心雕龙》英语研究专著的前言中,这说明《文心雕龙》在西方的研究成果还难称丰富。

  卜松山先生认为,中国丰富的美学遗产在走向现代化的进程中会进一步成为其自新的源泉,同时也有可能在与欧洲进行创造性的碰撞以及成效卓然的交流中重新迸发出活力,成为一笔宝贵的财富。文化的碰撞尽管并非刚刚起步,但是在全球化的时代它获得了一个新的维度。②这一维度便是中西不同的传统如何面向未来生长的维度,是碰撞、交流之后的杂糅与吸收,是建立

---

  ① 该书的德文原著于2007年出版,其中文译本由向开翻译,于2010年11月由华东师范大学出版社出版。该书是德国著名汉学家顾彬先生主编的《中国文学史》的其中一卷。
  ② [德]卜松山《中国的美学和文学理论——从传统到现代》,向开译,华东师范大学出版社,2010年,第351页。

在"二重逻辑"(uniduallite)①的思维方式上所达到的新思想与新理论。让中国古代的文学理论为世界所了解,让《文心雕龙》博大精深的思想参与世界诗学的对话,以一种不卑不亢的心态走向欧美世界,需要有长期的过程,需要有参与者和见证者坚持不懈的努力。②

二、《文心雕龙》的英语翻译及研究综述

英语世界关于《文心雕龙》的翻译和研究主要集中在美国。据现任职于台湾佛光大学的学者黄维梁的调查和研究,在英国,似乎没有什么专事"文心学"研究的学者,因此也没有什么"文心学"论著。近半个世纪以来,美国的汉学研究执世界汉学之牛耳,关于《文心雕龙》的翻译和研究也逐渐走向深入,研究者多为身处美国大学和研究机构的华裔学者,也有为数不多的西方汉学家,他们的研究成果将构成本论文研究的主体。

如前文所述,最早将《文心雕龙》介绍给西方的是韦烈亚利的《汉籍解题》(*Notes on Chinese Literature*)。1901 年出版的英国汉学家翟理斯(Herbert A. Giles)的《中国文学史》,在这部堪称西方汉学史上里程碑式的著作中,《文心雕龙》依然缺位。直至 20 世纪中期,《文心雕龙》在西方的译介并没有更大的进展。"二战"之后的美国逐渐成为世界汉学研究的中心,西方世界《文心雕龙》研究的重要成果也集中出现在美国。

1951 年,英国汉学家修忠诚(E. R. Hughs)翻译了《文心雕龙》中的《原道》篇,收录在英文版陆机的《文赋》(*The art of letters*:*Li Chi's' Wen Fu* (A. D. 302))附录中。1957 年,美国西雅图华盛顿大学的华裔学者施友忠

---

① 二重逻辑是法国哲学家埃德加·莫兰所倡导的复杂性思维逻辑。乐黛云先生认为复杂性思维逻辑为比较文学和世界文学的研究提供了一种新思路。复杂性思维将对话看成一种二重逻辑,认为自我和他者之间的关系既是互补的,不定的,有时竞争对抗的,但他们始终是一个整体。二重逻辑作为对话逻辑,允许对立二项同时存在、同样有效。对话双方之间的交往并不需要共同的话语,并不需要以一种话语模式去套用或割裂另一种话语模式,而是尝试以完全不同的方式去理解完全不同的对象,从而激发出新的火花。见乐黛云《复杂性思维与世界文学》,《比较文学通讯》2012 年第 1 期(总第 67 期),第 1—14 页。

② 杜维明先生认为禅宗思想在欧美的传播与接受正是循由这样一个复杂长期的过程,是东方文化的传播的最好例证。见杜维明《海外中国文化研究概况》,郭齐勇、郑文龙编《杜维明文集(第 4 卷)》,武汉出版社,2002 年,第 369—379 页。

(Vincent Yu-Chung Shi)将《文心雕龙》全文翻译成英文,这是这部著作全文第一次被译成西方语言。书名译为 The Literary Mind and the Carving of Dragons: A Study of Thought and Pattern in Chinese Literature,施译不仅是全译本而且还加了详细的译注,以及数十页的导言。该书于1959年由美国哥伦比亚大学出版社出版后,遂在西方的汉学家中产生了广泛的影响。美国汉学家海陶玮(James R. Hightower)、侯思孟(Donald Holzman),英国牛津大学著名的翻译家霍克斯(David Hawkes)、华裔学者柳无忌等(Liu Wu-chi)都对其译本发表了热烈而严肃的书评。[①] 1971年,台湾中华书局又推出了英译本的修订版,且附以中文原文。1983年,香港中文大学出版社出版了此书的再修订版,仍为中英文对照本。尽管施译本有颇多可以指摘之处,但无法否认的是,这一译本为英语世界的"文心学"及相关研究提供了至为重要的参照资料。直到1999年,香港学者黄兆杰才重新英译出版了《文心雕龙》全书,书名为 A Book of Literary Design。[②] 2003年,曾在北京外国语大学师从著名学者王佐良先生的杨国斌博士再次翻译出版了《文心雕龙》全书,书名为 Dragon-Carving and the Literary Mind。[③] 该译本还附以周振甫的现代汉语翻译,由外语教学与研究出版社出版,并已收入"大中华文库"系列。由于出版时间晚近及出版地的限制,后两个英文全译本的传播范围和影响尚无法与施友忠的译本相比。施友忠的英文译本仍然是西方世界了解认识《文心雕龙》的第一个也是最为重要的一个译本。本文在第二章将对施友忠的这一译本进行讨论。

施友忠英文全译本的出版对于《文心雕龙》在英语世界的研究是一个重要的事件,但在之后的60年代,大规模借用西方观点去研讨它的专著还没有出现。据夏志清《悼诗友卢飞白》一文,美国的吐温出版社(Twayne Publishers)曾与学者卢飞白签订了一份出版合同,要写一部《刘勰评传》作为该出版社全球作家丛书中国部分的计划之一。由于刘勰的传记资料有限,卢

[①] 见 James R. Hightower, "Reviews." *Harvard Journal of Asiatic Studies*, Vol. 22 (Dec., 1959), pp. 280—288. David Hawkes, "Reviews." *The Journal of Asian Studies* (pre—1986); May 1960, p. 331. Donald Holzman, "Reviews." *Artibus Asiae*, Vol. 23, No. 2 (1960), pp. 136—139.

[②] Siu-kit Wong, Allan Chung-hang Lo & Kwong-tai Lam, *The Book of Literary Design*, Hong Kong: Hong Kong University Press. 1999.

[③] 杨国斌英译,周振甫今译《文心雕龙/Dragon-carving and the Literary Mind》(大中华文库汉英对照本),外语教学与研究出版社,2003年。

飞白写书的重点应当在《文心雕龙》，但该书因卢飞白的离世而未能面世。①

1970年，华盛顿大学的吉布斯（Donald Arthur Gibbs）完成了他的博士学位论文《〈文心雕龙〉的文学理论》（Literary Theory in the Wen-hsin Tiao-lung），这是英语世界第一篇以《文心雕龙》为研究对象的博士论文。该论文借助艾布拉姆斯（M. H. Abrams）的"文学四要素"理论系统框架来阐述刘勰的观点，试图勾勒出刘勰思想的大致轮廓。吉布斯认为，从艾布拉姆斯的术语框架来看，刘勰是一位综合性的严肃的大批评家。不应过于强调《文心雕龙》的异域色彩，而应将其置于一般的或世界文学研究的语境中进行考察。《文心雕龙》中的理论可以理解为"表现主义"的理论，刘勰是一个"表现主义"的理论家，但吉布斯同时也指出了刘勰思想中的折中主义和调和倾向，认为刘勰希望通过折中与调和达到真理。而在《中国文学理论》（1975）一书中，著名学者刘若愚认为《文心雕龙》以"形而上学"（metaphysics）的理论为主，同时也融合了"表现主义"等理论，因而整体而言是一种综合的理论。这些观点从不同的视角凸显出《文心雕龙》理论的丰富内蕴及多元诠释的可能性。这种"以西释中"的解读模式立足西方的理论系统观照《文心雕龙》的理论内涵，必然会在中西文学理论的碰撞中产生创见，同时也有可能会导致某些失之偏颇的结论，甚或被贴上"西方中心主义"的标签，但毕竟为更深层次的中西诗学对话提供了某种可能的起点。对吉布斯的博士论文及其对《文心雕龙》的理论阐释需另文详述，此处不赘。

美籍华裔学者刘若愚（James J. Y. Liu）在其1975年完成出版的用英语写成的著作《中国文学理论》中，除了采用艾布拉姆斯的理论框架外，还用形而上理论、决定理论与表现理论、技巧理论、审美理论、实用理论等框架梳理了中国的文学思想，并在此框架内就中国的文学理论与西方文论进行比较与对话。刘若愚在书中频繁引用《文心雕龙》的文学理论并认为《原道》篇集中体现了形而上的文学理论，正是在这一理论层面上，中西理论最有可能进行对话和比较。但刘勰同时也是一位综合主义者，《文心雕龙》综合了各种文学理论形成了体系性的综合理论。②在这部著作中，刘若愚试图"将渊源悠久而大体上独立发展的中国批评思想传统的各种文学理论与西方传统的理论

---

① 夏志清《悼诗友卢飞白》，《文学的前途》，三联出版社，2002年，第228—229页。
② 刘若愚《中国的文学理论》，杜国清译，江苏教育出版社，2006年。

比较，从而有助于达到一个最后可能的世界性的文学理论。"①刘若愚的这一论著在英语世界产生了重要的影响，同时也同样受到了不少质疑，认为其所谓的比较与对话更大程度上是一种"单面向的呈现"。但从接受效果来衡量，刘若愚试图沟通两种异质文学理论的尝试是成功的，"促使西洋学者在谈论文学时不能不将中国的文学理论也一并加以考虑"（中译者杜国清语），促进了中国文学理论在西方的接受。

1981年，吉布斯的论文完成的十一年后，另一篇署名Paul Young-shing Shao的（中译邵保罗）博士论文面世，题目是《刘勰：理论家、批评家、修辞学家》（*Liu Hsieh As Literary Theorist, Critic, and Rhetorician*）。邵氏获得了斯坦福大学（Stanford University）的博士学位，是刘若愚的学生。邵氏的论文，进一步用西方现代的文学理论阐释了《文心雕龙》中所提出的文学观念，旨在使中国古代文学理论的现代理论价值得到更为深入的挖掘与认识。邵氏文中论及《文心雕龙》中一些关键性的文论术语，并尝试运用现代心理学和批评学说，解释创作行为，意欲使如"气"、"道"、"志"等这些涵义模糊蕴藉的术语意义变得清晰可辨。与吉布斯论文相似的是，邵氏的论文亦专注于《文心雕龙》中的文学理论，这是英语世界研究中国古代文论的焦点，同时论文中还设专章讨论了《文心雕龙》的修辞，认为刘勰同时也是一位修辞学家。从修辞学的角度解读《文心雕龙》拓宽了"文心学"的研究领域。这也是国内《文心雕龙》研究较少涉足的领域。1990年，美国普渡大学赵和平博士的论文《〈文心雕龙〉——中国古代文章的修辞学》（*Wen Xin Diao Long: an Early Chinese Rhetoric of Written Discourse*）则将这一领域的研究引向深入，从修辞学的角度探讨了《文心雕龙》的理论话语，认为刘勰的思想主要以实用的、理性的儒家思想为基础，《文心雕龙》全面论述了当代所有的书面文体，而不仅仅是诗性文体。他认为大多数的"文心学"研究都以文学解释为基础，而仅仅将其作为文学理论来关注导致现代研究者对其中占重要篇幅的其他文体论述的忽略和盲视，没有认识到其修辞学的价值。刘勰所讨论的"文"，不仅仅是现代意义上的文学，更应当包含所有书面话语的文章。刘勰在书中所讨论的凡三十二种文章种类可以重新划分为以将来、现在和过去为旨归的三大类文章，体现了其修辞学性质。刘勰关于文章类别的讨论表明中国并不缺

---

① 刘若愚《中国的文学理论——导论》，杜国清译，江苏教育出版社，2006年，第3页。

少修辞史。

1990年至2005年,北美地区的大学中共有四篇以《文心雕龙》为研究主题的博士论文出现。除上文提到的普渡大学赵和平博士的《文心雕龙——中国古代文章的修辞学》外,还有华盛顿大学魏彼得(音译)(Way, Peter B.)博士的《亚里士多德的〈诗学〉与刘勰〈文心雕龙〉中的古典主义》(*Classism in Aristotle's Poetics and Liu Xie's Wenxin Diaolong*)(1990);俄亥俄州立大学李敏儒博士的《中国的经典文学观:刘勰的"文心"理论》(*A Classical Chinese Perspective on Literature:Liuxie's Theory of Wenxin*)(1996);多伦多大学马劲松(音译)博士的《"文"是"道"与"心"的交融——从〈文心雕龙〉前五章看文的基础与起源》(*Literature (wen) as Fusion of Mind (Xin) and Dao:The Origins and Foundations of Literature according to the First Chapters of Wenxin Diaolong*)(2005)。这些博士论文研究将英语世界的《文心雕龙》研究不断地推向深入,体现出从宏观的中西诗学的理论比较及"以西释中"的理论阐发到以《文心雕龙》为主体理论话语的阐述和研究路向。这些博士论文以《文心雕龙》整体的理论体系作为研究对象,以不同的理论框架分析、比较并认识《文心雕龙》的理论及其性质,形成了英语世界"文心学"研究的重要成果,也是《文心雕龙》现代研究不可忽略的领域,值得进行进一步的考察与研究。

1992年,美国哈佛大学教授、著名汉学家宇文所安完成了《中国文学思想读本》(*Readings in Chinese Literary Thought*)①一书。这是一本以美国大专院校中汉语专业研究生为对象的教材性质的著述。书中选译了中国古代重要的文论作品并进行了剖析和评注,设专章翻译了《文心雕龙》中的18个篇章并采用以文本为中心的逐段注释的传统解读方式。宇文所安认为《文心雕龙》是中国文学思想史上的一个异类(anomaly),是一部系统性的著作。现代西方传统对于系统性诗学的高度重视,使得该书受到了前所未有的关注。熟稔地穿行于中国古代文论思想与西方文论之间的宇文所安提出了一些颇为新颖的观点:"由于《文心雕龙》对传统文学理论中的关键概念都给予了相对系统的解释,这使得其成为一部重要的著作,然而,如同通常那样,最大的优点

---

① Stephen Owen, *Readings in Chinese Literary Thought*, Cambridge:Council on East Asian Studies, Harvard University, 1992.

也是最大的缺点,《文心雕龙》有明显的"学术"性质。这与当时的文坛大家的那种源于经验的、恣意挥洒的、妙悟式的评点完全不同。刘勰启动了五世纪的修辞与分析机器(骈文),他的天才在于他对这一话语机器的操纵"。①《文心雕龙》不仅深入论述了文学的本原、规律,全面讨论了各种文体、文学创作的重要方面以及文学批评的原则,还提出了一套完整的富有内在逻辑性文学思想。这在中国古代文论著作中颇为罕见,在其之前及当代更是前所未有。既然《文心雕龙》的系统性、学术性不同于短小灵动的、妙悟式的评点,在宇文所安看来就具有了系统性和学术性的僵硬与拘囿。在《刘勰与话语机器》(Liu Xie and Discourse Machine"②)一文中,他认为刘勰在《文心雕龙》中所使用的话语机器和他的思想之间具有一种矛盾和张力。很多时候,刘勰的评论似乎有些草率,更像是由骈文这一话语机器的惯性所强加给他的,而并非其真正的思想。宇文所安的《文心雕龙》译述在当代英语世界很有影响。他的《中国文学思想读本》被很多大学选为指定教材。在此书的中文译本《中国文论:英译与评论》的序言中,乐黛云先生高度评价了其对于比较诗学研究的价值,认为"此书本身就是一个中西文论双向阐发、互见、互识的极好范例。"③反观其对于《文心雕龙》及中国古代文论的研究能为国内"文心学"研究开辟新的视野和角度,对国内学者的研究亦有助益。

2001年,斯坦福大学出版社出版了蔡宗齐主编的《中国文心:文心雕龙中的文化、创造和修辞》(*A Chinese Literary Mind*:*Culture*,*Creativity*,*and Rhetoric in Wenxin Diaolong*),作为1998年由蔡宗齐组织的在伊利诺伊大学召开的《文心雕龙》研讨会的重要成果,书中汇集了多位在美国学界颇有影响的汉学家和中国文学研究者的《文心雕龙》研究专论。除上文提到的宇文所安的《刘勰与话语机器》外,还收入了孙康宜(Kang-i Sun)的《刘勰的"经典"观》;蔡宗齐的《批评体系的形成:〈文心雕龙〉及早期文本中的文

---

① Stephen Owen, *Readings in Chinese Literary Thought*, Cambridge: Council on East Asian Studies, Harvard University,1992,第184页,原文为英文,此段引文由笔者翻译。

② Stephen Owen, "Liu Xie and Discourse Machine". *A Chinese Literary Mind*: *culture*, *creativity*, *and rhetoric in Wenxin Diaolong*. Cai Zong-qi ed. Stanford University Press, 2001, pp. 175—190. 该文的中文译文由田晓菲翻译,收入《他山的石头记——宇文所安自选集》中。见宇文所安《刘勰与话语机器》,田晓菲译《他山的石头记——宇文所安自选集》,第98—112页。

③ 乐黛云《中国文论:英译与评论——序言》,上海社会科学出版社,2003年,第5页。

学概念》;梅维恒(Victor H. Mair)的《〈文心雕龙〉中的佛教》;林理彰(Richard John Lynn)的《王弼与〈文心雕龙〉》;艾朗诺(Ronald Egan)的《诗人、心灵与世界:〈文心雕龙〉"神思"篇的再思考》;林顺夫(Shuen-fu Lin)的《刘勰论想象》;浦安迪(Andrew H. Plaks)的《〈文心雕龙〉的骈体结构》;李惠仪(Wai-yee Li)的《"文心"与"雕龙"之间》,书中还收入了大陆著名"文心学"研究者张少康的论作《中国及东亚其他地区的〈文心雕龙〉研究概述》,共十篇论文。①蔡宗齐在该书的导言中提到,该书的编辑出版是美国的学者们为了弥补太平洋此岸(美国)在"文心学"研究方面令人遗憾的漏洞所作的共同努力。②书中所收录的文章已不仅成为海外"文心学"研究的重大成果,同时也为"文心学"整体研究提供了重要补充。因而该著作成为研究海外"文心学"成就时最具有参考价值的学术论著。

  英语世界中关于《文心雕龙》的研究和翻译除了以上提到的专著和博士论文之外,还有一些以亚洲及中国研究为主要内容的学术期刊,这些期刊为汉学家及学者们提供了学术交流的平台。就论文的学术质量及刊物的影响力而言,应首推哈佛燕京学社出版的《哈佛亚洲研究学刊》(*Harvard Journal of Asiatic Studies*),以及《中国文学评论》(*Chinese Literarure: Essays, Aritcles, Reviews*),其他的重要刊物包括:《亚洲研究》(*Asatische studien*)、《亚洲艺术》(*Artibus Asiea*)、《华裔学志》(*Monumenta Serica*)、《中古中国》(*Early Medieval China*)、《亚洲研究学刊》(*The Journal of Asian Studies*)。美国东方学学会出版的《美国东方学学刊》(*Journal of American Oriental Society*)、《伦敦大学亚非研究学院通讯》(*Bulletin of the School of Oriental and African Studies*)等。随着中西跨文化研究和交流的深入,这些刊物也将为海内外"文心学"研究者们提供一个视野更宽、更活跃的国际学术交流平台。

  虽然在欧美专事"文心学"研究的学者为数不多,但是作为中国古代最重要、最伟大的文论巨著,《文心雕龙》是中国文学理论研究中不可忽视的重要环节。大量中国古代文学研究的相关著作和论文,都会不可避免地涉及《文心雕龙》的文本及其理论。这方面的著述为数甚多,无法一一列述。一些

---

① 论文皆为英文,题目为笔者所译。

② Zong-qi Cai, *A Chinese Literary Mind: Culture, Creativity, and Rhetoric in Wenxin Diaolong*. Redwood: Stanford University Press, 2001.

英语的文学理论工具书和辞书中也编入了"刘勰和《文心雕龙》"的词条，这一事实表明《文心雕龙》已经进入世界文学和诗学体系的视野，并在英语世界中为数更多的非专业读者和中国文学爱好者中得到传播。这些重要的工具书和辞书包括：《普林斯顿诗歌及诗学百科全书》（*Princeton Encyclopedia of Poetry and Poetics*）（New Jersey，Princeton University Press，1965，1974，1993），其1993年新版本中加入了"中国诗学"词条，由著名学者林理彰（Richard Lynn）执笔，对中国历代的重要文论著作进行了概述，对《文心雕龙》亦有所涉及。在《在霍普金斯文学理论及批评指南》（*The Johns Hopkins Guide to Literary Theory and Criticism*）（Baltimore and London，The Johns Hopkins University Press，1994）中，"中国的理论与批评"占据了较大的篇幅，分为"前现代的诗歌理论""前现代的小说和戏剧理论""20世纪"三个部分。其中前现代的诗歌理论部分由范佐伦（Steven Van Zoeren）执笔，其中亦论及《文心雕龙》及其理论。1999年出版的《文学批评及批评家》词典（*Literary Critics and Criticism*）（London and Chicago，Fitzroy Dearborn Publishers，1999），对中国古代文论进行了简要介绍，在批评家的词条中收入了"陆机和刘勰"的词条。这些工具书和辞书将刘勰及《文心雕龙》置入了世界文论的体系中。

三、英语世界《文心雕龙》研究与日韩"文心学"研究的特点比较

《文心雕龙》进入西方的视野与日韩相比晚了约千年。[①]"文心学"研究起步自然更晚。从中国古代文论研究的整体情形来看，日韩学者选择《文心雕龙》为研究的起点，其研究兴趣和关注的重心也较多地汇集在此，相应取

---

① 见王元化《日本研究〈文心雕龙〉论文集——序》，文中谈到据日本学者土田杏村的考证，日本延喜五年（905年）敕撰和歌集《古今集序》中曾引《文心雕龙》的《原道》篇及《程器》篇。其传入韩国的时间则有不同看法，有考证据称其于公元8世纪已传入韩国，另外的观点则认为其传入时间晚于日本。

得的成果也深具影响；而欧美学者却选择了《沧浪诗话》、《文赋》作为起点，①向西方介绍中国古代的文学理论。在这一节中，本文试图分析二者形成不同关注焦点和接受兴趣的可能原因。其次，本节内容还关注英语世界"文心学"研究与日本"文心学"研究的不同特色：日本学者注重"文心学"的传统研究，包括版本的校勘及文本的译注，甚或具体字眼的训诂，与之不同的是，西方学者的研究偏重文学理论的阐发，其中可以探查出在比较诗学的研究领域中，跨越中西异质文化的诗学研究的不同范式及其重要意义。

纵观海外的《文心雕龙》研究，当以日本及以美国为中心的英语世界的成就最为突出。如前文所述，早在20世纪20年代，日本学者铃木虎雄已经开始对《文心雕龙》的讲授与研究，并撰写出版了《文心雕龙》版本校勘方面的专著。而同一时期的欧美，研究者的目光则落在了《沧浪诗话》和《文赋》上。从某种程度上来说，他们对中国古代文论的研究选择了不同的兴趣起点。形成这种兴趣差异的原因不仅仅是语言的差异、传播途径的不同，更有历史文化背景以及与其相关的接受语境等因素的作用。从文化渊源方面考虑，有论者认为，日本学者对《文心雕龙》的选择，更多的是基于中日历史悠久的、共同的文化渊源，这种文化渊源使得他们对中国传统的文学观念有一种认同感，因而《文心雕龙》遂以其体大思精成为关注的焦点。②但细察而知，这一论断仍有失粗疏。日本的"文心学"家们多为日本籍的汉学家和学者，他们对中国古代文化文学固然熟稔，但欧美的《文心雕龙》翻译者和"文心学"研究者则多以华裔学者为主，虽身处海外，他们对中国传统文学理论更具有天然的认同感，因此文化渊源的同与异并不足以构成他们研究兴趣和选择取向差异的真正原因。日本的"文心学"研究与《文心雕龙》对日本文学的影响不无关系，因而影响研究成

---

① 1922年，张彭春应美国文学理论家斯宾伽的要求，将《沧浪诗话》的部分章节翻译为英文，发表在同年的《日晷》杂志总第73期上。1948年，陈世骧翻译了陆机的《文赋》，译文及相关论述发表在《北京大学五十周年纪念论文集》；1953年又出版了译文的单行本，书名为：*Essay on Literature：Written by the Third-Century Chinese Poet Lu Chi*，其导言从比较文学及文学史的角度论述陆机和《文赋》的意义。除此以外，另有两个英文译本分别为汉学家修中诚的译本，E. Hughes，*The Art of Letters：Lu Chi's Wen Fu A. D. 203：A Translation and Comparative Study*，New York：Pantheon，1951. 另有汉学家方志彤的翻译，见Achilles Fang， "Rhymeprose on Literature：the Wen Fu of Lu Chi，." *Harvard Journal of Asiatic Studies*，14（1951）。施友忠的《文心雕龙》英文全译本则于1959年才完成出版，在时间顺序上居于其后。

② 见张海明《海外和台港地区的中国古代文论研究》，http://www.literature.org.cn/article.aspx?id=32749.

为兴趣的肇始和研究的起点。相反,与中国传统文学观念迥然不同的西方理论对中国文论的研究则更多地从自身的需要和接受语境的考量出发,因此对中国文学理论的研究选择则更多地与其期待视野、接受语境相关。

20—30年代的欧美,正值以"新批评"为中心的"形式主义"文论为主调的时期,对"文学性"的强调及以文本为中心的精密的批评分析技术,使得他们面对异质文学理论时,亦从文本细读开始,关注那些与自己主张类同的观点,在另一种文学传统中寻找理论的回应与印证。中国的诗歌是西方研究者较早关注的文学类型,诗话、词话作为中国传统的批评话语形式,这些都使得严羽的《沧浪诗话》以其"诗有别才"的理念和"以禅论诗"的"妙悟"诗学更容易进入欧美理论家的研究视野。美国文学理论家斯宾伽(J. E. Spingarn)在张彭春所译的《沧浪诗话》英译本的序言中谈到,《沧浪诗话》认为应当以精神的而非机械的标准对诗歌进行评判。诗歌与学习、哲学、科学、宣传以及修辞都完全不同,它关注人类最基本的"嗟叹之音"(the music of joys and sighs),而非仅仅关注"理"(the reasons of things)、"书"(books)、"议论"(opinions)或是"文字"(words)。它的核心就是"妙悟"(spiritual intuition)。正是应斯宾伽的要求,张彭春于1922年将《沧浪诗话》翻译为英文。斯宾伽将《沧浪诗话》中关于诗的特殊本质的认识看作是其对于文学性的肯定,对文学独立性的东方表述,并将这一追求"别趣"、"别材"的"妙悟"诗论与克罗齐的"直觉论"相比较,认为《沧浪诗话》在八个世纪之前就预示了西方世界关于艺术的现代概念,中国把艺术独立于哲学、伦理、宗教的思想要早得多。因而将其引为方兴未艾的"新批评主义"东方同调。

陆机的《文赋》是中国文学史上第一篇专论文学的理论著作。不少学者认为它对刘勰及《文心雕龙》有着重要影响。陆机以赋的形式细致分析了文学创作的过程,提出了文学理论上很多重要的问题。《文赋》中透彻地描述了艺术构思的过程:从感物生情起始,到"精骛八极,心游万仞"的艺术想象,及至"笼天地于形内,挫万物于笔端"艺术创作,陆机已然提出了艺术创作过程的普遍规律,表达了艺术创作过程实质上是形象思维过程的思想。[①]这应当是其引起欧美学者翻译与研究兴趣的最重要的原因。陆机在文赋中慨叹

---

① 郭绍虞《中国历代文论选》,(一卷本),上海古籍出版社,2001年,第66—88页。

"恒患意不称物,文不逮意,盖非知之难,能之难也",因而取鉴前人,以论作文之利害所由。在讨论创作过程时,陆机肯定了不同文体写作中"意"与"辞"的同等重要性,因而有了"诗缘情而绮靡,赋体物而浏亮,碑披文以相质,诔缠绵而凄怆,铭博约而温润,箴顿挫而清壮,颂悠游以彬蔚,论精微而朗畅,奏平澈以娴雅,说炜晔而谲诳"的名句。或正因其对文辞及文学形式的重要性的论述而得到了当时欧美研究者的认同,遂成就了《文赋》的多个英译本的率先产生。①相比之下,他们似乎尚未在《文心雕龙》中找到自身所需要的遥远的理论回应。

从翻译研究的角度来看,文化翻译观认为,"翻译是对原文的改写,所有的改写,无论其目的如何,都反映某种意识形态和诗学,并以此来操控文学,以便在特定的社会中以特定的方式发挥着作用。"②相反,意识形态和诗学形态也是影响选择翻译对象的重要因素之一。换言之,对翻译对象的选择乃是出于印证或扩大自身理论话语的需要,并在某种程度上将其作为翻译理论被目的语读者所接受。《沧浪诗话》及《文赋》的英译在一定程度上也体现了英语诗学语境对中国古代诗学及文论的选择性需要。

日本对中国古代文学理论的研究以铃木虎雄著的《支那诗论史》(1927)和青木正儿的《支那文学思想史》(1934)为嚆矢,在第二次世界大战后,《文心雕龙》成为中国古代文学理论研究的中心,对它的研究取得了显著的进展。以斯波六郎为中心的广岛大学,以吉川幸次郎为中心的京都大学和以目加田诚为中心的九州大学不约而同地对《文心雕龙》进行精心的研读,产生了丰富的研究成果。1950年,冈村繁编著了《文心雕龙索引》,1952年出版了斯波六郎的《文心雕龙范注补正》,之后又出版了《文心雕龙札记》。60年代后又先后出版了兴膳宏、目加田诚和户田浩晓的《文心雕龙》全译本,在理论阐述方面,则有高桥和巳的《刘勰〈文心雕龙〉文学论的基本概念之研

---

① 在《海外和港台地区的中国古代文论研究》一文中,作者张海明提及这一观点,但未有详论。见张海明《海外和台港地区的中国古代文论研究》,http://www.literature.org.cn/article.aspx?id=32749.

② Andre Lefevere, "General Editor's Preface." *Translation, Rewriting and the manipulation of literary Fame*, Shanghai Foreign Language Education Press. 2004. p. vii.

究》等论文,这些论文就《文心雕龙》中的具体概念、术语进行论述。①从研究的整体状况来看,日本学者的"文心学"研究体现了其中国文化研究的特色,类似中国传统经学的研读,以师生传承的会读方式,从字、词及考据的逐句讨论开始,十分重视资料的整理、材料的考辨,版本的校勘和具体的词句篇章的考察研究,在某种程度上更倾向于一种历史的、以认识其本来面目为目的的还原性研究;而欧美的"文心学"研究相比之下则更多尝试理论的阐发性研究。在他们的研究中,亦不乏对日本学者研究成果的参考与借鉴。

这种"文心学"研究整体面貌上的不同,也许和语言的差异程度有一定的关系。如有论者认为,"在原著的字词层面的解读上,西方学者不如日韩学者那样有一种天然的便利——汉语曾经是其语言的一个组成部分。所以西方学者便本能地扬长避短,充分发挥自己在理论上的优势,以西方现代文学理论为参照来观照、研究中国古代文论。"②这一分析的合理之处在于对语言差异问题的认识,但貌似合理的解释中包含着臆测的成分。如上文所提到的那样,欧美从事中国古代文论研究的学者们以华裔学者为主体,他们大多具备深厚的古代文学学养,同时又具有多年在美国大学和研究机构中工作的经历,熟稔西方的理论语境与学术话语,这种博贯古今、学兼中西的特殊身份和视野使得他们自然而自觉地选择以中西比较为方法论的研究路径,并将比较文学的研究引向了中西比较诗学的领域。广而言之,日本学者的"文心学"研究是以《文心雕龙》对日本文论的影响为兴趣的起点,从历史存在的文本影响出发进一步认识其本来面目;而欧美的"文心学"研究则从其当下的理论需求出发,在独立于西方理论体系之外的中国传统文论中寻找理论的互释与互证。

四、余论:"文心"西渐及其在21世纪的新进展

英语世界的《文心雕龙》研究相对于其他西方语言的研究而言,成果相对丰富,并形成了以华裔学者为主体的研究群体。活跃在美国学界的华裔比

---

① [日]冈村繁《日本研究中国文论的概况》,王元化编《日本研究文心雕龙论文集》,齐鲁书社,1983年,第296—298页。

② 见张海明《海外和台港地区的中国古代文论研究》,http://www.literature.org.cn/article.aspx?id=32749。

较诗学研究族群[①]在学术文化身份上作为中国传统文化的负载者,同时又长期栖居在美国,在美国大学或研究机构任职,这使得他们能够熟练地运用英语这一西方学术话语介绍中国诗学,让中国诗学思想及诗学研究在国际学术界发出声音。他们同时借用西方的理论来观照中国古代的诗学理论,既求同,亦辨异,寻求中西诗学的对话与会通,互证与互补。美国著名文学理论家、比较文学研究学者乔纳森·卡勒认为,比较文学作为一个学科,原则上已经走上了全球化的道路。但是在西方,这一领域内大多数实践者仍旧只学习过欧洲语言,而不愿意去研究那些他们不懂其语言的国家的文学。[②]因而华裔比较诗学研究族群在操用语言方面的优势使得他们成为这一学科全球化道路上的先行者。

《文心雕龙》在英语世界译介研究的承担者除了少数的西方汉学家外,主要是华裔学者。老一代的学者如施友忠、刘若愚等对于其最早的译介具有筚路蓝缕的开拓之功,他们具有创造性的翻译和论著让《文心雕龙》开始为西方所认识,并引起了西方严肃的学术研究的兴趣。在高等学府及研究机构的教职又让他们培养了更多新一代的中国古代诗学的研究者。

美国学界对于《文心雕龙》研究用力最勤、成果最多的学者当首推伊利诺伊大学东亚语言与文化系的蔡宗齐先生,除编著前文提及的《中国文心:文心雕龙中的文化、创造性与修辞学》之外,蔡宗齐的中国文学批评研究主要是围绕《文心雕龙》展开的,到2011年,他所发表的《文心雕龙》研究论文有十数篇之多。[③]从论文的内容及发表的时间顺序来看,蔡宗齐的"文心学"研究注重把著作的宏观的整体研究与微观的具体研究相结合,既将《文心雕龙》置于中国古代文论传统中来作"内文化"的考察,唯此方能认识其历史面目,又注重将其以反衬的方式凸显为西方理论背景下的前景,以凸显独特的理论特质。蔡宗齐的"文心学"研究贯穿着中西比较诗学研究的方法论,也体现了他所提出的从内文化、跨文化与超文化角度建立比较诗学结构

[①] 杨乃乔先生用这一称呼指称在西方学术语境下运用英语展开比较诗学研究的华裔学者群。参见杨乃乔《路径与窗口——论刘若愚及在美国学界崛起的华裔比较诗学研究族群》,《比较诗学与跨界立场》,复旦大学出版社,2011年,第206页。

[②] 乔纳森·卡勒《比较文学的挑战》,生安锋译,《中国比较文学》2012年第1期(总第86期),第5页。

[③] 参见 http://zongqicai.weebly.com/articles.html。

的理论构形。将《文心雕龙》的研究置于中西跨文化比较的宏观语境之中,并着力以超越文化局限性的视野对由比较而生的同与异做出公允地评价,这正形成了英语世界"文心学"研究的独特视角,是其独到的发现。

20世纪90年代之后,在全球化的浪潮中,随着中西文化交流的日渐频繁,更多的华人研究者进入欧美大学研读博士学位,他们中不乏选择以《文心雕龙》作为对象进行研究的人,并用英语撰写研究论文。他们的研究论文作为英语世界"文心学"研究的重要成果,促使"文心学"研究走向深入,并在更深的层面上实现文学理论的对话。华裔比较诗学研究族群在中国古代诗学的传播及中西文论的对话方面已然承担并将继续承担起重要的历史使命。在本文的相关章节中,还将对具体的研究者及其著论进行详述。

从文化全球化的视角来看,中国传统古代文论的遗产不只属于中国,也属于世界,是全人类的一笔财富。如何对待这笔遗产是值得思考的问题。我们所要做的并非将这笔财富束之高阁,任其淹没在历史的烟尘中;或将其贴上"中国传统"的标签,以为在自我认同的同时可以"占有"它。我们所要做的是重新认识它的价值,同时不拒绝多元的可能的诠释,在不断的理解与诠释中激发其生命的活力。正是在此观照下,乐黛云先生提出了构建"世界诗学共同体"的构想。"世界诗学共同体"是关于比较诗学及世界诗学如何构成或者如何呈现的创见。乐先生认为,在新的历史时代,"新的世界文学应不只是各种优秀作品的、互不相关的聚合,而是互识、互证、互补的、带有比较文学意味的、有机的结合;新的世界文学也不是融多种文学为一体的新的合金,而是保持着、发展着各自特点,从其他文学吸取着营养,也为其他文学不断作出独特贡献的各不相同的文学的共同体。"①对"世界诗学共同体"的构想也可做如此理解。这一构想应是以世界多元的文学理论之间的沟通与对话为起点和路径的。《文心雕龙》在现代社会的研究将以面向世界为视野,实现其诗学理论及话语的现代转换。华裔学者正以其切实的研究为包括《文心雕龙》在内的中国古代诗学参与世界诗学的对话,建构世界诗学的共同体作出他们无可替代的贡献。

---

① 乐黛云《对比较文学和世界文学的一些思考》,《中国比较文学》2011年第4期(总第85期),第140页。

承 与 变

——克拉维尔《孙子兵法》英译本对翟林奈译本的改写[①]

杨玉英 廖 进

1983年,美国作家詹姆斯·克拉维尔翻译的《孙子兵法》英译本由纽约道布尔戴出版社出版[②],该译本以1910年出版的翟林奈英译本[③]为基础编辑、改写而成。在"导论"中,克拉维尔对《孙子兵法》的重要性给予了足够的强调和高度的赞扬。"我很惊异,孙子两千五百多年前所写的那么多真理到了今天仍然适用——尤其是他论述'用间'的那一章,我觉得非常特别。在我看来,《孙子兵法》这本小书清楚地向我们表明了哪些错误我们现在仍然还在继续犯,以及为什么我们现在的敌人在某些地区还那么成功。《孙子兵法》是苏联政治-军事部门人员的必读书目,已经在苏联被使用了好几个世纪。同时,几乎毛泽东论述策略和战术原则的每一个字都源自《孙子兵法》。""在我看来,更为重要的是,《孙子兵法》相当清楚地告诉了我们如何采取主动,

---

[①] 此为2013年度四川省教育厅人文社会科学研究课题"英语世界的《孙子兵法》英译研究"的阶段性研究成果。该课题受"四川外国语言文学研究中心资助"。课题编号:SCWY13-10。

[②] James Clavell ed. *The Art of War by Sun Tzu*, New York: Doubleday, 1983.

[③] Lionel Giles trans. and ed., *Sun Tzu on the Art of War: The Oldest Military Treatise in the World, with introduction and critical notes*, London: Luzac & Co., 1910.

承与变
——克拉维尔《孙子兵法》英译本对翟林奈译本的改写

打击敌人，打击任何敌人"。①

"导论"中克拉维尔对《孙子传》进行了英译，并简略提及1782年《孙子兵法》第一次被法国传教士阿米奥（Amiot）（其中文名钱德明）译成的法文出版②。谈及这本法译本时，克拉维尔对《孙子兵法》的重要性给予了再次强调："传说《孙子兵法》这本小书是拿破仑获胜的关键和秘密武器。因为拿破仑战争依赖的是移动战术，而这恰好是《孙子兵法》中强调的要点之一。当然，拿破仑根据自己的优势运用了《孙子兵法》的全部策略来占领了大部分欧洲。他不依孙子法则之时就是他被打败之日。"③

在"序言"的最后，克拉维尔对《孙子兵法》进行了热情的推荐，高度肯定了它对于军事的重要性："我真诚地希望你们都能爱上《孙子兵法》这本书。它确实值得一读。我希望《孙子兵法》成为自由世界里所有的现役官兵、所有的政治家和政府工作人员以及所有的高中生和大学生的必读材料。假如我是总司令官，或者总统，或者首相的话，我会走得更远：我要写进法律，让所有的军官，尤其是将军，每年都对《孙子兵法》的十三章内容来一次口头和笔头的考试，成绩达到九十五分才算过关。任何一位不能通过考试的将军都将立刻自动地、毫无异议地被开除，而其他所有的军官则自动降职。""《孙子兵法》对我们的生存至关重要，它能为看护我们的孩子和平、茁壮地

---

① James Clavell ed., *The Art of War by Sun Tzu*, New York: Doubleday, 1983. p. 2.
"I find it astounding that Sun Tzu wrote so many truths twenty-five centuries ago that are still applicable today—especially in his chapter on the use of spies, which I find extraordinary. I think this little book shows clearly what is still being done wrong, and why our present opponents are so successful in some areas (*Sun Tzu* is obligatory reading in the Soviet political-military hierarchy and has been available in Russian for centuries; it is also, almost word for word, the source of all Mao Tse-tung's Little Red Book of strategic and tactical doctrine." "Even more importantly, I believe *The Art of War* shows quite clearly how to take the initiative and combat the enemy—any enemy."

② 此说法有误。1782年是该译本被重新收录。《孙子兵法》被译成法文出版的最早时间是1772年，该译本是《孙子兵法》在西方世界的第一个译本。

③ James Clavell ed., *The Art of War by Sun Tzu*, New York: Doubleday, 1983, p. 6.
"There is legend that this little book was Napoleon's key to success and his secret weapon. Certainly his battles depended upon mobility, and mobility is one of the things that *Sun Tzu* stresses. Certainly Napoleon used all of *Sun Tzu* to his own advantage to conquer most of Europe. It was only when he failed to follow *Sun Tzu*'s rules that he was defeated." James Clavell ed. op. cit., p. 2.

成长提供所需要的保护。永远记在心里,从古时起,人们就知道'战争的真正目的是为了和平。'"①

除反复强调《孙子兵法》对于军事的重要性外,"序言"中克拉维尔还对其在人们生活的其他方面的引导作用给予了褒扬:"像马基雅弗利(Machiavelli)的《君主论》(*The Prince*)和宫本武藏(Miyamoto Musashi)的《五轮书》(*The Book of Five Rings*)一样,蕴含在《孙子兵法》中的真理也同样给人们指出了在平常的各种交易冲突中,在董事会的争斗间,以及我们每天为生存而进行的奋斗中的获胜之道。"② 克拉维尔在"序言"中提及最早的英译本为1905年卡尔思罗普译本,并明确交代了自己的译本所依据的版本为1910年同时在上海和英国伦敦出版的翟林奈译本,同时对自己译本的体例作了相应的交代:一是为了让译文更容易被理解,自己在译文中添加了原本是翟林奈译本作为注释的内容。二是为了简洁,故意删除了翟林奈译本中所有中文人名和地名的注音。同样,为了简洁的缘故,作者采用的是古旧的拼音方式③。克拉维尔特别引了"和平的时候要为战争作准备,战争时期则要为和平作准备"④ 以及《孙子兵法》的开篇之句:"兵者,国之大事,死生之地,存亡之道,不可不察也"来放在译本的内封,其对军事之于国家安危的重要性的强调由此可见。

克拉维尔的整个译本,除其在"序言"中交代的那样,为了简洁的缘故,删除了翟林奈译本中的中文人名和地名的注音外,最显而易见的特点就是他

---

① James Clavell ed., *The Art of War by Sun Tzu*, New York: Doubleday, 1983. p. 7.
"I would like to make *The Art of War* obligatory study for all our serving officers and men, as well as for all politicians and all people in government and all high schools and universities in the free world. If I were a commander in chief or president or prime minister I would go further: I would have written into law that all officers, particularly all generals, take a yearly oral and written examination on these thirteen chapters, the passing mark being 95 percent—any general failing to achieve a pass to be automatically and summarily dismissed without appeal, and all other officers to have automatic demotion." "It can give us the protection we need to watch our children grow in peace and thrive… 'the true object of war is peace.'" Ibid., p. 2.

② James Clavell ed., *The Art of War by Sun Tzu*, New York: Doubleday, 1983. p. 3.

③ James Clavell ed., *The Art of War by Sun Tzu*, New York: Doubleday, 1983. pp. 6—7.

④ "In peace prepare for war, in war prepare for peace. The art of war is of vital importance to the state. It is a matter of life and death, a road either to safety or to ruin. Hence under no circumstances can it be neglected." Ibid., p. 2.

承与变
——克拉维尔《孙子兵法》英译本对翟林奈译本的改写

对翟林奈译本中数量众多、信息量丰富的注释的处理。有的注释,克拉维尔全部删除;有的注释,克拉维尔则删除了部分,保留了他认为有必要进行解释说明,以帮助读者准确理解原文本的部分。有的注释,克拉维尔将其作为译文正文进行了处理,以达到直接对原文进行及时解释的目的。

克拉维尔译本对翟林奈译本的每一章都有所改动。其中有对翟译十三章篇名的改译,也有对原句式的改动。改动后的句式,较之翟林奈译本,更简洁。有的是用词的改变,也有的地方进行了增译,使得译文看似复杂,但更清楚,让《孙子兵法》更易被西方读者所接受。克拉维尔《孙子兵法》英译本对十三章的具体改动情况如下:"始计第一"共有七处改动;"作战第二"共有八处改动;"谋攻第三"共有十一处改动;"军形第四"共有八处改动;"兵势第五"共有五处改动;"虚实第六"共有十三处改动;"军争第七"共有十三处改动;"九变第八"共有五处改动;"行军第九"共有二十处改动;"地形第十"共有八处改动;"九地第十一"共有二十处改动;"火攻第十二"共有四处改动;"用间第十三"共有十一处改动。整个译本改动之处,不包括对译文中个别无关紧要的词的改动,共达一百三十三处。下面对克拉维尔译本的继承与改动的情况做个系统的梳理。

一、对翟林奈英译《孙子兵法》十三章篇名的改动

克拉维尔《孙子兵法》译本一共对翟林奈《孙子兵法》译本十三章中的五章篇名有所改动。"作战第二"的英译在翟译前加上了介词"on",为"On Waging War"。"On"有"论"之意,即"论作战",基本上没有改变意思,也可。"谋攻第三"翟译为"Attack by Stratagem",克拉维尔将其作了完全的改动,为"The Sheathed Sword"(入鞘之剑),从字面上理解与原文本及该章文本内容完全风马牛不相及,不知译者是何意指。"军形第四"原英译为"Tactical Dispositions",克拉维尔译本去掉了翟译中的"Dispositions"(部署军队),只用了"Tactical"一词的名词形式"Tactics"(策略),不及翟译准确。对于"军争第七"的篇名,两个译本用的是同一个词的两种不同的拼写形式,翟林奈译本采用的是"Manoeuvring",克拉维尔译本用的是"Maneuvering",均可。"火攻第十二"的篇名英译,克拉维尔译本只将翟林奈译本英译(The Attack by Fire)前的定冠词"The"去掉了,为"Attack by Fire",均可。

二、对翟林奈英译文本的句式变动

克拉维尔的《孙子兵法》英译本对翟林奈译本的句式改动之处很多。从总体上看,改动后的句式,较原文本更简单、易懂。如"始计第一"中克拉维尔译本将翟译的第十六句"计利以听,乃为之势,以佐其外"和第十七句"势者,因利而制权也"两句合译,省掉了第十七句中的状语(According as circumstances are favorable),英译为:"While heeding the profit of my counsel, avail yourself also of any helpful circumstances over and beyond the ordinary rules and modify your plans accordingly."① 改后的译文更加紧凑、易懂。

再如克拉维尔译本对"九变第八"中"故将有五危:必死,可杀也;必生,可俘也;忿速,可侮也;廉洁,可辱也;爱民,可烦也"一句的句式改动。此句翟译为"There are five dangerous faults which may affect a general: (1) Recklessness, which leads to destruction; (2) cowardice, which leads to capture; (3) a hasty temper, which can be provoked by insults; (4) a delicacy of honor which is sensitive to shame; (5) over-solicitude for his men, which exposes him to worry and trouble."② 克拉维尔译文为"There are five dangerous faults may affect a general, of which the first two are: recklessness, which leads to destruction; and cowardice, which leads to capture. Next there is a delicacy of honor, which is sensitive to shame; and a hasty temper, which can be provoked by insults. The last of such faults is oversolicitude for his men, which exposes him to worry and trouble, for in the long run the troops will suffer more from the defeat, or at best, the prolongation of the war, which will be the consequence."③ 翟林奈译本译文简洁、句式对称,但改后的克拉维尔译本不仅通过句式的改动将原文本的意思全部表达出来了,而且还增译了几句,对第五"危"之所以会成为将军致命的毛病作了详细的解释。译文虽显复杂,但却比翟译更清楚,有益于理解。两者,各有所长。

---

① James Clavell ed. *The Art of War by Sun Tzu*. New York: Doubleday, 1983. p. 11.
② Lionel Giles. *Sun Tzu on the Art of War: The Oldest Military Treatise in the World*. London: Kegan Paul, 2002. pp. 77—79.
③ James Clavell ed. *The Art of War by Sun Tzu*. New York: Doubleday, 1983. pp. 39—40.

承与变
——克拉维尔《孙子兵法》英译本对翟林奈译本的改写

而克拉维尔译本对"九地第十一"中第四句"我得则利,彼得亦利者,为争地"的英译改动,则显得比翟译更简洁、清楚。其译文为"Ground that is of great advantage to either side is contentious ground"①,而翟林奈译文为"Ground the possession of which imports great advantage to either side, is contentious ground."②

克拉维尔译本对"用间第十三"中"故三军之亲莫亲于间,赏莫厚于间,事莫密于间"一句翟译句式的改动,比翟译(Hence it is that with none in the whole army are more intimate relations to be maintained than with spies)③ 显得更明白晓畅,改动后的译文(There must be no more intimate relations in the whole army than those maintained with spies)④ 比翟译更达意。

三、对翟林奈英译文本的省略

克拉维尔译本中很多章节都有对原文本的省略或只译部分的情况。如"始计第一"中"故经之以五,校之以计而索其情"就省略了该句的后部分,只摘取了"经之以五"的英译(The art of war is governed by five constant factors, all of which need to be taken into account)。⑤ 这样省略掉,让人无法准确理解,不妥。尤其是克拉维尔对"谋攻第三"中"攻城之法,为不得已"(The rule is, not to besiege walled cities if it can possibly be avoided)⑥ 一句的省略,不但忽视了孙子对"其下攻城"观点的强调,更减弱了孙子的"非战"思想。而这样省略,其实也与克拉维尔本人的"非战"观念相矛盾。

如克拉维尔译本对"兵势第五"中"兵之所加,如以碫投卵者,虚实是

---

① Lionel Giles, *Sun Tzu on the Art of War: The Oldest Military Treatise in the World*, London: Kegan Paul, 2002. p. 56.
② Lionel Giles, *Sun Tzu on the Art of War: The Oldest Military Treatise in the World*, London: Kegan Paul, 2002. p. 115.
③ Lionel Giles, *Sun Tzu on the Art of War: The Oldest Military Treatise in the World*, London: Kegan Paul, 2002. p. 168.
④ James Clavell ed., *The Art of War by Sun Tzu*, New York: Doubleday, 1983. p. 81.
⑤ James Clavell ed., *The Art of War by Sun Tzu*, New York: Doubleday, 1983. p. 9.
⑥ Lionel Giles, *Sun Tzu on the Art of War: The Oldest Military Treatise in the World*, London: Kegan Paul, 2002. p. 18.

也"（That the impact of your army may be like a grindstone dashed against an egg——this is effected by the science of weak points and strong）① 一句的处理。他在该章省略此句，让译文不完整，不能形象地体现《孙子兵法》对"虚实"这一重要军事概念的解释。不但会造成英语世界读者理解的困难，而且削弱了兵法对"虚实"这一战略重要性的强调。但他其后又将此句增放在"虚实第六"的篇首，不知是否意在强调"虚实"这一军事策略的重要性。

再如克拉维尔对"九变第八"首句"孙子曰：凡用兵之法，将受命于君，合军聚众"（Sun Tzu said: in war, the general receives his commands from the sovereign, collects his army and concentrates his forces）② 的省略，使得英译开篇缺乏导入，显得突兀。而他对该章第六句"治兵不知九变之术，虽知五利，不能得人之用矣"（So, the student of war who is unversed in the art of varying his plans, even though he be acquainted with the Five Advantages, will fail to make the best use of his men）③ 的省略，则在一定程度上减弱了《孙子兵法》对"九变"这一战术之重要性的强调。

四、对翟林奈英译文本的补充英译

克拉维尔译本对"谋攻第三"中第七句后半句"此谋攻之法也"的补充英译（This is the method of attacking by stratagem of using the sheathed sword）④，通过重复（of using the sheathed sword），起到了对篇名"谋攻"进行强调的作用。译本对该章第十五句"不知三军之权而同三军之任，则军士疑矣"英译后以注释的形式，通过例举司马迁的观点加以补充说明，让西方读者对中国

---

① Lionel Giles, *Sun Tzu on the Art of War: The Oldest Military Treatise in the World*, London: Kegan Paul, 2002. p. 34.

② Lionel Giles, *Sun Tzu on the Art of War: The Oldest Military Treatise in the World*, London: Kegan Paul, 2002. p. 71.

③ Lionel Giles, *Sun Tzu on the Art of War: The Oldest Military Treatise in the World*, London: Kegan Paul, 2002. p. 74.

④ James Clavell ed., *The Art of War by Sun Tzu*, New York: Doubleday, 1983. p. 16.

承与变
——克拉维尔《孙子兵法》英译本对翟林奈译本的改写

的军事和历史有更清楚和直接的了解。①

克拉维尔译本在"军争第七"篇首增译了一段,共有两句:"如果国家内部不和谐,军队的出征就不可能;如果军队内部不和谐,战斗队列的形成就不可能"(Without harmony in the state, no military expedition can be undertaken; without harmony in the army, no battle array can be formed)②。"行军第九"的篇首也同样增译了一句:"没有深谋远虑却把自己的对手不当回事的人注定要被人家俘虏。"(He who exercises no forethought but makes light of his opponents is sure to be captured by them)③ 这两处增译的内容,既强调了内部和谐对军事力量的增强所起的作用,也强调了部署军队过程中自己的远见卓识以及对彼方重视的重要性,达到了总而概之的目的。克拉维尔译本还对该章"视生处高"一句作了补充说明,英译文紧随其后,"Not on high hills, but on knolls or hillocks elevated about the surrounding country"(不要在高山上扎营,而是要在附近那些突出来的小山或小山丘上扎营)④,这样补充说明,让西方读者很容易就能明白究竟"高处"应该是何处。

克拉维尔译本对"九地第十一"中"并敌一向,千里杀敌"一句后的补充英译,将翟林奈译本中的注释"Always a great point with the Chinese"(对中国人来说这一观点一向是至关重要的)⑤ 用自己的话加以了解读:"By persistently hanging on the enemy's flank, we shall succeed in the long run in killing the commander in chief —a vital act in war"(通过坚持与敌人的侧面进行周旋,从长远来看,我们将成功地杀掉敌人的将领——这点在战争中是至关重要的)⑥,

---

① James Clavell ed., *The Art of War by Sun Tzu*, New York: Doubleday, 1983. p. 17.
"Su-ma Ch'ien about 100 B. C. added to this section: If a general is ignorant of the principle of adaptability, he must not be entrusted with a position of authority. The skillful employer of men will employ the wise man, the brave man, the covetous man, and the stupid man. For the wise man delights in establishing his merit, the brave man likes to show his courage in action, the covetous man is quick at seizing advantages, and the stupid man has no fear of death." Ibid., p. 17.
② James Clavell ed., *The Art of War by Sun Tzu*, New York: Doubleday, 1983. p. 30.
③ James Clavell ed., *The Art of War by Sun Tzu*, New York: Doubleday, 1983. p. 41.
④ James Clavell ed., *The Art of War by Sun Tzu*, New York: Doubleday, 1983. p. 41.
⑤ Lionel Giles, *Sun Tzu on the Art of War: The Oldest Military Treatise in the World*, London: Kegan Paul, 2002. p. 145.
⑥ James Clavell ed., *The Art of War by Sun Tzu*, New York: Doubleday, 1983. p. 72.

强调了《孙子兵法》对此中华传统观点的重视。

五、将翟林奈英译文本原注释作为译文正文英译

对于翟林奈英译本中的注释,克拉维尔将其作为自己译本的译文正文处理的地方共有四十九处。这种处理使得在删除了原译文的大量注释后,仍能保留甚至补充说明《孙子兵法》原文本的意旨。这点克拉维尔在译本"序言"中已作了明确交代。克拉维尔译本将翟译注释转换为正文译文的具体情况如下:"始计第一"中有一处;"作战第二"中有三处;"谋攻第三"中有两处;"军形第四"中有两处;"兵势第五"中有两处;"虚实第六"中有五处;"军争第七"中有两处;"九变第八"中没有;"行军第九"中有九处;"地形第十"中有两处;"九地第十一"中有十处;"火攻第十二"中有两处;"用间第十三"中有九处。现从克拉维尔译本将翟译注释转换为正文译文的章节中各选取一例作分析。

翟译"始计第一"第十三句"曰:主孰有道,将孰有能,天地孰得,法令孰行,兵众孰强,士卒孰练,赏罚孰明"中"赏罚孰明"(In which army is there the greater constancy both in reward and punishment?)后有注释对"明"进行说明(明, literally "clear", that is, on which side is there the most absolute certainty that merit will be properly rewarded and misdeeds summarily punished?)[1] 克拉维尔译本将注释和原译文合译为正文(… in which army is there the most absolute certainty that merit will be properly rewarded and misdeeds summarily punished)[2],比翟译更简洁、更清楚。

"作战第二"中有"故不尽知用兵之害者,则不能尽知用兵之利也"一句。克拉维尔译本将翟译(It is only one who is thoroughly acquainted with the evils of war that can thoroughly understand the profitable way of carrying it on)对此句的注释(Only one who knows the disastrous effects of a long war can realize the supreme importance of rapidity in bringing it to a close)作为正文放在了该句之

---

[1] Lionel Giles, *Sun Tzu on the Art of War: The Oldest Military Treatise in the World*, London: Kegan Paul, 2002. p. 4.

[2] James Clavell ed., *The Art of War by Sun Tzu*, New York: Doubleday, 1983. p. 10.

承与变
——克拉维尔《孙子兵法》英译本对翟林奈译本的改写

前①。这样处理,较翟译更强调了战争的危害,同时也更突出了《孙子兵法》"全国为上"、"攻城之法,为不得已"的"非战"思想。

克拉维尔译本将"谋攻第三"中翟译对"不知三军之事而同三军之政者,则军士惑矣"(By attempting to govern an army in the same way as he administers a kingdom, being ignorant of the conditions which obtain in an army. This causes restlessness in the soldier's minds)②后的注释作为了英译正文,该句原是张预的观点:"Humanity and justice are the principles on which to govern a state, but not an army; opportunism and flexibility, on the other hand, are military rather than civic virtues"(仁慈和正义是治国所需的法则,而非治军;相反,权宜和机变则是治军所需的,而非公民的美德)③。将注释变作正文,让西方读者对中国的传统美德有了更多的了解,对治军与治国的不同有了更明确的认识。

翟林奈译本对"军形第四"中"故善战者之胜也,无智名,无勇功"一句引张预的观点作了注释。克拉维尔译本则直接将此注释作为其正文译文,只是对其中的两处作了更加合理的改动或补充:"(For) in as much as his victories(原为they)are gained over circumstances that have not come to light, the world at large knows nothing of them, and he(therefore)wins no reputation for wisdom; and in as much as the hostile state submits before there has been bloodshed, he receives no credit for courage."④解释原因的句子以正文译文的形式出现在译本中,能给西方世界的读者提供更加直观的语义背景知识,使异质文本的被解读与被接受变得更加容易。

克拉维尔译本对"兵势第五"中翟译"故善战者,求之于势,不责于人,故能择人而任势"的注释也作了同样的处理,将注释作为正文译文放在该句后对其进行了直接的说明(He takes individual talent into account, and uses each man according to his capabilities. He does not demand perfection from the untalented)⑤。这较翟译显得更加简洁、直观,方便读者阅读理解。

---

① James Clavell ed., *The Art of War by Sun Tzu*, New York: Doubleday, 1983. p. 13.
② Lionel Giles, *Sun Tzu on the Art of War: The Oldest Military Treatise in the World*, London: Kegan Paul, 2002. p. 22.
③ James Clavell ed., *The Art of War by Sun Tzu*, New York: Doubleday, 1983. p. 17.
④ James Clavell ed., *The Art of War by Sun Tzu*, New York: Doubleday, 1983. p. 20.
⑤ James Clavell ed. *The Art of War by Sun Tzu*, New York: Doubleday, 1983. p. 24.

"虚实第六"中有"故我欲战敌,虽高垒深沟不得与我战者,攻其所必救也。"翟译引杜牧的观点对其进行了解释,"If the enemy is the invading party, we can cut his line of communications and occupy the roads by which he will have to return; if we are the invaders, we may direct our attack against the sovereign himself"(如果敌人是进攻的一方,我方可切断他的交通,占据他返回的必经之路;如果我方是进攻方,则可直接攻击他的首领)①。克拉维尔将此作为正式译文,但省略了翟译注释最后对孙子观点的看法:"It is clear that Sun Tzu, unlike certain generals in the late Boer war, was no believer in frontal attacks"(显然,与波尔战争中有些将军不同,孙子是不相信正面攻击的)②。这样处理不及翟译好,翟译更能凸显孙子的战术原则,也能让西方读者直接了解孙子的作战原则与波尔战争战术的某些区别。

克拉维尔译本将"军争第七"中翟林奈译本对"围师必阙"(When you surround an army, leave an outlet free)③ 的解释作为正文译文处理。解释的观点源自杜牧,让读者一看便明为什么"围师"时"必阙"(This does not mean that the enemy is to be allowed to escape. The object to make him believe that there is a road to safety, and thus prevent his fighting with the courage of despair.)(这么做不是让敌人逃走,目的在于让敌人相信有安全之路,这样就可以阻止他因为绝望而奋勇抗击了。)④

"行军第九"中翟译对"视生处高。无迎水流。此处水上之军也"中"无迎水流"一句作了解释,克拉维尔译本将注释部分内容作为正文译文放在其后(Do not move upstream to meet the enemy. Our fleet must not be anchored below that of the enemy, for then they would be able to take advantage of the current and make short work of you),处水上时要"无迎水流"的原因(因为敌人会趁机利用水流的优势而迅速将我们干掉)读者会一目了然⑤。

---

① Lionel Giles. *Sun Tzu on the Art of War: The Oldest Military Treatise in the World*. London: Kegan Paul, 2002. p. 45.

② James Clavell ed. *The Art of War by Sun Tzu*. New York: Doubleday, 1983. p. 26.

③ Lionel Giles. *Sun Tzu on the Art of War: The Oldest Military Treatise in the World*. London: Kegan Paul, 2002. p. 69.

④ James Clavell ed. *The Art of War by Sun Tzu*. New York: Doubleday, 1983. p. 35.

⑤ James Clavell ed. *The Art of War by Sun Tzu*. New York: Doubleday, 1983. p. 42.

承与变
——克拉维尔《孙子兵法》英译本对翟林奈译本的改写

"地形第十"中有"凡此六者,败之道也。将之至任,不可不察也"一句。翟译只按字面将"六者"(These are six ways of courting defeat)① 英译了出来,而将陈皞对"六者"的定义放在了注释中。克拉维尔译本则用破折号,将其放在正文中(These are the six ways of courting defeat——neglect to estimate the enemy's strength; want of authority; defective training; unjustifiable anger; non-observance of discipline; failure to use picked men)②。这样处理既对将不得不察的"六者"进行了强调,又让读者一目了然,比翟译将其放在注释中好。

克拉维尔译本将"九地第十一"中"是故方马埋轮,未足恃也"一句中翟译对"方"(方 is said here to be equivalent to 缚)③ 字的解释省略了,而将另一注释中孙子的观点以正文的形式英译出来。"It is not enough to render flight impossible by such mechanical means. You will not succeed unless your men have tenacity and unity of purpose, and above all, a spirit of sympathetic cooperation. This is the lesson which can be learned from the shuai-jan."(孙子认为,仅靠这些机械装置是不可能的。除非你有不屈不挠的精神和一致的目标,更重要的是,有和谐的协作精神。这个教训可以从"率然"那里学到。)④ 省略的两处,对"方"的注释和第二处注释的前半部分,恰是读者正确理解此句的关键。翟译在此句的第二处注释中说,"方马"和"埋轮"这些用来阻止军队逃跑的办法,让人不禁想到公元前479年的普拉提亚战役中雅典英雄索菲斯利用锚,将自己牢牢捆在锚上到达一个地方的故事情节。"(These quaint devices to prevent one's army from running away recall the Athenian hero Sophanes, who carried an anchor with him at the battle of Plataea, by means of which he fastened himself firmly to one spot)⑤

克拉维尔译本对"火攻第十二"中翟译对"故曰:明主虑之,良将修

---

① Lionel Giles. *Sun Tzu on the Art of War: The Oldest Military Treatise in the World*. London: Kegan Paul, 2002. p. 108.
② James Clavell ed. *The Art of War by Sun Tzu*. New York: Doubleday, 1983. p. 53.
③ Lionel Giles. *Sun Tzu on the Art of War: The Oldest Military Treatise in the World*. London: Kegan Paul, 2002. p. 129.
④ James Clavell ed. *The Art of War by Sun Tzu*. New York: Doubleday, 1983. p. 63.
⑤ Lionel Giles. *Sun Tzu on the Art of War: The Oldest Military Treatise in the World*. London: Kegan Paul, 2002. p. 129.

之"这一注释采取了省略前半部分解释"虑"和"修之"的译文（修之 stand for 修其功 or something analogous. The meaning seems to be that the ruler lays plans which the general must show resourcefulness in carrying out）①，而将杜牧引自《三略》中的话"霸者制士以权结士，以信使士，以赏信衰，则士疏赏亏，则士不用命"作为正式译文而未作任何解释的处理方法（He（[原注释为 The warlike prince] controls his soldiers by his authority, knits them together by good faith, and by rewards makes them serviceable. If faith decays, there will be disruption; if rewards are deficient, commands will not be respected）②。这样处理，让读者对原文进行准确理解有相当难度，相比而言，翟译加汉语的注释能带给西方世界读者更准确、丰富的信息。

克拉维尔译本对"用间第十三"中"因是而知之，故乡间、内间可得而使也"的英译处理也不及翟译恰当、清楚。翟译在英译此句后，在注释中引了杜佑将"因是而知之"（it is through the information brought by the converted spy）扩及"因反敌问而知敌情"（through conversion of the enemy's spies we learn the enemy's condition）③ 和张预的观点："We must tempt the converted spy into our service, because it is he that knows which of the local inhabitants are greedy of gain, and which of the officials are open to corruption."（我们必须诱惑已经变节的间谍来为我方服务，因为只有他才清楚哪些本地乡民贪图粮食，哪些官员愿意接受贿赂。）④ 克拉维尔译本则直接将张预的观点作为正文英译而未作任何说明，这样不仅会让读者对上下文之间的关系搞不清楚，而且会让他们误以为这是《孙子兵法》中的观点，不妥。

六、克拉维尔译本的注释

克拉维尔译本中共有注释三十七处，其中三十六处是对翟译中注释加以

---

① Lionel Giles. *Sun Tzu on the Art of War: The Oldest Military Treatise in the World*. London: Kegan Paul, 2002. p. 158.

② James Clavell ed. *The Art of War by Sun Tzu*. New York: Doubleday, 1983. p. 76.

③ Lionel Giles. *Sun Tzu on the Art of War: The Oldest Military Treatise in the World*. London: Kegan Paul, 2002. p. 172.

④ James Clavell ed. *The Art of War by Sun Tzu*. New York: Doubleday, 1983. p. 82.

承与变
——克拉维尔《孙子兵法》英译本对翟林奈译本的改写

精选之后的保留。只有"谋攻第三"中的一处是克拉维尔译本的增注。在此，克拉维尔译本没有用翟译原有的注释，而是用了司马迁的观点来对此章中"不知三军之权而同三军之任，则军士疑矣"加以补充说明："Su-ma Ch'ien about 100 B. C. added to this section: If a general is ignorant of the principle of adaptability, he must not be entrusted with a position of authority. The skillful employer of men will employ the wise man, the brave man, the covetous man, and the stupid man. …and the stupid man has no fear of death."（如果一个将军忽视适应性的原则，那就一定不能让他当权。经验丰富的用人者常会选用那些聪明的人、勇敢的人、贪婪的人和愚蠢的人。因为……而愚蠢的人则不畏死）。①

精选的三十六处注释中，部分注释在翟译注释的基础上作了必要的删改，使之简明扼要，与正文的搭配更加得当。选用这些注释时，克拉维尔译本特别注重选择那些既有意义又有情节的史实作注释，如为了让西方读者更好地了解《孙子兵法》中的军事思想与策略原则，了解相关的中国历史文化，译者在英译"九变第八"中的第四句"故将通于九变之利者，知用兵矣"和第五句"将不通于九变之利者，虽知地形，不能得地之利矣"后，通过讲述公元404年，刘裕率北府兵征讨桓玄，将桓玄兵马击溃，于江陵峥嵘洲与桓玄作战的故事来对其进行阐释。(In A. D. 404, Li Yu pursued the rebel Huan Hsuan up the Yangtze and fought a naval battle with him at the island of Ch'eng-hung, … Huan Hsuan's forces were routed, had to burn all their baggage, and fled for two days and nights without stopping.)② 有的是对《孙子兵法》原文本中提及的军事事件的历史背景作出必要的说明，让西方世界的读者形象地了解《孙子兵法》战略、战术原则的真实体现，如"虚实第六"中对"我不欲战，画地而守之，敌不得与我战者，乖其所之也"的注释，克拉维尔译本选取的就只是翟译该注的后半部分，即杜牧讲述的关于诸葛亮在阳平驻防，只留下一万兵力防守，而制造假象，致使司马懿怀疑有埋伏而让自己的军队迅速向北山撤退的故事（Tu Mu relates stratagem of Chu-ko Liang, who in 149 B. B., when occupying Yang-p'ing and about to be attacked by Ssu-ma I, suddenly struck his colors, …for Ssu-ma I, suspecting an ambush, actually drew off his army and re-

---

① James Clavell ed. *The Art of War by Sun Tzu*. New York: Doubleday, 1983. p. 17.
② James Clavell ed. *The Art of War by Sun Tzu*. New York: Doubleday, 1983. p. 38.

treated"）①。克拉维尔译本选用、保留注释时，特别注意选用那些西方读者熟知的中国将帅或战争史实来注释《孙子兵法》中的概念，如对"兵势第五"中"故善动敌者，形之，敌必从之，予之，敌必取之"一句中"形"的注释，就选用了公元前341年，齐国与魏国交战时，派田忌和孙膑攻打庞涓，互相斗智的史事。(In 341 B. C., the Ch'i State being at war with Wei, sent T'ien Chi and Sun Pin against the general P'ang Chuan, who happened to be a deadly personal enemy of the latter… and his whole army thrown into confusion.)②

---

① James Clavell ed. *The Art of War by Sun Tzu*. New York: Doubleday, 1983. p. 27.
② James Clavell ed. *The Art of War by Sun Tzu*. New York: Doubleday, 1983. p. 24.

《易经》英译概述①

朱睿达

一、重估《易经》及其他中华元典的英译情况

《易经》是中国最古老的文献之一，被儒家尊为"五经"之首。《易》之为书，广大悉备，涉及并深刻影响了中国传统的哲学、宗教、文学、艺术、数学、天文、物理、医学、政治、军事等诸多领域，由《易经》等中华元典所孕生发展而来的"阴阳两仪"思维等中华民族固有的思维模式更是中华文化的主要精义。在中华文化对外传播史上，《易经》是最为重要的经典文本之一，迄今已出现了百数十个外文译本。但由于《易经》本身的符号、文字表述体系的深晦，以及"易学"经过数千年发展的浩繁、庞杂，海外汉学对于《易经》的认识、理解、阐发、译介与《论语》、《老子》等经典的情况相比，进展仍相当缓慢。因此，深入研究《易经》对外传播的情况，考察西方收受《易经》的得失，有助于我们进一步理解中西文化交通中的得失，从而得出更为有益的建议。由于语言是文化的重要载体，这一工作可以重点从《易经》翻译入手，进而选择外文译本中最为普及的英译本作为切入点，透过翻译文本的表层考察文化收受的深层。可以从《易经》英译这一点投映出中西文化交通（跨文化交流）的某些史与实，进而探讨中西文化互释（跨文化互释）的方法与途径，从而为更好地推进中西跨文化理解出谋划策。

---

① 本文为北京市哲学社会科学规划研究基地重点项目："中华经典英译与跨文化阐释研究"（13JDWYA006）的阶段性成果。

根据 Joel Biroco① 截至 2004 年的考察，《易经》的英译版本有 54 个②。而任运忠在《内江师范学院学报》2006 年第 5 期发表的《〈易经〉英译现状及重译〈易经〉的构想》一文中说："自 17 世纪至今，《易经》被先后翻译成了多种西方文字，其中仅英译就有十多个不同的版本。"他所参考的是马祖毅、任荣珍《汉籍外译史》中的说法："从康熙年间到 20 世纪 60 年代，传入西方的《易经》译本至少有 14 种。"③ 笔者所见国内研究者对《易经》英译版本数量的掌握大抵比较粗略，与 Joel Biroco 的统计有较大出入。而流行海外已久的其他中华文化经典，如《诗经》、《论语》、《老子》等，其译本的细致考察工作似乎也没有很大进展。如杨平发表于《浙江教育学院学报》2009 年第 5 期的《〈论语〉英译的概述与评析》罗列、概述了《论语》的外国译者英译本 33 个、中国译者英译本 17 个，共计 51 个。④《老子》号称是西方除《圣经》外译本最多者，据傅惠生所引 1963 年出版的陈荣捷《老子之道》的说法，《老子》被译成英文 44 次，傅惠生也看到 1963 年之后又有大量《老子》英译本出现，认为其数量难以统计。⑤ 另据陈国华、轩治峰发表在《外语教学与研究》2002 年第 6 期的《〈老子〉的版本与英译》，《老子》英译本数量有三十余、四十余、百余等多种说法。应该承认，对上述这些中华文化典籍的外译版本的统计，难度颇大：它们的最早译本出现在 19 世纪，已经历

---

① Joel Biroco 本名 S. J. Marshall，中文名马夏，是英国伦敦的一名作家和艺术家，著有 *The Mandate of Heaven: Hidden History in the I Ching*（《天命：〈易经〉秘史》，Columbia University Press, 2001），其画作多为抽象作品，艺术灵感来自《易经》、道家、禅宗和神秘学。马夏先生自称其《易经》研究始于 1982 年，他多年来运营着《易经》研究网站"Yijing Dao"（"易经道"，http://www.biroco.com/yijing/）。

② 详参 "*A critical survey of I Ching books*", first published in "*The Oracle: Journal of the I Ching Society*" Vol. 1, No. 2 (Winter 1995/96), pp 20–40. (Slightly revised for web, 2004.) http://biroco.com/yijing/survey.htm

③ 任运忠所列《汉籍外译史》版本为湖北教育出版社 2003 年版，而笔者所见为初版，许略有出入。引文见马祖毅、任荣珍著《汉籍外译史》，湖北教育出版社，1997 年 10 月第 1 版，第 60 页。

④ 杨平在注释中说："本文部分资料参考了阎振瀛《理雅各氏英译论语之研究》，台湾商务印书馆，1971 年，附录"论语西文译述略"。该文总结了 16 世纪末至 20 世纪 50 年代部分《论语》的外译版本。"该书为笔者所未见。

⑤ 参见傅惠生为"大中华文库"本《老子》所作"前言"。陈鼓应今译，傅惠生校注，[英]韦利英译《老子：汉英对照》，长沙人民出版社，1999 年。

了近两百年的流传,版本颇多,又因世界范围的战争和政治动乱的影响,流散较多。因此,无论对国内还是国外的研究者来说,版本统计的具体数字都很难给出。但是参照《易经》英译的情况,粗略考察和细致统计有着较大出入,笔者揣测《诗经》、《论语》、《老子》这些重要典籍的英译版本数量应该是目前我们所大致了解的几倍。这也启示我们应该在中华文化经典汉文流传版本的考察和保存工作之外,加强对其各种民族语言译本的搜集和统计。

二、《易经》英译版本统计与概述

兹结合 Joel Biroco 的《对〈易经〉诸版本的评论考察》("A critical survey of I Ching books")一文和 Edward Hacker、Steve Moore、Lorraine Patsco 合编的《〈易经〉:提要汇编》(Edward Hacker, Steve Moore, and Lorraine Patsco. *I Ching: An Annotated Bibliography*. New York and London: Routledge. 2002.),以及笔者所掌握的其他材料,如考狄《中国书目》(Henri Cordier. *Bibliotheca sinica: dictionaire bibliographique des ouvrages relatifs à l'Empire Chinois*. 2nd ed. revised Paris: 1904–8, 4 v.; suppl., 1922–24; reprints, Peiping: 1938; Taipei: 1966.)、袁同礼《西文汉学书目》(Yuan T'ung-li, *China in Western Literature: A Continuation of Cordier's Bibliotheca Sinica*. New Haven: Yale University. 1958.),将《易经》英译基本情况列表如下:

书名	译者	出版社	出版年份	备注
The Red I Ching		An underground publication, a copy in the British Library		A Marxist-Leninist *I Ching*①
A Translation of the Confucian Yih King or the "Classic of Change" with Notes and Appendix	Thomas McClatchie	Shanghai: American Presbyterian Mission Press, and London: Trubner	1876	重印:Taipei: Ch'eng-wen. 1973

---

① "A critical survey of I Ching books".

续表

书名	译者	出版社	出版年份	备注
I Ching	James Legge	Oxford: The Clarendon Press	1882	再版情况①
The Oldest Book of the Chinese: The Yh-king and Its Authors	Terrien de Lacouperie	London: Nutt	1892	
The Yih-King: A new translation from the original Chinese by Mgrl C. de Harlez D. L. L., Professor in the University of Louvain, Belgium	Le Chevalier Charles Joseph de Harlez	Publications of the Oriental University Institute	1896	译自 J. P. Val d'Eremao 的法语版
A New Translation of the Book of Changes by the Master Therion	Aleister Crowley	Hastings, Sussex, England	1921 or earlier	无版权与出版日期，后多次再版②
The Text of Yi King (and its appendixes) Chinese Original with English Translation	Z. D. Sung（沈仲涛）	Shanghai	1934	据林金水《〈易经〉传入西方考略》,《文史》第二十九辑，中华书局，1988年，沈译参考了理雅各译本

① Clarendon Press (1899), New York: Dover Publications (1963), New York: Bantam Books (1964), New York and Scarborough: The New American Library (1971), New York: Causeway Books (1973), Avenel, New Jersey: Gramercy Books (1996). Qin Ying ed., *Book of Changes*, Changsha: Hunan Publishing House, 1995. Laura Ross ed., *I Ching: The Book of Changes: Bold-Faced Answers to Eternal Questions of Life, Love, and Career*, New York: Sterling Publishing Company. 2011.

② *The Yi King*, *The Book of Changes*, No place of publication, no date.
The I Ching, San Francisco, CA: Level Press, 1974.
[by the Master Therion (Aleister Crowley)] *The I Ching, A New Translation of the Book of Changes*, Fairfax, CA: O. T. O.. 1989.
[by Ko Yuen (Aleister Crowley)] *Yi King or The Book of Changes*, Berkeley, CA: Pangenetor Lodge Publications. 1995.

《易经》英译概述

续表

书名	译者	出版社	出版年份	备注
The I Ching or Book of Changes	Wilhelm (German), Cary F Baynes (English)	London: Routledge & Kegan Paul	1951	3rd ed., 1968. Princeton University Press. 1967.
The Book of Change	John Blofeld	New York: E. P. Dutton & Co.	1965	英国版: London: George Allen & Unwin LTD
Book Chameleon: A New Version in Verse of the Yi King	C. F. Russell	Los Angeles, California	1967	
The Man of Many Qualities: A Legacy of the I Ching	R. G. H. Siu	Cambridge, Massachusetts: The MIT Press	1968	Retitled as *The Portable Dragon: The Western Man's Guide to the I Ching*. 1974.①
The Text of Yi King (And Its Appendixes) Chinese Original with English Translation	Z. D. Sung	New York: Paragon Book Reprint Corp.	1969	上海1935版的重印版
Secrets of the I Ching	Joseph Murphy	West Nyack, New York: Parker Publishing Company New York: NY Tower Books	1970	
Tai Chi: A Way of Centering and I Ching	Gia-Fu Feng & Jerome Kirk	New York: Collier Books	1970	
I Ching Book of Changes	Chin Lee and Kay Wong	Tujunga, CA: The K. King Co.	1971	

① "Portable"为轻便,"Drogon"为最具代表性的中国象征,"The Western Man's Guide"点明了明确的受众和功用,这一标题无疑比原书名更容易引起西方读者的注意。

续表

书名	译者	出版社	出版年份	备注
I Ching: The Book of Changes	Frank J. MacHovec	Mount Vernon, New York: The Peter Pauper Press	1971	
The Oracle of Change: How to Consult the I Ching	Alfred Douglas	London: Victor Gollancz	1971	
Essential Changes: The Essence of I Ching	Ed. by Walter H. Bowart Trans. by Daniel Lomaz	Tuscon: Omen Press	1972	
I Ching: A New Interpretation for Modern Times	Sam Reifler	New York: Bantam Books	1974	
I Ching Coin Prediction	Da Liu	New York: Harper & Row London & Henley: Routledge & Kegan Paul	1975	
I-Ching: The Hexagrams Revealed	Gary Melyan and Wen-Kuang Chu	Rutland, Vermont and Tokyo, Japan: Charles E. Tuttle Company	1977	Copyright in Japan
Language of the Lines	Nigel Richmond	Wildwood House, London	1977	
Book of Changes: How to Understand and Use the I Ching	Neil Powell	London: Orbis Publishing Limited	1979	重印: London: Macdonald & Company (Under Black Cat Imprint). 1988.
Introduction to the I Ching: The History and Use of the World's Most Ancient System of Divination	Tom Riseman	New York: Samuel Weiser Inc.	1980	重印: *Understanding the I Ching*. Hammersmith, London: The Aquarian Press. 1990.

《易经》英译概述

续表

书名	译者	出版社	出版年份	备注
The Aquarian Book of Change	Patricia E. West	Wilmot, Wisconsin: Red Dragon Press	1981	英国版：Wellingborough, Northamptonshire: The Aquarian Press. 1987.
The I Ching Workbook	R. L. Wing	Garden City, New York: Dolphin/Doubleday & Company	1982	
The Illuminated I Ching	Judy Fox, Karen Hughes, and John Tampion	New York: Arco Publishing	1982	
I Ching: A New Translation	Titus Yu and Douglas Flemons	Privately printed	1983	基于 Titus Yu 的博士论文①
I Ching: The Oracle	Kerson Huang	Singapore: World Scientific Publishing Co.	1984	
The I Ching Coloring Book	Rita Aero, R. L. Wing	New York, Garden City: Doubleday & Company	1984	
The I Ching on Love	Guy Damian-Knight	Poole, Dorset: Blandford Press	1984	
The Pocket I Ching	The Richard Wilhelm & C. F. Baynes Translation simplified by W. S. Boardman	London: Routledge & Kegan Paul	1984	Arkana: Penguin Books. 1987.
The Tao of I Ching: Way to Divination	Jou, Tsung Hwa	Taiwan: Tai Chi Foundation	1984	
I Ching	Kerson & Rosemary Huang	New York: Workman Publishing Company	1985	

---

① Titus Yu, "The 'I Ching': An Etymological Perspective." Ph. D. diss., *in Philosophy*: California Institute of Integral Studies, San Francisco. 1983.

续表

书名	译者	出版社	出版年份	备注
The Book of Changes, I Ching	Jeffrey Cuff	Bonavista, New Foundland, Canada: Xx Press	1985	
The I Ching Oracle	Nigel Richmond	England: Privately printed	1985	
The Kwan Yin Book of Changes	Diane Stein	St. Paul, Minnesota: Llewellyn Publications	1985	
I Ching. The Book of Changes	Asa Bonnershaw	Santa Barbara: Bandanna Books	1986	
Rediscovering the I Ching	Greg Whincup	Garden City, New York: Doubleday & Company	1986	
The Fortune Teller's I Ching	Martin Palmer, Kwok Man Ho, and Joanne O'Brien	New York: Ballantine Books	1986	
The I Ching of the Goddess	Barbara G. Walker	San Francisco: Harper & Row	1986	
The I Ching on Business & Decision Making: Successful Management Strategy Based on the Ancient Oracle of China	Guy Damian-Knight	Rochester, Vermont: Destiny Books	1986	
The I Ching, The No. 1 Success Formula	Christopher Markert	Wellingborough, Northamptonshire: The Aquarian Press	1986	
The Taoist I Ching	Thomas Cleary	Boston & London: Shambhala	1986	译自（清）刘一明撰《周易阐真》(1796)
The Authentic I-Ching	Henry Wei	San Bernadino, California: The Borgo Press	1987	

《易经》英译概述

续表

书名	译者	出版社	出版年份	备注
The Buddhist I Ching	Thomas Cleary	Boston & London: Shambhala	1987	译自（明）智旭撰《周易禅解》（1641）
The Executive I Ching. The Business Oracle	Michael Colmer	New York: Sterling Publishing Co.	1987	Retitled as *Business I Ching*. London: Blandford Press. 1996.
A Guide to the I Ching	Carol K. Anthony	Stow, Massachusetts: Anthony Publishing Company	1988	
The Tao of Organization	Thomas Cleary	Boston & London: Shambhala	1988	摘译了程颐的注解
Healing Lines. A New Interpretation of the I Ching for Healing Inquiries	Robert R. Leichtman and Carl Japikse	Columbus, Ohio: Ariel Press	1989	
I Ching Mandalas	Thomas Cleary	Boston & London: Shambhala	1989	
Consulting the Coins: A New Age Interpretation of the I Ching	Peter Hazel	Melbourne, Sidney, Auckland: Lothian Publishing Company	1990	
Ruling Lines. A New Interpretation of the I Ching for Making Intelligent Decisions—Professionally & Personally	Robert R. Leichtman and Carl Japikse	Columbus, Ohio: Ariel Press	1990	
Self-Development—With The—I Ching: A New Interpretation	Paul Sneddon	London, New York, Toronto, Sydney: Foulsham, Yeovil Road, Slough, Berksire	1990	
Yi Jing	Wu Jing-Nuan	Washington D. C.: The Taoist Center	1991	

555

续表

书名	译者	出版社	出版年份	备注
Connecting Lines: A New Interpretation of the I Ching for Understanding Personal Relationship	Robert R. Leichtman and Carl Japikse	Atlanta, Georgia: Ariel Press	1992	
I Ching: The Book of Changes (pocket classics)	Thomas Cleary	Boston & London: Shambhala	1992	
The I Ching, Guide to Life's Turning Points	Brian Browne Walker	New York: St. Martin's Press	1992	
The Medical I Ching: Oracle of the Healer Within	Miki Shima	Boulder, CO: Blue Poppy Press	1992	
Book of Change	Wang Rongpei (汪榕培) and Ren Xiuhua (任秀桦)	Shang Hai: Shanghai Foreign Language Education Press	1993	其他版本: Shanghai Foreign Language Education Press (2007). Hunan Publishing House (2008)
Changing Lines: A New Interpretation of the I Ching for Personal and Spiritual Growth	Robert R. Leichtman and Carl Japikse	Atlanta, Georgia: Ariel Press	1993	
I Ching Clarified: A Practical Guide	Mondo Secter	Rutland, Vermont: Charles E. Tuttle Company	1993	
The Aquarian I Ching	Marshall Pease	New Mexico: Brotherhood of Life	1993	
The I Ching: An Illustrated Guide to the Chinese Art of Divination	Tan Xiaochun (Illustrator), Koh Kok Kiang (Translator)	Singapore: Asiapac Books Pte Ltd	1993	

《易经》英译概述

续表

书名	译者	出版社	出版年份	备注
I Ching for Beginners	Kristyna Arcarti	London: Hodder & Stoughton (a division of Hodder Headline Plc.)	1994	
I Ching—The First Complete Translation with Concordance—The Classic Chinese Oracle of Change	Rudolf Ritsema and Stephen Karcher	Shaftesbury, Dorset, England: Element Books Ltd., Rockport, Massachusetts, United States: Element Inc., Milton, Brisbane, Australia: Element Books Ltd.	1994	据《周易折中》(1715)译
The Classic of Changes: A New Translation of the I Ching as Interpreted by Wang Bi	Richard John Lynn	New York: Columbia University Press	1994	《十翼》和王弼注均有翻译
The I Ching Made Easy: Be Your Own Psychic Advisor Using the World's Oldest Oracle	Roderic and Amy Max Sorrell	Harper San Francisco (a division of HarperCollins Publishers)	1994	
Twelve Channels of the I Ching	Myles Seabrook	London: Blandford	1994	
A New Translation of Yijing	Luo Zhiye	Qing Dao: Qingdao Publishing House	1995	
I Ching: The Shamanic Oracle of Change	Martin Palmer, Jay Ramsay, Zhao Xiaomin	London & SanFrancisco: Thorsons (An Imprint HarperCollins Publishers)	1995	
The Everyday I Ching	Sarah Dening	Great Britain: Simon & Schuster Ltd.	1995	

续表

书名	译者	出版社	出版年份	备注
The I Ching: Text and Annotated Translation	Liu Dajun（刘大钧）and Lin Zhongjun（林忠军）(modern Chinese trans.); Fu Youde (English trans.), revised by Frank Lauran	Jinan, China: Shandong Friendship Publishing House	1995	结合《周易》古经和马王堆帛书《易经》翻译
The I Ching: The Book of Changes and How to Use It	Wu Wei	Los Angeles, CA: Power Press	1995	
I Ching for Beginners	Toropov Brandon	New York: Writers and Readers Publishing	1996	
I Ching: The Mystical Arts	Lauren D. Peden	New York: Warner Books	1996	
Zhouyi: The Book of Changes	Richard Rutt	England: Curzon Press	1996	
A Woman's I Ching	Diane Stein	Freedom, California: The Crossing Press	1997	
I Ching: The Classic of Changes	Edward Louis Shaughnessy	New York: Ballantine Books	1997	马王堆帛书《易经》的首个英译版本
The I Ching Workbook	Wu Wei	Los Angeles, CA: Power Press	1997	
The Time Traveller's Guide to the Future	Daemon Goodhope	London: Bloomsbury Publishing	1997	
The Complete I Ching: The Definitive Translation from the Taoist Master Alfred Huang	Alfred Huang	Rochester, Vermont: Inner Traditions	1998	

《易经》英译概述

续表

书名	译者	出版社	出版年份	备注
The Zhou Book of Change	Fu Huisheng（傅惠生）	Ji Nan: Shandong Friendship Press	2000	
The Living I Ching: Using Ancient Chinese Wisdom to Shape Your Life	Deng Ming-Dao	HarperOne (An Imprint HarperCollins Publishers)	2006	
The Original I Ching: an authentic translation of The book of Changes	Margaret J. Pearson	North Clarendon, VT: Tuttle Publishing	2011	
I Ching: The Ancient Chinese Book of Changes	Neil Powell	Great Britain: Amber Books	2013	

上表共列出《易经》的不同英译版本 86 个，与 Joel Biroco 的统计相比又有了大幅增加。但这仍是不完全统计，而且受条件限制，笔者也未能对 21 世纪以来出现的新译本作充分考察和统计。但我们应该可以说，迄今为止，《易经》英译已逾 100 个版本。

以统计和考察现已较为充分的 19 世纪后期至 20 世纪的译本为范围，我们可以略作简单分析：可见一个多世纪以来，《易经》英译推陈出新的时间间隔越来越短，尤其是自 20 世纪 70 年代以来，呈现密集出版的状态。这一情形当然归因于在世界大战与和平交往中全球化进程不断加速的世界格局大背景。更具体地看，则是因为以理雅各译本和卫礼贤/贝恩斯译本之双璧为代表的优秀译本经过一段时期的传播之后，海外对《易经》及易学的认识和研究有了较为深厚的积淀。尽管理雅各和卫礼贤对《易经》本经的翻译很难被超越，但是根据《易经》的众多注本和新的出土文献，再考虑到新的时代和不同市场的需求，《易经》英译工作仍有很一定的推进余地。

至于 21 世纪以来的情况，除理雅各译本和卫礼贤/贝恩斯译本继续一版再版和不断被重新组装之外，20 世纪后期经过市场淘汰后得到公认的一些优秀译本（如 Richard John Lynn、Richard Rutt、Alfred Huang 的译本）也多次再版，因此《易经》新译本的推出有所降温。同时，笔者也注意到 20 世纪后期至今的《易经》海外传播的三个新情况：其一，在许多译本中，《易经》本

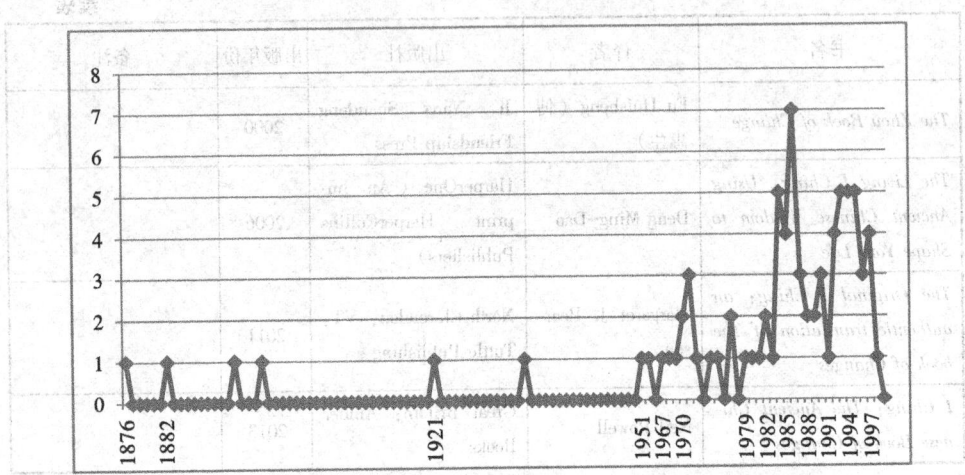

图一　《易经》英译历年版本数量统计图

经的翻译被简化，《易传》的翻译被缩削，而阐释与发挥的部分占了更大篇幅；其二，易学研究的专著和论文收录在不断增加；其三，与《易经》有关的其他中国先贤著作，如《灵棋经》、扬雄《太玄经》和邵雍《皇极经世》，得到了较为全面深入的译介。①

按照同样的时期统计，1876年至1998年的81个版本中，根据出版地区不同（如同时在多个地区出版，则按译者国籍或版权所在地区统计），英国及

---

① 如：Ralph D. Sawyer and Mei-chün Lee Sawyer, *Ling Ch'i Ching: A Classic Chinese Oracle*, Boston and London: Shambhala. 1995.

Ivan Kashiwa, *Spirit Tokens of the Ling Qi Jing*, New York: Weatherhill. 1997.

Derek Walters, *The T'ai Hsüan Ching: The Hidden Classic*, Wellingborough, Northamptonshire: The Aquarian Press. 1983.

Michael Nylan, *The Canon of Supreme Mystery by Yang Hsiung*, Albany: State University of New York Press. 1993.

Anne D. Birdwhistell, *Transition to Neo-Confucianism: Shao Yung on Knowledge and Symbols of Reality*, Stanford, California: Stanford University Press. 1989.

Don Juan Wyatt, *The Recluse of Loyang: Shao Yung and the Moral Evolution of Early Sung Thought*, Honolulu: University of Hawaii Press. 1996.

《易经》英译概述

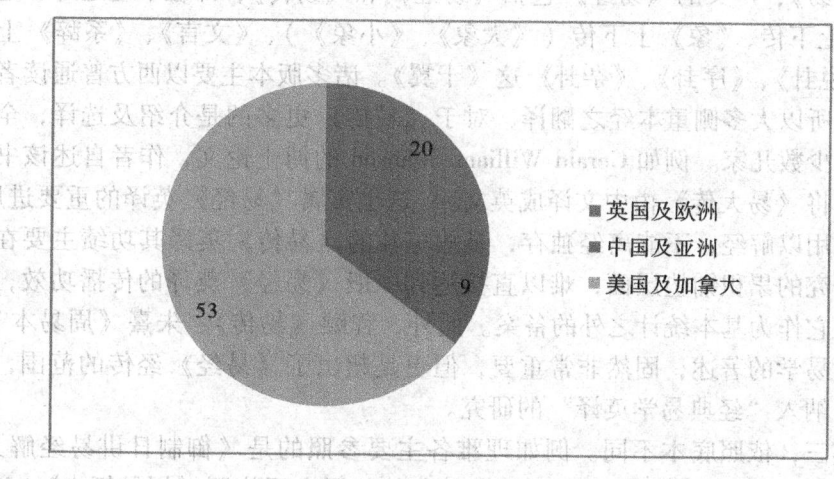

图二 《易经》英译出版地区分布图

欧洲占 20 个，中国及亚洲占 9 个，美国及加拿大占 53 个，而且主要出版地区由英国转向美国的情况显而易见，这也与国际中国文化研究（或汉学）主导权由欧洲移往美国的历史状况相符。此外，我们也看到《易经》从本土或周边地区出发的对外传播虽然一直未曾中断，但一直没有发挥大的影响力。这说明在继续推出中国制造的优秀译本这一使命上，我们还有很大的进步空间。

这些版本相互对照，可能存在很大差异，其原因主要有以下几方面：

其一，译者意图不同。有些译者主要抱持研究用心，谨慎循照原文本；有些译者主要基于个人学习体悟的兴趣与心得，自由发挥较多；在学术研究和文化传播、普及、交流之外，还有些译者预期将《易经》施用于占星卜课、股市分析、心理治疗等专门领域。比如诗人、艺术家 Karen Holden 的 *Book of Changes*① 已经不仅仅是"六经注我"，还直以《易经》为药引，进行诗歌的再创造，给出了她自己的卦爻辞，因此不当归入《易经》的英译版本。

其二，翻译范围不同。狭义的《易经》指六十四卦及其卦爻辞，首"艮卦"者为夏之《连山》，首"坤卦"者为商之《归藏》，首"乾卦"者为周

---

① Karen Holden, *Book of Changes*, Berkeley, California: North Atlantic Books. 1998.

之《周易》；广义的《易经》包括《易经》和《易传》，即在本经之外，还有《彖》上下传、《象》上下传（《大象》、《小象》）、《文言》、《系辞》上下传、《说卦》、《序卦》、《杂卦》这《十翼》。诸多版本主要以西方普通读者为受众，所以大多侧重本经之翻译，对于《易传》更多的是介绍及选译，全译本只有少数几家。例如 Gerald William Swanson 的博士论文，作者自述该书首次直接将《易大传》由中文译成英文。[①] 这也实属《易经》英译的重要进展，但传本用以解经，不能离经独存，是故单独的《易传》英译其功绩主要在于学术研究的累积铺垫层面，难以直接达到一般《易经》英译的传播功效，只好委屈它作为基本统计之外的备案。此外，程颐《易传》、朱熹《周易本义》等后世易学的著述，固然非常重要，但更是超出了《易经》经传的范围，应该专门纳入"经典易学英译"的研究。

其三，依照底本不同。例如理雅各主要参照的是《御制日讲易经解义》（1693）和《周易折中》（1715）；卫礼贤的德译主要依照《周易折中》；Margaret J. Pearson 的 *The Original I Ching*[②] 主要遵从王弼的《周易注》[③]，意在传达《易经》最原始的面貌。另外 20 世纪 70 年代以来的《易经》出土文献，如湖北王家台《归藏》、马王堆帛书《周易》（包括《系辞》、《二三子问》、《易之义》、《要》、《缪和》、《昭力》六篇《易传》）、上博楚简《周易》等，也部分进入了新时期海内外译者的视域。

对于这些《易经》英译的整体考量和细致剖析，可以用到六项"W"尺规，即 Who, What, When, Where, How, Why，以期在这一繁重的研究工作

---

① Gerald William Swanson, "The Great Treatise: Commentary Tradition to the Book of Changes." Ph. D. diss., University of Washington. 1974.

作者自述："This study represents the third English Language translation of the Great Treatise in the last hundred years. It is the first translation directly from Chinese to English which provides commentary and analysis of the main ideas of the text (p. 1)." 转引自 Edward Hacker, Steve Moore, and Lorraine Patsco. I Ching: An Annotated Bibliography. New York and London: Routledge. 2002. p. 134, [423].

② Margaret J. Pearson, The Original I Ching: an authentic translation of The book of Changes. North Clarendon, VT: Tuttle Publishing. 2011.

Margaret J. Pearson 师从卫礼贤之子 Hellmut Wilhelm。

③ Margaret J. Pearson 所据版本为：王弼著，楼宇烈校释《王弼集校释》，中华书局，1980 年。

王弼《周易注》以费直古文《易》为本，以《彖》、《象》、《文言》解经，去术数而崇义理；且援《老》解《易》，引入"三玄"的魏晋玄学风尚。

中抓住重点：英译者是谁，他是怎样的人，有着何种汉学背景？他所依凭的原文本是何种版本，或主要凭靠哪一版本，又参照了哪些别的版本？他从事翻译的时期有着怎样的时代背景，彼时东西方交流进展到哪一阶段？他在何处从事翻译工作，本土或中国，或两地兼有，他所在的政治经济文化的社会环境对他有何等影响？他进行翻译的标准是怎样的，采取了哪些翻译策略，从而使译本呈现出怎样的风貌？译本最终的呈现缘何如此，与作者的身份经历、与原文本的择取、与时代和社会的环境、与翻译的策略和技巧有何种关联？如是，庶几可以排沙见金，从良莠不齐的众多译本中揄扬佳译，并使《易经》英译与传播朝着更为美善的方向推进。

三、《易经》英译诸版本的整体风貌

从跨文化交流的角度可以大致分出《易经》英译发展的三个历史阶段：第一期主要在19世纪下半叶，以理雅各为代表的西方传教士为主要译者，其目的是理解与介绍中国文化，为西方宗教、文化的输出做铺垫；第二期主要在20世纪上半叶，以由卫礼贤德译本而来的贝恩斯英译本为代表，其主要目的是诠释中国文化，以异质文化为西方传统文化提供新的借鉴；第三期从20世纪中叶至今，体现为现代译本的百花齐放，既有中国本土译者文化输出的主动意识的增进，又有英国及欧洲大陆传统的文化输入的发展，还有以美国为代表的多元文化互动的积极诉求，它们主要都是将《易经》作为全球多元文化相互交流与理解的载体来翻译的。

理雅各译本与卫礼贤/贝恩斯译本，至今仍都是《周易》外文翻译及海外"易学"研究的重要圭臬。其中，贝恩斯以卫礼贤德译本为底本的英本，虽然不是中文直译而成，但是其所处时期上承传教士以宗教理念为主要译介寄托的时代，下接当代通过翻译促进多元文化互释互知求和求进的时代，体现出跨文化交流与沟通的过渡阶段特征。例如与理雅各译本相比，虽然都极尽其忠实原文本之工，但卫礼贤/贝恩斯译本在语言处理上体现出更多的异化特色，这两个版本互相参照，可以作为跨文化阐释研究的典型案例。

综览《易经》海外英译的诸多版本，一言以蔽之，是"用"过于"体"。这从译者的译介倾向、译作的文本呈现、读者（或市场）的接受兴趣三方面看皆是如此。尽管自理雅各、卫礼贤/贝恩斯译本之后，贴合学术研究的译本仍有不少，但更多的译本仍以实际应用为目的。这些译本往往在封面书名上就开始自我营销，明示可用于日常占卜、经济分析、修身养性、习练功夫、心理治疗、亲近宗教等各个社会活动层面；在内容上也往往不以翻译为重点，而是将翻译的阐释功用放大，翻译过核心原文本之后，将很大篇幅放在解释如何致用方面。其实自理雅各翻译《易经》以辅助传教事业始，便可见《易经》英译的整体风貌早就如此。像卫礼贤那样浸淫于中华文化表里数十年，诚心服膺并潜心研习《易经》的情况，只是特例。这一情状，诚如李庆本在《中华文化对外传播的理由和途径》一文中所言："文化传播，最先和最容易得到传播的是物质层面的文化，其次是制度层面的文化，最后才是精神层面的文化。"① 这是因为，越是在文化的表层，越是接近人类共同的基本的生存物质需要，越是容易接受和消化；而越是往文化的深层，越是受限也越是适应于不同的地区社会环境，就越是各各不同，文化的传播与收受也就更需要交通双方反复的耐心；但到了文化的最核心层面，不同文化的相互理解又变得晓畅，因为对美善、和平、自由等人性向上一面的共同追求又为全人类共通。在同一篇文章中李庆本归纳道："如果说吃、穿、住是人类三种最基本的物质生活需要的话，那么智、意、情则是人类三种最基本的精神生活需要。"② 这正如一群兄弟姐妹分道扬镳，或骑马、或驾车、或行舟，周游世界之后，终究会殊途同归，再度聚首。

如此看《易经》西传，再设一喻，正如厨人拿到进口食材，怕本国食客不知如何动用刀叉，或者担心不合他们口味，又或者异域食物于本土肠胃不好消化，所以便用当地的各种烹饪方法加工，再试图慢慢引进道地的外国做法。何况这《易经》"淡妆浓抹总相宜"，经得住各式改造，也正证明了其作为"群经之首"的精宏。所以，对于《易经》英译"体"过于"用"、或"术数"盖过"义理"的情形，倒不必介怀③；而《易经》其译其"用"的长盛不衰，也正说明中西文化都不脱"一阴一阳之谓道"的范畴，异构而同素，尽管可能有六十四卦般纷繁的"变易"，仍旧有八卦相错这般"易简"

---

① 李庆本《跨文化美学：超越中西二元论模式》，长春出版社，2011年，第179页。
② 同上，第178页。
③ 中国传统易学的义理、象数二派，似乎前者更有道德上的优越感和哲理上的优越性，但是从易学的推广流传的实际情况和客观规律来看，也还是要由"浅"入"深"，由"表"及"里"，由"用"悟"体"。

的通约性可循，终究还是归到一个互生互成的"不易"的人类文明共同体。

当然，《易经》英译版本流变至今的情形，也说明了在传达《易经》内涵与精神方面，无论是国内还是海外的译者，都多少有些力有不逮。举一个简单的例子，对于《易经》占卜方法的介绍，多数译本还是倾向于介绍金钱卦，而对较为复杂的揲蓍之法则很少论及。这或许是因为前者相当于掷硬币的升级版本，容易理解和掌握；而且前者随机性更大，有更多游戏的意味，后者则暗含精密的数学机制和特有的思维范式，较难得到理解和认可。所以，《易经》英译的详与略、精与粗、此与彼所折射的，是关于文化传播与交流的更大问题。王宁指出："在使中国文化和文学有效地走向世界的过程中，我们离不开翻译的中介作用，同时，我们更不应当忽视翻译在不同的民族文化以及民族主义与世界主义之间所起到的协调作用。随着全球化时代文化交流和文化对话的深入，这种文化协调的作用将越来越得到彰显。"[1] 我们所诚心期望的是，《易经》已经包含了这一问题的答案，而在构筑《易经》英译桥梁的匠师和桥上的行人中，有人正走在参透这一奥秘的道路上。

（本文得到张西平教授、李庆本教授的指导，特致感谢。）

---

[1] 王宁《民族主义、世界主义与翻译的文化协调作用》，《中国翻译》2012年第3期。

国外《诗经》研究的方法论意义

顾伟列

《诗经》是中国最早的诗歌总集，也是认识中国早期历史文化的经典文献，因其真实反映了殷周文化，特别是形象展示了西周初至春秋中叶政治、经济、宗教和民俗，因此历来受到国外学者关注，译著丰富，研究成果令人瞩目。国外学者对《诗经》多维度的探究和富有新意的经典阐释，体现了国际"诗经学"的意义和价值。本文选取三个研究个案，略述国外学者《诗经》研究的方法论意义。

一、葛兰言：运用社会学和人类学方法解读《诗经》

以文化人类学视角探究《诗经》的原始意义，通过作品解读揭示先秦宗教、信仰、习俗等社会文化的真实，是国外《诗经》研究的重要特色。法国汉学家葛兰言（Marcel Granet，1884—1940）是西方汉学界运用文化人类学方法研究《诗经》的开创者。葛兰言、伯希和（Paul Pelliot，1878—1945）和马伯乐（Henri Maspero，1883—1945）都是20世纪上半叶法国汉学大师沙畹（E. Chavannes，1865—1918）的学生。沙畹、伯希和、马伯乐及高本汉（Bernhard Karlgren，1889—1978）的汉学研究注重文献发现和考证，属语文学派或实证史学，与清代朴学相近。葛兰言为社会学派，重文本亦重社会调查和田野作业。他主张到中国农村，特别是到古文化形态保存较完整的河南郑州一带调查，曾两次来华实地考察，历时逾三年。他在方法论上突破文学、社会学、宗教学、民俗学的学科界限，注重多学科综合，在周代文化的宏阔背景下发掘《诗经》文本的文化信息，再现中国上古时期民间鲜活的生活图景。葛兰言汉学研究论著被译成中文的有《古中国的跳舞与神秘故事》和《古代中国的节庆与歌谣》，两书为葛兰言《诗经》研究的代表性论著，后者分为"《诗经》的情歌"和"古代的节庆"两编，他在论著中提出下述基本观点：

第一，《诗经》是认识上古中国社会习俗与信仰的重要文本。葛兰言认为，宗教信仰的起源须在正统宗教的浓缩形态之外追寻，官方宗教与原始宗教有着千丝万缕的关联，原始宗教起源于习俗与原始信仰，倘若承认《诗经》具有文献价值，那么不妨从揭示《诗经》文本的原始意义入手，进而了解中国古代祭礼，亦即以古老习俗为基础的宗教信仰与传统。基于这一认识，他运用社会学和人类学方法，试图"超越诸种注释书去努力揭示文本的原始意义"，揭示《诗经》中蕴含的早期中国人的文化密码和精神旨趣，因为"歌谣透露了先于经典的道德教诲而存在的上古习俗"。[①]

第二，《诗经》具有民谣本质，研究《诗经》应探究其原始意义。葛兰言认为，《国风》和《小雅》中的部分诗歌具有民谣性质，是民众在各类祭礼集会上的即兴歌唱，是在进行仪式舞蹈时围绕某一特定主题的口头创作，是协同创造力的产物。口头仪式是古代农事祭礼的组成部分，它伴随着即兴歌唱。民间青年男女平日受到习俗制约和社交限制，很少有向异性袒露情感的机会，祭礼集会和舞蹈仪式为其提供了即兴歌唱的契机。

葛兰言认为，中国古代的农事祭礼如同农事安排，有固定的季节时点，举行祭礼的地点是山岳或河川，这类场所因被视为圣地而受到当地民众崇拜。当青年男女在共同圣地参加祭礼仪式时，已从往日封闭而单调的生活中摆脱出来，他们尽情歌唱，即兴对歌，在对歌的竞争中袒露炽热情感。圣地祭礼是青年男女结识、相爱和婚配的重要时点。他（她）们在对歌中上递下接，相互应答，从而构成《诗经》重章叠句的章法特点。按葛氏的观点，祭礼集会——仪式舞蹈——即兴歌唱——在共同圣地进行不同血缘团体的婚配交换，在当时具有合理性和神圣性，这是产生《诗经》婚恋诗的文化背景之一。

葛兰言对比《毛传》和《郑笺》对《诗经》解说的异同，并参照朱熹《诗集传》注释，对部分作品做出自己的解读。他把《诗经》情歌分为田园恋歌、村落恋歌、山川恋歌三种类型。他的作品分析既有创见，又不无主观推测。前者如对《关雎》的解析，"参差荇菜，左右流之"当指古代奠菜仪式，即婚礼后三月新婚夫妇不能同房，须在婚后三月举行奠菜仪式后，方能

[①] ［法］葛兰言《古代中国的节庆与歌谣》，赵丙祥、张宏明译，广西师范大学出版社，2005年，第6页。

解除性关系禁例。所以诗中独居的男子只能"寤寐求之","辗转反侧"了。①后者如对《七月》第三章"女心伤悲,殆及公子同归"的解释,"姑娘们心中无限伤悲,时间到了,她们要与公子们同归",认为是写春日婚嫁时期女子思嫁,存在主观蠡测的成分。他同时指出,此诗"实际是用诗句连缀而成的历书,其中各句是一年四季的田园俚谣",这一看法与国内的解读基本一致。

第三,《诗经》是早期中国农民宗教生活的形象反映。葛兰言认为,上古时期的中国农民生息劳作于黄土高原的封闭村庄,同村男女为血亲同姓,而且男子自春播起即耕作于田野,与女性几乎隔绝,秋收后才回到村庄。当时禁忌族内婚配,不同血缘的亲族集团有着婚姻交换的需要。对未婚男女而言,春日祭礼是难得的与异性交往的机遇。祭礼的时间在春、秋之始,祭礼的地点在共同圣地,异性交往的舞台是祭礼集会,交往的媒介是即兴歌唱。祭礼集会一依季节轮换的节律,春天万物复苏,生命力最为旺盛,是未婚男女性启蒙和性交往的时间节点。秋天是回报丰收的季节,有了食物储存并分享劳动成果。中国古代祭礼反映了早期农民的生活节律,他们相信,遵从时令更替和生活节律举行祭礼,将不会遭受大自然惩罚,从而平安地生息繁衍。为印证其观点,葛兰言还列举了古代希腊、日本和印度支那半岛以及中国西南地区少数民族的民俗资料作为旁证。

葛兰言认为,人类不能缺少节日与聚会,因为节日聚会聚合了分散的个体,起到强化群体意识、释放群体情感、增强群体凝聚力的功能。节日狂欢使人们从往日拘谨的生活中解脱出来,唤醒了生命力和创造力,袒露了人性本真。圣地祭礼既有宗教意义,又具有激发青年男女勃发的生命力之功能。即兴歌唱在和平竞争中展开,竞争使往日心灵封闭的男女青年有了亲密的接触和交流。他们按节奏韵律尽情跳舞歌唱,为表达感情而即兴吟唱的歌谣,内容或直露,或含蓄。诗中意象取自大自然和日常生活,虽似顺手拈来,却活泼灵动,激情四溢。这类民间恋歌一扫往日羞怯,因为宗教性狂欢能够赋予人们神秘力量、澎湃的激情和非凡的创造力。诗中,现成的套语与即兴创造的新语一经组合,便出口成章,意趣盎然,而且章句均齐,琅琅可诵。葛

---

① 葛兰言引清人刘寿曾《婚礼重别论对驳义》的记载(《皇清经解续编》卷1423)以证明己见,详见[法]葛兰言《古代中国的节庆与歌谣》,赵丙祥、张宏明译,广西师范大学出版社,2005年,第98页。

兰言还推测，《诗经》情诗中出现的大量植物、山川等意象，或许就来自祭礼集会场所的那片圣土，对于圣地，人们总是怀着神圣而崇敬的感情。

总起来看，葛兰言的《诗经》研究在方法论上较多接受法国社会学派涂尔干的影响。涂尔干关注仪式在社会生活实践中的意义，在其《宗教生活的基本形式》一书中曾列举澳大利亚土著的生活事实，认为神圣与世俗的二分使原始人产生对立观念，宗教的意义在于形成共同理想和追求，凝聚群体，化解对立。葛兰言旨在以社会学和人类学视角解读《诗经》，说明人类在节日祭礼中形成并确立了共同情感，证明节庆与时间节律同步，具有促进人际和谐以及人与自然和谐共生的功能，《诗经》中的爱情诗正是节庆祭礼的产物。尽管葛兰言的部分见解存在"天才性假设"的局限，不无牵强附会之处，但他的研究方法及其对中国典籍的阐释，在20世纪前期仍有独到之处。正如夏传才所总结的："葛兰言的研究，以跨文化与异文化的观点，多文化比较的方法，系统地探索《诗经》的深层底蕴，开拓了《诗经》研究广阔的新领域。他运用的方法论，在实践中确能在认识上有所发现，有所前进，其意义并不仅仅在于为某些诗篇增添一两种解说，而是开始了向认识的深层次开掘，去探索隐蔽在《诗经》中的本质性内容。因此，从研究成果到方法论，都值得我们借鉴。"①

二、白川静：民俗学与文学比较研究方法的综合运用

日本学者白川静（1910—2006）具有扎实的汉语言文字学功底，曾著《金文通释》9卷及《字统》、《字训》、《字通》等汉字研究论著。其《诗经》研究既长于文字训诂，又有基于民俗视野的意义探源，围绕《诗经》所反映的原始宗教观和集体无意识，对《诗经》意象的文化意蕴作了深入阐析。他早年钻研《万叶集》，其后又细读《皇清经解》中有关《诗经》的考证文献，为比较研究积累了丰富的材料。他指出："富于古代民俗趣味的《诗》篇，历来并未将它作为古代歌谣确切加以了解，几乎都在各国政治事件中寻找解释，或说其旨在显示风俗良莠，这是诗经学的传统上自古即然。"② 他还认为，

---

① 夏传才《国外〈诗经〉研究新方法论的得失》，《文学遗产》2000年第6期。
② ［日］白川静《诗经的世界》，杜正胜译，东大出版社，2001年，第3—21页。

《诗经》与《万叶集》"是具有民众基础的生活者的诗篇和歌集，这样的文学，西方和印度都没有。"[①] 下文以白川静对《诗经》中"鱼"意象之阐析为例，一窥其研究方法的意义。

国内学者最早以民俗学视角研究《诗经》的是闻一多，其《高唐神女传说之分析》、《〈诗经〉的性欲观》、《说鱼》等均为《诗经》研究力作。白川静借鉴闻一多的方法，对《诗经》中"鱼"意象的意蕴作了较系统的阐释。

首先，"鱼"意象与性关系及女性多孕多子具有异质同构的关联。古代祭祀以鱼献祭，有些部族还以鱼为本族图腾。《小雅》中《南有嘉鱼》及《鱼藻》等祭祀诗中，"鱼"意象蕴含后人对本族祖先的敬拜和家族繁衍的祝祷。《礼记·昏义》云：女子出嫁前三月，"教以妇德、妇言、妇容、妇功。教成祭之，牲用鱼，芼之以蘋藻，所以成妇顺也。"毛传《召南·采蘋》云："古之将嫁女者，必先礼之于宗室，牲用鱼，芼之以蘋藻。"白川静认为，举行婚礼前行祭鱼仪式，意在借助类感符咒力使新婚女性多孕多子。《陈风·衡门》中就以"食鱼"作为"娶妻"的象征。他认为，《诗经》婚恋诗中的"鱼"大多喻指性关系，古代诗人基于对鱼的繁殖能力的认识，将"鱼"意象固化为性与生殖符号，借以表达对种族延续的祈望。

其次，《诗经》中鱼意象不仅喻指两性关系，而且还包含了先民对丰收的祈祷。如《周颂·潜》云："猗与漆沮，潜有多鱼。有鳣有鲔，鲦鲿鰋鲤。以享以祀，以介景福。"白川静引朱熹释义："月令，季冬，命鱼师始渔，天子亲往，乃尝鱼，先荐寝庙，季春，荐鲔于寝庙，此其乐歌也。"认为《潜》是祈祷丰年的祭礼乐歌，人们出于鱼繁殖力旺盛的集体无意识，"荐鲔于寝庙"，祈望谷物丰饶。他阐析《小雅·无羊》"牧人乃梦，众维鱼矣。旐维旟矣，大人占之。众维鱼矣，实维丰年。旐维旟矣，室家溱溱"诸句，指出诗中"鱼"意象即包含祈丰年和繁子孙的意蕴。

再次，"笱"本为捕鱼工具，《诗经》婚恋诗中"笱"意象多为"性的隐喻"，或喻指女性性器官，或以"设笱捕鱼"象征男女性行为。《卫风·竹竿》云："籊籊竹竿，以钓于淇。岂不尔思，远莫致之。"即用"钓鱼"隐喻追求心仪的女性。白川静认为，类似的创作手法及意象也见于日本古代歌谣。

---

① ［日］白川静《诗经的世界》，杜正胜译，东大出版社，2001年，第3—21页。

如《万叶集》有诗云："山溪清彻底，埋个筌笱等待你，不到八年不偷提。"① 山溪中的"筌笱"和"游鱼"，分别喻指女性和男性，鱼入"笱"中意谓男女交合。《诗经》和《万叶集》虽然创作年代不同，但都产生于氏族社会解体之后，因去古未远，远古习俗仍遗存于民间，意象原型反映了中日先民相近的联想和隐喻。

白川静是国外较早以民俗学视野研究《诗经》的学者，除《〈诗经〉的世界》外，他还著有《中国古代民俗》。他以民俗学视域解析《诗经》意象及其蕴含的上古风俗，并与日本古代民俗及歌谣加以比较，寻找相关性和相似点，从而得出上古时代不同民族的思维方式多有相同和相似处的结论。

三、宇文所安：阐释学视野下的《诗经》研究

美国学者宇文所安（Stephen Owen，1946— ）所撰《〈诗经〉的繁殖与再生》一文是国外学者运用阐释学研究《诗经》的新成果。② 该文通过对《周颂·载芟》和《大雅·生民》二诗的意义阐释，围绕下述三个论题提出对中国传统文化某些特征的思考：

第一，农业生产与仪式的简单重复和文字表现之间的关系。论文发端即提出问题："人类文化为什么要以文字对现实进行表现，然后，又不断复制或者再生产那些同样的文字？是什么使得这些重复的精确性如此重要？在文字表现的内容和精确的文字复制过程之间，是否存在某种形式的相应？"③ 他的阐释是：其一，用文字记录文化是为后代生存繁衍提供依据。古人相信，前代留下的文字记录是后代文化传承的依据。其二，"仪式化表现"是为了避免后代遗忘或忽略祖先创造的文化，确保文化的一脉相承和传统的代代沿袭。他例举《载芟》结句"匪且有且，匪且斯今，振古如兹"，指出三句意谓今年如此，年年如此，自古以来就是如此，表明古代中国人对文化传承的执着。关于"仪式化表现"，他打比方说："某人在地上挖了一个洞，在里面播下一粒种子，掩上土，除掉周围的杂草，然后把'种子生长吧'这句话念上三

---

① ［日］白川静《中国古代民俗》，王巍译，春风文艺出版社，1991年。
② ［美］宇文所安《他山的石头记》，田晓菲译，江苏人民出版社，2003年，第26—49页。
③ ［美］宇文所安《他山的石头记》，田晓菲译，江苏人民出版社，2003年，第26—49页。

遍。"后人坚持不懈地在播种时把这句话念上三遍，显然，后人认为祖宗之法须得到精确而完美地传承。其三，用文字记录过往和未来如同"仪式化表现"，具有再现历史和预知未来的功能。他以《生民》为例，指出本诗叙述了后稷的诞生、成长、劳动、收获和祭祀。后稷是周族始祖，对周族后人而言具有非凡的意义：

> 我们不能建构一个完整的故事，只有那些帮助仪式生效的叙事片段存留在诗中。也许，曾经一度，每个人都知道开始的诗节所暗示的完整故事；也许从来就没有一个完整的故事，都是远古神化事件的残片，因为和仪式联系在一起而得到保留。对于仪式需要来说，谁遗弃了后稷或者为什么遗弃后稷不是那么重要，重要的是后稷平安地通过了他的考验。①

这种有意识的记录折射出人们的功用性期待，即"对完美的延续与传播的渴望、对更改变动与多元的厌弃"。它希望本族后代仿效先人以保证"周文化的统一和延续"。文字记录已不单纯是仪式的记录，更成为仪式的组成部分。

第二，阐释农业生产与仪式简单重复之间的关系。《载芟》描述一年中农业劳动周而复始的过程：除草、翻地、家庭劳作、庄稼生长、丰收、仪式化庆祝告慰以及祭祀祖先。在这张"清单"中，所有"农业生产技术与仪式技术"都被记录下来，从而达到"表现全部的系统，保证它的完整性"的目的，体现了中国人追求"完美的重复与再生"的意志。从年初春播到年终祭祀以告慰先祖，农事与祭祀仪式周而复始，代复一代地重现于程式化的周期中。

宇文发现，《诗经》农事诗在描述生产活动后，会不约而同地描述祭祀仪式。他在阐释《生民》时说：

> 农业的贵族把时间理解为一系列不同的阶段，每一个阶段都和其他阶段同等重要，在任何一个阶段，失误都可能是灾难性。……唯一不同的时刻发生在一个周期结束之后和下一个周期开始之前。②

---

① [美]宇文所安《他山的石头记》，田晓菲译，江苏人民出版社，2003年，第26—49页。
② [美]宇文所安《他山的石头记》，田晓菲译，江苏人民出版社，2003年，第26—49页。

宇文认为"唯一不同的时刻"就是祭祀，因为它具有沟通今人和先人的功能。今人因继承先人的生产传统，有了物质剩余，不仅能满足生存，还可用以酿酒，酒是祭奠祖先时人神沟通的媒介。《生民》解释姜嫄之以培育出周始族后稷，在于"克禋克祀"。"禋"，洁祀也。姜嫄有幸踩中神之足迹而怀上后稷，正因为她能诚敬祭祀。宇文指出，这里没有西方"神圣强暴"的痕迹，整个过程与情欲无关，只有技术化色彩，这技术就是祭祀。后稷成人后致力于农耕，丰收后献上食物，食物香气袅袅上升，以此祭祀"上帝"。诗中说："后稷肇祀，庶无罪悔，以迄于今。"意谓自后稷祭祀以来几无罪悔，那么后稷祭祀期盼什么？是后代的繁殖与再生。期盼终成事实，周人繁衍并日益强大，后稷因此被周族奉为始族。《诗经》中的这类诗歌犹如"清单"，其作用就是保证文化传统完整而精确地延续，从而实现下一周期对上一周期的完美再现。就农业生产而言，它保证了生产步骤的有序；就祭祀仪式而言，它保证了程序的完整无误。后人坚信，传承文化是获得祖先神灵护佑的基础。

第三，对中国人循环往复的时间观的阐释。在分析《载芟》、《生民》时，宇文强调了中国人的循环时间观：

正如我们常常在《诗经》和《书经》里面看到的那样，思谋、考虑、对未来作出计划，是周王朝十分重视的美德。人们的行为既不是出于不假思索的习惯，也没有荷马史诗中写到的头脑发热的冲动、鲁莽。正如姜嫄之准备受孕，行动因为技术和深谋远虑而变得有效。①

根据古代中国人循环的时间观，自然界有其生生不息、周而复始的运动规律，所有事物都会一依运行程序实现再生。按宇文的阐释，用文字列出清单，后人依据清单生产和生活，从而实现复制与再生。在中国人的意识中，它适用于循环时空中无数个"以后"和"下次"。宇文解读《生民》说，姜嫄生育后稷是因为祭祀，这是《生民》故事的开始；后稷在经历了成长、耕作、丰收之后，最终又回到了祭祀；祭祀既是《生民》故事的结束，又是新周期的开始——"唯一不同的时刻发生在一个周期结束之后和下一个周期开始之前。这时，应该怀着完美地重复过去的希望眺望未来。就在这个时刻，

---

① ［美］宇文所安《他山的石头记》，田晓菲译，江苏人民出版社，2003年，第26—49页。

我们听到了《生民》。"①

宇文所安通过对《载芟》、《生民》二诗的阐释，揭示了古代中国尊祖、重祀、敬仰传统以及循环往复的时间观等民族文化特征。他认为在古代中国人看来，人类的繁殖与再生、文化的传承与延续，有如自然界的生生不息，周而复始。他的研究从大处着眼，细处入手，注重经典的意义阐释。伽达默尔在《真理与方法》中提出，既然人类是历史的存在，被赋予追寻自身意义的使命，那么理解文本的过程亦即视野不断拓展和阐释不断丰富的过程；文本的意义经阐释而不断充实，文本因此成为经典。② 如何跨越中西方文化语境的差异，阐释和丰富中国古代经典的意义，宇文的体会是"真正去读作品"，③ "不仅需要恢复或重构这些早期诗人和读者无声的形式，而且还须以某种方式栖居其中。"④ 他对中国传统经典多有独到的意义阐释，正在于"栖居"经典，细读文本，不拘于成说而自出己见，不囿于预设结论而"从心所欲不逾矩"。

---

① [美] 宇文所安《他山的石头记》，田晓菲译，江苏人民出版社，2003年，第26—49页。
② [德] 伽达默尔《真理与方法》，洪汉鼎译，上海译文出版社，1992年，第393页。
③ 张宏生《对传统加以再创造，同时又不让它是真——访哈佛大学东亚语言与文明系斯蒂芬·欧文教授》，《文学遗产》1998年第1期。
④ [美] 宇文所安《中国传统诗歌与诗学：世界的征兆》，转引自王晓路《西方汉学界的中国文论研究》，巴蜀书社，2003年，第220页。

中国当代中长篇小说英译与出版情况调查报告

许允昇 沈素琴

改革开放以来，人们越发重视对精神文化生活的追求，优秀的小说如雨后春笋般涌现；中外交流日益广泛，大批外国文学引进国内，开拓了国人的视野，促进了思想解放。东西方文明的碰撞，让中国文学爆发出更耀眼的火花，"走出去"的条件愈发成熟，必要性愈发凸显，世界呼唤着中国文学走出国门。

肩负着反映当代中国形象的重任，中国当代小说英译工作意义非凡，从事这项工作的人多为国外汉学家、国内资深英语翻译教授、热心传扬中国文化的华裔学者，或合译或独译，得到了国家的大力支持。而受市场调节的影响，许多国外出版社也争相翻译并出版中国当代小说。但由于东西方文化迥异，意识形态、审美习惯不同，国外译者与出版社对当代中国小说在题材与风格方面的选择，与国内学界并不一致。因此，本文将针对英译中国当代中长篇小说的译者、出版社及被译小说年代、原作者情况等因素，做一较为系统的梳理。

一、中国当代小说英译的年代统计

本调查以可经查证的中国当代中长篇小说为范围进行统计，共收录了131名作家、共345部作品的翻译出版情况，其中247部作品的英译信息（另98部作品有一定代表性，作为参照）主要反映作家生平、译者背景、出版年代、作品题材等。

表1　1978年以来中国当代中长篇小说英译年代统计表

年代	英译作品数	译作主要流派
1978—1989	95	伤痕文学、现实主义等
1990—1999	60	先锋文学、寻根文学等
2000—	72	反思文学、新写实主义等

1978—1989年，为吸引尽可能多的外国读者，小说英译本不再满足于解释性翻译，由国家财政拨款支持，适量发行译本，同时各国左派书店也发行相关作品。读者仍集中为国外汉学家、从事翻译人员、社会历史学者，但读者反映较好。

20世纪80年代是中国文学的黄金年代，"文学群体、流派涌动更迭"①。走出"文革"的阴影，全社会倡导"思想解放"，人们以开放的心态面对各种文学思潮，从"宣传册子"等无意义文章，转为引起争论、值得讨论的文学作品，敢于再现中国动乱年代的社会百态。该时期小说时代特征明显、个性独特，技巧有所突破，带有强烈启蒙思想的伤痕文学开始流行，体现农民与知青之间的碰撞；禁忌话题如性、监狱生活也开始涉及；借鉴了国外作家的写作手法，如福克纳、昆德拉等。

1990—1999年，主要向欧美大国发行，多为双语读者，因国家削减拨款，国内出版社自负盈亏，也因译本不符合读者对文学性翻译的期待，读者反应平淡。

1989年的政治风波深刻影响了90年代后中国文学及其外译情况，强化了西方国家对中国所谓"极权社会"印象。一些作家因政见不同流亡海外，如北岛、马建等，他们的小说英译本较受欢迎：部分作家的流亡生活与政治受害者角色赢得了西方读者的注意和同情，部分作家以自己的流浪生活为素材，蕴藏深刻的政治讽刺，均满足了西方读者对中国政治的幻想，体现了对中国社会根深蒂固的自我想象。

国内作家则开始将目光转向小人物的命运，以平实的语言描写对生存和灵魂的感悟，体现了现实深度和人性关注。"一种崭新的生存意义上的民间尺

---

① 洪子诚《中国当代文学史》，北京大学出版社，2007年，第330页。

度带进了人们的价值判断体系"①,他们开始重新认识民族文化,并加以阐释,发掘其积极的文化内核,就叙事内容来看,越来越与世界文学接壤。

2000年以来,《中国文学》停刊,国内外出版社自行出版英译本,但重点转向写作手法有所突破的作者作品。以莫言为例,其小说模糊了现实与虚构的界限,视角广阔,想象丰富,是艺术性与人性的完美结合。虽然互联网的普及使小说蓬勃发展,但"利用网络和多媒体功能交互作用而创作出来的文学作品,大多只存在于网络"②,从出版的中文小说来看,题材整体较少,缺乏创意,许多因文学价值不高未被英译,如金庸以后的武侠小说少有被译,国内侦探小说在英语世界无一席之地等。

大多外国批评家认为中国当代文学在艺术技巧、叙事手法上比较幼稚,并且现实主义占大半江山,抑制了其他流派的发展。海外读者基本为知识阶层,阅读目的只在于了解中国的历史面貌,将这些小说当作社会文献,而非有美学享受的文学作品,他们更期待在艺术上有创造性的作品。

二、译者与翻译模式

通过在线书城(如亚马逊)、在线出版物数据库(如谷歌图书)、二手书交易网站(如孔夫子旧书网)等检索出英译本的相关信息,并尽量找到相应书籍照片佐证,但多数译者难以找到详细介绍,反映出对译者缺乏重视。

表2 1978年以后中国当代中长篇小说英译本译者信息统计表

译者国籍	译者人数	英译作品数
美国	29	76
中国	17(其中香港5、台湾2)	39(其中香港20、台湾2)
英国	9	22
澳大利亚	9	11
新西兰	2	10

① 董健、丁帆、王彬彬《中国当代文学史新稿》,人民文学出版社,2005年,第475页。
② 吴秀明《中国当代文学史写真全本上》,北京大学出版社,2010年,第872页。

续表

译者国籍	译者人数	英译作品数
加拿大	7	7
德国	1	1
新加坡	1	1

注：有部分译本未查明译者，或译者国籍未知，均未计在内。

总体来看，译者多为国内外大学教授、汉学家或华裔华侨。国外译者中，美国最多，英国居次。葛浩文（Howard Goldblatt）译作最多（28部），译本内容以农村题材居多，反映了弱势群体的生存状态；主要翻译莫言的小说，共7部，其次是苏童（4部）。被译作品最多的作者是刘慈欣，有18部科幻小说被译为英文出版，果米科技出版了11部，其中10部由新西兰译者Holger Nahm翻译。

进行交叉对比后发现，译者更倾向于翻译固定作家的作品，如英国译者白亚仁（Allan H. Barr）青睐余华，美国Martha Avery（艾梅霞）主翻张贤亮。中国作家也有较固定的译者专门翻译自己的作品，如刘慈欣的小说多为Holger Nahm所译。由此推断，译者与作者可能存在某些固定联系，可能曾接触过作者，较熟悉其行文风格、题材等。由此受到启发，可以为一些译者和作者建立相对固定的联系，进行定期交流，利于译者增进对作者作品的了解，减少择选、翻译时所耗精力和时间。

对比一些未被翻译的小说名单，有些在中国当代文学史上有相当名气，或在中国市场非常流行，但未被译者采纳，主要原因可能有：作品语言难度较大，如葛浩文对贾平凹带有强烈方言色彩的小说望而却步；出版社找固定译者，译者任务量大，难以全部顾及，如葛浩文表示仍有许多想翻译，但是时间不够；一些反映中国社会现实问题、都市情感生活的作品与西方的政治意识形态和审美标准不符，如魏巍、琼瑶等人的作品。

中国译者题材涉猎较广，都市生活比例较大；外国译者倾向选择反映农村和"文革"的小说，可能因为农村题材大多反映了中国贫困地区艰苦的生存环境，而以"文革"为背景的作品一定程度上映射出中国人民思想上的禁锢，均或多或少体现出中国落后的一面。中国人普遍具有"家丑不可外扬"的心理，此类题材因此较少得到中国译者的青睐，而外国读者则更愿"揭短",阅读这些多少有意掩盖的"家丑"的作品。以市场需求为导向,国外译者便更倾向于翻译描写落后中国的作品。

表3　1978年以后中国当代中长篇小说英译本翻译模式统计表

翻译模式	独译	中外合译	外外合译	中中合译
英译作品数	197	13	13	3

可以看出,译者比较喜欢独译,推测原因主要在于为了保持译文风格统一;译者能力有高有低,译文整体质量难保一致;遵循自身的翻译状态,多人时间难以协调;保持专业术语一致性,减少校对工作量;出版机构节约翻译费用等。即使是采取合译方式,也多半是夫妻两人,如杨宪益、戴乃迭夫妇,葛浩文、林丽君夫妇,或者师徒几人合译。但就译本质量及读者接受程度来看,中外合译的方式更有优势:中国译者更能领会原作的精髓,而以英语为母语的译者更能以英语思维精准再现原作风貌。且中国翻译协会也于2013年设立了中国当代优秀短篇小说翻译奖,希望发掘新锐译者,鼓励中外译者进行合译。

三、出版社

通过谷歌图书、香港中文大学翻译研究中心出版的《译丛》(Renditions)杂志数据库,以及豆瓣、亚马逊等相关网站,对英译中国当代小说的出版社进行了统计:已查明出版机构的英译本有202部,由74家出版机构出版,显示香港及国外大学出版社,如香港中文大学、哥伦比亚大学等,对英译中国当代小说兴趣较大,见表4。

数量最多的是香港中文大学翻译研究中心,共翻译出版55部小说,约占总数的27.2%,基本刊载在《译丛》上。《译丛》创刊于1972年,以翻译研究和对外传播中国文化为宗旨,为海外推广中国文学立下汗马功劳。此外还有11家大学出版社,共出版27部译作,约占13.4%。可见学术机构占多数,其目的多为学术研究或者传播文化,而非盈利。

表4 1978年以后中国当代中长篇小说英译本出版社统计表

出版机构	英译作品数
香港中文大学翻译研究中心	55
果米科技	9
Columbia University Press	7
University of Hawaii Press	6
中国文学出版社	6
Harper Perennial	4
Readers International	4

注：仅列出前七家出版机构，且有部分译本未能查明出版机构，或多个出版机构都曾出版。

中国内地的文学出版社也翻译了大量本国文学作品，最知名的为"熊猫丛书"系列：起初在《中国文学》杂志上刊载，后出版了近200部文学单本、小说合集及作品选，但符合本次调查的只有8本，约占4%；受政治影响，加上人才流失、资金困难等原因，2001年停刊。内地大学出版社以外研社为代表，主要翻译中国古典、近代文学，对当代涉猎较少；上海译文出版社等也只是零星出版，可见并不看好中国当代小说在海外的市场。

统计中共有12家中国出版社（包括港澳台），共出版译作84本，约占总数的41.6%。相较国外出版社，国内并未显示出太大热情，主要受市场期望度不高、资金紧张、相关人才短缺等因素制约。

总体来看，中国当代小说译作的海外市场较小，海外读者多为学术机构的汉语言文化研究者。由此建议，国内外学术机构可以进行合作，共同翻译出版中国当代文学的作品，以国外学术界为踏板，叩开海外市场大门。本土出版社也应主动出击，联系国外出版社，整合资源；适当运用电子书等形式，节省出版成本，通过网络实现更广泛传播，并在网上发布试读本，以读者反响为导向出版发行；统计反响较好的作品内容、题材等方面信息，为择选作品进行外译提供有力的数据支持，共同推动中国文学走出国门。

四、作者情况

经检索统计，共有131名作家、345部作品，并与国内重大文学奖项（如茅盾文学奖、鲁迅文学奖、红楼梦文学奖、倪匡科幻奖等）获奖名单进行平行对比。以国内最高文学奖——茅盾文学奖为例，自 1981 年设立以来，共 37 位作家获此殊荣，作品被英译出版的有 19 位，占总人数的 51.35%。而其余三奖获奖者的小说则较少被翻译出版。

纵向对比后，不难发现，译作数量最多的几位都是各自领域的佼佼者，如擅长魔幻现实主义的莫言，"自然科学反思女性存在"[①] 的王安忆，科幻小说领军人物刘慈欣。

表 5　1978 年以后中国当代中长篇小说作者获奖情况与其作品英译情况统计表

作者	被英译作品数	作者获奖情况
刘慈欣	18	中国科幻银河奖
莫言	15	茅盾文学奖、诺贝尔文学奖
王安忆	13	茅盾文学奖
余华	10	冰心文学奖
残雪	14	—
王蒙	9	—
刘索拉	8	—
西西	8	世界华文文学奖
苏童	7	—
贾平凹	6	茅盾文学奖
黄凡	6	—
冯骥才	5	法国青年读物奖
李碧华	5	金像奖最佳剧本奖
刘心武	5	茅盾文学奖

注：仅列出被译作品数≥5 的作者。

由此可见，作家获奖与否直接影响到其作品的翻译出版：作品知名度随获奖而提升，引起国内外关注。作品获奖是对作者及其作品质量的肯定，好

---

① 黄伟林《中国当代小说家群论》，中央编译出版社，2004 年，第 316 页。

的作品势必会吸引读者去阅读。特别是在 2012 年莫言荣获诺贝尔文学奖后,引发了"莫言热"。2013 年 10 月清华大学专门主办了一场中国比较文学与翻译研究高峰论坛,并与美国著名文学翻译家葛浩文(莫言、萧红等作家作品的英译者)进行了交流。

一个值得注意的现象是,出生在五六十年代的作家作品被英译的占比达到了约 51.87%。这两个十年的作家代表了两种不同风格:前者创作集中在"文革"后,经历过"文革"、"上山下乡",丰富的人生经历给他们的创作带来了巨大的动力;后者读书时恰逢西方现代文学思潮涌入,形成了独特的审美,如重视自我感受,热衷于技巧等。他们是世纪之交后中国文坛的中坚力量,他们的作品一定程度上代表了中国当代文学的成就、体现了中国的风土人情和思想情怀,吸引着外国读者去了解他们的作品。

五、结　语

李庆本教授指出:"翻译不仅是语言的转换,而且也是跨文化的阐释。"①社会文化大环境对英译小说影响很大。改革开放以来,中国当代中长篇小说英译之路有过迅猛发展,也有低潮曲折。但近几年中国政府和民间甚至海外都开始对之加以重视:中国开展中外文化年,组织本国知名作家到国外参加图书交易会;2011 年上海成立国家对外文化贸易基地,作为中国文化"引进来、走出去"的前沿阵地,以"文化保税区"模式,加速中国文化"走出去";中国各大出版集团积极筹备版权输出,开展"译中国"工程;中国作协于 2005 年推出"100 部中国现当代文学名著"对外译介计划,由中方代表和欧美出版社共同择选作品;高校重视翻译人才培养,重心由引进外国文学转向译出中国文学等。

在此,本研究针对中国小说外译,提出如下建议:(1)鉴于中国小说的海外读者集中在知识阶层,因此应当选择翻译那些更有艺术创造力的作品;(2)译者和作者可建立相对固定的联系,进行定期交流;(3)发掘新锐译者,更多采取中外译者合译模式;(4)以国外学术界为踏板,整合国内外出版社资源,充分运用电子书等出版形式;(5)提倡解放思想,鼓励国内作家在艺术形式和内容上积极创新。

---

① 李庆本《跨文化阐释与世界文学的重构》,《山东社会科学》2012 年第 3 期。

·汉学视野下的文化比较研究·

世纪末的华丽
——李欧梵的中国现代性论述

高　慧

现代性的追求是贯穿李欧梵几十年学术生涯的理论红线，无论是对徐志摩、郁达夫、鲁迅等"五四"经典作家的研究，还是对"晚清"印刷媒体、上海都市文化的考察，李欧梵都以中国传统社会的现代转型为一切思考、论述的基点。西方现代时间哲学认为：历史不是一个超验、先定模式，而是有一个特定方向，在各种力量的抗衡中，经由"过去—现在—未来"向更高一个层次发展。梁启超是中国推行新的时间观念的始作俑者，严复、梁启超这些知识分子时间观念的改变引起了整个中国现代史观的改变，包括直线前进的、精确、可测度的时间观念，认为现代性是最合理的发展模式。李欧梵认为，"五四"时期进步知识分子的开创心态连带地引出彻底破旧的看法，即中国文化都是因袭陈旧的，而西方文化都是进步与经过新陈代谢的，只发挥了启蒙现代性（资产阶级现代性）而忽视了审美现代性（文学现代性）。近代中国历次运动与革命都基于这样一种"亏欠"的现代性，追求富强的民族吁求固然无可厚非，却忽视了"现代性"中的主体性因素、差异性因素，也强化了西方资本主义、帝国主义的世界霸权秩序。

一、世纪末的华丽：传统与现代的混杂

李欧梵认为世界上存在多种现代性，呈现出不同风貌。现代性理论应该脱离西方一元化、霸权式的理论体系，承认世界上存在着多种现代性——既有西方现代性，也有非西方的现代性，是为另类的现代性（Alternative Modernity）或者说多种现代性理论。李欧梵引述查尔斯·泰勒在《自我的根源：现代认同的形成》（*Sources of the Self: the Making of the Modern Identity*）一书中的观点，指出所谓现代性表面看来是从欧洲发展而来的，事实上却蕴含着非常复杂的文化内涵，本身就充满矛盾，其中包括了理性、科学，但是也包括个人因素、主体性因素、语言和现实等因素，甚至还有民族国家的模式等等。因此现代性的西方文化模式是不可能放之四海而皆准的，像日本、中国、印度这样一些国家，表面上看其现代性来自西方，事实上在文化内涵上很难说西方现代性的理论、现代性的发源对于这些国家文化和现代性的发展有主宰作用，西方现代性的文化模式在接触到其他文化时会产生不同的变体。

在研究中国现代性时，李欧梵发掘出"世纪末"一词来概括其特点。在欧洲文化史上，19世纪终结的时候——也就是1900年前后，社会和文化发生了巨大变化，"世纪末"（fin-de-siècle）一词代表当时知识分子对所谓的"现代性"和"现代化"产生的巨大焦虑，对于整个西方工业文明的发展，以及人的理性信念，都感到怀疑，更对于庞大的中产阶级及其庸俗的生活方式感到反感。因此，一些文学家和艺术家试图创造出一个更深刻的艺术世界，用艺术上的真实来对抗、批判，甚至打倒世俗的现代性。"世纪末"的颓废气息与晚清中国历史转折时期大厦将倾的时代氛围相契合，"西方'世纪末'艺术的'华丽'外表的背后是一种颓废，也恰好隐藏着对于现实和对历史的不满。"[①] 中国本来不存在世纪的概念，正是在晚清，西方的时间观念（如世纪、星期等）和一种新的以现代为基础的进步历史观在梁启超等人的倡导下被引进中国。"当西方列强和日本在19世纪末侵略中国的时候，晚清知识分子所感受的危机感也是双重的：非但本朝帝制受到威胁，而且几千年的文化传统、时间观念和生活方式也受到挑战。"[②] 然而，李欧梵注意到"中国的现代性和文化之间也有一种吊诡：一方面，现代性的需求是要维新，所以连满清政府也不得不实行'新政'和提倡'新学'，来迎接一个新的时代的降临；另一方面，中国的一切典章文物、风俗习惯还是'旧'的——文化传统根深蒂固，无所不包，并不那么容易被新的东西取代。虽然，以新破旧、崇新抑旧的观念也逐渐流行，到了五四时期更变成了一种主要的意识形态，但旧的

---

① 李欧梵《世纪末的华丽》，《未完成的现代性》，北京大学出版社，2005年，第64页。
② 李欧梵《世纪末的华丽》，《未完成的现代性》，北京大学出版社，2005年，第65页。

文化传统，非但挥之不去，反而构成了一种不可或缺的文化土壤，从西方传来的诸多新的事物和观念，就在这种旧的土壤中发酵，再逐渐开花结果，演变成中国的现代文化。"① 也就是说，中国的"传统和现代在文化上是不能作二分法而截然对立的，而是二者作各种各样的混杂，混杂的结果，就织造出一种'华丽'。换一句话说，没有晚清这个新旧交替的历史情境，也不能产生这个世纪末的华丽；历史的危机感反而构成文化创作的动力。旧传统成了构成新文化的必备条件。"②

二、晚清：通俗文化织就的华丽

李欧梵以"世纪末的华丽"这一多义、内蕴丰富的概念，取代了单一、直线演进的现代性概念，他认为有三个关键的时代——晚清、30年代和90年代，这种"世纪末的华丽"达到了高潮。

晚清的最后十年是20世纪的第一个十年，虽然当时没有人提出"世纪末"的说法，但是晚清王朝弥漫着的"气数将尽"的气氛与"世纪末"的颓废风气相似。从1900到1910这十年间晚清报章杂志的数量以及文学创作和翻译的数量达到前所未有的高峰，呈现出一种吊诡——"政治上气数愈衰，文化上的创作动力也愈旺"，李欧梵认为这个十年构成了中国现代第一个"世纪末的华丽"。通过研究印刷媒体中呈现的晚清文化景观，李欧梵发现"新的并没有取代旧的，而是在旧的（也就是当时人熟悉的）文化环境中突显出来的；换一句话说，晚清文化的特色不在去旧创新，而是在旧中翻新——旧瓶装新酒，逐渐满溢以后，才带动一种质的变化，而这种变化，乍看时并不显眼，但却影响深远。而更值得注意的是，这些变化反而展现在较通俗的大众文化之中，而不是在精英式的官场文化，雅的文化反而比俗的更保守。"③

1884年在上海创刊的《点石斋画报》是以时事为主要内容的石印画报，面对全国刊行，1898年底终刊，总计发表4000余幅附带文字说明的画作，在当时非常流行。《点石斋画报》的最大新闻来源是"中外各报"，以《申报》

---

① 李欧梵《世纪末的华丽》，《未完成的现代性》，北京大学出版社，2005年，第65页。
② 李欧梵《世纪末的华丽》，《未完成的现代性》，北京大学出版社，2005年，第65页。
③ 李欧梵《世纪末的华丽》，《未完成的现代性》，北京大学出版社，2005年，第68页。

为主体的中外各报成为画报的主要信息来源，画师根据各报的新闻信息凭想象作画，西方各国的画册、画报、照片往往是画师临摹的对象。画报取材兼顾中西，尤其迎合民众的"猎奇"心理，把"洋物"收入画中，成为上海新兴都市文化的一部分，而中文注释往往是典丽、简洁的文言文。画报的绘画技巧是本土式的，画师吴友如、金蟾香、周慕桥、张志瀛等大多是苏州年画的画师，他们既缺乏西洋画的技巧，又没有远赴重洋、海外镀金的经历。

在《点石斋画报》前 20 集大约 1920 幅定期的图画中，得之于西方画报的图像摹本的数量是 145 幅，占 7%。点石斋的画师按照伦敦画报上出现的中国官员形象将他引入到自己的画报中，或者从西方画报中提取素材构成不同题材的画作。《点石斋画报》的出版者试图使插画的主题和风格能够吸引一个新的公众阅读人群——容易被简单和配有插图的读物吸引的女性和新兴识字阶层的人们。这份中文画报呈现的世界是如此新奇：巨大的鱼会上岸，马冲破房子的天花板，浦东电工在修路灯时触电身亡……另外还有不少间接的社会报道，比如河南主要洪灾地区的地图，包括皇太后在内的捐款者名单。《点石斋画报》将故事与图画相结合，引起了一种深刻的变革，至今这种叙事方式的影响仍在延续，即将新闻包装成"故事"，传达鲜明的观点，新闻与评论相杂，这些故事与图像的结合成为其最大吸引力的来源。

晚清通俗文化中体现出这种"世纪末的华丽"的，还有大量的翻译小说。"1895—1906 年出现 439 种翻译小说，1907 年最多，1907—1919 年翻译小说竟达 2019 种。晚清各种通俗杂志——特别是晚清四大杂志：《月月小说》、《绣像小说》、《新小说》和《小说林》——竞相刊载翻译作品，将之和创作小说并列，甚至有时让读者眼花缭乱，搞不清什么是翻译、什么是创作，因为在文体上这些翻译都'华化'了。叙述语言和人物说话都是晚清文人惯用的浅易文言或文白夹杂，有的洋人简直和国人无异"。[①] 李欧梵在这里提醒我们，早在"五四"运动之前，晚清通俗文化早已将好奇的眼光投向了西方，而且是通过文学想象的途径。大量的翻译小说满足了国人开眼看世界的需求，这些翻译小说家多是通俗小说的作家，外文造诣不深，往往一知半解，他们的翻译多为意译甚至改写，在这个过程中原文并不重要，翻译小说以中国人能够理解的方式呈现了世界的形象。

---

① 李欧梵《世纪末的华丽》，《未完成的现代性》，北京大学出版社，2005 年，第 77 页。

李欧梵认为晚清文化，特别是在通俗层次上看，非但没有凋零，反而是蔚为大观，虽然在内容上也许不够深刻，但是形式五花八门。在晚清动荡不定的时代中，文人"对时代的不安和不满都化为一种创作欲和消费（阅读）欲，印刷业和出版业的发达，更为晚清文化织造出一种前所未有的'华丽。'"① 与王德威教授晚清文学的现代性为五四文学所压抑的著名观点不同，李欧梵认为，"我们或许受到五四知识分子的影响而不重视晚清文学，但整个晚清文化其实并未受到压抑，从广义的文化层次而言，晚清文化一直持续到民初，非但没有受到辛亥革命的影响，而且为五四'新文化运动'铺路。而五四运动之后反传统，是一种意识形态上的（争取话语霸权）运动，它为新的民族国家奠定了另一个新的基础，但却没有完全取代晚清通俗文化的传统。"② 对晚清通俗文化与文学的研究是李欧梵中国现代性论述的基础，无论从历史还是文化层面上，"世纪末的华丽"这一命题都能填补以线性发展时间观为基础的启蒙现代性造成的断裂。20世纪的30年代和90年代，"世纪末的华丽"继续形成新的高潮。

三、30年代和90年代：摩登、华丽与荒废

20世纪30年代是李欧梵所描述的"世纪末的华丽"的第二个高潮阶段。30年代是一个关键的时代，一方面因为在世界文化史上，30年代都是一个动荡的时代，出现了美国经济大萧条、欧陆纳粹主义兴起、左翼运动、斯大林式共产主义逐渐成型与"二战"等重要历史、政治事件，而中国也发生了日本侵略、中国共产党"二万五千里长征"、国共合作抗日等大事；另一方面是因为上海的都市文化在30年代愈形成熟，达到一个灿烂高峰。"这种都市文化其实也是承继晚清余绪，但发展得更新颖、更摩登。这种'上海摩登'，表现在物质文明和商品消费上，就形成一种时尚，更是'华丽'万分。"③ 30年代不是世纪末，却有一种世纪末的情绪，即一种大动乱、大革命前夕的心态。李欧梵借用40年代初张爱玲的话来描述这个时代的特征，"时代是仓促的，

---

① 李欧梵《世纪末的华丽》，《未完成的现代性》，北京大学出版社，2005年，第78页。
② 李欧梵《世纪末的华丽》，《未完成的现代性》，北京大学出版社，2005年，第78页。
③ 李欧梵《世纪末的华丽》，《未完成的现代性》，北京大学出版社，2005年，第80页。

已经在破坏中,还有更大的破坏要来。有一天我们的文明,不论是升华还是浮华,都要成为过去。如果我最常用的字是'荒凉',那是因为思想背景里有这惘惘的威胁。"① 李欧梵将张爱玲的小说作为30年代"世纪末的华丽"重要的组成部分,因为张爱玲小说中苍凉美学的表现形式也是华丽,它代表了一个时代的终结。同时这种"世纪末的华丽"也意味着一个新时代的开始,20年代开始的五四新文学到30年代才走向成熟,积累成新文学的财产;电影艺术作为一种新兴的视觉文化也在30年代开始成熟,为这个时代提出一种"写照"或者说视野,而这视野是五花八门的,并不将写实作为唯一准则。

1930年的上海是世界第五大城市,中国唯一的国际大都会,李欧梵对这座充满现代魅力,并且与传统中国其他地区截然不同的城市产生了浓厚的学术兴趣,将30年代上海的都市文化作为"世纪末的华丽"的展现,认为这座城市曾经的繁华记忆被刻意地回避和淡忘了。正如有批评者所指出的,李欧梵的摩登上海是租界的上海,不能代表上海的全貌,上海还有一个更广阔的华人世界,即使租界里中下层劳动人民的上海也绝不同于十里洋场的花花世界。然而李欧梵所提出的问题是,租界的上海作为西方物质文明的具体象征,呈现出所有舒适的现代生活设施和商品、展示着资本主义制度下生产力和科技发展所创造的物质财富,"象征着几乎一个世纪的中西接触所留下的印记和变化"②,上海的摩登都市文化——尤其是在文本和影像中留下的映像,显示出西方文明在物质层面上对中国的影响,不容抹煞。

"世纪末的华丽"达到高潮的第三个历史阶段始于20世纪90年代,接近于20世纪的世纪末。李欧梵认为80年代中期以后,海峡两岸三地的文学和艺术都达到了另一个华丽的高峰,再现了世纪末的吊诡:"危机感愈强,创作欲愈旺;幻灭感愈深,所创作出的艺术愈会华丽。"③ 台湾女作家朱天文的小说《世纪末的华丽》成为这一阶段文学艺术的代表,李欧梵将朱天文与张爱玲并论,认为这两位女作家的小说世界都在华丽外表的背后蕴含了一种苍凉和荒废:"张爱玲的苍凉是对于一个大时代降临、文明即将毁灭前夕的无奈和无助;而朱天文的'荒废'……是出自对于当代全球文化心态一种竞相追逐

---

① 张爱玲《〈传奇〉再版序》,《张爱玲文集·精读本》,中国华侨出版社,2002年,第428页。
② 李欧梵《上海摩登——一种新都市文化在中国1930—1945》,北京大学出版社,2001年,第6页。
③ 李欧梵《世纪末的华丽》,《未完成的现代性》,北京大学出版社,2005年,第84页。

时尚、只有现在没有过去的心态的悲观。"① 90年代接近于20世纪的世纪末，其艺术的华丽不仅表现在华文文学世界的繁荣，还包括电影、绘画、雕刻、歌曲、时装和室内设计、建筑、广告，甚至商品经济所产生的"华丽"消费文化。因此，90年代"世纪末的华丽"内涵更加丰富，外延更加广阔，就连王家卫的电影《花样年华》中张曼玉的一身又一身旗袍也是李欧梵眼中"世纪末的华丽"绚烂色彩之一种。"世纪末的华丽"的第三个阶段更加具有"兼容并包"的精神，竭力突破政治的限制，追求一个华人天下的华丽格局，特别强调处于"边缘"地位的香港、台湾文学和文化与处于边缘地位的海外华人文化对世界华人文化的贡献。

四、结　语

"世纪末的华丽"可以指涉三个互文的文本——李欧梵论述现代性的论文《世纪末的华丽》；王德威的专著《被压抑的现代性——晚清小说新论》，其英文书名原为"世纪末的华丽"（*Fin-de-siècle Splendor: Repressed Modernities of Late Qing Fiction, 1849—1911*）；台湾女作家朱天文1990年写作的一篇短篇小说《世纪末的华丽》。王德威曾对"世纪末的华丽"作出如下解释："'世纪末'一词并非仅指消沉颓废的文学时代；这只是该词的表层含义。虽然晚清就其朝政腐败与军事溃败而言，确是消沉颓废；但这个时代也蕴藏着'发明'新猷、'翻新'国是的勃勃生气。"②

从中国的历史文化环境出发，李欧梵以"世纪末的华丽"来概括中国现代性的特点，反思线性发展的进步时间观和与之相应的启蒙现代性模式，认为中国的传统和现代在文化上不能作二分法而截然对立，在晚清新旧交替的历史情境中，新与旧、传统与现代相互混杂产生了一种"华丽"，历史的危机感构成文化创作的动力，旧传统构成新文化的必备条件。"世纪末的华丽"经历了晚清、30年代和90年代三个关键时代一直延续到当下，在全球化背景下形成前现代、现代、后现代混杂的复杂状况，而2012年的末世情结和中华崛起的强音也将混入这种华丽，添加或诡异或绚烂的一笔。

---

① 李欧梵《世纪末的华丽》，《未完成的现代性》，北京大学出版社，2005年，第83页。
② 王德威《被压抑的现代性——晚清小说新论》，宋伟杰译，北京大学出版社，2005年，第16页。

《兰墪十咏》刍议

温 涵

德庇时先生的《汉文诗解》中出现了一组风格统一、语言简洁的十首小诗,题名《兰墪十咏》。这十首组诗主要描写了英国首都伦敦的国家概况、人文地理、风俗习惯、建筑风格、娱乐生活等各个方面。透过这十首简单明了的小诗,我们可以窥探到当时那个时代下中国人眼中的外国形象,以及他们面对西方社会所持有的世界观和认知观。笔者通过查阅相关书籍,认为此类诗歌应属于海外竹枝词之列。

目前学界对海外竹枝词的研究并不多,对《兰墪十咏》这组诗的研究更是空白。《兰墪十咏》在《汉文诗解》之后曾多次被引用,德国传教士郭士立(又译作郭士腊,Gtzlaff, Karl Friedrich August, 1803—1851)在《东西洋考每月统计传》中亦引述过此诗。但这些研究大多是从传播学的角度上来分析《兰墪十咏》的,而从未有人尝试从文学角度进行探究。本文试图将《兰墪十咏》重新纳入文学视角下,对其进行文本阐释和细读。同时笔者还将从中外文化交流史的视阈出发,与其他一些时代相近的海外竹枝词进行比较,展现出《兰墪十咏》的意义。

一、《兰墪十咏》简介

英国汉学家德庇时先生著有《汉文诗解》,这篇论文于 1829 年宣读,1830 年印刷成册,之后在 1834 年澳门东印度公司出版社单独出版。1870 年伦敦阿谢尔出版公司出版增订版。笔者所看到的《汉文诗解》版本是 1830 年第一次原载于《英国皇家亚洲学会会议录》(The Transactions of the Royal Asiatic Society of Great Britain and Ireland)第二卷的全文。

在这篇论文中,作者每介绍一种诗歌类型,都会引用相应的诗文作例子。这些诗例包括有《诗经》、偈语、元散曲或明清小说中的诗歌,范围极其广泛,而且雅俗共赏。其中德庇时先生在论文的第二部分,用了很大的篇幅全文引用并翻译了十首组诗《兰墪十咏》,题目中所说的"兰墪"指的就是现英国首都伦敦,"十咏"则交代了这组诗共有十首,全部都是七言绝句。德庇时认为这是"一组非常独特的诗作——关于伦敦的诗[①]"。鉴于这组诗还没有被学界所完全知晓,笔者在这里将全文引用这十首诗。为了后文方便论述,笔者将分别给每一首诗拟一个题目,总结概括诗歌大意。

I (国)
海遥西北极,有国号英仑。地冷宜亲火,楼高可摘星。
意诚尊礼拜,心好尚持经。独恨佛啷嘶,干戈不暂停。

II (人)
山泽钟灵秀,层峦展画眉。赋人尊女贵,在地应坤滋。
少女红花脸,佳人白玉肌。由来情爱重,夫妇乐相依。

III (农)
夏月村郊晚,行人不断游。草长资牧马,栏阔任栖牛。
拾麦歌宜场,寻花兴未休。相呼早回首,烟雾恐迷留。

IV (戏)
戏楼关永昼,灯后彩屏开。生旦姿容美,衣装锦绣裁。
曲歌琴笛和,跳舞鼓箫催。最是诙谐趣,人人笑脸回。

V (水)
两岸分南北,三桥隔水通。舟船过胯下,人马步云中。
石磴千层叠,河流九派溶。洛阳天下冠,形式略相同。

VI (城)
富庶烟花地,人工斗物华。帝城双凤阙,云树万人家。
公子驰车马,佳人曳縠纱。六街花柳地,何处种桑麻。

VII (楼)
高阁层层上,豪华宅第隆。铁栏傍户密,河水绕墙通。
粉壁涂文采,玻窗缀锦红。最宜街上望,楼宇画图中。

---

① John Francis Davis, "On the Poetry of the Chinese", *Transactions of the Royal Asiatic Society of Great Britain and Ireland*, 1829, Vol. II, p. 443.

VIII（游）
九月兰敦里，人情乐远游。移家入村郭，探友落乡陬。
车马声寥日，鱼虾价贱秋。楼房多寂寞，破坏及时修。

IX（路）
道路多平坦，条条十字街。两旁行士女，中道弛骈车。
夜市人喧店，冬寒雪积途。晚灯悬路际，火烛灿星如。

X（食）
地冷难栽稻，由来不阻饥。浓茶调酪润，烘面里脂肥。
美馔盛银盒，佳醪酌玉卮。土风尊饮食，入席预更衣。

二、《兰嚜十咏》详说

（一）《兰嚜十咏》的写作时间及其作者

根据德庇时在《汉文诗解》中的记载，这组诗最早于 1817 年在英文期刊《季度评论》① 中被全文引用。笔者仔细翻阅了 1817 年的两期《季度评论》（第 16 期—17 期），并没有找到《兰嚜十咏》原文，但《季度评论》第十六期第 399 页中确实提到了这组诗的名字，"The editor mention a poem, written by a common Chinese, called 'London,' also translated by Mr. Davis.②" 这样想来，《兰嚜十咏》确实应该最早在《季度评论》中被论及，而第一次被全文引用并加以翻译应该在《汉文诗解》中见到。

《季度评论》并没有谈到《兰嚜十咏》的作者、写作时间等细节问题，即便是题目也仅仅是 London 而不是在《汉文诗解》中的 London, in ten stanzas。而且《季度评论》中《兰嚜十咏》的诗歌顺序也与《汉文诗解》中的不同。另外，《季度评论》中关于第四首诗《戏》多了一段注释，"that all descriptions of people mix together and pay a certain fixed price; that scenes are painted to represent trees and houses, that they are frequently changed; and that the female characters are all performed by women."，而这一注解在《汉文诗解》中

---

① 不少中文专著或论文将该期刊 The Quarterly Review 译作《季刊评论》，此处笔者译作《季度评论》。

② John Murray, "Chinese drama-Lord Amherst's Embassy", The Quarterly Review, London, 1817, Vol. XVI p. 399

则被省略了。

至于《兰墪十咏》的写作时间,我们或许可以在德庇时先生的《汉文诗解》中找到证据。"在描述类(Descriptive)诗歌之中,有一组非常独特的诗作——关于伦敦的诗,大约在1813年由一名访问英国的中国人创作。"① 笔者认为,1813年应该是一个最终完成的时间,这十首诗应该是诗人到达英国之后陆陆续续创作的。《便士杂志》中关于《兰墪十咏》的评价:"在1813年也就是作者所在的时候,伦敦的路灯还是车油灯……②" 由此我们差不多可以确定《兰墪十咏》的创作完成时间大致是在1813年。学界对于这十首组诗的作者还没有定论,对其身份的讨论莫衷一是:《季度评论》认为这是一个普通的中国人创作的;德庇时在《汉文诗解》中却不以为然。德庇时认为,作者其实是一个受人尊敬的并且有着很好学识和造诣的人。他是这样描述作者的:"他其实是一个非常罕见的中国人,因为他似乎拥有比那些和他在第一个阶层乡下人不一样的观察欲望和能力。"③ 因此笔者认为,该作者能够在鸦片战争之前走出国门去往欧洲,必然不会是一个普通的人士,但是他却未必是大清朝的官员。第一,如果是官员出访,历史中会有相应的记录,但是,至今我们没能查到这方面的记载;第二,在鸦片战争之前中国的老大帝国的思想必然不会去国外学习或者访问。或许《季度评论》和德庇时的这两个观点本身并不存在矛盾,作者之所以"普通"是因为他不是一个官员,只是一个普通百姓;"不普通"则是因为他是一位非常有文采和文学造诣的学者,极富洞察力。

但《季度评论》和《汉文诗解》两篇文章中都提到了相同的一个信息点,就是这位作者不会英语,他对英国的了解仅限于视觉感官的体验。而关于该作者的职业,最直接的证据则是在《汉文诗解》中提到的,"(作者)作

---

① John Francis Davis, "On the Poetry of the Chinese", *Transactions of the Royal Asiatic Society of Great Britain and Ireland*, 1829, Vol. II, p. 443.

② "A Chinese Poem", *The Penny Magazine of the Society for the Diffusion of Useful Knowledge*, London, 1834, p. 360.

③ John Francis Davis, "On the Poetry of the Chinese", *Transactions of the Royal Asiatic Society of Great Britain and Ireland*, 1829, Vol. II, p. 443.

为一名英国绅士的语言导师陪同他回英国。①"这样子说起来,他很有可能是一位早期对外汉语教师的开拓人物。至于其真正的身份以及背景,还有赖于更多资料的发现。

(二)《兰墪十咏》内容解读

当前中国文学史学界中,暂时还没有关于这十首诗的探讨和研究,在国内也没有诗集收录这十首诗。潘有度的《西洋杂咏》与《兰墪十咏》相仿,潘有度的这二十首诗不只描写了英国,而是以整个欧洲为描述对象。据蔡鸿生先生在《清代广州行商的西洋观——潘有度〈西洋杂咏〉评说》中推算,《西洋杂咏》最后一首诗是于嘉庆十七年(1812年)所作,与《兰墪十咏》的创作时间大致是在同一时期,而且其语言风格也非常类似,应该同样归在清代海外竹枝词之列。

《兰墪十咏》的第一首诗可以说是整组诗的概述,涵盖面很广。"海遥西北极,有国号英仑"介绍了英国的地理位置。"地冷宜亲火,楼高可摘星"写出英国的自然情况、建筑特点。宗教信仰被描述为"意诚尊礼拜,心好尚持经",显然这种观念已然不同于之前尤侗在《外国竹枝词》中介绍的"俗信佛"的外国宗教观念了。最后一句"独恨佛啷嘶,干戈不暂停"记录了英国与法国之间的战争和人民敌对的情况等许多方面,其中"佛啷嘶"是一个音译词,作"法国"解。音译词入诗虽然汉已有之,但是毕竟数量不多,也应该成为又一个近代音译词入诗的例子。可以说这第一首诗是组诗《兰墪十咏》的目录或大纲,全诗语言通俗易懂,意思明朗清楚,为全组诗定下基调,后面的诗歌内容由此具体展开。

第二首诗是整组诗中描写成分最多的一首诗。全诗着重描写英国的女人,甚至其中用很中国化的笔法来描绘英国钟灵毓秀的山川景色,刻画了颇具少女般柔美的一种形象。"少女红花脸,佳人白玉肌"一红一白让人看到佳人的那种自然青春的美丽。而局中门外汉所作《伦敦竹枝词》中却把外国的风俗习惯看成"淫佚的风俗",这倒也不难理解,戴着大清封建腐朽的有色眼镜来看待国外的一切,那确实都是显得不合礼法且淫佚的。可是《兰墪十咏》的作者用诗写出了伦敦女人的纯洁的美,善良的美。尾联讲述英国自由恋爱的

---

① John Francis Davis, "On the Poetry of the Chinese", *Transactions of the Royal Asiatic Society of Great Britain and Ireland*, 1829, Vol. II, p. 443.

婚姻，这是一种幸福融洽的结合，能够保证家庭的和谐稳定，作者也委婉地传达出其向往之心。这一点在《西洋杂咏》中也有提到过：

  缱绻闺闱只一妻（夷人娶妻不纳妾，违者以犯法论），
  犹知举案与齐眉（夷人夫妇之情甚笃，老少皆然）。
  婚姻自择无媒妁（男女自主择配，父母皆不与闻），
  同忏天堂佛国西（合卺之日，夫妇同携手登天主堂立誓）。

  可见这一点对于旅外的中国人来说，是一个很新鲜而且颇有感触的事情。而对比中国当时的家庭包办婚姻，显而易见，作者更倾向于前者。由此我们也能够看出作者包容开化的世界观，尊重不同国家的文化风俗差异。

  第三首诗主要描写农业和天气。首联的"夏月村郊晚"写出了伦敦因纬度高而夏季昼长夜短这一自然现象。作者认为这样的天文现象在中国并不多见，因此特意以背景描写的方式写在诗中。颔联中的两句"草长资牧马，栏阔任栖牛"说出了伦敦或者英国的农业形态，主要以畜牧业为主，而且其自然条件适宜于发展畜牧业。这两句诗也写出了一种闲适散漫的农业状态，给人一种恬淡的感觉，仿佛身临一处很优雅也很安静的农村牧场。颈联介绍了英国多种植小麦，并营造出一种快乐的收获场面。尾联末句"烟雾恐迷留"很好地印证了伦敦被称为"雾都"的事实。

  第四首诗很集中地描写了英国人的文化娱乐生活，并对东西方的文艺娱乐方式有意识地进行对比，也算得上是一种文化交流吧。首联中，作者一方面在描写英国的歌剧院，另一方面也在跟中国戏院进行对比。这句诗中我们可以看到英国的歌剧院白天没有演出，演出只在晚上进行，而且我们可以读到当时歌剧表演的道具和舞台布景都是很华丽的。反观中国的剧院，演出是全天都有的，舞台布景也很简单，没有繁杂的实物布景，有时简单的就只有"一人、一桌、一椅、一扇、一抚尺而已"（《虞初新志·口技》）。中间两联是用中国戏剧术语来描述介绍西方的歌剧，这样做既可以使中国读者较好地明白作者想要传达的意思，另外对外国读者来说也可以由此多多少少地了解到中国的戏剧。这首诗集中描写了英国的"戏"，我们可以用这个字来代表这首诗。

  第五首诗从整体上给我们描写了伦敦市内的水系特征，一条泰晤士河贯穿整个伦敦市区。作者应该见到的是伦敦桥这样的泰晤士河上面的大桥，本身的建筑就很宏伟，作者描写的场景虽有夸张，但又不系妄语。"人马步云

中"给人一种亦真亦幻的感觉,不得不称赞作者的想象力和气魄。后面的颈联也是依旧沿袭着这种恢弘的气势,展现出帝都伦敦宏大壮美的景象。最后一联将伦敦与九朝古都洛阳相比较,可见伦敦在作者心目中的地位。这首诗带有强烈的浪漫主义的特点,作者在写实的基础上又不失大胆的想象,字里行间可见作者对伦敦的热爱之情。纵横交错的水系也让我们看到了繁忙现代的英国首都,泰晤士河不息的河水,给这个城市带来了无限的生机和活力,此诗虽以写水为主,但是却从侧面很好地烘托出了整个城市的恢弘气势。

第六首诗笔者将其内容用"城"字来概括。《兰墪十咏》中只有这首诗很明显地在用典。首联用"烟花地"来形容伦敦,明显是在与"烟花三月下扬州"的扬州相对比,写出伦敦城的富庶繁华。颈联明显化用了王维的诗句,"云里帝城双凤阙,雨中春树万人家"(王维《奉和圣制〈从蓬莱向兴庆阁道中留春雨中春望〉之作应制》)。尾联作者提出了一个有意思的问题就是:何处种桑麻。作者浓重的农耕思想可见一斑,他不能理解如此繁荣的街市怎么能够没有农田呢。其实那时的伦敦已经进入了第一次工业革命。这是一个多么大的讽刺啊!

第七首诗很明显也是描写城市建筑的,鳞次栉比的楼房给作者很强烈的异域风情;粉刷的墙壁和玻璃的窗户使得一切都好像在画中一样。这首诗语言通俗简单,没有非常复杂的修饰,用一种普通平淡的语言来描写伦敦日常的景象,也给人一种触手可及的亲近感。

第八首诗的首句点出时间地点,从第三首诗的"夏月",到现在的"九月",也可见作者在伦敦所处时间不短。但是这里的"九月"究竟是指农历九月还是阳历九月,还需要进一步探讨。这首诗作者给我们介绍了伦敦的人在秋季的一项外出活动,即非常喜欢去乡村远游,极富生活情趣。伦敦城里仿佛一夜间变得安静下来,鱼虾的价格也降低了很多。最后尾联中的"寂寞"二字,从上下文来看,不易理解其中之意。参照德庇时先生的英文翻译,寂寞翻译为"untenanted",未租出去之义。事实上笔者是这样理解的:伦敦城里人出外郊游,而城里的房子就空闲了下来,于是称之为寂寞,这里也有冷清的意思。

第九首诗中作者对伦敦的冬夜街景进行了一次细致的描写。可见伦敦这时候已经转入冬季,但是晚上的路灯和夜市却是给人以繁华的感觉。作者白描的语言很生动逼真地描摹出当时伦敦街头繁华的景象,相比较之下当时大清的街道肯定远不及此。

最后一首诗的信息量很大，内容集中于饮食方面。作者找到了很多欧洲饮食和东方饮食的差异点。首联主要介绍英国的地理环境，"地冷难栽稻"但是为什么"由来不阻饿"呢？这个答案在第三首诗中就已经给出了："草长资牧马，栏阔任栖牛"。也就是说，英国的农业主要以畜牧业为主，所以即使没有重视稻谷也不会挨饿。颔联中提到了英国喝茶的习惯，英国人喝茶尤其喜欢喝红茶，与中国人不同的是他们喜欢在茶里面加入乳制品，奶酪或者鲜奶。当时对于中国人来说并没有"面包"这样的概念，作者是用"烘面"一词进行介绍的。由此我们也可以看出"面包"这个词汇的产生时间应该是很晚的。这些饮食习惯与中国传统习惯大相径庭，对于当时的中国人来说都是新鲜事。颔联运用很华丽的语汇来形容他们所使用的餐具，给人一种高雅尊贵的感觉。尾联中更是讲到英国人尊重饮食上的礼仪，在吃饭之前还要更换衣服。仅寥寥几句作者就把一个异国风情的饮食文化生动真实地展现在读者面前。

总体来看，整组诗的风格统一，视角独特，描写细腻，涉猎广泛，信息量大。整组诗从一个旅居国外的中国人的视角出发，详细介绍了19世纪初的英国在衣食住行等多个方面的情况。诗歌语言流畅通俗易懂，是作为海外竹枝词研究不可多得的参考资料。

（三）《兰墪十咏》与其他竹枝词比较

1. 与《外国竹枝词》比较

《外国竹枝词》的作者是尤侗，字同人，又字展成，号悔庵，晚号艮斋，又称西堂老人，江苏常州人。康熙年间试博学宏词，授翰林苑检讨，参与撰修明史。[①] 尤侗在撰修明史的过程中接触到了大量珍贵的明代史料，从太祖朱元璋开国到成祖南征北战，以及郑和下西洋等。其中包括《会典一统志》，尤侗在《外国竹枝词（自序）》中是这样描述的："《暨西域记》、《象胥记》、《星槎瀛涯览》诸书，风土瑰怪，震眩耳目。此固穆王辙迹之所未到，汉家都护之所不能通也。"[②] 由此可见，尤侗所作竹枝词，并非亲历而作，他对外国形象的获得全部来自于上述那三本书和其他一些数据，均是二手资料，是通过别人的眼睛来看外面的世界，其意义可以说是对前朝数据的保存和整理，

---

① 王慎之、王子今辑《清代海外竹枝词》，北京大学出版社，1994年，第5页。
② 王慎之、王子今辑《清代海外竹枝词》，北京大学出版社，1994年，第18页。

但其中的错误却是很多。

《外国竹枝词》共有六十六首。自序中注明的时间是"康熙辛酉腊月朔日（1682年1月9日）"，早于《兰墅十咏》的创作时间1813年。《外国竹枝词》中描写欧洲的仅有三首，分别是《佛郎机》、《和兰》和《欧罗巴》。我们结合《兰墅十咏》与这三首诗进行对比。《佛郎机》的尾联"何事佛前交印去，订婚来乞比丘尼"，这里的"佛"、"比丘尼"均是佛教用语，尤桐对这首诗的注解中提到"俗信佛，每六日礼拜，手持红杖而行。婚姻诣佛前相配，以僧为证，为之交印"①。尤桐完全套用佛教用语对基督教进行阐释，现代人看来真是啼笑皆非。但他解释的内容并没有错，将所有的佛教词语换作基督教对应的专有名词即可。《兰墅十咏》的第一首诗中同样提到了宗教问题，但是却没有犯上面这种错误，可见《兰墅十咏》的作者亲历英伦，看到了真实的基督教的场景，故没有延续尤桐的错误，其对西方宗教的描述更加客观准确。

2. 与《海外竹枝词》比较

《海外竹枝词》署名是由寄所托斋戏编。寄所托斋是潘乃光室名的别号。潘乃光原名志学，字晟初，关系荔浦人。他在《海外竹枝词序》中写道："去秋鄂潘王椒生星使在京祝嘏，成礼后，……以余为老友，谂知有壮志爱远游，约同行为参赞。"可见潘乃光是亲身游历欧洲之后写下的多篇竹枝词，其中详细记叙了他出国的见闻和感慨，对西贡、星加坡、锡兰、苏尼士河、亚士撒德、马赛、巴黎、柏林、彼得堡、伦敦等城市都有所描写。② 他还按照国度或城市将竹枝词命名，共有十二首。序言标注的时间是"光绪二十一年乙未春三月"，即1895年，晚于《兰墅十咏》82年。其中有一组七言诗，题为《英都伦敦》，其间记述的伦敦见闻及感想较《兰墅十咏》大不相同。首先《兰墅十咏》每首诗都有着相对明确的主题，我们可以总结出各个不同的方面，然而在《英都伦敦》中，我们无法归纳出每首诗的主题。在《兰墅十咏》中我们可以看到衣食住行城市建筑等诸多方面，在《英都伦敦》当中，作者着重关注了英国的工商业发展，"车路先分上下层，凌空穴地果精能"，"税务年

---

① 王慎之、王子今辑《清代海外竹枝词》，北京大学出版社，1994年，第21页。
② 何建木、郭海成《帝国风化与世界秩序——清代海外竹枝词所见中国人的世界观》，《安徽史学》2005年第2期。

年几倍增"、"制造曾闻胡力枢，船坚炮利启鸿图。神斤鬼斧应称绝，万五千人减得无"、"百货骈罗美在中"、"良贾深藏游女杂"、"通商口岸已通行"①。可见在洋务运动的背景下，中国人到了国外之后更多关注了当时大英帝国的工商业发展，而且其中饱含了向往倾慕之情，诗歌中往往充斥着一种赞叹与讴歌的感情。而《兰墅十咏》写作之时，第一次鸦片战争尚未爆发，对于西洋的惧怕或者羡慕的感情还很少。《兰墅十咏》的描写完全是一种平等客观的介绍，几乎不带任何感情色彩，既不是猎奇也没有崇拜。

3. 与《伦敦竹枝词》比较

《伦敦竹枝词》百首，署名为"局中门外汉"，一说是室名为"观自得斋"的安徽石棣人徐士恺。跋语署年为光绪甲申（1884）年秋九月。作者首述英女王登位五十周年庆典，次论述英伦社会风尚，电灯、自来水、地铁、植物园、博物馆、礼拜堂、大饭店、公园、咖啡馆等等，对伦敦城市生活作面面观。②可以说《伦敦竹枝词》是现今为止关于英国伦敦描写最详细的竹枝词。所涉内容面面俱到，将英伦风俗细致入微地描写出来。其中不乏用英语入诗的例子，颇为有趣，如"结伴来游大巴克，见人低唤'克门郎'"③，通过注解我们才知道"巴克"是英语中"公园（park）"的音译，而"克门郎"是"来同行（come on）"的音译。这句话的意思是说，"有小家女或娼妓游于花园者，见人则低唤克门郎以招徕焉④"。我们可以断定《伦敦竹枝词》其写作目的就是为了给中国人介绍作者在英国伦敦所见所闻。其涉及之广，描写之细，篇幅之大应该说可以排在同类竹枝词之首。但时间上足足比《兰墅十咏》晚了71年。

通过与同类竹枝词相比较，我们可以看出《兰墅十咏》它自身的特点有：首先，从信息的传播角度来看，作者的写作素材全是亲身经历和亲眼所见，而不是从其他相关资料上间接获得的，这样子能够比较客观地展现国外景象。其次，《兰墅十咏》的创作时间早。尤桐根据史料整理所作的《外国竹枝词》除外，作者亲历而作的海外竹枝词当属《兰墅十咏》最早。同样在所有已知的海外竹枝词范畴中，《兰墅十咏》也是目前所见最早的一篇单纯以英国伦敦

---

① 王慎之、王子今辑《清代海外竹枝词》，北京大学出版社，1994年，第67页。
② 丘良任《论海外竹枝词》，《长沙水电师院学报》1992年第3期。
③ 王慎之、王子今辑《清代海外竹枝词》，北京大学出版社，1994年，第133页。
④ 原诗注。

为描写对象进行创作的竹枝词。最后，从海外传播角度来看，《兰墅十咏》在19世纪英国的主流文学杂志上面多次被提到，还被德庇时先生全文收录进《汉文诗解》，并且在1834年又重新被《便士杂志》引用其英文翻译。

但国内目前还没有关于《兰墅十咏》的记载及评论，另外《兰墅十咏》在被引用的过程中也损失了一部分信息。我们目前所看到的竹枝词每首诗后都会有一句两句不等的注解，或解释词语，或将诗句所不能完全说清的事情重新叙述一遍。但我们在《汉文诗解》中读到《兰墅十咏》时没有任何注解，这与其他竹枝词大不相同。但《季度评论》中提到了《兰墅十咏》中的两条注释。我们推测可能还存在其他一些类似的注释，遗憾的是德庇时先生把所有注释都删去了。笔者推测可能是因为德庇时先生写作《汉文诗解》的目的是为了给英国人介绍汉文诗，诗歌本身才是德庇时先生引用的重点，故才删去其它注释。

三、《兰墅十咏》的意义

我们之所以说《兰墅十咏》是非常有意义的，有以下三点：

第一，它丰富了海外竹枝词的史料，对以往的材料加以修正，而且在目前来看创造了许多个"第一"。首先在目前能够见到的海外竹枝词中以及相关研究论文未见提及《兰墅十咏》，《兰墅十咏》于1813年创作完成，这距离我们现在看到的最早专门描写伦敦的《伦敦竹枝词》早了整整71年。其次《兰墅十咏》第一次由英国杂志《季度评论》关注，并且最终被《汉文诗解》中引用发表在《英国皇家亚洲学会会议录》中并正式于1830年发表。从目前掌握的资料来说《兰墅十咏》是第一组在英国杂志上面发表的中国诗歌。这十首诗的影响绝非止于《汉文诗解》，1834年《便士杂志》全文引用了德庇时先生的《兰墅十咏》译文，并且加以评论。可见这组诗在英国文学界引起了不小的影响。至于《兰墅十咏》的作者身份，他极有可能是一名早期对外汉语教师，当然可能仅仅是文学方面的，并没有涉及更多其它方面。但张西平先生的论文《明清时期的汉语教学概况——兼论汉语教学史的研究》中没有关于《兰墅十咏》作者的描述。

第二，从东学西渐的角度上来看，《兰墅十咏》的读者群体并不是国人，而恰恰是英国人，而且目前我们只能在英文期刊或著作中见到《兰墅十咏》

的全貌。这组诗使西方进一步地认识了中国诗歌。无论德庇时抑或《便士杂志》都对《兰墅十咏》做出了很高的评价,其中德庇时认为"《兰墅十咏》的作者几乎完全不懂英语,也不了解当地的风俗习惯,但是依然能够写出一下子抓住人眼球的诗句。"《兰墅十咏》很清晰地为外国人展示了中国诗的风貌,为汉文诗在外国的传播作出一定的贡献。

另外《兰墅十咏》的译文同样在东学西渐的进程中起着非常重要的作用。"德庇时先生第一次将所有十首诗翻译出来,并伴随着原始的中文文本。①"可以说这为《兰墅十咏》以及中国诗歌在国外产生了非常深远的影响,也可见德庇时先生对这组诗的欣赏和重视。关于德庇时先生的翻译,他没有采用 Herbert A. Giles 把诗歌翻译成韵文的方法,而是采用 Waley Bynner 散文化的翻译方式,正如他自己这样说道:"作为一个简单的描述性诗歌,诗中想象的成分很少;它们也许在中文中读起来很好听,在翻译的过程中既保持诗歌的高贵又做到如此完美地与我们自己熟悉的事情相似,这将是一个没有结果的尝试,它最好的翻译是一种散文化的翻译。"②

诗歌的翻译历来都是翻译过程中最困难的部分,因为既要能够保证"意美"还要保证"形美",最后还需要"音美"。兼得三者的翻译可以称得上是翻译中的典范之作,真正的精品真的是少之又少。因此在翻译的过程中,我们应该根据诗歌具体情况加以适当取舍。例如《兰墅十咏》,作者创作的意图在于传递一种异族的风情,以诗记事,描写上大多以白描为主,其中也没有很多晦涩的词语和典故,语言浅显易懂。因此,该诗的翻译可以采用散文化翻译手段,充分表达清楚诗歌内容就可以了。而且从音韵方面来看,德庇时的《兰墅十咏》译文并没有严格的押韵模式,但其内在谐和的韵律也让译文获得了美听谐唱的美感。综合看来,德庇时关于这十首组诗的翻译算是很成功的。

但德庇时在翻译过程中也存在一些误读,例如第六首诗的尾联上半句,

---

① "A Chinese Poem", *The Penny Magazine of the Society for the Diffusion of Useful Knowledge*, London, 1834, p. 359.

② John Francis Davis, "On the Poetry of the Chinese", *Transactions of the Royal Asiatic Society of Great Britain and Ireland*, 1829, Vol. II, p. 421.

"六街花柳地"中"花柳"二字，德庇时意译为"*ornament*"①，同时德庇时还特意注释了一下这首诗的字面含义，"花柳"被简单地认为是"flowers and willows"②。在中国人的语言习惯中，"花柳"未必是一个正面的词汇，通常指的是风月场所，而并不是译者所说的街道旁的装饰。现在我们很难准确得知当时作者的创作意图，以及译者对于这句诗的理解。不知是作者无意为之，还是译者在翻译的过程中特意美化了这个词？这个问题值得深入探讨。

第三，《兰墅十咏》虽然是在英国创作的，描写的是英国风物；但是不可否认，它仍然是中国古代文学史的一部分，我们需要把这十首诗"请回家"，让它重新回到中国古代文学史的视野中来，并且在其中保有一席之地。同时我们也要结合时代的背景，分析这组诗歌不同于其它竹枝词的艺术风格与特点。另外，我们在不同时期的海外竹枝词中可以找到许多相似点和不同点，如果进行深入探讨，或许能够从中看到不同时代的文人们看待西方外来事物不同的世界观和认识观。

四、结 语

本文专门介绍了一组 19 世纪初由中国人亲历写就的十首海外竹枝词《兰墅十咏》，在与其他同类海外竹枝词对比之后，深入挖掘其创作特点及学术意义。《兰墅十咏》给当时闭关锁国的中国人展现了异国风情的一瞥，或许在当时的中国没能够产生很大的影响，但是却让独特的中国诗歌走进了遥远的大英帝国的视野，一定程度上改变和更新了外国人对于中国诗歌的看法，从这一点上看作者确实起到了中外文化交流使者的作用。

与此同时，《兰墅十咏》也给我们留下了很多值得深入讨论的问题。例如作者的具体姓名；以及《兰墅十咏》是如何被德庇时先生发现的；作者与德庇时先生之间的关系是什么；还有没有更多类似的作品尚未被发现等等。《兰墅十咏》的相关研究有赖更多治学者们去努力发掘。

---

① John Francis Davis, "On the Poetry of the Chinese", *Transactions of the Royal Asiatic Society of Great Britain and Ireland*, 1829, Vol. Ⅱ, p. 446.
② John Francis Davis, "On the Poetry of the Chinese", *Transactions of the Royal Asiatic Society of Great Britain and Ireland*, 1829, Vol. Ⅱ, p. 446.

·四季评论·

传记·政治·性别
——海外汉学界丁玲研究的三种视角

张 浩

丁玲是中国现代文学史上一位具有传奇经历和卓越成就的女作家,她以独特的艺术个性和创作成就,不但受到国内同行和读者的关注,而且海外学者长期以来对她的研究一直持续不断。[①]丁玲的作品被译为多种文字,在西方世界迥异的阅读空间内延续着文学生命,受到主流社会的广泛关注和热烈讨论。截至目前海外已出版丁玲的相关译著20余种,包括日语译著7种,英语译著6种,越南语译著3种,法语译著2种,德语和意大利语译著各1种。"如果一个作家的作品翻译语种多,作品数量多,再版次数多,必然会产生研究成果多的效应,这些作家往往也是在国内被经典化的作家。"[②]

丁玲创作在西方世界得到了大量译介,相应地也成为了海外汉学家、翻译家的重点研究对象。本文从传记批评、政治意识形态和性别诗学三个维度阐释海外汉学界的丁玲研究,尝试从传记批评的视角探究海外汉学界对丁玲创作诠释背后所展现的心理学、民族学和人类学的渊源;从政治意识形态的视角探究本土与海外对丁玲创作阐释在文化、社会和意识形态上的差异和错位;从性别政治的角度考察海外汉学家对以丁玲为代表的现当代女作家性别身份的确认及女性形象的重构,为海内外的丁玲研究提供有效的借鉴和启示。

[①] 这里的"海外"主要是指欧、美、澳大利亚等英语国家。由于所学外语的限制,本文主要依据比较有影响的英语著作对丁玲创作的翻译介绍及研究情况进行一番简单梳理。

[②] 刘江凯《认同与"延异":中国当代文学的海外接受》,北京大学出版社,2012年,第43页。

一、传记视角：丁玲与中国现代化转型

　　传记批评是海外丁玲研究中最基础也是最重要的研究角度，20 世纪 30 年代，海外有关丁玲的传记类著述相继问世，特别是 80 年代以来随着丁玲的复出，海外的丁玲研究出现了一个高峰，陆续出版或再版了数种丁玲传记著述，其中引起较大反响的是梅仪慈的《丁玲的小说》、查尔斯·J. 艾勃（Alber Charles J.）的《忍受革命：丁玲与国民党中国的文学政策》及《拥抱谎言：丁玲与中华人民共和国的文学政策》、丁淑芬的《丁玲和她的母亲：文化心理学研究》、张润梅的《丁玲的生平与写作》等。查尔斯·J. 艾勃、丁淑芳、张润梅等海外学者运用了传记文学研究的特点与优势，对丁玲的生平创作活动进行研究。

　　对于丁玲生平最早的记录和描述来自二三十年代抗战期间在中国的美国记者群，其中埃德加·斯诺（Edgar Snow）的《活的中国·丁玲》、里夫的（Earl H-Leaf）的《丁玲：新中国的先驱者》、《丁玲在西北》、《女战士丁玲》等，成为记录丁玲生平、生活和创作的最早文献。这些早期文献虽然不是海外学术研究，但是其中很多是海外汉学界后续研究的基础资料，无论从史料价值还是学术价值上看都是值得重视的。随着 1957 年丁玲遭到批判，以及中国在"文革"期间与西方国家在外交上陷入冷战状态，海外汉学界的丁玲研究也陷入了低谷。20 世纪 80 年代以后随着中国改革开放政策的施行，特别是丁玲于 1979 年复出之后，国外的丁玲研究形成了繁盛阶段。查尔斯·J. 艾勃、丁淑芬和张润梅等学者丁玲传记的出版，成为海外汉学界真正意义上丁玲传记研究的开端。

　　海外汉学家从丁玲创作活动的时代背景和成长过程入手探讨其创作思想变化，从中国现代文学整体发展脉络中研讨丁玲和她的作品，因此这些丁玲传记比较关注对 20 世纪中国现代政治、社会、文学发展等时代背景的研究。查尔斯·J. 艾勃 1980 年开始丁玲研究，历经 20 多年的努力终于完成了两部丁玲传记《忍受革命：丁玲与国民党中国的文学政策》及《拥抱谎言：丁玲与中华人民共和国的文学政策》，前者主要写丁玲在新中国成立前的情感与创作，后者则主要写新中国成立到逝世之间丁玲的生活与创作的嬗变，成为丁玲传记中难以逾越的里程碑。艾勃的研究将丁玲置于中国文学整体境遇中进

行研究,并在中国现代政治变迁的大背景下详细地叙述丁玲的人生历程。国内的丁玲研究在政治和意识形态阴影的笼罩下,对某些敏感内容采取选择性的回避态度,进行有意识的淡化处理。而艾勃在搜集大量资料的基础上,通过仔细的比较与考察,尽量客观真实地还原历史,采用详细又客观的写作态度来完成丁玲传记,"丁玲的一生应该尽可能客观地讲述。我就是希望这样做。我希望能够在最大程度上去掉我的西方偏见,在中国文化的语境中理解丁玲。"①艾勃的传记不仅是对丁玲生活与创作的总结,还是对海内外学界对丁玲研究的重读、清理与总结,"对于这些时期、来源、作者、立场都不同的资料,艾勃并没有受制于这些材料本身的意识形态,而是聚焦于这些材料中的事实性因素"②,因而在诸多方面具有开拓性的学术价值。

如果说艾勃的撰著在书写对象与考察方式等方面尚属于传统传记批评模式的话,那么新时期以来问世的丁玲传记文本则逐渐呈现出多元化倾向,其中以美籍华裔学者丁淑芳的《丁玲和她的母亲:文化心理学研究》为代表。丁淑芳不是研究中国现当代文学的,主要进行儿童心理、社会心理和文化心理学方面的研究,因此这本传记主要是从心理学的角度分析丁玲与母亲以及家庭的关系。"这本专著是作者从西方心理学的视角分析研究丁玲和她的母亲,这在丁玲研究领域里还是十分独特的、前所未有的"。③丁淑芳在她的丁玲传记中主要采用"心理传记"的观念去剖析丁玲人格和自我的形成,用心理学的方法研究传记称为"心理传记,心理传记不仅是研究传记的撰写方法,也是研究心理学的方法"。④

虽然海外学者对丁玲研究的关注点不同,对她创作的分期也不一致,但是丁淑芳在对丁玲的个人经历和创作思想进行分析时最为关注的是五四运动时期丁玲的反帝反封建思想,左翼时期的革命思想,抗战时期、延安时期、

---

① Charles J. Alber: Enduring the Revolution: Ding Ling and the Politics of Literature in Guomindang China [M]. Westport: Praeger Publisher, 2002.

② Ren Xiankai: Review of Charles J Alber's two biographies for Ding Ling, well-known women writer in Modern China [J]. Chengdu: Journal of Sino-Western Communication, Volume I, 2009.

③ 陈明《一点感想——中文版序言》,参见[美]丁淑芳《丁玲和她的母亲:文化心理学研究》,范宝慈译,厦门大学出版社,2006年,第1页。

④ [美]埃尔姆斯《无掩护的革命:传记和心理学不稳定的联盟》,纽约大学出版社,1994年,第5页。

反右派斗争时期丁玲的女性意识、个人与社会意识、知识分子与农民意识等。丁淑芳认为丁玲早期是一个追求自我的反抗旧社会的反叛者,但是后来却离开内地来到延安投奔革命,从心理传记的观点来说,她的反抗以及对社会的不满,都可以被看作是挑战权威的精神,也是被压迫阶级的观察使她加强了对社会主义道路的信念。新中国成立后随着社会政治的变迁丁玲妇女独立的意识逐渐增大,她不但意识到自身处于性别弱势的弊端,而且开始为男女平等而坚定地斗争。"她历经痛苦终于找到了自己的路。当她克服了自我发展的危机而成为一成功的年轻作家时,她最善于暴露身边的许多问题——即恋爱、婚姻和谋生问题,年轻的知识分子——像她和她的朋友们——在离开他们中上阶层的家庭以后必须要处理的这些问题"。① 丁淑芳的叙述特点是客观历史还原,她采取的历史论证模式是尽量不带意识形态偏见,不做任何评价或有倾向性的暗示,只是关注于梳理和引用文献,揭示事件过程,"对于丁玲,既不将她作为一个女英雄,也不作为著名的共产党宣传家,而是作为一个作家和一位女性——同她的许多同代人一样,她是她那个时代的产物。同样我也希望,通过对丁玲的研究,在那个动荡时期中的社会和政治影响能够以一种新的视角得到审视。"②

丁玲独特的人生经历和中国现代社会历史有着密切的关系,而且她的创作都是在现实的基础上反映当时的社会历史环境,所以海外学者大多都偏重于从社会历史背景中寻找作家思想变化的原因,因此在海外汉学界对于丁玲的传记研究主要是作家生涯研究和作家思想研究,都是在中国革命的历史进程和个人人生进程等问题上,通过观察丁玲思想上的矛盾及其对待矛盾的方法,观照在巨大的社会变革时期知识分子或作家的作用。

二、政治视角:意识形态与西方中心式的解读

如果说海外汉学界对传统典籍和文学作品的关注是出于对异域文化和东方审美诗学的好奇,更多秉承的是人文科学精神,那么对现当代中国文学的

---

① [美] 丁淑芳《丁玲和〈莎菲女士的日记〉:青少年认同形成的心理传记研究》,英国剑桥大学出版社,1999年,第182页。
② [美] 丁淑芳《丁玲和〈莎菲女士的日记〉:青少年认同形成的心理传记研究》,英国剑桥大学出版社,1999年,第185页。

译介和研究则从开始之初就具有更浓厚的政治与意识形态特征，海外学者基于政治视角对丁玲创作所进行的研究更是如此。

丁玲是一位对生活有独到观察和深刻思考的作家，她在创作时总是把个性解放与阶级解放、民族解放联系起来加以表现，因此海外学者的丁玲研究始终把"革命"作为重要的关键词。"文学永远是地理、政治的，即有 politic 的。"① 20 世纪中国革命的特殊性来自于它在民族革命与阶级革命之间的冲突与抉择，丁玲作为"革命"的亲历者在创作中表现了中国现代化转型中所面对的矛盾与困惑，而这些矛盾与困惑关系到如何理解中国革命的历史、如何理解中国现代政治与意识形态因素，以及如何理解与此相关的中国现代化的转型与嬗变。

从意识形态角度对丁玲进行全面而集中研究的海外学者是夏志清。虽然夏志清秉承人文主义的批评方式，强调文学评论要以作家作品为依托，以西方的文学审美观点为标准，但是他的政治立场还是对他的文学批评标准有所影响。"夏志清用非文学评论语言（对中国共产党作家）进行嘲弄和贬抑，完全用政治批评取代文学批评"。② 夏志清在《中国现代小说史》中，认为丁玲创作被革命政治这种虚假的意识形态所笼罩，完全丧失了知识分子主体性、审美独立性和"人文主义"精神，从而成为政治的附庸品。夏志清虽然强调用统一的文学标准来衡量所有的作品，但是从他对《水》和《太阳照在桑干河上》等小说的批判，以及对丁玲为代表的左翼作家的嘲讽和激烈批评，可以看出他实际上难以做到。夏志清对丁玲《水》和《太阳照在桑干河上》等小说做出了负面评价，"一看《水》的文笔就能看出作者对白话词汇运用的笨拙，对农民的语言无法模拟。她试图使用西方语文的句法，描写景物也力求文字的优雅，但都失败了。《水》的文字是一种装模作样的文字"。③ 夏志清认为《水》最大的败笔是丁玲出于政治宣传目的而拔高灾民的政治觉悟，反而忽略了对灾民心理情感的刻画，而这种"集体之无个性的一般化"是"不能作成一种完整的艺术的有意义的部分。"④ 对于《太阳照在桑干河上》夏志清同样给予了苛刻的评价，"由于作者的重点落在马克思主义的宣传和文字的

---

① 刘江凯《认同与延异——中国当代文学的海外接受》，北京大学出版社，2012 年，第 39 页。
② 吴小攀《评夏志清〈中国现代文学史〉中的意识形态》，《华文文学》2007 年第 3 期。
③ ［美］夏志清《中国现代小说史》，刘绍铭译，复旦大学出版社，2005 年，第 332 页。
④ 韩侍衍《文坛上的新人》，《现代》1934 年第 4 卷第 6 期。

美化上，丁玲明显地忘记了在灾荒下灾民的心理状态。对于生理、心理及社会实况的盲目无知，是共产主义作家的一个基本的弱点。这类作家，由于对马克思主义过于简化的公式的信仰，使他们的头脑陷于抽象的概念，而对人类生存的具体存在现象，不能发生很大的兴趣。这一时期共产主义作家所写的无产阶级小说，几乎都是《水》的翻版"。① 他认为这部小说同样缺乏对个体生命的深切关怀，以及对人性的深刻理解，所以难以达到优秀作品的标准。

海外汉学界对中国现当代文学的研究总免不了受到政治意识形态差异的影响，他们"认为中国文学就是枯燥的政治说教"，从自身所在的主流社会价值观和意识形态出发对原著进行阐释，把几乎所有大陆现当代小说都看作"中国政治宣传的资料"，这种对"他者"自我中心主义的阐释角度往往有意强化原作意识形态的指向性，使得对中国文学的理解变得狭隘偏激。文化、历史、地理、社会等因素的迥异与阻隔，对中国现代文学阅读经验的欠缺，使得这种负面的认知和判断传递下去，形成了中西方之间"中心"与"边缘"的不平等关系。

三、性别视角：女性与政治

20世纪90年代以前海外学者通常采用传记批评和意识形态批评等视角对丁玲进行研究，随着女性主义批评理论的兴起，性别的视角也逐渐成为海外学者丁玲研究的崭新角度。海外学者对中国作家及作品的研究不再像以前一样，对政治因素异常敏感，带有明显的对抗意识，而是用女性主义理论重新解读丁玲及作品，探讨女性主义视角下丁玲女权主义观念的形成，以及其作品反映的女性意识等问题。以梅仪慈（Yi-tsi Mei）和白露（Tani E. Barlow）为代表的海外汉学界从女性主义角度对丁玲的研究，主要集中在她的早期创作和延安时期的文学，进入延安之前的丁玲是一位无政府主义的作家，进入延安后，丁玲作为女作家和中国共产党干部的双重身份，使得海外学者研究角度更加复杂。

海外汉学界女性主义视角下的丁玲研究，从一开始就有明确的女性主义理论眼光，对中国现代女性文学的研究充满反思的内涵。这种反思指向的是

---

① ［美］夏志清《中国现代小说史》，刘绍铭译，复旦大学出版社，2005年，第358页。

传记·政治·性别——海外汉学界丁玲研究的三种视角

女性问题的本身,从女性主义的角度来说,丁玲及与她同时代的女作家最突出的特点就是鲜明的女性主体意识,通过写作表现自身女性意识形态和女性身份是这一代作家的共同点。梅仪慈对丁玲的关注开始于20世纪50年代,她曾专程来到中国对丁玲进行采访并深入调查研究。梅仪慈的《丁玲的小说:中国现代文学中的意识形态与叙述》、《文学与人生的变化关系:丁玲作家角色的方方面面》以及《文学的用途:丁玲在延安》等论文关注丁玲同女性主义的联系,对海外汉学界女性主义视角的丁玲研究做出了有益的开拓。梅仪慈认为"五四"文学的出现,爱情与情欲成为引起激烈争论的问题,或者成为摧毁自我意识的因素,丁玲是用文学来表现自我的五四女作家之一,其小说中的性爱主题,影射出本人婚姻恋爱的悲剧和对命运的抗争,"艺术只是在寻找自我个性的过程中对自我与世界冲突所作的一种记录。对于这些早期作品中的年轻女子来说,爱情与性欲成了决定自我拼搏胜负成败的战场。"① 梅仪慈还从女性主义的角度揭示了丁玲的创作动机,丁玲和她小说中的多数年轻女性一样,也是生活在半殖民地化城市的边缘人群,梅仪慈深刻地意识到丁玲那一代女性作家的生存困境,所以女性写作不仅是女性自我意识的表达,更是一种生存手段,她将丁玲的写作上升到生存论的意义上来论述。"我之所以详细引述沈从文对丁玲早年作家经历的描述,是因为沈从文从丁玲所获得的'解放'中看到了她所面对的多重限制,女性只有从这些限制中全部脱离出来,才能够写作自身。"②

梅仪慈较多关注的是丁玲创作中的女性主义意识形态,而白露则首先提出丁玲是一个"女权主义"者,这是海外学者第一次明确界定丁玲是女权主义者。在丁玲的作品里女性意识起着主导作用,而白露的独特之处在于她将丁玲作品置于一个广阔的历史背景中,剖析丁玲创作中女性意识形成以及逐步走向成熟的历程,她的《〈三八节有感〉和丁玲的女权主义在她的文学作品中的表现》首次明确使用"女权主义"来界定丁玲创作,在此之后,在《丁玲早期短篇小说中的女性主义和文学技巧》、《女性主义谱系:丁玲〈韦护〉中的分割问题》、《丁玲〈母亲〉中的性属与身份》及《现在中国的性属政

---

① Yi-tsi Mei Feuerwerker. Ding Ling's Fiction: Ideology and Narrative in Modern Chinese Literature [M] Cambridge and London: Harvard University Press, 1982: 50.

② Yi-tsi Mei Feuerwerker. 'Woman as Writers in the 1920's and 1930's' in Margery Wolf and Roxanne Witke eds., Women in Chinese Societ, Ibid. p. 158.

治》等多篇颇有分量的论文中白露进一步用女性主义理论集中探讨丁玲的女性意识及女性主体性的历史演进。

海外汉学家注重运用女性主义理论与文本分析作为参照，挖掘丁玲创作中的女性因素，从而形成了海外丁玲研究的高峰。除了梅仪慈和白露外，从女性主义角度研究丁玲比较突出的汉学家还有周蕾（Rey Chow）、吕彤邻（Tonglin Lu）、刘剑梅（Jianmei Liu）、蓝温蒂（Wendy Larson）等。周蕾的《妇女和中国现代性：东西方的阅读政治》综合运用女性主义、精神分析及后殖民理论等方法，将女性和中国现代性的问题置于"看"与"被看"的双重视角中，在文本细读的基础上分析了女性同中国现代性转型的关系。刘剑梅的《革命加恋爱：文学史、女性身体与主题重复》借助性别理论分析现代女作家小说中"革命+情爱"的母题模式，分析中国现当代女作家创作中反映的中国妇女的复杂状况。刘剑梅认为，在丁玲涉及"革命+恋爱"的小说中，性别政治体现的是性别与政治之间的亲密关系，在从文学革命向革命文学的过渡阶段，新女性形象不再将自己束缚在爱情、婚姻和家庭中，而是走出去成为走在革命前沿的女人，革命话语使女性身份的构成发生巨大变化。

梅仪慈和白露等海外学者的女性主义视角为丁玲研究提供一种异域的视点，她们客观地对女性主义理论与中国政治、文学和文化的关系做出反省，不但为女性主义视角下的丁玲研究赋予了新的向度，同时也促使海外汉学界的中国女性研究产生更深入的结果。

四、结　语

海外汉学界的丁玲研究属于汉学界中国文学整体研究的有机组成部分，与典籍整理和古代文学研究相比，海外汉学界对中国现当代文学研究则显得不够深入和全面，海外学者基于传记研究、意识形态研究乃至性别研究的维度对丁玲创作进行了多元考察，重新诠释了丁玲的创作成就，丁玲能被海外汉学界所接受并成为研究的热点，无疑具有诸多启示意义。

"汉学是外国学者（当然也包括那些生于斯长于斯或久居外国并深受其文

化影响的华裔外国人）整理、研究中国文化遗产的成果之总称。"① 由于海外学者的世界背景、特殊身份（包括华裔学者）以及跨学科的学术思想与方法等，其研究成果拓展了固有的研究视野，突破了传统研究模式的限制，从而彰显出独特的学术取向与历史轨迹。此外海外汉学界的丁玲研究"强调在参照中回归对自己的认识，既重新建构自己，又重新建构对方，是西方反省和重新认识自己，更新自己文化的重要途径。新的汉学研究不再是介绍，而是直接进入双方文化对话和重建的主流。"② 虽然海外学者以西方读者为接受对象，主要面向的是西方学界，但在当今世界更加一体化、学术资源共享的环境中，海外汉学研究作为"他者"与本土研究之间形成参照审视与互动解读的良性关系，为我们分析总结中国现当代文学的世界性视野与本土经验，更好地理解文学作品的现代性与民族性，无疑具有重要的意义。

---

① 阎纯德《汉学和西方汉学世界》，《中国文化研究》1993 年创刊号（总第一期），第 153—154 页。

② 乐黛云《国际汉学研究的新发展与比较文学的前景》，《四川外语学院学报》2001 年 1 月第 1 期。

域外漫游与"西学东渐"[①]
——晚清海外文人眼中的牛津剑桥大学

杨 波

作为英语国家中最早成立的两所大学,牛津大学(University of Oxford)和剑桥大学(University of Cambridge)数百年来卓然傲立于世,秉承自由独立、探索真知的宗旨,不仅是世界一流大学的典范,更是西方文化精神的象征。在当下中国教育界,言必称牛津剑桥早已蔚然成风,它们到底何时开始走进中国人的视野,最终成为中国大学念兹在兹、不断追摹的标杆?晚清中国,山雨欲来,变局骤起。内忧外患的因缘际会,一大批士人或奉命出使,或远游求道,或去国避祸,跨洋出海,在异域羁旅中留下了大量的域外游记。鲜为人知的是,他们在采风觇国之余,与牛津剑桥结缘,得以亲炙其风采,留下很多相关记述,如今几乎无人提起。在笔者看来,正是这些文字,打开了中国学习借鉴西方大学体制的窗口,梳理这些史料,对研究西方大学在中国的传播与接受十分重要。

一

1866年3月,为改善中国对外洋情形一无所知的窘境,清政府派斌椿率同文馆学生张德彝等一行5人,由时任中国总税务司英国人赫德带领,踏上游历泰西的旅程,在4个多月的时间内,斌椿等人访问了法、英、荷兰、丹麦、瑞典、芬兰、俄国、普鲁士、比利时等9国。斌椿自诩"中土西来第一人",写成

[①] 教育部人文社科研究项目《晚清域外游记与近代文学转型》(12YJC751097)、河南省社科规划项目《域外体验与文学转型》(2011CWX009)阶段性成果。

域外漫游与"西学东渐"
——晚清海外文人眼中的牛津剑桥大学

《乘槎笔记》①记录此次行程,另有诗稿《海国胜游草》、《天外归帆草》行世。1866年6月7日,斌椿一行"乘火车北行一百八十里,至阿思佛(读作熬克),游大书院数处。掌院者名勒得富,邀至家。"②牛津大学在斌椿笔下仅此而已。此文曾在1871年7月22日《中国教会新报》刊出,文字基本一致,只在牛津大学发音上略有出入:"阿思佛(读作熬克弗尔的)。"因文字过于俭省,虽然登诸报端,但"阿思佛"大书院并未引起读者关注。

同行的翻译张德彝所记稍详:"明等自伦敦上火轮车,西北行一百五十里,午刻抵敖四佛村。有本地官勒得福者以四轮马车来接,登车北行,过大桥洞,周游二十四处,皆古礼拜堂,大学院等所。"③斌张二人作为初次出洋的晚清官员,西洋的一切均前所未见,乱花迷眼,种种事务应接不暇,很显然,他们只是把牛津大学当成英国官方安排的参观景点之一,在他们看来,当日只是游览了牛津镇上众多大书院和礼拜堂,并不清楚牛津大学的体制和布局。以观光客的眼光,自然对牛津大学无法深入了解,甚至他们对学校具体方位的描述也各不相同,相当粗率。尽管如此,斌张二人应已知最早访问牛津大学的中国官员。

1867年冬,王韬随英国人理雅各(James Legge)赴苏格兰,襄助其翻译儒家经典四书五经。理雅各是著名的汉学家,与中国渊源颇深,1876年10月就任牛津大学第一任汉学教授,直到1897年病逝,其间他曾与多位中国官员见面。译事之余,王韬遍游英伦,并且由理雅各举荐,受邀到"哈斯佛大书院"演讲,成为第一位在牛津大学讲学的中国人。多年以后,王韬追忆前尘往事,写成《漫游随录》,其中《伦敦小憩》④一文专记此事。当日牛津大学会堂群贤毕至,盛况空前,王韬回顾了中英两国从彼此隔膜到互通问询,再

---

① 斌椿《乘槎笔记》曾在《中国教会新报》(《万国公报》前身)前后分20次连载,署名"三品衔总理衙门副总办斌椿"。连载文字与1869年刊本《乘查笔记》有出入,后者较前者多有增删。如1871年7月15日《中国教会新报》指出斌椿笔记中误将李贺诗句"春风得意马蹄疾,一日看尽长安花"张冠李戴,置于孟郊名下,特为改正,刊本《乘查笔记》则将此低级错误删除。故笔者疑《中国教会新报》所刊版本为斌椿编定成书前的初稿。
② 斌椿《乘槎笔记》,岳麓书社,2008年,第118页。
③ 张德彝《航海述奇》,岳麓书社,2008年,第526页。
④ 王韬《漫游随录》1887年10月由上海《申报》馆发行的通俗刊物《点石斋画报》按月以一文一图的形式刊出,直至1889年2月才连载完成,《伦敦小憩》刊于第155期。

613

到交流日趋频繁的过程，希望牛津学子早日学有所成，为促进中英两国的交流沟通发挥作用。一些学生向王韬请教孔子之道与西方文化的区别，他认为孔子重人道，西人之天道亦归本于人，东海西海，其心同，其理亦同，中西文化并无本质的差异。讲学由理雅各亲自作口译，气氛热烈，"一堂听者无不鼓掌蹈足，同声称赞，墙壁为震。"慷慨奋发之情溢于言表。可惜文章对牛津大学风貌着墨不多，只大概说道："英之北土曰哈斯佛，有一大书院，素著名望，四方来学者不下千余人。肄业生悉戴方帽，博袖长衣，雍容文雅。"① 寥寥数语，信息量极少，不禁让人失望。

1876年4月，时任海关税务司文书李圭作为中国工商业界代表，赴美国费城参加纪念美国独立百年世界博览会。李圭结束博览会相关活动后，又东行英国伦敦、法国巴黎、马赛等地，于同年12月回国。1876年11月，他在伦敦盘桓期间，造访了"奥克司芬城大书院"，留下了四百余字的记录，弥足珍贵。他拜会了理雅各，并由其导游各处。李圭了解到"大书院共有二十一所，讲堂六所，贡院一所，书库一所"，而最大的学院叫"客利司柘池"，即基督教堂学院（Christ Church College），王室成员多肄业于此。牛津大学分门别类，设置学科，由学生自主选择，有大考三次：入学考试察深浅、校内考试定短长，毕业考试判等级。通过考察，李圭认为牛津大学"善在分门专学，循序以进，而尤在考试不数也"，提到逐日督课的"丢德"，即导师（Tutor），但并未对牛津的导师制作深入介绍。他对牛津学生的印象极为深刻：

（生徒）课余之暇，各穿号衣（如此院白衣蓝裤，彼院则蓝衣白裤，二十一院无一同），出而划船斗胜，以畅血脉。平时衣冠往来街衢，则彬彬然。若值斗船而回，则又稍涉赳赳矣。②

寥寥数语，已把牛津学生健康自信、活泼自由的样态描述得颇为传神。李圭并未延续在世博会上的精细笔墨，事无巨细，无不旁询曲证，他想当然地将"道德"（Doctor）、"扑非色"（Professor）分别等同于中国的进士、举人，将校服称为"号衣"，但他笔下的牛津大学形象已然生动可感。李圭关于牛津大学的记述虽然简练，但却受到《画图新报》的关注，被附图刊出：

本馆前次报中登有英国甘不列支书院并图，今见江宁李小池先生之《环

---

① 王韬《漫游随录图记》，山东画报出版社，2004年，第79页。
② 李圭《环游地球新录》，岳麓书社，2008年，第292页。

域外漫游与"西学东渐"
——晚清海外文人眼中的牛津剑桥大学

游地球录》登此一则，其文甚佳。唯无其图以显明之。本馆适有其图，故就其文而节登之，以证双美焉。①

至此，牛津大学得以第一次图文并茂地呈现在中国读者面前②。他还提到当时英国三大书院：一为甘比利支，即剑桥大学；一为都百灵，即都柏林大学（University College Dublin），一为牛津大学。可见他对英国大学确实做了一番深入了解。

作为中国近代第一个正式游历使团，斌椿等人初涉西洋，触目皆新奇，本质上只是充满好奇心的旅行者和观光客，牛津大学不过是一处风景佳丽之地，对其地位、功能和影响均无心深究。笔触固然轻松自然，但却在不经意间忽视了众多的文化和现实问题。斌椿归国后感慨"皇猷渐被广，歌颂遍寰宇"③，庆幸自己不辱使命的同时，天威浩荡，唯我独尊的文化心态也昭然若揭。王韬的文字雅致闲远，重点是追忆昔日的异域讲学，展示自己的博学多闻，而充满诗意的语言使牛津大学的真实面目也变得虚无缥缈。李圭眼光高人一等，对牛津大学虽着墨不多，但已开海外文人对牛津大学有意识记述的先河。他们的记录虽简单，但已打开了中国了解牛津大学的窗口，王韬在牛津讲坛的演讲也在中西文化交流史上留下了浓墨重彩的一笔。

二

对牛津大学的第一次详细描述，始于郭嵩焘。1875年，为平息马嘉里事件，清政府任命郭嵩焘为出使大臣，赴英国通好谢罪。1877年1月，郭嵩焘抵达伦敦，1879年1月销差回国，历时两年。作为中国首任驻外大使，郭嵩焘具有远超俗流的见识和胸襟，驻节海外期间，处处留心，对西方社会的体察纤毫入微，逐日写成日记，将西方各国的政教礼俗、科技物产、风土人情等尽摄笔端，粲然毕备。

1877年3月21日，郭嵩焘应邀赴里士满，出席英国前首相罗尔斯勒斯

---
① 《画图新报》1882年第3卷第8期，第6—7页。
② 《新民丛报》曾于1903年第33号、1903年第38—39号、1905年第69号分别刊出照片：《英国恶斯佛大学》；《英国恶斯佛礼拜堂》《英国恶斯佛古书楼》《英国恶斯佛之风景》；《伦敦恶斯佛礼堂全景》，惜只有标题，并无文字介绍。
③ 斌椿《乘槎笔记》，岳麓书社，2008年，第210页。

(John Russell)的茶会。首相居所溃布洛得叱（Pembroke Rocky）庭院清幽，古树蓊郁，郭与其祖孙三人相谈甚欢。聚会结束后，他在日记中写道：

> 距伦敦二十四里，过得模斯江西南行。得模斯江昨日斗船会，为铿博德基及阿思服两年［校］船只，每年一斗胜。久闻知有此会，而未及一往观也。①

这是牛津、剑桥大学第一次在其日记中出现。1877年11月21日，牛津大学纽科里治学院（New College）院长特来向郭嵩焘转达汉学教授理雅各（James Legge）的邀请，请郭于一周后访问牛津大学。郭嵩焘愉快地接受了邀请，是日记下：

> 英国两大书院，一在阿斯佛，一在刊比里治。闻刊比里治尚实学，而阿斯佛尚古学，两相济也。②

牛津大学早期以古典人文学科和神学为主，直至19世纪初，自然科学开始缓慢进入学科体系。剑桥大学早在17世纪就确立了自然科学的主体地位，也是在19世纪才逐渐开始了人文学科的发展历程。因此，他说剑桥以自然科学见长，牛津以人文学科为主，各擅胜场，相得益彰，此言大致不差。

1877年11月28日，郭嵩焘自拍定登（Paddington）启程，途经类丁（Reading），到达牛津大学，开始了为期两天的参观访问。郭嵩焘首先详细询问了牛津大学21个学院的名称、概况及住读学生人数，不避琐屑，在日记中一一胪列说明。随后，他又了解了各个学院的授课形式：

> 每住馆生各一住房、一读书房，二房相联，极精洁。所学天文、地理、数学、律法及诸格致之学，皆择其所艺已成者试之乃得入。各以类设师程督之，率十许人从一师。每学馆设一正总理（亦谓之尚书），又总设一尚书曰占西洛尔，岁一更易。③

---

① 郭嵩焘《伦敦与巴黎日记》，岳麓书社，2008年，第142页。
② 郭嵩焘《伦敦与巴黎日记》，岳麓书社，2008年，第370页。
③ 郭嵩焘《伦敦与巴黎日记》，岳麓书社，2008年，第377页。

域外漫游与"西学东渐"
——晚清海外文人眼中的牛津剑桥大学

牛津大学各个学院自主招生,自主管理,而所谓"总尚书",不过是名誉校长。在此基础上,导师根据学科要求及学生特点来进行学术指导,承担着监护人和教育者的双重角色,这便是牛津大学久负盛名的学院制和导师制,郭嵩焘的记述可谓准确扼要。

是日,郭嵩焘先参观了马克得林(Magdalen College)、阿勒苏尔士(All Souls College)和客来斯觉尔治(Christ Church College)三个学院,然后又造访了牛津大学最大的图书馆——著名的博得里图书馆(The Bodleian Library),该馆藏书量仅次于大英博物馆。郭嵩焘得悉其海量藏书的来源:"此所藏皆近人著述,凡书成必首纳献一部"。这就是英国图书馆的缴存制,牛津大学是缴存制的创始者,而博得里图书馆正是这一制度的最早受益者之一。从郭嵩焘所述"圆屋最上一层结构,旁四周为飞檐,铺以铅板,外为石栏,可以望远。"可知他当天重点参观了医学和科学书籍馆,即圆形的拉德克利夫圆楼(Radcliffe Camera),这座建于1749年的"圆屋"是一座典型的巴洛克风格建筑,坐落在圣玛丽教堂和众灵学院之间,是牛津大学的地标性建筑之一。郭嵩焘兴致勃勃地登上图书馆顶楼,俯瞰了牛津全貌。

随后,郭嵩焘来到舍尔多力安西尔得剧院(Sheldonian Theatre,今称谢尔登剧院),出席理雅各《圣谕广训》的宣讲会。谢尔登剧院是牛津大学举行重要庆典活动的主要场地,1876年10月27日,理雅各正是在这里正式接受了汉学教授的教职。他选此地作为讲坛,确是别有深意,此举一是向远道而来的中国使臣表示敬意,二是展示牛津大学汉学研究的学术积淀。但在郭嵩焘看来,《圣谕广训》能为西方学者悉心追摹,则是大清国圣祖"德教流行广远"的结果。当晚,郭嵩焘在理雅各主持的欢迎晚宴上与哥尔文施密斯先生会面,这位哥尔文施密斯就是曾发表过著名演讲《小说写作的指明灯》的英国教育家、历史学家戈德文·史密斯(Goldwin Smith)。

第二天,11月29日。郭嵩焘应邀在博得里图书馆列席了学位授予仪式,并旁观了学生的口试和笔试。他将博秩洛尔(Bachelor 学士)、马斯达(Master 硕士)和多克多尔(Doctor 博士)分别对应中国科举考试的秀才、举人和翰林;同时他想当然地以为博士也重前三名,将荣耀博士学位对应于科举的鼎甲,只不过荣耀学位只是虚名而已。由此,他找到了中西学制的共同点:

三试章程,盖亦略仿中国试法为之。所学与仕进判分为二。而仕进者各就其才质所长，入国家所立学馆，如兵法、律法之属，积资任能，终其身以所学自效。此实中国三代学校遗制，汉魏以后士大夫知此义者鲜矣！①

言必称三代，是彼时中国人的共性思维：其一是对逝去的黄金时代的极致想象和赞美；其二，这便是夏菲·列文斯坦（Harvey Levenstein）所说的处理不同文化间距时要使用"文化拐杖"，即从传统文化中截取相似物来弥合中西文化的隔膜。如此既可维护脆弱的民族文化自尊心，缓解矛盾；又增强了中国人对中华传统文化的认同感。于是上法三代，旁采泰西，成了借径西方、救亡图强的不二法门。

午餐后，郭嵩焘在理雅各的陪同下，来到格拉伦敦卜来斯印书局（Clarendon），即牛津大学出版社。他仔细询问了出版社的历史："格拉伦敦辑查尔斯第一被弑事为一书，销行甚广，厚积资产。临卒尽蠲所有，立一印书局，新旧印书局机器凡数院。" 18 世纪初，克拉伦登爵士（Lord Clarendon）将《大叛乱史》一书的版权赠给了出版社，该书第一版的盈利为出版社的建立奠定了经济基础，于是牛津大学出版社便有了克拉伦登出版社的别称。在这里郭嵩焘见识了"昨夜尚是整张纸，今早已成书"的奇迹。接下来郭嵩焘又参观了牛津大学博物馆，见到了史前鱼化石、猛犸象化石等展品，在馆长毕灼尔（Pritchard）陪同下参观了天文台。郭嵩焘秉承了其一贯的勤学好问的风格，与毕灼尔探讨了《尚书》中的星象记载，还见识了庞然大物——天球同步反射望远镜。在毕灼尔的指导下，郭嵩焘用天文学家蒂拿娄（Warren de la Rue）发明并捐造的反射望远镜观测到了金星。毕灼尔亦记录下了郭嵩焘访问天文台，并观测到金星这一历史时刻。至此，郭嵩焘为期两天的牛津大学考察圆满结束。

郭嵩焘的记述可以称得上一篇颇为详细的牛津大学考察报告，读者从他的文字中可以了解到牛津大学历史悠久，学院独立且有各自的学术特色，施行导师制，拥有图书馆、出版社、博物馆、大剧院等丰富的教育文化资源，是一座与中国传统学堂书院迥然不同的学术殿堂。因他不懂英语，一些专有词汇只能根据英文音译写出对应的汉语词汇，虽诘屈聱牙，但洋洋五千言的考察记，事无巨细皆照实笔录，苦心哭语，情见乎辞，读来让人肃然起敬。

---

① 郭嵩焘《伦敦与巴黎日记》，岳麓书社，2008 年，第 379 页。

域外漫游与"西学东渐"
——晚清海外文人眼中的牛津剑桥大学

除对牛津大学实地考察外，郭嵩焘还与牛津大学化学家哈尔库尔德、天文学家蒂拿娄等交往甚密，常在各种学术茶会或实验室里观看各种科学实验，请教颇为精深的科学原理，偶有所得，便认真记录下来，常叹自己年老失学，"其理吾终不能明也"①，求知之心未尝稍歇。颇有意味的是，1878年3月1日，郭嵩焘看到《新报》报道牛津大学师生为中国灾区募集赈款一事，竟忧心忡忡，担心牛津师生"行惠以要结人心，其亦耶稣教盛行中国之征乎？念之惘然而已。"② 西人出于人道主义，为中国筹集善款，本是正常之举，但郭嵩焘却担心英国人居心不良，借赈灾济民来传道惑民。作为传统知识分子，他无法容忍儒家文化遭受西方耶稣基督教义的侵蚀，而对具有深厚基督教文化背景的牛津大学也保持着一种本能的警惕。

随郭嵩焘一同赴英的副使刘锡鸿则志不在此，他对英国的大学教育并不感兴趣，只在日记中泛泛写道："大学之处，刊卜吏治十书院，以光、化、电学为主。岳斯笏三十馀书院，以各国语言文字为主。"③ 片言只语，无甚创见。可以肯定的是，郭嵩焘是第一个深入考察牛津大学并留下详细记录的晚清文人。国内报刊上第一篇真正意义上的牛津大学游记，据笔者所见，应是1902年《万国公报》刊登的《游奥可司福特大书院记》④，与郭嵩焘相比，已是瞠乎其后了。

1878年，曾纪泽接替郭嵩焘，出使英国，后又兼使法、俄。学识闳通、勤勉深挚的曾纪泽在外交上颇有建树。然而其海外日记却极精简，且多次修订削删，寻常琐事一概不提，其中并未提及牛津剑桥详情，只在1879年7月10日记道："理雅各来，谈极久。其人为倭格师福尔德书院教师，专教中国学问。即前寓广东三十余年，曾译五经四子书者也。"⑤ 然后转而记述如何为理雅各讲解《周易》种种玄远深致之学问，使得其大为折服，"求常常来谒，剖问疑义。许之"。自得之情溢于言表。

---

① 郭嵩焘《伦敦与巴黎日记》，岳麓书社，2008年，第326页。
② 郭嵩焘《伦敦与巴黎日记》，岳麓书社，2008年，第484页。
③ 刘锡鸿《英轺私记》，岳麓书社，2008年，第208页。
④ 1902年《万国公报》第161册，美国女士美而文：《游奥可司福特大书院记》。美而文女士姓名无考，曾在《万国公报》上发表了《论德国博林大学校》、《美国施嘉哥大学院纪略》、《记法京巴黎大学院》、《美国哈维德大学院暑假仪式记》等一系列介绍欧美著名大学的文章，或著或译，根据其行文措辞，作者应为游学海外的中国女子。
⑤ 曾纪泽《出使英法俄国日记》，岳麓书社，1985年，第228页。

1890年至1894年，薛福成任出使英法义比四国大臣。作为曾门四弟子之一，薛福成在为国家折冲樽俎之时亦不失学人本色，留下数十万字的出使日记，但关于牛津剑桥的文字不多。1890年8月26日，薛福成提到广西设西艺学堂，聘请英国"干白雷池堪斯大书院"植物学教授葛路模，"阿克斯福穆大林大书院"化学教授骆丙生，来华讲学。①剑桥牛津的学者竟受聘于晚清学堂，当时中西学术交流之盛超乎想象。1891年8月18日，薛福成赴剑桥镇，由威妥玛导游剑桥大学："此地向多大书院，系四五百年前所建，学生三千数百人，专攻格致、星算、舆地之学。"②威妥玛当时已卸任英国驻华公使，1888年任剑桥大学首位汉学教授。薛福成只提及剑桥大学风景清幽，书库藏书甚富，中国经史子集尤多善本，多为威妥玛自中国购得，其他情况则付之阙如③。薛福成在谈及英国著名大学时，将"岳斯笏大书院"（牛津大学）与"播犁地士毋席庵"（British Museum，大英博物馆）统称为大书院，将大学与博物馆混为一谈。④曾、薛二人素来对传统文化极为自信，坚持"凡兹西学，实本东来"，认为西洋科技均为中华文化之余绪，这也是他们对西方大学不太关注的原因之一。

郭嵩焘的记述显示出他对西方文化的了解，并不满足于蜻蜓点水式的浅尝辄止，事事熟思而审辨之，勤求而力学之，留下诸多宝贵的考察史料。曾纪泽、薛福成的相关记述不多，除个人眼光之不同，应也有避免重蹈郭嵩焘因言获罪之覆辙的考虑。总体而言，随着清政府派驻外交使臣日趋正常化，牛津剑桥已逐渐走入这些官员学者的视野，他们开始认真审视这些历史悠久、特色鲜明的西方"大书院"，并意识到西方之富强文明与它们密不可分。

三

1902年，镇国将军载振作为清政府专使，赴英国参加英王爱德华七世的加冕典礼。在伦敦期间，6月18日，载振率参议梁诚、参赞黄开甲、唐文治，

---

① 薛福成《出使英法日比四国日记》，岳麓书社，2008年，第188页。
② 薛福成《出使英法日比四国日记》，岳麓书社，2008年，第406页。
③ 国内报刊上关于剑桥大学的介绍，最早见《图画新报》1881年第2卷第1期，《甘不利支书院图》，刊登了三一学院和耶稣学院的素描图画，并附有简短文字介绍。
④ 薛福成《出使英法日比四国日记》，岳麓书社，2008年，第755页。

域外漫游与"西学东渐"
——晚清海外文人眼中的牛津剑桥大学

在英国人金登幹之子的陪同下,访问了"爱司福忒"学堂。他们先后参观了藏书楼、礼拜堂、考试院、公堂,又泛舟达迷斯河(River Thames)。河畔小艇"重门洞开,四围周以玻璃,书籍、报纸、铅笔之属,无不具。盖学徒夏日课余则于兹纳爽,所以为游息地也。"他很羡慕牛津学生有这样舒适恬静的学习和休憩场所。午餐时,牛津大学特意安排了汉学教授柏乐(Thomas Bullock)等人与载振一起用餐交流。虽然仅半天走马观花式的游观,牛津大学还是给载振留下了深刻印象,让他对中西教育的差异有了深刻的体认:

> 学问之事,支派虽出万涂,而其要在于求乐。不独孩提之童,道在善诱,即中人亦如之。苟不知求乐,而自溺于苦境,则智慧日窒,学术废,而事业躐矣。故上智之人士为学者,无弗导之以乐,即境以养其性,藏焉、息焉、游焉,优而柔之,厌而饫之。如此则性情静适,聪明日生,而天下事毕举矣。①

载振此说确实触及了中西教育的根本差异,中国传统教育只知填鸭灌输,一味苦其心志、劳其体肤,学习毫无乐趣,遏制了学生对渴求新知的兴趣,造成学术创新能力的匮乏。西方教育因材施教,劳逸结合,让学生在游戏、休憩、自然中得到个性发展,激发他们的学习兴趣和创新精神。牛津大学让载振赞叹不已,称其为"大雅宏达之囿"。作为皇族子弟的海外游历日记,载振日记亦广受关注,曾被《绣像小说》改编成说书体通俗演义,冠以《京话演义振贝子英轺日记》连载刊出。小说对牛津大学只字未提,只说当日众人参观了"极禄思博物院"②,用语轻佻,对牛津大学不了解的读者根本不知所云。

1898年戊戌变法失败后,康有为亡命海外16年,遍游意大利、瑞士、奥地利、匈牙利、丹麦、瑞典、荷兰、比利时、德、法、英、美、挪威等31国,自诩舍身救世的神农,考辨中西,寻求匡国济民的良药,有《欧洲十一国游记》等行世,记述海外游踪。康有为曾八赴英国,于1904年7月21日至24日,访问牛津大学;同年8月11至13日又参观剑桥大学,著有《英国监布烈住大学华文总教习斋路士会见记》、《欧美学校图记:英恶士弗大学校图记》、《英国恶士弗、监布烈住两校参观记》、《恶士弗大学图记》等洋洋

---

① 载振《英轺日记》上册,民族出版社,2010年,卷六第1页。
② 《绣像小说》1903年第6期,第16—17页。

近万言的考述文字，汪洋恣肆，蔚为大观。

　　康有为的游记打破常规，不以时间、游踪为线索，而以思想逻辑为叙述线索，应物斯感，信笔发挥。他根据自己关注的问题，在阐释议论中推介两所名校的优胜之处，借大学教育来讨论中西文化之同异。康有为在牛津大学盘桓多日，对学校的布局了然于胸，他重点介绍了牛津大学神学馆、图书馆、考试馆、博物院、学生食堂、钟楼、大剧院等。他曾五度在横贯牛津城的高街上徘徊逡巡，畅游卑理顺那校（Brasenose College）、玛地吝校（Magdalen College）和苏校（All Souls College），在波炼那藏书楼（The Bodleian Library）借阅图书，在牛津大学博物馆流连忘返，登上烈地利文藏书楼（Radcliffe Camera）顶，倚栏远望，徘徊古今……他还拜会了汉学教授褒洛，即托马斯·布洛克（Thomas Bullock），得知学习汉语的学生仅有二三人，哀叹中华国势衰败，汉语也为人轻贱至此。为让读者了解学校风貌，他还附上了《恶士弗大学堂全景》①，介绍牛津大学各个学院名称及简史。剑桥大学的记述亦细致入微，汉学教授斋路士君（Herbert Allen Giles）特意安排马车迎接康有为一行，并由其女引导参观女子学院。剑桥大学当时虽已有格顿学院（Girton College）和纽纳姆学院（Newnham College）两所女子学院，但只准许女生参加考试，并不授予学位。康有为对此颇为不解："既开大学以教女，并习各科以为世用。……何为吝此科第而不使女子稍一扬眉耶？"受传统的修道院文化影响，剑桥大学自成立之初便极端排斥女性，拒绝赋予女性平等的受教育权。直到1921年，剑桥大学才向女生授予名义学位（titular degree），她们仍非学校正式成员。1948年，剑桥大学终于承认了女生的正式成员身份。康有为呼吁中国若成立女子大学，一定像英国一样授予学位，"令黄崇嘏常出世间焉。"② 康有为还游览了遍不碌校（Pembroke College）、彼得席校（Peterhouse）、色尊校（St John's College）、女后校（Queen's College）、屯地校（Trinity College 等，无不花木浓荫，风景至佳。

　　康有为的游观不止于颐养性情，秀美如画的英伦名校，触动的不是心与物游、情景交融的审美体验，油然而生的是我不如人和时不我待的焦虑和无

---

① 据康有为行文内容来看，此文采用图文并茂的叙述方式，当时应配有相关照片，但已经散佚。
② 康有为《英国监布烈住大学华文总教习斋路士会见记》，《康有为全集》第八册，中国人民大学出版社，2007年，第32页。

域外漫游与"西学东渐"
——晚清海外文人眼中的牛津剑桥大学

奈。看到牛津剑桥数百年前的建筑一如其旧,保存完好,感叹其古风遗韵泽被后学,痛斥中国社会急功近利,喜新厌旧的风气;观看牛津剑桥的划艇比赛,盛赞西方"乐以畅魂灵,习劳而壮体魄"的体育运动,而固守封建礼教的中国人则无从体会;欣赏学生演剧,则悟到戏剧寓教于乐的文化功能,西方人赋予戏剧丰富多彩的艺术形式,而中国人却视优伶、戏曲为小道,嗤之以鼻……康有为的牛津剑桥之旅可谓相当沉重。当得知在牛津剑桥学习的中国学生勤勉好学,成绩多名列前茅时,欣喜异常,感慨中国人虽体质相貌不如欧西人种,但天资聪明,刻苦自厉,实"世界第一敏慧之种族",① 足可傲立于世,断言中国复兴为期不远。

通过考察,康有为认为牛津剑桥的成功在于:"一英国数百年来名臣名士皆尝学于其中;二在立科之美密;三在教习之多且才也;四在博物院、藏书楼之开拓闻见也;五在学者友朋之观摩讲辩也。"② 西方大学设置规范的学科体系,延揽硕学名师,辅以图书馆、博物馆等文化教育资源,因材施教,师生同道切磋辩论、交流学问。中国科举却"抑限人才,以就官额",选拔人才实为分配官员,名额极少,考核极难,且考试内容为毫无用处的八股文章。西方学生一心向学自由发展,中国学生皓首穷经只为功名,差距不可以道里计。针对这样的现实,康有为提出了改革中国传统书院的措施:

> 吾粤之有菊坡、学海……各有校舍,各有经费,各有校长,各有教习,皆依原名不改,合为一大学。于府学宫而设总校长、总教习领之,增设总博物院、藏书楼。能普通学而具修金者,听学生之来。斋内不足居听寓斋外,虽三万人亦可容也。其有不尽能通普通学者,设补习学校。则莘莘胄子、文物人才盛于列国矣。其民间有校舍,有经费,愿归并者随时合并之,则规模日增。各省城书院数所者,皆照此合并为一大学,至易至简,何为多事更张虚名而无益乎?③

---

① 康有为《英国监布烈住大学华文总教习斋路士会见记》,《康有为全集》第八册,中国人民大学出版社,2007年,第29页。
② 康有为《英国监布烈住大学华文总教习斋路士会见记》,《康有为全集》第八册,中国人民大学出版社,2007年,第45页。
③ 康有为《欧美学校记 英恶士弗大学校图记》,《康有为全集》第八册,中国人民大学出版社,2007年,第117页。

早在 1898 年上书光绪帝的《请开学校折》中，康有为只是提出远法德国，近采日本："省府县乡兴学，乡立小学，令民七岁以上皆入学，县立中学，其省府能立专门高等学大学，各量其力皆立图书仪器馆，京师议立大学"。① 不难看出，康有为此时提出的改革措施，是以前想法的延伸和补充。设立总校长和总教习，赋予学生自主权，明显是借鉴了牛津剑桥的学院制和导师制。但是如果仅仅简单地将现有书院合并，便可复制西方大学的教育模式吗？显然是一厢情愿而已。

康有为对欧美大学有较为深入的考察，遍游美国哈佛大学、耶鲁大学、哥伦比亚大学、康奈尔大学、伯克利大学等名校，对其办学特色、学科优劣，均信手拈来。尤可称道的是，康有为对西方大学往往用批判的眼光，并不一味推崇，他批评国人"惊慕乎欧美之强，而妄欲一一模仿之"的做法其实是盲人瞎马，不知所从。与以往考察者的官方行为不同，康有为的私人考察更易于接触问题实质，避免浮光掠影式的走马观花。康有为对于牛津剑桥的论述正是在他深入考察的基础上，提炼升华的关于中西教育体制、中西文化的思考和判断，思想跳跃大，文化信息丰富，称其为思想文化评论更为恰当。

1906 年，已是日迫西山的清政府派出以载泽和戴鸿慈为首的考察团，出洋考察宪政，为"预备立宪"做准备。载泽、尚其亨和李盛铎赴日、英、法、比利时考察。1906 年 5 月 3 日，尚在法国的载泽接到英外务部知会，英国"谦伯里区"大学拟授予其"笃克罗"名号，即荣耀博士学位。载泽诚惶诚恐，深感自己"名实不符，予滋愧矣"。载泽一行于 5 月 8 日抵达伦敦，5 月 14 日，"屋克斯福"大学通过驻英公使汪大燮转告，亦准备授予其荣耀博士学位，可谓优容备至。5 月 17 日，载泽在牛津大学接受了荣耀博士学位：

校长梅理近博士绯衣宽博，类中国古装。导至学堂，宾客少坐，诸博士以次谒。梅理先往登台演说，宾客数百人环坐，导者列予等入位，宣读拉丁文准书，人皆鼓掌。②

同行的尚其亨、李盛铎被授予文学博士头衔。礼毕，众人又去观看了著

---

① 康有为《请开学校折》，汤志钧《康有为政论集》上册，中华书局，1981 年，第 306 页。
② 载泽《考察政治日记》，岳麓书社，2008 年，第 660 页。

域外漫游与"西学东渐"
——晚清海外文人眼中的牛津剑桥大学

名的划艇比赛。5月25日,载泽又赴剑桥大学接受了荣耀博士学位,尚其亨和汪大燮被授予文科博士头衔,参赞柏锐被授予文科学士,随后他们参观了纽汉女学堂(Newnham College)。同时被牛津和剑桥授予荣耀博士学位,在晚清官员中绝无仅有。

张德彝自1866年随斌椿出洋游历,至1906年担任出使英、义、比大臣,近四十年的时间里,曾随郭嵩焘、崇厚、曾纪泽等人八度出洋,由同文馆学生到随团翻译、秘书、参赞,最后官至出使大臣,经历极为丰富,留下了八部《航海述奇》。他多次提到牛津剑桥,有英国议会表决牛津剑桥两校议案,有对理雅各的介绍,也有对牛津剑桥开设的课程描述,并无特出之处,倒是对两校赛艇大会的叙述颇为生动:

> 英国每年夏季,敖克斯佛与堪卜立址二处有赛舟会。在泰木斯江,由卫斯民至蒲塔呢,或由蒲塔呢至英塔蕾,长各百里。敖堪二学院生徒,各分一党,赛时士人临水观之,轻舟竞渡,鸥鹭同趋,衣帽各异其色,以便观者易辨先后。胜者得奖若干,未闻。①

前文提到的康有为、载泽等人都观看过赛艇比赛,却并未过多描述,张德彝意在采风述奇,将西方新奇未见之事一一记录,为牛津剑桥刻板严肃的面目之外,增添了几分轻松和活力。

20世纪初,大势已去的晚清政府派载泽等人出洋考察宪政,试图挽救气息奄奄的大清帝国,载泽归国后编定卷帙浩繁的考察报告,西方教育亦是重要内容之一,日记只是略记行程,关于牛津剑桥的文字如此简略,也就不足为奇。相较而言,康有为对牛津剑桥的私人考察则成果丰硕,由大学教育谈及种族差异,由种族差异论及宗教信仰,最后落笔在中西文化之优劣,可谓深刻之至。此时的牛津剑桥在他们眼中,俨然成为西方大学的杰出代表。直到宣统元年(1909年),留学监督钱文选奉命赴英襄理留学生事务,对"牛津圜桥"的教育体制做了相当完备的考察,完成了《英国学务报告》②,只可

---

① 张德彝《随使英俄记》,岳麓书社,2008年,第593页。
② 钱文选《英国学务报告》,见钱文选《环球日记》,李德龙、俞冰主编《历代日记丛钞》第166册,学苑出版社,2006年,第99—104页。

惜为时已晚。钱文选的考察心得与载泽的考察报告，以及康有为的改革之策，一同成为明日黄花，尚未及施行，时乖命蹇的大清帝国已轰然崩溃。

四

"轻轻地我走了，正如我轻轻地来；我挥一挥衣袖，不带走一片云彩。"徐志摩《再别康桥》使剑桥一夜之间成了莘莘学子悠游神往的乐园，这样的诗意书写和浪漫情怀，对于晚清士大夫是不可想象的。晚清海外文人经历了观光客到学习考察者的身份转变，由最初的唯我独尊转而低首下心、虚心求教，笔下的牛津剑桥从简单的参观景点到著名的西洋名校，再到西方大学教育的杰出代表，面目渐渐清晰，认识日趋深入。岁月流逝，斯人已远，这些文字渐至湮没无闻。陈平原说："现在谈剑桥，几乎没有人关注康有为，大家知道的都是徐志摩的故事。"① 这实在有失公允，但政治家和诗人的境遇，往往就是如此不同。

如今，牛津和剑桥以牛桥（Oxbridge）模式享誉世界高等教育界，我国的大学教育也到了改革的转捩点。回溯百年前，这些传统文人在风气略开以后，新学未盛之前，与牛津剑桥相遇的旧时往事，勾勒种种细节，应该是有意义的。这些记述以质论，未敢过分推誉；以量论，则不无可观。正是他们的着意书写，为众多中国学生负笈西游提供了津梁和指南，也为后来西方大学体制跨海东来、反客为主揭开了序幕。纵观这些陈言旧录，大多为记述一时的观感见闻，惊彼新异，惜己颓唐，而施救无方。虽然作者也泛泛提出借鉴西方，改造传统教育之欲求，但具体如何操作，则语焉不详。郭嵩焘、康有为倒是有自己的见解，但屠龙之术，无所用也。这是时代的问题，世变日亟，不能苛求这些身如飘絮的士大夫们从容不迫地思考万全之策。百年烟云，倏忽已逝，我们这一代的教育改革者不能再逃避这样紧迫的现实问题，如何将"上溯古制"与"参考列邦"有机结合，如何让"上法三代"与"旁采泰西"互不偏废，是我们责无旁贷的责任。

---

① 陈平原《弄花香满衣——阅读大学的六种方式》，《社会科学论坛》2009 年第 4 期。